CHINA GOVERNMENT PROCUREMENT YEARBOOK

中国政府采购年鉴 2011

中国政府采购年鉴编委会 编

中国财政经济出版社

图书在版编目（CIP）数据

中国政府采购年鉴.2011/《中国政府采购年鉴》编委会编.—北京：中国财政经济出版社，2012.4

ISBN 978-7-5095-3512-7

Ⅰ.①中… Ⅱ.①中… Ⅲ.①政府采购制度-中国-2011-年鉴 Ⅳ.①F812.2-54

中国版本图书馆 CIP 数据核字（2012）第 054521 号

责任编辑：伍景华　　责任校对：黄亚青

封面设计：张立娟　　版式设计：兰　波

中国财政经济出版社出版

URL：http：//www.cfeph.cn

E-mail：cfeph@cfeph.cn

社址：北京市海淀区阜成路甲 28 号　邮政编码：100142

营销中心电话：88190406　北京财经书店电话：64033436　84041336

北京富生印刷厂印刷　各地新华书店经销

787×1092 毫米　16 开　31.25 印张　771 000 字

2012 年 4 月第 1 版　2012 年 4 月北京第 1 次印刷

定价：238.00 元

ISBN 978-7-5095-3512-7/F·2967

（图书出现印装问题，本社负责调换）

质量投诉电话：88190744

中国政府采购年鉴2011
编辑委员会

编辑说明

一、本书收录了2010年1月1日至12月31日期间全国政府采购工作运行、发展的主要情况，收录了全年政府采购工作的重要文献和资料。

二、“法规、文件选编”栏目的“地方2010年政府集中采购目录”中，部分省份因故未提供相关资料。因循惯例，本书所收录的各地政府集中采购目录均按各地提供的文件原样刊登，未求格式统一。

三、“统计资料”中的各项统计数据由财政部国库司提供。

四、“地方政府采购机构及信息发布媒体”栏目中，未列出机构或未列出地（市）级机构的地区均为未提供此项资料者。

五、为行文方便，本书中将《中华人民共和国政府采购法》统一简称为《政府采购法》，将《中华人民共和国招标投标法》简称为《招标投标法》。

本书的编辑出版工作得到相关中央各地财政部门的大力支持，也得到了财政系统外有关人士与部门的关注与帮助，在此一并致以诚挚的谢意！

中国财政经济出版社年鉴出版中心

二〇一一年十二月

2010年6月，中美WTO《政府采购协议》（GPA）研讨会在江苏省南京市成功举办。

2010年6月，财政部国库司就政府采购领域引入信用担保试点工作赴湖南开展调研。

2010年3月，全国家电下乡产品中标企业签约及信息系统培训会议在北京召开。

2010年7月，驻财政部纪检组监察局会同财政部国库司在黑龙江省召开政府采购制度实施现状及其完善对策研究调研情况座谈会。

2010年8月，《中国政府采购年鉴》年会在宁夏回族自治区银川市召开。

2010年3月，中央国家机关2010年政府集中采购工作会议在北京召开。

2010年11月，北京市民政局救灾储备物资政府采购项目开标大会在北京召开。

2010年5月，政府采购中关村自主创新产品第二次签约大会在北京召开。

2010年，内蒙古自治区政府采购工作座谈会在内蒙古自治区呼和浩特市召开。

黑龙江省政府采购中心与龙江银行“采购贷”融资业务签字仪式在黑龙江省哈尔滨市举行。

2010年1月，上海市政府采购中心协助上海市财政局主办2009—2010年党政机关上海地区出差住宿和会议定点饭店第二批签约仪式。

2010年11月，江苏省中小企业政府采购信用担保融资政策发布会暨GPA知识讲座在江苏省南京市召开。

2010年，山东省政府采购代理机构从业人员资格考试举行。

2010年5月，香港物料采购及供应主任协会代表团到山东省省级机关政府采购中心参观访问。

2010年3月，中国政府采购研究所成立大会在湖北省武汉市召开。

2010年10月，湖北省政府采购协会成立暨第一次会员代表大会在湖北省武汉市召开。

● 2010年5月，湖南省政府采购支持中小企业融资签约仪式暨政府采购协会第一届常务理事会第二次会议在湖南省长沙市召开。

● 2010年12月，云南省举行政府采购支持中小企业融资授信业务签约仪式。

满足各种公商务用车需求，奥迪为您提供一站式解决方案
洞彻入微，方能精准匹配。奥迪为您量身定制一站式公商务用车解决方案，根据每一位公商务用户的需求差别，在提供车型定制、专享优惠服务的同时，更提供置换购车、金融购车、租赁服务等多项尊荣服务以供选择。奥迪专属大客户经理一对一专业咨询，绿色通道优先服务，多达187家覆盖全国的便捷网络，将为您带来无微不至的尊享体验，确保您每一个需求都被精准满足。更多详情，敬请垂询当地一汽一大众奥迪特许经销商。
www.audi.cn
一汽一大众汽车有限公司 中国·长春

多样尊荣悉心呈现
精准服务唯您专享
i A6L
一汽-大众

以强大车型
307
308
508

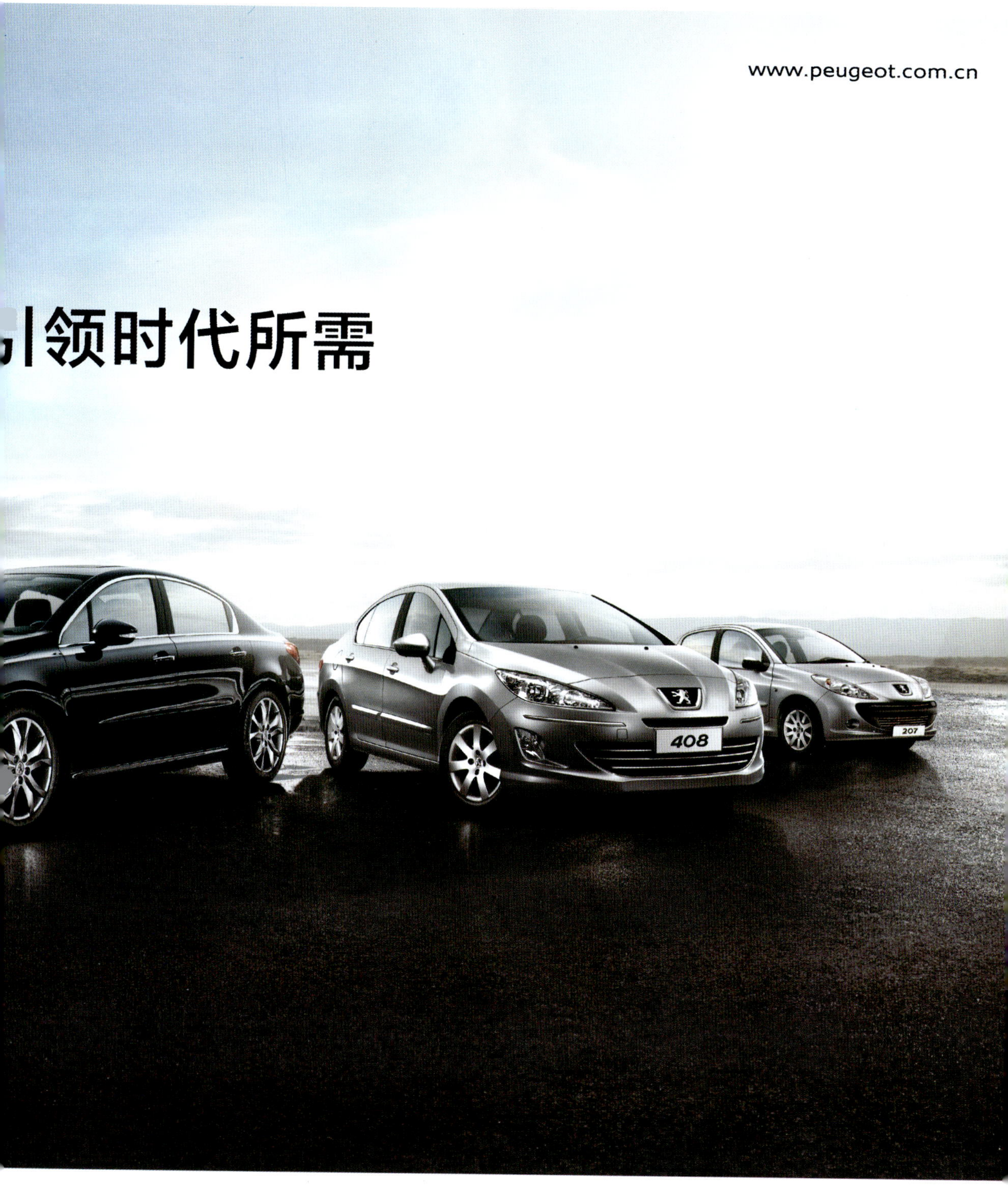

志翔
志 者 远 翔
志翔油电中度混合动力轿车
开启绿色新未来
志翔
驾有所值，志者远翔。
志翔油电中度混合动力轿车产业化开发在杰勋混合动力汽车基础上不仅延续了怠速起停，加速助力，制动
能量回收三大标志性功能，并且在整车乘坐舒适性，操控性和安全性方面加大了研究力度，更贴近普通人群
的驾驶习惯，给您带来非凡体验。
咨询电话：023-67593316
长安汽车
示范运行区域广
示范运行行业多
示范运行数量大

The all-new
BMW 5 Series Li
523Li
528Li
535Li
BMW
Sheer
Driving Pleasure
全新BMW 5系Li

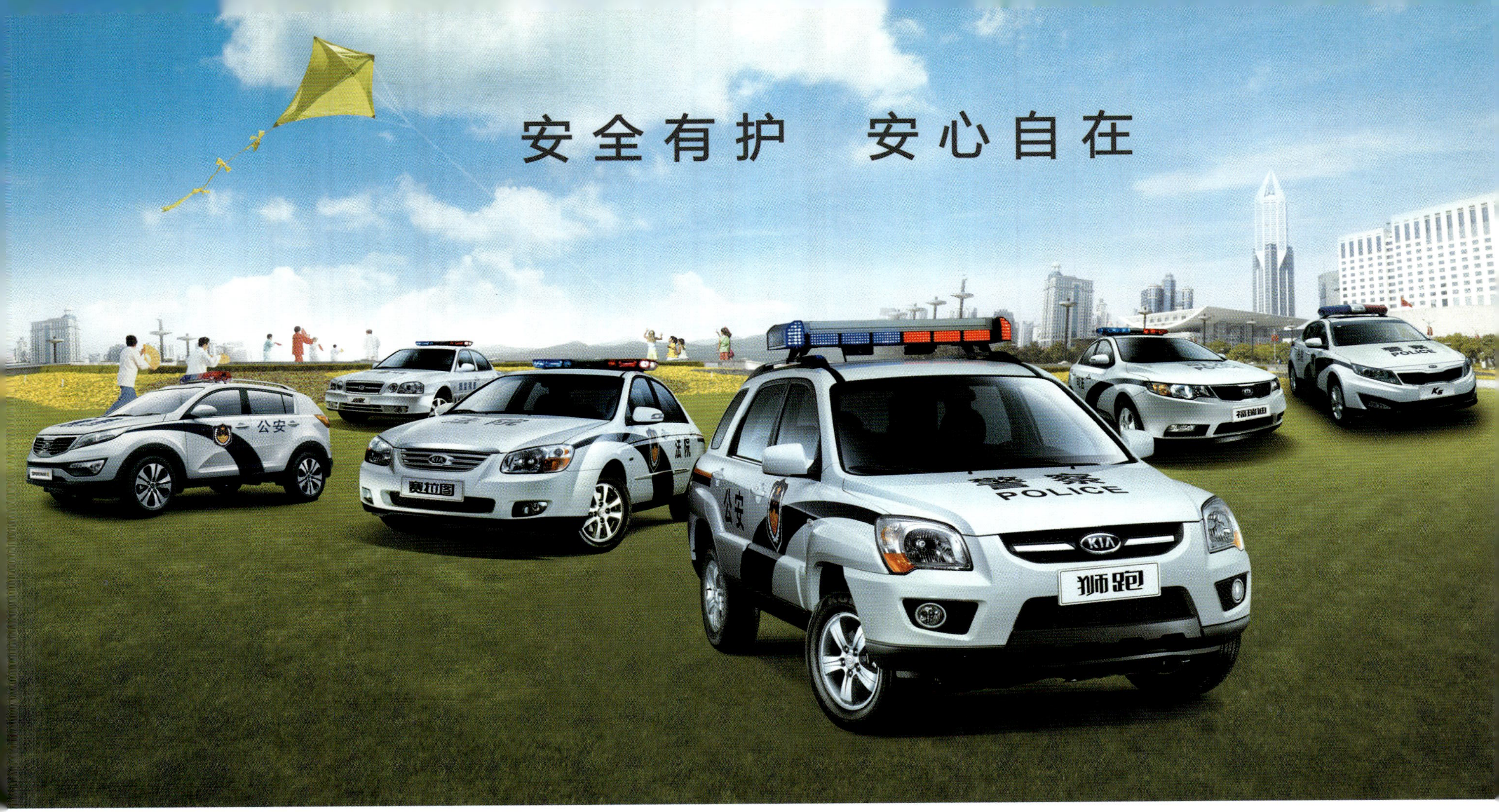

目录 CONTENTS

八、2010 年全国政府采购管理工作大事记 (317)

九、2010 年全国政府采购甲级代理机构统计表 (321)

十、2010 年政府采购理论研究文选 (351)

十一、2010 年政府采购案例研究文选 (435)

2011

一、2010 年度全国政府采购管理工作重要文献

在全国政府采购计划执行和信息统计编报培训班上的讲话

王 瑛

同志们：

大家好！

政府采购计划执行编报和信息统计培训班今天在北京国家会计学院正式开班了。这次培训班的主要内容是贯彻落实财库［2009］172 号和 173 号文件精神，对如何做好 2010 年中央单位政府采购计划编制和执行编报工作，以及如何做好 2009～2010 年全国政府采购信息统计工作进行动员部署和系统操作培训，其目的是让全体学员代表深入学习领会和贯彻落实政府采购计划执行编报和信息统计的基本要求，掌握政府采购计划执行编报和信息统计的基本方法，不断加强对政府采购基础管理工作的力度，规范政府采购基础信息采集、汇总、分析的范围、程序，全面系统、及时地反映政府采购执行情况和实施效果。参加这次培训的有各省、自治区、直辖市财政厅（局）、中央部门以及中央集中采购机构的负责同志和工作人员。借此机会，我想讲几点意见和建议，供大家参考。

一、充分认识加强和改进政府采购计划执行编报和信息统计管理的重要性和必要性

经过 10 余年的改革，我国政府采购取得了很大的成效，政府采购制度体系已基本建立，政府采购规模不断扩大，政府采购行为日益规范化、制度化、程序化，政府采购的社会效益日益显现。同时，我们也清醒地看到，在政府采购的基础管理中还存在薄弱环节，政府采购预算的约束力差，政府采购计划性不强，政府采购信息统计滞后等，削弱了政府采购预算执行力度和执行效率。因此，今后政府采购改革的主要任务，不仅要健全法制，扩面增量，还要注重加强管理，规范操作，大力推行政府采购的电子化。作为基础管理的核心内容，加强和改进政府采购计划执行编报和信息统计工作就显得尤为重要。

（一）加强政府采购计划执行和信息统计编报是强化政府采购预算执行的客观需要

政府采购是公共财政支出管理的一项重要制度，从大环节看，公共支出管理分为预算编制管理和预算执行管理，政府采购处于预算执行环节。预算资金的货币实物化主要是通过采购来实现的，采购行为直接关系到财政资金使用效益和政府形象。但是目前政府采购预算执行管理还存在以下几方面不足：一是采购预算的约束力很差。年初政府采购预算编制不完整，采购资金不能完全按预算目标、预算额度使用，挤占、挪用采购资金及超预算采购的现象时有发生，即使在年初编制了政府采购计划，也难保计划有效执行。二是采购的计划性不强，执行不按计划来。政府采购执行随意的现象普遍存在，单位要采购什么就申报什么，只要资金有来源，能执行政府采购规定的程序，就可以随意采购。政府采购制度只是使这些单位的采购方式发

生了变化，而缺乏对采购行为的必要约束，重复采购、盲目采购现象依然存在。三是信息统计滞后，统计不按执行来。有些单位对政府采购信息统计工作仍然不够重视，存在着统计与政府采购管理业务结合不紧密，重管理轻统计，基础数据不完备、统计手段比较落后、统计数据不真实等现象。原来的统计报表录入方式，难以做到与执行情况一一对应，缺乏基础数据做支撑，数据的准确性大打折扣，且仅仅局限于设计好的表格，数据的利用非常有限，同时还存在统计工作严重滞后的问题。

（二）加强政府采购计划执行和信息统计编报是推进政府采购工作科学化和精细化的重要举措

当前，财政部党组正在全面推进财政科学化、精细化管理，这既是贯彻落实科学发展观的必然要求，也是做好新形势下财政工作的迫切需要。推进政府采购工作科学化和精细化，就要求我们必须借助现代化的信息技术，通过对政府采购基础信息的采集、汇总和分析，促进政府采购预算编制的完善，强化政府采购计划的编报与执行，实时掌握政府采购预算执行各环节的执行信息，实现信息共享，努力消除因政府采购执行各环节的信息不对称而引发的监管“缺位”问题。通过对政府采购基础信息的采集、汇总和分析，来客观、公正、准确地反映政府采购预算执行情况和政府采购实施效果，以全面掌握采购运行的真实情况，防范采购运行中的违规和风险，切实保障采购执行效果和风险的防范，提高财政资金使用效益。

（三）加强政府采购计划执行和信息统计编报是建设政府采购电子化平台的重要基础

政府采购作为财政支出管理改革的三大举措之一，上承部门预算，下启国库集中支付，对实现“三位一体”的有机统一尤为重要。目前部门预算和国库管理都建立了较为完善的信息化系统，而政府采购信息化建设相对滞后，在技术上已经成为财政可续化、精细化的“短板”，迫切需要加强。国办发［2009］35号文件中明确提出了由财政部门建设全国统一的电子化政府采购管理交易平台。目前，我们抓紧研究建设电子化大平台的思路和制定业务需求方案，力求实现预算、计划、采购、支付、资产管理等各环节相互贯通，相互支撑。这次推出的信息统计和计划执行编报系统就是电子化平台建设的重要组成部分，将为打造政府采购电子化平台打下坚实的基础。

二、准确理解和把握加强和改进政府采购计划编报和信息统计管理的指导思想和内涵

《财政部关于做好2009～2010年全国政府采购信息统计工作的通知》（财库［2009］172号）和《财政部关于做好2010年中央单位政府采购计划和执行编报工作的通知》（财库［2009］173号）文件，分别明确了政府采购计划执行编报和信息统计的基本要求和方法，改革的目标和任务已经非常明确，关键在于深入理解，贯彻落实。这次改革是通过新的计划执行和信息统计系统，加大数据采集量，对数据进行全面、多维的分析，充分体现全面反映政府采购运行情况、满足管理需要、减少单位工作量的要求，体现建立健全预算编制、执行和监督相互协调、相互制衡新机制的指导思想。

（一）增强政府采购预算的约束性，实现政府采购计划与政府采购预算的有效衔接

按照《政府采购法》的规定，所有使用财政性资金采购货物、工程和服务的支出必须编制政府采购预算，从2010年开始，在部门预算表预算07表“项目支出预算表”中增加了“货物、工程和服务”分类；在预算14表“基本支出政府采购预算表”中增加了“集中采购、部门集中采购和分散采购”分

类。中央单位要根据财政部批复的政府采购基本支出和项目支出预算，按政府采购项目、品目、数量、金额、组织形式、采购方式等按季编报政府采购计划。首先从数据逻辑上建立起与预算的对应关系，再通过系统的信息匹配，分析了解是否编制了采购预算、是否编报了采购计划、是否超预算或无预算采购等，加强事前监督，实现政府采购基础管理点的前移。

（二）严格按照采购计划执行采购活动，实现政府采购执行情况与采购计划的有效衔接

各预算单位应全面实施和完成政府采购计划，不得擅自改变资金用途、调整采购计划，切实做到无预算不采购，无计划不执行，不超预算采购。集中采购机构作为采购活动的执行者，要严格按采购计划进行采购，对于未编制政府采购实施计划的，应当拒绝采购项目委托。从2010年开始，根据政府采购执行进度，按照采购数量、采购金额、组织形式和采购方式等要按季报送政府采购执行情况。集中采购机构要按季编报集中采购执行情况。我们将通过系统的信息匹配，实时、动态地掌握政府采购计划执行进度及执行状况，加强事中的监督管理和事后的统计分析，确保政府采购计划的有效执行。

（三）以政府采购合同要素为主进行实时录入，实现政府采购执行与信息统计的有效衔接

根据改革的要求，新研发的“政府采购信息统计与计划管理系统”采取政府采购执行情况基本数据录入方式，计划执行管理与信息统计管理采用同一个数据源，以政府采购合同要素为主进行实时录入，期末，地方单位通过系统自动生成信息统计报表，中央单位通过系统既可以生成中央单位政府采购执行情况表，又可以生成政府采购信息统计报表。提高了信息统计数据的真实性和可靠度。由于将原来岁末年初的集中统计工作分散到平时，既提高了统计信息编报的效率，又解决了信息统计工作滞后的问题，还可以最大程度地减少中央单位的编报工作量。同时，为了使统计指标适应形势发展的需要，更加科学合理、便于填报和分析，我们对统计指标体系进行了修改完善，使其涵盖了采购对象、采购主体、组织形式、采购机构、采购方式、资金性质、单位级次、政策功能等指标。

总之，加强和改进政府采购计划编报和信息统计工作，通过对政府采购基础信息的采集、汇总和分析，可以全面地掌握政府采购活动的情况，使政府采购管理工作由事后管理，变为事前、事中、事后全程监督管理；可以细化政府采购管理，规范政府采购行为；可以完善政府采购活动数据，为政府采购管理提供强有力依据，从而有效地实现政府采购科学化、精细化管理。

三、采取切实有效措施将编报工作和提高政府采购管理与执行水平有机结合起来

当前改革的目标和任务已经明确，关键在于抓好贯彻落实，增强执行力。为做好政府采购预算、计划和执行管理，应从以下几个方面加大工作力度。

（一）充分发挥政府采购预算和计划管理的基础效能

中央单位所有使用财政性资金采购货物、工程和服务的支出必须编制政府采购预算，对应纳入政府采购的项目全部纳入部门预算管理。目前我们正着手研究制定更加科学合理的政府集中采购目录，考虑到基本支出的项目绝大多数都是集中采购目录中的项目，将来的政府采购基本支出预算要根据集采目录进行细化编写，一方面使预算更加细化清楚，另一方面有利于政府采购计划做到按项目进行编制。各单位要统筹安排全年采购任务，并按规定将采购项目构成、使用单位、采购数量、组织形式、采购方式和预算金额

等内容编入政府采购实施计划，确保采购严格按政府采购预算的项目和数额执行，切实增强政府采购的计划性，为实现规模采购和提高效率创造条件，最终做到应采尽采，物有所值。中央单位未编制政府采购预算和计划的，不得组织采购活动，不予支付资金，对涉及执行中申请变更采购方式的，财政部将不予审批。

（二）进一步加大政府采购执行工作的力度

财政部2009年下发了《财政部关于进一步做好中央单位集中采购工作有关问题的通知》（财库［2009］101号），该文件以加强采购计划和执行管理为核心，从九个方面对中央单位集中采购工作作出了明确的规定。据我们调查了解，该文件实际执行情况不太理想。因此，这里我想重申并强调：一要进一步增强集中采购目录执行的严肃性，集中采购机构要在政府采购法管理范围内，做好采购组织工作，不得拒绝属于集中采购机构采购范围的项目委托，同时要加强对协议供货和定点执行情况的监测和考核。二要认真按照批量集中采购试点要求，中央单位需对部分品目每月报送批量采购计划，由集中采购机构归集形成规模化统一组织招标采购，不再执行协议供货，充分发挥集中采购规模优势，逐步解决集中采购价格优势不明显的问题。三要严格执行采购执行情况报告制度，中央单位和集采机构需按季度编报计划执行，包括批量采购和中央部分服务项目属地化采购等具体执行情况。四要严格按照政府采购管理体制要求，应该由地方组织实施政府采购的项目，中央主管部门不得实行中央部门集中采购。五要积极配合和支持做好集中采购机构考核工作，不断促进集中采购效率和工作服务质量的提高。

（三）切实加强编报工作的组织实施

一是要统一认识，高度重视，进一步加强组织领导。建立统一、科学、规范的政府采购基础信息管理体系，是我们一项重要而长期的工作任务。要从夯实政府采购基础工作，进一步深化政府采购制度改革的全局和高度，充分认识做好计划和信息统计编报工作的重要性，加大组织落实力度，统筹工作安排，明确职责分工，做好各个方面的协调，切实把计划执行和信息统计编报工作落到实处。

二是要转变观念，消化吸收，尽快落实新的工作要求。2009年政府采购年报仍然按照原有的指标和报表体系，在原来的统计软件上进行填报。但从2010年开始，政府采购信息统计工作与以前相比，发生了较大变革，采用新的理念、新的方式以及提出新的工作要求。特别是对于中央单位来说，是一项全新的工作，且工作要求更高。因此，各单位领导以及有关工作人员应在最短的时间内领会和吃透两个文件精神，将信息统计与计划执行的内容有机结合起来，融会贯通，扎实做好政府采购信息统计与计划编报工作。

三是要精心组织，严密部署，及时做好布置和培训工作。计划执行和信息统计编报是一项涉及面广，综合性、政策性、技术性强的工作，培训布置是该项工作顺利实施的重要保障。首先，要通过学习布置，保证各单位从事政府采购信息统计工作的人员都能够全面掌握编报工作的有关政策、原则、程序和方法，熟练运用政府采购信息统计软件，其次，要积极做好本地区和本单位的组织落实工作，尽快将报表布置给各有关单位，确保及时、准确、全面填报，通过加强计划执行和信息统计编报工作，进一步健全和完善财政与采购人、集中采购机构之间的关系，提高政府采购的质量和效率。

四是要突出重点，狠抓关键，切实提高编报工作的质量和水平。为了能够尽可能准确反映出当前政府采购工作的全貌及今后的发展趋势，更有效地规范采购行为，为分析决策提供依据，为国家经济生活提供一些有参考价值的信息。希望大家认真阅读《编报说明》，尽可能准确地理解各项指标的内涵，填报方法和口径，并将统一的填报口径部署落实到地方各级财政部门及各级预算单位，以保证数据的准确性和科学性，不断提高我们的统计分析工作水平。中央单位和集中采购机构也要加强政府采购计划执行的跟踪分析，及时掌握计划执行进度与效果，分析计划与执行的差异原因，从而采取措施提高计划和执行水平。

五是总结经验，培养队伍，保证工作任务的顺利完成。各地区在工作组织中要注意不断总结工作经验，发现和解决存在的问题。参加这次培训的同志一定要当场弄清报表的内容、要求和填报方法等，有疑问及时提出来，因为你们肩负的任务很重，你们回去后还要负责本地区、本单位的业务培训工作。由于数据的汇总工作是采取从各单位填报和录入，层层汇总上报的组织方式，不仅需要在编报期间认真高效地工作，更需要在日常执行工作中下工夫，把编报工作贯穿于执行工作的全过程。为此，各地区、各单位都要按照两个文件要求，树立全国“一盘棋”的思想，精心组织，狠抓落实，确保本地区、本单位报表按时汇总上报。

同志们，2010 年政府采购信息统计和计划执行编报工作，是当前深化政府采购制度改革的一项重要内容，时间紧，任务重。希望各级财政部门、中央单位和集中采购机构从事政府采购工作的同志，一定要有强烈的责任感和使命感，以对事业负责的态度，认真做好编报有关的每一项工作，为推进政府采购上新台阶作出应有贡献。

这次培训班，得到了部干教中心以及国家会计学院的大力支持和协作，对此，我代表国库司表示感谢。春节将至，提前给大家拜个早年，祝大家工作顺利，身体健康。

谢谢大家！

2011

二、2010 年全国政府采购管理工作概述

2010年政府采购工作概况

财 政 部

2010年，财政部政府采购工作坚持以科学发展观为指导，深入推进科学化精细化管理，在完善法规体系、发挥政策功能、提升监管水平、推进电子化采购等方面取得重要进展，提高了政府采购可持续发展能力。财政部国库司加挂了政府采购管理办公室牌子，强化了政府采购管理职责。

一、政府采购规模持续扩大，经济效益显著提高

全国政府采购规模8422亿元。政府采购实施范围向工程类、服务类采购扩展，并涵盖了专用类货物、公共服务、服务外包等新型服务领域，工程类采购逐步纳入政府采购管理范围。政府采购资金构成从财政性资金逐步向单位自筹资金、银行贷款、BOT项目市场融资等方面扩展。与财政支出结构调整相适应，采购活动也逐步涵盖一些公益性强、关系民生的支出项目，例如农机具购置、中小学免费教材、医疗器械及药品、安居工程、文化下乡等。各级财政部门进一步细化政府采购预算，推动部门预算逐步细化到工程、货物和服务分类，落实到具体采购项目。同时，加强采购计划管理，在资金支付过程中强化采购合同审核，有力推动了应采尽采。

二、法制建设步伐加快，不断健全政府采购法规体系

修改完善《政府采购法实施条例（送审稿）》。《政府采购法实施条例》是国务院重点立法项目，针对《政府采购法实施条例》在公开征求国内外意见过程中所反馈的4000多条意见，财政部多次配合国务院法制办研究修改，深入地方调研工程采购等问题，与《招标投标法实施条例》的衔接工作取得了实质性进展。修订发布《政府采购代理机构资格认定办法》（财政部令第61号），配套下发《财政部关于认真做好政府采购代理机构资格认定工作的通知》（财库［2010］133号）。其他有关配套办法的制定也取得了积极进展，政府采购法规体系不断充实完善。大多数地方都制定了专项管理办法和具体操作规程，增强了法律法规的可操作性。以公开招标为主要采购方式的格局进一步巩固，公开招标采购金额占采购总规模的比例达77%。评审专家管理更趋完善，地方的专家库建设逐步由原分散管理转变为省级财政部门统一建设、地市财政部门分级维护、专家资源全省范围共用共享，有效保障了政府采购评审工作质量。

三、服务经济社会发展，大力发挥政府采购政策功能

强化政府采购政策功能。在落实节能环保政策、正式实施信息安全产品强制认证制度的基础上，财政部重点研究了扶持中小企业发展等政策措施，以降低中小企业参与政府采购门槛、增强企业竞争能力。同时，各

级财政部门加大了支持正版软件使用的工作力度，开展对政府采购支持服务外包等产业发展的政策研究。严格执行进口产品政府采购审批制度，有力促进了国内相关产业发展。节能环保等政府采购政策的管理工作机制继续完善。财政部会同国家发展改革委和环保部，根据形势发展动态调整清单内容，并统一清单发布时间，加大对清单执行过程的监督管理，及时协调解决供应商不履行承诺等问题。加强与财政其他政策的协调配合。面对许多产业要求政府采购政策扶持发展的新情况，财政部门积极研究政府采购在转变经济发展方式、推动区域性经济和战略性新兴产业发展等新领域的政策功能，提出相关政策方案。

四、完善监管运行机制，着力加强政府采购监管工作

加强和改进集中采购管理工作。财政部研究建立了较为规范的目录准入和退出机制，增强了目录执行的可操作性。各级财政部门开展了对集中采购机构的考核工作，同时强化对集中采购机构的日常监督指导，完善协议供货、定点采购、网上竞价等集中采购组织形式。强化政府采购计划对采购活动的刚性约束，建立政府采购实施计划与预算、执行情况的衔接贯通机制。及时收集各单位以合同要素为主要内容的采购执行基础数据，为深化改革和领导决策提供数据支持。依法做好供应商投诉举报处理工作。2010 年各级财政部门共收到供应商投诉 820 起。财政部首次对招标代理机构作出行政处罚决定并处罚了 14 家供应商，有效维护了政府采购工作的严肃性。

五、统筹规划系统建设，积极推进电子化政府采购工作

电子化政府采购系统建设步伐加快。北京、浙江、河南、广东、河北、安徽等 10 多个省市，都建立了涵盖政府采购管理与交易全过程的电子化系统，并逐步将系统向地市推广，促进了政府采购操作业务的规范统一。财政部全力推动政府采购管理交易大平台建设，确定了建设目标和建设思路，系统建设项目进入政府采购招标程序。信息公开力度不断加大，基本实现了中国政府采购网主网站与地方分网站的互联互通，推动了招投标信息在中国政府采购网的集中统一发布，全年共发布各地采购公告信息近 21 万条，扩大了中国政府采购网作为唯一采购信息发布网络媒体的影响力。内蒙古、天津等地开始预公示招标项目，重庆、辽宁及贵州等地开始网上直播招标过程，有的地方还对项目评审专家信息进行公示，使政府采购工作更加“阳光”。

六、政府采购对外谈判和交流取得重大进展

2010 年财政部会同有关部门继续开展加入世界贸易组织（WTO）《政府采购协议》（GPA）谈判，参与有关多边和双边框架下政府采购议题的磋商与交流。一是按时提交中国加入 GPA 修改出价。会同有关部门研究起草了修改出价，经国务院批准后于 7 月 9 日提交 WTO 秘书处，履行了我国在第二届中美战略与经济对话上的相关承诺。二是积极与 GPA 参加方开展谈判。组团赴日内瓦与美国、欧盟、加拿大、日本、韩国、瑞士、挪威、新加坡等 8 个 GPA 参加方开展了 16 场次双边谈判，与欧盟和美国在布鲁塞尔和北京各开展了一次双边谈判。同时，4 次参加政府采购委员会会议。三是稳妥开展其他双边政府采购问题磋商和谈判。参与了第二届中美战略与经济对话、中美商贸联委会有关政府采购议题磋商，在中欧财金对话框架下与欧盟开展政府采购对话，参与了中日韩、中瑞自贸区谈判有关政府采购议题的磋商。四是广泛开展政府采购国际合作与交流，参与国际规则修订及落实情况审议，与美国、WTO 秘书处联合举办了政府采购国际研讨会，增进了交流和理解。

强化财政审计监督
推进政府采购事业健康发展

审 计 署

2010 年，全国各级审计机关按照《中华人民共和国审计法》的规定，以科学发展观为指导，坚持“依法审计、服务大局、围绕中心、突出重点、求真务实”的工作方针，不断强化财政审计监督，在工作规划、项目安排、审计实施、成果运用等方面都更加突出对政府采购活动的检查和对相关问题的揭示，积极提出改进建议，督促问题整改，推进政府采购事业全面健康发展，充分发挥审计保障国家经济社会健康运行的“免疫系统”功能。

一、2010 年政府采购审计的主要工作

2010 年，中央和地方各级审计机关进一步加大对政府采购领域的审计力度，在各类相关审计项目中结合开展了政府采购审计工作，在各类专项治理工作中结合进行了对政府采购活动的检查，严格查处各地区、各部门以及有关单位在政府采购活动中存在的重大违法违规、损失浪费和涉嫌商业贿赂问题，及时发现和纠正政府采购制度执行不到位、采购程序操作不规范等情况，对发现的典型性、倾向性问题进行深入分析，加强与主管部门的沟通，着力促进政府采购行为更加规范透明，切实推动政府采购制度进一步完善。

（一）结合各类审计或审计调查项目，将政府采购实施和管理情况纳入常规性审计监督范围

2010 年，审计署将政府采购情况作为相关审计项目的重点内容予以关注，在中央部门年度预算执行审计、发展改革委组织分配中央投资上下联动审计以及一些重大工程项目建设管理情况审计中，均将政府采购政策实施和管理情况纳入监督范围，一方面严格查处重大违法违规、损失浪费和涉嫌商业贿赂的问题，严肃财经法纪；另一方面对因政策不完善、现有市场条件不具备等原因产生的问题，注意从体制、机制层面加以研究分析，提出改进建议。

审计署同时加强了对地方各级审计机关的业务指导。2010 年，18 个省（自治区、直辖市）审计厅（局）以及新疆生产建设兵团审计局结合本级预算执行审计、经济责任审计、政府投资项目、专项资金审计等审计项目，加大了对财政部门、预算执行单位及财政投资重点建设项目进行政府采购制度执行情况的检查力度，对政府采购预算编制、资金拨付、使用和管理等开展全过程监督。新疆等地审计机关还对政府采购执行情况及相关工作进行了专项审计。例如，新疆维吾尔自治区审计厅组织开展了政府采购预算执行情况的专项审计和审计调查，重点关注了政府采购预算编制、资金拨付、使用和管理等情况；海南省审计厅对海南省人民政府政务服务中心工程招投标平台项目覆盖率及运行效果进行了专项审计。

（二）结合各专项治理，密切配合相关部门深入推进政府采购监督检查

2010年以来，审计部门加强与有关部门密切配合，在加强党政机关厉行节约、“小金库”专项治理、工程建设领域突出问题专项治理以及中央扩大内需促进经济增长政策落实情况检查等专项工作中，将政府采购情况作为参与专项工作检查重点之一，并注意就审计情况与财政部、监察部、国管局等部门取得沟通，交流问题、研究对策，向有关部门提出进一步加强政府采购管理工作的意见建议，对《政府采购法实施条例》等提出修改意见和建议。

湖南、河南、甘肃、海南等省审计厅联合该省财政、监察部门对全省政府采购政策执行情况进行检查，纠正和发现了当前政府采购政策执行中存在的突出问题和薄弱环节，将有关事项移交给相关部门查处。湖南省审计厅与湖南省纪委、监察厅、财政厅联合制定了《湖南省党政机关和事业单位开展“小金库”专项治理工作的实施办法》，明确规定将政府采购等相关事项作为“小金库”清理的一项重要内容，对照政府采购法和《湖南省政府采购暂行办法》及省财政厅相关采购目录等规定进行检查。河南省审计厅出台了《河南省审计厅关于审计案件线索移送工作实施办法》，对不同性质的问题如何移交、移交给哪个部门进行明确，其中对发现的政府采购方面存在的问题，在采购单位的主管部门、财政部门和监察部门之间如何选择也作出了进一步的规定。

二、2010年政府采购审计发现的主要问题及整改情况

通过各部门的共同努力，贯彻落实政府采购法、推进政府采购制度改革已积累了大量宝贵经验，政府采购法制化、制度化、电子化建设步伐进一步加快。但审计也发现，当前各地政府采购工作发展还不平衡，政府采购制度在具体执行中还存在一些问题，需要进一步规范。

一是应纳入政府集中采购目录的项目未实行集中采购。如审计署在中央部门预算执行审计中发现，有13个单位4140万元的商品应执行集中采购而未执行。

二是政府采购程序执行不规范。有的未经批准实行非公开招标，缩短招标时间，或在招标文件中提出排他性指标；有的随意变更采购方式；有的随意追加合同，协议供货产品随意调整，或用高价产品替换低价中标产品；有的单位委托办理政府采购业务的机构不具备相应资质。

三是政府采购的政策功能有待进一步提升。由于现有市场不完备、部分采购单位认识不够等原因，政府采购在支持国有品牌、自主创新产品等方面还有很大的改进空间。

四是个别单位和地区存在超标准采购、豪华采购现象，政府采购的合理性和效益性越来越为社会所关注。

审计署和地方各级审计机关以审计报告等形式对上述问题进行了揭示和反映，其中，审计署将中央部门预算执行审计中发现的政府采购制度执行方面的问题，纳入向国务院报送的审计结果报告以及代表国务院向全国人大常委会所作的审计工作报告，并向社会进行了公告；各省（市）审计机关也将政府采购审计情况作为向本级政府和人大报告的年度审计结果报告、审计工作报告的重要内容。在严肃揭露问题的同时，审计机关注意对问题形成原因进行了深入分析，向有关部门和被审计单位提出了健全细化政府采购制度相关法规、研究完善政府采购预算的编报内容和方式、强化政府采购的预算管理、加强单位内部控制、严格执行政府采购规定程序等建议，受到有关部门和单位的重视。如湖南省针对审计提出的问题和建议，采取了系列整改措施：一是建立健全了有关规章制度；二是进一步规范了政府采购预算管理；

三是进一步规范了政府采购资金支付行为；四是积极落实“管采分离”措施。针对广西壮族自治区审计厅有关严格执行政府采购报表报送制度等建议，自治区财政厅采取将政府采购报表统计工作列入2011年各部门绩效考核体系和对自治区本级政府采购信息统计工作进行通报等措施，切实推进了政府采购统计工作。

三、发挥审计完善国家治理的作用，进一步推进政府采购事业健康发展

国家审计是国家治理的重要组成部分，是国家治理这个大系统中一个内生的具有预防、揭示和抵御功能的“免疫系统”。下一阶段政府采购审计工作，各级审计机关将以科学发展观为指引，通过发挥审计在完善国家治理中的重要作用，进一步加大政府采购等财政审计监督力度，提高审计的宏观性和建设性，促进政府采购事业健康发展。

一是促进各地区、各部门、各单位严格执行《政府采购法》及有关规定，做到“应采尽采”，持续扩大采购规模。对列入政府采购的项目要依法实施政府采购，纠正采购单位逃避政府采购的行为；属于集中采购目录项目的要委托集中采购机构实施；达到公开招标限额标准的采购项目，未经财政部门批准不得采取其他采购方式。同时要注意加大工程和服务类项目的政府采购力度。

二是进一步规范政府采购行为，提高采购资金的使用效益，促进发挥政府采购的政策功能。要杜绝人为干预和影响采购的行为，对评审专家违反评审程序和评审标准等行为要严肃处理；要严格执行资产配置标准，防止超标采购、豪华采购；要增强资金支付环节的约束力，防止套取财政资金的行为；要加快供应商诚信体系建设，防止供应商围标、串标和欺诈等行为；要关注政府机关采购使用正版软件的情况，促进完善使用正版软件的管理机制，确保信息系统安全。

三是积极发挥各部门内部监督机制的作用，加强对政府采购工作的日常监督。政府采购是治理商业贿赂的重点领域，做好这项工作不仅需要财政、监察、审计等有关部门的外部监督，同时也需要各部门加强内部日常监督和管理，尤其是对招投标等重点环节的监管，这样才能防患于未然。

随着政府绩效管理的推行和审计“免疫系统”功能的进一步发挥，政府采购审计将逐步从合法合规性审计向合规性、合理性、效益性并重转变。各级审计机关将积极配合有关部门，继续加大政府采购监督力度，切实推进政府采购工作健康发展。

2011

三、2010 年中央单位政府采购工作概况

中央国家机关政府采购中心

【概述】2010年，中央国家机关政府采购中心在国务院机关事务管理局党组的正确领导下，紧扣实践科学发展观的工作主线，深入开展创先争优活动，努力推动协议供货和定点采购两项重点采购业务，加强规章制度建设、规范工作流程等基础性工作，抓好合作采购、调研走访等具体措施的落实，加大信息化建设力度，有效提升政府集中采购工作的服务质量和水平，较好地完成全年工作任务。2010年中央国家机关政府采购中心完成年度采购额168.61亿元，与上年相比增加21.19亿元，增幅为14.37%；节约资金26.08亿元，资金节约率13.39%；人均采购金额3.51亿元。全年完成各部门委托采购项目390个，协议供货和定点采购34.7万次，网上竞价7651次。采购方式：公开招标采购金额136.87亿元，占采购总额的81.17%；邀请招标采购金额17.76亿元，占采购总额的10.53%；竞争性谈判采购金额2.29亿元，占采购总额的1.36%；询价（包括网上竞价）采购金额10.32亿元，占采购总额的6.12%；单一来源采购金额1.37亿元，占采购总额的0.81%。采购类别：货物类采购125.18亿元，工程类采购20.93亿元，服务类采购22.50亿元。分别占采购总额的74.24%、12.42%、13.34%。采购结构：各部门委托的单个项目采购额37.10亿元，协议供货采购额59.15亿元，定点采购采购额21.15亿元，网上竞价采购额9.21亿元，与公安部等有关部门合作采购的采购额40.91亿元。采购单位分布：京内单位采购额131.74亿元，京外单位采购额36.87亿元，京内单位所占份额约78%，京外单位所占份额约22%。节能环保产品采购：节能产品采购额21.71亿元，占同类产品采购总额的79.17%；环保产品采购额19.49亿元，占同类产品采购总额的35.98%。

【加强政府采购规章制度建设】结合实际业务工作，狠抓四项基础性工作：一是进一步完善内部管理制度。制定和修订《关于加强项目废标情况报告工作的通知》、《关于进一步加强保密工作的通知》、《关于进一步明确业务接待室工作流程的通知》、《竞争性谈判采购项目操作流程试行办法》和《中央国家机关政府集中采购网上竞价操作规程》等9个制度办法。进一步完善项目委托统一受理、采购项目分级审批、采购项目市场调查、采购需求公开征求供应商意见、采购文件集体讨论、采购文件复核、项目论证和废标情况报告等制度。二是完成各类采购文件范本制定的基础性工作。制定《信息公告范本》和《工程类招标公告范本》，向财政部报送《网上竞价信息公告范本》，起草《中央国家机关政府集中采购委托代理协议》，发布多期《采购业务指南》，调整采购文件范本有关条款。三是调整相关处室的业务分工和操作流程。增设采购监管处，调整相关处室的业务分工和操作流程，加大内部轮岗交流力度，进一步增强内部制衡。四是进一步加强对专家和评审活动的组织管理。印发《采购中心专家抽取和后评价管理的有关规定》、《关于加强评审环节及安全保密工作的通知》和《关于评审过程中客观分部分共同认定问题》等文件，严格评审工作程序，实行打分公示、第一中标候选人复查、项目小结和责任人承诺制度。

【强化政府采购后期履约管理】 为提高效率、提升采购工作质量和服务水平，采用多种办法，重点加强协议供货和定点采购业务后期履约监管：一是建立价格监测制度，委托中关村价格指数和京东商城等第三方机构对协议供货产品价格进行监测，根据监测报告，每月对协议供货价格进行评估，对协议供货价格偏高的产品按照框架协议要求及时督促厂商降价。二是尝试协议供货框架下的议价方法，增强竞争性。对网络安全产品、碎纸机等品类产品实行强制再次议价采购；积极探索网上竞价和协议供货、定点采购相结合的采购方式，不断增强协议供货和定点采购项目的竞争性。三是加强对协议供货和定点采购的日常监管，加大对供应商的监督管理和对违约供应商的惩处力度。认真组织对办公家具、汽车维修及印刷定点企业的现场考核，回访有关采购单位，撰写考察报告，提出改进相关工作的建议；组织对限额内定点工程项目、工程监理定点执行情况进行专项检查和不定期抽查，发现问题及时纠正，确保定点供应商按照合同要求为采购人提供优质服务。

【做好政府集中采购培训工作】 全年面向中央国家机关各部门各级预算单位举办6期政府集中采购业务培训班，培训采购业务人员近2000人次，多次外派授课教师为各部门提供上门服务。在深入调查了解各采购单位培训需求的基础上，本着增强针对性、更加人性化、确保实效的原则，在办好以采购业务操作为主要内容的政府集中采购业务初级培训班的基础上，专门组织2期以信息安全、服务外包为主题的采购人中级提高班培训，尝试为中科院、公安部、海关总署等采购额较大的单位进行全系统各级预算单位采购业务人员的专项培训。

【坚持调研走访采购人】 继续坚持采购人走访联系制度，走访全部中央国家机关一级预算单位以及部分二级预算单位的采购管理部门，详细了解采购人的实际需求，广泛征求各部门对政府集中采购工作的意见和建议，通过与采购人面对面的交流，了解到采购过程中存在的问题与不足，对改进工作、扩大中心规模起到了良好的促进作用；组织召开3次教育部和国家民委所属部分高校政府集中采购座谈会，挖掘部属高校集中采购潜力，寻找新的业务增长点。

【探索试点合作采购】 按照实事求是的原则解决采购工作中面临的实际问题，积极摸索与采购人、其他采购机构合作采购的领域和方式。与安全部、公安部等单位合作开展汽车协议供货采购，采购金额32.91亿元；受中储粮公司委托，采用协议供货和网上竞价的方式采购其全国700多家下属单位的计算机等信息类产品。

【宣传政府集中采购】 向社会公开征集采购中心标识，共收到近千份投报方案，经多轮筛选和修改，最终选定并公布中心标识。通过报纸杂志、网络传媒等多种方式，紧密围绕依法采购、开拓创新和提高服务水平的宣传重点，对中央国家机关政府集中采购工作的突出成绩进行正面的宣传报道，在《经济参考报》、《中国政府采购报》和《政府采购》杂志等媒体发表文章120篇。切实做好“情况反映”、“工作动态”、“信息周报”等宣传工作。坚持重大活动、重要事项通过中央政府采购网“工作动态”栏目对外发布，不断扩大政府集中采购的社会影响力。

【抓好服务热线工作】2010年度“中央政府采购网”访问量突破700万人次，注册采购人1.3万家，注册供应商4.5万家，采购中心全年完成各部门委托采购项目390个，协议供货和定点采购34.7万次，网上竞价7651次。大量发生的采购业务对采购中心的服务即时响应能力提出了更高的要求，采购中心为服务热线小组配备5人，实现全年5×8小时服务。服务热线小组全年共接听咨询电话5.4万多次，网上回答交流问题106723次，提交年度和月度报告20余份。

【实行目标管理制度】在“目标管理”中融入“全面质量管理”的理念，从廉政、管理、效益、效率、服务和工作六个方面提出具体的工作质量要求和目标，进一步细化管理内容，增强目标管理的可执行性。

【开展采购中心内部培训】采取集中授课、走访考察、实地调研、自学研讨、分组交流等多种方式进行内部培训，组织中心全体同志赴辽宁等省市进行学习调研，深入学习借鉴各地集中采购机构在采购管理执行和电子化政府采购方面的经验做法，交流工作心得体会；邀请中央财经大学教授曹富国作《重塑集中采购职能与组织》的专题讲座，并对政府采购热点问题进行探讨；邀请京东商城教师讲解电子采购方面业态运行知识；邀请北京服务外包企业协会理事长曲玲年就全球服务外包产业发展趋势及政府采购对产业发展的重要意义进行讲解。

【分析典型案例项目】不定期召开案例分析会，业务处对组织实施的典型采购项目进行分析汇报，以案例分析报告的形式总结采购工作，已形成案例分析报告25份。不断提高业务经办人员的责任意识、工作人员的文字表达和归纳能力，也大大提高中心工作人员对采购业务工作的整体把握能力、风险预测和防范能力，保证采购项目的顺利开展。

【调研政府采购课题】注重实地调查，努力把握工作规律。中心领导亲自带队赴辽宁、江苏、福建、湖南等省市进行实地考察，对地方政府采购的经验和做法进行了深入了解。完成了《抓好队伍建设推进政府集中采购工作科学发展》、《社会中介代理机构运行状况和运行机制调查》、《协议供货和定点采购周期问题》、《完善评审制度及评审专家管理问题》、《妥善处理与采购人、供应商关系问题》、《进一步完善质疑的处理程序问题》等8份调研报告。参与中纪委《三公领域建立健全惩防体系制度课题》的研究起草。

国务院机关事务管理局中央国家机关
政府采购中心供稿　郭俊杰执笔

外　交　部

【概述】2010 年，外交部政府采购预算总额约 1.8 亿元，实际采购金额约 1.6 亿元，节约资金约 0.2 亿元，节约率 11.28%。采购总额中，货物类采购金额约 0.5 亿元；工程类采购金额约 1 亿元；服务类采购金额约 0.05 亿元。外交部集中采购机构采购总额约 0.6 亿元；部门集中采购总额约 1 亿元，其中部门确定的本系统单位公用房建设及修缮和装修工程约 0.9 亿元，主要是外交学院新校建设有关工程，约占部门集中采购总额的 89.30%。公开招标与邀请招标金额约 1.4 亿元，约占全年政府采购总额的 87.50%，招标采购已成为外交部政府采购最主要的采购方式。

【严格执行政策法规】外交部政府采购办公室认真学习领会《国务院办公厅关于进一步加强政府采购管理工作的意见》（国办发［2009］35 号）、《财政部关于进一步做好中央单位政府集中采购工作有关问题的通知》（财库［2009］101 号）等文件精神，严格执行《中央预算单位 2009～2010 年政府集中采购目录及标准》、财政部《中央单位变更政府采购方式审批管理暂行办法》及《政府采购进口产品管理办法》等制度规定。根据《政府采购法》相关规定与政府集中采购目录及标准确定政府采购组织形式与采购方式，变更采购方式及采购进口产品严格报财政部批准后实施，依法行政、依法采购意识进一步强化，采购规模与范围保持合理增长，采购资金使用效益不断提高。

【规范操作流程】制定《外交部政府采购办公室廉洁自律守则》（以下简称《守则》），严格加强自身廉政建设，《守则》要求政府采购工作人员廉洁自律，严格遵守政府采购法律法规，维护国家利益，保证外交部政府采购工作按照“公开、公平、公正”原则进行。根据《政府采购法》等有关法规及《外交部政府采购工作流程》，结合外交部政府采购工作实践，参考社会专业招标公司相关规定，研究制定了《外交部政府采购竞争性谈判工作手册》，规范政府采购竞争性谈判工作，明确谈判组织程序，加强谈判人员纪律约束。采用“专项采购小组”主导政府采购具体组织实施工作的新模式，通过采购需求单位、技术、财务、政采、纪委等部门各自发挥职能作用与优势，相互配合，相互监督，保证政府采购工作顺利进行。

【加大宣传力度】通过具体办案、办会培训、政府采购简报、政府采购信息公示、转发文件等渠道和方式，深入开展政府采购宣传工作，向部内部署各单位普及政府采购法律法规，切实增强各单位依法采购意识，争取各相关单位对政府采购工作的理解和支持，不断加强政府采购制度执行的严肃性、规范性和有效性。

【扩大采购规模】全年共下达《外交部政府采购方式确认书》208 份，成功组织驻外机构安检设备与个人防护器材、边界联检车辆与设备、光纤网卡计算机、信息中心电视墙升级、周转房家具家电、密码销毁设备、宴请会客设备等采购项目。增强政府采购工作的主动意识，加大政府采购参与力度，采购规模进一步扩大。

【落实政府采购功能】 按照国家相关政策要求，优先购买国货和自主创新产品，优先选用节能环保设计方案，强制采购节能环保清单产品，全年节能、节水产品采购总额669.81万元，占同类产品的38.86%，环保产品采购总额708.63万元，占同类产品的24.27%，积极发挥政府采购节能环保政策功能，促进外交部节约型机关建设。对于涉及信息安全的项目，坚持采购具有我国自主知识产权的产品，切实维护国家信息安全。

【提高政府采购管理水平】 高度重视政府采购预算和计划编报工作，切实提高政府采购预算和执行计划编报的规范性、科学性与合理性，严格按预算和计划组织实施政府采购活动，避免无预算、无计划和超预算、超计划采购等情况的发生，不断提高政府采购精细化管理水平。2010年外交部政府采购信息统计工作得到财政部表扬。针对外交部涉密采购和紧急采购事项多的特点，政府采购办公室积极创新采购模式与方法，妥善处理好规范、效率和保密之间的关系，在不断扩大政府采购范围与规模的基础上，注重提高采购效率，不断加大保障外交中心工作的力度。

外交部财务司
政府采购及国有资产管理处供稿

民　政　部

【概述】 2010年，民政部政府采购工作根据国家有关规定，结合民政自身特点，严格执行政府采购程序，大力发挥政府采购优势，提高资金使用效率，保障事业发展，取得较好成效。全年完成政府集中采购金额10.74亿元，节约资金近0.6亿元，节约率5.59%。其中中央级救灾帐篷采购9.75亿元，采购帐篷、棉衣被等196万顶（套）；流浪未成年人流动救助车采购0.4亿元，国家康复辅具项目设备采购0.39亿元，其他政府采购0.2亿元，采购数量共316069台（件）。2010年民政部政府采购规模较2009年有大幅度增加，原因在于2010年国家自然灾害频发，特别是青海玉树大地震和甘肃舟曲泥石流灾害，给人民群众造成重大人员财产损失。为切实保障受灾群众基本生活，民政部在调拨库存救灾物资的同时，紧急进行三次大规模的救灾物资采购，采购金额近10亿元。

【明确政府采购指导原则】 根据《国务院办公厅关于印发中央预算单位2009～2010年政府集中采购目录及标准的通知》（国办发［2008］129号）要求，明确政府采购原则和方式。一是对符合公开招标条件的货物和服务采购项目，按要求办理审批并委托招标代理机构或中央国家机关政府采购中心进行公开招标采购。二是对政府集中采购目录内的货物和服务委托中央国家机关政府采购中心进行集中采购。三是对政府集中采购目录外且限额以下的商品，在符合财政部强制节能产品和进口产品管理规定的前提下，坚持网上竞价，原则上选择最低报价的供应商。四是对金额较小、需求较急的商品，经审批后，选择三家以上的供应商，通过询价等方式采购。

【规范政府采购程序】 按照《中华人民共和国政府采购法》、《中央单位政府采购管理实施办法》和《民政部政府采购管理实施办法》等有关规定，规范政府采购程序：一是全面推行编制政府采购预算制度，即凡使用财政性资金采购的项目都编制政府采购预算。二是各司局和事业单位在年度政府采购预算基础上编制年度政府采购计划，增强采购的计划性。三是严格审批制度，政府采购项目必须经审核部门批准后方可实施采购程序，因特殊原因修改计划或临时制定的，必须一事一报，从源头上杜绝不合理采购事项的发生。四是规范采购过程，明确区分政府集中采购、部门集中采购和单位自行采购行为，对应当公开招标的项目，严格执行政府采购招投标有关规定，避免规避公开招标采购现象发生。

【确保政府采购质量】 民政部的政府采购工作，尤其是关系服务民生的采购项目，大都采取公开招标方式实施采购。在制定招标计划过程中，邀请专家参与制定相关标准。在评标工作结束后，按照评审专家委员会对投标项目的推荐建议，确定中标人。对于重大货物政府采购项目，在签订合同后，组织力量在货物生产的各个阶段进行不定期检查，并邀请国家级专业机构对采购货物进行验收，从而有效地保证了采购质量。

【完善政府采购监督机制】 为加强对政府采购工作的监督，不断完善政府采购备案和审批的管理工作，成立重大政府采购项目廉政建设监督机构，请驻部纪检监察部门对采购全过程进行监督。开展对直属事业单位、部管社团以及代管单位的政府采购事项经常性检查。加强采购资产的管理，保证资产登记的完整性和及时性。

【加强政府采购培训】 针对政府采购涉及面广、政策性强的特点，根据民政部实际情况，定期组织各部门、单位政府采购业务人员开展业务学习和交流，积极参加中央国家机关政府采购中心组织的业务培训，通过学习和培训，提升政府采购工作人员的业务水平和素质，政策把握能力进一步提高，保证政府采购的顺利实施。

【政府采购成效显著】 民政部政府采购工作对促进民政事业的可持续发展作出积极贡献：一是保障救灾工作的顺利开展。2010年是近20年来仅次于2008年的第二个重灾年份。各级民政部门及时、高效、有序开展救灾工作，完成新疆等地寒潮冰雪、西南地区连续旱灾、青海玉树强烈地震、南方和东北严重暴雨洪涝、甘肃舟曲特大山洪泥石流、沿海台风等各类重特大自然灾害的救灾任务。民政部启动救灾应急响应51次，共救助受灾群众9000多万人次，紧急转移安置1859.4万人次。救灾物资政府采购工作的及时高效开展，保证救灾工作的顺利进行，保障灾区群众的基本生活。二是提高社会救助和社会服务的水平。2010年民政部实施的流浪未成年人流动救助车采购项目和国家康复辅具研究中心康复辅具采购项目等一系列民政社会救助和社会服务采购项目，为提高我国社会救助水平和社会服务能力打下良好基础。三是改善部机关办公条件。按照统一的资产配备标准，完善资产采购与管理制度，部机关的办公自动化水平逐步提高，改善部机关办公条件，提高设备的使用效率。

民政部规划财务司供稿

纪占国　滕佳铭执笔

交通运输部

【概述】2010年，交通运输部政府采购工作在认真执行政府采购各项法律法规的同时，紧紧围绕部属单位国有资产暨政府采购工作会议提出的任务和要求，在强化政府采购预算约束力、加强预算执行管理、扩大采购规模、提高资金使用效益、支持节能环保等方面取得成效。2010年政府采购规模54.03亿元，较上年增长88%。工程类项目采购的比重呈上升趋势，较上年增加6.26%。优先采购本国产品、强制采购节能环保产品等政策功能得到落实。国内产品采购金额占采购总额的98.9%，节能节水产品采购占同类产品采购总额的91.32%，环保产品采购占同类产品采购总额的84.92%。

【召开会议】召开部属单位国有资产暨政府采购工作会议，高洪峰副部长出席会议并作重要讲话，总结政府采购工作取得的成效及存在的问题，深入分析当前政府采购工作面临的形势及任务，明确提出加强政府采购工作的具体要求，并对下阶段的重点工作进行部署。部署各单位的“一把手”、业务主管领导、财务部门、资产部门负责人参加会议，并就政府采购工作执行中存在的问题进行深入讨论。这是就资产管理和政府采购工作召开的第一次专题工作会议，对提高部署各单位政府采购的认识，做好政府采购工作起到里程碑式的作用。

【落实各项制度】一是按照政府集中采购目录规定的范围实施政府集中采购，加强对分散采购的管理，努力做到政府采购项目应采尽采。二是及时转发国务院、财政部、中央国家机关政府采购中心政府采购的相关文件，并根据部属单位实际情况提出明确要求，为更好地完成政府采购工作提供政策依据和法律保障。三是严格执行采购进口产品和变更采购方式审批制度。2010年经财政部批准采购进口设备375件（套），变更采购方式9项。

【强化预算管理】强化政府采购预算和计划约束力，努力实现采购预算、计划和执行有效衔接。一是做好预算的编制工作。要求各单位科学、全面、完整地编制政府采购预算，并结合预算编报进行专门审核。二是做好预算调整工作。要求各单位对年度预算执行中有关项目的变动，必须及时调整政府采购预算并报财政部备案之后方可执行。三是做好采购实施计划、执行和信息统计工作。2010年政府采购信息统计年报工作得到了财政部的通报表扬。

【落实政策功能】做好政府采购支持节能环保、信息安全产品管理、正版软件使用等工作，发挥政府采购政策功能作用。一是严格执行优先采购本国产品的政策。2010年国内产品采购总额达到53.44亿元，占总采购规模的比例较上年增长1.77%。二是落实强制采购节能产品和优先采购环保产品政策。2010年节能节水产品采购金额占同类产品采购金额的比例，较上年增加2.32%。三是要求使用财政性资金采购信息安全产品的，要采购经国家认证的信息安全产品，规范软件产品政府采购行为，对纳入政府集中采购目录的软件产品实行政府集中采购。

【加强宣传培训和交流】 为不断提高政府采购相关人员的政策执行能力和业务管理水平，采取多种形式开展培训和宣传工作。一是组织两期部属单位国有资产和政府采购培训班，宣讲政府采购相关知识和要求，并注意将培训内容紧密联系工作实际，为提高部属单位政府采购工作管理水平起到推动作用；二是组织部属单位财务人员及负责政府采购的人员，参加中央国家机关政府采购中心举办的政府集中采购业务培训班，提高一线操作人员的业务水平。三是在交通财会网设立政府采购专栏，将所有不涉密的政府采购文件在该栏目中发布，为各单位有关人员查询、学习提供方便，做好政策的宣传工作。四是参加财政部举办的2010年中央单位政府采购工作会议，以及中央国家机关政府采购中心举办的中央单位政府集中采购工作座谈会等，与有关中央部门交流经验。

【加强监督检查】 加强对部属各单位政府采购工作的日常监督检查。结合预算执行情况审计、经济责任审计、财务会计工作检查以及“小金库”专项治理等工作，对有关单位政府采购活动开展情况进行抽查，对政府采购操作执行中易发生问题的环节加强监管。通过开展监督检查活动，使各单位领导对政府采购工作更加重视，促进各单位完善政府采购的内部管理制度，对规范政府采购行为起到较好效果。

【GPA研究工作取得阶段性成果】 为应对我国加入WTO《政府采购协议》（GPA）谈判工作，继续做好交通运输行业GPA研究工作。一是按照财政部的总体要求，在工程组和服务组牵头部门水利部和商务部的具体部署下，明确2010年研究工作目标及工作进度安排。二是组织召开研究工作组会议，对2010年研究工作方案、阶段性研究成果、研究过程中面临的疑点和难点等问题进行交流讨论，为研究工作顺利开展提供保障。三是参加财政部、水利部和商务部组织的研讨会和工作会议，掌握GPA谈判和研究工作的最新信息和动态，结合交通运输行业的实际情况，及时调整研究方法和思路。四是研究工作取得阶段性成果，形成《加入GPA我国交通运输行业应对策略研究（2010年）》、《国内外交通服务项目分类体系对照研究》和《交通工程采购管理体制和采购实践研究》等研究报告。对我国与GPA参加方在公路、港口、内河航运工程采购管理体制和采购实践、CPC代码与国内产品分类等进行深入比较分析，提出当前我国交通工程管理体制存在的问题及相关配套改革思路和建议，研究成果支持了我国GPA谈判工作。

交通运输部财务司供稿
程莹执笔

水　利　部

【概述】 2010年，按照财政部对政府采购工作的统一部署，水利部政府采购工作紧紧围绕水利中心工作，努力扩大采购规模和范围，强化监管，提高基础管理工作水平，认真落实各项政策功能，政府采购工作稳步推进。2010年水利部政府采购规模14.27亿元，货物、工程和服务类采购金额分别为4.23亿元、8.44亿元和1.60亿元。

【扩大政府采购范围】 2010年水利部政府采购工作逐步形成以预算为基础，以计划为约束，强化执行管理的政府采购工作机制。拓宽政府采购资金范围，要求将使用以财政性资金作为还款来源的借（贷）款进行的采购纳入政府采购管理，做到法律规定范围内的政府采购项目应采尽采。强化对政府集中采购目录及限额标准的执行力度。进一步加强工程项目的政府采购管理，要求政府采购工程项目除招标投标环节外均按《政府采购法》规定执行，将工程采购纳入政府采购预算、计划和信息统计管理范畴。

【推进基础工作】 一是严格2011年政府采购预算审核。根据国务院目录及政府采购有关要求，严格审核年初和年中追加政府采购预算，要求直属单位凡属于政府采购目录及限额标准以上的项目必须编制政府采购预算。二是完成2009年度政府采购信息统计工作。及时贯彻落实财政部《关于做好2009～2010年全国政府采购信息统计工作的通知》精神，召开直属预算单位政府采购信息统计工作布置会，对信息统计专项工作进行动员部署。在直属单位的支持配合下，按时上报2009年政府采购信息统计数据，得到财政部通报表扬。三是按季度完成2010年度政府采购计划、执行及信息统计汇总报送工作。传达财政部《关于做好2010年中央单位政府采购计划和执行编报工作的通知》精神，结合水利部工作实际提出具体贯彻落实意见，积极做好政府采购实施计划和执行数据的催报、审核和汇总工作。

【创新监管手段】 利用水利部政府采购管理信息系统的动态监控平台，加强对直属单位政府采购计划和执行情况数据的在线监控。严格执行目录及政府采购相关政策要求，重点对政府采购组织形式、采购方式以及重点品目采购进行监控。及时汇总整理各单位政府采购计划和执行数据存在的主要问题，并反馈有关单位，同时督促相关单位及时整改。通过在线监控，进一步规范直属单位政府采购行为，提高数据报送的完整性和准确性，政府采购管理工作基础得以夯实。

【规范部门集中采购】 加强部门集中采购管理，通过对项目全过程跟踪，规范部门集中采购行为。一是根据国务院目录有关规定，在部门预算下达后，结合2010年水利部政府采购项目实际情况，在充分调研的基础上，公布《水利部2010年部门集中采购项目清单》，明确2010年度水利部部门集中采购项目范围和限额标准，并制定了部门集中采购项目组织实施基本程序。二是召开部门集中采购工作布置会，审查部门集中采购项目实施方案，为部门集中采购工作顺利开展奠定基础。三是及时跟踪部门集中采购项目执行。通过执行数据报送、合同备案等多种手段加强对部门集中采购项目实施的管理、控制和监督。

【加强调研和政策指导】 一是及时传达贯彻财政部《关于印发〈2010年政府采购工作要点〉的通知》精神，结合水利部工作实际，制定水利部2010年政府采购工作要点，指导直属预算单位2010年度政府采购工作。二是针对2010年财政部就政府采购计划和执行信息统计管理的新要求开展调研。赴水利部所属黄河水利委员会等基层单位了解政府采购工作中存在的问题，及时总结并向有关部门反映工作中的困难，推广基层单位好的经验和做法。三是编写《水利部政府采购实务指南》，详细解释政府采购具体操作流程，方便直属单位掌握政府采购最新管理规定，便于规范直属单位政府采购行为，提高政府采购效率。

【推进信息化建设】 为适应财政部关于政府采购实施计划、执行情况和信息统计管理的新要求，升级水利部政府采购管理信息系统。召开信息系统升级方案需求论证会，对升级方案进行了反复论证和质询。完善改造政府采购预算、计划和执行模块，实现对预算项目政府采购执行情况的全过程跟踪，以及按季度报送政府采购各项基础数据功能。实现与财政部"政府采购信息统计及计划管理系统"数据互联互通。水利部政府采购信息化管理水平得以提高。

【发挥政策功能】 一是严格政府采购进口产品审核。审核中严格把好预算关、专家关和意见关，保证相关单位严格按照政府采购程序和要求采购进口产品。2010年水利部政府采购国内产品比重达96.71%。二是认真贯彻落实国家有关政府采购促进节能、环保的各项政策规定，加大强制采购节能产品和优先购买环保产品的力度。政府采购政策功能在水利部政府采购实践中得以有效发挥。

【强化政府采购业务培训】 一是为贯彻落实财政部关于按季度报送政府采购计划、执行和信息统计的新政策、新要求，以推动水利部直属单位政府采购管理信息化水平为着力点，举办两期政府采购计划和信息管理系统培训班，培训面直至五级基层预算单位，培训人员达250余人次，为2010年度政府采购计划、信息统计及执行情况的及时报送奠定了良好的基础。二是举办政府采购制度法规培训班，培训直属单位政府采购相关负责同志共50余人次，全面介绍当前我国政府采购面临的形势任务及下一步工作要求，明确政府采购工作方向。

【开展课题研究】 完成"政府采购与国库支付和预算衔接"课题研究工作。开展"水利政府采购评价指标体系"课题研究。以直属单位政府采购工作关键环节，如组织体系建设、制度建设、基础工作水平和政策执行力度等工作质量和工作绩效为着眼点进行全面考评，以考评促工作，督促各单位进一步提高政府采购基础工作水平。

【建立监督机制】 一是从内容上加强对政府采购预算、计划和执行的全过程监督，对政府采购关键环节进行重点控制；二是从组织体系上建立财务、预算执行、审计监察等部门联合组成的专业监督队伍，形成多层次监督体系；三是通过信息化手段实现对政府采购执行的动态在线监控。

【政府采购工作卓有成效】 一是直属单

位依法采购的意识明显增强，政府采购已经成为确保水利“四个安全”的一项重要措施。二是采购规模和范围呈现增长势头。纳入政府采购范围内的品目逐年增加，政府采购规模和范围不断扩大。三是财政资金使用效益明显提高。通过公开、公平、公正的竞争程序达到强化支出管理的目标，近年来水利部政府采购平均资金节约率达到4.7%。四是有效促进反腐倡廉工作。随着政府采购透明度的提高，以及采购制度的日益健全，使过去单位采购中一些不规范的行为得到有效遏止，从源头上防范腐败行为的发生。五是贯彻落实国家有关保护和促进国内企业、自主创新企业、节能环保企业发展的政策目标。六是有效保障水利中心工作的顺利开展。

农 业 部

【概述】 2010年，农业部政府采购工作紧紧围绕农业中心工作，加强采购预算管理，规范政府采购行为，加强政府采购培训和监督检查，提高信息化管理水平，不断推进政府采购工作精细化管理。全年完成政府采购预算9.6亿元，实际采购规模8.72亿元，节约率9.17 %。采购规模比2009年略有下降。采购总额中，按项目类别划分，货物类采购4.3亿元，占采购总规模的49.31%；工程类采购2.93亿元，占采购总规模的33.6%；服务类采购1.49亿元，占采购总规模的17.09%。按组织形式划分，集中采购规模3.48亿元，占采购总规模的39.91%；分散采购规模5.24亿元，占采购总规模的60.09%。按采购方式划分，公开招标采购7.44亿元，占采购总规模的85.32%；邀请招标采购0.65亿元，占采购总规模的7.45%；竞争性谈判采购0.12亿元，占采购总规模的1.38%；单一来源采购0.11亿元，占采购总规模的1.26%；询价采购0.4亿元，占采购总规模的4.59%。

【强化政府采购预算管理】 坚持从政府采购预算入手，运用预算约束力规范政府采购行为，从三个方面做好政府采购预算管理工作。一是将政府采购预算作为部门预算编制的重要内容，要求各单位做好单位内部财务部门与资产管理部门、项目管理部门的沟通协调，做好政府采购预算与资金支出预算、资产购置预算的统一协调和有效衔接，从源头上规范政府采购工作。二是协调落实政府采购预算审核人员，研究制定政府采购预算审核工作流程，明确审核重点，细化审核工作流程及分工，确保政府采购预算审核工作落到实处。三是在预算执行环节，强调政府采购预算、计划的严肃性，要求单位切实做到“无预算不采购，无计划不采购，超预算不采购”，没有按照规定编报预算和计划的，不得组织采购活动，财务部门不得支付资金。

【发挥政府采购政策功能】 一是严格落实优先采购节能环保产品政策。2010年采购节能节水产品1.37亿元，占同类产品采购总额的91.54%；环保产品采购金额1.25亿元，占同类产品采购总额的83.86%。二是严格执行优先采购本国产品的政策。全年采购国内产品7.06亿元，占采购总额的80.96%；采购进口产品1.66亿元，占采购总额的19.04%。三是规范政府采购相关事项申报审批。制定相关管理制度，对变更政府采购方式和采购进口产品的申报材料、专家论证意见的组织与出具等提出明确要求，建立进口产品部内专家评审制度，减少不必要的进口产品采购，避免重复返工，提高采购工作效率。

【加强政府采购监督检查】 将日常监督与专项监督相结合，检查监督与投诉监督相结合，事前、事中、事后监督相结合。在基本建设项目竣工财务决算评审、强农惠农专项资金检查、事业单位国有资产保值增值检查、部属事业单位会计基础工作检查评比等工作中，将政府采购制度执行情况作为一项重要的检查内容。在监督检查中，对采购预算与采购计划的编制、实施采购、合同签订与履约、采购资金支付和采购文件归档管理的全过程进行检查，加大对政府采购各环节合法性、合规性的审查力度，坚决纠正和处理政府采购中的违法违规行为。

【加强政府采购队伍建设】 2010年加大教育培训工作力度，创新培训方式和手段，加强政府采购队伍建设。一是积极组织人员参加财政部、中央国家机关政府采购中心组织的各类培训，了解最新的政府采购政策、规定及要求。二是利用召开财务工作会议、举办直属事业单位“一把手”财务知识培训、会计继续教育、国有资产管理和基本建设项目培训等各种机会，讲解政府采购的相关政策规定、业务知识和操作规程等，全年受训达1500余人，培训对象从财务人员拓宽到资产管理人员、工程技术人员、行政司局和事业单位“一把手”。三是组织召开政府采购座谈会，交流各单位政府采购工作的经验、做法，研讨各单位遇到的共性问题及处理意见和措施。

【科学组织实施政府采购信息统计工作】 针对2010年政府采购信息采用实时录入、信息统计由年报改为季报的新情况，结合农业部实际，及时制定政府采购信息统计编报工作方案，从信息统计编制范围、内容、时间、组织和工作要求等5个方面进行规范。一是明确责任，分级负责。针对部属单位范围广、管理层次多、工作量大、时间紧的特点，实行分级管理、分级负责的模式，自下而上层层审核把关，加强政府采购计划编制和执行的实施管理。二是提前准备，提高培训的针对性。在接到财政部政府采购信息统计方式改变的通知后，立即组织召开座谈会，邀请部分单位相关人员进行试编，并就开展信息统计培训的内容、要求以及可能遇到的问题征求意见，在此基础上，分别针对部机关和部属单位举办两期专题培训班，具体讲解政府采购信息统计编报的要求，解答各单位提出的疑问。三是明确工作机构及人员，保障信息编报工作有效实施。委托由农业部财会服务中心安排专人负责批量采购月报及政府采购计划、执行和信息统计工作季报、年报的催收、汇总、审核工作，保证信息统计填报工作及时、有序上报。四是搭建平台、加强沟通。为适应2010年政府采购信息统计工作需要，提高工作实效性，建立政府采购短信平台，及时发布法规信息，定时提醒、催报采购计划和采购信息。

农业部财务司供稿

虞从映　赵宏执笔

中国人民银行

【概述】2010年，中国人民银行按照科学发展观要求，落实采购政策，完善采购制度，规范采购操作，扩大采购规模，政府采购工作稳步发展。政府采购规模中，集中采购额占比91.02%，比2009年上升13.55%。资金节约率14.66%，比2009年提高3.56%。

【施行新的集中采购管理办法】印发施行新的《中国人民银行集中采购管理办法》（银发［2011］21号）。办法对中国人民银行集中采购遵循的原则、组织管理、采购项目管理、采购方式管理、采购程序管理及内部控制与监督检查等方面作出规定。

【推行“政府采购信息统计及计划管理系统”】自2010年起，中国人民银行各分支机构及总行直属事业单位使用“政府采购信息统计及计划管理系统”编报政府采购计划、执行、信息统计等报表。系统推行后，中国人民银行各级机构按季编报政府采购计划、执行、信息表，政府采购计划性和信息反映得到进一步加强。

【扩大集中采购规模】将汽车维修、汽车保险、汽车加油、凭证印制、会议服务及物业管理等列入集中采购项目范围。加大总行集中采购力度，对金库门、数字硬盘录像机、服务器等专用设施项目实行协议供货；将原来由分支机构采购的部分业务用车改为统一由总行实施采购，有效发挥采购规模效应。抓好重点项目集中采购工作，在两网分离（办公网与业务网分离）、电视电话会议系统改造、二代支付系统建设等重点项目采购中，认真审查采购需求，加快采购进度，有效保障重点项目建设顺利实施。

【落实政府采购政策要求】认真落实有关节能产品、环境标志产品采购政策，在同等条件下优先采购节能环保产品，不断提高节能环保产品采购比重。采购节能节水产品占同类产品的73.21%；采购环境标志产品占同类产品采购额的49.34%。严格控制进口产品采购范围，优先采购国内产品，采购率在95%以上；进口产品采购均报经财政部审批，全年采购进口产品比2009年减少31%。

【强化采购管理基础工作】对单一来源方式采购实行论证办法，通过组织政府采购评审专家咨询等形式，有效减少单一来源采购项目数量；制定项目档案管理、项目信息公告、评审专家抽取等多项专门管理制度，增强政府采购制度的可操作性；实行采购实施情况定期通报制度，有序安排采购任务，避免采购项目过于集中在年底；通过登门走访、电话沟通等方式，听取各用户单位的意见和建议，争取对采购工作的理解和支持，提高服务水平；通过供应商座谈会等形式，听取供应商的意见和建议，解答供应商参与政府采购遇到的常见问题，宣传政府采购政策。

【提高采购效率】试行采购项目负责制，

优化分段实施采购的工作流程，缩短项目内部流转时间，保障重点建设项目按计划推进；实行内部审批分级授权管理，优化内部办文流程；实行采购文件会议确认制度，通过专题会议与用户批量确认采购文件，有效缩短项目实施时间；实行打包评审制度，将项目性质相近和用户单一的采购项目打包评审，解决项目过于集中、评审业务量较大等问题；制定小额采购项目操作规程，改变小额采购按大额采购流程实施、采购战线过长、程序不简约的状况。

【推进电子化采购应用】全面实施网上电子化采购，开通项目查询、统计和管理等功能，有效促进业务信息共享和电子化管理；小额采购项目通过电子化采购系统以“电子竞价”方式实施，缩短了采购周期，降低人员投入；依靠电子化采购系统为分支行提供采购实施过程中需要的各类文档材料，促进分支行了解采购业务操作的规范性和标准化。

【加强法律风险防范】结合电子化采购系统的应用，对招标文件、招标公告、评审文件等所有采购文件全部实现模板化管理，有效提高采购文件的规范性。通过内部法律部门和外部专业律师事务所对现有合同模板逐个逐项审核，修订和完善采购合同模板，防范法律风险。聘请外部专业律师事务所，对所有签订的合同和采购过程中的重大异常事项提交书面法律意见；对于金额在千万元以上的重大采购项目合同，提交内部法律部门审核并出具书面意见。

【开展培训和业务交流】为提高采购管理水平，提升采购人员素质，交流采购机构工作经验，举办集中采购业务“外国专家”培训班，就现行中外采购法律制度及其历史演变、国际金融机构采购实务等内容，对中国人民银行各级机构及国内主要金融机构采购业务负责人或业务骨干进行专题培训；深入开展采购政策调查研究，形成一系列有一定理论和实用价值的调研报告；以中国金融学会金融采购专业委员会名义编辑出版《中国金融》（金融采购特刊）；召开首届金融采购高峰论坛暨金采委第一次理事大会，开展国内金融采购领域业务研讨和交流活动。

【建立政府采购的防腐长效机制】坚持抓好治理政府采购领域商业贿赂工作，将此项工作和行内党风廉政建设结合起来，根据政府采购领域工作实际，完善内部控制，加强教育学习，切实加强对政府采购领域敏感岗位和薄弱环节的监督和制约。

中国人民银行会计财务司供稿

储稀梁执笔

审　计　署

【概述】2010年，审计署及所属二级单位政府采购预算11541万元，实际采购10243万元，节约资金1297万元，节约率11.24%。实际采购比上年减少1120万元，下降10%。其中，预算内资金采购10122万元，占98.8%；自筹资金采购121万元，占

1.2%。货物类采购5113万元，占50%；工程类采购806万元，占7.8%；服务类采购4325万元，占42.2%。集中采购金额8600万元，占84%，比上年增加5%。国内产品采购10157万元，占99%，进口产品采购仅占1%。

【加大工作力度】 2010年相继印发《审计署办公厅转发〈财政部关于做好2009—2010年全国政府采购信息统计工作通知〉的通知》、《审计署办公厅转发〈财政部关于做好2010年中央单位政府采购计划和执行编报工作通知〉的通知》、《审计署办公厅关于做好署机关政府采购计划和执行情况的通知》等文件，要求所属单位做好政府采购相关工作。

【充分利用信息化管理手段】 组织所属二级单位严格按照财政部部署，定期通过政府采购信息统计与计划管理系统上报采购计划、执行情况和批量集中采购计划等，实现整个采购过程的信息化管理。

【强化业务培训】 一是举办专门的业务培训班，5月12日至14日，审计署举办政府采购业务培训班，邀请财政部专家讲解政府采购政策，培训采购业务知识。二是利用财务工作培训班，安排政府采购培训内容，6月21日至23日，审计署举办年度财务工作培训班，培训内容包含政府采购相关培训。三是积极参加财政部、采购中心等举办的各类政府采购培训班。

【推进制度建设】 8月6日，印发《审计署关于印发政府采购管理实施办法的通知》，为进一步加强审计署政府采购管理工作，规范政府采购行为提供制度保障。

【加强采购监管】 将政府采购与预算编制、资产管理及绩效评价等工作有机结合，确保采购计划严格按采购预算执行，加强对采购需求的审核和对采购物资的监管，防止超标采购、豪华采购等现象发生。

【建立防腐长效机制】 始终将反腐倡廉建设贯穿于政府采购工作全过程，针对政府采购执行工作中的薄弱环节进行监督，严格实行财、采、管分离，将政府采购作为内部财务检查、审计等重要检查内容，努力构建防治腐败的长效机制。

审计署供稿
卜建立执笔

国家税务总局

【概述】 2010年，在国家税务总局党组的重视和领导下，国税系统各级政府采购部门坚持科学发展观，认真贯彻落实全国税务工作会议和财政部有关文件精神，深入贯彻《政府采购法》，坚持依法采购，推进科学管理，优化采购服务，强化风险防范，政府采购工作取得新的进展。2010年全国国税系统完成政府采购预算56.16亿元，签订政府采购合同金额48.2亿元，节约预算资金7.96亿元，节约率14.2%。公开招标、邀请招标、竞争性谈判、询价、单一来源五种采购方式采购金额分别占采购总金额的79.96%、2.73%、5.02%、5.26%、7.00%，公开招标采购方式占据主导地位，公平竞争原则得到较好的体现。

【严格目录约束和程序约束】转发《关于2010—2011年度中央国家机关京内、京外单位机动车辆定点保险的通知》、《关于2010—2011年度限额内工程项目定点采购有关事宜的通知》等文件，对总局机关定点采购汽车、保险、限额内工程项目以及协议供货采购计算机等产品进行明确，加大国家税务总局机关执行“国采”协议供货和定点采购管理的督导力度。严格程序约束，坚持信息公告和披露制度，国家税务总局集中采购中心全年在财政部指定的政府采购信息发布媒体发布各类采购信息公告110个，同比增长82%，其中招标公告37个，中标公告31个，澄清及变更公告12个，成交公告24个，废标公告6个。召开专家论证会28次，政府采购领导小组会议26次，抽取评审专家380人次。

【实施规范化管理】一是严格报批报备制度的执行。向财政部报批报备16件，其中报请审批采购方式6件；报备专家库评审专家使用情况1件；报备有关采购项目执行情况2件，涉及55个项目，采购金额6.35亿元；报请审批采购进口产品7件。办理国税系统集中采购项目授权审批148项，审批金额1.96亿元；办理国家税务总局机关采购项目授权审批172项，审批金额4894.67万元；为地税系统4个省市局办理跟标采购6项，金额4193万元。二是规范普通发票印制政府采购管理。积极推动国税系统普通发票印制招标工作，分类拿出具体督导措施，组织专题座谈会，交流研究各地招标中存在的问题并进行指导和督促。截至2010年底，受到督导的所有单位均拿出规范普通发票印制政府采购管理的工作路线图和时间表，发票印制暂未实现公开招标的先对纸张、油墨等原材料进行公开招标，国税系统普通发票印制政府采购管理状况得到明显改观。

【加强管理制度建设】印发《关于开展2010年度国税系统政府采购工作考核的通知》，从组织建设、业务管理、宣传培训与计划总结、业务报表、发票印制等方面首次对国税系统政府采购工作进行考核；认真落实《国家税务总局机关政府采购各部门（机构）职责和工作规程的补充规定》精神，下发《国家税务总局办公厅关于修订单一来源采购软件服务项目谈判采购程序有关问题的通知》，拟定《关于总局机关信息化项目政府采购有关问题的通知》，研究完善授权评标委员会定标有关事宜，明确职责，优化流程，提高效率；梳理金税三期招标工作中遇到的问题，学习和了解其他部委招标采购中好的方法，认真及时处理各类质疑，积极向财政部报告并提出建议。

【完善协议供货办法】开展协议供货专题调研，研究讨论和拟定协议供货采购实施方案，将计算机耗材纳入协议供货采购范围，试行单一品牌或多个品牌入围的分类设计，引入中关村价格指数比较等措施，着力解决协议供货价格偏高、价格信息不对称等问题。2011年国税系统政府采购协议供货共涉及信息化产品13大类、61家中标供应商、752款；汽车3大类（轿车、面包车、越野车）、23家中标供应商、89款车型；办公设备4大类（空调机、复印机、传真机、投影机）、15家中标供应商、54款产品，基本满足系统信息化建设和日常行政办公所需，为基层采购工作提供了便利。

【采购效益进一步提升】先后完成增值税普通发票印制、金税三期工程建设等重大采购项目。其中，增值税普通发票首次公开招标，中标价格二联票由招标前0.35元/份降为0.07元/份，五联票由招标前0.7元/份降为0.217元/份，有效降低了税收成本；已定标的20个金税三期工程采购项目，预算10.66亿元，合同金额3.63亿元，节约资金7.03亿元，资金节约率达65.96%，节约大量税务建设资金。合同执行195项，付款合计7.5亿元；各类保证金收退往来账款734笔合计7977万元。整个政府采购项目的实施严格、规范、有序，采购效益大大提高。

【积极落实采购政策】及时转发节能、环保产品政府采购清单，在国税系统信息化产品、汽车、办公用品协议供货公开招标中，设定强制、优先采购评分内容，中标产品中包括：节能产品空调机38款，环保产品复印机5款、传真机1款、投影仪3款、公务用车50款。国税系统全年采购节能、节水产品8.80亿元，占同类产品采购总额的76.74%；采购环保产品8.79亿元，占同类产品采购总额的67.07%；组织进口产品采购专家论证会9次，向财政部报批总局及国税系统进口产品采购7项。国家有关强制、优先采购节能、环保产品和进口产品采购政策得到有效执行。

【开展采购宣传与培训】2010年《中国税务报》政府采购专版共出刊23期，发布各类采购新闻和信息209条，其中：政府采购专论文章18篇，新闻稿件102篇，政策法规5篇，工作经验交流9篇，采购公告信息43篇，新闻图片32幅，宣传报道内容覆盖31个省（市）、自治区；中国税务政府采购网更新信息16779条，其中：招投标公告信息396条，国税系统政府采购工作动态123条，业务文章395条，政策法规73条，产品最新信息及行业采购动态3192条，更新协议供货系统信息12600条。2010年国税系统政府采购业务培训逐步深化，不断拓展培训广度，先后举办1期政府采购信息统计及计划管理系统培训、1期处级干部业务培训、1期业务骨干业务培训，参加培训总计约300人次。各省（市、区）国税局也按照总局要求举办了不同层次、不同形式的政府采购业务培训，部分系统内政府采购工作人员还通过全国招标师资格统一考试，取得了国家招标师执业资格，成为各单位政府采购工作的骨干和中坚力量，为推动干部队伍建设奠定了人才基础。

【加强内控机制建设和廉政建设】国税系统各级采购部门注重干部队伍的思想道德修养和廉政教育，认真学习中纪委五次全会和税务系统党风廉政建设工作会议精神，以贯彻执行《党员领导干部廉洁从政若干准则》为重点，切实加强党风廉政建设。严格落实党风廉政建设责任制，加强惩防体系建设，按照内控机制建设的要求，细化岗位职责、优化采购流程，完善内部监督制约机制，以开展警示教育活动和宣传学习依法依规采购等形式，教育工作人员严格遵守采购工作纪律，树立正确的权力观、苦乐观、金钱观和荣辱观，提高党员廉洁自律意识和政府采购风险意识，筑牢思想防线，提高拒腐防变能力，努力构筑反腐倡廉长效机制，推动国税系统政府采购工作健康发展。

国家税务总局集中采购中心供稿

赵兴玉　王庆成　张峰执笔

国家质检总局

【概述】国家质检总局是垂直管理机构，共有二级预算单位47个，三级预算单位275个。政府采购实行分级管理，即国家质检总局管理二级预算单位，二级预算单位管理所属三级预算单位。各级政府采购主管部门为各单位财务部门。国家质检总局在政府采购工作中，严格遵守政府采购法律法规，认真执行国务院和财政部有关政策，不断完善监督制约机制，按照程序开展各项政府采购活动。对应委托“中央国家机关政府采购中心”采购的集中采购项目，以及应由国家质检总局组织的部门集中采购项目做到了应采尽采。2010年，国家质检总局全系统政府采购金额共计12亿元，其中，集中采购机构采购项目3亿元，国家质检总局部门集中采购项目5亿元，各单位分散采购项目4亿元。

【完善部门集中采购监管机制】为了加强对国家质检总局部门集中采购项目的监督管理，完善制约机制，防控政府采购工作中的风险，建立“管、采、用”分离的管理模式。国家质检总局作为管理部门，负责对采购方式、采购程序是否符合政府采购有关规定，采购结果是否超出预算进行监督管理，但不参与具体采购活动；招标代理机构作为采购部门，负责编写招标文件，组织开标、评标工作，发布招标、中标公告，依照法定程序实施采购；所属预算单位作为使用部门，负责提出采购需求，参与评标，签订采购合同，进行履约验收。在政府采购过程中，“管、采、用”3方各司其职，相互配合，相互制约，规范采购行为。此外，为了规范管理工作，建立“政府采购质量管理体系”。按照质量管理体系规定的工作程序，对部门集中采购项目招标过程中的标书编写、专家抽取、开标评标、公告发布和质疑处理等关键环节实行监督管理，保证招标采购活动符合政府采购程序。

【扩大部门集中采购范围】将金额小、数量大、采购分散的27类常用专用仪器设备，以及金额在120万元以上的大型实验室仪器设备和信息化项目纳入部门集中采购目录。国家质检总局是在中央单位中第1家实行专用仪器设备协议供货采购的单位。发挥集中采购的优势，摸索并成功地对27类专用仪器设备实行协议供货。通过公开招标方式，统一确定27类专用仪器设备的中标供应商和中标产品，使用单位在中标范围内自行选择供应商及产品，签订采购合同，中标价格为最高限价，采购价格不得超过最高限价。专用仪器设备协议供货提高采购效率，节约采购成本，方便使用单位，满足使用单位个性化的业务需求，符合应对突发事件紧急采购的要求。全年专用仪器设备协议供货采购金额共计2亿元。对120万元以上的货物或服务采购项目严格按照国务院有关公开招标的规定执行，全部实行公开招标采购。因招标废标的项目，则按规定报送财政部批准后，采用非招标方式采购。全年公开招标采购金额共计3亿元。

【初步实现政府采购电子化】开发并投入使用“专用仪器设备政府采购交易系统”电子平台。全系统在此平台上采购27类专用仪器设备，各单位可在平台上查询中标结果、选择中标产品、制作采购合同、统计采购信息、评价服务质量、管理采购进度和监督预算执行。实现27类专用仪器设备采购、统计和管理的电子化，大幅度提高工作效率。

【加强制度建设】为了进一步规范政府采购行为，根据国家有关法律法规，结合全系统政府采购工作的实际情况，完成《国家质检总局政府采购管理办法（征求意见稿)》、《国家质检总局部门集中采购招投标管理办法（征求意见稿)》和《国家质检总局部门集中采购协议供货管理办法（征求意见稿)》的编写和征求意见工作，为全系统各单位政府采购工作程序、业务流程、操作规范提供了依据。

国家质检总局计划财务司供稿
赵建伟执笔

新闻出版总署

【概述】2010年，新闻出版总署高度重视政府采购工作，认真贯彻落实国家政府采购的有关规定，狠抓组织落实，及时布置工作，明确责任分工，加强相互协调，严格遵守政府采购工作纪律，规范政府采购行为，切实提高工作效率和服务水平。全年政府采购预算4982.92万元，实际采购金额4180.41万元，节约资金802.51万元，节约率16.11%。其中：货物类采购1097.62万元，占采购总规模的26.26%。货物类中一般设备采购额561.89万元，占货物类采购总额的51.20%；工程类采购583.63万元，占采购总额的13.96%；服务类采购2499.16万元，占采购总额的59.78%。公开招标采购金额占采购总规模的64.41%。货物类采购中，公开招标方式占74.88%，单一来源方式占3.74%，询价方式占21.38%。工程类采购中，主要采购方式是竞争性谈判方式，占90.56%，询价方式占9.06%。服务类采购中，公开招标方式占74.77%，竞争性谈判方式占13.45%，单一来源方式占7.55%，询价方式占4.23%。

【严格采购程序】要求各预算单位严格遵照《国务院办公厅关于印发中央预算单位2009—2010年政府集中采购目录及标准的通知》（国办发［2008］129号）（以下简称《集中采购目录》）的规定执行，列入集中采购机构采购的项目，必须执行协议供货、定点采购或委托中央国家机关政府采购中心采购。达到限额标准的必须采用公开招标方式。始终坚持把政府采购信息公开看成是一项法律规定的制度性事务来做，要求各预算单位严格执行《政府采购信息公告管理办法》（财政部第19号令），公开招标公告、中标公告、成交结果及其更正事项等政府采购信息，必须在财政部指定的政府采购信息媒体上发布公告。严格执行《新闻出版总署政府采购部门集中采购工作规程》、《新闻出版总署政府采购单位分散采购工作规程》和《新闻出版总署政府采购招投标项目定标和合同订立工作规程》，政府采购项目在实施采购前，先要组建由项目单位、财务、技术等相关部门代表组成的采购工作小组，工作小组对采购活动中有关事项开会研究，集体决定。单位纪检部门对工作小组的工作和采购项目实施过程进行监督。

【推进制度建设】结合新闻出版总署2009年政府采购工作实施的具体情况，认真总结实践经验，以完善机制、健全制度为切入点。根据《集中采购目录》、《财政部关于批复国家新闻出版总署2010年部门预算的通知》（财预［2010］246号）和中央单位政府采购的有关规定，研究制定《新闻出版总署2010年政府采购工作实施方案》（以下简称《实施方案》）。《实施方案》中除对年度政府采购预算、组织形式、采购方式、采购程序、采购文件归档等提出具体的要求外，还结合2010年财政部政府采购工作的新要求，对分季度编制“中央单位政府采购计划表（季报）”，“中央单位政府采购执行情况表（季报）”以及每月编制“批量采购计划表”等项工作做出了具体的部署，提出明确要求，以确保相关工作的落实。实践证明，《实施方案》已成为新闻出版总署政府采购工作的指导性文件。

【落实政策功能】一是贯彻落实优先采购环保节能型和自主创新产品等政策。要求各预算单位优先采购环保清单中所列的环境标志产品。各预算单位购买的产品属于政府强制采购节能产品范围的，应当按照《国务院办公厅关于建立政府强制采购节能产品制度的通知》（国办发［2007］51号）和财政部、发展改革委公布的当期“节能产品政府采购清单”（以下简称节能清单），在强制采购节能产品范围内购买。对于其中同时列入环保清单和节能清单的产品，应当优先于只获得其中一项认证的产品。同时，对列入财政部等有关部门印发的节能产品政府采购清单中的产品委托集中采购机构实施采购。二是支持国内产业，严格履行进口产品审核报批程序。全年采购国内产品1176.30万元，达到百分之百购买国内产品。三是加大支持中小企业的力度，全年采购中小企业产品970.85万元，占政府采购总规模的82.53%。

【加大宣传力度】一是通过参加财政部、采购中心组织的培训，各单位有关人员熟悉采购的操作程序，提高业务技能。二是通过各种工作会议上的反复宣讲，总署机关和直属单位的政府采购意识普遍增强，自觉性明显提高，政府采购的有关规定得到了较好的执行。三是通过及时转发财政部、中央国家机关政府采购中心的政府采购相关文件，将政府采购工作新要求及时传达给各单位，确保政府采购行为不断规范，采购水平逐渐提升。

【加强廉政建设】高度重视廉政建设，根据政府采购工作的实际情况，通过对相应岗位制定约束机制、强化重点环节的监管等方式，提高采购人员的廉洁意识和自律意识，采购人员严格遵守政府采购法律法规，按规章制度办事，自觉遵循政府采购公开、公平、公正的原则。

新闻出版总署财务司供稿
吴群执笔

国家知识产权局

【概述】2010年，国家知识产权局以科学发展观为统领，认真贯彻落实《中华人民共和国政府采购法》，严格执行国务院、财政部和国管局有关文件精神，以完善制度建设、编报政府采购信息、开展课题研究、加强政策宣传及拓宽交流渠道为抓手，团结务实，开拓进取，努力增强业务能力，全面提高服务水平，不断推进政府采购工作又好又快地稳步发展。

【召开政府采购工作会议】为进一步统一全局思想，明确整体思路，继续做好政府采购工作，2010年9月，召开全局政府采购工作会议，主管副局长杨铁军出席会议并作重要讲话。监察办、专利局办公室、局直属单位负责人与工作人员及局政府采购评审专家等参加会议，财政部和中央国家机关政府采购中心的有关专家作政府采购政策宣讲和实务讲座。局属单位政府采购工作人员和政府采购评审专家进行充分交流和讨论。局领导、局政府采购领导小组成员为局优秀政府采购评审专家颁发荣誉证书。

【开展专家资格复审和评优工作】根据国家知识产权局《政府采购评审专家管理办法》规定，政府采购评审专家资格有效期为两年。2010年3月，第一批评审专家资格有效期已满两年。国家知识产权局政府采购领导小组办公室会同专利局办公室政府采购处、监察办纪律检查二处根据《2008～2009年评审专家抽取使用情况统计》和《评审专家工作反馈表》，联合开展评审专家资格复审和评优工作，最终确定通过资格复审的评审专家108名，并确定15名专家为优秀评审专家。

【完成政府采购课题研究】《政府采购促进知识产权创造和运用的政策研究》是国家知识产权局和对外经济贸易大学联合进行的课题研究，2008年底启动，2010年3月结题。课题组在系统梳理现有政策的基础上，研究国外主要国家和地区的经验，分析我国加入《政府采购协议》对自主创新扶持政策的影响，同时选取具有代表性的汽车和空调行业作为研究对象，对中国企业运用政府采购政策的现状进行剖析，对东风悦达起亚、青岛海尔和长城汽车等企业进行实地调研。通过研究，对政府采购制度如何更好地推动企业自主创新作有益探索，提出运用政府采购促进知识产权创造和运用的政策建议，为相关政策出台提供重要参考基础。

【完成政府采购信息编报】按照财政部关于政府采购信息统计工作的通知和国家知识产权局政府采购信息管理的有关规定，向局属单位布置2009年政府采购信息统计工作，举办培训班，邀请财政部专家进行专题讲座和业务指导。在核对汇总各单位信息基础上，对全局信息进行全面统计分析，做到数据不重不漏，信息真实、准确和完整，向财政部报送高质量的分析报告。根据各单位数据统计，2009年国家知识产权局政府采购金额2.4亿元，节约预算资金1899万元，资金节约率7.28%。

【规范政府采购计划和执行编报】按照财政部关于加强政府采购计划和执行编报工作的有关要求，及时组织局内各部门单位开展“政府采购信息统计及计划管理系统”培训，通过局内简讯、政府采购通报专栏、政府采购服务系统等途径进行政策宣传，对各单位政府采购工作提供必要的指导和帮助。在专利局办公室和各局属单位的大力配合下，严格按要求报送政府采购计划和执行情况。

【加强政府采购政策宣传普及】为宣传贯彻政府采购制度，解答政府采购实际工作问题，根据最新政策变化和有关材料，编写《政府采购文件汇编（2007～2010）》和《政府采购宣传册（案例分析篇）》，供局机关各部门、专利局各部门、局直属各单位和政府采购评审专家学习使用。

【拓宽政府采购工作交流渠道】2月，国管局召开中央国家机关政府集中采购工作会议，国家知识产权局应邀出席并作经验介绍。3月，国家文物局相关人员到国家知识产权局调研政府采购工作，国家知织产权局政府采购领导小组办公室和专利局办公室政府采购处联合接待来访人员，双方就政府采购机构设置、主要职责、近年来政府采购工作开展情况、政府采购流程和供应商评价工作等进行沟通交流。5月，《政府采购信息报》设立“五四”特刊，国家知识产权局政府采购领导小组办公室作为唯一一家中央级采购单位代表，入选政府采购工作先进集体。7月，《中国政府采购报》对国家知识产权局政府采购工作进行专门报道；在第五届全国政府采购监管峰会上，国家知识产权局的刘菊芳同志被评为“全国政府采购十大阳光人物”。

国家知识产权局供稿

刘菊芳　刘文晶　常伟执笔

中国地震局

【概述】2010年，中国地震局政府采购工作按照《政府采购法》和财政部的有关规定，严格规范采购行为，积极推进政府采购工作全面开展。全年完成政府采购预算4.91亿元，实际采购金额2.91亿元，节约资金2亿元，资金节约率为40.77%。采购规模连续7年超过2亿元。

【宣传贯彻与制度建设并重】为贯彻落实国务院关于政府采购工作的有关要求，2010年利用各种有效载体和宣传时机开展宣传工作，及时转发国采中心协议供货、定点采购等规范性文件，整理编印《中国地震局政府采购2010年度相关文件汇编》。在已制定《中国地震局政府采购暂行办法》、《中国地震局地震专用仪器设备政府采购管理暂行规定》、《中国地震局全面推行政府采购制度的实施方案》、《中国地震局政府采购评标专家和评标专家库管理实施办法》、《中国数字地震观测网络项目仪器设备采购管理办法》等规章制度的基础上，安排专门力量，加强调研和政策研究，进行政府采购文件修订和完善工作，完成《中国地震局招投标管理实施细则》征求意见稿并下发征求意见，初步形成政府采购管理、运行和监督的制度体系。

【完善管采分离运行机制】 按照“管、采”分开的原则，组建中国地震局政府采购中心，挂靠在中国地震应急搜救中心，业务上接受中国地震局政府采购主管部门的指导，承担中国地震局部门采购目录内政府采购项目的采购工作。局属各单位都按规定明确政府采购的管理部门，配备专职人员，负责本单位政府采购工作。2008年通过公开竞争方式选取的3家社会中介机构，与现有的两家政采机构一起承担部门集中采购工作任务。对纳入政府集中采购目录的项目，根据国务院每年颁布的政府集中采购目录及标准，中国地震局政府采购主管部门负责组织汇总上报，由中央国家机关政府采购中心负责实施；对部门采购项目，由中国地震局政府采购主管部门负责实施；分散采购项目由各单位负责组织实施。

【严格按规范程序开展政府采购活动】 按规定编制政府采购预算、制定政府采购计划、确定政府采购组织形式和采购方式。对公开招标采购的项目，严格按公开招标的要求实施。招标文件经相关业务司审核后，按规定委托地震政府采购中心或招标公司组织专家对招标项目进行审定；项目评标之前，由地震政府采购中心或招标公司统一组织标前答疑会，甲方专家集中解答投标人提出的问题；项目开标之前，由招标公司按规定随机抽取甲方选派的专家参加评标；项目评审之前，召开专题会议，对招标的情况提前进行分析梳理，由甲方专家代表向评标小组介绍项目的设计情况和有关技术要求；项目评标之后，招标公司对推荐的中标供应商在指定的政府采购信息发布媒体上进行公告；政府采购资金支付逐步采用中央财政直接拨付方式；建立发展与财务部门、纪检监察和审计部门分工协作、各司其职、共同监督的行政监督管理机制。为确保采购行为的规范性，建立政府采购执行情况季度报告制度，全面动态地掌握各单位政府采购预算执行、组织形式、采购方式、委托采购代理机构、采购进口产品等情况，同时建立政府采购执行情况定期检查制度，及时了解、发现和解决工作中存在的问题，进一步加强对全局政府采购工作的监管和指导，有效地保证政府采购活动的规范运行。

【加强政府采购预算和实施管理】 在工作部署环节，通过对政府采购预算和实施计划表的改进和完善，使之更加符合工作实际和管理需要，同时强调管理要求和工作程序，提高单位重视程度；在报表审核环节，细致做好报表审核和业务指导，针对存在的问题，及时向相关单位反馈，耐心讲解、纠正和规范；在执行环节，加强相关配套制度和措施的建设，加强监督和约束，促进预算执行的严肃性。

【着力提高工作效率】 工作效率是影响政府采购工作发展的重要因素，中国地震局采取有效措施，在工作中实现了高效采购。一是制定科学周密的采购计划，并严格按计划实施；二是实施部门提前介入政府采购项目，做好充分准备：三是对采购数量较大的项目，招标结束后，集中召开供需双方洽谈会，集中签订供货合同，有效地解决用户分散、合同签订周期长及供需双方成本高等问题。四是按照采购项目的专业特点，灵活采取多种采购方式，并注意充分发挥各单位的积极性，及时满足各单位的不同需求。

中 国 气 象 局

【概述】2010年，中国气象局实际采购金额13.35亿元，其中财政性资金12.2亿元，其他资金1.15亿元，分别占采购总额的91.36%和8.64%。在采购总额中，货物类采购8.36亿元，工程类采购3.24亿元，服务类采购1.74亿元，分别占采购总额的62.64%、24.3%和13.06%；集中采购4.31亿元、部门集中采购2.4亿元、分散采购6.64亿元，分别占采购总额的32.30%、17.98%和49.72%；公开招标是主要采购方式，采购额9.73亿元，占采购总额的72.89%，邀请招标、竞争性谈判、询价和单一来源采购分别占采购总额的4.21%、5.51%、3.24%和14.15%；通过集中采购机构采购7.08亿元，部门集中采购机构采购3.41亿元，社会代理机构采购0.72亿元，自行采购2.14亿元，分别占采购总额的53.05%、25.57%、5.38%和16%；采购国内产品13.04亿元，占采购总额的97.66%；采购节能节水产品1.09亿元，占同类产品采购总额的47.22%；采购环保产品1.1亿元，占同类产品采购总额的47.37%。

【以政府采购推进部门预算执行】2010年预算执行工作任务重、压力大、目标高，中国气象局从政府采购层面积极推进预算执行。一是对需要进行公开招标的项目，及时督促有关单位完成编制标书、发布公告、评标、定标、签订合同、支付资金等一系列工作；二是对需要申请变更采购方式或采购进口产品的项目，督促相关单位及时准备材料，对其进行严格初审后，按照相关程序及时报财政部审批；三是对资金量大、采购量大的项目，进行采购进程跟踪，每月详细了解其工作进度，督促执行。通过以上措施，从政府采购层面积极推进整个部门的预算执行进度。

【实现政府采购项目全程监督】一是要求中国气象局机关及直属单位资金量在一定限额以上的项目，在采购实施前均需上报项目可研及批复、招标文件、拟发布的信息公告，由中国气象局计划财务司与驻局纪检组联合审查并签署意见，合格的方可正式开始采购工作。二是采购项目使用的专家均要求从“中央单位政府采购评审专家库”中抽取，由政府采购管理部门和纪检监察部门监督抽取，并负责密封。三是对重大项目的招标及谈判，政府采购管理部门和纪检监察部门在现场全程监督。通过以上措施实现对部门内部政府采购项目事前、事中、事后的全过程监督。

【探索政府采购管理新路径】针对中国气象局园区单位政府采购项目多、资金量大的特点，局计财司联合驻局纪检组、中国气象局政府采购中心，并邀请相关职能司和工程类的专家，通过竞争性谈判方式确定了2家政府采购代理机构。中国气象局园区单位需要代理的政府采购项目，均通过抽签方式，在中标中介采购代理机构中选取。中国气象局不定期对政府采购项目和政府采购代理机构进行抽查，若发现重大违规情况，一方面要求预算单位进行整改，另一方面取消政府采购代理机构代理中国气象局园区政府采购项目的资格。通过这种新的管理模式，使主管单位、代理机构、采购人权利义务对等，各司其职、各负其责，充分发挥各方积极性，进一步加强政府采购监督管理，规范预算单位政府采购行为。

【将政府采购工作纳入年度目标考核】为进一步规范预算单位政府采购操作执行，将各单位政府采购管理工作纳入2010年度单位目标考核体系。对于在政府采购工作中出现违反政府采购法或其他相关制度规定的单位，按照年初制定的政府采购考核指标，扣除其目标考核中相应的政府采购管理分数。通过此途径督促各预算单位和工作人员建立依法采购意识，完善内部监督制约机制，提高政府采购管理工作水平，切实规范各预算单位政府采购行为。

【提高政府采购信息化管理水平】根据财政部要求，2010年气象部门全部使用“政府采购信息统计及计划管理系统”编报政府采购计划和执行情况。由于是第一年使用新系统进行操作，加之工作量大幅增加，不少工作人员存在政策理解不到位、软件操作不熟练、数据收集不全面、工作精力不充沛等问题。为避免出现数据错填、漏填等情况，通过专项业务培训、日常指导、工作交流等多种方式，对下级单位进行业务指导，强化政府采购基础工作，提高精细化管理水平和整个部门政府采购信息化管理工作质量。

【加强政府采购政策宣传和培训力度】通过会议、内部网站、培训班等多种方式进行多层次的政策宣传，培训政府采购法规和业务知识，增强有关领导和全体人员的政府采购法规意识和政策水平，提高政府采购人员业务素质，确保政府采购工作的顺利开展。建立系统的教育培训制度，继续加强相关人员的职业教育、法制教育、廉政教育和技能培训，逐步提高业务素质，进一步加强政府采购管理人员队伍建设。

中国气象局供稿
张琛执笔

中国银行业监督管理委员会

【概述】2010年，中国银行业监督管理委员会（以下称银监会）机关政府采购工作以科学发展观为指导，在银监会领导的高度重视和各相关部门的积极配合下，立足于服务监管、服务机关，按照“合规、民主、高效、节约”的原则，严格执行各项采购规定，不断完善采购规范和流程，持续强化作风纪律建设，克服了人员少、采购任务重的困难，推动银监会机关政府采购工作全面发展。2010年银监会政府采购办公室（下称采购办）组织召开了2次政府采购管理委员会和12次采购办全体会议，形成会议纪要14份、签报13份。全年实际完成政府采购项目77个，预算金额4954.732万元，合同金额

4381.76506 万元，节约预算资金约 573 万元，节约率为 11.56%，充分发挥了政府采购在节约财政资金方面的应有作用。全年完成的 77 个采购项目中，委托中央国家机关政府采购中心组织公开招标的项目 6 个，金额 2104.7948 万元；采购办自行采用协议供货方式采购的项目 23 个，金额 1115.99107 万元；采用单一来源方式采购的项目 21 个，金额 309.945 万元；采用网上竞价方式采购的项目 11 个，金额 133.2795 万元；采用定点采购方式采购的项目 7 个，金额 131.329 万元；采用邀请招标方式采购的项目 4 个，金额 505.6 万元；采用询价方式采购的项目 4 个，金额 30.82569 万元；采用竞争性谈判方式采购的项目 1 个，金额 50 万元。

【开展全年采购计划统计工作】 为科学合理开展 2010 年度银监会机关政府采购工作，提高采购工作质量和效率，根据《中国银监会机关政府采购实施细则》的要求，于年初向银监会机关各部门印发《关于填报 2010 年政府采购项目需求的通知》，要求各部门会同机关采购归口管理部门按照项目轻重缓急原则，提出 2010 年部门采购具体需求和计划。经统计汇总，办公厅、财会部、信息中心、服务中心对机关各部门采购需求进行整合，采购办对银监会机关全年采购计划进行统筹，把不同部门的类似需求集中统一采购，提高采购工作效率，降低采购办的工作强度。

【加强政府采购执行情况沟通和信息交流】 根据财政部对 2010 年政府采购预算和执行情况加强管理的要求，采购办积极配合财会部，按照部门联席会议确定的工作目标和要求，加强与中央国家机关政府采购中心的沟通协调，加强银监会机关采购执行情况的沟通和信息交流，协调各部门及时调整工作进度，坚持合规采购，加快工作节奏，确保实现三季度完成全年采购预算 70% 的工作目标。

【做好政府采购项目后评价工作】 为进一步推进银监会机关政府采购工作的制度化、规范化建设，不断提升采购工作的质量和水平，根据采购管理委员会关于逐步建立政府采购后评价管理制度的要求，2010 年采购办启动政府采购项目后评价工作。该项工作是以面向使用部门征求意见的形式，通过对验收使用半年以上的项目进行跟踪评估，对采购项目是否满足工作需要，是否符合采购需求标准，以及使用效果做出客观公正的评价。据此，采购办研究确定采购工作后评价框架，制定货物、服务、工程类采购项目后评价统计表，经进一步完善后印发各部门使用。

【初步完成政府采购管理系统建设】 为进一步加强机关政府采购工作流程管理，便于及时掌握采购项目进度，查询采购项目信息，提高政府采购工作信息化水平，采购办积极推动政府采购管理系统的建设。在采购办和信息中心开发人员的共同努力下，该系统软件基本框架已开发完成，硬件配置已经到位，系统将和财会部现有政府采购管理系统及中央国家机关政府采购中心专家库系统对接。该系统建成后，可提高采购效率，减少采购过程中的人为可控因素，使政府采购工作更加公开、透明。

【加强对采购流程和环节的监督管理】 在采购工作中，采购办严格执行政府采购相关规定，结合目前采购工作体制，不断完善采购流程，加强对采购关键环节的管理和监督。如对未经立项的采购项目不予讨论，严格执行协议供货报价单拆封需两名采购办成员同时在场、评分标准需相关部门派人到会说明、投标公司需提供“三表一证”材料、每次采购均需银监会纪委派人监督等工作要求。为了规范工作人员采购中的行为，采购办组织制定工作人员纪律，明确提出“六个不得”，切断工作人员与供应商的利益关联，要求每个工作人员都自觉遵守，做到相互提醒，警钟长鸣，严格规范自己的一言一行，确保廉洁采购。严明的纪律要求和良好的工作作风，为顺利完成2010年采购任务提供保证。在全年完成的77个采购项目中没有发现违规违纪问题，也没有发生商家对银监会采购工作的投诉。

【加强采购办自身建设】 为进一步规范政府采购工作，理顺运行体制，更好地服务监管，采购办在开展调研的基础上，结合当前政策要求、工作任务和存在的问题，对进一步加强和改进银监会机关政府采购工作提出了政策建议。针对政府采购工作操作环节多、政策要求高的特点，采购办于5月中旬举办一期政府采购培训班，就政府采购工作的政策、制度、特点和协议供货、定点采购、网上竞价等电子采购流程和要求进行讨论研究，进一步深化采购办成员对相关政策法规的理解，同时对严格执行采购流程有更深刻的认识，提高具体业务操作能力。

中国银行业监督管理委员会
机关服务中心政府采购办公室供稿
王一伟执笔

2011

四、2010 年地方政府采购管理部门工作概况

北　京　市

【概述】2010年，北京市完成政府采购预算215.97亿元，与2009年相比增加10.8亿元，完成政府采购合同金额207.38亿元，节约资金8.59亿元，资金节约率为4%。其中，公开招标金额为197.61亿元，占政府采购合同总额的95%。市本级完成政府采购预算111.29亿元，完成政府采购合同金额111.29亿元，其中公开招标金额108.77亿元，占政府采购的比重为97.7%。区县完成政府采购预算104.68亿元，完成政府采购合同金额96.09亿元，节约资金8.59亿元，节约率8.21%，其中公开招标金额为88.74亿元，占政府采购的比重为92.35%。

【构建协议采购管理新框架】相继出台《北京市市级协议供货和定点服务政府采购暂行管理办法》和《北京市市级政府采购协议供货和定点服务供应商监督考核暂行办法》，在协议采购中的汽车维修、公务用车和办公用品项目中采用新的模式。新模式的主要特点：一是引入议价机制。通过政府集中采购确定中标产品的最高限价，采购人在不高于这个最高限价的基础上与供应商谈判，达成最终成交价格，简而言之，“上要封顶，下不封底”；二是引入信息公开机制。将中关村电子指数、供应商中标产品价格、采购人购买产品的实际成交价格在网上公开比对，达到对采购人和供应商同时进行监督约束的双重效果；三是引入淘汰机制。对供应商的中标产品价格高于中关村电子指数的，要求其尽快降到市场价以下，否则该款产品予以淘汰；四是引入服务机制。在信息化平台添设人性化、直观性很强的内容，方便采购人选购产品；五是建立供应商退出机制。通过在招标前设定淘汰率、招标中增加复核检查、招标后加强监督考核等方式，对违约供应商及时曝光，严重的予以退出。此项创新效果明显，公务车采购价明显低于市场价，也低于中央采购价；互联网接入服务最低价与最高价相差50%以上，均明显低于市场价；电子产品的报价也普遍低于市场价。

【全面提高政府采购监管水平】一是规范评标专家的产生和评审活动。从严把握代理机构使用自备专家，从专家的产生环节预防评审活动不规范行为的发生，要求抽取专家时必须先从北京市评标专家库和财政部政府采购评审专家库中抽取，不足时，经财政部门同意后，才能按照1：3的比例使用自备专家。2010年收到的投诉和举报中，没有对专家不规范行为的质疑。充实北京市评标专家库，针对政府采购评审过程中遇到的专家专业类别少、专家数量少、高峰期专家资源不足等情况，及时补充专家资源，增加评标专家966位，专家数量已达8166位；二是对采购人政府采购的日常监管与财政专项监督检查、绩效考评有效衔接。在对预算单位的专项财政监督检查、绩效考评工作中，将项目的政府采购执行情况纳入检查和考评范围，建立政府采购的绩效考评指标体系，并将检查和考评结果与下年预算安排挂钩；三是采取日常检查和定期抽查相结合的方式对社会政府采购代理机构和供应商进行专项监督考核，对检查中发现的不规范行为，建立公示制度和黑名单制度，并将检查考核结果报送监察、审计部门，倡导采购人使用业绩优良的代理机构。

【优化政府采购流程】根据《政府采购法》、《北京市财政局推进财政科学化精细化管理实施方案》以及预算管理对政府采购工作的一般要求，按照职责法定的原则，进一步明确财政部门、预算单位、采购代理机构、评审专家等政府采购当事人各方的职责。对政府采购工作流程中各个环节进行认真梳理，提出进一步优化政府采购流程、简化工作环节的调整方案，以更好地落实采购人在政府采购活动中的主体责任。新的政府采购流程取消7个环节，包括：财政部门负责的审核项目采购和协议采购资金来源和立项、对非公开招标项目和变更采购方式项目的阅知和确认、审核中标结果、审核合同、确认项目办结等5个环节，以及预算单位的合同信息填报和主管部门的合同信息确认环节。此外，还制定《关于北京市政府采购进口产品管理工作有关问题的通知》和《关于〈北京市政府采购项目档案管理暂行办法〉的补充通知》等配套文件，进一步明晰论证专家、采购人、一级预算单位和财政局的职责，并依法对要求存档的档案内容进行删减。

【充分发挥政府采购的政策功能】一是对空调机、双端荧光灯和自镇流荧光灯、电视机、电热水器、计算机、打印机、显示器、便器、水嘴等九大类节能产品实施政府强制采购；对节能、环保产品实施优先采购，即优先采购“节能产品政府采购清单”和“环境标志产品政府采购清单”中的产品。二是按照国家关于建立中关村国家自主创新示范区的要求，开展政府采购自主创新产品试点工作，将一大批示范作用明显、产业带动性强、与民生密切相关的重点项目与中关村自主创新产品成功对接。印发《北京市政府采购自主创新产品评审实施细则（试行）》，在评审环节对自主创新产品实行加分和价格扣除的优惠。2010年有356个项目应用中关村自主创新产品，采购金额51.5亿元，超额完成年初市政府下达的40亿元采购任务。采购项目涉及节能环保、信息技术、新能源、新材料、生物医药、高端装备制造等新兴战略产业。试点以来，累计召开10批政府采购示范项目签约大会，签约项目612个，采购中关村自主创新产品85亿元。采购项目包括中央在京单位、驻京部队、市级部门和区县政府的政府投资建设项目。

【开展政府采购代理机构现场检查工作】依据《北京市政府采购代理机构绩效检查现场检查细则》，2010年9～11月，委托熟悉政府采购法律法规和相关程序的律师事务所组成三个考核小组，对14家代理机构代理的90个政府采购项目进行考核，重点考核市政府办实事以及重大的市本级政府采购项目。考核采取集中检查和实地检查相结合的方法，考核内容包括业务受理情况、采购文件的合法性、采购信息公告情况、采购活动记录的完整性和合法性、费用管理情况等，通过细化考核指标，对每一家代理机构代理的每一个项目进行打分和评估。考核结束后，对考核结果和采购代理机构存在的问题进行总结，形成考核报告，并将考核报告报送市纪检监察和审计部门；根据查找出的问题，向各考核单位提出整改建议，并有针对性地对代理机构开展培训；对突出问题进行深入研究，针对监管中存在的漏洞，及时制定和出台相关规定。

【有效投诉率继续下降】通过进一步理顺监管部门、采购人、采购代理机构间的关系，强化采购人作为政府采购活动主体的意识，深化监管等措施，政府采购投诉处理工作机制更加协调，效果良好。2010年正式收受政府采购投诉案件11件，比2009年的22件减少50%，受理投诉案件8件，比2009年的16件减少50%，受理案件的数量降幅明显；有效投诉案件继续减少，有效投诉3件，驳回2件，撤诉3件，有效投诉率37%。从投诉举报案件的处理情况来看，政府采购当事人的法律意识明显增强，投诉的内容更加细致。总体来说，政府采购投诉处理工作进入相对平稳的发展阶段。

北京市财政局供稿

王瑾执笔

天　津　市

【概述】2010年，天津市完成政府采购预算168.4亿元，实际采购支出134.4亿元，节约资金34亿元，节约率达到20%。与上年相比，采购预算增加38.1亿元，增长29%；实际采购支出增加18亿元，增长15.5%。其中，市级完成实际采购支出49.6亿元，区县完成实际采购支出84.8亿元，塘沽区和保税区完成实际采购支出均超过20亿元，另有6个区县完成实际采购支出超过亿元。

【狠抓制度建设与落实】一是加强制度建设。针对上年政府采购合同执行情况专项检查中发现的档案管理问题，研究制定《关于规范我市政府采购档案管理工作的通知》，明确政府采购档案涵盖的内容以及收集整理的要求和方法，督促采购人有效保护和利用政府采购档案资源。针对供货商在维权程序方面存在的问题，印发《关于规范政府采购供货商质疑处理工作有关事项的通知》，对供应商质疑处理工作的具体程序和要求作出规定。二是不断强化制度的执行力。结合供应商诚信管理、采购人行为规范管理等文件规定，对提供虚假资质、中标后不能按照合同履约、盲目应标等27家不良行为供应商给予不诚信记录，并予以网上公告，对1家采购人不依法确定中标供应商的行为予以纠正并进行通报。

【加强政府采购工程项目管理】一是积极探索将工程项目纳入政府采购管理的突破口，在全国率先引入财政性资金工程项目"双资质"管理。即规定由同时具有建设招标资质和政府采购资质的代理机构负责组织政府采购工程项目的招投标活动，确保工程项目不再与政府采购"脱节"。二是在全市范围内开展工程项目政府采购情况专项检查，全面掌握工程项目政府采购工作现状，在查找分析制度建设和采购执行中存在的突出问题基础上，研究制定规范统一的财政性资金建设项目政府采购管理程序，明确工程项目在执行采购预算与计划管理、信息公告管理以及合同管理等环节的具体程序和要求，实现工程项目政府采购与招标投标、投资评审和资金支付全流程的对接。全市2010年完成工程类项目实际采购支出89.5亿元，占实际采购支出总额的66.6%，工程类项目成为拉动政府采购规模的主要途径。

【发挥政策功能作用】一是在协议供货

和定点采购项目招标环节，试行对企业“绿色供应链”进行打分的评审机制，引导供应商树立从原材料采集到回收维修的环保意识，实现对环境影响最小、资源利用效率最高的低碳型产销模式。二是开展政策功能执行与落实的专项检查。按照国家支持节能环保政策以及进口产品管理有关规定要求，联合天津市审计局、监察局对20家预算单位执行进口产品审核、节能节水产品强制采购、环保建材产品优先采购以及支持中小企业等方面的政策执行情况进行重点检查。检查涉及金额10658.25万元，查出有问题项目金额3474.26万元，占总金额的32.6%。对违规单位下达整改通知，促其将有关扶持政策落到实处。三是加大科技进步和自主创新产品市场推广力度，会同市科委等有关部门，研究制定我市自主创新产品认定管理办法，并发布两批自主创新产品名单和首批医疗器械类政府采购自主创新产品目录，对进入名单和目录的企业产品，在政府采购活动中给予不同程度的鼓励与加分。

【提高采购效率与效益】一是完善协议供货和定点采购制度。试行将部分医疗器械产品和小规模室内装修项目纳入协议供货或定点采购范围。并在已有的协议供货和定点采购范围内，探索建立家具和印刷项目定点采购供应商等级管理制度，采购人可根据实际采购需求，结合企业的规模和技术能力选择不同档次供货商进行竞价，更有针对性地满足紧急性、多样性采购。二是加快政府采购信息化建设步伐。先期完成采购计划管理、政府采购方式审批管理、政府采购进口产品审批管理、政府采购评审专家管理、政府采购监督员管理、代理机构资格认定管理和信息公告管理等诸多功能采购需求的确定，组织完成信息化平台建设招标工作。

【推进区县政府采购体制建设】针对全市23个辖属区县（管委会）政府采购体制建设进度不一的情况，采取不同措施，因地制宜地推进区县“管理与运行相分离”的体制建设工作。有的区县将政府采购科与财政监督科进行整合，在解决人员编制问题的同时，还借力财政监督职能，有效地改变过去政府采购监管不到位的局面；有的区县从强化监管的角度出发，大胆改革创新，撤销区级集中采购机构，集中人员力量抓管理；已经实现“管采分离”的一些区县，相应增加政府采购管理机构和采购代理机构人员数量，专职人员队伍进一步扩大。全市23个辖属区县（管委会），成立专职采购管理部门的14个，设立集采机构的15个。市区两级采购管理部门和集采机构人员队伍140人。

【开展政府采购宣传和培训】一是积极组织开展各级管理部门的培训。借全市财政系统政府采购工作会议的契机，对区县分管政府采购工作的负责人和经办人员近150人进行法律法规和操作实务培训。组织各级预算单位政府采购负责人和经办人员近300人召开会议，解读法律条文，培训操作流程，并从加强数据统计分析的角度，对财政部新开发应用的政府采购信息统计系统操作进行讲解，提高采购人依法采购、规范管理的意识。二是积极组织开展企业的培训。举办“政府采购服务企业”免费培训活动，面向民建、台盟等单位以及部分中小企业宣传政府采购法规及相关政策，讲解投标程序和投标技巧，帮助企业提高投标竞争力。三是面向全市38个政府采购代理机构近160余人开展政府采购法律法规和操作程序的专题培训，并针对培训内容开展考核评估，扎实有效地提升从业人员的政策水平和操作技能。

【加强政府采购基础工作管理】一是建立政府采购计划反馈制度，定期将各部门的采购计划及时反馈局内相关业务处室，实现部门协调配合。二是积极开展招标文件规范化的专题调研。开展家具、厨房设备、工程采购招标文件范本的研究制定工作。三是落实采购联络员制度。督促各级预算单位明确相对固定的政府采购分管部门和人员，在一级二级预算单位中实行政府采购联络员制度，建立起采购人“专人专管、职责固定”的管理机制，各预算单位固定政府采购联络人员856名。四是积极推行联席会议制度。组织财政部门与采购机构之间、市级与区级之间定期召开工作联席会议，研究、分析和解决政府采购发展过程中出现的新情况、新问题，提高政府采购工作整体水平。

天津市财政局供稿

刘一凡执笔

河　北　省

【概述】2010年，河北省实现政府采购规模396.09亿元，比上年同期增加90.49亿元，增长29.61%；节约资金52.77亿元，资金节约率11.76%。政府采购额约占当年全省GDP的1.96%，占当年财政支出的14.25%。其中，石家庄市采购规模达到82.07亿元；唐山市、沧州市和张家口市采购规模超过30亿元；保定市、秦皇岛市、承德市采购规模超过15亿元；邯郸市、邢台市、廊坊市采购规模超过10亿元。全省92个省直管县中，张北县采购规模最大，达10.44亿元；三河市、迁安市等7个县的采购规模超过3亿元；平山、安平等30个县采购规模超过1亿元。

【推进电子化政府采购平台建设】构建全省电子化政府采购统一运行和管理平台，是2010年河北省财政厅一项突破性工作，在各相关部门的共同努力下，已顺利完成。一是通过采取全省统一构建、统一部署、统一管理、分级操作的模式，成功研发具有自主知识产权的省、市、县三级在同一平台通过互联网运行的电子化政府采购系统。二是加强培训和分类指导工作。分别对设区市政府采购监管部门的50人、120多个省直部门的240人和64个代理机构的128人进行培训。部分省直单位、各设区市、部分直管县和代理机构已经进行试运行，工作运行条件已经具备。

【发挥政府采购政策功能】一是注重发挥政府采购在节能减排、环境保护、自主创新等方面的政策功能，对政府采购环保、节能清单所列品目继续实施强制采购政策和优先采购政策，全省政府采购节能和环保产品占同类产品的比重分别超过90%和80%。中小企业中标金额达到280.86亿元，占全省采购总金额的70.91%，支持中小企业发展。二是对关系民生的政府采购项目实行紧急采购。为河北省卫生厅紧急采购670万人份的强化免疫用麻疹疫苗和一次性注射器，缓解全省麻疹疫苗紧缺的状况。顺利完成河北省教育厅6.3亿元春、秋两季的免费教材采购和河北省新闻出版局1.6亿元的农家书屋项目。三是继续实施政府采购进口产品管理制度，结合部门预算、政府采购预算和预算项目库建设管理，从采购项目资金预算上进行控制，建立政府采购进口产品管理制度，对政府采购进口产品的论证、审核、采购、监督等提出具体要求。2010年全省进口产品采购额只占全部政府采购额的0.51%。

【推进政府采购权力运行监控机制建设】河北省财政厅与河北省监察厅、河北省预防腐败局等部门联合制发《河北省推进政府采购权力运行监控机制建设的意见》，召开全省政府采购权力运行监控机制建设工作电视电话调度会议。各级财政部门以推进政府采购权力运行监控机制建设为契机，紧密结合政府采购工作实际，认真做好廉政风险评估管理、深化政府采购公开透明运行、强化政府采购权力运行重点环节的监控、建立和完善政府采购监管机制等重点工作。此外，通过规范操作、强化监管，完成工程建设领域突出问题专项治理和政府采购领域商业贿赂专项治理工作。

【加强政府采购工作指导】为加强省直部门政府采购管理工作，进一步提升市、县政府采购工作水平，分别召开有106个部门参加的省直部门政府采购工作会议和11个设区市、92个直管县参加的全省政府采购工作会议。总结近年省直部门、全省政府采购工作开展情况，分析政府采购工作面临的形势和任务，研究部署了深入推进省直部门以及全省市、县政府采购改革与发展的具体措施。既是明确任务、布置工作的工作会议，又是宣讲政策、交流工作的现场培训指导，提高政府采购管理的科学化和精细化水平。

【夯实政府采购基础工作】一是强化政府采购预算管理，严格政府采购程序。在政府采购预算执行中，要求采购单位办理政府采购手续时，必须严格按照批准的政府采购预算执行。采购单位使用直接支付、授权支付、自筹资金和追加资金进行政府采购的，必须先将项目资金调整为政府采购预算，否则不予办理政府采购手续。二是认真贯彻落实财政部修订后的政府采购代理机构资格认定办法。全年培训申报资格的机构29家，共495人；按规定审批10家乙级资格的政府采购代理机构，批准延续资格的12家。为方便政府采购代理机构乙级资格申请人，开通电子邮箱，方便申请人，降低申报成本。三是加强政府采购信息统计工作。按照财政部的统一要求，完善信息统计系统设置，在政府采购信息统计系统中增加采购单位的基础信息，把采购单位作为基础录入和汇总单位，增强政府采购信息统计数据的可靠性、真实性和完整性。同时，先后分三期对市县政府采购监管人员、省直部门、政府采购代理机构共计342人进行报表培训，并对信息统计工作基础薄弱的市、县、省直部门进行一对一、有针对性的业务指导。河北省信息统计工作连续三年受到财政部通报表扬。四是依法妥善处理省直单位采购的三起投诉，涉及金额2亿多元。在整个处理过程中，严格履行质疑、投诉、行政复议等法定程序，召开10多次不同形式、不同方面人员参加的调查、取证会，搜集整理证据、资料及案卷达5000多页。妥善处理国务院、中纪委、财政部批转的群众来信来函，积极配合检查部门进行的有关调查。五是完成《河北省加入WTO〈政府采购协议〉研究报告》，确定出价思路，拟订初步出价方案。六是认真做好规范性文件清理工作。自2010年6月份规范性文件清理工作开展以来，按照河北省财政厅统一部署，先后对政府采购规范性文件进行四轮清理。为确保清理工作的顺利开展、提高清理质量，组织专门人员，依照上位法和有关政策，对涉及的81个政府规章、规范性文件进行全面对照。通过认真梳理，区别不同情况，分别提出废止、修改、保留等处理意见。

【抓好党建工作和队伍建设】不断加强党支部思想建设、组织建设、作风建设、效能建设和廉政建设，努力创建“六型处室”，增强干部队伍的凝聚力和战斗力。以“细化措施赶先进、开拓创新保领先”为活动主题，深入开展“创先争优”活动。认真开展“六旗六星”和“认责承诺”活动，明确争夺目标，完善争夺措施。在抓好政府采购业务工作的同时，通过开展权力运行监控机制建设、政府采购网上运行机制等工作，认真履行“一岗双责”。

河北省政府采购办公室供稿
韩建华执笔

内蒙古自治区

【概述】2010年，内蒙古自治区执行政府采购预算295.25亿元；实际采购规模263.36亿元，完成年度计划规模200亿元的131.68%，比2009年增长49.89%，政府采购规模占内蒙古地方财政支出的比重为11.55%，比2009年提高2.43个百分点；节约资金31.89亿元，资金节约率为10.8%。自治区本级采购规模达到58.18亿元，同比增长48.15%；全区各盟市政府采购总规模205.18亿元，比2009年增长了51.38%，其中：有8个盟市的政府采购规模超过10亿元，采购规模列前三位的盟市分别为乌海市（44.97亿元）、包头市（34.89亿元）、鄂尔多斯市（24.54亿元），这三个盟市的政府采购规模占盟市采购总规模的50%以上。

【扩大工程和服务类采购规模】2010年内蒙古工程类采购规模为152.70亿元，占采购总规模的57.98%，其中，自治区本级工程类政府采购规模达到23.45亿元，同比增长117.94%。全区服务类采购规模12.99亿元，同比增长32.15%。其中，自治区本级服务类采购规模6.31亿元，同比增长36.28%。

【公开招标和集中采购成为主要采购方式和组织形式】全区政府采购公开招标金额为204.87亿元，占采购总规模的77.79%。集中采购规模246.88亿元，占采购总规模的93.74%，其中，集中采购机构采购181.19亿元，部门集中采购65.69亿元，分别比上年同期增长54.28%、20.57%。分散采购规模为16.48亿元，仅占采购总规模的6.26%。

【加强预算编制和执行管理】科学合理地确定政府采购预算编制依据和编制口径，要求各预算单位应随同部门预算单独编制政府采购预算，明确指出要对未编报或未按要求编报政府采购预算的预算单位进行处罚，各预算单位高度重视并以较高质量完成政府采购预算编制工作，为提升政府采购监管水平，提高财政资金使用效益打下坚实基础。

【统一全区政府采购工作规程】组织专人编写《内蒙古自治区政府采购工作规程》，对政府采购基本程序、政府采购预算管理、政府采购方式管理、政府采购当事人行为规范等作出明确具体的规定，制定预算计划文本、合同文本、招标文件文本、质疑投诉文本等规范性文本。

【加强政府采购执行环节管理】针对政府采购操作执行环节中存在的问题，为进一步规范政府采购代理工作程序，提升政府采购监督管理水平，制定印发《关于进一步规范政府采购代理工作的通知》，对政府采购代理工作提出“五严”要求。为防止政府采购评审过程中分值设置的随意性，规范评审专家行为，出台《关于进一步规范政府采购货物类项目综合评分法评审工作的通知》和《关于印发政府采购项目评审相关表格的通知》，细化政府采购货物类项目综合评分法的评分因素、权值及评审内容，规范政府采购评审工作程序。

【进一步发挥政府采购政策功能】认真贯彻落实政府采购应当采购本国货物、工程和服务的政策，制定严格的政府采购计划批复流程，对涉及进口的政府采购项目从严审批，2010 年，全区政府采购国内产品的比重达到 90% 以上。在国家相继调整节能减排产品政府采购清单、环境标志产品政府采购清单的基础上，内蒙古在政府采购评审过程中鼓励加大节能节水产品和环保产品的加分力度，有效扩大节能节水和环保产品的政府采购规模，2010 年政府采购节能节水产品和环保产品的比重分别达到 68.86% 和 50.02%。

【稳步推进“管采分离”工作】截至 2010 年底，内蒙古 12 个盟市和两个计划单列市均已设置集中采购机构，经自治区财政厅认定资格的乙级政府采购代理机构 72 家，经财政部认定资格及在内蒙古登记备案的甲级政府采购代理机构 12 家。在稳步推进“管采分离”的基础上，加强采购单位内部监督管理，明确提出各预算单位内部要成立由纪检监察部门人员参与的政府采购工作领导小组，在政府采购代理机构选择、政府采购产品验收等方面严格依法执行。与此同时，加大政府采购透明度，所有政府采购项目严格执行信息公示制度，全面接受社会监督。

【建设跨地区资源共享的合作机制】自治区与各盟市以及盟市之间互联互助、资源共享的合作机制初步显现。自治区政府采购中心通过“办公自动化协议供货网上竞价系统”累计为盟市办理 337 批次网上询价采购项目，为全区共享网络平台和信息资源创造条件。阿拉善盟与宁夏回族自治区财政厅建立共享专家库，开启政府采购评审专家库建设的新思路。

【电子化信息平台建设取得新突破】2010 年满洲里市、二连浩特市等地政府采购管理信息系统成功上线运行，包头市通过启动运行“政府采购网”步入政府采购信息化管理阶段。实现“内蒙古自治区政府采购网”与“中国政府采购网”的全面对接，保证网站的高效安全运行，年访问量超过 100 万人次。自治区本级政府采购评审专家库在库专家达 6359 名，实现政府采购评审专家全部网上随机抽取。包头市建立语音电话联系、短信自动通知的全封闭式评审专家抽取模式。自治区本级建立公务用车、办公自动化设备协议供货网上询价系统，在系统中建立供应商数据库及产品价格数据库，防止人为因素对评标结果的影响。

【加大监督检查和投诉处理工作力度】对采购需求确定、采购事项审批、采购项目委托、采购操作执行、合同履行验收等关键环节实施重点监控，及时预警、发现和纠正采购操作执行中的偏差，提高监督的有效性。开展政府采购代理机构专项检查工作，针对存在的问题，提出相关整改意见。2010 年，各盟市共受理 2 起政府采购供应商投诉和 1 起政府采购行政诉讼案件，自治区本级受理供应商投诉 3 起，其中，撤诉 1 起，依法作出投诉处理决定2起。

【**积极开展培训工作**】2010年连续第四年举办政府采购代理机构从业人员培训班，培训人数超过200人，经考试合格后颁发培训证书，并将其作为代理机构资格认定的必要条件。财政部在全国范围内推广使用“政府采购信息统计及计划管理系统”，自治区财政厅结合本区实际部署相关工作，全区分级分批组织举办了大规模的培训班，累计培训人数超过3000人。

内蒙古自治区财政厅政府采购管理处供稿
孙志刚执笔

辽　宁　省

【**概述**】2010年，辽宁省实施政府采购预算284.05亿元；实际政府采购支出261.38亿元，同比增加43.54亿元，增长19.99%；节约资金22.67亿元，节支率为8%。其中，省级采购支出93.37亿元，沈阳市采购支出66.28亿元。采购支出20亿元以上的有沈阳、大连2市，占各市采购总额的59.9%。采购支出在5亿~10亿元有鞍山、抚顺、丹东、辽阳、朝阳、葫芦岛等6市，占各市采购支出的28.2%。

【**构建平台**】省本级财政完成辽宁省政府采购信息管理系统开发，并于2010年初全面在线运行。该系统是以“辽宁省政府采购网”为支撑、监督管理与操作执行两个平台并行、多个功能模块协调统一、兼具全程监管、统计评价、绩效考核等多功能于一体的覆盖全省的政府采购信息管理平台。尤其是通过与部门预算、国库支付系统有效衔接，对预算的编制批复、采购计划的申报审核、国库资金的统一支付等诸多环节进行有效规范，加强政府采购预算执行和国库集中支付过程的动态监管。一是全面实施电子化政府采购。二是实现评审专家、代理机构网络化管理和随机抽取。三是完成协议供货网上议价操作方式。四是全面开展政府采购供应商网上注册登记工作。五是完善数据统计和决策分析系统。六是政府采购档案实现电子化管理。

【**创新管理**】为有效解决政府采购效率与规范的问题，辽宁省财政厅在政府采购招标环节、资金拨付方式等方面进行行之有效的改革创新。一是对于达到公开招标限额的采购项目，如果投标供应商未满足法定3家，本着效率和效益的原则，政府采购监管部门根据招标现场实际情况，可将公开招标采购方式变更为竞争性谈判采购方式继续操作执行。二是建立招标前询价制度。由采购单位预先进行采购项目的调研询价，形成单位项目价格评估报告。招标活动结束后，采购单位要对中标价格和询价价格进行比较，在项目需求各方面均一致的情况下，确认最低价为最终中标价格。三是将国库集中支付管理系统与预算执行管理系统和政府采购管理信息系统进行对接，实现省本级政府采购由预算指标管理、采购手续办理到资金支付的全程一体化管理。用款单位可以根据网上审批情况自行办理资金拨付手续，保障财政监管职能的有效发挥。四是引入履约验收权威机构介入机制，对重大项目和特殊项目需要邀请质检检测机构参与验收活动。

【构建监管体系】一是各级政府采购监督管理部门初步建立内外并重的政府采购监督管理机制，对内建立健全岗位责任制、项目复核制、岗位轮换制、领导审批备案制等规章制度，对外实现政府采购管理、操作和监督相分离，招标、定标和使用相分离，采购、付款和验收相分离的“三分离”制度，推进政府采购业务流程标准化和规范化，促进政府采购操作执行与管理监督各环节协调联动。二是建立健全供应商、采购代理机构、评审专家等各相关主体的资格审查、监管、奖惩和问责制度。在现有违规处罚等规定的基础上，增加通报批评、媒体曝光、经济处罚等问责方式，提高问责力度和效果。三是强化政府采购预算和计划执行管理，做到预算、计划和执行有效衔接，确保采购计划严格按照政府采购预算的项目和数额执行。实行省直采购单位按月编报采购计划，通过基础数据录入采集计划执行情况，逐步实现采购计划执行的动态监控和分析评价。四是严格进口产品和变更采购方式审批管理，加大政府采购进口产品财政审批的管理力度，制定单一来源审批内部工作规程，建立单一来源采购专家论证、网上公示、价格比较制度。

【完善制度建设】一是针对政府采购工作中存在问题和薄弱环节，修改和完善政府采购代理机构、评审专家、协议供货商、履约验收等一系列管理办法，详细规定政府采购活动的操作程序和要求。研究和制订政府采购相关文件的标准模板，对信息公告、招标文件、投标文件、合同文本、验收证明、投诉处理决定等规定统一的格式，推进采购流程标准化、规范化。二是完善信息统计编报工作，实施政府采购信息数据录入制度，制定信息统计考评办法，召开信息统计分析会，拓展和深化信息统计分析工作，为政府采购管理决策服务。三是制定政府采购管理各项业务工作流程，编制业务操作手册，加强政府采购工作规范化管理。同时对政府采购管理和操作过程中容易出现的问题进行梳理，编写政策问答口径，指导政府采购实务。

【扩大采购范围和规模】2010 年辽宁省政府采购范围和构成逐步趋于合理，货物类采购从通用类货物向专用类延伸，服务类采购从传统的专业服务快速扩展到公共服务、服务外包等新型服务领域，工程类采购逐步纳入政府采购管理范围。一是拓宽政府采购资金范围。全省各级财政部门通过细化政府采购预算和计划编制，推动部门预算逐步细化到工程、货物和服务分类，落实到具体采购项目。同时，加强采购计划管理，在资金支付过程中强化采购合同审核，有力推动应采尽采。政府采购资金已从财政性资金逐步向单位自筹资金、银行贷款等方面扩展，多元化采购资金的使用得到有效监督。二是与财政支出结构调整相适应，科学修订采购目录和限额标准。农村中小学免费教材、棚户区改造相关设备材料、免费疫苗、农村孕妇彩色多普勒检查等一些公益性强、关系民生的支出项目，成为采购规模不断增长的亮点。

【发挥政策功能】一是继续贯彻落实节能减排采购政策，在政府采购活动中对绿色环保和节能产品优先采购。二是出台中小企业政府采购管理办法，扩大政府采购信用担保试点范围，加大对中小企业的政策支持力度。国货优先的采购原则得到有效贯彻，政府采购合同的 97.8% 授予国内企业。三是积极探索实现政府采购政策目标的具体措施和操作办法，在现有节能产品强制采购、优先采购环境标志产品等政策性措施的基础上，会同有关部门研究制定支持辽宁省重点产业中具有核心竞争力企业、中小企业、大型国有商业企业发展的具体措施和操作办法，稳步提高辽宁企业在政府采购中的中标（成交）比重。

【加强队伍建设】一是全面加强政府采购从业人员的职业道德教育和业务培训，从2010年下半年开始，有计划、有步骤地对全省各级政府采购监管部门分期分批进行培训，有针对性地将GPA谈判、法律制度、采购计划、操作规程、项目验收、信息统计、评审专家以及采购代理机构等纳入业务培训的必要内容。二是制定加强和规范宣传工作管理办法，探索建立政府采购宣传联络员制度，积极利用政府采购指定《辽宁日报》、东北新闻网等信息发布媒体，不断加强政府采购宣传工作，为开展政府采购工作营造良好的舆论环境。

辽宁省财政厅供稿

沈昱执笔

大　连　市

【概述】2010年，大连市积极贯彻国家及省有关政府采购的政策规定，不断完善政府采购工作制度，改进政府采购监管工作方法，加大政府采购监管力度，较好地完成各项工作任务。全市完成政府采购预算40.85亿元，实际采购金额35.24亿元，节约资金5.61亿元，节资率为13.7%。市本级完成采购预算15.59亿元，实际采购金额12.74亿元，节约资金2.85亿元，节资率为18.3%。

【制定新的政府采购集中采购目录及限额标准】根据辽宁省财政厅《关于修订〈辽宁省政府采购集中采购目录及限额标准〉的通知》修订《大连市人民政府办公厅关于印发大连市政府采购集中采购目录的通知》，印发到市直各单位及各区市县政府。进一步明确大连市政府采购的范围，提出各单位要严格执行政府采购程序的基本要求，为加强政府采购监督提供重要制度保障。

【完成协议供货、定点保险采购项目】组织新一轮的协议供货项目采购，共确定58家入围企业，入围产品扩大到19个类别，涉及87个品牌。增加两家综合商业机构（国美、苏宁）作为协议供货补充机构，供货产品包括照相机、摄像机、电视机、空调机、碎纸机五个类别，进一步扩大协议供货的范围。组织新一轮的车辆定点保险项目采购，服务期限从以往的一年延长至两年，为了给更多的保险机构提供参与竞争的机会，追加3家定点保险机构，共确定9家定点保险机构。

【加强代理机构考核工作】代理机构的工作水平是影响政府采购质量的重要方面，加强对代理机构的监督考核至关重要。开始实施新的《大连市政府采购代理机构考核办法》，考核范围包含采购文件编制、专家征集、评审活动组织、评审报告编制、合同备案等政府采购的各个环节。大连市严格按照规定加强对代理机构的考核，对25家代理机构进行49次扣分，累计扣分90分。考核工作对提高代理机构工作水平起到良好的督促作用。

【完成部分重大采购项目监管】 地铁设备采购是一项关系社会民生的重大采购项目，完成地铁工程安全门总承包、射流风机及配套控制柜、人防防护设备设计及供货三项地铁设备采购项目，预算资金49847万元，实际采购额27794.785万元，节约资金22052.215万元，节资率为44.2%；202路轨道延伸工程是大连市交通系统的一个重要组成部分，对于缓解旅顺南路一带的交通压力、健全大连的公共交通体系具有非常重要的意义。先后完成牵引变电设备、信号系统、道碴、钢轨道岔、电梯等采购项目，预算金额34626.24万元，实际采购金额32539.56万元，节约资金2086.68万元；大连市公共卫生体系建设三年规划项目是市重点建设项目，继续开展相关医疗设备采购，完成市中心医院、儿童医院，第四人民医院、妇幼保健院等单位医疗设备采购，预算金额3145.44万元，实际采购金额3049.47万元，节约资金95.97万元；“农村中小学班班通一期工程”是市政府为民办十五件实事之一，涉及大连北三市和长海县20所高中和199所初中小学，对改善农村中小学教学环境具有极为重要的意义。至年底已经完成计算机、电子白板、推拉式黑板、系统集成、多媒体讲桌等采购项目，预算金额4999万元，实际采购金额4360.4426万元，节约资金638.5574万元，节资率为12.77%。

【提高政府采购工作水平和服务质量】 大连市采购服务中心是大连市政府采购项目开评标场所，大连市采购服务中心始终坚持“集中监管、优质服务、规范运作、高效透明”的指导原则，努力做好政府采购工作。共组织完成采购项目的开评标活动1473次，日均6个场次。为提高场地使用效率，将政府采购服务中心场地使用范围由市本级扩至县市区。为加强专家管理工作，提出专家库建设的“一个中心两个基本点”，即以专家目录为中心，以数量和时间为基本点。完成专家复审700人，其中网上复审56人。编辑完成大连市开展政府采购工作以来的第一套系统性资料——《大连市政府采购服务指南》。该指南共分六章，涵盖政府采购服务的各个方面，旨在进一步规范政府采购服务行为，全面提升政府采购服务效率和质量，更好地向政府采购当事人提供标准化、规范化服务。

【完成GPA研究报告】 按照《财政部关于做好2009年WTO〈政府采购协议〉研究工作的通知》和大连市政府办公厅印发的《大连市GPA研究工作方案》要求，联合东北财经大学于2009年9月正式启动大连市GPA课题研究工作，成立课题组。经过大量、深入系统的基础研究和实地调研，于2010年1月按时完成《大连市加入GPA相关问题研究》项目报告。该报告得到计划单列市牵头单位深圳市财政局和东部地区牵头单位浙江省财政厅的充分肯定，已按时上报财政部。

大连市政府采购管理办公室供稿

于忠全执笔

吉　林　省

【概述】2010年，吉林省政府采购范围不断扩大，采购规模大幅度增长，采购操作进一步规范，政府采购工作在原有基础上了一个新台阶。全省政府采购规模达到146.1亿元，比上年增加24.6亿元，增长20.2%，节约资金14.4亿元，节支率8.97%。

【进一步完善政府采购制度体系】按照财政部关于政府采购工作规范化、科学化和精细化建设的总体要求，对全省已经制定的有关政府采购预算编制、政府采购运行规程、招标投标的组织及政府采购资金拨付等制度进行补充、调整和修改。根据工作需要及时研究制定一些新的规章制度，弥补工作中的制度缺失。2010年全省共废止不适应工作需要的规章制度12个，新制定政府采购制度127个。这些制度覆盖政府采购预算编制、信息发布、招标采购、履约验收、资金支付以及监督管理各个方面，保证全省政府采购工作的健康发展。

【积极开展民生项目政府采购工作】一是在“三农”项目中实施政府采购。为加快发展富民工程，在进一步加大对“三农”投入的同时，也在部分“三农”项目中实施政府采购，逐步把一些条件成熟的农业综合开发、农田水利设施、农业机械推广以及种子、化肥、扶贫物资采购等项目纳入政府采购范围。通过引入竞争机制，促进“三农”项目建设的健康发展。二是在教育和医疗卫生项目中实施政府采购。重点对农村中小学校舍重建、维修项目以及远程教育系统设备采购等方面实施政府采购。在医疗卫生系统项目中，侧重开展药品采购和重大公共卫生服务项目的政府采购工作，配合实施基本药物制度，实行基本药品同城同价，大副度降低基本药物的价格。三是在救灾和社会保障项目中实施政府采购。2010年吉林省发生特大洪水灾害。灾情发生后，在第一时间启动政府采购应急预案，按照特事特办的原则，紧急采购冲锋舟、帐篷、药品等救灾物资送往灾区，解决了灾区群众的燃眉之急。同时，积极开展灾区水毁房屋修缮和重建项目政府采购工作，帮助灾区群众渡过难关。还在全省9个市州启动的“暖房子”工程建设项目中，部分实施政府采购，惠及全省46万户城市居民。2010年全省共实施“三农”项目政府采购11.8亿元；教育项目政府采购13.5亿元救灾和社会保障项目政府采购31.6亿元。

【不断改进工作方式】一是对办公自动化设备协议供货采购实行定品牌、定型号、定价格、定配置、定服务的管理方式，进一步强化办公自动化设备采购管理，政府采购价格明显低于市场平均价格，取得很好的效果。二是对冬季采暖用煤实行定点采购，通过招标确定煤炭供应商资格。预算单位在采购煤炭时成立采购小组，通过询价的方式，在合格的供应商中择优选择供应商，使预算单位煤炭采购价格与市场价格结合的更加紧密，煤炭采购、使用与存储更为方便灵活。三是对公务用车维修定点采购工作实行分包采购，根据4S店只维修本品牌车辆的特点，将4S店与综合类维修厂分为两个不同包段招标，既满足预算单位品牌车辆维修多样的需求，又形成充分竞争。公务用车定点维修配件平均加价率15%，工时优惠达20%，有效节约政府支出。四是在公务出国国际机票定点采购中，针对因省级地税部门取消专用发票、相关部门尚未明确用何种凭证作为报销依据导致无法对机票价格进行有效监管的情况，设计《吉林省省级政府采购国际机票定点采购专用凭证单》，并对其实行签章管理，进一步加强机票价格监管。

【加大政府采购监管力度】一是加强部门预算与政府采购预算的衔接。把政府采购预算作为部门预算的组成部分，在编制部门预算的同时编制政府采购预算，凡属于政府采购范围的项目，无论是使用财政资金还是自有资金，都要编制政府采购预算，并细化政府采购预算内容，明确采购项目的名称、数量、额度、用途、采购时间等，便于采购预算的执行。同时注意贯彻落实国家有关节能减排、自主创新、环境标志产品等政府采购政策。规定凡未编入年初部门预算的政府采购项目，除国家和省政府特殊安排的事项外，原则上不予追加采购。二是做好日常监管工作。第一，认真审核预算单位申报的项目需求，合理分包，依法确定政府采购方式，达到公开招标限额标准的，原则上必须公开招标，以公开招标作为主要政府采购方式。对于因特殊原因，达到公开招标数额标准申请采用非公开招标方式采购的项目和购买进口设备项目，必须经省政务大厅财政厅行政审批办审批同意后，方可采购。第二，做好特殊项目招标文件编制工作。对采购预算在500万元以上、技术要求比较复杂项目的采购文件实行专家论证制度；预算数额在1000万元以上的采购项目、技术要求比较复杂的采购项目、协议供货和定点采购项目的采购文件要在媒体上公告3个工作日，征求潜在供应商的意见和建议。第三，定期组织开展对吉林省省直预算单位、省政府采购中心、政府采购代理机构、政府采购协议供货供应商、政府采购定点供应商的政府采购执行情况检查工作，抽调市县工作人员组成检查组或者委托社会中介机构进行检查，发现问题，及时处理纠正，维护政府采购的良好市场环境。

【认真处理政府采购供应商投诉】2010年共受理省级政府采购供应商投诉10起，按照有关规定，及时审核投诉材料，调查被投诉事项，并在规定时限内完成投诉处理工作，保障供应商的合法权益，保证政府采购的公平公正。

【加强政府采购评审专家库建设】不断增加评审专家的数量、完善专家分类和结构；专家库与市县共享使用，实现评审专家省级与市县资源合理配置；加强了对评审专家的日常考核，每次评标结束后，由政府采购中心或政府采购代理机构做好评审专家评标记录，并向吉林省财政厅政府采购监督管理部门反馈相关情况，对违反相关规定的评审专家，按照《吉林省政府采购项目评审专家管理实施办法》予以处理。

【大力推进电子化政府采购进程】政府采购电子化应用系统是省“金财工程”的有机组成部分，通过考察学习其他省市软件开发经验，结合吉林省政府采购工作实际情况，研究制定了工作规划，确定政府采购电子化应用系统功能要求，吉林省财政厅信息中心与软件开发公司共同进行开发调试。到2010年末，软件功能开发基本完成，并进行功能演示，待进一步调试完善后投入试运行。

【认真开展GPA谈判应对研究工作】按

照工作计划，2010年5月，召开GPA成员领导小组工作会议，各成员单位分管GPA研究工作的厅长和具体承担此项工作的业务处室负责人参加会议。会上，传达国家有关GPA谈判的主要精神，介绍GPA的基本内涵、GPA谈判应对研究工作的范围和特点、国家和吉林省工作进展情况，确定吉林省GPA谈判应对研究工作方案，布置全年工作任务。在组织形式上，采取分散研究与集中研究相结合的方式，由成员单位按照企业组、工程组、服务组分别研究企业、工程、服务项目开放对吉林省的影响，并形成研究报告，提出配套改革建议，由吉林财经大学统筹研究总撰，形成吉林省GPA研究总报告和省情报告。2010年8月，在黑龙江召开的中部地区GPA工作联络组会议上，吉林省提交《加入GPA对吉林省经济和社会发展影响的分析报告》。12月，在海南召开的中部地区GPA工作联络组会议上，吉林省汇报加入GPA应对研究工作进展情况，提交《吉林省经济和社会发展省情报告》。另外，多次参加财政部、WTO秘书处、欧盟、加拿大及美国举办的GPA培训班、研讨会，及时向GPA研究小组成员单位传达财政部工作要求和GPA规则，推进此项工作顺利开展。

黑龙江省

【概述】2010年，黑龙江省完成政府采购预算161.96亿元；实际支出145.27亿元，比上年增加24.07亿元，增长19.9%；节约资金16.69亿元，平均节支率为10.30%。政府采购支出占财政支出的比重为6.45%（2010年全省财政支出为2253亿元）。省本级完成政府采购预算64.31亿元；实际支出57.84亿元，比上年增加1.11亿元，增长1.96%；节约资金6.47亿元，平均节支率为10%。

【强化政府采购监管】一是进一步修订完善政府集中采购目录和政府采购限额标准。在2010年省级政府集中采购目录中，通过预算总额来控制分散采购额度，有效地堵塞采购人化整为零规避集中采购的行为。同时根据实际情况扩大在哈高校工程项目分散采购的限额标准，为完整准确编报政府采购预算创造条件。二是加强政府采购供应商诚信管理。与省诚信办联合印发《关于在省本级政府采购领域使用企业信用报告的通知》，为供应商设立诚信门槛，进一步提高政府采购供应商的诚信守法意识。三是加强监督检查。开展对公检法系统执行政府采购制度情况的专项检查，针对检查中发现的问题提出整改意见。省财政厅和省监察厅还联合对省政府采购中心进行年度考核，考核组在充分肯定省政府采购中心工作的同时，对下一步工作提出意见和建议。

【规范政府采购运行规程】一是细化预算编制，进一步提高政府集中采购预算编报质量。在编制2010年采购预算时，下发文件要求省直主管部门和厅内有关业务处要认真审核所分管预算单位编报的采购预算，不得虚报和漏报。同时为均衡执行政府采购计划，增强政府采购预算的约束力，要求预算单位要根据采购预算申报采购计划，对没有采购预算申报的采购计划不予受理。并规定采购计划实行月报制，每月25日前申报下一个月采购计划，实现规模化采购。二是规范权力运行内部制约机制。进一步修订完善《省级政府采购计划采购方式审核审批制度》等五项制度，建立AB角制度。省政府采购中心为有效发挥采购前端技术审核和后端合同验收环节的作用，采取“三段式”管理模式。年初，省政府采购中心研究制定了《非公开招标方式操作规程》、《竞争性谈判操作规程》等八项制度，在网上实行“十公开”和“五监督”，让所有采购项目和各项制度都在阳光下运行。三是严格控制单一来源方式采购，进一步提高公开招标比重。通过市场调查、网上公示等方式，严格对单一来源采购方式申请的审查、审批制度。对达到招标采购限额标准的符合招标条件的项目一律采用招标方式采购。2010年招标采购额比上年增加39.9亿元，招标采购比重提高21个百分点。

【拓展政府采购工作领域】 一是继续扩大涉及民生项目的政府采购范围，包括医疗设备、农机具、计划生育设备、农家书屋、农村中小学免费教科书等项目，使其成为扩大政府采购规模的重要支撑点。首次将列入国家基本药品目录的药品纳入政府采购，省采购中心先后组织七次网上招标评审工作，最终确定药品集中采购中标结果。其中：基本药物有3926个品规入围，涉及中标企业691家，中标价格较国家基本药物零售价平均降低38.41%；非基本药物有9950个品规药品入围，涉及中标企业1808家，中标价格较本省第六轮中标价平均降低14.56%。二是继续推广黑河市工程项目实行政府采购的工作经验，加大对财政投资的市政道路、绿化、公共设施等工程项目实施政府采购的工作力度，提高工程采购规模比重。省本级将上海世博会黑龙江馆布展工程项目纳入政府采购，同时省本级及部分地市继续实行“备案制”方式推进工程项目政府采购，财政性资金投资的工程项目委托社会中介机构采购的，在依法编报政府采购预算的前提下，采购人将招标公告、招标文件、评标报告、中标通知书及合同等复印件报政府采购监管部门备案后，财政国库支付采购资金。

【发挥政府采购政策功能】 一是认真贯彻落实财政部印发的《政府采购进口产品管理办法》和《财政部办公厅关于政府采购进口产品管理有关问题的通知》，加强对进口产品的审核管理，对国内能够生产且符合采购人要求的产品，财政部门严格把关，一律采购国内产品。二是认真贯彻《国务院办公厅关于建立政府强制采购节能产品制度的通知》和财政部、国家发改委印发的《节能产品政府采购实施意见》，严格按照国家发布的“节能产品政府采购清单”、“环境标志产品政府采购清单”实施政府采购，进一步扩大节能产品和环境标志产品政府集中采购管理范围。三是为贯彻落实《省政府关于促进非公有制经济（中小企业）加快发展的实施意见》，研究制定了支持中小企业发展的三项措施，为中小企业参与政府采购提供一个公平竞争的平台，解决中小企业融资难的问题。四是公布首批黑龙江省信息安全产品政府采购目录。与省工信委联合下发《关于建立黑龙江省信息安全产品政府采购目录的通知》，通过资格审查的方式确定了第一批黑龙江省信息安全产品政府采购目录，并通过政府门户网站对外公布。五是认真落实省委、省政府关于支持“哈飞”汽车销售的政策，积极宣传，加大促进销售的力度，支持地方经济发展。

【推进电子化政府采购】 一是把采购方

式审批、评审专家选取、采购供应商选取、采购代理机构选取、计划执行动态监控、合同核对备案等环节作为改进的重点，进一步完善黑龙江省政府采购信息管理系统功能。二是及时总结药品网上采购的经验，梳理解决存在问题。制定和完善其他政府采购项目网上采购工作规程，扩大网上采购的范围。从采购金额和采购范围上扩大网上采购的规模和比重，降低采购成本，提高采购效率，增强采购活动透明度。三是大力推进市（地）“政府采购信息管理系统”应用工作。针对哈尔滨市财政局深度应用政府采购信息管理系统的需求，组织系统开发人员作系统二次开发和应用培训工作。为哈尔滨市在2011年全面系统应用政府采购信息管理系统奠定基础。四是将政府采购全流程纳入全省电子监察范围。全省电子监察平台系统对评审专家、评审过程、工作人员作风、服务态度及办事效率等方面实时有效监督并及时记录、存储招投标情况信息，以方便分析及协调解决招投标过程中可能发生的违规问题。

黑龙江省财政厅政府采购管理办公室供稿
刘佩玉执笔

上 海 市

【概述】2010年，上海市政府采购总规模达到408.3亿元，比上年增加8.1亿元，同比增长2.0%；节约资金约37.6亿元，节资率为8.4%，较上年上升0.3个百分点。在采购总规模中，货物类采购金额87.8亿元，占21.5%；工程类284.7亿元，占69.7%；服务类35.8亿元，占8.8%。市和区县两级共签订政府采购合同58898个，同比增长32.5%；

【加快平台建设】为认真贯彻落实中央反腐倡廉精神和深化财政管理体制改革的要求，解决各方反映的政府采购执行过程周期长、效率低、透明度不高、价格优势体现不充分、监督力度有待强化等问题，自2007年起，上海市开始着手建设全市一体化的政府采购信息管理平台。2010年上海市政府采购信息化工作重点从建设开发转为建设开发与全面推广应用并重。建设开发方面，二期电子招投标管理系统主体框架基本建设完成，在部分采购代理机构和区县集中采购机构进行运行试点。在推广应用方面，一是扩大一期电子集市采购的使用范围。组织全市18个区县进行业务和技术培训，按“分类对待、有序推进”的方式，分两批将电子集市采购推广到位，实现全市通用产品统一平台采购。二是扩大电子集市采购的商品范围。2010年激光打印机、台式计算机、便携式计算机、复印机、传真机、投影机、路由器、空调机、复印纸、胶版印刷纸、办公用再生制品等十一大类商品在政府采购信息管理平台实现电子化采购，涉及54个品牌、652个品种，476家经销商。在《上海市2011年政府采购集中采购目录和采购限额标准》中，增加服务器、磁盘阵列、网络交换机、照相机、摄像机、公务车辆保险等六大类产品，范围从货物类拓展到服务类。

【规范运行体制】在市本级完成“管采分设”的基础上，划分管采职能，权责落实到位，避免在实际工作中出现“越位”和“缺位”的情况。同时，积极指导督促各区县加快推进“管采分离”工作，截至2010年底过半数区县完成分离改革。

【完善法律体系】一是积极配合市人大开展上海市政府采购管理办法的立法调研工作。二是制订完善上海市市本级政府采购操作规范，将审批、审核事项纳入标准化流程管理，明确审批环节，提高审核效率，并为各区县提供参考。三是为适应政府采购信息化运行要求，逐步完善上海市政府采购信息管理平台运行管理系列办法，电子版采购文件和政府采购合同范本进一步规范统一。

【支持服务行业发展】为促进上海服务业蓬勃发展、支持“转方式、调结构”、实现“四个中心”的建设目标，2010年上海市政府采购工作遵循先易后难、逐步推进的原则，不断拓展服务类采购范围。一是结合对社会经济宏观发展、服务行业最新趋势以及政府职能转变的前瞻性、系统性研究，依据市委市政府确定的重点支持行业和采购人实际需求，对全市政府采购服务类范围拓展进行总体规划。二是充分利用政府采购集中采购目录的引导和辐射作用，将一定限额以上采购人普遍需要的服务类项目，如专业咨询服务（法律、经济、会计、金融等）、课题研究、培训、物业管理等逐步纳入集中采购目录，由集中采购机构示范采购，引导采购人加强服务类采购意识，规范服务采购行为。三是加强源头控制，在预算编制环节对采购人进行指导和管理，明确服务类项目的预算编制规范，要求采购人严格按照政府采购集中采购目录和采购限额标准的规定应编尽编、应采尽采，从而实现“编得细、分得清、管得住”的目标。四是实施分类指导，对存在特殊情况的部门进行重点协调。由于物业管理等服务类项目实行政府采购后可能涉及到采购人内部机构设置、人员安排，甚至体制改革等深层次矛盾，为实现稳妥推进，确保政策的执行效果，进行专项协调、指导。例如针对部分高校反映高校后勤职工安置等问题，积极与市教委等部门协调，请其在制定高校后勤社会化改革方案时对政府采购等相关问题进行统筹考虑。五是优化采购流程，提高采购效率。借助已经建设运行的政府采购信息管理平台电子集市，提高服务类项目的采购效率。完成车辆保险定点招标工作，8家车辆保险服务供应商成为首批进入电子集市服务类供应商。全年政府采购服务类项目采购金额为35.8亿元，比2009年增加8.7亿元，同比增长32.1%。其中，物业管理项目采购金额从2009年的1.6亿元提高到6.2亿元，专业咨询项目从1亿元提高到3.2亿元，印刷项目从不到4000万元提高到2.2亿元。

【服务中小企业】为鼓励和支持中小企业积极参与上海市政府采购活动，《上海市政府采购促进中小企业发展暂行办法》于2010年1月1日起正式实施。办法一是明确规定在上海市政府采购活动中对中小企业采取“优先采购、优先安排”，对预算金额在200万元以下的政府采购项目，应当从中小企业采购，为中小企业预留市场份额。二是对于中小企业参与上海市集中采购机构组织的政府采购项目，免收招标文件工本费；中小企业参与的政府采购项目，采购人或采购代理机构可以在招标文件中规定中小企业免予交纳投标保证金；对于规格标准统一、现货货源充足且价格变化幅度较小的货物采购项目，采购人或采购代理机构可以免除中小企业交纳履约保证金的义务。2010年在上海市政府采购活动中授予中小企业的合同数为55037件，占全部合同数的93.4%；合同金额为355.9亿元，占全部合同金额的87.2%。

上海市财政局供稿

江　苏　省

【概述】2010 年，江苏省实施政府采购预算 1043.69 亿元；实际支付 902.26 亿元，采购规模与 2009 年相比增长 19.29%；节约预算资金 141.43 亿元，资金节约率为 13.55%。其中，省级采购规模为 44.53 亿元，比 2009 年减少 27.39%，圆满完成近 4000 万元的“江苏省学生人身伤害责任险”等民生项目采购，在全国教育、保险和政府采购领域产生较大影响。全省地市政府采购规模 855.2 亿元，比 2009 年增长 23.05%。苏州、无锡和南京继续名列三甲，分别为 158.68 亿元、157.7 亿元和 128.04 亿元。与 2009 年相比，采购规模增长最快的是盐城市，同比增长 77.96%。全省政府采购总规模中，集中采购为 618.94 亿元，占 68.6%，比上年增长 18.15%；采用公开招标方式的采购比重达 87.59%，较上年增长 3 个百分点。中小企业的合同份额 759.45 亿元，占采购总规模的 84.17%。据统计，全省已通过政府采购合同抵押帮助中标、成交的中小企业实现贷款规模 1.4 亿元，其中：由中国民生银行南京分行推出的政府采购融易贷 0.75 亿元，中国建设银行苏州分行推出的“采购通”0.3 亿元，为解决中小企业融资难问题发挥积极作用。进口产品采购金额为 8.84 亿元，仅占采购规模的 0.98%，节能产品、节水产品以及环保产品的采购金额占同类产品采购金额的比例分别为 79.73%、98.8%、47.2%，分别比上年增长 17.68%、42.3%、5.91%。

【政策功能不断拓展】依据国家对自主创新产品政府首购和订购政策规定，采购“龙芯”多媒体互动教学系统 4679 套、计 15 万台，采购金额 4.1 亿元，分三年装备至全省 5000 多所小学。为支持中小企业发展，积极构建中小企业政府采购融资平台。省级及南京、苏州、徐州、常州 4 市均建立中小企业政府采购融资平台。苏州开发“采购通”产品，4 家中标企业与银行签订 3025 万元贷款协议；常州出台了政府采购扶持中小企业发展的相关措施，实现贷款金额 1980 万元；徐州市积极推进“政府采购融资通”，会同市建设银行组织了宣传培训。结合江苏实际，制定《关于政府采购支持新兴产业发展的实施意见》，就充分发挥政府采购政策功能、促进江苏新兴产业发展提出意见。

【制度建设不断完善】一是调整省级集中采购目录，力求更科学。从 2010 年 7 月初开始，采取发放调研函、召开座谈会、实地调研、现场办公等形式，制定 2011 年省级政府集中采购目录。按国家的政策要求，增加信息安全产品类、其他服务类等项目；针对部分省级部门一些专业性、特殊性需求，对部门集中采购项目作一定调整。二是推进行政权力网上运行，力求更透明。根据 61 号部长令，对行政处罚依据、裁量标准等进行修改。办理行政许可乙级政府采购代理机构资格认定 59 家，审核批复进口产品采购申请 293 件，审批公开招标以外方式 106 批次。三是制定《评审专家管理实施办法》，力求更规范。结合江苏政府采购实际，对评审专家管理的一般原则、评审专家的具体条件、申报程序、日常管理等进行具体规范，特别是对评审专家的动态管理、评审情况反馈、库外专家的选取、专家使用单位的内部监督机制等作出细化规定，进一步规范评审专家管理。

【监管力度不断加大】一是组织对集中采购机构考核。内容包括执行法律法规及开展工作情况，重点是规范操作、基础工作、队伍建设及服务质量等六个方面27项内容。考核采取定性与定量、自查与核查相结合的方式，考核结果按规定在江苏政府采购网上公告。二是加强系统监管工作指导。先后两次召开省辖市政府采购工作座谈会，分别就推进政府采购科学化精细化管理和推动中小企业政府采购融资平台建设进行动员部署。进一步创新考核形式，充实考核内容，扩大考核范围，对全省的考核向县（市）延伸。考核工作实现“两个首次”：首次对市（县）进行考核，适应省管县财政体制的要求，将24个县（市）政府采购监管工作列入考核范围，加强对县（市）监管工作指导和监督；首次对省辖市政府采购评审专家管理进行专项考核。三是从2010年第二季度起实行季报制度，及时了解掌握各地政府采购工作进展情况，特别是拓展政策功能支持经济发展取得的成效。四是加强对重大采购活动的现场监督。全年参加现场监督30次，及时纠正项目实施过程中的违规行为，确保采购操作严密规范。五是依法处理投诉。严格按照《政府采购法》、《政府采购供应商投诉处理办法》等相关法律法规，做到处理程序合法、事实认定清楚、法律运用准确，有效地规避和防范法律风险。

【信息宣传更加透明】完成网站改版，加强信息公开工作，及时准确发布政府采购政策、制度、规定和各类信息。代理机构认定、投诉受理、进口产品采购审核等工作已实现在线填报和办理。分别举办全省政府采购信息统计系统培训班、部分市信息统计系统使用情况座谈会，为全省尽快适应新的信息统计系统创造条件。加强与媒体的联系沟通，重要活动邀请媒体采访报道，针对社会关注的政府采购热点问题，通过正面、写实报道，及时消除不良影响。在《中国财经报》、《中国政府采购报》、《中国政府采购杂志》、《政府采购信息报》等媒体刊载江苏的各类文章368篇。

【GPA研究不断推进】一是完成江苏省GPA研究四个分报告，江苏省总报告《加入GPA对江苏经济社会的影响及对策研究》已汇总完成，经省联席会议讨论通过后提交。二是按照联席会议明确的职责分工，积极发挥牵头部门的组织协调作用，及时印发参阅材料，安排经费，组织培训，召开座谈会，开展研究，为顺利完成研究工作提供保障。三是成功举办2010年6月在南京市召开的中美WTO《政府采购协议》研讨会，美国贸易部、商务部，中国财政部及全国各省政府采购专家学者120多人出席。四是举办GPA知识讲座，向南京地区100多家政府采购供应商介绍如何依法参与政府采购活动、GPA知识及加入GPA后对江苏企业产生的影响及应对措施。

江苏省财政厅供稿

浙　江　省

【概况】2010年，浙江省政府采购工作秉承“依法采购、廉政采购、科学采购、和谐采购”四大理念，以“规范、高效、服务、创新”为主线，管理和操作业务不断创新，政策导向功能不断强化，监管体系不断完善，队伍建设不断加强。全年完成政府采购预算489.17亿元，实际采购金额424.60亿元，资金节约率为13.20%。

【创新政府采购管理和操作机制】一是对部分协议定点项目实施全省联动采购。在前几年协议供货实行区域联动的基础上，首次将联动范围扩大至全省，品目增加至18类。在省财政监管部门统一组织协调下，由省、市集中采购机构按照各自业务专长分别组织实施，并实行省市县三级“统一招标、结果共享、联合监管”。二是建设政府采购市场诚信体系。以供应商诚信体系建设为突破口，先后印发《关于开展政府采购供应商网上注册登记和诚信管理工作的通知》和《关于全面实行政府采购供应商网上报名和资格后审制度的通知》，推行供应商网上注册登记及诚信管理制度，并实行政府采购供应商网上报名和资格后审，鼓励和引导供应商主动参与、自我管理、诚信经营。2010年全省注册入库供应商（含临时）超过万家。

【强化政府采购政策功能】对部分列入国家节能环保政府采购清单的产品实行政府强制采购或优先采购，并对参加投标的进口产品实行价格上浮，依法合理体现对节能环保和“国货”的政策支持；研究制定《浙江省实施财政部〈政府采购进口产品管理办法〉细则》，按照区别对待、宽严结合的原则，加强对政府采购进口产品的管理；大力支持中小企业发展，宣传和鼓励采购安吉县竹制产品及本省品牌汽车等，并与省内有关金融机构研究探讨政府采购支持中小企业融资担保的途径。

【加强政府采购监督管理】首次在全省组织集中采购机构考核。会同监察厅、审计厅，按照《浙江省集中采购机构考核办法》及《浙江省2009年度政府集中采购机构考核方案》，实行“分级管理、下考一级、地区交叉”，组织对全省89家集中采购机构的机构建设、制度建设，业务建设、队伍建设、社会评价等五个方面进行考核，公布和通报了考核结果。针对考核中发现的问题，要求有关单位认真进行总结、整改和提高。

【加强社会中介代理机构管理】将社会中介代理机构资格认定这一行政许可行为，全程纳入浙江省政府网上办事大厅电子平台进行实时监管。2010年对一家提供虚假资料骗取政府采购代理资格的社会中介机构进行查处。加强代理机构信息化建设，对代理机构开展供应商网上注册审查培训，整顿和规范代理机构在浙江政府采购网上发布的信息公告及机构信息维护。对代理机构所代理的重大分散采购项目开评标现场进行不定期检查，形成监督压力和威慑力。

【**强化对重大采购活动的现场监管**】对省人防办远程会商系统、省教育厅中小学计算机采购、省公安厅警用直升飞机采购等一批金额大、政府和社会关注度高、影响面广的项目，在采购需求确认、评标专家抽取和确定、开评标以及信息发布等一系列关键环节进行全程监管，并对供应商反馈意见进行收集和跟踪。重大采购活动的全程现场监管实现常态化和机制化。

【**完善质疑投诉处理机制**】在处理供应商投诉时，坚持监督执法与调处并重。2010年受理投诉案件12件，办结11件，另外处理举报和人民来信43件，对6家供应商和1名评审专家违纪违法案件进行查处问责，无一引发行政复议和诉讼。

【**加强公务用车控购管理**】开发和完善公务用车管理系统，并在部分单位试点。严格执行中央及省有关公务用车编制、标准及审批管理的政策制度，全年审核办理党政机关、事业单位及团体组织控购小汽车8331辆，采购金额15.68亿元。

【**推进加入GPA研究及应对工作**】根据财政部统一部署，组织协调各省级GPA成员单位开展加入GPA应对研究工作，完成浙江省加入GPA研究总报告，经省级GPA领导小组审议通过，上报财政部。协调东部各省开展GPA应对研究工作，形成东部地区GPA研究总报告征求意见稿。GPA研究第一阶段（基础研究工作）顺利结束。

【**注重队伍建设和廉政建设**】按照分类分级、注重实效的原则，分别组织全省集中采购机构和监管人员、社会中介代理机构和省级采购单位培训，增强政府采购从业人员的依法采购、廉洁采购意识，提高管理和操作业务水平。细化《政府采购法》中的行政处罚条款，明确自由裁量基准。针对涉及政府采购的32项行政处罚事项，分别不同情节明确不同处罚尺度，细化处罚标准，在一定程度上控制行政处罚的主观随意性。

浙江省财政厅供稿

宁　波　市

【**概述**】2010年，宁波市全面贯彻落实全国政府采购工作会议提出的新时期深化政府采购制度改革的基本思路，重点在健全政府采购联络员工作制度、宣传普及政府采购政策法规、完善各项基础工作、加强规范化管理、做好WTO《政府采购协议》谈判应对工作、贯彻落实政策功能等六个方面形成自己的特色，并取得一定成效。全市共组织政府采购32066批次，完成政府采购预算55.38亿元，实际采购金额47.96亿元，节约资金7.42亿元，资金节约率为13.4%。其中：货物、工程和服务实际采购规模分别为30.56亿元、11.51亿元、5.89亿元。

【**健全政府采购联络员工作制度**】在上年新建政府采购联络员工作制度的基础上，

2010年继续探索完善政府采购联络员工作机制。一是建立政府采购联络员管理体系。市本级行政事业单位和社会团体各推荐一名政府采购联络员，由其指导本单位开展政府采购工作并协调沟通与财政局之间的事宜。市财政局按照各单位推荐的人员，对350多名联络员进行分类登记管理，新建市本级的政府采购联络员信息库，构建政府采购联络员工作管理体系。二是开展基础性采购知识培训。3月初选择基建和工交两个系统40个单位进行试点培训，在总结经验的基础上，7月初分两批对政法、教科文、社保、农财系统的政府采购联络员进行辅导，累计350余名政府采购联络员参加培训。三是开展针对性采购业务辅导。11月份市财政局组织350多名政府采购联络员就新出台的2011年政府集中采购目录及限额标准等内容进行讲解，帮助联络员明确概念，掌握相关知识，促进单位编细编实2011年政府采购预算。

【宣传政府采购政策法规】一是充分发挥新闻媒体宣传政府采购的积极作用，针对政府采购工作中的难点和热点问题做好释疑解惑工作。9月29日《宁波日报》刊载宣传政府采购的专题报道，介绍政府采购政策和政府采购发展成长历程，让社会各界理解、关心、支持和监督政府采购工作。二是组织人员编写政府采购工作手册，介绍政府采购法律法规、政府采购管理体制和运行机制、发展前景等内容，普及政府采购知识。三是认真做好人大议案、政协提案的办理工作，走访和面商人大代表和政协委员，顺利办结各项议案提案，其中一项议案被评为优秀案例。四是组织政府采购监督员座谈会，主动听取意见，同时邀请部分监督员参加政府采购业务培训、参与监督检查全过程、办理人大提案政协议案等活动，并主动接受政府采购监督员的监督。通过加大宣传力度，逐步形成政府采购健康发展的正确舆论导向，不断提高依法采购意识和政策执行效果，为深化政府采购制度改革营造良好的氛围。

【完善政府采购基础工作】按照科学化精细化管理的要求，不断夯实政府采购各项基础工作。一是制定政府集中采购项目转由社会代理机构办理的工作流程，明确相关部门的责任，进一步严格集中采购项目管理。二是加强政府采购评审专家管理，2010年新征评审专家90名，全市1880个项目抽取评审专家累计6436人次。同时开发新的政府采购评审专家系统，完成系统开发商的招标工作。三是完成全市政府采购信息统计报表数据录入的改革工作，实现新老系统平稳过渡。选择在3个部门试行由采购人按照合同自行录入统计数据的办法，努力提高政府采购信息统计数据的真实性和准确性。四是在全市全面推行政府采购供应商网上注册登记和诚信管理工作，要求凡有意在宁波市行政区域内参加政府采购活动的供应商，都应当按照自愿原则进行注册申请，促进全省统一开放、资源共享的供应商及其商品库建设。

【加强政府采购规范化管理】一是强化采购预算约束。审核下达2010年政府采购预算7.7亿元，全年汇总编制月份采购计划35个批次，布置落实采购任务近20亿元。同时组织辅导培训会议，布置落实市级2011年政府采购预算编制工作，从源头上加强政府采购管理。二是加强对采购代理机构的监督管理。认真开展政府集中采购机构考核工作，省财政厅组织考核小组对宁波市集中采购机构进行了抽查考核。同时，按照交叉考核原则，宁波市组织人员完成对杭州地区11家县级集中采购机构考核工作。2010年12月份布置对宁波市社会采购代理机构开展考核的各项准备工作。三是加强政府采购投诉管理。本着“公开、公平、公正”的原则，处理市本级政府采购投诉3件，协助各县市区处理政府采购投诉7件，处理鄞州区政府采购行政复议1件，对供应商处理结果在宁波政府采购网上予以公告，维护政府采购当事人的合法权益。四是完善协议（定点）采购管理。组织人员对上一轮空调、印刷、纸张、车辆维修、车辆保险等项目执行情况进行监督检查，在认真分析研究检查结果的基础上，修改和完善新一轮公开招标方案，加强协议（定点）采购管理。特别是在新一轮车辆维修项目招标过程中，市纪委组织召开了有关部门参加的座谈会，认真听取各方面的意见，进一步完善车辆维修招标方案，降低车辆维修企业准入门槛，增加投标企业数量，使新一轮车辆维修项目招标取得较为满意的结果。

【发挥政府采购政策功能】一是制订《宁波市自主创新产品认定管理办法（试行)》，对于符合条件的自主创新产品要求采购人优先购买，积极支持企业开展自主创新。二是认真贯彻落实财政部《关于信息安全产品实施政府采购的通知》、《关于调整环境标志产品政府采购清单的通知》和《关于调整节能产品政府采购清单的通知》等文件精神，要求单位和采购代理机构在招标投标过程中强化评标政策导向。三是严格进口产品审核工作，切实履行财政监管职责。

【做好《政府采购协议》调研工作】积极参加财政部举办的《政府采购协议》学习培训班，组织召集相关部门座谈交流加入《政府采购协议》课题调研情况，指导和完善各子课题研究。年底前已经完成宁波市加入《政府采购协议》谈判的《宁波市市情报告》初稿。

宁波市财政局政府采购办公室供稿

周名杰　叶海瑛执笔

安　徽　省

【概述】2010年，安徽省政府采购工作紧紧围绕全省财政工作重点，狠抓效能建设，扎实开展“创先争优”活动，深化政府采购制度改革，加强政府采购监管，政府采购规模和范围继续扩大，政府采购制度不断完善，政府采购行为更加规范，政府采购政策功能进一步落实。全省完成政府采购规模412亿元，比2009年增加62亿元，增长18%，其中省本级采购规模达到44亿元。

【政府采购规模突破400亿元】2010年安徽省政府采购规模首次突破400亿元，推动政府采购规模大幅增长的主要原因：一是规范政府投资工程项目政府采购管理，进一步加大对财政性资金偿还的贷款、中央和省级补助专款等项目实施政府采购的力度；二是扩大服务类项目实行政府采购的范围，将部门预算安排的专项经费中利用社会服务或中介服务等项目，纳入政府采购范围；三是加强财政专项资金政府采购工作，重点将民生工程、新农村建设、小麦良种等国计民生项目纳入政府采购范围；四是进一步提高采购人依法采购意识，确保法律规定范围内的政府采购项目做到应采尽采。

【继续完善政府采购制度体系】按照《政府采购法》的要求和安徽省政府采购制度改革发展的实际，积极探索完善安徽省政府采购制度体系。制定印发《安徽省政府投资工程项目政府采购管理暂行规定》，要求各级采购人使用财政性资金建设工程项目的，应当执行政府采购制度，为加强工程项目财政资金管理、减少工程建设领域突出问题发生提供制度支持。

【落实政府采购政策功能】一是加大节能、环保产品政府采购工作力度。扩大节能产品政府采购范围，优先采购节能、环保产品。对空调机、电视机、照明产品等九类产品严格执行政府采购强制采购节能产品制度。二是对信息安全产品实施政府采购。与省有关部门联合印发《关于信息安全产品实施政府采购的通知》，要求全省各级采购人必须按规定采购经国家认证的信息安全产品。三是积极贯彻落实国务院关于进一步加强政府采购管理工作的意见和安徽省有关促进经济社会发展的文件精神，严格执行公务用车政府采购有关规定；对其他采购项目，积极引导部门、单位尽可能采购国内、省内厂商的产品。

【组织开展政府采购工作调研】自4月份开始组织力量对全省财政系统政府采购工作进行调研。调研主要内容包括各地政府采购工作开展、信息化建设、机构设置、信息统计工作等情况。9月份，组织开展政府投资工程项目政府采购管理工作调研。通过调研活动，进一步宣传政府采购法规制度，摸清市、县政府采购工作现状，督促和指导基层单位完善机构建设，进一步加强监管和执行工作。

【积极稳妥开展电子化政府采购工作】省级电子化政府采购管理应用系统于2010年开始投入运行。围绕政府采购管理关键环节，与“金财工程”财政一体化平台相衔接，实现政府采购“从资金监管到采购业务监管”全流程电子化，创新工作载体，提高工作效率。安徽省政府采购门户网站全年访问量累计351万次，日均访问量近万次；下达政府采购任务2278项，涉及政府采购预算44.25亿元，签订政府采购合同3215个，合同金额19.6亿元；为958个政府采购项目抽取政府采购评审专家11267人次。安徽省电子化系统建设得到财政部国库司的充分肯定，7月份财政部吸收安徽省为全国政府采购管理交易系统建设工作组成员。

【积极推进GPA谈判应对研究工作】一是组织召开安徽省加入GPA谈判研究工作组年度会议，确定八个方面重点选题，分别选定有关高校和研究机构协助开展研究。二是编写GPA工作信息，及时向谈判领导小组和工作组报告谈判应对工作新进展、新情况、新要求。三是明确责任，签订合同书。分别与承担八个重点选题的研究机构，签订《课题研究项目合同书》，约定研究机构所承担的义务和权利，保证其及时提交高质量的研究成果。四是加强GPA课题研究保密管理。要求承担年度课题研究任务的高校、专业研究机构及相关研究人员签订保密协议，明确在参与GPA研究过程中应承担的责任和义务，确保涉密研究成果资料安全。

【依法处理政府采购供应商投诉】一是坚持依法受理。指定专人受理投诉，对供应商投诉材料认真审核，凡符合投诉要求、书面材料齐全的投诉案件准予受理。二是认真调查取证。摸清实际情况，必要时组织召开质证会进行沟通、协商，化解矛盾。三是慎重作出处理决定。既尊重事实、讲证据，又明确责任、明辨是非。2010年，省级受理投诉事项5件，其中撤诉2件，下达处理决定

3件。没有发生一起行政复议或行政诉讼案件。

【加强政府采购规范化管理】一是依法开展政府采购代理机构资格认定。2010年先后审核认定十九批49家企业为乙级资格政府采购业务代理机构，并依法颁发资格证书。截至年底，全省共有86家乙级政府采购代理机构。二是进一步做好政府采购信息统计工作。2010年起，全国政府采购统计工作启用新的统计软件、新的指标体系、新的编报方式。为适应工作需要，举办全省政府采购信息统计业务培训班，对各市财政局、省级集中采购机构负责政府采购信息统计工作的人员进行培训。7月份财政部专门印发文件，对政府采购信息统计基础工作扎实、报表质量过硬、报送及时的15个省市进行通报表扬，安徽省也名列其中。三是加强政府采购信息发布管理工作。明确政府采购信息发布内容，要求政府采购所有采购方式的采购公告、更正公告及中标（成交）公告等信息必须及时在安徽省政府采购网发布，确保信息发布的内容真实、完整、及时、准确。自2010年7月起，省级集中采购机构实行招标文件网上公布制度，节约供应商投标成本，提高工作效率和政府采购透明度。四是加强政府采购评审专家管理。修订政府采购专家管理软件，完善专家网上自助注册和网上抽取程序；实行在库专家动态管理制度，对专家学历、职务、工作单位等信息发生变动的，及时在专家库中进行调整，对有违法违规行为的专家依法严肃进行处理；充实专家库，实现专家注册、审核入库工作经常化。2010年，新征集专家100余人，截至年底，省级专家库共有专家1278人。

安徽省财政厅政府采购处供稿

福 建 省

【概述】2010年，福建省政府采购工作按照政府采购科学化、精细化管理的要求，以健全完善制度机制为重点，以规范操作执行和加强监督管理为核心，以全面夯实基础工作和加快电子化建设为支撑，以推动专业化队伍建设为保障，不断创新发展思路，改进工作方法，进一步推进政府采购制度改革深入开展。全省完成采购预算金额111亿元，节约率为10%。

【着力解决个别采购结果价格偏高问题】一是进一步完善网上竞价采购办法。针对采购人品牌倾向性明显、竞价品牌单一的现象，要求参与报价的品牌供应商达到两个（含）以上，否则视为竞价无效。规定采购单位应按照配置标准在最高控制价以下，以低于市场价格制定采购最高限价。要求采购单位应根据采购货物的共性指标、功能提出技术功能需求，涉及技术、商务的条款应按照通用商用标准制定，不得提出倾向性要求及设定不合理资格条件排斥竞争或变相指定供应商。对采购单位排斥竞争或变相指定供应商、投标供应商采取串标围标等手段谋取中标等五种情形认定为竞价无效，并明确违规的法律责任。强化采购单位的验收责任，对中标供应商或采购单位无正当理由不签订采购合同或拒绝履行合同义务的，依法给予没收竞价保证金、记入不良行为记录、禁止参加网上竞价采购活动等处罚。二是调整省级部分通用办公设备配置标准。对2009年出台的计算机、打印机、传真机、复印机、速印机、投影仪等通用办公设备配置标准进行调整。调低不同档次产品的价格上限，使限价标准与市场主流产品价格变化同步。其中，计算机价格上限下调500~1000元，最大降幅达17%；打印机价格上限下调100~5000元，最大降幅达20%；复印机价格上限下调1000~5000元，最大降幅达20%。强化配置标准的刚性约束，采购单位采购相应品目产品的预算单价不得高于配置标准设定的价格上限。强调办公设备以满足日常办公基本需求为原则，以国产品牌（包括合资品牌）中的中档产品为主，优先购买国家或福建省级认证的节能、节水、环境标志产品和自主创新产品。建立配置标准的动态调整机制。根据社会经济发展水平、市场价格变化情况，适时调整配置标准，使配置标准的设置贴近市场价格变动水平。2010年网上竞价采购金额4.47亿元，较上年增加0.59亿元；累计节约资金0.26亿元，节约率为5.47%，较上年提高0.05%。

【推进政府采购执行操作规范化】 一是实行两阶段评标办法。将投标文件分为技术商务和价格两个独立部分，增强技术商务部分评审的客观性，促进评审专家在技术商务评标时采取更为审慎的态度，防止因价格因素导致废标的随意性。二是实行招标文件预公告制度。采购预算达到500万元以上项目的招标文件必须在福建省政府采购网上预公告3个工作日，允许所有潜在投标人或专家通过网络提交对招标文件的意见或建议。在招标文件正式公告之前，引入开放的论证模式，开辟面向社会公众的意见反馈渠道，避免招标文件编制过程中的倾向性，确保招标文件条款制定的公正合法。三是细化招标文件条款设置要求。针对以往采购人制定的招标文件中对技术部分实质性响应认定标准不统一、业绩证明材料提交标准不统一、履约保证金收取不规范等问题作出明确规定，使招标文件编制进一步规范化。四是明确串通投标的情形。对评标过程中发现的投标人投标文件错漏之处一致或雷同、不同投标人的法定代表人或委托代理人等由同一个单位缴纳社会保险的等四类情形，评标委员会可认定为串通投标行为，并作出投标无效的决定。五是细化行政处罚自由裁量权。对《政府采购法》和《政府采购货物和服务招标投标管理办法》中涉及财政部门对违法行为实施处罚的9条30款内容进行细化，在法律法规界定的范围内区别划分违法程度轻微、一般、较重、严重的情节，细化处罚标准，进一步规范行政处罚行为。

【不断夯实政府采购基础工作】 一是完善政府采购信息统计编报系统。按照财政部新版《政府采购信息统计表》的编报要求，开发与福建省政府采购信息管理系统的对接软件，改进政府采购信息基础数据录入办法。细化政府采购项目统计要求，扩大信息采集要素，形成对采购当事人信息和采购项目信息的实时编录，进一步完善信息统计编报制度，使政府采购信息公告内容更加全面、及时和充分，同时进一步拓展和深化信息统计分析工作。细化政府采购计划填报要求，要求采购单位在列明采购项目包含的具体品目的同时细化采购项目预算，做到预算、计划和执行有效衔接，确保采购计划严格按政府采购预算的项目和数额执行。二是进一步完善中标、成交通知书格式范本。针对中标、成交通知书发出后，采购人改变中标、成交结果及中标、成交供应商无正当理由放弃中标等现象，为严格中标（成交）通知书的法律效力，印发《省级政府采购中标（成交）通知书》和《省级网上竞价成交通知书》格式范本，明确采购人与中标、成交供应商应当依照中标通知书载明的签约时限、采购文件确定的事项签订政府采购合同，进一步维护采购当事人的合法权益。三是进一步明确岗位职责和工作流程。修订《采购办内部管理制度汇编》，从领导职责、工作权限、行为规范、服务承诺、会议制度、公文运转、印章管理等十个方面加以规范，同时还制订《财政厅采购办工作运行流程情况表》和《采购办工作运行流程图》，明确各项工作流程，使政府采购监管和行政审批各项工作有章可循。四是做好采购代理机构资格管理工作。根据《政府采购代理机构资格认定办法》（财政部令第31号）及《关于办理延续政府采购乙级代理机构资格有关问题的通知》（闽财购［2009］10号）的规定，严格乙级政府采购代理机构资格申请、延续及确认的申报条件，强调申请机构不得与行政部门有任何隶属关系，同时明确对申请机构场所、人员配备、录音录像监控设备的配置等要求。至年底已对15家乙级政府采购代理机构的资格作出认定（其中：新申请资格8家、延续资格3家、确认资格4家）。自2010年12月1日起，根据财政部新颁布的《政府采购代理机构资格认定办法》及《财政部关于认真做好政府采购代理机构资格认定工作的通知》，受理2家乙级政府采购代理机构的资格申请。同时，继续推行代理机构资格申请、延续工作网上审批，实行申报审批网络化操作，审批流程及办理情况实时网络查询。

【强化政府采购政策功能】 一是进一步落实促进节能环保的政府采购政策。在招标文件编制指引中要求招标文件必须载明对纳入中央和省级节能、环境标志产品清单的产品实行优先采购的具体条款，对清单内产品予以加分或价格扣除。2010年全省采购节能清单内产品约3.8亿元，约占采购同类产品的70%；采购环保清单内产品约3.9亿元，约占采购同类产品的92%。二是进一步扩大省级自主创新产品的范围，落实优先采购自主创新产品政策。根据《福建省自主创新产品认定管理办法（试行）》，省科技厅组织对福建三元达通讯股份有限公司、福建实达电脑设备有限公司等88家企业的地面数字电视广播发射机/TX－U/60G/D、平推票据打印机/BP－650K（82列）等三批产品（总计131个项目230个型号）认定为自主创新产品，对列入《福建省自主创新产品目录》的产品，在政府采购活动中实行同等条件优先购买。2010年省级采购自主创新产品清单内产品约1.2亿元。严格执行进口产品采购核准制度，根据《政府采购进口产品管理办法》，进一步加强对通过招标采购或网上竞价方式采购进口产品的事前核准工作，未经核准不得在采购文件中提出采购进口产品的要求。三是认真贯彻落实政府采购促进本省产品扩大省内市场的政策措施。根据《关于政府采购促进我省产品市场开拓的实施意见》，通过改进招标采购方式、完善跟单采购办法，推动在政府采购活动中优先使用本省产品。同时，配合省发改委、经贸委等部门开展工程建设项目甲控设备材料采购制度的落实和督导工作。2010年全省政府采购总额中省内产品和服务约占80%。四是积极发挥政府采购政策引导扶持作用，支持社会及民生事业发展。2010年先后在《〈福建省引进高层次创业创新人才暂行办法〉任务分解方案》、《福建省人民政府关于进一步鼓励引导民间投资支持民营企业加快发展的若干意见》、《福建省实施〈残疾人就业条例〉办法（草案）》等文件的制定中，提出政府采购鼓励科技创新、服务中小企业发展、支持民营企业壮大的政策意见。随着企业电子纳税及交纳保险方式的普及，为方便本省中小企业提供投标证明材料以享受优惠政策待遇，补充允许投标人采用电子缴纳凭证作为中小企业认定材料的条款。2010年全省政府采购总额中中小企业提供的产品和服务约占70%。五是强化对信息安全产品采购的政策要求。在招标文件编制指引中补充对采购信息安全产品的条款，采购列入《信息安全产品强制性认证目录》内的产品，在编制招标文件时应当载明对采购产品获得信息安全认证的具体要求，并明确要求投标人在投标文件中根据招标文件的要求提供由中国信息安全认证中心颁发的有效认证证书复印件。

【建立健全采购过程监督体系】一是规范专家评审行为。针对专家在评审过程中存在的自由裁量空间较大、专家评审行为约束力不足等问题，制定《省级政府采购评审专家责任书》，对评审专家的基本业务素质和职业道德要求、参与政府采购评审活动时的权利和义务，以及现行法规制度中有关评审专家违规处罚的条款予以明确，进一步强化专家评审责任，提高政府采购评审工作质量。二是畅通多种监督渠道。在依法做好投诉处理工作的同时，对通过福建省政府采购网“举报”专栏进行问题反映、质询或举报的，及时予以查实、反馈。至年底省级共接收有效举报信息52条（其中，通过网络举报29条，通过纸质信函举报23条），对举报情况认真进行核实，做到件件有答复、件件有落实，加强对采购过程的监督。三是加强对政府采购代理机构的监管。对政府采购代理机构在采购过程中存在违法违规行为导致投诉或举报的，或在限期内未对违规行为予以纠正的，将对采购代理机构按相关法律法规进行处理。认真受理投诉，依法对违规当事人予以处罚。至年底省级共接收投诉案件14起，其中，作出不予受理决定3起、受理11起（对4起作出投诉处理决定、投诉人撤诉6起，跨年度处理1起），对1起举报案件作出行政处罚决定，对案件中1家违规供应商列入政府采购不良行为记录名单，并给予一年内禁止参加省级政府采购活动的处罚。

【加强政府采购队伍建设】针对政府采购代理机构从业人员和拟从事政府采购代理业务机构的从业人员、省直单位政府采购岗位工作人员举办4期业务培训，参训人员900多人次。将政府采购新政策和业务要求作为培训的主要内容，从政府采购基本操作流程、招标文件编制、主要业务办理要求、政策功能执行等方面对现行政策、制度进行详细解读，指导和推进政府采购工作进一步规范化。

福建省财政厅政府采购监督管理办公室供稿

李穗华执笔

厦　门　市

【概述】2010年，厦门市按照“健全制度、创新机制、促进规范、发挥功能、加强监管”的工作思路，进一步深化政府采购制度改革，强化监管，规范政府采购活动，提高政府采购效益，各项政府采购活动有序开展。全市共完成政府采购项目预算 31.33 亿元，实际采购金额 26.76 亿元，节约资金 4.57 亿元，资金节约率 14.59%。

【完善政府采购制度体系】 继续加强政府采购相关制度建设，通过不断完善制度，堵塞漏洞，进一步规范政府采购行为，促进政府采购更加公开、公平、公正。同时，认真贯彻落实已出台的政府采购制度，用制度指导规范政府采购监督管理及政府采购活动。制定《厦门市政府采购保证金管理办法》，办法对政府采购保证金的收取、退还和上缴行为作出明确规定。同时，制定政府采购保证金第三方监管制度，通过政府采购保证金银行托管、实行第三方监管的方式，保障政府采购保证金专户结算、专款专用，强化政府采购保证金的管理。研究制定《厦门市电子化政府采购管理办法》。办法对网上投标、网上报价、网上开评标等进行规定，从制度上保障厦门市电子化政府采购工作的顺利开展。出台《厦门市政府采购管理办法》，于 2010 年 3 月 1 日起正式实施。为推动该办法的顺利实施，一方面加强相关配套制度的建立，另一方面进行大力宣传。为更好地学习宣传该办法，专门举办两场业务培训，培训对象包括厦门市各采购代理机构从业人员、各区采购办人员以及市一级预算单位相关人员。同时，还通过市财政局门户网站开辟《厦门市政府采购管理办法》宣传专栏，开设处长在线访谈，对该办法进行宣传和答疑。

【完善大宗货物政府采购工作】 进一步扩大大宗货物政府采购范围。从 2010 年 5 月 1 日起，在原有大宗货物品种的基础上，把摄影及摄像器材、传真机、数码印刷一体机、速印机、碎纸机新增纳入大宗货物政府采购范围，通过大宗货物集中统一采购，扩大采购量，更好地发挥规模采购效益。推行大宗货物政府采购项目电子化运作。通过建立并完善网上招投标系统等电子化平台，实现大宗货物政府采购项目网上招投标、开评标等，通过网络便能完成标书下载、投标、网上观看开标直播，便于全国各地供应商参与厦门市政府采购活动。一方面提高了采购效率，另一方面采购过程更加公开透明，便于监管。理顺大宗货物政府采购运行机制。进一步优化、规范操作流程，加快采购各环节运转，缩短采购时间，提高采购效率。继续制定完善各相关配套制度，提高大宗货物政府采购的服务水平和质量，做到货物及时配送并保障售后服务。依法解决大宗货物政府采购中的质疑投诉事项，积极做好协调沟通工作，保证采购活动的公开、公平、公正。

【规范政府采购保证金管理】 为贯彻执行《厦门市政府采购保证金管理办法》，开发建设了政府采购保证金电子化监管系统，依托网络系统实现政府采购保证金由银行实现第三方托管，该系统也便于采购监管部门实现网上监督。为顺利启用并推行保证金电子化监管系统，对各采购代理机构相关人员进行了系统业务培训。另外，为做好对政府采购保证金实行第三方监管的各项准备工作，5 月份对各政府采购代理机构开展了保证金清理检查工作。清理检查内容包括采购代理机构自成立以来所有政府采购项目采购保证金的收取、退还及结余情况。清理检查分自查阶段和重点检查阶段，为确保清理检查工作质量，还专门聘请了会计师事务所相关人员一起参与，彻底理清政府采购保证金的历史旧账。

【强化政府采购预算执行管理】 从政府采购预算编制和执行的情况看，存在不少单位政府采购预算编制不全或未编制的情况，针对存在的问题，一是不断完善财政一体化平台政府采购管理系统，方便预算单位从网上申报政府采购预算执行表，同时便于财政对上报的政府采购预算执行表审核及统计等。二是按照《厦门市市级政府采购预算管理暂行办法》有关规定，加强对预算单位上报政府采购预算执行表的审核，严格预算的变更调整，增强政府采购的计划性及政府采购预算的严肃性。

【实行公务车辆集中统一采购】改变市直机关事业单位公务用车购置由采购单位在定点范围内自行选择车型进行采购的做法，将公务车辆实行集中统一采购，通过集中需求，统一采购车型，扩大采购规模，有效降低公务车辆的采购成本。

【充实政府采购评审专家库】按照专家管理有关要求，认真做好专家的申请审核及年审工作，严把专家准入关。一是对新增加的政府采购评审专家相关资格进行严格审查，在增加专家数量的同时确保质量，共新增专家 69 人。二是认真开展政府采购评审专家年审工作，年审专家 126 人。三是根据政府采购的实际情况增加评审专家库专业类别，以更好地发挥专家的专业评审作用。

【加强供应商管理　严厉处罚违规行为】某公司在参与我市政府采购投标活动中，存在提供虚假资料谋取中标的违规行为，经查实后，按照《中华人民共和国政府采购法》等法律法规规定，对该供应商作出罚款处理，并列入不良行为记录名单，两年内禁止参加厦门市政府采购活动。同时，将处罚情况在厦门市政府采购网予以公开曝光，对其他供应商起到一定的警示作用。

【依法认真调查处理政府采购投诉案件】坚持认真调查了解，与采购代理机构及供应商及时进行沟通协调，并积极征求律师意见，在法律层面严格把关，确保政府采购质疑投诉处理依法进行。全年政府采购投诉 5 件，其中 4 件尚未正式受理投诉人即撤诉，1 件在受理后投诉人撤诉。

厦门市财政局供稿
袁文卿执笔

江　西　省

【概述】2010 年，江西省政府采购工作在财政部的领导下，通过全省各级财政部门的共同努力，紧紧围绕强化监督管理、落实政府采购政策功能的工作重点，完成各项工作任务。全省完成采购规模约 130 亿元，比上年增加约 9 亿元，增长约 7.4%；节约资金 14.3 亿元，资金节约率约 11%。

【充分发挥政府采购政策功能】继续做好扶持自主创新产品政府采购工作，配合江西省科学技术厅、江西省发展和改革委员会、江西省工业和信息化委员会制定第二期自主创新产品目录，新增自主创新产品 158 种。对省产太阳能光伏产品实行全省统一协议供货，降低供应商重复投标的成本，促进新技术的推广和应用，提高省产太阳能光伏产品的市场竞争能力。继续做好节能、环保产品的强制、优先采购工作，节能环保产品采购量占同类产品的90%以上。制定下发《江西省财政厅关于抗洪救灾物资实行紧急采购的通知》，确保抗洪救灾物资及时采购到位，保证灾区人民的生命财产安全。

【采购效率不断提高】通过规范政府采购行为，简化工作程序，有效提高政府采购的效率。日常采购项目审批基本做到当日办结。加强办公自动化设备、公务用车、摄影摄像器材及公务用车保险、维修、用油项目协议供货、定点采购管理，满足行政事业单位零星采购时限上的要求，提高采购效益与效率。同时对协议供货、定点采购的品种、价格紧跟市场变化，解决协议供货价格高、型号少的难题。2010 年协议供货总量达到 2.32 亿元。

【全面部署政府采购“管采分离”工作】江西省财政厅、省监察厅下发《关于实行政府采购集中采购机构职能市场化的意见》，在 2009 年将省本级政府集中采购职能推向市场的基础上，在全省范围内全面推进。要求各设区市在 2010 年 12 月 31 日前、县（市、区）2011 年 6 月 30 日前撤销政府部门设立的集中采购机构，由采购人委托社会中介机构代理采购，使政府采购“管、采”彻底分离。同时加大政府采购代理机构管理力度，加强对政府采购中介代理机构招标行为的监督管理。加强政府采购预算管理，规范采购人和社会中介代理机构的采购行为。建立健全政府采购领域预防腐败长效机制，堵塞政府采购活动中容易产生腐败的漏洞。

【做好政府采购进场交易工作】全省各级财政部门严格执行省政府办公厅《关于做好省属公共资源交易项目在江西省南昌公共资源交易中心或项目所在地设区市公共资源交易中心进行交易工作的通知》中政府采购进入公共资源交易中心进行交易的规定，加强政府采购的监督管理。省本级政府采购公开招标的采购项目全部做到进场交易，2010 年进场交易的金额达 30.3 亿元。做到政府采购项目监管有力、有效，保证政府采购的公开、公平、公正及透明，有力地促进党风廉政建设和反腐败工作。

山　东　省

【概述】2010 年，山东省完成政府采购规模 673.9 亿元，比 2009 年增加 182.4 亿元，增长 37%；节约资金 105.5 亿元，节约率 13.5%。公开招标采购金额 529.6 亿元，占采购总额的 78.6%，比 2009 年提高 5.3 个百分点。集中采购金额 555.8 亿元，部门集中采购金额 80.6 亿元，分散采购金额 37.5 亿元，分别占采购总额的 82.5%、11.9%、5.6%。省级完成政府采购规模 43.7 亿元，节约资金 8 亿元，节约率 15.5%。青岛、烟台和潍坊 3 个市采购规模位列前三名，采购额分别为 121.6 亿元、85.4 亿元和 84.3 亿元。临沂、济南、东营、泰安、德州和淄博 6 个设区的市政府采购规模均超过 30 亿元。

【加大工程采购监管力度】 山东省财政厅制定出台《山东省国省道养护工程专项资金管理暂行办法》，规定国省道养护工程项目应纳入政府采购监管，由省公路局编制年度政府采购预算、编报政府采购计划；省财政厅批复采购计划后，由省公路局委托具有政府采购代理资质的机构组织招标采购活动。2010年山东省工程类政府采购规模493.9亿元，比2009年增加167.5亿元，增长51.3%，比2009年提高7.3个百分点，占政府采购总规模的73.3%。东营、烟台、潍坊、日照、临沂、德州、菏泽7个设区的市工程类政府采购规模所占比重超过80%。

【强化采购政策功能】 一是积极采购节能环保产品。2010年山东省政府采购节能节水产品91.5亿元，占同类产品政府采购额的88.7%；采购环保产品102.9亿元，占同类产品政府采购额的75.4%。二是严格控制采购进口产品。全年政府采购进口产品2.43亿元，仅占政府采购总规模的0.36%。三是支持中小企业发展。全年中小企业签订政府采购合同额487.6亿元，占采购总规模的72.4%。积极探索支持中小企业融资新路子，临沂、威海等市积极推行以政府采购合同或中标（成交）通知书为凭据的中小企业贷款业务。2010年临沂市"政采融"业务为各类中小企业授信超过2亿元，发放贷款超过2700万元。

【完善采购预算与计划管理】 山东省财政厅修订《山东省省级政府采购预算管理办法》，进一步明确政府采购预算编制范围、时间要求和违规约束，为实现政府采购"应编尽编"、"应采尽采"提供制度保障。相继制定印发《关于编报2010年度省直部门政府采购计划的通知》和《关于做好省级政府采购有关工作的通知》，明确政府采购计划审批的时限要求，统一政府采购指标统计的口径和计算方法，明确预算单位采用非公开招标方式、分散采购及采购进口产品的申请及核准程序，规范政府采购计划编报的分包，提出编报年度政府采购计划的要求，推动预算单位加快政府采购预算执行进度，并通过实行归集批量采购，提高政府采购效率和采购资金使用效益。印发《2011年山东省省级政府集中采购目录》，进一步明确政府采购有关事宜。一是明确预算单位自行采购权。对单项或批量采购额3000元以下的计算机、显示器、复印纸等办公自动化设备耗材，5000元以下的家具，5万元以下的灯具、图书，预算单位可自行采购。同时，为防止规避政府采购，规定上述品目物品自行采购年度累计不得超过5万元。二是明确公开招标数额标准以下采购方式确定权。对单项或批量采购额80万元以下货物和服务项目，200万元以下工程项目（工程勘察、设计、监理项目为50万元以下），采购人和采购代理机构可根据采购需求，自行选择采用竞争性谈判或询价方式。三是明确驻济以外省直单位就地采购物品范围。对采购批量价值在公开招标数额标准以下家具、办公自动化设备及耗材、视听及采编设备、摄影器材、空气调节设备，可委托所在设区的市财政部门，按规定程序组织采购。

【健全代理机构监管制度】 一是完善代理机构从业人员考试制度。山东省财政厅印发《关于政府采购社会代理机构从业人员考试有关问题的通知》，将考试人员范围由申请审批政府采购代理资质的机构从业人员，扩大到所有代理机构中未取得考试合格证的从业人员，为推进政府采购从业人员职业化奠定基础。2010年山东省1700余人参加政府采购代理机构从业人员考试。二是完善代理机构考核制度。山东省财政厅制定印发《山东省2010年政府采购社会代理机构考核工作方案》，并首次组织省市两级财政部门政府采购监管人员，对全省社会代理机构执业情况进行考核。三是制定代理机构乙级资质认定程序。山东省财政厅制定出台《山东省乙级政府采购代理机构资格认定程序》，印发《关于做好政府采购代理机构认定工作的通知》，明确乙级代理资质的申报要求、财政部门的审批职责及时限，为依法高效审批奠定基础。2010 年依法审批乙级政府采购代理机构 87 家，批准延续代理资质机构 25 家。

【创新评审专家管理机制】 山东省财政厅制定出台《山东省政府采购评审专家管理办法》，进一步明确政府采购评审专家使用与管理的“统一建库、资源共享、管用分离、划分区域、随机抽取”原则。在具体措施上，明确评审专家持证上岗的要求，规定按照采购金额大小抽取评审专家的区域范围，限定随机抽取的最高次数，明确选择性确定评审专家的条件和权力，规范专家抽取告知程序，明确专家报酬标准，规定代理机构对专家使用情况反馈的责任等。同时，通过明确各设区的市财政局征集专家入库目标和在网络上发布征集评审专家公告，向省直各部门、中央驻鲁单位、各大企业、各高校提出协助征集评审专家的要求等措施，加快评审专家征集和新评审专家库的建设。

【推进政府采购电子化】 开发完善“山东省政府采购管理系统”，新增年度计划管理、审批文件管理、超时提示等功能，完善采购预算编报与采购计划审核管理流程，细化采购计划管理内容与合同要素，强化预算执行分析与报表统计等功能。开发建成新版“中国山东政府采购网”，并与财政部“中国政府采购网”对接。

【加快加入 GPA 应对研究】 山东省财政厅与山东省社会科学院合作，组成联合研究小组，认真确定研究思路，积极开展调查研究，先后两次组织召开“加入 GPA 与山东产业发展座谈会”，多次组织对商务、建设、交通、经信、水利等相关领域的专题调研，起草完成《山东省应对加入 GPA 谈判的报告》。

山东省财政厅供稿
谢振华执笔

青　岛　市

【概述】 2010 年，青岛市政府采购工作以党的十七届四中、五中全会精神为指导，以科学发展观为统领，紧紧围绕深化财政改革、规范支出管理、发挥政府采购政策功能三大目标，多措并举，不断提高政府采购质量和水平。全市政府采购预算 133.9 亿元；实际采购资金 121.56 亿元，比上年增长 66%，占当年财政支出的 23%，较上年提高 6 个百分点；节约资金 12.34 亿元，节约率 9.22%。其中，市本级和所辖区（市）的采购规模分别为 85.31 亿元和 36.25 亿元，分别占全市采购规模的 70% 和 30%。货物、工程和服务采购金额分别为 25.44 亿元、89.05 亿元和 7.07 亿元，分别占采购总规模的 21%、73% 和 6%。工程项目政府采购规模完成 89.05 亿元，比上年增长 72%。在工程项目采购中，市政建设工程40.93亿元，占46%，交通运输工程22.42亿元，占25%，建筑物工程13.71亿元，占15%，环保、绿化工程2.93亿元，占3%，修缮装饰工程2.23亿元，占3%。节能、节水设备采购16.32亿元，占所有含节能指标办公设备采购的95%。环保产品采购11.31亿元，占所有含环保指标办公设备采购的73%。公开招标所占比重达93%，比上年增加2个百分点。

【进一步扩大政府采购范围】深入贯彻落实财政部“从深度和广度上继续扩大政府采购范围，促进政府采购规模再创新高”的工作要求，把扩大采购范围和规模作为政府采购工作的重点目标之一。一是积极推进大宗货物政府统一集中采购制度。制定《关于对大宗货物政府统一集中采购实施方案》，自2010年1月1日起，对办公设备、办公家具、专用设备实行统一集中采购，取消协议供货，严格执行办公设备限额标准，进一步扩大集中采购范围，提高了财政资金的规模效益。二是大力推行政府定点采购。继公务用车保险、维修、加油和物业管理之后，又将造价咨询、设计、勘察测绘等工程前期服务类项目和印刷项目纳入定点采购，进一步扩大服务类采购范围和规模。三是积极实施政府投资工程项目事前报备制度。政府投资工程项目在进行招投标之前，项目单位必须先到财政部门办理项目报审；招投标活动结束，再将合同向财政部门备案，实现对项目资金流的全程监督。四是不断规范政府采购资金范围。将预算内、预算外及包含财政性资金的拼盘资金和政府担保的借贷款都纳入政府采购范围，采购主体从一级预算单位扩大到二级、三级预算单位，并将所有使用财政资金的项目单位纳入政府采购监督管理范围。五是建立政府采购、国库集中支付联动制度。建立政府采购项目备案制度与国库集中支付联动制度，严格政府采购程序审核，无采购预算坚决不予采购，未经采购程序或未备案项目坚决不予拨款，有效避免规避政府采购的行为。

【加强政府采购制度体系建设】先后出台《青岛市政府采购代理机构委托管理办法》、《青岛市政府采购档案管理办法》、《关于政府采购项目合同备案的通知》等制度、办法，不断完善政府采购制度体系建设，大力构建靠制度管事、用制度管人的政府采购运行机制。

【发挥政府采购政策功能】一是大力支持环保节能和自主创新。明确规定采购文件应当有专门条款对属于环保节能产品和自主创新产品的优惠说明。在评标指标体系“商务和技术”部分给予4%～8%加分的优惠或价格扣除，鼓励自主创新产品参与政府采购竞争，贯彻落实政府采购产业政策目标。二是关注民生，服务社会。2010年青岛市集中财力加大以改善民生为重点的财政支出力度，增加在保障民生、解决民困、改善环境等方面的公众性、公益性项目支出，尤其是国家把“保民生”作为经济发展战略提出以后，民生项目采购成为政府采购工作的新任务。通过实施政府采购，提高民生项目资金使用效益，各级政府惠民政策在政府采购环节得到更有效的落实，政府采购宏观调控政策功能日益彰显。

【开发升级电子化采购平台】2010年青岛市财政局对政府采购网络管理系统进行升级改造，实现网上招标、网上竞价、自动语音通知等功能，并与电子监察系统对接，监察部门适时在线监督。对11个主要环节进行违规预警管理，进一步增强电子监控和监督能力。系统具体特点：一是功能设计更具前瞻性，不同功能模块可根据需求配置，系统的扩展性和兼容性更强；二是全程跟踪记录网上操作信息，与电子监察系统对接，实时数据交换，监督力度不断加大；三是实现政府采购集约化监督和精细化管理的有机结合，提高政府采购效率。

【借助公共资源交易平台加大监管力度】政府采购入驻公共资源交易大厅，使监管工作更加规范。一是信息发布更加透明。政府采购活动严格按照“统一进场交易，统一信息发布，统一规范流程，统一服务标准，统一监督管理”组织实施。政府采购信息分别在青岛市公共资源交易网、青岛市政府采购网、中国政府采购网即时发布，取消《青岛日报》、《青岛财经日报》等纸质媒介，提高政府采购信息发布的透明度和工作效率。二是专家抽取更加规范。先由采购人确定所需评审专家专业，然后在财政部门、监察部门、公证部门的监督下，于开标前1小时随机抽取自动通知，并对通用项目实行独立评标，尽量减少人为因素干扰，保证专家评审公平公正。三是专家评审管理更加严格。设立专家评审专区，评审区域设有安检系统和手机信号屏蔽系统，评审人员不得将通讯工具带入评审区域，杜绝在无监督状态下评标人员与外界人员联系。每个评标室都安有监控系统，对评审区域进行全过程音视频监控。四是监督体系更加完善。市公共资源交易中心建立由行政主管部门、公共资源交易管理办公室、行政监督机关共同参与的监督管理联席会议制度，形成以单位内部监督、财政业务监督、监察全程监督、部门联合监督、社会参与监督的多视角、全方位监督机制，进一步加大监管力度。

【大力加强政府采购队伍建设】一是加强评审专家队伍建设，逐步建立动态考核机制。不断完善专家登记和征集工作，对原入库专家开展分类复审，对符合条件的技术经济专家发放评审专家工作卡，推行持卡上岗制度。完善专家抽取和使用管理，采取电脑随机抽取和自动语音通知方式，确保专家评审的独立性。建立专家评审跟踪考核制度，量化考核指标，根据考核结果对专家分级管理。二是加强采购代理机构队伍建设，推行执业考试制度和动态考核制度。继续组织实施全市政府采购代理机构从业人员业务水平考试，加强代理人员职业道德教育和业务培训，不断提高代理机构人员的职业道德素养和履行岗位职责的能力。完善代理机构考核办法和实施细则，实行每个项目现场跟踪考核、定期通报和约谈制度，建立有进有退的动态考核机制，不断规范代理行为，提高代理工作的质量和水平。三是加强财政政府采购监督人员队伍建设，提高监管能力和水平。结合市财政局推进党风廉政建设活动，采购处所有成员认真学习政治和专业知识，提高政策的执行能力，努力打造一支思想过硬、作风过硬、业务过硬的干部队伍。强化财政部门法定的政府采购监督管理职能，建立职责定位准确、分工合理明确、程序清晰合理和协调配合有序的政府采购监督管理体制。

【构建立体监督体系】一是逐步建立纵向、横向监督并举的监督体系。积极改进和创新监管模式，加强协调和沟通，逐步建立财政、监察、审计、检察、公证各职能部门和社会公众多方参与的全方位监督体系，进一步规范政府采购秩序。二是实施联合稽查制度。密切与监察、审计部门配合，积极开展联合专项检查，强化监管力度，对存在的问题，及时下达处罚决定或整改意见书，督促限期整改。三是畅通质疑投诉渠道。以进驻公共资源交易大厅为契机，增加公共资源交易大厅管理办公室、驻大厅监察室、网上质疑投诉等途径，拓宽质疑投诉渠道，把处理质疑投诉作为拒腐防变的重要措施。四是加强廉洁自律和行业自律管理。开展政府采购从业人员法律知识考试，强化政府采购从业人员守法意识和廉洁自律意识，积极推进行业自律管理。

青岛市财政局供稿

河　南　省

【概述】2010年，河南省政府采购规模408.08亿元，比2009年增长12.3%，占一般预算支出比例12%。节约资金87.81亿元，节约率17.71%。货物、工程和服务类项目采购金额分别占政府采购规模的32%、63.1%和4.9%。集中采购和分散采购项目金额分别占政府采购规模的83.4%和16.6%。公开招标和非公开招标采购方式金额分别占政府采购规模的77.8%和22.2%。

【扩大政府采购规模】围绕“扩大政府采购范围，确保采购规模持续增长”的工作目标，采取多种措施，扩大政府采购规模。一是严格政府采购预算编制审核，奠定规模增长基础。主动加强与预算单位沟通衔接，及早介入部门预算编制环节，把好政府采购预算编制关口，做到“应编尽编”。同时，紧盯年中预算追加项目，属于政府采购项目的，同步追加政府采购预算。二是扩大政府采购范围，拓展规模增长空间。以落实积极财政政策为契机，将中央和省级补助中属于政府采购的项目纳入政府采购范围，逐步将财政支出中涉及的民生项目、重点项目纳入政府采购范围。中小学免费教材、远程教育等项目成为政府采购制度改革的新亮点。三是加强分散采购管理，将单位自筹资金项目纳入政府采购范围，尽量做到“应采尽采”。

【推进制度建设】一是完善内部管理制度，修订11项内部管理制度、内部管理工作流程和业务运作流程，建立岗位制约制度，形成相互监督、相互促进、运行有序的内部工作机制。二是认真落实河南省十一届人大三次会议交办的人大代表建议，研究制订《关于加强政府采购合同监督管理工作的通知》，规范政府采购合同签订、备案、履约和验收行为，维护政府采购当事人合法权益。三是按照《河南省人民政府关于加快推进全省社会信用体系建设的通知》精神，加强对政府采购供应商诚信工作的管理，研究制订《关于在政府采购活动中使用供应商信用评估报告，促进我省社会信用体系建设的实施意见》，以使用信用评估报告为切入点，推进供应商诚实守信地参与政府采购活动，促进社会信用体系建设。

【推进电子化政府采购】一是积极推广实施电子化政府采购。河南省财政厅研究下发《河南省电子化政府采购系统推广实施方案》，分三批组织开展电子化政府采购系统操作使用培训。从2010年8月1日起，河南省省直单位政府采购计划申报、合同备案、信息发布、专家抽取、协议供货、代理机构管理等政府采购业务，全部实现网上操作。各省辖市也按照推广实施方案积极推进电子化政府采购工作，政府采购信息化建设取得突破性进展。二是协助财政部开展全国电子化政府采购相关工作。根据财政部任务分工，河南省财政厅牵头编写《政府采购品目分类及编码》、《评审专家分类标准及编码》、《供应商分类标准及编码》和《代理机构分类标准及编码》等。

【开展政府采购监督管理年活动】以“实现监管理念创新、监管体制完善、监管手段科学，努力形成管理跟上、监督到位、执行有力的政府采购工作氛围，使政府采购监管人员素质、依法监管水平和服务经济社会发展能力得到提高”为目标，在河南省财政系统开展政府采购监督管理年活动，围绕政府采购制度建设、政策落实、预算管理、执行监督、合同履行、投诉处理、违规处罚等关键环节，完善政府采购制度和规范，加强政府采购监管，促进政府采购管理工作科学化。

【发挥政府采购政策功能】一是严格进口产品审批，支持国内产业，全省采购国内产品的比重达99.5%；二是支持中小企业发展，全省政府采购合同授予中小企业的比例77.9%；三是落实促进节能减排的政府采购政策，强化绿色采购执行机制，加大节能环保产品优先和强制采购力度，全省节能产品采购占同类产品比重83.7%。

【加强政府采购培训】先后举办七期政府采购业务培训班，加强政府采购从业人员职业教育、法制教育和技能培训，增强政府采购从业人员依法行政和依法采购的观念，提高政府采购管理和操作执行水平，以及防范风险和解决复杂问题的能力。

【开展专项检查】2010年10月开始，对全省采购代理机构政府采购执行情况和省级政府采购协议供货单位履约情况进行专项检查。专项检查工作采取自查自纠和重点检查相结合的方法，分自查自纠、重点抽查和整改提高三个阶段进行，历时两个月。河南省财政厅对检查中发现的问题予以纠正并进行通报，进一步规范政府采购行为。

【完善投诉处理机制】在处理投诉过程中坚持以事实为依据，以法律为准绳，建立投诉受理审查和专家论证机制，在法律顾问、咨询专家组论证的基础上，积极慎重地处理供应商投诉、举报和情况反映等事项，维护当事人合法权益。2010年处理供应商投诉9件、举报2件（其中1件为多头匿名举报），都得到有效解决。

【开展GPA研究】一是根据行业特点和研究重点，将省GPA谈判应对工作领导小组16个成员单位划分为综合组、货物组、工程组、企业组和理论组，明确各组、各单位研究任务，进一步完善GPA应对工作机制，推动开展研究和谈判应对工作。二是在各成员单位行业竞争力评估的基础上，着手对河南省产业行业的国内国际竞争力进行综合评估，初步完成《河南省加入GPA谈判应对问题研究及评估报告》，为下一步提出河南省初步开放清单奠定基础。

河南省财政厅政府采购管理处供稿

宋熙文执笔

湖　北　省

【概述】2010年，湖北省实现政府采购规模265亿元，超年度目标任务40亿元，比上年增加46亿元，增长21%；节约资金29亿元，资金节约率为9.85%；政府采购规模占GDP的比重为1.6%。其中，省级政府采购规模53亿元；武汉市政府采购规模49亿元；政府采购规模在10亿元以上的有宜昌、十堰、荆州、黄冈、孝感、恩施、黄石等7个市州；政府采购规模过2亿元的县有12个。

【成立中国政府采购研究所】3月份与中南财经政法大学联合成立中国政府采购研究所，主要承担财政部布置的各相关研究任务和全省政府采购改革的理论研究工作。中国政府采购研究所成立以来，完成财政部所赠书籍《GOVERNMENT CONTRACT GUIDE-BOOK》和《GOVERNMENT CONTRACTS REFERENCE BOOK》的初稿翻译工作；基本完成财政部国库司布置的“政府采购政策功能关系”的课题研究；撰写湖北省加入政府采购协议的初、中期综合报告；指导湖北省加入政府采购协议成员单位的初、中期报告的研究和重庆作为次中央实体加入政府采购协议的研究；基本完成中国政府采购研究所网站的建设工作。加强政府采购学科建设，拟定《政府采购理论与实务》本科教材大纲。

【成立湖北省政府采购协会】10月成立“湖北省政府采购协会”，湖北省政府采购协会有省直各部门单位、各市州县财政局、政府采购代理机构、省产企业等近500个会员单位。湖北省政府采购协会主要承担：贯彻《中华人民共和国政府采购法》和国家相关的法律法规及方针政策；组织开展政府采购调查和理论研究；组织湖北省政府采购从业人员后续教育和培训；承办政府采购执业资格考试考核等工作。省政府采购协会成立后积极组织开展有关工作：印发《湖北省政府采购协会2011年工作要点》；组织起草《湖北省注册政府采购师管理办法》、《湖北执业政府采购会员管理暂行办法》、《湖北省政府采购协会工作规程》、《湖北省政府采购协会专门（专业）委员会工作规则》等讨论稿，发全省各会员单位征求意见；组织起草《省政府采购协会秘书处公开招考工作人员方案》和《关于政府采购从业资格培训收费有关问题的函》。

【加大宣传力度】省级以省地方税务局的“税控收款机项目”为切入点，在湖北电视台、湖北日报、湖北广播电台、楚天广播电台、中国财经报、政府采购信息报、中国政府采购杂志等媒体进行全程的宣传报道。同时，还对政府采购政策法规及全省政府采购制度改革情况进行全方位的宣传，提高依法采购意识和政策执行效果。针对社会关注的热点、难点做好释疑解惑工作，形成有利于政府采购科学健康发展的正确舆论导向，为深化政府采购制度改革营造良好的氛围。

【扩大采购规模】继续强化对政府集中采购目录及限额标准的执行力度，做到法律规定范围内的政府采购项目应采尽采，将节能减排、基层基础设施建设、中小学免费教材等项目纳入政府采购范围。继续做好社会关注和涉及民生的政府采购项目的实施工作，将药品、新农村建设等关系群众利益的项目纳入政府采购范围。积极探索工程类项目的政府采购形式，将公共工程和公共服务项目纳入政府采购范围。继续推进对财政性资金偿还的借（贷）款、中央和省级补助专款、国债资金项目实施政府采购。

【推进制度建设】结合全省实际情况，修订《湖北省政府采购工作规范》。为加强对政府采购从业人员资格管理工作，3 月份出台《湖北省政府采购从业资格管理办法》。为共享政府采购改革成果，拓展政府采购保障功能和保障规模，建立军地融合式物资采购协作机制，7 月份联合省军区后勤部印发《关于建立军地融合式物资采购协作机制的通知》。9 月份联合省监察厅、省审计厅出台《湖北省计算机信息系统集成政府采购项目实施办法》，进一步规范省级服务类政府采购项目的采购行为。

【加大监管力度】一是加大对重大项目的监管力度。对重大政府采购项目，在项目实施前组织采购人、采购代理机构召开协调会议，制定详细的招标实施方案；在项目实施中，对评标方法的选择、评分标准的制定、评审专家的抽取等重点环节实施重点监控，同时还对开标、评标的过程进行全程录音录像；项目招标结束后，对招标结果及合同实施情况进行跟踪问效，形成政府采购后评价制度。二是严格审批单一来源政府采购方式。三是细化政府采购项目的评分标准，每个项目的评分分值不得高于 3 分，减少评审专家在项目评审中的自由裁量权。四是加强“政府采购评审专家库”建设。进一步完善专家分类标准，充实评审专家库容量，科学整合评审专家库资源。五是认真办理政府采购行政许可审批事项。经过培训、审核，对符合资格认定条件及要求的 24 家代理机构办理了政府采购乙级代理机构资格认定，并将 24 家代理机构的审批全部上电子监察网公示。对符合延续政府采购乙级代理机构资格申请的 7 家政府采购代理机构重新颁发《政府采购代理机构资格证书》。六是认真做好政府采购供应商投诉处理工作。七是加强政府采购协议供应商的监督管理，加大对违法违规行为的处罚力度。

【完善专家管理系统】为解决部分地市政府采购评审专家不足，特别是部分专业性强的专家数量不足的问题，对省级政府采购评审专家系统进行升级改造。升级后的政府采购专家库系统实现以下功能：全省政府采购专家资源共享；各地市州拥有自己的专家库子系统；评审专家抽取全省实时联网；当本地评审专家资源有限时，系统可跨区域抽取；评审专家抽取结果管理系统可采用语音自动通知和人工通知两种方式，并以短信方式告之被抽取的评审专家；专家管理系统采用密封打印方式打印抽取的结果。评审专家库系统的升级为全省政府采购项目评审的公平、公正提供有力的技术保障。

【精心组织培训】各级财政部门及省直部门单位按照年度政府采购规范培训工作的要求，积极组织开展本地区和本部门的政府采购工作培训。培训采用“五统一”方式进行，主要针对我国政府采购制度改革发展概况、政府采购程序规范、政府采购行为规范和政府采购文本规范等政府采购理论和实际操作进行全面系统地阐述和讲解。全省全年培训政府采购从业人员近 6000 人。

【稳步开展GPA谈判准备工作】按照全国GPA谈判工作会议精神，2010年GPA研究工作任务从定性研究转为定量研究，从一般研究转为重点研究，从利弊分析转到提出出价建议。GPA各成员单位提交各自最终的研究报告，GPA谈判工作领导小组办公室综合组、工程组、服务组和企业组进行分析测算，分别形成货物、工程、服务、企业分组研究报告。完成《加入GPA对我省行政管理体制和政策制度的影响》以及《我省主要产业和产品的国际竞争力及国内竞争力分析》的专题研究报告。按照财政部的要求，分别组织在黑龙江省哈尔滨市和海南省海口市召开中部地区政府采购协议（GPA）谈判工作联络组第四、五次联席会议。湖北、河南、河北、山西、吉林、黑龙江、安徽、江西、湖南、海南等十省财政厅政府采购负责人和负责GPA谈判工作的人员参加会议。财政部国库司王瑛副司长、王绍双总会计师莅临会议并发表重要讲话。各省在会上交流前一段GPA研究工作经验。

【充分发挥政策功能】在支持国内产业方面：严格审核进口产品的采购，全省采购国内产品的比重达到99%。对计算机协议供货继续延续2009年的招标结果，只能采购国产品牌。在支持节能环保方面：继续抓好已实施的节能环保政府采购政策的落实工作，加大强制采购节能产品和优先购买环保产品的力度，全省采购节能产品16亿元，占同类产品的100%；采购环保产品22亿元，占同类产品的80%以上。在支持自主创新方面：继续落实《自主创新产品政府首购和订购管理办法》、《自主创新产品预算管理办法》等制度规定。在采购文件制定、评审办法和评审标准中充分体现政策功能要求。7月份省科技厅、省发改委和省财政厅联合下发《关于开展2010年湖北省自主创新产品认定工作的通知》，并成立湖北省自主创新产品认定工作领导小组。全省有几百个产品向省科技部门申报自主创新产品认定申请，具体的审批工作正在进行之中。积极支持省内企业发展。利用会议、培训等多种形式为省内企业产品搭建宣传平台。6月份联合省机关事务管理局下发《关于将东风雪铁龙C5车型作为公务用车优先配备车型的通知》，要求全省各级行政事业单位使用财政性资金新增或更新公务用车时，首选东风雪铁龙C5轿车，全省各级政府采购部门将东风雪铁龙C5轿车列为协议供货首选车型。

湖　南　省

【概述】2010年，湖南省认真贯彻落实湖南省政府办公厅《关于进一步加强和改进政府采购管理工作的实施意见》，狠抓改革与创新、规模与规范，不断深化政府采购制度改革，全省政府采购预算金额、合同金额双双首次突破200亿元。完成政府采购预算金额242.39亿元；完成政府采购合同金额211.13亿元，比上年增长28.16%，超额完成全年180亿元规模目标；节约资金31.26亿元，节支率为12.90%。

【发挥政策功能】一是搭建中小企业融

资服务新平台。2010年5月25日，湖南省政府采购管理办公室联合湖南省国库集中支付局共同举行湖南省政府采购支持中小企业融资签约仪式，印发《湖南省财政厅关于政府采购支持中小企业融资有关事项的通知》和《湖南省财政厅关于政府采购支持中小企业融资合同备案和资金支付有关事项的通知》。财政牵手银行、企业，共同搭建融资服务新平台，解决政府采购中标中小企业资金短缺的问题，为银行提供优质贷款项目来源渠道，实现中小企业、商业银行和政府三方共赢。二是优先采购自主创新产品。与相关自主创新企业签订定向采购协议，规定凡采购远大空调、恒润道路桥梁维护设备、中联道路清扫设备、元亨制冷设备等自主创新产品设备的，可免于招标，直接签订政府采购合同。

【扩大政府采购规模】一是进一步扩大政府集中采购目录。将改装车辆、农机农具、电线电缆、免费教科书、服装加工等货物和服务纳入新一期集中采购目录范围。二是将重大项目纳入政府采购范围，努力实现应采尽采。不断加强与部门预算处室的沟通和联系，及时掌握专项资金、国债资金安排动态，重点关注规模和社会影响力较大的采购项目。将家电下乡、社区医疗设施、动物防疫体系、良种补贴等涉及国计民生的项目纳入政府采购范围。三是扩展政府采购服务项目范围。湖南省财政厅联合省监察厅印发《关于做好2010～2011年全省公务车辆定点加油工作的通知》，在全省范围内实行公务车辆定点加油制度；采用公开招标方式确定国旅、华天等18家中介机构为省直行政事业单位公务出国（境）定点服务机构，将出国机票及境外食、住、行等中介服务纳入政府采购范围。

【强化监督管理】认真贯彻落实省政府办公厅《关于进一步加强和改进政府采购管理工作的实施意见》，多措并举推进政府采购规范管理。一是建立绩效考核机制。制定出台《湖南省政府采购监督管理工作考核办法》，将基础工作、规范管理、规模与效益、信息统计、宣传和调研以及工作特色和亮点六个方面内容纳入考核计分范围，实行量化考核。二是修订和完善集中采购机构考核办法。10月份湖南省财政厅与省监察厅、省预防腐败局联合印发《湖南省集中采购机构监督考核实施办法》，对集中采购机构的考核内容、考核程序、考核结果和责任等重新给予修订。三是加强评审专家管理。2010年征集评审专家近300人，充实到评审专家库。对评审专家实行动态管理，严肃查处一名评审专家的违规行为，将其清除出库并予网上通报。对评审专家抽取过程实行全程监督，同时为市、县两级提供评审专家抽取服务。四是加强代理机构资格认定管理。根据《政府采购代理机构资格认定办法》和财政部《关于认真做好政府采购代理机构资格认定工作的通知》，研究制定湖南省的配套办法，及时修订代理机构资格认定流程及相关内容，切实保障新政策的贯彻落实。对符合条件的12家代理机构发放代理资格证书。五是坚持政府采购信息公开透明。2010年湖南省政府采购网信息发布总量为15781条，据财政部政府采购网的实时统计，湖南省信息发布总量位居前列，亿元采购信息发布率处于全国领先地位。六是开展执法监督，查处违法违规行为。2010年湖南省政府采购办共受理政府采购供应商投诉10起，信访举报13起，均依法进行处理或答复。依法处罚4个存在违法违规行为的供应商。

【完善电子化政府采购管理系统】湖南省政府采购管理办公室组织专门力量开发建设湖南省电子化政府采购管理平台。先后完成软件招标、硬件招标、平台调试等工作，省本级电子化政府采购平台顺利通过试运行测试。

【狠抓廉政建设】 一是湖南省财政厅党组向全省财政系统下发《湖南省政府采购监督管理人员廉政工作守则》，对政府采购监管人员提出“三必须、四不准、五严禁”的要求。二是对望城、华容、茶陵等地近年来发生的5起政府采购违法违纪事件进行调查，并形成调查报告。通过对过往案件的深入剖析和认真总结，采用以案说法的形式，对全省政府采购监管人员开展警示教育。

【积极开展宣传活动】 一是在《中国政府采购报》、《政府采购信息报》、《中国政府采购》杂志、政府采购网等专业媒体上踊跃投稿，发布主流声音，正面引导舆情。二是通过网络途径，及时报道湖南省政府采购最新动态。年内在厅门户网、厅内网和湖南政府采购网发布图片新闻30余条次。

湖南省政府采购管理办公室供稿
曹长阳执笔

广　东　省

【概述】 2010年，广东省政府采购工作坚持以科学发展观为统领，遵循“围绕热点、突出重点、狠抓落实、提高发展”的原则，结合从源头上防治腐败加强廉政建设的要求，按照完善法规制度、建立电子采购网络平台、打造“阳光采购”的工作思路，通过制度、管理和手段的创新，着力在体制、机制和制度建设方面做文章，在强化监管方面下力气，在政策功能方面寻突破，加快推进政府采购制度改革的步伐，政府采购规模再上新台阶，突破900亿元大关，连续9年位居全国首位。

【以制度创新促进政府采购规范运行】 为进一步贯彻落实《广东省实施〈中华人民共和国政府采购法〉办法》（以下简称《实施办法》），加快构建广东省政府采购制度体系。一是以《实施办法》为准则，制订更具操作性的《广东省政府采购工作规范》，包括政府采购当事人行为规范、政府采购程序规范和政府采购文本规范三部分共15个配套管理办法，为《实施办法》的施行做好衔接和完善工作。二是拟订《广东省政府采购供应商复审管理办法》，对政府采购供应商投诉处理过程中的争议和纠纷进行细化和明确，将以部门规范性文件的形式颁布实施。三是制订《广东省财政厅政府采购权力运行规程》，对政府采购权力事项进行梳理，明确权力行使依据、关键部位和薄弱环节，制定运行流程，规范政府采购监管职责，确保依法用权、科学用权。四是研究制定政府采购投诉处理工作规程。明确岗位职责，细化处理的程序、时限，并增设合议制度，以确保政府采购投诉处理程序合法、决定准确，切实保障政府采购当事人的合法权益和维护政府采购活动的公平公正。

【加快推进全省政府采购电子化】 在纪检监察、审计等部门的大力支持下，经过各级财政部门的共同努力，全省统一的电子政府采购平台按照全面规划、统一标准、分步实施、试点先行的原则稳步推进。省内除深圳市以外的20个地级市已全部纳入广东省电子政府采购管理交易平台监管，其中，广州、汕头、湛江、河源等地所属区域的所有采购单位全部纳入实施范围，通过全省统一平台注册的采购单位共有8299个。统一平台整合全省资源，实现评审专家、商品信息、商品行情、供应商等政府采购信息资源共享。全省统一平台的评审专家库有9051名专家，在平台上运行的政府采购品目包括办公设备类、公务车、印刷等737个品牌，注册供应商3475个，商品及配件信息39068条，商品及配件行情信息282614条。通过平台公开各地协议供货商品价格，防止协议供货商报高价。通过利用议价系统在协议供货商中进行二次议价、引入非协议供货商进行电子反拍等一系列措施，有效降低政府采购的价格。特别是通过电子反拍引入非协议供货商参加竞争，有效打破协议供货价格联盟，最大限度地降低采购成本。系统设有预算、计划、协议供货限额等控制点，采购文件、采购结果确认、协议供货商品行情更新等催办预警点。采购人、采购代理机构、供应商等通过平台进行采购活动，系统自动记录各种操作行为，财政、监察、审计等部门可根据权限设置通过系统监督检查采购项目整个交易过程，各个采购单位协议供货商品的订购、议价、反拍情况可一目了然，有效杜绝“暗箱操作”，基本实现采购过程的无盲点监控。2010年底着手制订省直单位电子招投标系统试点实施计划，确定省公安厅、省体育局、省国土资源厅等10个省直单位为第一批试点单位，并进行专项培训，详细讲解电子招投标系统的操作程序、工作守则等，对电子招投标系统进行了上线测试并组织3次电子招投标的试点工作。

【发挥政府采购政策功能导向作用】一是认真贯彻落实有关优先采购或强制采购节能标志产品、环境保护标志产品政府采购政策，在车辆、办公设备等协议供货资格招标中优先纳入具备节能环保相关资质条件的供应商，要求各级采购单位严格执行相关政策。二是以省委省政府明确的重点扶持并优先发展的高端新型电子信息、LED和新能源汽车等战略性新兴产业为试点支持方向，研究政府首购、订购政策，建立相关产品或技术的政府首购、订购清单，实行政府首购、订购。

【加快完善监管机制】建立政府采购工作联席会议机制，会同纪检、审计等部门对政府采购工作中重大问题进行研究，明确具体分工。积极配合省纪检监察部门，做好电子政府采购平台与行政效能监察系统的对接工作，形成监管合力；建立和完善财政部门内审机制，加强对政府采购预算计划审核，严把政府采购资金预算关；加强合同审核，严把资金支付关；规范采购程序，加强对采购过程的监管，尤其是对采购方式的确定、标书制作、评标定标和采购验收进行重点监管；认真处理投诉和群众信访，正式受理政府采购供应商投诉7件。在处理投诉中，仔细核查投诉项目的相关材料，积极与其他行政管理部门沟通协调，获取有关证据资料，充分发挥内部合议机制作用，及时与财政厅法规处商议，做到程序合法、决定准确。收到财政厅办公室和监察室转来的网络问政6件、群众来信10件，对于网络问政和群众来信，做到主动沟通、耐心解释、认真核实、及时回复。

【加强政府采购宣传工作】在总结近几年来政府采购宣传工作经验的基础上，进一步明确宣传工作重点，突出近年来政府采购改革创新的成效，聚焦社会关注的热点。在《实施办法》出台后，配合省人大常委会召开《广东省实施〈中华人民共和国政府采购法〉办法》新闻发布会，为《实施办法》的实行营造良好的社会氛围。同时注重加强与媒体的定期沟通和专题协商，形成新闻宣传的良性互动机制，围绕政府采购地方立法、电子政府采购等主题，开展大量的宣传报道，收到良好效果。

广东省财政厅供稿
杨瑞执笔

深　圳　市

【概述】 2010 年，深圳市完成政府采购预算金额 122.49 亿元（不含政府建设交易数据），比上年增长 50.4%，实际完成采购金额 111.74 亿元，节约资金 10.75 亿元，节资率为 8.8%。

【加强法规制度建设】 年初与深圳市法制办、采购中心等单位成立专门工作组，开展对《深圳经济特区政府采购条例》的修订工作，先后召开 4 轮修订和研讨会议，形成《深圳经济特区政府采购条例（征求意见稿）》。经向全市行政事业单位书面征求意见形成新的修订稿，于 12 月份通过市法制办联席会议的初步审核，即将进入市人大审核程序；与市监察局制定并发布《深圳市市级政府采购单位责任制暂行办法》，要求采购单位在实行政府采购行政首长负责制、建立集体决策制的基础上，明确本部门、本单位内部政府采购责任机构和责任人，避免因职责不清发生职责缺位越位和效率损失；制定并印发《政府采购保密应急等项目非公开招标采购方式认定标准及办理程序》和《深圳市政府采购投诉的认定标准和处理程序》，对采购单位的非公开招标采购方式报批和供应商投诉所需材料及办理程序进行规范，对财政部门的审批标准和投诉处理标准也作出明确规定，审批环节和投诉处理环节更加公开和透明。

【推进采购改革创新】 一是继续对装饰修缮、物业管理、家具、会计中介、律师服务、因公出国（境）经办代理服务等小额、零星项目实行预选供应商名录制度，至 2010 年 12 月底，已在 357 个项目中实施预选供应商，实际采购额 1.706 亿元，平均节资率 22.2%，平均采购周期 25 天，与市本级全部政府采购项目平均节资率约 8.8% 和平均采购周期约 55 天（其中公开招标需 20 天公示）相比，采购效益和采购效率大大提高。在对预选供应商制度实施情况进行调研、访谈、问卷调查等工作的基础上，对反馈情况进行分析统计，研究制定后续改进措施，已形成初步方案。二是配合市纪检二组，跟进宝安区“商场供货”、“跟标采购”、“网上竞价”等改革试点工作，在总结宝安区经验的基础上，研究在全市推广的方案，印发《关于实施竞价采购定标规则的意见》，形成《跟标采购方案》和《商场提货方案》草案，目前正在着手完善相关方案。

【发挥政府采购政策功能】 在 2010 年深圳市本级政府集中采购目录中，将节能产品、环境标志产品、深圳市自主创新产品、五洲龙和比亚迪新能源汽车系列产品等列入深圳市政府优先采购清单，并通过评标分数设置或在评审中给予一定幅度的价格扣除等形式，提高清单内产品获得中标成交的机率。为充分体现市政府对本地企业和自主创新产品、节能产品的支持，市财政委正积极研究对比亚迪汽车的后续政府采购扶持政策。

【规范和细化专家管理】2010年初，市财政委正式将专家库管理职能收回，实现管理和使用相分离，并大力开展专家库建设工作。一是整合全市专家资源。将市政府采购中心和各采购代理机构的专家资源整合吸收进入市财政委专家库，并与卫人委、发改委等职能部门探讨将其专家库吸收并入事宜。二是正式上线专家管理系统。在发改项目建设资金未下达的情况下，对部分硬件设备采用调配和借用的方式加快系统建设，3月底13家采购代理机构全面使用该系统抽取专家。三是研究专家评标品目分类。确定立体式的专家品目分类，既可保证抽取到最专业的专家，又可解决细类专家不足的问题。四是起草完成《深圳市政府采购评审专家管理暂行办法》。

【强化监督检查】一是与市政府采购中心共同对全市78家公务车协议维修企业履约情况进行专项检查和复查，对57家未按相关规定及协议要求履约的企业进行处理，其中5家企业因存在价格违约行为被处以“终止协议资格并没收履约保证金”，并将处理结果向全市通报。二是会同市监察局组成考核小组于2010年9月底对市政府采购中心2009年度政府采购工作情况进行专项检查考核，并形成《关于市政府采购中心考核情况的报告》报市政府。三是加强日常监管工作。做好对采购中心协议采购方案的审定及重大、敏感项目的现场监督与指导，针对发现的问题，提出改进意见并敦促落实。定期召集集中采购机构及采购代理机构负责人，通报有关情况，提出规范操作的具体要求，确保采购操作的规范进行。对全年收到的30多宗政府采购投诉案件，认真进行调查取证，均依法及时予以处理。

【做好采购计划执行工作】按照《关于2010年政府采购预算编制和采购计划执行有关事宜的通知》要求，积极稳妥地做好年度本级政府集中采购计划的网上审核与下达工作，确保采购计划执行的有效性。全年共审核下达采购计划项目（条目）近万个。对非公开招标采购方式初审、集中采购转自行采购、采购合同延期或变更、追加合同金额等审批工作，按法规规定条件与程序认真及时审核处理，从严把关。全年受理和办理各类需要审批、提出意见、解答问题、报送材料的文件2143件，其中发出的“政府采购方式审批表”835件，以正式发文形式批复的204件。

【加强政府采购培训宣传工作】先后两次对全市500多家行政事业单位（含二级预算单位）的政府采购责任人及经办人近1000人次进行政府采购制度培训，培训内容包括政府采购预算编制办法、责任制暂行办法、进口产品采购审核办法、保密应急等项目非公开招标采购方式认定标准及办理程序、政府采购投诉的认定标准和处理程序等。先后在《中国政府采购报》、《深圳特区报》、《深圳商报》等媒体发表文章十余篇，大力宣传政府采购制度改革和深圳市政府采购改革措施，促进社会各界对政府采购工作的理解和支持。

【做好基础工作】2010年7月开始启动市财政委政府采购门户网站的建设工作，参照浙江、江苏、上海、北京、湖南等先进省市的经验，制定《深圳市政府采购网站建设基本工作方案》，网站年底前已投入使用，并完成和财政部政府采购网站深圳分站点的同步对接。及时完成上级部门及本市纪检等部门布置的统计及材料报送等任务。深圳市政府采购信息统计工作获得财政部表彰。

深圳市财政委政府采购管理办公室供稿

广西壮族自治区

【概述】2010 年，广西壮族自治区政府采购工作在自治区财政厅党组的正确领导下，在财政部、全区各级人民政府的支持下，以开展“三个年”、“争先创优”活动为契机，不断推进政府采购制度改革向纵深发展，采购规模创历史新高，制度建设再立新篇，进一步强化工程采购流程管理，廉政建设与政府采购监督相得益彰，政府采购事业健康发展。全区完成政府采购预算 355.41 亿元，比上年增加 33.05 亿元，同比增长 10.25%；完成采购金额 310.43 亿元，比上年增加 36.16 亿元，同比增长 13.18%；节约采购资金 44.98 亿元，同比减少 3.11 亿元。全区政府工程采购规模 195.65 亿元，占政府采购总规模的 63.03%，比上年高出 3 个百分点；比货物类多出 113.07 亿元，高出 37.89 个百分点，工程采购占总采购规模的比例连续 3 年超出货物类占比，且工程类占比逐年增加，货物类占比连续 3 年下降。涉及民生的政府采购中，财政补贴农民购置机具为 2614 万元，比上年增加 2545 万元，增长 36 倍。

【地区间发展不平衡的状况明显改善】全区 14 个地级市发展平衡，各市全年完成政府采购预算 293.89 亿元，比上年增加 47.28 亿元，增长 19.17%；实际完成政府采购金额 256.14 亿元，比上年增加 49.20 亿元，增长 23.78%；节约资金 37.75 亿元，比上年减少 1.92 亿元。南宁市继续保持“老大”地位，采购规模为 76.94 亿元，与上年同比增加 14.61 亿元，增长 23.44%，政府采购规模总量第一；来宾市政府采购规模增速全区排名第一，由 2008 年的 0.36 亿元、2009 年的 1.48 亿元猛增到 2010 年的 4.79 亿元，比上年增加 3.31 亿元，增长 223.65%，当年净增额超过该市历年累计采购总额。桂林市突破发展瓶颈，采购规模达到 42.56 亿元，同比增加 29.19 亿元，增长 218.32%，当年净增加额是 2009 年全年采购规模的 2 倍多，增速全区排名第二，工程采购成为扩大规模的重头戏；崇左市采购规模为 12.53 亿元，与上年同比增加 6.90 亿元，增长 122.56%；防城港市采购规模为 5.53 亿元，同比增加 2.67 亿元，增长 93.36%；玉林市采购规模为 29.67 亿元，同比增加 11.18 亿元，增长 60.47%。

【以工程管理促采购规模扩展】桂林市重点做好临桂新区“1212”和市重点项目建设，工程纳入政府采购监管的力度加大，2010 年工程采购为 35.08 亿元，占采购规模的比重高达 82.42%。南宁市工程政府采购规模达到 61.97 亿元，占政府采购规模的 80.53%；崇左市工程政府采购规模达到 9.37 亿元，占政府采购规模的 74.78%；梧州市工程政府采购规模达到 19.81 亿元，占政府采购规模的73.12%；贵港市工程政府采购规模达到10.31亿元，占政府采购规模的52.89%；百色市工程政府采购规模达到19.11亿元，占政府采购规模的76.75%。

【推广使用政府采购信息系统】自治区本级在2009年10个试点单位网上申报、审核和下达政府采购计划的基础上，在自治区本级预算单位全面推开政府采购信息系统的使用，自治区本级144个一级单位、879个二级单位、418个三级单位及81个四级单位共1522个单位全部实现政府采购计划网上申报、审核和下达。政府采购计划表严格按照三原则进行审核：即凡无政府采购预算的不批复政府采购计划；调整政府预算必需完善政府采购预算调整手续；随意调整政府采购预算的不批准采购人的采购计划。通过网上申报和审核，提高审批效率，增强计划的公开与透明度，同时也明晰各方的责任。全年共审核下达采购计划5908个，金额187.9亿元。通过专家信息管理系统随机抽取专家7836人次，抽取项目1786个。全年在中国政府采购网、自治区财政厅网站公布政府采购信息12300多条。

【狠抓流程管理】一是细化政府采购日常监管。建立政府采购预算（计划）与标书、标书与成交公告、公告与合同签订及履行等政府采购执行环节之间的勾稽关系，切实提高预算的严肃性和执行的规范性。将广西壮族自治区采购中心的采购文件纳入审核范围，至此，自治区本级所有代理机构的采购文件都纳入审核管理范围；完善500万元以上重要政府采购项目的合同备案制度；设计专门表格，建立起政府采购计划、标书、合同的全过程监督流程。二是探索政府采购从业人员持证上岗的管理模式。经过自治区本级政府采购监督管理部门培训并获得培训合格证书的人员方能到自治区本级财政政府采购监督管理部门办理标书审核及信息公布等业务，探索建立代理人员从业资格管理办法。三是细化工程采购管理。自治区本级单位凡申报工程项目的政府采购计划表，必须提交有造价资质的机构出具的工程量清单、预算控制价。对没有纳入财政厅投资评审计划的工程项目，必须提供桂财采［2010］27号文件确定的定点造价单位出具的工程量清单及预算控制价才予以审核政府采购计划。

【加强政府采购协议（定点）采购的监督管理】一是提高小额维修工程定点采购标准。自治区本级总结上年第一期小额维修工程的实施经验，结合采购单位的意见及中央级单位小额维修工程的管理经验，小额工程项目施工定点采购限额标准由第一期的单项采购预算50万元以下提高到100万元以下。通过扩大定点采购标准，减少了采购环节，降低了采购成本，提高了政府采购效率，极大的方便了采购人。二是扩大定点采购范围。在原来已实现小额办公设备、印刷、小额工程项目、房屋建设工程监理和公务用车维修、加油、保险等定点采购的基础上，将工程相关的造价咨询纳入到定点采购范围。工程造价实行定点采购，不仅细化工程采购项目的预算，缩短工程维修项目的采购周期。同时，有利于保证单位财政支出进度和财政部门进行财务监督。

【制定《政府采购操作指南》】组织力量编写《政府采购工作指南》。该指南涵盖了政府采购程序、采购人、评审专家、代理机构、供应商、政府采购文本等各个环节和各方当事人的行为规范。通过制定该指南，全过程指导政府采购行为，为规范政府采购提供了制度保障。

【加强政府采购评审专家管理】一是积极扩充政府采购评审专家库。广西壮族自治区财政厅向科技厅人才库中不同专业领域的复合型人才近1000人寄送专家入库申请资料，将一批具有博士学位、教授职称或学科带头人等高素质专家增加到自治区本级政府采购专家库，并吸纳自治区文化厅的建议，增加“博物馆”评审专家备用库。二是对违规评审专家进行清理。各级财政政府采购监督管理部门对违反政府采购评审专家管理要求，在评审过程出现不能独立客观评审、违反专家职业道德等违规行为的评审专家从政府采购专家库中清理出去，优化专家质量。

【加强代理机构监督检查】一是加强对代理机构评标场所的监督检查。对在南宁市执业的代理机构营业场所进行突击检查，检查内容包括经营场地面积是否与申报代理资质时送审的资料一致、监控设备和信号干扰设备是否齐全并正常运行等。二是严格对代理公司代理能力的监督管理。对代理机构的资信进行“动态管理”，实行“能上能下”制度，一旦在代理业务中发现有不规范的行为或已达不到资质管理要求的代理公司，即淘汰出“代理机构库”，暂停代理业务，直至整改合格。三是加强对非驻邕代理机构的备案管理。对非驻邕代理机构在自治区本级代理政府采购业务的，向广西壮族自治区财政厅备案时要求提供总公司相关资质的证明材料、与总公司签订的劳动合同、总公司的社会保险缴费证明、专职人员的身份证等，经核实后方能在自治区从事政府采购代理业务。通过规范代理机构的代理行为，降低行业风险，保证政府采购市场的有序发展。四是加大违规行为处罚力度。柳州市依法严肃查处12起违反政府采购法律法规的案件，依照《中华人民共和国政府采购法》、《中华人民共和国行政处罚法》等法律规定，分别对违规供应商进行罚款、禁止参加政府采购活动一年的行政处罚，共处罚款62.93万元。玉林市加强工程治理工作，结合治理工程建设领域突出问题专项检查活动，市直对1000万元以上的工程项目进行排查，各县（市、区）对500万元以上工程项目进行排查，并对排查出的问题进行处理。

【开展《政府采购协议》（简称GPA）的研究工作】广西壮族自治区财政厅代自治区人民政府下发《关于成立我区GPA研究领导小组的通知》，为自治区的GPA研究提供了组织保障。召开自治区GPA领导小组成员的厅际会议，搭建起GPA研究组的交流沟通机制。配合少数民族地区牵头单位内蒙古自治区财政厅开展GPA谈判研究工作。

广西壮族自治区财政厅
政府采购监督管理处供稿
陈江涛执笔

海　南　省

【概述】2010年，海南省认真贯彻执行《政府采购法》和国务院办公厅《关于进一步加强政府采购管理工作的意见》以及有关规章制度，以加强法制建设为重点，以规范操作执行和健全监督管理为核心，以加快电子化建设和夯实基础工作为支撑，以专业化队伍建设为保障，逐步搭建公开、公平、公正的阳光采购平台，努力提高政府采购资金的使用效益，发挥政府采购的政策功能。全年完成政府采购预算 24.85 亿元；实际采购金额 21.86 亿元，比上年增加 4.65 亿元，增长 27%；节约资金 2.99 亿元，资金节约率 12.02%，比上年提高了 1.38 个百分点。全省货物类采购 16.67 亿元，工程类采购 1.96 亿元，服务类采购 3.23 亿元，分别占采购总规模的 76.3%、9% 和 14.7%。货物类采购中，规模前三位的是专用设备（主要是医疗和教学设备）、交通工具和一般设备（主要是计算机），三类产品采购规模分别为 7.39 亿元、3.37 亿元和 2.08 亿元，占货物类采购的 77%。工程类采购中，规模前三位的主要是建筑物、修缮装饰工程和环保绿化工程，三大类采购的金额分别为 0.97 亿元，0.19 亿元和 0.09 亿元，占工程类项目采购的 64%。服务类采购中，规模前三位的主要是系统集成、维修和信息技术、信息管理软件的开发设计，三大类采购的金额分别为 1.55 亿元、0.49 亿元和 0.498 亿元，占服务类项目采购的 79%。政府采购主要以集中采购的组织形式和公开招标的采购方式为主，集中采购金额 15.45 亿元，占采购总额的 70.66%；采用公开招标方式的采购金额 12.3 亿元，占采购总量的 56.27%。国内产品的采购金额 20.86 亿元，占采购总规模的 95.4%。政府采购合同授予中小企业的比重占 93%。

【整章建制】 一是出台《海南省实施〈中华人民共和国政府采购法〉办法》，2011 年 1 月 1 日起正式实施。该办法是全国第二部政府采购地方性法规，为海南省政府采购规范化、科学化和精细化管理制定了具有约束力的行为准则。二是印发《海南省政府采购代理机构监督管理考核细则》，强化对代理机构的监管，减少采购过程中发生的违规违纪问题，规范代理机构的采购行为。《考核细则》制定考核办法，量化考核指标，对代理行为和工作质量进行定期或不定期的考核。同时，建立合理的代理机构准入退出机制，确保代理机构能够规范、高效地组织采购活动。三是完善协议供货制度。为进一步节约财政资金，降低采购成本，提高采购效率，满足采购人快捷采购的需求，2010 年度的协议供货采购工作在保证产品质量和售后服务水平不低于往年的前提下，以严格控制协议供货产品的采购价格不高于市场平均价为工作重点，改变协议供货管理方式，大力推行对协议供货项目采购的管理，协议供货价格与产品市场价格保持联动，有效的解决协议供货产品价格高、服务差的问题。

【理顺管理体制】 为积极推动政府采购机构建设工作，逐步完善政府采购监督管理与操作执行相分离的管采分离体制，海南省财政厅依照《政府采购法》的规定积极推动海南省政府采购中心的体制改革，将其由自收自支事业单位改为财政全额拨款事业单位，取消其中介代理收费行为，解决省政府采购中心由于管理体制造成的过于注重商业利益的弊端，提高执行采购政策的执行力。

【强化监管】 一是提高政府采购的投诉处理工作水平。借鉴财政部的做法，聘请律师事务所参与投诉处理工作，提高投诉处理水平。年内受理投诉案件 12 起，查处 12 起，收到举报 1 起，行政处罚 1 起。二是加强和规范专家管理工作。扩大专家库专家数量，改进政府采购专家评审制度，科学制定评审专家分类标准，量化评分标准，减少专家在评审过程中的自由裁量权，规范政府采购专家行为，提高评审质量。年内新增评审专家 55 人，共有专家 780 人。三是积极配合监察和审计部门对政府采购绩效的审计工作。完善财政部门综合性监督与监察、审计部门专业性监督相结合的工作机制，实现监督检查常态化，逐步从合规性监督向合规与效益并重监督模式转变，提高财政资金的使用效率。

【推动 GPA 研究】12 月份在海南省成功举办中部地区 GPA 谈判联络组第五次联席会议，推动中部地区 GPA 研究进程。此次会议提交海南省省情报告研究成果，初步形成海南省的 GPA 谈判出价建议报告。

海南省财政厅供稿

重　庆　市

【概述】2010 年，重庆市根据财政部的工作部署，以科学化、精细化、信息化管理为手段，以提高政府采购效率为核心，以完善制度作保障，实现服务经济社会大局和财政中心工作的目标。全市完成政府采购预算 130 亿元，比上年增长 47%；实际完成采购任务 109 亿元，比上年增加 26.5 亿元，增长 32%；节约资金 24.6 亿元，比上年增加 18.4 亿元，节约率 18.92%，比上年提高 12 个百分点。其中，市级政府采购规模实现翻番，达到 49.3 亿元，完成年初计划的 183%，同比增长 101%，节约资金 1 亿元。市级政府采购支出占一般预算支出的 9.3%，同比提高 2.7 个百分点。

【强化政府采购预算管理】为切实做好年初部门采购预算编制工作，市财政局加强内部沟通，调整市级政府采购预算为 27 亿元。在预算执行中落实处室目标责任，将采购任务分解落实到各支出处，实行采购资金源头控制，资金拨付严格把关，取得显著成效。全年工程类采购规模达 7.1 亿元，同比增加 5.4 亿元，增长 318%；服务类采购规模达 6.3 亿元，同比增长 5.3 亿元，增长 530%。各处室均超额完成年度目标任务。奉节县将专项预算中凡涉及政府采购项目的均纳入政府采购，并将乡镇政府公务车辆统一定点工作纳入对乡镇财政工作先进集体评比的重点工作内容，极大地推动政府采购工作，2010 年政府采购规模是上年的 4 倍。綦江县将创建市级园林城市系统工程、市政设施维修改造工程、校园安保等项目纳入政府采购范围，实现采购规模翻两番。

【努力提升采购绩效】一是实行 7 天限时审批制度。通过开通邮件提醒和超时默认等系统功能，采购项目审批时间由平均 7 天缩短为 3 天，大大提高项目审批效率。市级下达采购项目 2445 个，比上年增加 735 个，同比增长 43%。二是实行采购前置制度。针对采购事项已经业务处确定，采购预算尚未正式下达，单位急需执行采购任务的特殊情况，改变过去等待预算下达才办理采购事项的做法，在管理系统中设置“待安排预算资金”窗口，记载提前采购项目，待预算下达后正式处理，此举有效地解决单位在预算未下达前无法实施采购的问题，全年通过“待安排预算资金”窗口提前执行采购项目 176 个，金额 9.8 亿元，占采购总规模的 20%。上半年完成全年任务的 42%，同比提高 24 个百分点，有效地改变历年来政府采购项目执行“前松后紧”的现象，项目执行均衡性显著提高。三是实行车辆批量定时采购制度。针对车辆采购零星、单位急需的问题，实行汽车“定时批量”采购制度。每周四发布汽车采购公告，周五开标确定中标结果，确保汽车采购在5个工作日内完成，大大提高工作效率。四是建立政府采购项目效能督办机制。落实采购项目责任人，加大采购项目执行追踪力度，按期清理项目下达情况及实际执行情况，加快项目执行和资金拨付进度，确保采购项目执行效率。全年项目完成2051个，完成进度为84%，比上年增加865个，增长73%。完成项目资金36.8亿元，完成进度为75%，同比增长86%。通过强化政府采购预算管理，大大提高了采购效益。如：农村环境连片整治示范项目，预算总投资3.75亿元，通过招标节约投资额6000万元，节约率达16%。云阳县严格执行“一会审、两保密、三公开、全监督”的规范运作，财政对采购活动进行全过程监督，资金节约率达22.5%。

【加强政府采购电子化建设】把电子化建设作为科学化精细化管理的具体载体，大力推进信息化建设，实现采购管理和执行全程网络化，采购预算、指标管理、计划管理、执行管理等软件无缝连接，实现采购计划审批、采购执行、招标文件编制、投标评标、专家抽取、合同登记和财政支付网上运行，规范操作流程，提升管理和操作水平。

【发挥政府采购政策功能作用】一是积极支持中小企业发展。采购项目适度向中小企业倾斜，在招标文件中给予中小企业加分。全年中标政府采购合同的中小企业1243家，占全年中标企业的96%。同时，通过举行推荐会等形式宣传政府采购融资贷款业务，继续扩大融资规模，全年有9家中标供应商获得融资贷款共3202万元，同比增加2413万元，增长306%。二是继续支持本地企业发展。积极落实招商引资等重大决策，支持惠普销售工作，全年采购惠普电脑8.6万台；严格审核单位采购需求，对购买进口产品实行严格管理，加大格力、山外山医疗设备等本地产品采购力度，限制采购进口车辆，对超标购置汽车等项目不予采购或付款，支持购买地产车432台。三是支持节能环保产业发展。对节能产品实行强制采购，对环保产品优先采购，在标书标准文本中，对进入国家节能、环保清单产品都给予加分，充分体现政府采购政策导向作用。对没有进入国家强制采购节能产品清单的计算机、打印机、空调等产品，不允许参加招投标，对进口产品采购严格审批制度，汽车和办公用品采购国产化达百分之百，全年采购电脑、节能灯等节能环保产品8.2亿元。四是拓展民生项目采购范围。市级政府采购民生项目20.3亿元，占采购规模的41%，其中：义务教育免费教科书采购、中小学教师购置电脑等教育项目采购14.1亿元；农村环境连片整治示范项目、交巡警平台等公共社会事务项目采购4.7亿元；卫生预防控制等采购项目1.4亿元。

【强化政府采购监督】一是开展集采机构考核检查。重庆市财政局会同市监察局组成检查考核小组，以召开座谈会、抽查档案资料、向采购相关人调查咨询等多种方式，对集中采购机构、部门集中采购机构等10个单位2009年度政府采购过程中执行法律法规的情况、采购程序的完善以及基础管理工作等进行考核检查。经综合评价，重庆师范大学考核等次为良好，重庆市政府采购中心、市农委、市计生委、市工商局、市公安局、重庆邮电大学考核等次为合格，重庆科技学院考核等次为基本合格。针对检查发现的问题，要求各单位按照政府采购相关法规和制度规定，进一步健全和完善管理制度，制定切实有效的整改措施，及时组织整改。同时，派检查考核小组对各单位整改情况进行“回头看”，巩固整改成果。二是加强采购活动事前、事中、事后监督。事前监督：制定《重庆市政府采购货物类招标文件标准文本（试行）》，对招标文件的主要内容、格式、条款、评标标准等作出了统一规定。审核招标文件。为较好地解决评标规则不公的问题，要求预算在300万元（含300万元）以上或影响较大的项目招标文件发布前，重庆市财政局对标书进行合法合规性审查，未经审查不得对外发布。全年审核标书119份，纠正违规问题357处。事中监督：现场监督和远程监控相结合，加强对开评标现场的监督和指导，及时制止和纠正市级部门20余起违规采购行为。制定投标、评审、监督等工作纪律。每个政府采购项目开标、评标过程，均有电子音视频监控，在重庆市纪委、财政部门工作人员全过程监督下进行。实行电子评标。对货物规格、标准统一，现货货源充足且价格变化幅度较小的采购项目全部实行网上询价。公开招标等其他采购方式实现电子化评标，重庆市地方税务局网络设备作为第一个网上招投标项目圆满完成了网上招投标和评标定标全过程。公开评审结果及专家名单。为增强专家评审法律责任，规范专家评审，接受社会监督，在政府采购网上公布每个项目评审专家名单。事后监督：认真处理供应商的质疑和投诉，全市共受理投诉26件，处理投诉25件。处理结果：维持原有采购结果10件，改变原有采购结果8件，重新组织采购7件，自动撤诉1件。其中市本级受理投诉13件，处理驳回上诉10件，作出废标处理1件，作出处罚决定1件，取消投诉1件。对重庆市名典印务有限公司在重庆市第六次人口普查印刷品采购项目投标过程中，提供虚假《企业法人营业执照》副本复印件（注册资本金额造假）进行了行政处罚，对其罚款5.2万元，列入不良行为记录名单，在一年内禁止参加重庆市辖区内的所有政府采购活动。丰都县对四川紫乐苑文化传播有限公司和北京楚天悦文化发展有限公司串通行为进行行政处罚，对北京楚天悦文化发展有限公司处以7350元罚款，列入不良行为记录名单，禁止参加政府采购活动一年；对四川紫乐苑文化传播有限公司处以10290元罚款，列入不良行为记录名单，禁止参加政府采购活动三年。开县财政局对开县黄陵苗圃场成交后拒绝与采购人签订合同进行通报，并没收该公司投标报价保证金10万元，列入不良行为记录名单，在一年内禁止参加政府采购活动。

【积极开展政府采购业务培训】为适应政府采购改革发展需要，组织重庆市政府采购中心、部门集中采购机构、相关政府采购代理机构等120人进行两期政府采购业务培训，通报2010年重庆市政府采购执行情况和2011年政府采购管理模式改革的思路，重点讲解政府采购基本程序及需注意的问题，深入讲析政府采购招标文件货物类标准文本，同时要求政府采购代理机构和部门集中采购机构进一步加强政府采购信息化建设，不断提升政府采购工作质量和水平。与中国财政经济出版社联合组织了政府采购监督管理操作实务培训班，特邀中南财经政法大学、中国政府采购研究所白志远副教授，就我国政府采购当前面临的国际形势及其应对措施、我国《政府采购协议》（GPA）谈判进展情况、政府采购目前存在的难点和如何加强监督管理等内容进行讲授，近百名参训学员就各自关心的问题进行热烈的讨论和交流。对重庆市教委、市高法院进行政府采购法律法规和采购业务专门培训。加强与区县的沟通联系，开展渝西和渝东片区专题调研，提升区县采购管理和决策水平。

【构建“阳光”交易平台】为实现集中交易、统一监管采购市场，从源头上预防腐败，全市26个区县成立公共资源交易平台，建立统一规范的交易信息发布办法、保证金管理办法、评标专家抽取办法、中标结果公示办法、交易投诉处理办法和违法行为记录公告办法等，基本实现优化公共资源配置，“管办分离”和采购规范有序运行的目标。

【深入开展GPA研究工作】会同重庆市社科院对西部地区经济社会发展、政府采购情况进行大量前期研究和分析，形成加入GPA对中国西部地区和重庆市经济发展的影响分析两篇研究报告，为重庆市应对GPA谈判奠定基础。同时，按照财政部下发的《关于做好2010～2011年世贸组织〈政府采购协议〉研究工作的通知》，紧紧围绕谈判需要，召开市级部门政府采购统计报表专题布置会议，布置收集、统计分析重庆市2008年至2010年政府采购情况，在摸清家底基础上，将研究方向重点转向出价清单的制定，确保研究成果能够直接为谈判所用，力争向财政部提交一份严谨、合理的初步出价方案。

重庆市财政局政府采购处供稿

曾佳鑫执笔

四　川　省

【概述】2010年，四川省完成政府采购规模245.72亿元，较2009年增加12.94亿元，增长5.56%，采购规模占GDP的比重为1.43%；节约资金61.99亿元，资金节约率为20.15%；其中，省本级完成政府采购规模50.70亿元，成都市完成政府采购规模94.18亿元，政府采购规模在10亿元以上的还有德阳、绵阳2个市。

【强化采购预算编制和执行】各级财政部门以政府采购预算管理为抓手，改进预算编制内容和办法，进一步完善政府采购预算编制的管理。省级部门预算已细化到采购品目，部分市（州）在细化预算编制方面作有益尝试，如宜宾市和眉山市出台常用办公设备标配制度，以细化政府采购预算编制。四川省财政厅在调查研究的基础上，研究制定加快政府采购预算执行进度的措施和办法，印发《四川省财政厅关于加强2010年省级政府采购预算执行有关事项的通知》，以确保编入年初采购预算的项目在当年8月底之前进入采购程序。

【推进政府采购信息化建设】一是加快推进四川省政府采购电子化平台建设步伐。《四川省政府采购电子化平台建设方案》经省政府第59次常务委员会审议通过。平台建设顺利完成立项和财政评审工作，相关配套制度草案基本完成征求意见工作，项目前期准备工作基本完成。二是更新四川政府采购网站硬件。对网站设备进行全面更新，更新和升级服务器10套，网络及负载均衡设备3套，网络安全设备5套。网站设备更新后，网站运行速度明显加快。三是优化四川政府采购网网站软件。将四川省政府采购网原有的采购项目模块优化升级，增加项目备案模块，对集中采购机构、社会代理机构所执行的采购项目，进行网上政府采购合同信息录入、统计、审查，实现财政部对政府采购合同监管的要求和数据批量上传。同时，为配合中国政府采购网站标讯数据上报接口改版，在规定期限内完成数据上报接口的适应性改造，实现四川省政府采购网站的标讯数据自动、及时、有效上报到中国政府采购网站；四是专家抽取网络终端向县级扩展。为方便县级财政部门抽取评审专家，为 13 个符合条件的县级财政部门开通专家抽取网络终端。

【完善政府采购制度】 为保护政府采购当事人的合法权益，及时有效地处理政府采购供应商的质疑，出台《四川省政府采购供应商质疑处理办法》，使质疑处理更具规范性和操作性；为规范政府采购评审专家抽取行为，保障政府采购活动公平、公正，出台《四川省政府采购评审专家抽取管理办法》，该办法特别注重细化评审专家抽取工作程序，使抽取程序更为严密。

【加强政府采购项目管理】 一是严格政府采购方式变更审批，共计审批非招标采购方式项目 164 个。二是严格执行政府采购进口产品审核，共计审核政府采购进口产品项目 114 个。严格执行政府采购方式变更、进口产品审核，保障政府采购的合法性，提高政府采购公开招标采购的比例，实现政府采购支持购买国货的政策目标。

【加大评审专家管理力度】 在抽取专家方面，全省抽取评审专家共计 17222 次，涉及 5591 个采购项目，参评专家 27727 人次。在征集专家方面，全年征集专家 1500 多名，是四川省政府采购评审专家库成立以来征集评审专家数量最多的一年，四川省政府采购评审专家的总数已接近 5000 名，为建立更为科学合理的评审工作机制奠定了基础。在专家培训教育方面，5～7 月，分 25 批次完成对全省 4500 多名评审专家的培训和继续教育工作，对规范评审专家的执业行为，提高评审质量，发挥重要的促进作用。

【加强政府采购代理机构管理】 2010 年授予乙级政府采购代理机构资格 20 家，为财政部核实拟申请甲级代理机构资格办公场所和条件 14 家，培训工作人员 350 多人次，同意入川备案的省外甲级代理机构 7 家。2～5 月，对在四川省行政区域内从事政府采购的 27 家甲级和 25 家乙级社会代理机构进行考核。考核结果中优秀级次的 21 家、良好级次的 8 家、合格级次的 6 家，当年没有代理政府采购业务的 17 家。

【依法受理供应商投诉】 2010 年政府采购供应商投诉与历年相比数量最少，共受理投诉 4 件，皆为公开招标采购项目。其中，驳回投诉 3 件，认可投诉 1 件；涉及教科文领域的 1 件，经济建设领域的 1 件，行政政法领域的 2 件；集中采购机构的 3 件，社会代理机构的 1 件。

【增强政府采购透明度】 进一步加大政府采购相关信息的公开力度，全年共发布各类政府采购信息 56369 条。其中采购信息公告 25968 条，采购结果公告 23096 条，更正公告 6098 条，政策法规公告 4 条，其他公告 1203 条。政府采购信息公告管理的加强，有效增强政府采购活动的公开透明度，促进政府采购“三公”原则的落实。

【强化政府采购项目信息备案管理】 为更加科学合理的执行政府采购项目备案管理制度，全面掌握政府采购代理机构代理政府采购项目执行情况，四川省财政厅经过认真调研，开发政府采购项目信息备案电子管理系统，将政府采购项目信息备案从人工报送转变为电子传输，使政府采购项目信息报送更全面、更准确、更快捷，提高效率，降低成本。

【发挥政府采购政策功能作用】积极贯彻落实国家和四川省规定的各项政府采购政策，限制采购进口产品，优先购买国货，积极支持自主创新产业的发展。与四川省科技厅及有关部门认定第一批四川省自主创新产品，惠及132家四川企业生产的406种产品。优先采购节能产品和环境标志产品，采购总额分别达到13.22亿元和14.38亿元。

【积极开展GPA研究】2010年是四川省正式开展政府采购协议（GPA）研究工作的第一年。本着积极稳妥、争利最大的工作原则，按照“四川省加入GPA谈判工作领导小组”第一次工作会议要求和“西部地区GPA谈判工作协调小组”的统一安排，积极开展研究工作，《四川省产业竞争力评价研究》、《加入GPA对四川省经济社会的影响研究》、《政府采购法律事务研究》三个课题已形成前期研究报告。

四川省财政厅政府采购监管处供稿

宋春涛执笔

贵　州　省

【概述】2010年，贵州省政府采购工作以科学发展观为指导，以法律法规为依据，初步建立起较为规范的政府采购监督管理体系和公开、公平、公正、透明的操作运行机制。全省完成政府采购预算103.46亿元，比上年增加17.3亿元，增长20.09%；完成采购合同金额92.04亿元，比上年增加14.01亿元，增长17.95%；节约资金11.42亿元，资金节约率11.04%。其中：省级完成政府采购预算26.28亿元，增长6.91%。

【强化政府采购预算编制和采购计划执行】按照“先预算、有计划、后采购”的原则，制定编制政府采购预算和采购计划的工作流程，将省级政府采购项目全部编入部门预算，在部门预算下单独编制政府采购预算，并做好政府采购预算和采购计划编报的相互衔接工作，确保政府采购预算和采购计划的执行。

【落实政府采购政策功能】一是贯彻落实国家有关优先采购节能环保和自主创新产品政策；二是严格进口产品核准；三是通过取消供应商登记备案、鼓励联合体参与投标等措施支持中小企业发展。全年采购节能产品8.81亿元，占同类产品的75.67%；采购节水产品1.65亿元，占同类产品的99.96%；采购环保产品11.9亿元，占同类产品的53.15%；采购进口产品1.47亿元，仅占合同总金额的1.60%。政府采购合同授予中小企业达78.76亿元，占合同总额的85.57%；授予国内供应商90.56亿元，占合同总额的98.40%。

【巩固和扩大政府采购范围】一是继续做好社会关注和涉及民生项目的政府采购工作，加大中央和省级补助专款、国债资金项目实施政府采购的工作力度。二是部分地区将财政性投资工程、储备粮、农村公路机械设备、涉农物资的苗木等纳入了政府采购范畴。三是积极做好中小学免费教材、农村中小学危房改造、财政补贴农民购置农机具以及救灾物资等专项资金项目的管理。尤其是在抗旱救灾物资的采购中，全省坚持“特事特办、急事急办”的原则，既强化项目管理，又确保救灾工作快速、有效开展。四是在总结省级单位办公设备和车辆协议供货的基础上，对省级单位10万元以下的小额零星印刷服务实行协议供货制度。

【推进政府采购电子化建设】省级相继建立评标专家计算机语音智能抽取系统、政府采购供应商网上登记备案系统、协议供货产品网上审批系统、办公设备协议供货竞价系统、公务车辆省地县三级网上电子审批系统等政府采购电子平台。这些网上电子操作平台的建立和使用，不仅加快贵州省电子化政府采购建设的步伐，有力地推动政府采购管理工作向精细化、科学化方向发展。同时也极大地方便基层，降低行政成本，提高工作效能。

【加强监督检查】组织开展对省级单位2009年至2010年上半年政府采购执行情况专项检查。为确保检查工作取得实效，派出专项检查小组对18家省级单位进行重点抽查。通过重点抽查，了解情况，发现问题，宣传政府采购法律法规，普及相关业务知识，达到督促采购单位依法规范采购的预期目的。

【加强培训学习】举办“全省财政系统政府采购监督管理人员培训班”、“全省政府采购代理机构政府采购业务知识培训班”、“省级单位政府采购业务知识培训班”。通过培训，增强政府采购当事人的法制观念，掌握操作技能，规范采购程序，提高监管和操作水平。

【建立GPA研究联席会议制度】建立以贵州省常务副省长为总召集人、贵州省财政厅和省发改委等十七个省直职能部门为成员的联席会议制度，明确各职能部门的职责分工。贵州省GPA应对研究以课题形式开展，研究内容包括：一是解决政府采购有关概念的界定、分类标准、统计口径等制约研究工作全面开展的基础性问题；二是加入GPA对我省产业的影响及对策；三是GPA成员政府采购法律、出价的思路和方法等问题。

贵州省财政厅供稿
李开昌执笔

云　南　省

【概述】2010年，云南省政府采购工作认真贯彻落实中央及省出台的各类文件精神，大力宣传政府采购政策，努力提高行政事业单位知法、执法、守法意识，不断扩大社会影响，使政府采购政策深入人心。在保持和巩固原有采购范围和规模的基础上，从广度和深度上继续扩大政府采购的范围和规模，推进服务和工程采购业务的开展，积极探索工程类项目采购，采购范围及规模不断扩大。2010年全省政府采购规模达196.4亿元，比上年增加 51.7 亿元，增长 35.7%，占全省财政支出和 GDP 的比重分别为 8.6% 和 2.7%。

【政府采购范围不断拓展】在云南省政府印发的集中采购目录中，新增会议音视频系统、疫苗、办公场所物业管理、租赁等项目，为采购规模的扩大奠定了制度基础。省本级完成省级行政事业单位聘用会计、审计、造价咨询等中介机构定点服务采购和云南省人民政府机关事务管理局绿化保洁服务采购等多项具有代表性的服务采购项目。各地在将集中采购目录以外的项目纳入政府采购方面进行积极的探索。省本级首次将税务发票印制、公办 9 年义务教育学校校方责任险、林业政策性森林防火险纳入政府采购。玉溪市对城市公交车和高速公路建设险进行政府采购。红河州关注支农等专项资金动态，抓好惠民惠农的民生项目政府采购，将农村沼气灶具纳入政府采购范围。曲靖市将基础设施建设、城市公共设施、绿化、救灾物资、中小学危房改造和行政事业单位公务车协议供货、定点维修、定点保险以及体现节能、环保等政策要求的项目纳入政府集中采购范围。

【日常监管进一步规范】一是做好政府采购计划的审核。严格按照政府集中采购目录的规定确定采购项目的组织形式和采购方式，坚持以公开招标作为政府采购的主要采购方式。二是进一步扩大协议供货和定点采购范围，开展云南省公务用车协议供货联动工作，实现省级招标结果全省共享，体现政府采购的规模效应。同时规定，对单位大批量（20 辆车及以上）的采购，要再次组织专家和供应商进行专项谈判，在协议供货价的基础上，争取得到更优惠的价格。省本级将定点采购范围扩大到聘用会计、造价咨询、资产评估等中介机构。三是省级在公务用车定点保险招标、监管环节引入保险经纪公司，首次实现公务用车定点保险的国库集中支付。四是依法认真做好政府采购供应商投诉处理工作。2010 年全省各级政府采购监督管理部门共受理供应商投诉 18 起，较上年增加 1 起。省本级探索聘用律师事务所提供政府采购专项法律服务，协助对政府采购的重要文件资料进行法律审查，尽量减少质疑和投诉，最大限度地避免由投诉引发的行政诉讼和行政复议。五是认真做好政府采购代理机构的资格认定工作。全年共认定乙级政府采购代理机构 22 家，延续乙级政府采购代理机构 8 家，配合财政部审查固定营业场所 12 家。政府采购代理机构队伍进一步壮大。

【电子化政府采购取得新突破】“云南省政府采购管理信息系统”从 2010 年 1 月 1 日起开始运行，实现省级网上申报采购计划、网上审批采购计划、网上申报专家、网上审核采购合同、供应商网上注册等功能。改变传统纸质送审方式，提高政府采购工作效率。利用电子化规范、高效的特点，加强对采购程序和环节的监管，严把项目实施的组织方式和采购方式审批、信息发布、标书制作、专家抽取、评标、采购方式变更、合同签订、项目验收、资金支付等 9 道关口，维护“阳光采购”形象。全年在云南政府采购网上公开发布采购信息、中标或成交结果等 4098 条，提高政府采购信息公开化程度，确保政府采购活动公开透明。

【政策功能作用显著发挥】除继续发挥政府采购在支持本国企业、促进节能环保方面的政策功能作用外，积极探索支持中小企业发展的措施办法。针对中小企业融资难的问题，与中国光大银行共同制定合作协议和合作办法，推进“银政”合作，为中小企业搭建融资平台。中小企业在政府采购活动中取得的中标资格，可以获得光大银行相应的贷款额度，有力地支持中小企业发展。此项工作在全国属首创。

【积极开展政府采购宣传和培训工作】一是由云南省财政厅编印《云南省政府采购工作手册》，作为对采购人、采购监督管理机构和采购代理机构专职人员进行宣传培训的内容，进一步提高对政府采购法律制度以及最新的相关政策规定的理解和认识。二是加强与《中国财经报》、《中国政府采购报》、《政府采购信息报》和《中国政府采购》杂志等媒体的联系，积极组织人员撰写稿件，发表一系列文章和报道，广泛宣传云南省政府采购工作。三是举办三期采购代理机构培训班，加强对政府采购五种采购方式及三种评标办法的适用范围和操作程序的培训，提高代理机构的业务水平和政策水平。2010年共培训采购从业人员500多名，对合格人员颁发培训证书。

【廉政建设不断加强】在推进云南省政府采购惩治和预防腐败体系建设中，深入开展创先争优活动，完善教育机制，积极开展"三读书"学习活动。将思想教育、纪律教育与社会公德、职业道德、家庭美德教育及法制教育结合起来，促进政府采购监督管理部门廉政文化建设。云南省财政厅制定《政府采购管理处工作人员行为准则》；大理州按照服务承诺制、首问责任制、限时办结制及各项规章制度的要求，严格履行八项工作承诺；红河州严格行政执法，约束自由裁量权，出台《红河州政府采购行政处罚自由裁量权细化标准》；曲靖市积极协助市纪委开展有关加强政府采购监督管理、建立公共资源交易平台、规范招标投标评审过程等专题调研活动。

云南省财政厅政府采购管理处供稿

韦李慧执笔

西藏自治区

【概述】2010年，西藏自治区政府采购工作以"依法采购、扩大规模、规范行为"为宗旨，一是在"量"上下功夫，多措并举，继续扩大采购规模，拓面增量，做到应采尽采；二是在"质"上下功夫，从提高采购人员素质、提高供应商的依法采购意识、强化监管三方面入手，进一步提升采购质量；三是在"效益"上下功夫，提高采购效率，节约财政资金和行政成本，同时不断拓宽政府采购政策功能实施领域，促进政府采购政策功能进一步发挥。全年政府采购规模28.38亿元，其中，政府集中采购占采购总额的95.57%，部门集中采购占采购总额的4.43%，

【抓好制度建设】一是适应新形势下政府采购监管工作需要，结合自治区财政大平台政府采购管理模块最新的操作流程，修改完善《西藏自治区本级政府采购工作规程》；二是为加强对采购方式的监管，规范采购行为，印发《西藏自治区本级政府采购方式管理暂行办法》；三是印发《自治区直属单位

2011～2012 年政府集中采购目录及采购限额标准》，为编制下年度政府采购预算和政府采购计划提供依据。

【扩大政府采购规模】 扩大政府采购规模一直是西藏自治区政府采购工作中的重中之重。自治区财政业务部门对于使用财政性资金的项目，凡应纳入政府采购范围的，从源头上进行控制，实现应采尽采。监管部门通过政府集中采购、部门集中采购、分散采购三种采购组织形式的灵活、准确运用，充分发挥各部门各自的优势，提高采购效率。同时对历年和当年政府采购指标进行清理，敦促各单位加快采购进度，缩短从采购预算下达到签订合同的周期，保证政府采购计划的落实。

【巩固公开招标主体地位】 坚持“以公开招标采购方式为主、其他采购方式为辅、多种采购方式并存”的管理模式，公开招标采购占采购总额的 71.90%、邀请招标占 5.56%、竞争性谈判占 3.24%、单一来源占 4.68%、询价占 14.62%。公开招标仍为自治区政府采购的主要采购方式。为防止出现擅自变更采购方式的行为，在组织采购时安排监管部门的工作人员进行现场监督，保证既定采购方式的执行。对于符合法律规定的一些特殊项目允许采用公开招标以外的采购方式，但必须经过严格审批。

【发挥政府采购政策功能】 一是加大环保、节能产品采购的工作力度，严格按照国家有关规定实施采购。从节能、节水产品采购的情况看，全区节能、节水产品采购占同类产品采购总额的 73.61%，其中节能产品占 73.42%，节水产品占 97.78%，进一步促进资源节约型产品在区内的推广应用。二是积极支持国内产业和中小企业发展。2010 年政府采购合同 98% 以上授予国内企业，96% 以上授予中小企业。三是抓好民生项目采购。为做好农作物病虫害防治与草场保护工作，稳定农牧业生产，抓紧采购农药、疫苗等农用物资，按时交付到农牧民手中；为保护好造林地，做好重点区域生态公益林建设，及时购置网围栏及配套设施；组织全区新建各中小学教学仪器设备、免费教科书印刷、现代远程教育设备、各大院校实验室建设等项目的采购，改善学校的教学条件。

【开展 GPA 研究】 一是结合政府机构改革和西藏自治区 GPA 研究工作需要，对 GPA 研究工作机构进行调整，增加部分新的成员单位，现有 GPA 研究工作成员单位已有 20 家。二是为弥补西藏自治区研究力量薄弱的不足，引进课题研究团队，并加强与课题组的沟通协调，为及时高质量地完成研究任务奠定基础。三是先后两次召开成员单位会议，采用“以会代训”的方式，提高成员单位对研究工作的认识，明确各自任务分工，确保各司其职，密切协作，形成研究工作合力。四是积极派员参加财政部举办的培训会议，及时掌握谈判的最新形势。五是与 GPA 成员单位和课题组成员签订保密协议，做好保密工作。六是积极配合重庆市财政局、内蒙古自治区财政厅做好 GPA 研究相关工作。

【建立防腐长效机制】 一是借助财政大平台政府采购管理模块，进一步加强采购预算、采购计划、采购过程、合同履约以及资金支付等环节的监管，严格依法操作，有效地防范各种违规行为的发生。二是与监察、审计等监督部门相互配合，各司其职，加强对政府采购执行事前、事中、事后全过程的监督，对于出现的违规问题，严格依法追究相关当事人的责任，积极推进政府采购市场诚信体系建设。全年处理投诉 3 起，处理采购单位 2 家。

西藏自治区政府采购管理办公室供稿
巴桑德吉执笔

陕　西　省

【**概述**】2010年，陕西省政府采购预算97.09亿元（不含基本建设投资资金13亿元），实际采购金额87.6亿元，节约资金9.49亿元，节支率9.77%。采购规模占全省财政支出和GDP的比重分别为6.7%和0.9%。从资金性质来看，财政性资金采购73.42亿元，占采购资金总额的75%；其他资金采购23.67亿元，占采购资金总额的25%。从采购预算规模级次来看，中央级单位采购0.21亿元，省级采购8.88亿元，市县采购78.51亿元。西安、宝鸡两市的采购规模分别达到25.82亿元和21.31亿元；榆林市采购规模达到10.55亿元；商洛、咸阳、汉中、延安4个市采购规模均超过5亿元。从采购项目构成来看，货物类采购53.27亿元、工程类采购24.17亿元、服务类采购10.16亿元，分别占采购总额的60.8%、27.6%和11.6%。从采购品目和合同授予情况来看，多数集中在计算机、专用设备、小汽车等大宗通用设备上。2010年全省采购计算机42015台，采购金额1.89亿元，其中联想计算机29533台，采购金额1.24亿元，占总台数的70.29%。采购数量由多到少依次为联想、惠普、戴尔、清华同方，国产机市场占有率超七成。在全年采购总额中，国内企业合同额86.37亿元，占98.6%；进口产品合同额1.23亿元，占1.4%，政府采购在保护民族工业方面的巨大优势得以显现。从采购组织形式来看，集中采购机构采购金额57.83亿元，占采购总额的66.02%；部门集中采购金额21.18亿元，占采购总额的24.18%；分散采购及定点加油维修保险8.59亿元，占采购总额的9.8%。从采购方式来看，全省采用公开招标方式的采购规模为46.19亿元，占全省政府采购总规模的52.73%。采用邀请招标、竞争性谈判、询价和单一来源方式的采购规模分别为9.02亿元、10.79亿元、17.72亿元和3.88亿元，分别占全省政府采购总规模的10.3%、12.32%、20.23%和4.42%。

【**强化制度建设**】2010年编制了《陕西省政府采购评审专家库专业分类标准》；下发了《关于建立政府采购专家论证制度的通知》，建立了政府采购项目专家论证制度，进一步体现了“三公”原则；为配合电子化政府采购，制定了《陕西省财政厅关于建立电子化政府采购供应商会员库的通知》、《陕西省财政厅关于印发电子化政府采购工作方案》、《陕西省财政厅关于在省级单位全面实行网上申报采购项目的通知》。

【**全力推进电子化政府采购工作**】省政府、省政府办公厅先后下发《陕西省电子化政府采购办法（试行）》和《关于推进电子化政府采购工作的实施意见》，按照全省反腐倡廉制度创新经验交流会议及电子化政府采购工作情况专题汇报会议精神，加快电子化政府采购系统建设步伐，2010年10月系统建成并正式上线试运行，在省级单位实现采购计划及采购方式网上申报、审批和下达；建立会员制供应商库；实现代理机构、供应商与系统的链接，一些公开招标采购项目试行网上招标采购，政府集中采购项目实现了完整的网上操作。10 月 19 日，省委常委、省纪委郭永平书记专程到省政务大厅参观电子化政府采购封闭评标室，了解电子化政府采购系统的工作流程，听取了电子化政府采购系统情况的汇报，观看了网上开标过程。11 月 8 日，中央书记处书记、中纪委副书记何勇同志在省委书记赵乐际同志的陪同下观摩了省电子化政府采购系统，对此项工作给予充分肯定。

【努力扩大政府采购范围和规模】针对多年来高校、医院游离于政府采购之外的现状，2010 年省财政厅会同省监察厅、审计厅、教育厅、卫生厅联合下发《关于进一步规范省属高校、医院政府采购工作的通知》，对省属高校、医院参加政府采购工作作出明确规定，促进了政府采购范围和规模的进一步扩大。包括西安工程大学、西安医学院附属医院等在内的高校、医院都按照文件精神主动办理政府采购事项。

【开展政府采购执行情况专项检查工作】2010 年省财政厅会同省监察厅、审计厅联合下发了《关于开展省级单位政府采购执行情况检查的通知》，对省级单位 2008 年以来执行政府采购情况进行了专项检查。在单位自查自纠的基础上，从 3 个单位抽调人员组成联合检查组，分别深入省级 27 家单位开展重点检查，通过专项检查，进一步摸清了各单位执行政府采购的基本情况、存在的问题。

【加强宣传，努力营造良好的社会氛围】为便于社会各界了解、认识政府采购与资产管理工作，充分利用省电视台、省广播电台、《陕西日报》以及政府采购方面的报刊、杂志、简报，宣传陕西省政府采购工作的经验和做法，取得了较好成效。

甘　肃　省

【概述】2010 年，甘肃省政府采购工作紧紧围绕财政中心任务，以推进政府采购规范化管理为重点，不断扩大政府采购范围和规模，努力提高工作质量和服务水平，完成各项工作任务。全省完成政府采购规模 60.45 亿元，比 2009 年增加 10.43 亿元，增幅达 20.85%；节约资金 7.47 亿元，节约率为 11%。从采购项目构成看，货物类项目采购 35.47 亿元，工程类采购 20.73 亿元，服务类采购 4.25 亿元，分别占政府采购总量的 58.68%、34.29%、7.03%。货物类采购中一般设备、交通工具和专用设备采购占很大比重，分别占货物类的 15.7%、15.9% 和 48.69%。其中，计算机采购占一般设备 37.7%；专用设备采购中以其他设备为主，占专用设备采购的 51.6%。在做好通用类项目采购的基础上，将农用地膜、农家书屋、动物疫苗等涉农项目也纳入政府采购范围，扩大政府采购规模。工程类采购主要以建筑物、修缮装饰工程和水利防洪工程为主，分别占工程类采购规模的 75.35%、7.91% 和 6.7%。服务类采购主要以印刷出版为主，占

51.06%。从采购组织形式看，集中采购55.74亿元，其中：政府集中采购23.82亿元，部门集中采购34.48亿元。分散采购4.57亿元。政府集中采购是主要组织形式。从采购方式看，公开招标44.6亿元，邀请招标1.61亿元，竞争性谈判3.14亿元，询价8.77亿元，单一来源2.33亿元。招标采购占采购总量的76.44%，招标方式已成为全省政府采购的主要方式。货物类采购占政府采购总量的近60%,，但比上年下降约7个百分点，工程、服务类采购项目还没有完全开展，但比重有上升趋势。全省政府采购规模占财政支出的4.12%，与国际通行的政府采购约占财政支出的30%相比，仍有很大的差距。市州间采购规模差距较大，政府采购工作发展不平衡。

【加强制度建设】 一是根据《政府采购法》的相关规定，结合甘肃省实际，在充分调研的基础上，反复征求各方意见，研究拟订《甘肃省2011~2012年政府集中采购目录和限额标准》，明确政府集中采购、部门集中采购和分散采购的范围，确定编制预算、采购方式审批、委托采购、合同备案、专家抽取、资金支付、信息公告等基本的运作程序，指导全省政府采购工作；二是为支持甘肃省特大泥石流救灾工作，满足紧急采购需要，联合省监察厅、省审计厅制定出台《关于加强我省境内泥石流救灾政府采购管理的紧急通知》和《甘肃省应急项目政府采购管理暂行办法》，解决履行政府采购程序和紧急采购时效性的矛盾，产生积极的社会效益。

【严格公务用车配置管理】 一是根据汽车市场变化情况和国家政策调整的实际需要，重新修订《甘肃省机关事业单位公务用车配备管理办法》，于2010年1月1日正式实施。在执行过程中坚持“两审三控”制度，从车辆采购申报、入户、过户等环节严格审核把关，全面规范公务用车配备行为，有效遏制乘坐公务用车攀比的势头。二是根据《甘肃省省直机关事业单位公务用车编制管理办法（试行）》的规定，扎实开展车辆核编工作。研究制定核编方案，开发公务用车管理软件，对全省公务用车进行摸底登记，拟定公务用车编制，为科学配置全省机关事业单位公务用车奠定可靠基础。三是联合甘肃省纪委对全省公务用车进行督促检查。在掌握全省现有公务用车家底的基础上，制定下发《关于对全省党政机关事业单位违规使用公务用车进行整改的通知》，提出整改范围、整改措施和有关要求，并制定监督检查方案，组织相关人员到部分省直单位和市州开展督查，形成督查报告，向省委、省纪委专题汇报全省公务用车配置情况。

【完善专家评审制度】 一是继续扩充专家库。针对省级政府采购专家库专家结构不合理，有些专业不能满足评审工作需要的实际状况，在甘肃省政府采购网等媒体发布征聘公告，面向社会公开招聘，进一步扩充省级政府采购专家库人数，充实了政府采购评审力量。二是建立考核反馈制度。为及时了解和掌握评审专家的状况，全面反映执业能力，实现专家的动态管理，建立了考核反馈制度，由采购执行机构对评审专家业务水平、评审能力、职业道德、出勤情况和其他有关情况作出综合评价，并归入专家个人档案，达到对专家有效监管的目的。三是加强对专家的培训。为提高评审专家业务能力和执业水平，11月份举办全省政府采购业务培训班，邀请省纪委纠风室领导、省财政厅领导到培训班讲话，并请有关专家有针对性地讲解政府采购法律法规、操作实务等，对评审专家、市州和省直管县政府采购从业人员进行了系统培训。

【加强采购代理机构监管】 一是开展政

府采购代理机构资格认定工作。根据财政部的有关规定，对申请政府采购业务的机构进行实地考察，认真开展政府采购代理机构乙级资质认定工作。已有11家乙级资质的政府采购代理机构和财政部认定的4家甲级资质的政府采购代理机构参与甘肃省政府采购工作。二是加强对采购代理机构监督管理。为了加强对采购代理机构的有效监管，对政府采购代理机构从计划审批、信息发布、专家抽取、现场监督、合同备案等各个环节的操作作出明确规定，同时组织代理机构从业人员参加政府采购业务培训，保证多元化政府采购执行体系的健康运行。组织对政府采购代理机构进行监督检查，督促政府采购代理机构从基础工作、代理组织程序、工作质量和业绩、廉洁自律、信息统计、财务管理等方面加强管理。

【部署GPA研究工作】按照财政部的统一部署和要求，对甘肃省GPA研究工作进行布置，组织有关大专院校、科研单位专家，就政府采购法律事务研究、加入GPA对甘肃省行政管理体制和管理制度的影响、中央政府开放清单及例外情形研究、甘肃省产业竞争力评估分析及对策研究、加入GPA对甘肃省经济和社会发展影响等5个课题开展研究，已经形成初步研究报告。

【开展“作风建设年”和党员“争先创优”活动】按照甘肃省财政厅党组的统一安排部署，在做好日常工作的同时，切实做好“作风建设年”和党员“争先创优”活动各个阶段的工作，进一步转变思想观念，增强责任意识、服务意识和创新意识，提高政府采购工作质量和效率，牢固树立“为民、务实、清廉、高效”的良好形象。通过活动开展，实现工作态度明显转变，工作效率明显提高，工作质量明显提升，工作纪律明显加强的目标。

【统筹做好政府采购各项工作】一是认真做好供应商投诉处理工作。2010年省级收到供应商投诉1起，经过认真细致调查核实后予以处理，维护采购当事人的合法权益，净化政府采购市场。二是进一步加强政府采购信息统计工作。做到及时催报，保证采购统计信息全面完整和真实可靠。三是继续推进协议供货制度。通过制定政府采购目录，明确实行协议供货的项目，通过公开招标方式确定采购项目在一定时间内的最高限价，采购人可根据需求自主选择品牌型号和服务，改事前审批为事后备案，方便采购人，提高工作效率。

青 海 省

【概述】2010年，青海省各级政府采购机构积极拓展工作思路，努力扩大政府采购范围，坚持“应编尽编、应采尽采”，在创新管理制度、强化监管力度、推进政府采购电子化建设、发挥政府采购政策功能、保障玉树地震物资采购等方面取得显著成效，圆满完成各项工作任务。全省采购规模49.3亿元，采购金额44.3亿元，增长128%，节约资金4.98亿元，节资率10%。其中，药品集中采购11亿元首次纳入政府采购统计；在玉树抗震救灾应急采购和灾后重建采购中，先后下达15批集中采购计划，采购金额5.58亿元，涉及生活用品、卫生环保等7大类、123个品种，生活用品、板房、大宗建筑材料都是首次纳入政府采购范围，为进一步拓展政府采购范围积累经验。

【确保抗震救灾应急采购和灾后重建物资采购工作有序进行】按照“特事特办、急事急办”的原则，先后制发《关于玉树抗震救灾物资紧急采购有关事宜的通知》、《玉树抗震救灾物资应急采购管理暂行办法》、《青海省玉树地震灾后重建建设物资采购实施办法（暂行)》，实现“确保救灾物资保质保量快速采购、确保采购程序规范、确保资金支付安全准确”三个确保的要求。通过一系列创造性的工作，使玉树抗震救灾政府采购工作做到有章可循、程序合法、手续完备。

【创新管理制度】一是制定《青海省省直政府采购资金支付管理实施细则》。根据青海省实际情况，结合部门预算和国库支付改革的总体要求，对工作流程进行完善和细化，进一步规范政府采购资金支付流程，加强对省直政府采购资金的监督管理。二是改进政府采购监管工作方法，明细采购项目分类，按照计划性、整体性和效率性的原则，对预算安排的政府采购项目，在执行中按同类项目实行跨单位跨部门合并规模采购，发挥政府采购规模效益。

【加强政府采购监管】一是实行省级单位按月编报、汇总下达批次采购计划，强化政府采购预算和计划约束，做到预算、计划和执行有效衔接，确保采购计划严格按政府采购预算的项目和数额执行。在研发政府采购电子化信息管理系统平台的基础上，健全完善采购项目台账（项目档案），对政府采购项目从预算下达、采购计划、采购执行、履约验收至资金支付全过程、全覆盖的精细化监管。同时，建立定期通报制度，向各预算管理部门通报政府采购项目预算执行和完成情况，并督促项目预算单位采取相应措施，加快政府采购预算的执行进度。二是按照《政府采购法》的要求，加强和规范专家管理工作，完善专家库管理办法，制定评审专家分类标准，扩大专家库专家数量，改进政府采购专家评审制度。三是进一步强化政府采购资金管理，对预算单位采购结转资金情况进行全面清理、排查，对反映出的问题进行认真分析研究，完成《政府采购结转资金分析及解决建议的报告》，有针对性地提出了改进措施和建议。

【完善“中国政府采购网—青海分网站”功能】制订青海省电子化政府采购体系发展计划，与青海大学联合研发青海省电子化政府采购综合业务管理系统。整合现有资源，由点及面，推进电子化政府采购建设。青海分网站突出以下功能：一是抓好新出台的各项法规制度和政策的宣传，提高依法采购意识和政策的执行效果。二是针对社会关注的热点、难点问题做好释疑解惑工作，形成有利于政府采购科学健康发展的正确宣传导向。三是增加专家在线注册模块，拓宽专家库增容的渠道。四是增加了自主创新产品和节能环保产品目录，增强采购单位自觉采购自主创新产品和节能环保产品的意识，努力构建激励自主创新的政策环境。五是增加了政府采购不良行为记录公告、举报中心等栏目，强化政府采购制度的威慑力度。

【发挥政府采购政策功能】按照绿色发展和可持续发展要求，进一步明确现有节能产品强制采购、环境标志产品优先采购等政策措施；与青海省科技厅联合出台《青海省自主创新产品认定管理办法》，印发《青海省促进自主创新产品政府采购政策的实施意见》，完成首批“青海省自主创新产品”的认定工作，为促进企业开展自主创新、提高产品竞争力发挥积极作用。

青海省财政厅政府采购监督管理处供稿

索朗卓玛执笔

宁夏回族自治区

【概述】2010 年宁夏回族自治区安排政府采购预算资金 74.08 亿元；实现采购合同金额 69.96 亿元，占 GDP 的比重为 4.26%；节约资金 4.12 亿元，节支率 5.56%。采购预算金额比上年增加 9.98 亿元，增长 15.57%；采购合同金额比上年增加 8.68 亿元，增长 14.16%。其中，自治区本级实现采购合同金额 47.38 亿元，顺利完成世博会、宁洽会、房博会等重大活动采购任务；银川市、石嘴山市、中卫市和海原县采购规模超过 1 亿元；红寺堡区、同心县、盐池县、固原市、原州区、彭阳县采购规模超过 0.5 亿元。从采购类别看，货物类、工程类和服务类采购金额分别占采购总额的 45.40%、48.54% 和 6.06%。从采购组织形式和采购方式看，集中采购、部门集中采购和分散采购占采购总额的比重分别是 59%、40% 和 1%；公开招标、邀请招标、竞争性谈判、询价和单一来源采购方式占采购总额的比重分别是 79.06%、1.32%、12.33%、2.65% 和 4.64%。采购国货金额占采购总额的 97.6%，进口货物采购主要是医疗器械和检测仪器设备等。

全区设立政府采购监管机构 25 个，在编人数 66 人。其中：区本级 1 个，在编人数 7 人；地市级 5 个，在编人数 12 人；县级 19 个，在编人数 47 人。全区设立政府采购中心 23 个，其中：区本级 1 个，地市级 5 个，县级 17 个，区本级和贺兰县政府采购中心独立设置。参与政府采购活动的社会代理机构 10 家，人员 68 人，全部是具有甲级资质的代理机构。全区建立专家库 10 个，其中：区本级 1 个，专家 602 人；地市级 5 个，专家 2743 人；县级 4 个，专家 444 人。全年专家参评项目 1546 个，抽取专家参评 5149 人次。

【加强政府采购制度建设】先后印发《关于甲级政府采购代理机构在我区开展政府采购业务的通知》、《关于对自治区本级国家机关事业单位团体组织印刷项目实行定点管理的通知》、《2011 年宁夏回族自治区政府采购目录及标准》和《关于自治区本级国家机关事业单位团体组织公务机动车辆实行定点保险的通知》，进一步规范采购行为。

【加强政府采购供应商管理】宁夏回族自治区财政厅联合区检察院下发《关于在全区政府采购活动中开展行贿犯罪档案查询工作的通知》。通知规定，对供应商实行资格准入制度。参与政府采购的供应商，必须向政府采购代理机构提交当地检察机关出具的近 3 年内无行贿犯罪档案记录的书面告知函，作为供应商资格审查的必要条件；具有行贿犯罪档案记录的供应商，3 年内不准进入宁夏政府采购市场；参与政府采购的供应商获取检察机关出具的“告知函”有效期为一年，在有效期内出现违法行为的供应商取消其参与政府采购的资格。该做法在《中国政府采购报》首刊发行中进行报道。

【加强政府采购服务项目管理】一是通过公开招标确定定点印刷企业 42 家。定点印刷项目的限额标准由 2009 年单次印刷项目 2 万元提高到 3 万元，限额标准内由采购人在定点印刷企业范围内自行选择。对不按照优惠率执行或变相降低优惠率的印刷企业列入黑名单，并在 1 ~3 年内禁止参与政府采购定点印刷项目的招投标活动。同时，加强对采购人实行定点印刷项目的备案制审查。二是通过公开招标确定中国人民财产保险股份有限公司宁夏分公司、中国平安财产保险股份有限公司宁夏分公司、中国太平洋财产保险股份有限公司宁夏分公司、中国大地财产保险股份有限公司宁夏分公司 4 家保险公司为 2010 年宁夏国家机关事业单位团体组织的各类公务机动车辆定点保险机构服务商，方便采购人在公务机动车辆投保中对保险公司的选择。同时，对定点保险服务公司提出更高的要求，强化对保险公司的监督。

【开展政府采购执行情况检查】宁夏回族自治区财政厅、监察厅、审计厅组成联合检查组对区本级具有代表性的 20 个采购人和 10 个政府采购代理机构 2010 年政府采购执行情况进行检查，查处违规资金 700 多万元。检查主要发现六个方面的问题。一是部分采购人未编或不按要求编制政府采购预算，采购的随意性大；二是个别采购项目未按规定的程序组织采购。存在不按采购预算申报采购计划和“先斩后奏”或“只斩不奏”的现象；三是部分采购人和采购代理机构对政府采购的政策、法规、操作程序不熟悉；四是政府采购档案管理薄弱，采购人和采购代理机构的政府采购文书资料保存不完整、不规范。部分单位没有依法保存采购活动的全部采购文件和资料，采购文件也没有及时备案；五是个别单位没有严格执行《自治区政府采购目录和限额标准》，规避政府采购的行为时有发生，违纪金额达 263 万元；六是委托不具备资格条件的代理机构实施采购的现象仍然存在。针对存在的问题各单位制订整改措施，进一步规范采购行为。对 10 家甲级资质政府采购代理机构进行备案，要求其在部门集中采购范围内接受委托代理采购，并进一步加强对代理机构的监督考核。

【坚持依法行政】2010 年对 1 家采购代理机构违规发布采购信息进行处罚。对自治区残联劳动就业服务中心违规实施采购的行为处以 2 万元的处罚。对自治区人口和计划生育服务设备采购项目、银川监狱河东监区入监教育中心网络监控系统等 6 个项目发生的质疑及时进行协调和处理，将矛盾化解在萌芽状态。对地市级受理的 1 起投诉案件，依法及时办结，自治区本级首次实现零投诉。

【完善电子化政府采购网络平台】在原来通用办公设备等采购项目实行网上竞价的基础上，积极推行网上竞价和协议供货相结合的新型政府采购方式，即网上竞争价成功后，在一定期限内（三个月之内）采购同类型的项目不再重复进行招标或竞价，实行协议供货。该措施的推行，使采购周期由 20 天缩短为 7 天。政府采购专家也实现网上随机抽取。为保证网络平台正常运行，指定专人每天定时浏览网上申报情况，发现问题及时处理，减少审批积压现象。全年发布政府采购需求信息公告 2083 条，中标、成交结果公告 1587 条，政策法规公告 8 条。宁夏政府采购网络已成为无人情干预、竞争充分、方便快捷的采购平台。

【积极做好应对 GPA 谈判工作的准备】为做好自治区 GPA 谈判准备工作，根据财政部《关于做好加入 GPA（政府采购协议）谈判应对工作的通知》和西部地区 GPA 协调小组会议精神，就组建 GPA 谈判工作小组的方案和目前急需解决的几个问题，形成向自治区人民政府进行专题汇报的意见。

宁夏回族自治区财政厅政府采购管理处供稿
路平生执笔

新疆维吾尔自治区

【概述】2010 年，新疆维吾尔自治区完成政府采购规模 103.69 亿元，比 2009 年增加 8.46 亿元，增长 8.88%，采购规模占自治区财政总支出的 6.28%；节约资金 8.07 亿元，资金节约率为 7.22%。其中：集中采购（含部门集中采购）为 78.76 亿元，占采购总规模的 75.96%；公开招标为 60.02 亿元，占采购总规模的 57.9%。货物类、工程类和服务类采购规模分别为 54.09 亿元、40.35 亿元和 9.27 亿元，在政府采购总规模中所占的比例分别为 52.2%，38.9%，8.9%。

【扩大采购规模】一是通过集中采购机构采购和社会中介机构采购相结合的方式，探索工程类项目政府采购试点，促进工程领域政府采购规模不断扩大，如阿勒泰地区、克孜勒苏柯尔克孜自治州等地州，通过与建设部门协调，在建设工程政府采购领域作出具有参考意义的尝试。二是开展自治区政府采购协议定点项目区域联动工作，自治区本级与和田等 8 个地、州（市）开展了办公自动化产品区域联动，共享价格和服务。三是将九年义务教育免费教科书、中西部农村初中校舍改造工程、救灾物资等项目纳入政府采购范围。通过以上措施，拓展采购范围，扩大采购规模。2010 年地（市）级政府采购金额达 28.45 亿元，县（市）级政府采购金额达 46.71 亿元。

【狠抓制度落实】收集整理国家和自治区有关政府采购的法律法规和制度文件，编印《新疆维吾尔自治区政府采购文件汇编》。为增强政府采购法规制度在实际工作中的可操作性，全面修订并印发《自治区区级政府集中采购工作指南》。加强对国家和自治区出台的政府采购制度，尤其是对 2009 年国家和自治区出台的有关制度落实情况的监督检查。

【倡导政务公开】充分利用新疆政府采购网络平台，将政府采购法律法规和制度规定面向社会公开发布。借助规范权力运行工作，对政府采购监督管理工作进行全面梳理，规范政府采购监管的 15 项权力运行流程，制定《政府采购权利运行流程图》和《政府采购工作流程图》，与政府采购廉洁自律管理规定、工作人员行为准则、工作人员职业守则等一并上墙公示。采取挂牌服务的方式，明确工作人员的工作职责，全面接受政府采购各方当事人对政府采购监管工作的监督。

【完善监督体系】一是强化内部监督机制。实行定期轮岗、全员廉政承诺等制度，对编制政府采购预算和计划、采购方式、信息发布、专家抽取、招投标过程、合同履约等重点环节实施全方位监督，积极推动执行机构分段式采购流程。二是建立外部监督机制。建立纪检监察、财政、审计等部门的联合协调监督机制，共同对政府集中采购机构进行考核，共同受理举报，形成综合监督和行业专业监督相结合的协作机制。拓宽社会监督渠道，对社会公布政府采购投诉、举报电话，发挥新闻媒体和社会公众的监督作用。三是加强对政府采购执行环节的监督考核。联合新疆自治区监察厅和审计厅对自治区政府采购中心2008～2009年度的政府采购工作情况进行全面考核。通过集中采购机构自查，召集采购单位、供应商座谈进行民意测评，抽查项目档案等多种形式，对集中采购机构的操作执行情况进行全面考核。加强对社会中介代理机构政府采购业务开展情况的全方位监督，为开展新的代理机构认定工作做好准备工作。四是主动接受监督。以恳谈会、走访、问卷调查等形式，征求政府采购当事人对政府采购工作的意见。

【加快信息化系统建设】在“新疆政府采购网”试运行的基础上，建立以“新疆政府采购网”为主，18个地州（市）分网站为辅的政府采购信息发布平台，实现全疆政府采购信息分级发布、一站式查询。重点开展电子化协议采购的调研、开发、上线试运行工作。对自治区本级30家试点单位、100余家供应商和3个试点地州（市）相关人员进行电子化协议采购试点工作的集中培训和系统演练。建立新的政府采购专家库，增加培训系统、在线考试、专家评价等功能。

【有效发挥政策功能】一是会同新疆自治区发改委、科技厅等部门联合印发《新疆维吾尔自治区自主创新和节能环保产品政府采购实施意见》和《新疆维吾尔自治区自主创新产品认定管理办法（试行）》，提出开展新疆地方性自主创新产品认定工作和采取相应扶持措施的整体思路。二是对进口产品采购实行严格的审核。三是将国家节能环保标志产品列入自治区协议定点供货范围，在公务用车采购方面，坚持购买国产汽车，重点控制高能耗、大排量越野车，通过协议定点程序确保充分发挥政策导向作用，把国家节能、环保措施落到实处。

新疆维吾尔自治区财政厅
政府采购管理办公室供稿
洪源执笔

2011

五、2010 年地方政府采购中心工作概况

北　京　市

【**概述**】2010 年，北京市政府采购中心完成采购规模 21.75 亿元。其中，政府采购项目涉及预算资金 1.63 亿元，占全年采购规模的 7.49%；协议采购完成资金 20.12 亿元，占全年采购规模的 92.51%。

【**提高精细化管理水平**】一是进一步规范政府采购程序。以政策为牵引，加强市场调研，总结分析招标案例，不断完善《采购文件》，加强执行程序的分段式管理，保证各个环节的透明规范。二是坚持业务分析报告制度，增强对项目执行的掌控能力。三是更新完善专家库信息系统。统一专业分类标准，增加功能，规范管理，提高效率。四是积极协调，克服困难，注重把解决问题的关口前移，成功实现零质疑和零投诉。五是顺利完成质量体系的换版工作，进一步增强质量管理体系的科学性、符合性和实用性。六是注重调研分析，充分掌握政府采购各个环节的运行情况，不断提高解决问题的能力。

【**协议采购工作稳步推进**】一是充实人员，重设职责，建立协议采购招标、标后管理、监督相分离的制约机制，以保证项目的公正实施。二是不断完善协议采购系统功能。为全市预算单位、中标企业和财政预算管理提供综合服务的功能性“会议定点综合查询系统”平台，第一次实现会议费结算数据的实时统计功能，为财政部门分析预算单位经费开支情况、编制相关费用开支标准提供准确依据。在此基础上，相继开发上线办公及空调设备综合查询系统、车辆定点购置综合查询系统和定点维修综合查询系统，使协议采购标后管理工作有了坚实的系统依托。三是敢于触碰热点、难点，创新管理手段，逐步建立新的管理机制。引入复核程序，建立退出机制；引入中标比例，建立淘汰机制；引入中关村电子指数，提供价格管理依据。此外，还引入动态管理模式，运用价格动态监控、议价、竞价等功能模块，尝试研究并建立竞价机制，为采购人和供应商建立议价平台，有效降低采购价格，为采购人提供及时便利的服务。四是增强服务意识，逐步优化外部环境。中心积极配合市财政局做好有关提案的处理工作，取得提案人的理解，宣传政府采购工作，化解矛盾，促进政府采购的和谐发展。

【**提升公务车“一站式”服务水平**】公务车“一站式”服务厅以科学发展观为指导，积极建设“勤沟通、擅协作”的工作氛围，端正服务态度，加强自身建设，增进信息交流，更好地为采购人、供应商和各级财政服务。一是完善规章制度，全面评价工作流程和岗位，实现全年牌证发放零差错。二是完善改造车辆调拨平台，及时修订财政车辆数据库中发生变化的车辆信息，保证车辆信息的动态管理。三是深化服务，保证中央、中直、市级及区县相关部门车辆采购需求，方便采购人办理新车入库手续，服务满意率达 95% 以上。

【加强信息化建设】协议采购两个管理办法的出台为深化信息化工作提供有力的政策支持，顺利实现协议采购系统平台由财政向政府采购中心的平稳过渡，加大网络安全和视频监控直播系统的改造力度，完善系统功能，开发网上评标、竞价等新功能。信息化已与北京市政府采购中心的各项工作紧密地融为一体，成为服务财政管理和决策的有力推手。

北京市政府采购中心供稿

山　西　省

【概述】2010 年，山西省省级政府采购中心完成采购项目预算金额 19.08 亿元，较上年增加 8.96 亿元，增长 88.53%；中标成交金额 17.63 亿元；全年累计节约资金 1.45 亿元，综合节支率 7.6%，一般采购项目节支率达 8.96%。其中，完成当年采购预算金额 16.15 亿元，中标成交金额 14.92 亿元，同比增长 47.43%。政府采购范围进一步延伸，已涉及科教文卫、农林、经建、社保、政法等多个系统的一级预算单位 80 余户，二级预算单位 160 余户。2010 年在财政部门组织的集中采购机构监督考核中被评为优秀等次；在财政部门向社会公开征集的中心工作测评问卷调查中，满意度达 90% 以上；在《政府采购信息报》组织的年度评选中，荣获“全国十佳政府集中采购机构”称号；在全省 2010 年度目标责任考核中，被省委省政府授予 2010 年目标责任考核优秀单位称号。

【抓管理促规范】一是全面推进制度化建设。对 61 项内部规章制度进行全面修订，形成内部管理制度 41 项，业务执行制度 20 项，突出对重点环节和执行程序的管理。二是稳步推进标准化建设。进一步统一文件范本，形成模块化管理，提高采购文件标准化的系统性和操作性；进一步明确环节设置，强化岗位管理，将工作职责和操作流程标准化；进一步统一组织程序、规范用语，将采购组织行为标准化。三是全力推进依法采购。依法明确合同签订主体和验收活动的实施主体，强化对专项授权签订合同行为和验收组织行为的管理；对保证金实行分类管理，细化投标保证金收退程序；开展定点采购项目的日常监测管理，严格按照委托事项，重点对 16 家定点维修企业的履约情况进行实地检查监测，并向 84 家省直单位发放调查问卷，充分收集各方意见，对相关问题提出整改建议。

【以创新促效率】一是加快推进方式创新。实行直接交流与网上申报相结合，不断丰富和完善采购需求提供途径，同时对长期不能提供采购需求的采购项目，实行催办和退回制度；试行“同项合并”，对同一单位的多个项目合并执行，不同单位的同类项目联合执行，突出规模效应，提升项目完成率；改进专家抽取办法，简化评审组织程序，增加有效评标时间；采用当场宣布评标结果的办法，加快项目办结速度；实行“多轮谈判、多轮报价”的办法，进一步提高谈判活动的组织效率和成功率。通过方式创新，全年采购效率明显提升，一般采购项目办结率由上年的78.08%提高到94.56%，增长16.48个百分点。二是推进政府采购电子化。对省直预算单位组织两期系统操作培训，初步实现采购需求网上申报；与业务流程和标准化建设相结合，稳步推进业务执行软件开发，着手试行网上询价采购。

【增强政府采购工作透明度】一是实行货物、服务类项目采购需求预公示制度。将信息公开范围延伸至采购活动的最初环节，有效解决采购人提供采购需求存在倾向性的问题。二是实行重大项目邀请监督制度。凡预算资金1500万元以上的项目主动邀请监察部门进行现场监督，强化外部监督力度。三是实行全过程的内审制度。专门设立监督处，实行标前、标中、标后"三审核"制度，同时实行采购项目内部审计制度。四是公开评标委员会成员名单。将采购项目评审委员会组成人员向政府采购当事人公开，扩展政府集中采购的社会监督内容。

【发挥政府采购政策导向作用】一是进一步加大对中小企业扶持力度。一方面，降低政府采购市场准入门槛，为中小企业广泛参与政府采购创造条件；另一方面，积极帮助中小企业拓宽融资渠道，提升市场竞争力。已与中国民生银行协商开通政府采购"融易贷"业务。二是支持节能环保、自主创新产业发展。严格落实国家有关强制采购节能产品目录，拒绝非目录产品参与相关项目的采购活动。认真执行国家有关支持自主创新和环保产品的政府采购优惠政策，在评分细则、价格扣除等方面给予政策倾斜。

【加强政府采购队伍建设】先后开展形势教育、党性教育、法制教育、廉政教育，进行政府采购法规和业务知识培训，积极开展"创先争优"活动和"文明和谐单位创建"活动，采用多种形式提升干部职工的思想政治和业务素质，努力打造一支思想、作风和业务过硬的政府采购队伍。山西省省级政府采购中心机关被省直工委授予省直文明和谐单位标兵。

山西省省级政府采购中心供稿

内蒙古自治区

【概述】2010年，内蒙古自治区政府采购中心承担完成各类采购任务预算20.02亿元，较2009年增加5亿元，实际签订采购合同18.01亿元，比采购预算节约资金2.01亿元，平均节资率10.04%。采购规模和预算资金节约额均创历史新高。其中，按标前、标后分段组织实施各类采购活动252项，完成采购预算16.32亿元，实际签约金额14.61亿元，比采购预算节约资金1.71亿元，平均节资率10.50%；组织完成公务用车和办公自动化设备等协议供货采购1.98亿元，比采购预算节约资金0.05亿元，平均节资率3.4%；完成服务类定点采购1.72亿元，比采购预算节约资金0.25亿元，平均节资率14.53%。全年未发生有效投诉。草原书屋、人口普查、消防设备等多个采购项目，由于组织精细，操作规范，节资效果明显，受到国内多家政府采购专业媒体关注，纷纷组织记者采访报道，得到社会好评。其中，草原书屋采购项目被《政府采购信息报》评为“全国精品采购项目奖”，采购中心获“全国十佳集采机构”荣誉称号。

【拓展采购业务】服务类定点采购2010年完成采购预算1.72亿元，比2009年增加0.75亿元，增长率达43.6%。其中，办理政府采购车辆保险5355辆，完成采购预算0.3亿元；车辆定点加油996万公升，完成采购预算6300万元；印刷定点完成采购预算0.35亿元，平均节资率4%；会议定点完成采购预算0.44亿元，平均节资率在20%以上。在广泛调研的基础上，完成对行政机关和事业单位办公场所物业管理定点招标采购工作，已确定10家物业服务定点企业，为2011年全面启动这项服务类采购项目奠定基础。2010年自治区本级完成协议供货采购1.98亿元，比2009年增加1.15亿元，增长率达58.1%。其中，办公自动化设备等协议供货采购0.94亿元，公务用车协议供货采购1.04亿元。在已完成的办公自动化设备等协议供货采购项目中，单次采购10万元以下，由采购单位自行采购0.51亿元。单次采购10万元以上，由采购中心通过网上二次询价采购0.43亿元，实际签约0.41亿元，节约资金0.02亿元，平均节资率4.7%。采购中心承接完成363辆公务用车协议供货采购项目，采购预算1.04亿元，实际签约1.01亿元，节约资金0.03亿元，平均节资率2.9%。

【加强廉政建设】自治区政府采购中心注重对干部职工的廉政教育和学习培训，认真落实党风廉政责任制。按照自治区政府办公厅机关党委和纪检组的要求，以自治区组织开展的“创先争优”和“创建学习型支部”活动为抓手，组织干部职工认真学习中央的各项方针、政策，围绕理想信念、职业道德、廉洁从政、依法行政等教育内容，通过外出考察、聘请专家讲座、集中研讨等多种形式，引导大家树立正确的人生观、价值观，不断提高政策水平和业务技能，对照《廉政准则》把好廉政关。按照党风廉政建设任务分解要求，联系中心工作实际，制定《廉政建设工作的实施意见》，坚持“谁主管谁负责”的原则，根据中心制定的政府采购业务流程和职责要求，明确工作重点和责任分工，将任务目标逐项分解到各处室和具体人员。2010年采购中心没有出现违规操作采购项目，没有重大违纪事件发生。

【坚持民主集中制】领导班子注重发扬民主、广开言路，重大问题集体研究决定。通过坚持周一工作例会制度，及时通报和研究重大事项，确保管理工作公开透明。年初，按照政府采购法规的有关规定，中心对部分副处级以上和一些关键岗位的工作人员进行轮岗调整。调整方案公开，程序透明，被调整人员都能顾全大局，积极配合，确保各项工作的平稳、顺畅运行。采取公开招聘方式，从400多名报考人选中采用笔试、面试、综合考核等方式，选聘6名工作人员，集中培训后充实到各有关工作岗位。

【推行精细化采购】随着采购规模的扩大，工作量不断增加，月均开标、评标活动达16次以上，较上年明显增多。其中，11月份为26次，12月份达37次，创下单月开标次数最多的新记录。工作量加大，采购效果依然良好，归功于精细化采购的稳步推行。年初，为统一思想，提高认识，先后3次组织全体职工就推行精细化采购，进行案例剖析和专题研讨，就如何落实精细化采购，征求改进意见。为做到采购项目及时公开，增设采购项目网上预告环节；为确保评委打分公正，对评委在公开招标项目中给出的“客观分”实行复核制；为防止供应商利用提供虚假材料谋取中标、成交现象的发生，制定《关于对投标供应商提供虚假材料的处罚规定》；通过制定一系列细则，规范非招标采购项目供应商资格预审程序；统一供应商对招标文件质疑的受理和处置程序；进一步明确各类采购信息的审核与发布程序。利用参与编制《内蒙古自治区政府采购规范》的契机，对现行的各类采购文件范本进行系统修改和补充，全面启用新范本。

【推进电子化采购】 通过优化“办公自动化协议供货网上竞价系统”，及时更新“办公自动化入围产品价格库”和“公务用车协议供货车型价格库”，为进一步推进协议供货电子化采购提供技术支持，也为各盟市共享网络平台和信息资源创造条件。全区有4个盟市采用“办公自动化协议供货网上竞价系统”办理337批次网上询价采购项目。在采购中心门户网站新增“采购项目预告”和“网上报名”栏目，为供应商及时了解采购项目，随时提供报名材料开设方便之门。通过门户网站，实现“五公开”，即：采购项目进度公开、采购程序公开、采购文件公开、采购结果公开、质疑和投诉电话公开。

【推动精神文明建设】 为提升职工团队意识和机关凝聚力，结合“创先争优”活动开展，组织全体职工进行拓展训练；围绕政府采购执行工作中的焦点和难点问题，多次聘请有关专家学者进行专题讲座；为切实贯彻落实《党员领导干部廉洁从政若干准则》，组织召开专题民主生活会，党员领导干部对照《准则》开展批评与自我批评；为学习、了解先进省市开展政府采购工作的好经验、好做法，先后4批次组织全体工作人员外出考察学习；参加政府办公厅机关组织的向灾区群众捐助和对口帮扶活动，为兴安盟帮扶点捐款4万元。为活跃文化生活，组队参加政府办公厅组织的机关篮球赛、社区乒乓球团体赛和“威尔逊杯”呼和浩特网球团体赛等文体活动。

内蒙古自治区政府采购中心供稿

林秀群执笔

辽　宁　省

【概述】 2010年，辽宁省政府采购中心组织实施完成采购项目283个，比上年增加107个，增长60.8%。完成政府采购预算总额30.3亿元，比上年增加5.02亿元，增长19.86%，实际支出25.18亿元，节约资金5.12亿元，节支率16.9%，其中：协议供货项目预算5.9亿元；会议定点项目预算3亿元；公务出差定点住宿项目预算3.7亿元。全面完成全省药品集中招标采购工作。全年针对中心的有效投诉继续保持为零。工作人员没有出现违法违纪现象。辽宁省政府采购中心被第六届全国政府采购集采年会组委会评为“全国十佳集采机构”，党总支被推荐为省政府办公厅系统先进党的基层组织。

【充分发挥职能作用】一是强化政府采购预算和计划工作。会同省财政厅修订出台《辽宁省政府采购集中采购目录及相关限额标准》，强化政府集中采购目录的可操作性和执行的严肃性，为进一步扩大政府集中采购规模和充分发挥中心职能作用奠定坚实的制度基础。会同省财政厅重新修订《2010年省本级部门预算资产配置预算标准》，进一步细化省直政府采购预算和政府采购计划编制工作，以确保政府集中采购项目均通过中心依法规范组织实施，力争实现应采尽采。二是扩大涉及民生的政府采购项目范围。全年组织实施涉及民生的采购项目114个，比上年增加93个，增长4.42倍。项目预算12.47亿元，比上年增加3.78亿元，增长43.5%。特别是会同省财政厅、教育厅、卫生厅、新闻出版局、农委、军区、畜牧兽医局和慈善总会等部门组织实施全省农村义务教育免费教科书、农家书屋、文化资源共享、辽西北草原沙化治理牧草种子、动物免疫标识、抢险救灾装备、实训基地和扶贫帮困物资等民生政府采购项目，经济效益和社会效益明显。三是全力推进协议供货采购。会同省财政厅组织实施省直单位2010～2011年度政府采购协议供货（定点采购）项目，159家供应商中标，其中：办公设备及空调设备类供应商84家，办公家具类供应商29家，公务用车类供应商16家，小轿车及大型客车类供应商4家，办公耗材类供应商22家，办公电器类供应商4家。基本满足省直各部门、单位对IT产品、办公设备、公务用车、办公家具、办公耗材用品和办公电器的需要。四是扩大定点服务采购范围。会同省财政厅组织完成辽宁省2011－2012年党政机关出差和会议定点饭店的招标采购工作，77家宾馆饭店参加投标，辽宁友谊宾馆等65家宾馆饭店中标。会同省财政厅等部门完成对省直因公出国（境）机票定点采购工作，出台相关管理办法，规范因公出国（境）机票采购行为。会同省财政厅、地税局、沈阳海关等部门组织实施机动车辆维修和物业管理等定点采购工作。

【全力推进全省药品集中采购工作】一是完善全省药品集中采购数据库。通过对2604家药品生产企业和308家药品经营企业3万多条数据的审核，建立全省药品集中采购生产企业信息库和经营企业信息库。通过对37210个药品品规的60多万条数据的审核，建立全省药品集中采购投标药品品规信息库和药品品规价格信息库。二是全面完成全省药品集中招标采购评审工作。1月下旬聘请82名评审专家，完成全省基本药物招标采购工作；6月初组织召开非基本药物人机对话专家评审会议，聘请65位专家对5154个品规进行集中封闭评审；6月下旬组织召开为期5天的非基本药物面对面谈判专家评审会议，聘请80位专家对5994个品规进行集中封闭评审。同时组织完成全省非基本药物中标药品差比价整理工作。设立服务窗口并对外公布6部电话接受咨询和答疑，全年先后5次集中受理供应商的质疑和投诉，累计接收质疑投诉材料1310余份，其中：质疑投诉材料310份，补充材料1000余份。认真对待每一项质疑投诉，并提供人性化、透明化的优质服务，先后组织20余次专家论证，对合理的质疑投诉及时予以改正，对不合理的质疑投诉做大量耐心细致的解释工作，没有发生一起针对中心的有效投诉。通过充分竞争和规范的专家评审，在确保药品质量的前提下，与最高零售价格相比，基本药物目录药品降价幅度为34.3%，如果剔除零加价率政策因素（原来加价率为15%），实际降价幅度为24.44%；非基本药物药品降价幅度为35%左右，如果剔除零加价率政策因素（原来加价率为15%），实际降价幅度为26%左右。三是全力推进采购结果的组织实施。会同省卫生厅先后制发《关于基本药物中标企业向试点地区基层医疗卫生服务机构配送药品有关要求的通知》、《关于基本药物中标企业向第二批试点地区基层医疗卫生服务机构配送药品有关要求的通知》、《关于执行首次以省为单位药品集中采购中标结果的通知》。举办培训班11期，共有3000多名药品采购当事人参加培训，落实配送关系，确保全省药品集中采购工作高效有序地顺利进行。《政府采购信息报》就辽宁省药品集中采购刊发题为《辽宁百亿药品集采项目缘何出彩》等5期深度系列报道，并配发《集采机构承担药品集采是多赢的选择》的评论员文章。

【推进规范化和精细化管理】 一是完善相关政策制度。先后会同省财政厅制定《辽宁省政府采购集中采购目录及相关限额标准》、《辽宁省省直政府采购合同履约验收管理暂行办法》、《辽宁省政府采购供应商登记及诚信管理暂行办法》、《辽宁省省直单位政府采购协议供货（定点采购）管理暂行办法》、《辽宁省政府采购项目货物类公开招标文件范本》、《辽宁省省直政府采购评审专家使用管理暂行办法》等6个管理制度。二是强化内部制度管理。适时制定《辽宁省政府采购中心政府集中采购项目合同履约验收工作规则（试行）》、《辽宁省政府采购中心办公消耗用品采购、验收、保管、发放管理暂行办法》和《辽宁省政府采购中心电子信息设备设施管理暂行办法》等3个管理制度。按照《辽宁省政府采购中心年度工作目标责任制管理暂行办法》，年初组织各处与分管主任签订《2010年工作目标责任书》，做到目标明确，责任到人，进一步完善日常考核和年终考核措施办法。为便于各级集中采购机构和工作人员掌握现行的政府采购法规制度，集中人力和时间，组织编印50余万字的《政府采购法规制度汇编（二）》。三是启动采购合同管理和履约验收工作。全面推行采购合同范本，简化工作程序。根据《辽宁省政府采购中心政府集中采购项目合同履约验收工作规则（试行）》，启动对中心操作的采购项目的合同履约验收工作。归集整理采购文件、采购合同及其履约验收等政府采购档案资料并及时归档。四是完善对评审专家的评价制度。会同省财政厅在“辽宁政府采购”网站建立对评审专家的评价制度，每一个采购项目评审结束后，都要对参与评审的专家作出评价，进一步增强评审专家的责任意识。五是完善协调、沟通、反馈工作机制。定期或不定期地开展中心工作“回头看”和政府采购案例分析工作，及时总结工作中的经验教训，完善措施。进一步完善周工作计划和采购项目完成情况动态分析报告制度，提高工作质量和效率。针对实际工作中存在的问题，会同省财政厅召开4次联席会议，及时进行沟通，达成共识，改进工作。与省财政厅建立经常性的沟通联系机制，实现政府采购政策、统计资料等信息的及时共享。

【做好政府采购协会工作】 一是组织召开辽宁省政府采购协会2010年第一次理事会议，审议通过《2010年省政府采购协会工作要点（草案）》、《省政府采购协会办公住所变更的提案（草案）》、《省政府采购协会推迟换届的提案（草案）》，按协会章程的规定增补和调整理事和常务理事人选。二是制发《辽宁省政府采购协会2010年工作要点》，明确2010年协会的指导思想、工作重点和任务。三是组织各市及部分县（市）区政府采购中心33名负责人分别赴青海、甘肃和新疆等省区政府采购中心进行考察学习。四是会同省财政厅、省政府采购协会创办《辽宁政府采购》季刊，出刊4期计150余篇稿件，文字总量达30余万字，为全省各级财政部门和集中采购机构搭建理论研究和业务交流平台。

【加强政府采购电子化建设】 一是会同省财政厅建立“辽宁政府采购”电子化政府采购管理与交易平台。启动电子化政府采购，采购单位按月通过“辽宁政府采购”网站直接申报采购计划和接收审批结果，会同辽宁省政府采购中心及时组织实施政府集中采购活动。实现评审专家网络化管理和随机抽取，建立评审专家分类标准和不良行为“黑名单”制度。进一步完善协议供货网上竞价操作方式方法，采购单位可以在“辽宁政府采购”网站提出采购需求并接受网上竞价，报价最低供应商中标。全面开展政府采购供应商网上注册登记入库工作，已拥有货物、工程和服务各类入库供应商2137家，实现跨地区、跨部门的资源整合及共享。二是研究开发“辽宁省政府采购中心信息系统”。会同沈阳昂立信息技术有限公司历时4个多月基本完成“辽宁省政府采购中心信息系统”软件开发工作。该信息系统建设内容包括中心业务操作系统、中心办公自动化系统（OA系统）、4个基本数据库以及一个门户网站，最终建设目标要达到采购需求随任务下达、采购文件自动生成、供应商自行下载招标采购文件、网上投标、网上评标、网上竞价，实现网上政府采购管理系统化。以中心名义上报《关于省政府办公厅代为申请辽宁省政府集中采购网上域名的请示》，国家有关部门已经批准“辽宁省政府集中采购网”WWW.LNZC.GOV.CN域名。

【强化政府采购政策功能】 全年组织实施节能、环保和自主创新采购项目预算6.02亿元，占货物类项目预算总额的44.03%。认真贯彻执行政府优先及强制采购制度，对绿色环保和节能产品优先采购，对空调机等9类产品实行政府强制采购，强化绿色采购执行机制，提高绿色采购份额。积极营造激励企业自主创新的采购环境，严格执行采购进口产品的制度规定，坚持采购本国产品。按照《辽宁省政府采购自主创新产品目录》，认真贯彻落实政府首购、订购等政府采购政策。积极探索实现政府采购政策功能的新举措，会同省财政厅及相关金融机构开展政府采购信用担保试点，加大对辽宁省中小企业的政策扶持力度。积极探索建立采购政策效果评价制度，强化采购政策的执行力，不断提高政府采购政策制度的实施成效。

【加强队伍建设】 狠抓政治理论学习，进一步巩固和发展“学习实践科学发展观”活动成果，以深入开展“创先争优”活动为载体，全面推进中心机关党建工作。通过积极开展“学习型党组织”和“学习型单位”活动，提升中心工作人员理论学习和运用所学知识指导实践的能力，上下形成“学以致用，用以促学”的良好风气。积极落实党风廉政建设责任制，形成“一岗双责、一级抓一级、逐级负责、责任到人”的工作机制。认真执行中纪委《关于严格禁止利用职务上的便利谋取不正当利益的若干规定》、省委《关于专项整治干部队伍中收送钱财问题的规定》、《省直机关党员干部廉洁自律行为规范》以及中心工作人员“五不准”的要求，加强廉政教育和制度建设，强化权力监督工作，使党风廉政建设责任制得到有效落实。

【加大调研和宣传工作力度】 组织相关人员先后到上海、浙江、江西、青海、甘肃、新疆、天津、山东等省市区及中央国家机关政府采购中心、中共中央直属机关采购中心学习考察，借鉴国内政府采购的先进经验和做法，撰写一些较高质量的调研报告。先后在《中国政府采购报》、《政府采购信息报》、《中国政府采购》杂志等多家媒体上发表新闻、调研文章53篇，新闻宣传图片31张，为推进政府采购工作营造良好的舆论环境和氛围。完善工作简报制度，刊发《政府采购情况》13期，进一步宣传和交流中心工作。

辽宁省政府采购中心供稿

李志君执笔

黑 龙 江 省

【概述】2010年，黑龙江省政府采购中心圆满完成年初确定的各项重点工作。至年底共承接采购计划项目2373个，组织实施采购活动1747次，完成采购预算59.53亿元，比上年增长3.35%，实际采购支出53.13亿元，节约资金6.4亿元，平均节支率10.75%，比上年提高2.75个百分点。完成北京黑龙江大厦、税控收款机和药品采购等采购任务，采购规模达36.2亿元，平均节支率16%。

【制度建设进一步强化】围绕年初确定的“十公开”和“五监督”的工作要求，研究制定26项内部业务工作制度，强化“两手抓”：一手抓公开。针对社会上反映的政府采购不透明问题，按照“十公开”的要求，将工作制度、内部工作流程、采购信息、标前答疑、评标办法、评审细则、中标（成交）结果、质疑（投诉）答复、供应商履约情况和举报电话等信息全部上网公开，同时实行网上预告制度，进一步扩大信息发布范围，调动供应商参与政府采购活动的积极性。一手抓规范。针对政府采购存在的操作执行不规范问题，按照“五监督”的具体要求，研究制定公开招标、竞争性谈判、询价和单一来源等不同采购方式的操作规程，以及加强委托项目管理、供应商质疑处理、协议供货价格监管等管理办法，从制度层面规范各参与人的采购行为。同时，还根据工作实际，创新工作方法，对供应商客观评分试行现场确认制。通过供应商的当场确认，既保证客观分值的准确和公平，又可以通过评审专家的现场解答，有效降低供应商质疑的发生，确保评审结果的客观公正。

【工作质量不断提高】一是完成税控收款机招标工作。采取招标文件发放前上网征求意见、评审过程实施全封闭管理、定标前进行实地考察等措施，整个采购过程科学规范，公开透明，实现采购结果的零质疑、零投诉。二是完成北京黑龙江大厦整购谈判。按照省政府协调会议精神，制定《黑龙江大厦整体购买价格谈判工作方案》和《购买办公用房谈判规则》，确保整个谈判工作的顺利进行。三是全面完成2009年度药品集中采购工作。搭建药品招标和药品交易平台，通过平台组织基本药物招标、非基本药物招标、非基本药物提价评审、非基本药物申诉评审、非基本药物补充招标、非基本药物补充招标申诉评审和对非基本药物全国最低价进行纠正等工作。其中：基本药物共有3926个药品入围，涉及中标企业691家，中标价格较国家基本药物零售指导价平均降低38.41%；非基本药物招标共有9950个药品品种入围，涉及中标企业1808家，中标价较黑龙江省第六轮中标价格平均降幅14.56%；非基本药物补充招标有10579个药品品种入围，涉及中标企业1591家，中标价较投标价平均降幅为19.99%。四是完成进口农机设备采购工作。按照省政府要求，组织进口大马力农机设备公开招标。招标预算金额12.66亿元，采购2024台大型进口农机设备，吸引国际知名的12家农机生产厂家参与投标。经过激烈竞争，有5家供应商中标，实际中标金额10.99亿元，节支率达13.1%。

【业务考核不断细化】一方面将采购效率、节支率和质疑率“三率”的考核结果纳入“创先争优”活动内容，使“创先争优”活动有了业务载体；另一方面，将“三率”考核纳入年终目标责任制考核，与评奖晋级挂钩。通过开展“创先争优”活动，使采购效率和节支率明显提高，质疑投诉率明显下降。采购计划的执行效率比上年提高16个百分点，节支率比上年提高2.75个百分点，供应商质疑率比上年也略有下降。

【诚信建设得到加强】为加快诚信龙江建设，在协议供货和家具采购项目中启动“企业信用报告”的试点工作。信用报告在政府采购领域的使用，增强政府采购供应商的诚信守法意识，提高政府采购合同履约质量。在全面总结试点经验的基础上，结合合同履约抽检验收中发现的问题，将装饰装修工程、电子产品、网络集成、省级车辆保险、商务印刷、会计师事务所和审计师事务所等社会中介服务机构的政府采购项目，纳入诚信建设试点范围，推进黑龙江省政府采购诚信建设。

【政策功能有效发挥】为支持地方中小企业和地方金融机构发展，组织鑫正担保公司和龙江银行进行业务合作，进一步扩大融资担保、投标和履约保函及“采购贷”等融资业务。全年为供应商办理担保业务38笔，保函50笔，采购贷2笔，担保总额2.2亿元，实际放款1.7亿元。该项合作业务扩大金融机构贷款担保业务规模，为黑龙江省中小企业的发展提供政策服务。

黑龙江省政府采购中心供稿
徐强执笔

上　海　市

【概述】2010年是上海世博会举办年，也是上海市政府采购中心实施管采体制分离后的第二年，采购中心着力加强业务建设、内部基础建设和外部建设四个机制建设，围绕服务世博主题、职能建设主题、学习型组织建设主题，扎实推进集采机构创新发展。2010年上海市采购中心共完成政府采购合同金额37.13亿元，同比增长32.14%，节约资金3.86亿元，节约率为9.41%。

【提高集采执行能力】将计划管理作为采购操作执行的主要突破口，进一步加强采购任务的计划编制、执行和统计分析，继续完善分类、分层、分段管理。同时，通过落实三级管理，充分发挥部门管理作用和计划执行的能动性；通过强化采购文件模板化管理，规范业务制度；通过创新采购组织方式，推动电子采购应用，突出采购政策执行。2010年重点项目启动率达到100%，落实强制采购节能节水、环境标志产品政府采购政策的执行率达100%。

【开展主动服务】把增强服务的主动性作为做好政府采购工作的重要内容，把涉及世博采购项目列为重中之重，做好采购前、采购中、采购后的服务保障，确保所有采购项目按期按质实施。对1千万以上的重大项目、世博配套项目和公务用车等采购人、供应商主动上门回访，听取意见，改进工作。

【探索业务创新】 通过不断的探索创新，拓展新的采购领域、探索新的采购组织方式和新的管理模式，试行菜单式采购，探索归并采购和区县联动采购，拓展工程造价咨询、施工监理定点采购、公务车定点保险、党政机关物业管理等采购项目，扩大网上采购和通用产品电子集市品种，为采购人、供应商和政府采购监管部门各方提供称心、贴心、满意的采购专业服务和配套服务。

【注重工作调研】 先后围绕《政府采购实施条例》、《上海市招投标条例》、《上海市2011年政府采购目录》、《上海市评审专家管理办法》等征求意见稿进行学习调研，提出许多建设性的建议，得到国家和上海市相关部门的重视和采纳。按照上级主管部门"十二五"规划编制工作要求，认真讨论研究，形成采购中心"十二五"发展规划纲要。按照采购中心发展要求，开展专题调研，形成集采机构职能、干部人才队伍建设、信息化建设、采购业务分段管理、公务用车定点保险和档案管理建设规划等六个专题调研报告，为制定中心发展建设目标和2011年工作开局提供依据。

【完善制度建设】 按照中心法规建设三年规划要求，在采购业务计划管理、国资财务管理、信息系统软硬件管理、团队职业化建设和信访举报等方面制订出台12项制度办法，进一步规范了业务管理、内部行政管理等各项工作。为全面强化和落实党风廉政制度，制定了领导班子《廉政准则六项承诺》，组织全体工作人员进行廉政宣誓、廉洁自律"十不准"承诺签约和新员工警示牌签字，开展廉洁自律"十不准"自查，提出强化采购业务监管七个方面的措施。

【加强队伍建设】 围绕学习型组织建设，按照深化管采分离改革和建设发展要求，开展各种形式的学习、考察、调研、研讨和交流，充实知识、扩大视野、开拓思路。坚持开展每月业务集中培训，组织员工赴政府采购工作有特色的地方学习考察或参加各类研讨会、培训会进行工作交流学习。围绕"职能建设"、"世博会举办"和"学习型组织建设"三大工作主题，推动采购创新，深化采购服务，强化服务窗口单位形象，进一步提高采购队伍综合素质。全国性政府采购媒体对上海市政府采购中心世博采购工作、文化建设、中心学习型组织建设和先进个人进行了13篇、3个专版的宣传报道。上海市政府采购中心荣获上海市政府机管局2010年度文明单位荣誉称号。

上海市政府采购中心供稿

江　苏　省

【概述】 2010年，江苏省政府采购中心共组织采购活动378次，实施政府采购预算资金33.73亿元，实际采购合同金额29.35亿元，节约资金4.38亿元，资金节约率12.99%。与上年相比，实施政府采购预算减少23.23亿元，采购合同金额减少24.14亿元。主要原因：一是上年实施的江苏省税控收款机系列机具选型采购项目采购规模为20亿元，属于一次性采购项目，2010年未再采购；二是上年实施的全省农业机械补贴项目采购规模为17.58亿元，2010年因故未纳入政府采购。两个项目扣除后，实施政府采购预算比上年增加14.35亿元，增长74.05%；采购合同金额比上年增加11.56亿元，增长59.65%；资金节约率比上年增长2.75个百分点，采购规模呈上升态势。公开招标方式组织的采购合同金额21.32亿元，占总合同金额的71.13%。全年采购中心共收到质疑材料18份，经沟通解释，供应商撤回8份，正式受理回复10份，无一份有效质疑，受理回复数比上年减少12份，质疑数量明显下降。

【完善制度体系】 根据江苏省财政厅内部控制体系建设的统一部署，对内部业务工作流程、招标采购现场行为规范等18项内部管理制度重新进行完善。结合最新出台的政府采购法律法规，参考外省市的经验做法，重新修订货物类项目招标文件和竞争性谈判的文件模本。为便于学习和应用，将政府采购相关制度和模本汇编成《我们的明天会更好》一书。

【发挥政策功能作用】 一是开创江苏省对自主创新产品实行首购的先河。通过政府首购的方式与江苏龙芯梦兰科技股份有限公司签订15万台“龙芯梦兰”电脑的政府采购合同，用于改善江苏农村中小学的办学条件。二是国货采购比例大幅提升。采购非进口产品占采购总金额的98%，进口产品采购金额比上年减少49.81%。三是认真落实支持节能环保政策。节能环保产品的采购份额呈增长态势，2010年实施的江苏省商品有机肥推广应用节能减排项目，采购金额达2亿元，社会反应良好。四是扩大服务民主的采购项目范围。除继续组织实施全省义务教育教科书、在校学生意外伤害责任险、防汛抗旱物资等往年已纳入政府采购的民生项目外，成功组织全省配发残疾军人助听器、全省粮库烘干机成套设备、全省学生用电脑桌椅协议供货、全省粮食监测仪器等新的民生采购项目，采购合同金额达18.62亿元。五是积极扶持中小企业发展。继续抓好为解决小企业融资难推出的“融易贷”政策落实，在江苏省政府采购中心网对“融易贷”政策进行解读，在所有招标文件中增加“融易贷”政策条款，积极主动地向所有来签订合同的供应商宣传介绍“融易贷”政策及办理流程，并及时将符合条件的中标供应商信息向有关银行反馈。配合江苏省财政厅召开政府采购信用融资政策发布会，还专门召开了由17家供应商和部分采购人代表参加的“融易贷”座谈会，解答政策疑问，宣传政策功能。全年中标供应商已有17家通过政府采购“融易贷”成功贷款2681万元。

【拓展服务采购范围】 根据“利用政府采购手段鼓励政府服务外包，促进服务外包产业发展”的新要求，成功组织亚洲银行贷款盐城湿地保护可行性研究、环评、移民项目、江苏供水和环境综合治理亚行贷款项目外债风险管理方案、省法院档案数字化加工、省级财政投资评审合作定点服务商等服务项目的政府采购，将服务项目采购扩展到具有高技术含量、高人力资本含量、高附加值等特点的服务领域。

【调整采购操作模式】 将原有的四段式采购操作模式改为三段式采购操作模式，把采购文件制作和采购现场组织两个环节合并，项目经办人既负责采购文件的编制，也负责采购现场的组织。同时根据采购操作模式的调整，对中心内部网络进行升级改造。通过采购操作模式调整，增强经办科室和人员的责任心，减少环节之间交接中产生的差错，流程更加顺畅，进一步提高工作效率。

【加强队伍建设】 以争创省级文明单位为主线、采取多种形式，进一步加强队伍政治、思想、业务建设。先后开展警示教育、廉政教育、法规教育和向先进典型沈浩同志学习、案例评析评审、签订“党风廉政建设责任状”等活动，参加各种业务培训32人次。根据省财政厅进行轮岗的统一安排，有11人调整工作岗位。通过上述措施，进一步提高干部职工的综合素质，增强队伍的凝聚力和执业能力。江苏省政府采购中心在争创省级文明单位中顺利通过考核验收。

【注重政府采购宣传工作】 《中国财经报》、《政府采购信息报》、《中国政府采购》杂志等政府采购专业媒体先后刊载有关江苏省政府采购中心的报道达11篇，干部职工在相关媒体发表文章23篇，积极宣传政府采购制度改革和江苏省政府采购中心工作开展情况，为政府采购工作开展营造良好的社会环境。

江苏省政府采购中心供稿

安　徽　省

【概述】 2010年，安徽省政府采购中心在安徽省财政厅党组的正确领导下，以科学发展观为统领，深入学习沈浩精神，认真践行《廉政准则》，扎实推进“创先争优”和“学习提升年”活动，进一步解放思想、更新观念、创新机制、扎实工作，在服务经济社会发展大局和财政中心工作中发挥积极作用。全年共完成采购项目948个，比上年多办理291个，同比增长44.3%；完成预算金额40.3亿元，比上年增长13.6%；合同金额35.79亿元，比上年增长15%；节约财政资金4.51亿元，资金综合节约率11.2%。被省直机关工委、省直文明委评为2008～2010年度省直机关文明单位，连续第四次获得此项荣誉；在第六届全国政府采购集采年会上被评为首届全国十佳集中采购机构。

【服务经济社会发展大局】 先后顺利组织实施各类免疫疫苗、乡镇卫生院设备、农家书屋、农民体育健身器材、第六届徽商大会展览展示、电动车下乡、家电以旧换新、小麦优势产区良种等一大批重点（民生）项目采购。其中，“省家电以旧换新销售（回收）入围企业采购项目”被评为2010年度全国政府集中采购精品项目；10.4亿元的全省小麦优势产区良种采购，为广大农民节约资金4000万元。在实施电动车下乡、家电以旧换新、定点饭店等采购活动中，联合相关部门开展专题培训，受到供应商的欢迎和肯定。积极服务省博物馆新馆建设，先后到省文物局和博物馆了解经费落实、采购报批和采购需求等情况，主动提供咨询服务。组织召开协议供货工作座谈会，着力改进协议供货项目招标、管理和后续服务工作。11月底组织公检法司等10余个省直单位及少数市、县基层单位代表30余人召开“发挥政府采购政策功能、支持自主创新、服务企业发展”工作座谈会，加大政府采购政策功能宣传，积极营造支持自主创新、服务企业发展的浓厚氛围。认真贯彻公务用车采购规定，全年采购奇瑞、江淮等自主创新品牌汽车共2854辆，金额2.98亿元，分别占全部汽车采购总量和总金额的93.1%和84.2%。下半年开始取消标书工本费，每年为参与省级政府采购的企业节约成本160余万元。

【完善目标责任管理】采购中心继续实施全面目标责任管理，把各项工作进一步细化分解为项目采购、内部管理及基础性工作和创建及宣传工作3大类、28项工作目标，同时完善指标考评体系，加大责任追究与考核力度。先后举办政府采购操作实务与案例分析专题研讨、如何做好政府采购工作及合同规范专题讲座和电子化政府采购操作实务培训等。目标责任的落实大大提高了工作效率，全年人均完成采购项目43个、预算1.83亿元，分别比上年增加17个、0.41亿元，项目平均完成时间缩短到23天，项目办结率达96.9%，比上年提高近3个百分点。

【夯实内部工作基础】安徽省电子化政府采购系统正式投入运行后，从6月份起中心所有货物类、服务类询价采购项目基本实现在系统上办理操作。同时积极做好供应商信息库的审核与建立，至年底共有3000多家企业进入省级政府采购供应商库。积极探索延伸政府采购合同履约监督，通过发项目催办函、约谈中标供应商、召开省直单位财务部门负责人座谈会等多种方式，加快推进项目办理和合同履约进度，并于11月份对中心近3年采购项目合同履约情况进行大检查。全年共办理付款合同1938份，金额21.24亿元。坚持采购信息公开透明，全年在指定媒体上发布各类采购信息1800余条。继续执行特邀监察员和公证监督制度，全年共邀请公证人员48人次，邀请省级政府采购特邀监察员81人次，电脑自动抽取专家1800余人次。

【加强精神文明建设】继续深入开展向沈浩同志学习活动，在全省财政系统“学沈浩，见行动”演讲比赛中，中心选派人员取得了第一名。清明节前和七一期间，安徽省政府采购中心党支部分别与安徽省财政厅采购处党支部和江苏省政府采购中心党支部两次冒雨前往凤阳县小岗村祭奠沈浩同志，激发中心干事创业的工作热情。先后三次召开专门会议深入学习贯彻《廉政准则》，专门邀请安徽省财政厅监察室李朝友主任就进一步推进反腐倡廉工作作辅导报告。结合安徽省财政厅党组反腐倡廉建设任务分解和政府采购工作实际，抓住关键岗位、关键环节，印发党风廉政建设任务分解表，进一步细化工作目标任务并落实到人。在安徽省财政学会主办的“学习提升年”论文征集活动中，选送的论文成为安徽省财政厅机关和厅属单位唯一获奖作品。

【加大工作宣传力度】配合《中国财经报》成功举办《政府采购法实施条例（征求意见稿）》征求意见座谈会，来自山西、内蒙古、黑龙江、上海等11个省市集中采购机构的代表30余人参加座谈讨论。全年在财政厅内网发布信息53篇，编发内部工作简报89期，《中国财经报》、《中国政府采购报》等多家媒体刊载对中心的宣传报道文章30余篇、新闻宣传图片10余张，其中《中国财经报》9篇。

安徽省政府采购中心供稿

李成名执笔

山　东　省

【**概述**】2010年，山东省省级机关政府采购中心深入落实科学发展观，以科学干事、和谐干事、廉洁干事为工作准则，积极探索、大胆创新、规范操作、努力做好集中采购组织实施工作。全年共完成采购规模50.16亿元，与2009年相比，增长16.54%，节约资金7.79亿元，节支率15.53%。继续保持无有效投诉良好记录和“全国青年文明号”、“省级文明单位”等荣誉。

【**服务保障作用突出**】在集中采购规模保持快速增长的情况下，不断加强集中采购的组织协调和规范管理，充分发挥集中采购的规模优势，切实做好采购服务保障工作。一是服务民生采购，保障政策执行。组织实施全省农药、有机肥、疫苗、小麦良种、家电下乡、中小学教科书、省管高校校舍家具等社会广泛关注的重大项目采购，切实把党和政府的关怀送到人民群众之中。其中，小麦良种补贴统一采购已覆盖全省所有县市，采购总量3.96亿公斤，种植面积达5584万亩，此项工作已成为保障山东省粮食安全生产的一项长效措施。二是强化效率观念，保障政务运转。在应对全省消防系统抢险救灾设备、防汛抗旱物资、公检法司执法装备、省民主党派办公楼配套家具、全省国税普通发票印刷等临时、紧急采购任务中，专业、高效的集中采购工作优势得到充分体现。如全省消防救灾设备采购，采购内容涉及13个类别84个品目，专业技术性较强，80%的品目是中心首次接触，没有采购经验。接到任务后迅速组织多个领域的专家论证会，在最短时间内制定出详细的采购方案，连续封闭4天完成开标、评标及样品检测，为全省消防救灾工作部署争取时间。针对使用范围广、采购频率高的小额通用办公设备、汽车实行协议供货和定点采购方式，合理简化采购程序，增强采购时效性，同时将竞争机制贯穿到采购全过程，较好地解决采购效率、采购质量和采购效益的矛盾。

【**发挥政府采购的政策导向作用**】在集中采购组织实施过程中，注重充分发挥政府采购在创建节约型机关中的引导、示范作用，树立科学、健康的政府消费观念。对公务用车、办公设备、家具、服装、楼房装修改造、公务出差和会议定点等通用项目，严格按照有关配备标准和要求实施统一集中采购，有效地抑制各部门攀比消费和奢侈浪费之风，节约行政成本。在采购需求中进一步明确节能、环保的技术指标或资质要求，完善评标办法，分别从价格和技术上增加节能、环保产品的加分比重。严格执行进口产品审批报备制度，支持国货优先采购。在采购组织采购过程中，加强政策宣传，对盲目追求洋品牌、高配置的行为依法进行规范，强化采购单位的节能、环保及国货采购意识，确保国家宏观调控政策落实到位。

【**规范化操作水平不断提升**】根据集中采购工作中发现的薄弱环节，对《山东省省级政府集中采购业务操作规程》作修订细化，进一步明确岗位职责和标准，强化采购各环节的衔接配合和监督制衡，确保权力分配均衡、组织操作严密、程序运转高效。根据新的政策规定完善货物类公开招标和竞争性谈判采购文件范本，制定货物类询价和单一来源采购文件范本。坚持专家论证制度，科学确定采购需求，论证方案一经确定，不得更改，有效杜绝排斥性、歧视性、指向性等违反公平竞争的内容条款。全面推行履约验收工作，从书面合同审核拓展到现场实物验收，从重点项目验收拓展到一般项目验收，从货物类项目验收拓展到工程、服务类项目验收，提高验收工作的实效性。全年累计审核验收合同1606份，对违反合同约定、损害国家和社会公共利益的行为及时予以纠正，保证采购质量和履约进度。以山东政府采购网为服务平台，不断加大采购信息公开的广度和深度，公告范围由法定公开招标项目，扩大到竞争性谈判和询价采购项目。公告内容进一步丰富，详细的采购需求和中标产品清单随公告同时向社会公开，全年累计发布各类采购信息1875条。加强集中采购质疑处理工作，完善政府采购救济机制，将质疑处理人员与采购经办人员分离，独立开展调查工作，严把“审查关”，确保质疑处理客观、公正。2010年中心共受理质疑60件，与上年相比，在采购任务增长20%的情况下同比下降10%，且没有一起质疑升级为有效投诉。

【电子信息化系统进一步完善】2010年山东省省级机关政府采购中心电子化政府采购执行系统与财政部门的电子化政府采购管理系统成功对接，解决集中采购计划管理与采购执行之间的“信息孤岛”问题，进一步完善系统功能，扩大系统的应用范围，促进集中采购业务规范化、流程化、网络化、标准化的操作与管理。利用电子监控系统全面实时记录采购活动情况，有效抑制违规行为发生，维护良好的采购秩序。针对事后的质疑投诉，积极配合监管部门调取采购现场音像资料，为质疑投诉公正处理提供可靠依据。山东省省级机关政府采购中心与山东省各市地政府采购中心开展异地远程电子评标的试点工作，借助电子监控系统和电子辅助评标系统，济南专家可远程参与各地市政府采购项目的评审活动，较好地解决地市政府采购专家匮乏的问题，降低采购成本，提高采购效率。在科技防腐体系建设中，山东省省级机关政府采购中心围绕科技防腐要求，不断加强自身信息化系统建设，积极提出合理化建议，协助山东省纪委优化系统方案、完善应用功能，有力地推进科技防腐系统建设。鉴于山东省省级机关政府采购中心电子化采购系统较为完善，被确定为山东省科技防腐体系试运行单位。

【集中采购场所使用管理规范高效】山东省省级机关政府采购中心利用先进的网络化、数字化、集成化技术，对7000平方米的采购活动场所按使用功能合理规划配置，建成并投入使用6个开标厅（可容纳850人）、2个封闭式网络评标室、9个开放式网络评标室、3个谈判室、4个询标室，1个监控中心和1个机房。配备多媒体录播系统、通讯信号屏蔽器、语音交互系统、LED屏信息发布系统、视频会议系统、门禁一卡通系统、多媒体展示系统，实现电子开标、专家与供应商互不见面语音询标、异地远程评标等功能。山东省财政厅指定山东省省级机关政府采购中心为省级政府采购活动场所，省直部门及委托社会中介机构实施100万元以上的采购项目必须在山东省省级机关政府采购中心组织开标、评标，接受统一监管。山东省省级机关政府采购中心制定采购活动场所使用申请登记制度和管理制度，省直各部门和社会中介机构按规定入场组织采购活动，监控中心实时调度任一采购场所的活动信息，通过政务专网联接，监管部门可以进行网上远程监督。监控资料保存期限半年，为事后质疑投诉处理保留可靠证据。政府采购活动场所的建设和使用，为山东省省级政府采购活动依法有序开展，创建山东省省级机关政府采购公开、透明、高效的采购环境。

【加强队伍建设】以“创先争优”活动为载体，积极推行“过程公开、竞争公平、结果公正”的阳光采购服务品牌建设，制定岗位管理与服务标准，不断规范操作程序、完善考核奖惩办法、加强监督和检查力度，山东省省级机关政府采购中心服务质量、品牌认知度和影响力进一步提升。加强队伍业务理论和操作技能学习，开展业务能手评比活动，通过观摩业务操作、分析采购案例、交流总结经验，进一步强化依法采购理念，提高队伍整体理论水平和实际操作能力。2010 年山东省省级机关政府采购中心先后在国家级政府采购媒体发表文章 24 篇。以防范采购风险、确保采购安全为目标，将廉政建设作为重要工作常抓不懈，通过组织廉政学习、定期召开阶段性廉政工作总结会等活动，不断加强思想教育，提高干部职工的忧患意识、风险意识、责任意识，增强拒腐防变能力。同时不断完善和规范各部门采购行为，使集中采购全程置于有效监督之下，确保依法采购，廉洁采购。

【积极开展交流合作】2010 年中山东省省级机关政府采购心与兄弟省市及省内同行多次进行学习交流，并积极参加政府采购培训和工作交流会议，就政府采购制度改革的理论与实务进行深入探讨，广泛学习兄弟单位的好经验、好做法，为进一步完善中心制度建设、提高管理水平开拓思路。5 月 19 日，香港物料采购及供应主任协会访问团一行 20 人前来中心访问，双方就香港物料采购和山东政府集中采购工作开展情况进行交流座谈，并表示要逐步建立长期沟通交流机制，相互学习，共同提高，推动我国政府采购事业更好更快地发展。

山东省省级机关政府采购中心供稿
魏奕宝执笔

湖南省

【概述】2010 年，湖南省省直机关政府采购中心认真贯彻执行《政府采购法》，以科学发展、健康发展为目标，进一步细化和健全政府采购操作及执行管理制度，继续按照“规范采购行为，提高资金效益，维护国家利益，促进廉政建设”的要求，不断改进工作作风，规范政府采购行为，加强自身队伍和行政效能建设，努力提高工作质量和服务水平，较好地完成各项工作任务。全年共组织政府采购项目 555 批次，完成政府采购金额 15.62 亿元，平均节支率 13%。采购项目涉及办公设备、公务车、网络设备及工程、医疗设备、气象检测设备等 20 多个大类 1000 多个品目。文化下乡项目作为湖南省的重大项目之一首次纳入集中采购范畴。圆满组织完成全省会议出差、公务用车、定点维修、定点保险、办公用品等八项定点招标项目。

【规范管理深入推进】 一是完善基础管理制度。对现有的基本制度系统地进行梳理整合，对不适应现实需要的制度进行修改。新制定《湖南省省直机关政府采购中心政府采购网站管理规定》，对部门的职责进行重新修订和完善。10月份起草制定《湖南省省直机关政府采购中心采购服务职能项目审批制度》，完善省直机关政府采购流程图，将政府采购服务职能纳入规范权力运行的范畴。继续完善货物、工程、服务三大类采购标书一级模版和需求模版，并开始积累和完善二级子模版，提高标书编制的整体水平。二是完善制衡型组织架构。在原有按采购活动划分形成的组织架构基础上，强调标前、标中、标后的相互衔接，突出内部制衡机构之间的交流与融合，对某些不必要的环节进行优化，实现既相互制衡，又相互协调的运行机制。三是推进政府采购规范和标准的实施。严格按采购监管机构批准的采购方式组织采购，对于采购人有特殊要求或因招标采购未成功需要改变采购方式的，督促和协助采购人依照规定程序与采购监管部门进行沟通协调，使采购人的需求得到合法合理的解决。因供应商数量达不到法定要求需要改变采购方式的，采购中心项目负责人都事先报告监管机构同意后再予实施；依法编制采购文件，所有采购文件都要经过“内审”（中心各部门、领导内部进行审查）和“外审”（采购人或邀请评标专家会审或送采购监管机构审查）。对于重大采购项目，将采购文件挂网公开，征询各方意见；对应当公示的采购项目，均按照要求在指定的媒体上发布招标信息；制定《政府采购现场评标程序》，对招标项目从开标时间、开标地点、主持人、开标会场纪律等方面进行了明确规范，同时对评标环节提出了具体要求，严格评审纪律；认真执行档案管理制度，加强采购项目档案管理。全年共接收政府采购项目档案550余份，近1500册，均完好无缺归档。

【专业技能得到提高】 一是按能定岗。将现有的22名工作人员按专业职称及业务能力分别配置在各个部门，保证人员的能力和特长得到最大限度的发挥。二是定期轮岗。实行标前、标中、标后等岗位定期轮换制度，使工作人员对政府采购流程能够全面了解。三是新入人员全岗位轮流学习实践。建立新入人员全岗位轮流学习实践的培训制度，使初入门的同志尽快熟悉业务。四是鼓励参加专业技术职称考核。出台鼓励工作人员参加专业技术职称考核的相关规定，促进采购中心人员素质整体提高。采购中心22名工作人员中，有高级职称人员6名，中级职称人员5名。五是集中力量攻克疑难项目。全年采购中心接受采购金额1000万以上的项目34个，这些项目由于金额大，技术参数规格不一、采购情况复杂，采购难度增大。采购中心集中优秀技术力量重点攻关，制定详尽的招标方案、严密组织各个环节的操作过程，不仅圆满完成采购任务，同时促进专业技能的提高。湖南省城镇污水处理厂在线监测系统现场端设备设施建设采购项目，初期已委托社会中介机构代理采购，因发生违规行为废标后转由采购中心实施采购。组成以中心副主任为项目负责人的标书制作组、以中心领导为负责人的开标管理组，同时加强与采购人的沟通与合作，在技术参数确定后，经过反复征求意见，多次研究讨论，最终确定最佳招标方案，分两阶段顺利开标。评标结果公示后无任何供应商投诉。六是坚持理论实践并进。在做好本职工作的同时积极开展政府采购理论的探讨和研究，撰写工作报道、理论探讨文章40余篇，分别在《中国政府采购》杂志、《中国政府采购网》、《政府采购信息报》、《红网》和《局情快讯》等媒体发表，编撰印发《政府采购》简报四期。成立课题组，设计确立“集采机构采购规模发展”、“集采机构操作职能”为主题的研究方向。参加《政府采购信息报》组织的集采机构论文比赛，提交《关于集采机构政府采购规模的思考》的论文。

【信息化建设成效明显】根据中财办《关于政府采购创新试点单位信息化建设及试运行的指导意见》要求，面对技术力量薄弱、缺少硬件环境以及经费缺乏等困难，采取联合开发的方式，开始开发湖南省省直政府采购中心的业务操作平台。本着边开发、边实践、边完善的原则，克服重重困难，使政府采购电子操作平台 V1.0（www.hncg.gov.cn）成功上线试运行。已经开发出门户网站模块、标书制作模块、开标管理模块等。7 月下旬开始对省高院、省高检、省公安厅、省卫生厅、省消防总队等 14 家单位进行培训。至年底在政府采购平台成功运行项目 41 个。对在应用过程发现的问题不断进行改进和完善，系统的整体功能进一步提高。

【政策功能逐步展现】为落实政府采购政策性功能，着重在保护民族产业、促进节能环保、支持自主创新、扶持中小企业和落后地区、促进劳动保障等五个方面加大工作力度。在标书编制和评标过程中，严格把握政策规定，对拥有自主知识产权的产品给予加分。在协议供货中，国产通用软件、网络设备等 20 余种有自主知识产权的产品入围；在推进节能环保产品采购中，严格执行采购清单制度，制定《湖南省省直机关政府采购中心关于实现节能环保政策功能的规定》，优先采购节能环保产品，把支持节能环保的政策落到实处。

【采购环境逐步优化】一是优化与监管机构的关系。采购中心从理顺关系、规范操作、搞好服务等方面，积极主动地与监管部门加强联系，坦诚相待，通过召开工作协调会，在简化操作程序、消除工作摩擦、加深相互理解等方面得到明显改善。建立湖南省财政厅政府采购办和湖南省政府采购中心联席会议制度，及时解决工作中出现的问题，促进政府采购工作的协调发展。二是优化与采购人的关系。采用召开采购人座谈会等方式了解采购人的工作需求，听取对中心工作的意见和建议。通过端正服务态度、提高服务质量，努力为采购人提供优质服务，赢得理解与支持，形成和谐采购的工作格局。三是优化与供应商的关系。认真做好供应商的质疑处理工作，维护供应商的合法权益。质疑处理中既依法办事，又热情相待，依照法律法规和政策要求，以事实为依据，认真负责的作出答复，让质疑供应商心悦诚服。全年用户单位情况反映、供应商质疑、投拆共 34 起，都得到妥善处理，没有一起上升为有效投诉。

【自身建设不断加强】一是大力开展文明创建活动。成立分管局领导为顾问、中心主任为组长的采购中心文明创建领导小组，制定创建实施方案和实施细则，及时组织中心全体工作人员认真学习创建文件精神，系统掌握创建要求。在每周一的例会上及时通报创建工作情况。通过扎实的创建工作，顺利通过各项检查和验收，被评选为省直文明单位。二是深入开展创先争优活动。结合实际，制定创先争优活动开展方案。以“加强思想道德建设、提高政府采购工作服务水平、促进政府采购科学发展”为主题，不断深化创先争优活动成效。三是开展廉政教育。利用每周工作例会检查党风廉政建设责任制贯彻落实情况，做到警钟长鸣。11 月份组织全体工作人员前往湖南省反腐倡廉警示教育基地——长沙监狱，开展反腐倡廉警示教育活动，增强廉洁从政意识和拒腐防变的自觉性。

湖南省省直机关政府采购中心供稿

范红晖执笔

四　川　省

【概述】2010年，四川省政府采购中心完成采购预算22.17亿元，比2009年增加4.56亿元，增长25.89%；实际采购金额20亿元；节约预算资金2.17亿元，节约率9.79%，比2009年提高2.41个百分点。全年共组织采购444次，其中公开招标采购276次、竞争性谈判采购66次、询价采购14次、单一来源采购88次，公开招标率为62.16%。

【加强内部管理】一是加强学习，深刻理解和把握法规制度。利用中心业务学习时间组织全体干部职工深入学习《政府采购法》及有关法规和制度，并结合工作实际和遇到的问题进行认真地研究、分析和讨论，进一步加深对政府采购相关法规和制度的理解，提高在实际工作中依法办事的自觉性和处理解决实际问题的能力。二是健全和完善内部管理制度。对各项内部管理制度进行认真梳理，依据《政府采购法》和相关制度规定，结合中心的工作实际，对内部管理制度进行修订和完善。在修订完善过程中，专门组织人员到外省考察学习，借鉴好的做法和经验。重新修订的内部管理制度，从完善内部操作机制方面，建立分段式操作模式，各岗位的职责任务明确，形成内部操作相互监督制约的机制；从加强规范化操作方面，对组织采购的工作纪律和工作程序作出更加明确的规定；从提高工作效率方面，对各个工作程序和环节规定办理时限。管理制度的健全和完善，加强中心内部管理，保证了政府集中采购工作的规范实施。

【严格执行规定】在组织实施政府集中采购工作中，严格执行《政府采购法》和有关法规制度，始终把采购程序合法、规范放在第一位，严格按规定程序组织各个项目的采购，在编制采购文件、执行采购方式、发布信息公告、抽取评审专家、组织开标评标等各个阶段的采购程序上没有发生供应商提出质疑的情况。在编制采购文件过程中，为了防止采购的倾向性，体现“公开、公平、公正”的原则，主动与采购单位联系和沟通，在充分考虑采购单位需求的基础上，对一些技术比较复杂或对技术要求、资质要求有明显倾向性的采购项目，组织有关专家进行论证，使编制的采购文件做到合法合理、科学规范；在执行采购方式上，严格按照政府采购有关规定执行，对达到公开招标数额标准的采购项目坚决实行公开招标，对重要或采购金额较大的采购项目，主动邀请监督管理部门派人进行现场监督。采用公开招标以外的采购方式，严格按照规定的程序报经省财政厅批准后，按批准的采购方式执行。全年没有出现擅自决定或改变采购方式的问题；在发布信息公告方面，严格执行财政部第19号令的规定，所有采购项目的招标公告、信息更正公告、采购结果公告，均在省财政厅指定的媒体上发布；在抽取评审专家方面，严格按照《四川省政府采购评审专家抽取管理办法》的规定执行，并确定专人负责专家抽取工作，做到抽取评审专家操作规范，组建评标委员会、谈判小组和询价小组合法；在答复供应商质疑方面，严格按照

《政府采购法》和省财政厅关于质疑投诉处理办法的规定开展工作，并确定专人负责，做到件件有着落、件件有答复。

【转变工作作风】根据省政府领导提出的“争创一流省级政府采购中心”的要求，在转变服务理念、提高服务质量、提升服务水平上加大工作力度：一是开展主动上门服务，积极做好采购前的服务工作。改变过去采购计划审批后坐等采购单位上门委托的做法，在获得采购计划审批信息后，主动与采购单位联系和沟通，对一些采购金额较大或比较复杂的项目，主动上门服务，及时了解项目需求情况，征求采购单位的意见，分析采购实施过程中的有关问题，积极提出采购实施建议，帮助做好采购实施前的准备工作。先后到省政协、省司法厅、省建设厅、省医院等单位开展上门服务工作。通过上门服务，密切与采购单位的关系，宣传政府采购有关政策，取得采购单位对政府采购工作的理解和支持。二是开展采购项目跟踪问效，积极做好采购后的服务工作。对政府采购工作的评价，不仅看组织采购的程序是否规范，还要看是否取得良好的采购效果（包括价格低、质量好、服务好、效率高），政府采购普遍反映较大的主要是采购效果问题。转变过去只管采购不问效果的工作方式，把跟踪问效作为采购实施工作的延伸内容，主动了解采购产品的质量情况和供应商履约情况，及时帮助采购单位协调和解决合同执行中遇到的问题，进一步提高采购成效，为改变政府采购工作的被动局面发挥重要作用。开展主动上门服务和项目跟踪问效，加强沟通，提高采购效率和服务质量。

【组织岗位聘用】根据《四川省人民政府机关事务管理局直属事业单位岗位设置管理工作实施细则的通知》精神，认真组织开展单位的岗位聘用工作。成立岗位聘用工作领导小组，多次召开会议讨论研究岗位的科学设置和聘用工作，组织干部职工对岗位设置和聘用的相关文件、会议精神、实施方案等进行学习讨论，让每个干部职工都了解相关政策规定，对《四川省政府采购中心岗位设置方案》和《四川省政府采购中心岗位聘用实施办法》多次公开征求干部职工意见，同时积极做好思想政治工作，确保聘用工作的顺利实施。

【推进电子化平台建设】3月份四川省政府薛康副秘书长带领省政府办公厅、省财政厅、省政府采购中心等部门的同志赴广东、深圳考察学习政府采购电子化工作。四川省政府采购中心积极配合省财政厅根据考察学习情况和四川省实际，撰写四川省政府采购电子化平台建设的建议。四川省政府魏宏副省长作“赞成考察报告提出的建议”的批示。7月5日，“四川省政府采购电子化平台建设实施方案”经省政府第59次常务会议讨论通过。根据省政府领导的指示精神，为切实做好政府采购电子化平台建设工作，四川省财政厅成立四川省政府采购电子化平台建设项目工作组，下设配套制度建设小组和技术专家小组，采购中心主任被确定为两个小组的副组长，主要负责电子化政府采购有关制度建设和技术要求的制订。经过多次讨论研究，制度建设方面完成《四川省电子化政府采购管理暂行办法》、《四川省政府采购协议采购网上供货管理暂行办法（试行）》、《四川省电子化政府采购管理应用系统数字证书申请使用管理暂行办法》、《四川省政府采购框架协议》；技术要求方面完成“政府采购各当事人及政府采购监督管理部门的业务需求”、“电子化政府采购各功能模块的技术要求”。编制“四川省政府采购电子化平台建设（软件）”招标文件。为政府采购电子化平台建设完成大部分基础性工作。

四川省政府采购中心供稿

林隆均执笔

云 南 省

【概述】2010年，云南省集中采购规模为188.5亿元，占采购总规模的96%。其中，政府集中采购规模为58.4亿元，占集中采购规模的31%。

【规范采购程序】一是坚持政府采购信息公开。认真执行《政府采购信息公告管理办法》，加强对信息发布工作的管理，实行专人负责、专人管理，及时准确地在云南省政府采购网等网站发布招标公告、中标公告等各类信息。二是进一步规范政府集中采购业务操作程序。突出强调严把“四关”：审查关，着重抓好招标项目内容合法性审查，特别是招标前置条件、招标公告、招标文件、评（定）标办法的把关审查；开标关，规定投标截止时间与当场开标时间相一致，所有投标人应当在投标截止时间前将投标书加盖有效印章密封后送达开标处，由公证人员签收；评标关，严格按标书要求，依得分结果确定中标人；定标关，中标结果必须在政府采购信息发布平台公示，以确保中标结果得到其他投标人和社会各方的监督。三是认真做好政府采购业务的档案管理工作。按照谁主管谁负责的原则，加强采购工作资料的管理，及时整理政府采购业务档案资料，有效保护和利用采购档案资源，做到“一个项目一个档”、“有据可查”，保证档案资料的真实性、完整性和有效性。四是注重合同的履行效果，坚持上门服务和回访交流制度。及时征求采购人和供应商的意见和建议，改进工作方式和方法，优化采购环境，切实提高工作质量和服务水平。抓好采购人与供应商采购合同的签订工作，督促供应商认真履行合同和采购人的验收工作，协调配合采购人做好采购的各项基础性工作，使采购人和供应商“双满意”。西双版纳州在处理采购人与供应商之间的矛盾中，主动创造条件让采购人与供应商面对面沟通，及时化解矛盾。

【完善内部管理制度】一是完善政府采购工作机制。坚持采购透明，杜绝暗箱操作，主动接受监督，坚持“公开、公平、公正”的原则，规范采购程序，以一流的管理和一流的服务为目标，树立政府采购工作的良好形象。红河州严格执行行政问责制、服务承诺制、首问责任制和AB岗位工作制度，全体工作人员认真履行岗位职责，保证按时、按质、按量完成工作任务。坚持对各市县采购中心、汽车经销商、各类供应商进行工作调研和市场调查，及时掌握工作开展情况和市场行情动态。同时，积极引导政府采购各方当事人提高政府绿色采购意识。二是严格执行收费标准，规范财务收支管理。采购中心负责收取标书工本费、中标服务费，负责投标保证金、履约保证金的收取退付工作。标书工本费、中标服务费严格按核定的收费标准收取，并由供应商直接缴入银行。投标保证金在开标后清退，履约保证金在合同履行完成后及时清退，保护供应商的合法权益。三是强化监督制约机制。从标书的预审到开标、评标、中标、签定合同，整个采购过程均在公证机关、纪检监察部门和审计部门的严格监督下进行。曲靖市在主动接受行政监督、司法监督的同时，引入社会监督机制，聘请采购监督员27人。

【加强廉政建设】 主动接受纪检、监察、采购管理部门、司法公证机关对采购活动的现场监督，自觉接受审计、社会公众及新闻媒体的监督。切实抓好政府采购领域商业贿赂专项治理工作，明确治理商业贿赂专项工作的指导思想、任务和目标，根据政府采购工作的特点，逐步建立积极合理的防控和治理商业贿赂长效机制。建立健全业务监督检查制度，严格执行党风廉政建设责任制，坚持反腐倡廉宣传教育和警示教育常抓不懈。省级单位、昆明市、德宏州政府建立了公共交易市场，逐步推进政府采购项目进场集中交易，接受监察部门对交易全过程的监督。

云南省财政厅供稿

韦李慧执笔

新疆维吾尔自治区

【概述】 2010年，新疆维吾尔自治区政府采购中心共实施政府集中采购619次（不含协议和定点方式采购金额3.7亿元），完成采购预算14.26亿元，实际采购金额12.63亿元，节约资金1.63亿元，资金节约率11.41%。其中：货物类采购预算9.43亿元，实际采购金额8.26亿元，节约资金1.17亿元，节约率12.41%；工程类采购预算1.89亿元，实际采购金额1.64亿元，节约资金0.26亿元，节约率13.53%；服务类采购预算2.93亿元，实际采购金额2.73亿元，节约资金0.2亿元，节约率6.82%。全年政府采购管理办公室下达政府集中采购任务数535个，政府采购中心应该公开发布政府采购信息的采购项目数535项。实际完成采购项目634个（其中：询价采购项目431个，竞争性谈判采购项目71个，公开招标项目132个），采购任务完成率超过100%。实际公开发布采购项目信息634条（其中：询价采购信息431条，竞争性谈判采购信息71条，公开招标公告132条），政府采购信息公开率为100%。下达采购任务数少于实际完成采购项目数和实际公布采购信息数的原因，一是为便于项目实施，细化品目、类别，将一个项目分为几个项目实施采购；二是项目实施后，个别项目流标或其中一个包段流标，重新发布公告，重新组织招标。

【扩大采购范围】 一是重点抓好对保障和改善民生的“三农”、教育、科技、医疗卫生、社会保障等项目的集中采购。二是积极发挥政府采购的政策导向作用，深入贯彻国家关于政府采购扶持自主创新、推行节能环保、调整结构等相关产业政策和经济政策，组织实施自治区九年义务教育免费教科书、“村村通工程”大喇叭设备、自治区公安厅牵引车、自治区卫生厅医疗救护车、自治区广播电影电视局所需广电专用设备等重大项目的集中采购。三是进一步做好办公自动化及电器设备协议供货、公务车协议采购、公务车定点维修、印刷定点服务、二类会议定点宾馆服务供应商的采购工作。

【完善制度建设】制定完善《政府采购中心工作职责范围》、《政府采购中心内部机构设置及职责分工》、《政府采购中心权力运行规程》等10余项制度办法。编制公开招标、竞争性谈判、询价、单一来源类招标文件通用范本，制定与各招标方式相对应的采购流程和评标办法，逐步健全涉及政府集中采购业务流程、文明服务、廉政建设、防止商业贿赂等内容的制度体系。严格按照《政府采购法》及相关法律法规要求，充分披露采购信息，规范采购程序。对技术指标复杂的项目通过公开征求意见、举办专家论证会等方式，避免采购文件中出现倾向性、排他性条款。

【完善监管机制】一是强化内部控制机制。科学设置工作流程，合理安排机构设置和人员分工，将招标组织与评审专家抽取工作相分离，将采购经办人员与招标文件审核人员相分离，将标前工作与后期评审组织相分离，实行采购项目多人负责制，明确岗位职责，形成项目组织各环节之间既分工协作又相互制衡的内部工作机制。二是完善监督制约机制。在采购项目执行过程中，自觉接受监管部门的监督管理。对公开招标采购项目，均邀请驻厅纪检监察室和政府采购管理部门进行现场监督。推行政府采购电子化，增强公开透明度，设立“政府采购中心意见箱”，公布政务、办事时限和服务监督电话，建立“政府采购义务监督员”社会监督机制。

【创新采购操作模式】为规范政府采购工作，加强对采购活动重要环节的监督和管理，结合自治区本级政府采购工作实际，不断优化采购程序，从7月1日起将原项目负责制优化为分段式管理制，按采购环节由不同的人员履行权限，达到相互监督的目的。

【稳步构建全区政府采购大市场】为在全区实现产品资源、信息资源、服务资源共享，形成分级管理框架下合作成员共享协议价格和优质服务的政府采购大市场，将公务车定点保险、公务车采购作为与部分地州联动试点的首推项目，取得明显成效。公务车协议采购22个品牌80种入围车型价格平均折扣率由联动前的2.4%提高到4.2%，同比增幅75%；公务车定点保险每年单车可多优惠500至800元。公务车协议供货、公务车保险定点服务、公务车定点维修、办公自动化及电器设备实现区本级和11个地州市联动，初步形成分级管理框架下的快速供货模式。

【加强培训宣传工作】一是举办政府采购典型案例分析会。为提高从业人员的业务技能和操作能力，研究解决当前形势下政府采购发展中存在的问题，进行典型案例分析和专题讨论，开展政府采购业务交流和理论探讨，进一步创新思路，改进工作方法。二是组织召开全区政府采购中心主任工作座谈会。全区18个地州市政府采购中心负责同志、部分地州市分管政府采购工作的局长、区财政厅政府采购管理办公室及区财政厅纪检监察室的领导参加了座谈会。为加强采购人、供应商与集采机构的工作交流，邀请部分单位负责政府采购工作的同志参加座谈会，共同研究探讨政府采购工作中重点、难点问题的解决办法。由自治区政府采购中心倡导，全区各地州市政府采购中心共同签订《阳光采购倡议书》。三是积极参加《中国政府采购》杂志社、《政府采购信息报》报社举办的培训班和研讨会。

【做好基础工作】一是认真开展权力运

行梳理工作。结合厅机关开展规范权力运行工作提出的相关要求和《政府采购中心工作运行规程》的内容，逐项进行自查，进一步规范操作规程，完善监督机制，通过制度执行的监督和责任追究等手段实现规范权力运行的目的。二是全力配合做好政府采购执行情况考核工作。为配合好考核小组对政府采购中心 2008 ~ 2009 年度政府采购工作的考核，对照考核内容与评分标准逐项进行自查，形成自查报告，并根据考核要求认真准备相关资料，做好迎接考核的各项准备工作。三是加强保密宣传教育及管理工作。根据“谁主管、谁负责”的原则，实行敏感信息计算机专人专管，进一步明确保密工作职责，制定涉密电脑、移动存储介质等新型涉密载体的保密管理规定，提高干部职工的保密意识。四是推进“两基”管理工作。为加强政府采购基础管理工作，围绕规范采购行为、简化采购程序、提高采购效率、发挥政策功能等内容，进一步提高招标文件编制水平和质量，扩大区域联动范围，加强对采购人员的培训。为逐步实现省、地、市三级在政府采购业务操作、技能培训等方面实现互动交流，正式提出建立业务指导机制。

新疆维吾尔自治区政府采购中心供稿

陈林国执笔

2011

六、2010 年全国政府采购工作统计资料

2010 年全国政府采购信息统计分析

2010 年是中国继续应对国际金融危机、保持经济平稳较快发展、加快转变经济发展方式的关键一年，是全面实现“十一五”规划目标、为“十二五”发展打好基础的重要一年。全国政府采购工作全面落实科学化和精细化管理要求，政府采购制度改革进一步深化。在全面加强监管的基础上，采购人、采购代理机构、供应商的行为逐步规范，政府采购作为财政支出改革的一项重要内容，正伴随着财政制度的改革向纵深发展，日益完善。

一、政府采购规模继续增长

2010 年全国政府采购预算 9832.3 亿元，实际政府采购 8422 亿元，比上年同期增加 1008.8 亿元，增长了 13.6% （见图 1）。政府采购占全国财政支出和 GDP 的比重分别为 9.4% 和 2.1% ，节约资金 1410.3 亿元，节约率为 14.3% 。自 1998 年全面实行政府采购制度改革以来，政府采购规模保持了 47% 的年平均增长率。

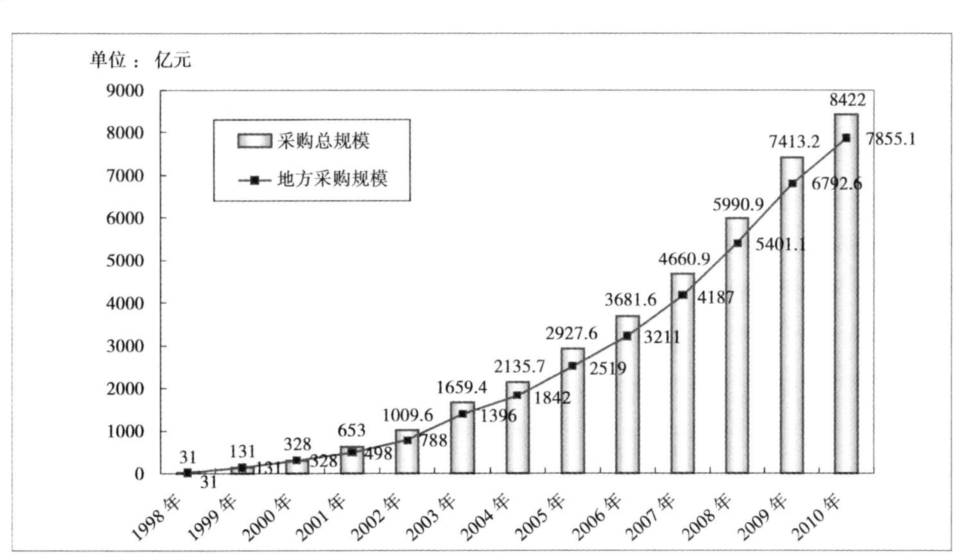

图 1　1998～2010 年全国政府采购总规模和地方采购规模图

（一）工程、货物和服务采购全面增长

2010 年全国工程类、货物类和服务类的采购规模分别为 4536.6 亿元、3176.3 亿元和 709.1 亿元，占政府采购总规模的比重分别为 53.9% 、37.7% 和 8.4% （见图 2），较上年同期分别增长 17.6% 、5.5% 和 30.3% 。

1. 工程类采购比重增加。从上述数据中可以看出，工程类采购额所占比重最高，超过货物类和服务类采购所占比重的总和，比上年同期工程类采购所占比重增加了近 2 个百分点。主要原因是：一方面在积极财政政策的作用下，国务院出台的 4 万亿元经济刺激计划拉动内需中，大部分投向基础建设的项目仍在不断投入；另一方面各地监管部门加大工作力度，积极探索财政投资工程政府采购管理机制，形成了各具特色的工程政府采购管理模式，使得工程类采购逐步纳入政府采购管理和统计范围。

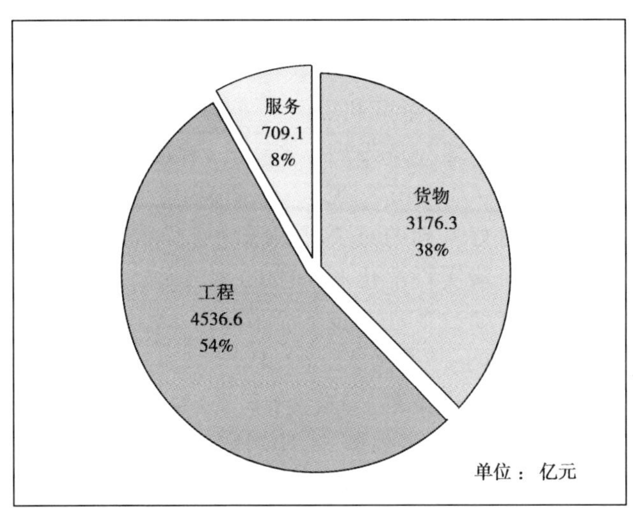

图 2　2010 年采购规模占比分布

工程类采购规模前三位的是建筑物、市政建设工程和交通运输工程，分别为 1350. 4 亿元、1059. 6 亿元和 297. 4 亿元。

2. 货物类采购稳步增长。货物类采购保持平稳增长，主要原因是：在货物类采购中，一些公益性强、关系民生的支出项目，例如农机具购置、中小学免费教材、医疗器械及药品、安居工程、计划生育设备、农家书屋、文化下乡等成为规模不断增长的亮点。其中，中小学免费教材、农村中小学危房改造和财政补贴农民购置机具的采购规模，分别达到 91. 8 亿元、22. 6 亿元和 32. 8 亿元，共计 147. 2 亿元，比上年增长 13. 2%。

货物类采购规模前三位的仍然是专用设备、一般设备和专用材料，采购规模分别为 1129. 6 亿元、451. 4 亿元和 442. 9 亿元。

3. 服务类采购快速增长。服务类采购的增长速度超过了 30%，主要原因是：各地区在认真总结完善货物类、工程类采购经验和做法的基础上，积极探索从传统的专业服务扩展到公共服务、服务外包等新型服务领域。如：上海、内蒙古对于一些应实施政府采购但由于各种原因未落实规定的日常服务项目，例如物业管理、印刷、专业咨询、供暖服务等正逐步规范并按政府采购规定办理。辽宁还新增了网络租赁、机票定点、网络工程系统搬迁等服务类项目，成为采购规模增长新的拉动因素。

服务类采购规模前三位的是专业咨询工程监理工程设计、交通工具维护保障和系统集成，采购规模分别为 89. 5 亿元、86. 5 亿元和 61 亿元。

（二）地方政府采购规模继续增长，中央政府采购规模有所下降

2010 年地方政府采购规模为 7855. 1 亿元，比上年同期的 6792. 6 亿元增长 15. 6%，中央政府采购规模为 566. 9 亿元，比上年同期的 621 亿元减少 8. 7%（见图 3）。

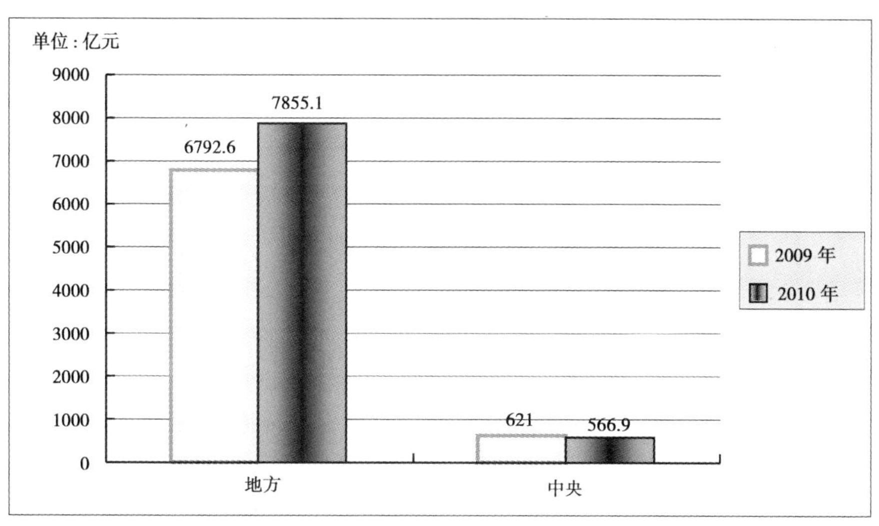

图3　2009～2010年地方和中央采购规模

1. 地方政府采购规模继续增长。地方政府采购规模的增长成为推动全国政府采购规模持续增长的主要力量。政府采购额增长幅度较大的省有：青海增长189.5%，内蒙古增长49.7%，山东增长37.1%，云南增长35.7%，河北增长29.6%。其中，政府采购规模超过400亿元的有广东省917.5亿元、江苏省902.3亿元、山东省673.9亿元、浙江省424.6亿元、安徽省412.1亿元、上海市408.3亿元和河南省408.1亿元（见图4）。这7个地区的政府采购规模达到4146.8亿元，占地方政府采购规模的52.8%。

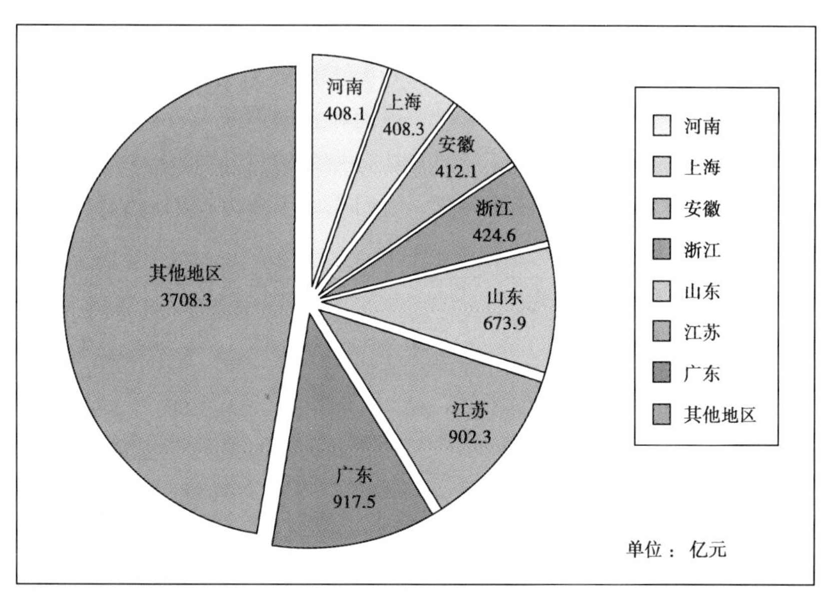

图4　2010年政府采购规模超过400亿元的省份

地方政府采购规模大幅提高的主要原因：一是在国家实行积极财政政策的背景下，2010年全国财政支出89575亿元，同比增长17.4%，是政府采购规模得以扩大的重要前提。

二是政府采购资金构成从财政性资金逐步向单位自筹资金、银行贷款、市场融资等方面扩展，资金范围逐步实现预算内外及自筹资金全覆盖，从源头上拓宽政府采购范围。

三是各级财政部门进一步细化政府采购预算，推动部门预算逐步细化到工程、货物和服务分类，落实到具体采购项目。同时，加强采购计划管理，在资金支付过程中强化采购合同审核，有力推动了应采尽采。

四是各级财政部门积极采取措施拓展政府采购工作领域。例如，山西省将全省重点污染源在线监控项目、农村广播电视无线覆盖项目、疾病控制体系建设项目等关系民生利益的项目纳入政府采购范围。

2. 中央政府采购规模有所下降。2010 年中央政府采购规模呈现下降趋势。规模下降额较大的中央单位有：国家质检总局下降 30.1 亿元，中国科学院下降 19.8 亿元，农业部下降 12.4 亿元，工业和信息化部下降 11.7 亿元，国家税务总局下降 9.2 亿元，中国人民银行下降 8.6 亿元，中国气象局下降 7.1 亿元。

中央单位政府采购规模下降的主要原因是：基本建设项目的实施年度不平衡，2009 年为应对全球金融危机，中国政府加大基本建设项目投入力度，中央单位新建工程签订合同大幅增加，2010 年随着全球金融危机程度的减缓，中央单位新建工程项目也随之减少。此外，2009 年中央单位还有一些特殊的政府采购项目，比如国家质检总局在 2009 年度中完成的政府采购工作包含了防控甲型流感 H1N1 追加的专项经费 5.8 亿元，2010 年此类特殊项目大幅减少，政府采购量也随之恢复到正常水平。

二、政府采购政策功能进一步落实

（一）节能环保产品采购力度大增

2010 年强制和优先政府采购节能、环保产品规模分别达到 721.5 亿元和 601.7 亿元，占同类产品的 77.6% 和 55.4%，比上年同期分别增加 564.3 亿元和 456.8 亿元。节能环保产品采购规模大幅增长的主要原因：一是促进节能减排的采购政策更加完善，节能环保清单管理不断优化；二是节能环保产品清单的范围不断扩大；三是各采购人更加严格执行国家印发的节能环保政府采购清单。

其中，节能、节水产品中采购规模较大的有：计算机 60.5 亿元、空调机 17.5 亿元、数字投影机 7.3 亿元；环保产品采购规模较大的有：汽车 65 亿元、计算机 55.8 亿元、家具 16.4 亿元。

（二）扶持本国企业成效显著

从政府采购合同授予情况看，授予国内企业产品的采购额为 8184.1 亿元，授予进口产品的采购额为 237.9 亿元，分别占 97.2% 和 2.8%。其中，授予国内企业的份额比上年同期增长了 0.3 个百分点，本国产品在政府采购份额上处于绝对优势。从政府采购重要品目的品牌统计来看，国产的联想等品牌采购规模远远超过其他品牌。一方面是由于各级财政部门加强对进口产品审核管理，对国内能生产的产品，且能满足采购需求的，严格把关，一律采购国内生产的产品。另一方面也反映出采购人采购本国产品的意识逐步增强，国内企业在政府采购市场上越来越具有强劲的竞争能力，政府采购在有效保护国内民族工业方面的巨大优势得以显现。

三、政府采购操作执行更加规范

（一）公开招标采购方式继续保持主流地位

2010 年公开招标、邀请招标、竞争性谈判、单一来源采购、询价采购的规模分别为 6482.4 亿元、293 亿元、636.8 亿元、416.8 亿元、593 亿元，分别占采购总规模的 77%、3.5%、7.6%、4.9%、7%。公开招标比重较上年的 75.2% 上升了 1.8 个百分点。以公开招标为主、其他方式为辅的采购模式，既促进了政府采购工作规范化管理，同时也提高了采购效率，公开、公平、公正原则得到了充分体现。

财政部继续加强和严格对单一来源方式采购的监管和审批，有效地减少了单一来源采购的数量。2010 年中央单位单一来源采购规模 60.5 亿元，比 2009 年的 64.1 亿元下降了 5.6%，比 2008 年的 85.3 亿元下降了 29.1%，呈现逐年下降的态势。

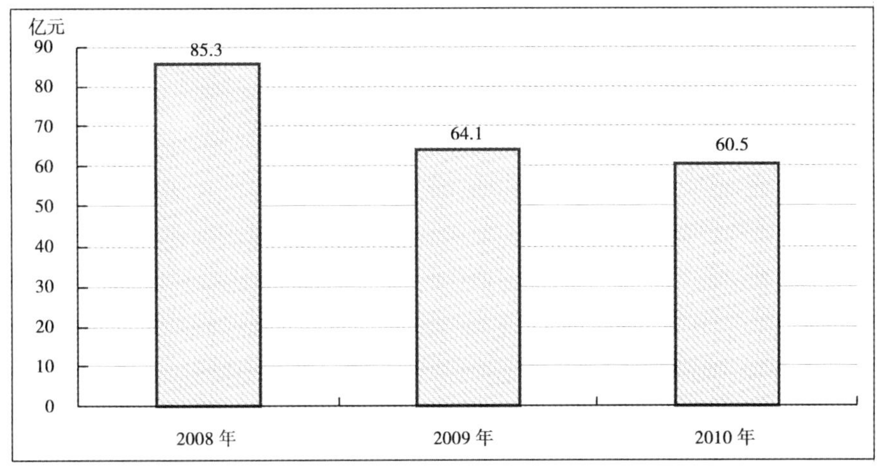

图 5　2008～2010 年中央单位单一来源采购规模

（二）集中采购继续保持主导地位

2010 年政府集中采购、部门集中采购和分散采购的规模分别为 5744.4 亿元、1539.8 亿元和 1137.8 亿元，分别占采购总规模的 68.2%、18.3% 和 13.5%，比上年同期分别增长 12.5%、14.9% 和 17.8%。集中采购作为政府采购的重要组织形式，其主导地位进一步突出，其主要原因是：中央和各地积极完善集中采购目录管理，纳入目录的采购品目和采购项目不断增加。例如，青岛市积极推进大宗货物政府统一集中采购制度，对办公设备、办公家具、专用设备实行统一集中采购，进一步扩大集中采购范围。再如，云南省在 2010 年政府集中采购目录中，新增了会议音视频系统、疫苗、办公场所物业管理、租赁等项目，为集采规模的扩大奠定了制度基础。

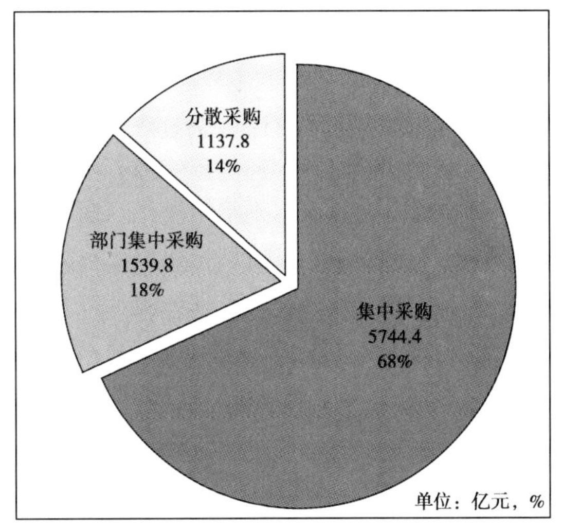

图 6　2010 年政府采购组织形式分布

了腐败行为的发生。

四、政府采购监管工作更加有力

（一）信息公告管理工作进一步加强

2010年全国共发布采购信息公告771653条，比上年同期增加410421条。其中，采购需求信息公告243618条，中标、成交结果公告521340条，政策法规公告5138条，处理决定公告1557条。各地进一步加强信息公告管理工作，扩大信息公告范围，大大增强了政府采购的透明度。例如，黑龙江省制定了《非招标方式信息公告暂行规定》、《政府采购项目网上预告暂行规定》等各项制度。政府采购信息的公开，为社会监督政府采购行为创造了必要条件，促进了公平竞争，预防了腐败行为的发生。

（二）供应商投诉处理机制进一步完善

2010年各级财政部门共收到供应商投诉820起，较上年增加74起。在受理的684起投诉中，撤诉79起，驳回82起，进行处理523起。政府采购投诉的增加，表明供应商维权意识的提高，促使政府采购监管部门及时发现问题。各级财政部门也在不断强化政府采购投诉处理手段，例如，云南省探索聘用律师事务所提供政府采购专项法律服务，协助对政府采购的重要文件资料进行法律审查，尽量减少质疑和投诉的发生，并最大限度避免由投诉引发的行政复议和行政诉讼。

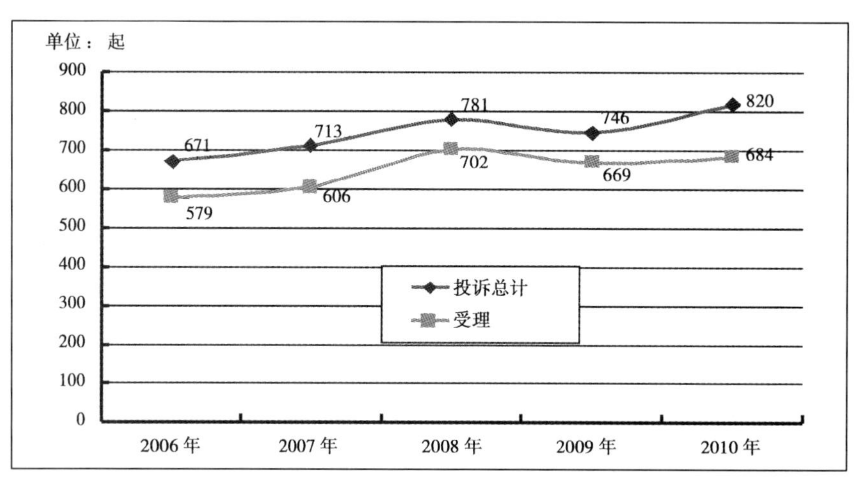

图7　2006～2010年政府采购投诉受理情况

（三）对代理机构的监管力度进一步加大

截至2010年底，全国社会代理机构的数量为2386个，其中，甲级代理机构有999家。各级财政部门采取了多项措施加强对代理机构的监管，如加强对代理机构的年度考核，对代理机构的从业人员进行定期的培训和考试，促进了政府采购市场的健康发展，提高了代理机构从业人员的业务素质和水平。例如，浙江省在管理中介代理机构中采取新手段，在代理机构资格认定过程中，将行政许可全过程纳入省政府网上办事大厅电子平台进行管理，实现行政许可的实时监督，防止暗箱操作。同时，有些地方加强代理机构信息化建设，对代理机构开展供应商网上注册审查培训，对各代理机构在地方政府采购网上信息公告发布及机构信息维护进行整顿和规范。

总体来说，2010年政府采购制度改革以巩固现有工作为基础、以细化管理为突破、以强化考核为手段，在政策功能发挥、法规体系完善、监管水平提升、电子化采购推进等方面取得重要进展，全国政府采购规模实现稳步增长，经济效益和社会效益明显提高，取得了显著成绩。但从统计数据中也反映出一些不容忽视的问题：一是实际采购规模仍然偏小，与国际通行指标计算的采购规模还存在较大差距，原因在于我国政府采购的范围与国际上相比相对较窄、两法的不衔接导致大量工程没有纳入政府采购统计范围以及采购人规避政府采购的现象时有发生。二是采购规模地区差异大，采购规模最大和最小的地区间采购规模相差 42 倍，以及部分地区采购项目构成的单一性，反映了我国地区间经济发展的不平衡。三是中央单位政府采购规模过低，2010 年中央单位政府采购规模仅占中央财政支出的 3.5%，因此，还需进一步加大中央单位政府采购力度。四是政府采购政策功能作用还需继续发挥，如节能环保产品采购的份额还有提升空间，高端产品国外品牌仍然占主流，由于可操作性办法的缺失，政府采购在扶持中小企业、支持自主创新方面的潜力还有待进一步挖掘等。五是政府采购信息化建设滞后，如信息资源未能实现共享，信息统计技术手段相对落后，影响了基础信息管理水平的进一步提高。

对此，我们将积极采取措施，健全法制、扩面增量，创新手段、强化监管，通过进一步深化改革，逐步解决上述问题。

附表：1. 2010 年全国政府采购资金情况表

2. 2010 年全国政府采购组织形式和采购方式统计表

3. 2010 年全国政府采购主体统计表

附表 1

2010 年全国政府采购资金情况表

金额单位：亿元

项目	行	采购预算			采购金额			节约资金			节约率（%）	国库集中支付
		总计	财政性资金	其他资金	总计	财政性资金	其他资金	总计	财政性资金	其他资金		
		1	2	3	4	5	6	7	8	9	10	11
合计	1	9832.28	8140.63	1691.66	8421.97	6945.46	1476.51	1410.31	1195.17	215.15	14.34	3601.09
货物	2	3705.36	2859.51	793.60	3176.29	2475.51	700.78	529.07	384.00	92.82	14.28	1311.49
工程	3	5436.45	4545.03	803.48	4536.62	3842.50	694.12	899.83	702.53	109.35	16.55	1938.18
服务	4	965.35	736.08	94.58	709.06	627.46	81.60	256.29	108.63	12.98	26.55	351.43

附表 2

2010 年政府采购组织形式和采购方式统计表

金额单位：亿元

分类	项目	行	合计	货物	工程	服务
			1	2	3	4
按组织形式划分	合　　计	1	8421.97	3176.29	4536.62	709.06
	集中采购	2	5744.41	2132.21	3106.40	505.80
	部门集中采购	3	1539.79	667.93	771.39	100.46
	分散采购	4	1137.77	376.15	658.83	102.79
按采购机构划分	合　　计	5	8421.97	3176.29	4536.62	709.06
	集中采购机构采购	6	5707.18	2208.93	2992.05	506.20
	部门集中采购机构采购	7	719.11	359.61	309.43	50.07
	社会代理机构采购	8	1517.17	413.47	1020.80	82.89
	自行采购	9	478.51	194.27	214.34	69.89
按采购方式划分	合　　计	10	8421.97	3176.29	4536.62	709.06
	一、公开招标	11	6482.42	1991.96	4020.62	469.84
	二、邀请招标	12	292.99	88.92	189.32	14.74
	其中：由公开招标方式改变	13	14.03	3.65	8.12	2.27
	三、竞争性谈判	14	636.75	371.76	196.55	68.44
	其中：由公开招标方式改变	15	62.31	42.78	13.68	5.85
	四、单一来源	16	416.81	272.89	45.81	98.11
	其中：由公开招标方式改变	17	49.40	30.27	8.12	11.01
	五、询价	18	593.00	450.76	84.32	57.92
	其中：由公开招标方式改变	19	13.91	10.47	2.14	1.30

附表 3

2010 年政府采购主体统计表

金额单位：亿元

分类	项目	行	合计	货物	工程	服务
			1	2	3	4
按单位性质划分	合　　计	1	8421.97	3176.29	4536.62	709.06
	国家机关	2	4250.79	1684.69	2133.54	432.55
	事业单位	3	3652.87	1403.12	2008.53	241.21
	团体组织	4	518.32	88.48	394.54	35.29
按政府级次划分	合　　计	5	8421.97	3176.29	4536.62	709.06
	中央级	6	571.90	311.69	177.03	83.18
	省级	7	1496.53	802.75	575.11	118.67
	地（市）级	8	3146.93	1021.68	1829.28	295.96
	县（区）级	9	3206.61	1040.17	1955.20	211.25

2011

七、2010 年全国和地方政府采购管理法规、重要文件选编

（一）全国性法规、文件

政府采购代理机构资格认定办法

2010年10月26日　中华人民共和国财政部令第61号

第一章　总　　则

第一条　为了规范政府采购代理机构资格认定工作，加强政府采购代理机构资格管理，根据《中华人民共和国政府采购法》和国务院有关规定，制定本办法。

第二条　政府采购代理机构资格的认定适用本办法。

本办法所称政府采购代理机构，是指取得财政部门认定资格的，依法接受采购人委托，从事政府采购货物、工程和服务采购代理业务的社会中介机构。

各级人民政府设立的集中采购机构不适用本办法。

第三条　政府采购代理机构资格认定，应当遵循公开、公平、公正原则。

第四条　政府采购代理机构资格认定由财政部和省、自治区、直辖市人民政府财政部门（以下简称省级人民政府财政部门）依据本办法的规定实施。

第五条　代理政府采购事宜的机构，应当依法取得财政部或者省级人民政府财政部门认定的政府采购代理机构资格。

第六条　政府采购代理机构资格分为甲级资格和乙级资格。

取得甲级资格的政府采购代理机构可以代理所有政府采购项目。取得乙级资格的政府采购代理机构只能代理单项政府采购项目预算金额在1000万元人民币以下的政府采购项目。

第七条　政府采购代理机构甲级资格的认定工作由财政部负责；乙级资格的认定工作由申请人工商注册所在地的省级人民政府财政部门负责。

第八条　财政部或者省级人民政府财政部门应当向取得认定资格的政府采购代理机构颁发《政府采购代理机构资格证书》（以下简称《资格证书》）。

《资格证书》应当载明政府采购代理机构名称、代理业务范围、资格有效期限起止日期等事项，并加盖颁发证书的财政部门印章。

《资格证书》分为正本和副本，有效期为三年，持有人不得出借、出租、转让或者涂改。

第九条　政府采购代理机构可以在全国范围内依法代理政府采购事宜。任何单位和个人不得采取任何方式，阻挠和限制政府采购代理机构依法进入本地区或者本行业的政府采购市场。

政府采购代理机构拟在其工商注册地以外的省、自治区、直辖市开展业务的，应当持有效的企业法人营业执照、税务登记证副本、《资格证书》复印件向当地省级人民政府财政部门备案。

第十条 政府采购代理机构不得代理其本身或者与其有股权关系的自然人、法人或者其他组织作为直接或者间接供应商参加的政府采购项目。

第十一条 在政府采购代理业务中，政府采购代理机构应当向委托人提供合法、方便、优质、高效和价格合理的服务。

政府采购代理机构不得以不正当的手段承揽政府采购代理业务。

第十二条 政府采购代理机构代理政府采购事宜，按照国家有关规定收取代理服务费。

第十三条 财政部门在实施政府采购代理机构资格认定和对政府采购代理机构代理业务情况进行监督检查工作中，不得收取任何费用。

第二章 资格申请

第十四条 乙级政府采购代理机构应当具备下列条件：

（一）具有企业法人资格，且注册资本为人民币100万元以上；

（二）与行政机关没有隶属关系或者其他利益关系；

（三）具有健全的组织机构和内部管理制度；

（四）有固定的营业场所和开展政府采购代理业务所需的开标场所，以及电子监控等办公设备、设施；

（五）申请政府采购代理机构资格之前3年内，在经营活动中没有因违反有关法律法规受到刑事处罚或者取消资格的行政处罚；

（六）有参加过规定的政府采购培训，熟悉政府采购法规和采购代理业务的法律、经济和技术方面的专职人员，母公司和子公司分别提出申请的，母公司与子公司从事政府采购代理业务的专职人员不得相同；

（七）专职人员总数不得少于10人，其中具有中级以上专业技术职务任职资格的不得少于专职人员总数的40%；

（八）财政部规定的其他条件。

第十五条 甲级政府采购代理机构除应当具备本办法第十四条第二项至第六项条件外，还应当具备下列条件：

（一）具有企业法人资格，且注册资本为人民币500万元以上；

（二）专职人员总数不得少于30人，其中具有中级以上专业技术职务任职资格的不得少于专职人员总数的60%；

（三）取得政府采购代理机构乙级资格1年以上，最近2年内代理政府采购项目中标、成交金额累计达到1亿元人民币以上，或者从事招标代理业务2年以上，最近两年中标金额累计达到10亿元人民币以上；

（四）财政部规定的其他条件。

第十六条 申请政府采购代理机构乙级资格的，申请人应当向其工商注册所在地的省级人民政府财政部门提交资格认定申请书，并提供下列材料：

（一）有效的企业法人营业执照、税务登记证副本和社会保险登记证书复印件；

（二）经工商管理部门备案的《企业章程》复印件；

（三）与行政机关没有隶属关系和其他利益关系的书面声明；

（四）机构内部各项管理制度；

（五）有固定的营业场所和开展政府采购代理业务所需的开标场所、电子监控等办公设备、设施的相关证明材料，营业场所、开标场所为自有场所的提供产权证复印件；营业场所、开标场所为租用场所的提供出租方产权证以及租用合同或者协议的复印件；

（六）申请政府采购代理机构资格之前3年内，在经营活动中没有因违反有关法律法规受到刑事处罚或者取消资格的行政处罚的书面声明；

（七）专职人员的名单、中级以上专业技术职务证书、劳动合同、人事档案管理代理证明以及申请之前6个月或者企业成立以来缴纳社会保险费的证明（社会保险缴纳情况表或者银行缴款单据）复印件；

（八）母公司或者子公司已申请或者取得政府采购代理机构资格情况的说明；

（九）财政部规定的其他材料。

第十七条 申请政府采购代理机构甲级资格的，申请人应当向财政部提交资格认定申请书，并提供下列材料：

（一）本办法第十六条规定的材料；

（二）具备政府采购代理机构乙级资格的，提交乙级资格证书复印件；

（三）《政府采购代理有效业绩一览表》或者《招标代理有效业绩一览表》，以及与所列业绩相应的委托代理协议和采购人（招标人）确定中标、成交结果的书面通知复印件。

第十八条 申请人应当如实提交申请材料和反映真实情况，并对其申请材料实质内容的真实性负责。财政部或者省级人民政府财政部门不得要求申请人提供与政府采购代理机构资格认定无关的材料。

第十九条 申请人在递交申请材料复印件的同时，应当提交相应的原件，经财政部或者省级人民政府财政部门核对无误后予以退回。

申请人将申请材料中的复印件交由公证机构公证“与原件一致”后装订成册提交的，可以不提交复印件的原件。

第二十条 财政部或者省级人民政府财政部门对申请人提出的资格认定申请，应当根据下列情况分别作出处理：

（一）申请事项依法不属于本财政部门职权范围的，应当作出不予受理决定，并告知申请人向有关部门申请；

（二）申请材料存在可以当场更正的错误的，应当允许申请人当场更正；

（三）申请材料不齐全或者不符合本办法规定形式的，应当当场或者在5个工作日内一次告知申请人需要补正的全部内容，逾期不告知的，自收到申请材料之日起即为受理；

（四）申请事项属于本财政部门职权范围，申请材料齐全、符合本办法规定形式的，或者申请人已按要求提交全部补正申请材料的，应当受理资格认定申请。

第二十一条 财政部或者省级人民政府财政部门受理或者不予受理资格认定申请，应当出具加盖本财政部门专用印章和注明日期的书面凭证。

第二十二条 财政部或者省级人民政府财政部门应当对申请人提交的申请材料进行审查，并自受理资格认定申请之日起20个工作日内，根据下列情况分别作出决定，20个工作日内不能作出决定的，经本财政部门负责人批准，可以延长10个工作日，并应当将延长期限的理由告知申请人：

（一）申请人的申请符合本办法规定条件的，应当依法作出认定资格的书面决定，并向申请人颁发甲级或者乙级《资格证书》；

（二）申请人的申请不符合本办法规定条件的，应当依法作出不予认定资格的书面决定，并说明理由和告知申请人享有依法申请行政复议或者提起行政诉讼的权利。

财政部或者省级人民政府财政部门作出资格认定决定前，应当将拟认定资格的政府采购代理机构名单在指定的政府采购信息发布媒体上进行公示，公示期不得少于5个工作日。

第二十三条 乙级政府采购代理机构获得甲级政府采购代理机构资格后，其原有的乙级政府采购代理机构资格自动失效。

第二十四条 财政部或者省级人民政府财政部门应当将获得认定资格的政府采购代理机构名单在指定的政府采购信息发布媒体上予以公告。

第二十五条 省级人民政府财政部门应当自批准乙级政府采购代理机构资格之日起30日内，将获得资格的乙级政府采购代理机构名单报财政部备案。

第三章 资格延续与变更

第二十六条 政府采购代理机构需要延续依法取得的政府采购代理机构资格有效期的，应当在《资格证书》载明的有效期届满60日前，向作出资格审批决定的财政部门提出申请。

第二十七条 乙级政府采购代理机构申请资格延续的，应当满足本办法第十四条规定的条件。

第二十八条 甲级政府采购代理机构申请资格延续的，应当满足下列条件：

（一）本办法第十五条规定的条件，但第三项除外；

（二）《资格证书》有效期内代理完成政府采购项目中标、成交金额1.5亿元人民币以上。

第二十九条 申请人提出资格延续申请的，应当提交资格延续申请书，并提供下列材料：

（一）有效的企业法人营业执照、税务登记证副本和社会保险登记证书复印件；

（二）原《资格证书》复印件；

（三）营业场所、开标场所发生变动的，自有场所应当提供产权证复印件，租用场所应当提供出租方产权证以及租用合同或者协议的复印件；

（四）最近3年内在经营活动中没有因违反有关法律法规受到刑事处罚或者取消资格以上的行政处罚的书面声明；

（五）专职人员的名单、中级以上专业技术职务证书、劳动合同、人事档案管理代理证明以及申请之前6个月缴纳社会保险费的证明（社会保险缴纳情况表或者银行缴款单据）复印件；

（六）甲级政府采购代理机构提交《政府采购代理有效业绩一览表》以及证明所列业绩所需的相应委托代理协议和采购人确定中标、成交结果的书面通知复印件；

（七）财政部规定的其他材料。

第三十条 财政部或者省级人民政府财政部门在收到资格延续申请后，经审核申请材料齐全，符合法定形式和要求的，应当受理申请，依照本办法第十九条至第二十一条的规定进行审查，并在申请人的政府采购代理机构资格有效期届满前，根据下列情况分别作出决定：

（一）申请人的申请符合本办法规定条件的，应当作出延续政府采购代理机构资格的书面决定，并重新颁发《资格证书》；

（二）申请人的申请不符合本办法规定条件的，应当作出不予延续政府采购代理机构资格的书面决定，并说明理由和告知申请人享有依法申请行政复议或者提起行政诉讼的权利。

第三十一条 政府采购代理机构逾期不申请资格延续的，其《资格证书》自证书载明的有效期届满后自动失效。需要继续代理政府采购事宜的，应当重新申请政府采购代理机构资格。

第三十二条 政府采购代理机构《资格证书》记载事项依法发生变更的，应当自变更之日起20日内提供有关证明文件并办理变更或者换证手续。但是，机构名称变更的，应当重新申请政府采购代理机构资格。

第三十三条 政府采购代理机构解散、破产或者因其他原因终止政府采购代理业务的，应当自情况发生之日起10日内交回《资格证书》，办理注销手续。

第三十四条 政府采购代理机构分立或者合并的，应当自情况发生之日起10日内交回《资格证书》，办理注销手续；分立或者合并后的机构拟从事政府采购代理业务的，应当重新申请政府采购代理机构资格。

第三十五条 政府采购代理机构发生本办法第三十二条至第三十四条规定情形，逾期未办理相关手续的，其政府采购代理机构资格自动失效。

第四章 监督检查

第三十六条 财政部应当加强对省级人民政府财政部门实施政府采购代理机构资格认定工作的监督检查，及时纠正和依法处理资格认定工作中的违法违规行为。

第三十七条 县级以上人民政府财政部门应当按照政府采购管理权限，对政府采购代理机构执行政府采购法律、法规的情况，包括采购范围、采购方式、采购程序、代理业绩以及政府采购代理机构人员的职业素质和专业技能等方面进行监督检查，加强监管档案管理，建立不良行为公告制度。

第三十八条 县级以上人民政府财政部门应当依法处理处罚政府采购代理机构的违法违规行为，并予以公告。但涉及政府采购代理机构甲级资格的行政处罚，应当由财政部作出；涉及乙级资格的行政处罚，应当由认定资格的省级人民政府财政部门或者财政部作出。

第三十九条 县级以上地方人民政府财政部门应当将政府采购代理机构违法违规行为的处理处罚结果，书面告知作出资格认定决定的财政部门。

第四十条 个人和组织发现政府采购代理机构违法代理政府采购事宜的，有权向财政部门举报。收到举报的财政部门有权处理的，应当及时核实、处理；无权处理的，应当及时移送有权处理的财政部门处理。

第五章 法律责任

第四十一条 申请人隐瞒有关情况或者提供虚假材料的，财政部和省级人民政府财政部门应当不予受理或者不予资格认定、延续，并给予警告。

第四十二条 申请人以欺骗、贿赂等不正当手段取得政府采购代理机构资格的，由作出资格认定决定的财政部门予以撤销，并收回《资格证书》；涉嫌犯罪的，移送司法机关处理。

第四十三条 政府采购代理机构有下列情形之一的，责令限期改正，给予警告；情节严重的，暂停其政府采购代理机构资格3至6个月；情节特别严重或者逾期不改正的，取消其政府采购代理机构资格，并收回《资格证书》；涉嫌犯罪的，移送司法机关处理：

（一）出借、出租、转让或者涂改《资格证书》的；

（二）超出授予资格的业务范围承揽或者以不正当手段承揽政府采购代理业务的；

（三）违反本办法第十条规定的；

（四）违反委托代理协议泄露与采购代理业务有关的情况和资料的；

（五）擅自修改采购文件或者评标（审）结果的；

（六）在代理政府采购业务中有《中华人民共和国政府采购法》第七十一条、第七十二条、第七十六条规定的违法情形的；

（七）法律、法规、规章规定的其他违法行为。

受到警告或者暂停资格处罚的政府采购代理机构，在被处罚后三年内再次有本条第一款所列情形之一的，取消其政府采购代理机构资格，并收回《资格证书》；涉嫌犯罪的，移送司法机关处理。

第四十四条 政府采购代理机构对财政部门的行政处理、处罚决定不服的，可以依法申请行政复议或者向人民法院提起行政诉讼。

第六章　附　　则

第四十五条　本办法所称专职人员是指与申请人签订劳动合同，由申请人依法缴纳社会保险费的在职人员，不包括退休人员。

第四十六条　政府采购代理机构资格认定和资格延续申请书的格式文本由财政部负责制定。

第四十七条　本办法自2010年12月1日起施行。2005年12月28日财政部发布的《政府采购代理机构资格认定办法》（财政部令第31号）同时废止。

财政部　国家发展和改革委员会关于调整节能产品政府采购清单的通知

2010年2月20日　财库［2010］17号

党中央有关部委，国务院各部委、各直属机构，全国人大常委会办公厅，全国政协办公厅，高法院，高检院，有关人民团体，各省、自治区、直辖市、计划单列市财政厅（局）、发展改革委、经贸委（经委、经信委、工信委、工信厅），新疆生产建设兵团财务局、发展改革委：

为了进一步扩大节能产品政府采购范围，加大节能产品政府采购工作力度，根据《国务院办公厅关于建立政府强制采购节能产品制度的通知》（国办发［2007］51号）和财政部、发展改革委发布的《节能产品政府采购实施意见》（财库［2004］185号）的规定，我们对已发布的“节能产品政府采购清单”（以下简称节能清单）进行了调整。现将调整后的第七期节能清单印发给你们，并将有关事项通知如下：

一、第七期节能清单中的空调机、照明产品（包括双端荧光灯、自镇流荧光灯、单端荧光灯、管形荧光灯镇流器）、电视机、电热水器、计算机、打印机、显示器、便器、水嘴等九类产品为政府强制采购节能产品（以“★”标注）。

二、节能清单将于2010年7月再次调整并公布，财政部将会同国家发展改革委对2010年6月底前获得节能认证的产品进行审核和公示。

三、相关企业应当保证节能清单所列型号/系列的产品在本期节能清单有效期内稳定供货，凡发生制造商及其代理商不接受参加政府采购活动邀请、列入“节能清单”的产品无法正常供货以及其他违反《承诺书》内容情形的，采购人及其他相关当事人应当及时将有关情况向财政部反映，财政部经核实，根据具体违规情形，对制造商作出列入不良供应商行为记录、暂停列入“节能清单”3个月至2年的处理，并在中国政府采购网（www.ccgp.gov.cn）、国家发展改革委网站（http://hzs.ndrc.gov.cn）和中国质量认证中心网站（www.cqc.com.cn）上公告。

四、各级政府机构和采购代理机构在执行优先采购和强制采购节能产品制度时，应当以本期节能清单中所列产品为准，不再执行此前公布的节能清单。未列入本期节能清单的产品不属于政府优先采购和强制采购的范围。凡违反上述规定的，财政部门将依照有关规定予以处理。

五、已经确定实施的政府集中采购协议供货产品涉及节能清单产品类别的，集中采购机构应当按照本期节能清单重新组织协议供货活动或进行调整。

六、政府采购工程项目应当严格执行节能产品政府优先采购和强制采购制度。在确定工程总包单位时，采购人及其委托的采购代理机构应当明确落实节能产品政府采购政策要求。

七、节能清单在中国政府采购网、国家发展改革委网站和中国质量认证中心网站上发布，请各采购当事人到上述网站查阅、下载。

八、节能清单中产品的相关销售渠道和联系方式将在上述网站公布。

请遵照执行。

附件：节能产品政府采购清单（第七期）（略）

财政部、环境保护部关于调整环境标志产品政府采购清单的通知

2010年3月30日　财库［2010］31号

党中央有关部委，国务院各部委、各直属机构，全国人大常委会办公厅，全国政协办公厅，高法院，高检院，有关人民团体，各省、自治区、直辖市、计划单列市财政厅（局）、环保厅（局），新疆生产建设兵团财务局、环保局：

为进一步扩大环境标志产品政府采购范围，加大环境标志产品政府采购工作力度，我们对已发布的"环境标志产品政府采购清单"（以下简称环保清单）进行了调整。现将调整后的第五期环保清单印发你们，并将有关事项通知如下：

一、采购人购买的产品属于政府强制采购节能产品范围的，应当按照《国务院办公厅关于建立政府强制采购节能产品制度的通知》（国办发［2007］51号）和财政部、发展改革委公布的第七期"节能产品政府采购清单"，在强制采购节能产品范围内购买。对于其中同时列入环保清单和"节能产品政府采购清单"的产品，应当优先于只获得其中一项认证的产品。

二、采购人购买轻型汽车产品时，应当按照中共中央办公厅、国务院办公厅关于党政机关汽车配备使用标准的有关规定执行。国家公布新的党政机关汽车配备使用标准时，财政部将会同环境保护部及时调整环保清单中的相关产品。

三、环保清单将于2010年9月再次调整并公布，财政部将会同环境保护部对2010年7月底前获得环境标志认证的产品进行审核和公示。

四、相关企业应当保证环保清单所列产品在本期环保清单有效期内稳定供货，凡因企业自身原因出现停产、无货等拒绝参加政府采购活动、拒绝提供环保清单所列产品及相应服务，或者以环保清单以外产品替代环保清单内产品等情况，应当向财政部反映，核实后将从本期环保清单中取消相应产品资格，同时，两年内该企业所有产品不再列入环保清单，并在中国政府采购网（http：//www. ccgp. gov. cn/）、国家环境保护部网（http：//www. mep. gov. cn/）、中国绿色采购网（http：//www. cgpn. org/）上公告。

五、各级政府机构和采购代理机构在执行优先采购环境标志产品制度时，应当以本期环保清单中所列产品为准，不再执行此前公布的环保清单。未列入本期环保清单的产品不属于政府优先采购的环境标志产品范围。凡违反上述规定的，财政部门将依照有关规定予以处理。

六、政府采购工程项目应当严格执行环境标志产品政府优先采购制度。在确定工程总包单位时，采购人及其委托的采购代理机构应当明确落实环境标志产品政府采购政策要求。

七、环保清单在中国政府采购网（http：//www. ccgp. gov. cn/）、国家环境保护部网（http：//www. mep. gov. cn/）、中国绿色

采购网（http：//www. cgpn. org/）上发布，请各采购当事人到上述网站查阅、下载。为确保上述信息的准确性，未经财政部、环境保护部允许，不得转载。

八、各级政府机构和采购代理机构在采购环保清单所列产品，需要获取相关销售联系方式的，可向环境保护部环境认证中心查询。

请遵照执行。

附件：环境标志产品政府采购清单（第五期）（略）

财政部 工业和信息化部 国家质检总局 国家认监委关于信息安全产品实施政府采购的通知

2010年4月28日 财库［2010］48号

党中央有关部委，国务院各部委、各直属机构，全国人大常委会办公厅，全国政协办公厅，高法院，高检院，有关人民团体，各省、自治区、直辖市、计划单列市财政厅（局）、工业和信息化主管部门、质量技术监督局，各直属检验检疫局，新疆生产建设兵团财务局、信息化工作办公室、质量技术监督局：

根据《中华人民共和国政府采购法》，现就贯彻落实质检总局、财政部、认监委《关于调整信息安全产品强制性认证实施要求的公告》（2009年第33号）的规定通知如下：

一、各级国家机关、事业单位和团体组织（以下统称采购人）使用财政性资金采购信息安全产品的，应当采购经国家认证的信息安全产品。

二、在政府采购活动中，采购人或其委托的采购代理机构按照政府采购法的规定，在政府采购招标文件（包括谈判文件、询价文件）中应当载明对产品获得信息安全认证的要求，并要求产品供应商提供由中国信息安全认证中心按国家标准认证颁发的有效认证证书。

三、对采购人或其委托的采购代理机构未按上述要求采购的，有关部门要按照有关法律、法规和规章予以处理，财政部门视情况可以拒付采购资金。

附件：关于《关于信息安全产品实施政府采购的通知》实施范围的说明

附件

关于《关于信息安全产品实施政府采购的通知》实施范围的说明

将信息安全产品强制性认证的强制实施范围缩小到政府采购“涉及国家信息安全领域的采购活动”范围内，即：各级国家机关、事业单位和团体组织在实施涉及国家信息安全领域的采购活动时，应当采购经国家认证的信息安全产品，其主要理由如下：

当前欧美等国家非常关注信息安全产品强制认证制度的实施。美国已经将我国信息安全产品强制认证纳入我国实施长期自主创新政策措施，英国也明确提出，希望就信息安全产品强制认证制度与我国进行讨论。

根据国务院副秘书长毕井泉同志批示的精神，我们认为，当时之所以将强制认证调整到政府采购范围，其初衷主要是通过政府采购来保护我们国家信息安全管理体系。目前，我们实施强制认证的信息安全产品中没有包含外资企业产品。但在2009年7月首届中美战略与经济对话中，中国政府承诺按照政府采购法的规定，平等对待外商投资企业和中资企业在中国生产的产品。因此，一旦发布通知，有可能会引起外方新一轮的高度关注和争议。外方会纷纷提出认证的申请，如果给予认证，就会违背我们的初衷，如果不给予认证，外方会进一步施压，要求给予内外资产品同等的待遇，进而有可能要求调整信息安全产品的认证标准，这样将会影响到建立国家信息安全产品认证认可体系和建立我国信息安全保障体系的进程。

据了解，以美国为代表的西方发达国家大多只在政府采购等涉及国家安全的领域对认证作强制要求，但是各国对政府采购和国家安全管理范围的界定并不一致。因此，我们认为将信息安全产品认证的强制实施范围缩小到政府采购“涉及国家信息安全领域的采购活动”范围内，既符合GPA安全例外的原则，又符合国际惯例，可以最大限度避免外方的非议，同时可以充分利用安全例外原则，掌握主动权，切实有效地保障国家信息安全管理体系。

国务院办公厅关于印发中央预算单位2011~2012年政府集中采购目录及标准的通知

2010年12月5日　国办发［2010］61号

国务院各部委、各直属机构：

《中央预算单位2011~2012年政府集中采购目录及标准》已经国务院同意，现印发给你们，请遵照执行。

中央预算单位2011~2012年政府集中采购目录及标准

一、集中采购机构采购项目

（一）以下项目必须按规定委托集中采购机构代理采购：

目录项目	适用范围	备注
一、货物类		
台式计算机		
便携式计算机		
计算机通用软件	京内单位	指直接从市场可以购买的标准软件等非定制开发的商业软件，不包括定制软件和对购买的标准软件再进行第二次开发的软件
服务器		
网络设备		指网络交换机、网络路由器、无线局域网产品、网络存储设备、网络测试设备、网络监控设备、网络安全产品、网络应用加速器
音视频会议设备	京内单位	
复印机		
文印设备		指速印机、胶印机、数码印刷机、装订机
多功能一体机		
打印机		
传真机		
扫描仪		
投影机		

续表

目录项目	适用范围	备注
碎纸机	京内单位	
摄像机	京内单位	指单台或批量金额在 1 万元以上
电视机	京内单位	
电冰箱	京内单位	
复印纸	京内单位	
移动存储设备		指单项或批量金额在 1000 元以上
照相机		指单台或批量金额在 1 万元以上
汽车		指单价在 5 万元以上的轿车、越野汽车、面包车、大客车
电梯	京内单位	指单价在 10 万元以上
供暖锅炉	京内单位	
空调机		指除中央空调以外的空调
办公家具	京内单位	指单项或批量金额在 2 万元以上的木制或木制为主、钢制或钢制为主的家具
变配电设备	京内单位	
二、工程类		
统一组织的房屋（含宿舍）修缮、装修	京内单位	指用国务院机关事务管理局、中直管理局分配资金进行的房屋（含宿舍）修缮、装修的项目
三、服务类		
汽车维修	京内单位	
汽车保险		
汽车加油	京内单位	
印刷项目	京内单位	指单项或批量金额在 2 万元以上的本单位文印部门（含本单位下设的出版部门）不能承担的票据、证书、期刊、文件、公文用纸、资料汇编、信封等印刷业务
会议服务	京内单位	指单项会议金额在 2 万元以上
工程监理	京内单位	指对建设工程（包括建筑物和构筑物的新建、扩建、装修、拆除、修缮）的监理
机关办公场所物业管理	京内单位	指单项或批量金额在 50 万元以上，用于机关办公场所水电供应、设备运行、建筑物门窗保养维护、保洁、保安的项目

注：表中“适用范围”栏中未注明的，均适用所有中央预算单位

（二）列入财政部等有关部门印发的节能产品政府采购清单中的产品应当委托集中采购机构实行集中采购。

二、部门集中采购项目

以下项目原则上应当实行部门集中采购。部门集中采购由部门自行组织，可以委托集中采购机构采购，也可以委托社会采购代理

机构采购。

（一）货物类。救灾物资、防汛物资、抗旱物资、农用物资、储备物资、医疗设备和器械、计划生育设备、交通管理监控设备、港口设备、农用机械设备、气象专用仪器设备、人工影响天气作业设备、测绘专业仪器设备、消防设备、警用设备和用品、专用教学设备、广播电视和影像设备及专业摄影器材、文艺设备、体育设备、海关专用物资设备、税务专用物资装备、边界勘界和联检专用设备、质检专用仪器设备、海洋专用仪器设备、金融系统专用设备及有价单证和凭证、救助船舶和直升机、执法船艇、检察诉讼设备、法庭内部装备、特种车辆（指事先在车内装有固定专用仪器设备，从事监测、消防、医疗、电视转播、雷达等专业工作的车辆）、缉私船、地震专用仪器设备、水利专用仪器设备（水保、水文专用仪器设备）。

（二）工程类。部门确定的本系统京内单位公用房建设及修缮和装修工程。

（三）服务类。本部门或本系统信息管理系统开发及维护项目，部门确定的其他有特殊要求的专用服务项目。

三、分散采购限额标准

除集中采购机构采购项目和部门集中采购项目外，各部门自行采购单项或批量金额达到50万元以上的货物和服务的项目、60万元以上的工程项目应执行《中华人民共和国政府采购法》和《中华人民共和国招标投标法》有关规定。

四、公开招标数额标准

政府采购货物或服务的项目，单项或批量采购金额一次性达到120万元以上的，必须采用公开招标方式。政府采购工程公开招标数额标准按照国务院有关规定执行，200万元以上的工程项目应采用公开招标方式。

财政部　国家发展和改革委员会关于调整节能产品政府采购清单的通知

2010 年 7 月 30 日　财库［2010］82 号

党中央有关部委，国务院各部委、各直属机构，全国人大常委会办公厅，全国政协办公厅，高法院，高检院，有关人民团体，各省、自治区、直辖市、计划单列市财政厅（局）、发展改革委（计委）、经贸委（经委），新疆生产建设兵团财务局、发展改革委、经委：

为了加大节能产品政府采购工作力度，根据《国务院办公厅关于建立政府强制采购节能产品制度的通知》（国办发［2007］51 号）和财政部、发展改革委发布的《节能产品政府采购实施意见》（财库［2004］185 号）的规定，我们对已发布的"节能产品政府采购清单"（以下简称节能清单）进行了调整。现将调整后的第八期节能清单印发给你们，并将关事项通知如下：

一、第八期节能清单中的空调机、照明产品电视机、电热水器、计算机、打印机、显示器、便器、水嘴等九类产品为政府强制采购节能产品（以"★"标注）。

二、节能清单将于 2011 年 1 月再次调整并公布，财政部将会同国家发展改革委对 2010 年 11 月底前获得节能认证的产品进行审核和公示。

三、相关企业应当保证节能清单所列型号/系列的产品在本期节能清单有效期内稳定供货，凡发生制造商及其代理商不接受参加政府采购活动邀请、列入"节能清单"的产品无法正常供货以及其他违反《承诺书》内容情形的，采购人及其他相关当事人应当及时将有关情况向财政部反映，财政部经核实，根据具体违规情形，对制造商作出列入不良供应商行为记录、暂停列入"节能清单"三个月至两年的处理，并在中国政府采购网（http：//www. ccgp. gov. cn/）、国家发展改革委网站（http：//hzs. ndrc. gov. cn/）和中国质量认证中心网站（http：//www. cqc. com. cn/）上公告。

四、各级政府机构和采购代理机构在执行优先采购和强制采购节能产品制度时，应当以本期节能清单中所列产品为准，不再执行此前公布的节能清单。未列入本期节能清单的产品不属于政府优先采购和强制采购的范围。凡违反上述规定的，财政部门将依照有关规定予以处理。

五、已经确定实施的政府集中采购协议供货产品涉及节能清单产品类别的，集中采购机构应当按照本期节能清单重新组织协议供货活动或进行调整。

六、政府采购工程项目应当严格执行节能产品政府优先采购和强制采购制度。在确定工程总包单位时，采购人及其委托的采购代理机构应当明确落实节能产品政府采购政策要求。

七、节能清单在中国政府采购网、国家发展改革委网站和中国质量认证中心网站上发布，请各采购当事人到上述网站查阅、下载。

八、节能清单中产品的相关销售渠道和联系方式将在上述网站公布。

请遵照执行。

财政部　环境保护部关于调整环境标志产品政府采购清单的通知

2010年9月30日　财库［2010］107号

党中央有关部委，国务院各部委、各直属机构，全国人大常委会办公厅，全国政协办公厅，高法院，高检院，有关人民团体，各省、自治区、直辖市、计划单列市财政局（厅）、环保局（厅），新疆生产建设兵团财务局、环保局：

为加大环境标志产品政府采购工作力度，我们对已发布的“环境标志产品政府采购清单”（以下简称环保清单）进行了调整。现将调整后的第六期环保清单印发你们，并将有关事项通知如下：

一、采购人购买的产品属于政府强制采购节能产品范围的，应当按照《国务院办公厅关于建立政府强制采购节能产品制度的通知》（国办发［2007］51号）和财政部、发展改革委公布的第八期“节能产品政府采购清单”，在强制采购节能产品范围内购买。对于其中同时列入环保清单和“节能产品政府采购清单”的产品，应当优先于只获得其中一项认证的产品。

二、采购人购买轻型汽车产品时，应当按照中共中央办公厅、国务院办公厅关于党政机关汽车配备使用标准的有关规定执行。国家公布新的党政机关汽车配备使用标准时，财政部将会同环境保护部及时调整环保清单中的相关产品。

三、环保清单将于2011年1月再次调整并公布，财政部将会同环境保护部对2010年11月底前获得环境标志认证的产品进行审核和公示。

四、相关企业应当保证环保清单所列型号的产品在本期环保清单有效期内稳定供货，凡发生制造商及其代理商不接受参加政府采购活动邀请、列入环保清单的产品无法正常供货以及其他违反《承诺书》内容情形的，采购人及其他相关当事人应当及时将有关情况向财政部反映，财政部经核实，根据具体违规情形，对制造商作出列入不良供应商行为记录、暂停列入环保清单三个月至两年的处理，并在中国政府采购网（http：//www.ccgp.gov.cn/）、国家环境保护部网（http：//www.sepa.gov.cn/）、中国绿色采购网（http：//www.cgpn.org/）上公告。

五、各级政府机构和采购代理机构在执行优先采购环境标志产品制度时，应当以本期环保清单中所列产品为准，不再执行此前公布的环保清单。未列入本期环保清单的产品不属于政府优先采购的环境标志产品范围。凡违反上述规定的，财政部门将依照有关规定予以处理。

六、政府采购工程项目应当严格执行环境标志产品政府优先采购制度。在确定工程总包单位时，采购人及其委托的采购代理机构应当明确落实环境标志产品政府采购政策要求。

七、环保清单在中国政府采购网、国家环境保护部网、中国绿色采购网上发布，请各采购当事人到上述网站查阅、下载。为确保上述信息的准确性，未经财政部、环境保护部允许，不得转载。

八、环保清单中产品的相关销售渠道和联系方式将在上述网站公布。

请遵照执行。

附件：环境标志产品政府采购清单（第六期）（略）

财政部关于认真做好政府采购代理机构资格认定工作的通知

2010年11月25日　财库［2010］133号

各省、自治区、直辖市、计划单列市财政厅（局）：

为了进一步贯彻实施《政府采购代理机构资格认定办法》（财政部令第61号，以下简称《办法》），做好政府采购代理机构资格认定工作，现将有关事项通知如下：

一、严格按照《办法》及本通知要求做好相关工作

按照《办法》规定，甲级政府采购代理机构资格由财政部负责认定，乙级政府采购代理机构资格由申请机构工商注册所在地的省级财政部门负责认定。财政部和省级财政部门分别向获得甲级、乙级资格的政府采购代理机构颁发《中华人民共和国政府采购代理机构资格证书》（见附件1）。

省级财政部门要从依法行政的高度认识和重视《办法》的贯彻和落实，按照财政部统一要求制定具体的资格认定工作方法和程序，做好资质认定工作的布置和培训等工作，做到政策要求明确，认定程序清晰规范，组织工作高效。

二、资格认定工作的有关要求

（一）省级财政部门负责对京外申请甲级资格的机构是否具有固定营业场所进行确认审核，并向财政部出具审核意见。

（二）省级以上财政部门要定期向申请政府采购代理资格的机构人员进行培训，对通过培训的人员出具相关培训证明。

（三）甲级资格认定工作具体程序和要求按"甲级政府采购代理机构资格申报材料的具体要求"（见附件2）执行。乙级资格认定工作的具体程序和要求，由省级财政部门参照财政部"甲级政府采购代理机构资格申报材料的具体要求"确定。

（四）省级以上财政部门应当将审核通过拟认定资格的政府采购代理机构名单在其指定的政府采购信息发布媒体上公示，公示时间不得少于5个工作日。省级财政部门应当在资格认定工作完成后及时将乙级政府采购代理机构名单报财政部备案。

拟认定资格机构公示无异议的，省级以上财政部门将分别颁发甲、乙级资格等级证书，同时在其指定的政府采购信息媒体上公告。

三、需要明确的几个问题

（一）政府采购代理机构资格代理的业务范围，是指政府采购法规定的货物、工程和服务的政府采购项目代理业务及政府采购咨询服务业务。

（二）甲级机构资格申请方式。申请甲级资格的机构需要登录中国政府采购网（www.ccgp.gov.cn）"资格申请"专栏，按照网上提示和要求完成申请程序及资料的申报。同时，将相同的书面申报材料加盖公章报送财

政部。申请有效时间以收到书面材料时间为准。

（三）《办法》实施之后，财政部将定期集中对甲级机构进行资格审查认定，申报材料递交时间为每年6月1日、11月1日开始5个工作日内。2010年12月1日至2011年6月1日期间甲级资格证书到期的，财政部将继续接受资格申请，按《办法》进行资格审查认定。对乙级机构进行资格审查认定的时间，由省级财政部门根据具体情况自行决定。

（四）《办法》实施之后，已按原《政府采购代理机构资格认定办法》取得政府采购审批或确认资格的甲级机构，其证书在有效期内仍然有效，有效期结束后，符合《办法》规定申请甲级资格条件的，可以直接向财政部提出申请，不需要重新申请乙级资格。

（五）申请政府采购代理机构资格的单位，需填写政府采购代理机构承诺函（见附件3）。

（六）本通知自2010年12月1日起施行，原《财政部关于认真做好政府采购代理机构资格认定工作的通知》（财库［2006］13号）同时废止。

附件：1. 中华人民共和国政府采购代理机构资格证书（例样）

2. 甲级政府采购代理机构资格申报材料的具体要求

3. 承诺函

附件 1

中华人民共和国政府采购代理机构
甲级资格证书

CERTIFICATE（GRADE A）
FOR GOVERNMENT PROCUREMENT INTERMEDIARY
IN THE PEOPLE'S REPUBLIC OF CHINA

证书编号：政采代（甲）字第　号

机 构 名 称：
法定代表人：
业务代理范围：
有效期限至：2009 年　月　日

发证机关：财政部
二○○六年　月　日

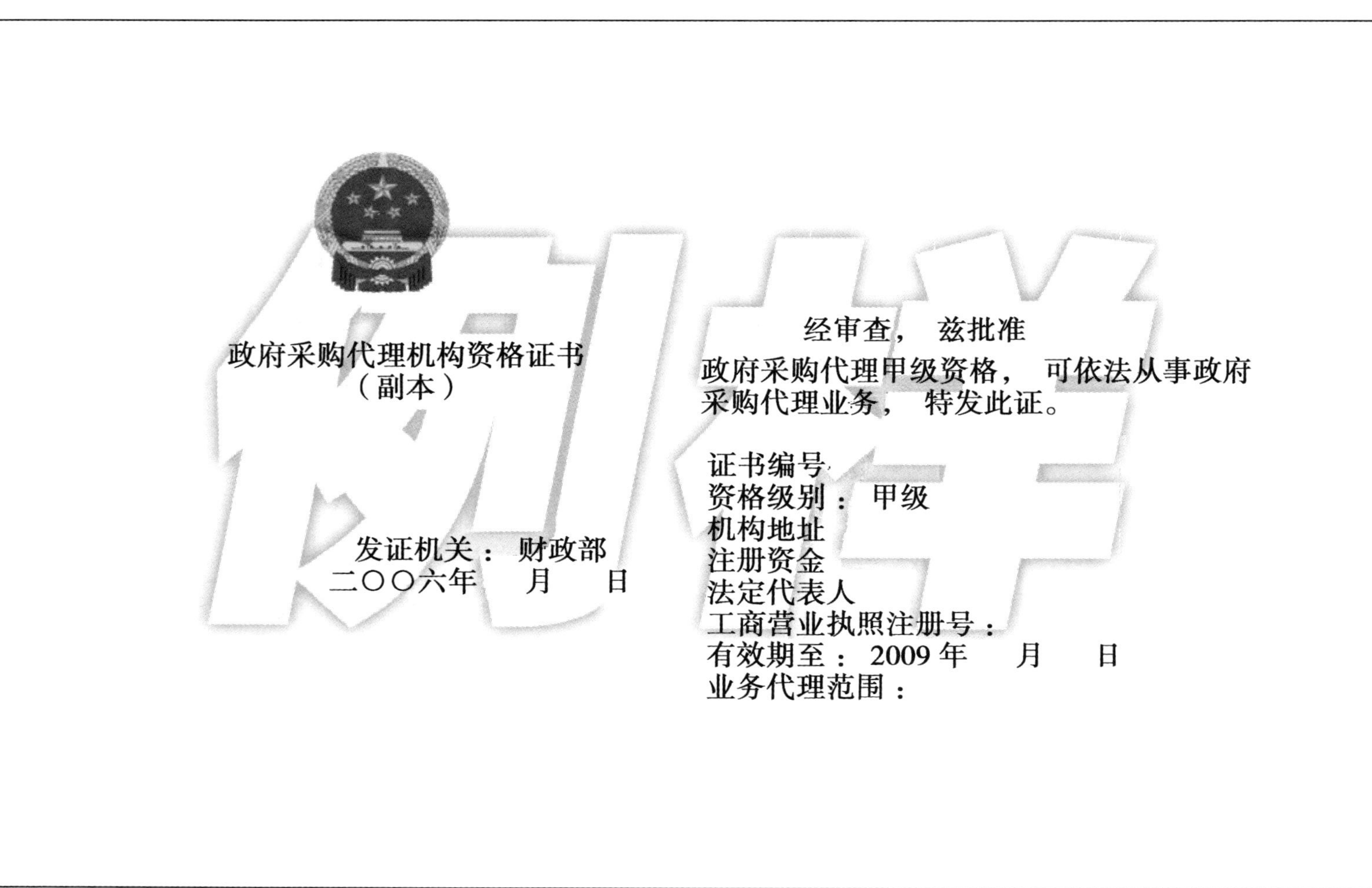

政府采购代理机构资格证书
（副本）

发证机关：财政部
二○○六年　月　日

经审查，　兹批准
政府采购代理甲级资格，　可依法从事政府采购代理业务，　特发此证。

证书编号
资格级别：　甲级
机构地址
注册资金
法定代表人
工商营业执照注册号：
有效期至：　2009 年　月　日
业务代理范围：

须　知

一、《政府采购代理机构甲（乙）A级资格证书》是社会中介机构从事政府采购代理事宜的凭证。

二、《政府采购代理机构甲（乙）级资格证书》分正本和副本，有效期为三年。

三、社会中介机构应在核准的业务范围内代理政府采购事宜。

四、证书记载事项依法发生变更的，应当自变更之日起十日内办理变更或者换证手续。

五、解散、破产或者因其他原因终止政府采购代理业务的，应当自情况发生之日起十日内向主管发证机关交回证书正、副本，办理注销手续。

六、分立或者合并的，应当自情况发生之日起十日内向主管发证机关交回证书正、副本，办理注销手续；分立或者合并后的机构需要代理政府采购事宜的，应当重新申请政府采购代理机构资格。

七、政府采购代理机构在有效期满60日前，向主管发证机关提出资格延续申请。

八、资格等级证书正、副本，不得涂改、转让、租借。

中华人民共和国政府采购代理机构

乙级资格证书

CERTIFICATE （GRADE B）
FOR GOVERNMENT PROCUREMENT INTERMEDIARY
IN THE PEOPLE'S REPUBLIC OF CHINA

证书编号：　　　第　号

机 构 名 称：
法定代表人：
业务代理范围：
有效期限至：2009 年　月　日

发证机关：……财政厅
二〇〇六年　月　日

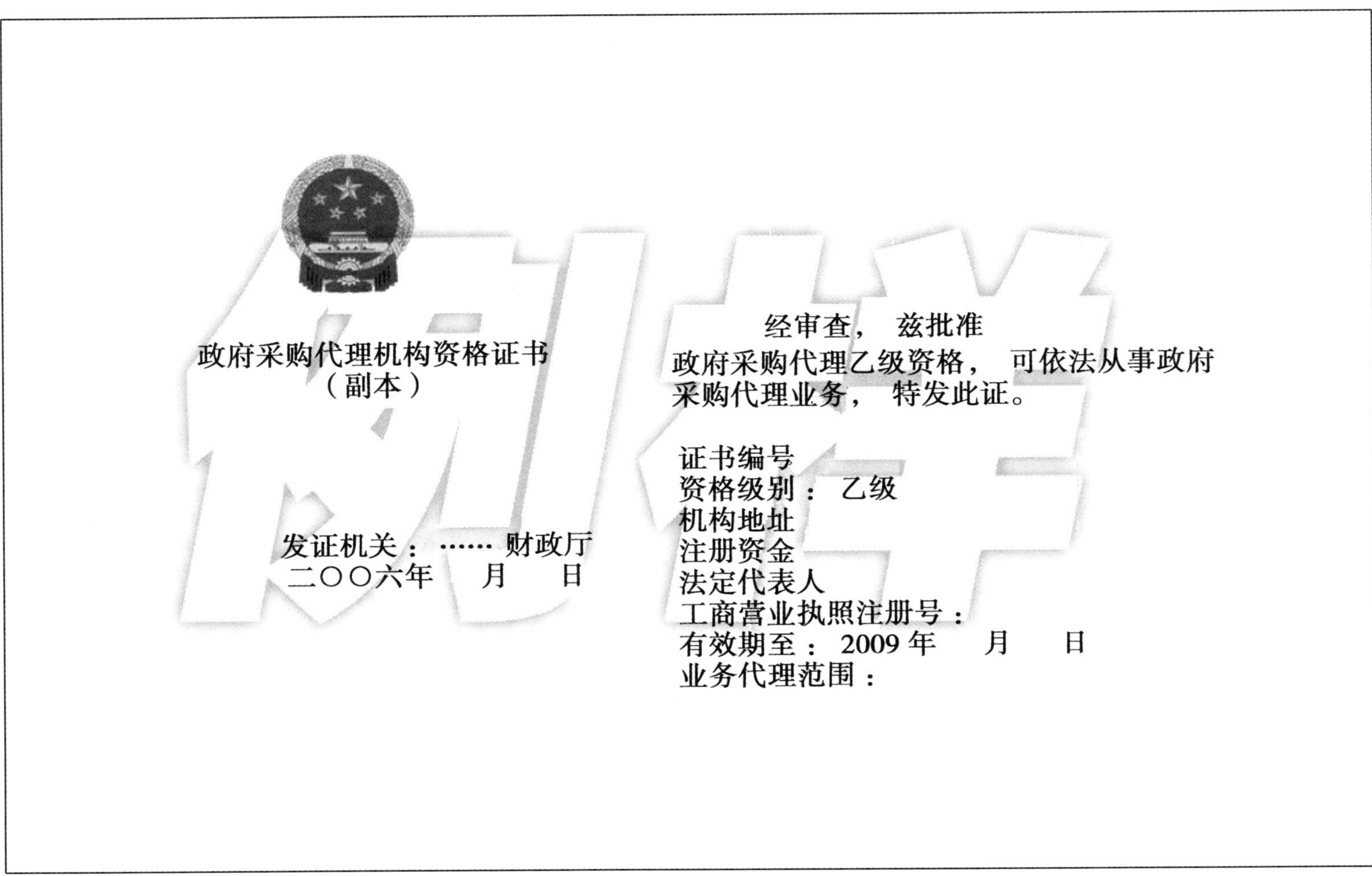

政府采购代理机构资格证书

（副本）

发证机关：……财政厅

二〇〇六年　月　日

经审查，　兹批准

政府采购代理乙级资格，　可依法从事政府采购代理业务，　特发此证。

证书编号

资格级别：乙级

机构地址

注册资金

法定代表人

工商营业执照注册号：

有效期至：2009 年　月　日

业务代理范围：

须　　知

一、《政府采购代理机构甲（乙）级资格证书》是社会中介机构从事政府采购代理事宜的凭证。

二、《政府采购代理机构甲（乙）级资格证书》分正本和副本，有效期为三年。

三、社会中介机构应在核准的业务范围内代理政府采购事宜。

四、证书记载事项依法发生变更的，应当自变更之日起十日内办理变更或者换证手续。

五、解散、破产或者因其他原因终止政府采购代理业务的，应当自情况发生之日起十日内向主管发证机关交回证书正、副本，办理注销手续。

六、分立或者合并的，应当自情况发生之日起十日内向主管发证机关交回证书正、副本，办理注销手续；分立或者合并后的机构需要代理政府采购事宜的，应当重新申请政府采购代理机构资格。

七、政府采购代理机构在有效期满60日前，向主管发证机关提出资格延续申请。

八、资格等级证书正、副本，不得涂改、转让、租借。

附件2

甲级政府采购代理机构资格申报材料的具体要求

一、《甲级政府采购代理机构资格申请书》按照《政府采购代理机构资格认定办法》第十七条的要求填报，其中：

1. 表一"专职人员总数"填写专职从事政府采购代理业务的人数，所称专职人员是指与申请人签订劳动合同，由申请人依法缴纳社会保险费的在职人员，不包括退休、外聘、兼职人员。"资金情况"应填写申报上一年度的财务情况；

2. 表二、表三和表四应由法定代表人、技术经济负责人和财务负责人本人填写，并粘贴二寸照片，本人签字；

3. 表五"专职人员名单"应填写专职从事政府采购代理业务的人员名单，并且不得为外聘、兼职和退休人员，以序号顺序装订；

4. 表六"营业场所"应当写明办公地点和办公建筑面积，"设施和办公条件"应当写明信息网络系统建立和应用情况以及计算机、复印机、传真机、电子监控等办公设备的数量；"管理规章制度"应当列明已有的业务、人事、财务等规章制度名称；人民银行开户许可证应为申请人所在地人民银行为申请人出具的基本账户开户许可证；

5. 表七"政府采购培训证明"应由省级以上财政部门或由省级以上财政部门指定的部门出具人员培训证明；

6. 表八"内部职能结构情况"应当将企业的组织类型填写清楚；

7. 表九"机构简介"企业要真实填写；

8. 表十、表十一"有效业绩一览表"要汇总近两年内中标金额，业绩材料的申报，按照表十或者表十一的序号，以包为单位依次装订。

二、申报材料中的各类资料可采用复印件，其中企业法人营业执照须将正、副本的全部内容进行复印，不得缺页。

三、申报材料应符合以下要求：

1. 申请书和申请材料统一用A4纸，文本字体使用仿宋四号，装订成册，并加盖公章，一式2份，直接报送财政部；

2. 按照《政府采购代理机构资格认定办法》第十七条规定的顺序依次装订成册，并附有目录；

3. 代理机构的申报材料如果分册装订，应当注明共几册和每册编号。

四、申报材料应当齐全，手续完备。出现数据不全、申请表填报不规范、盖章或印鉴不全、字迹潦草难以辨认等情况的不予受理。

五、负责审核申报材料的工作人员，应当对附件材料原件进行核验，确认申报政府采购代理机构填写的《甲级政府采购代理机构资格申请书》各项内容与原件相符。

附：甲级政府采购代理机构资格申请书

附

序号：

甲级政府采购代理机构资格申请书

单位名称(盖章)：________________

单　位　地　址：________________

法　定　代　表　人：________________

申　报　日　期：年　　月　　日

中华人民共和国财政部制

填 表 说 明

1. 本表一律在网上填写后计算机打印，不得涂改；一式2份，首页加盖公章，印章清晰。

2. 申请人要如实逐项填报有关情况，如有弄虚作假者按有关规定予以处罚。

3. 本表填列数据均用阿拉伯数字，除万元、%保留一位小数外，其余均为整数。

4. 专职人员名单按照同系列高、中、初级职称顺序填写。

5. 表五至表十一栏目不足者可另附页。

6. 政府采购代理机构由乙级升甲级和甲级资格延续，填写表十。

7. 申请人未取得政府采购乙级资格，直接申请甲级资格，填写表十一。

8. 申请人在提交申请书的同时，应当提供《政府采购代理机构资格认定办法》中规定的材料，并按文中规定的顺序排列。

表一　　　　　　　　　政府采购业务代理机构基本情况表

<table>
<tr><td>机构名称</td><td colspan="5"></td><td>组织机构代码</td><td></td></tr>
<tr><td>经济性质</td><td colspan="5">有限责任公司□　股份有限公司□　集体所有制企业□
全民所有制企业□　合伙企业□　个人独资企业□</td><td>上级单位</td><td></td></tr>
<tr><td rowspan="2">业务联系人</td><td rowspan="2"></td><td>联系电话</td><td colspan="3"></td><td>手机</td><td></td></tr>
<tr><td>传真电话</td><td colspan="3"></td><td>电子邮箱</td><td></td></tr>
<tr><td rowspan="2">营业地址</td><td colspan="7">省（自治区、直辖市）　地区（市、州、盟）　县（区、市、旗）</td></tr>
<tr><td colspan="5">街（路、道、巷、乡、镇）　号（村）</td><td>邮政编码</td><td></td></tr>
<tr><td rowspan="4">营业执照</td><td>注册号码</td><td></td><td>注册地址</td><td colspan="4"></td></tr>
<tr><td>注册资金</td><td>万元</td><td>发证机关</td><td></td><td>发证日期</td><td colspan="2"></td></tr>
<tr><td>营业范围（主营）</td><td colspan="6"></td></tr>
<tr><td>营业范围（兼营）</td><td colspan="6"></td></tr>
<tr><td colspan="2">基本账户开户行及账号</td><td colspan="6"></td></tr>
<tr><td colspan="2">税务登记机关</td><td colspan="6"></td></tr>
<tr><td colspan="2" rowspan="2">专职人员总数</td><td rowspan="2">人</td><td>中专以上学历人员总数</td><td>占从业人员总数比例</td><td colspan="2">中级以上职称人员总数</td><td>占从业人员总数比例</td></tr>
<tr><td>人</td><td>%</td><td colspan="2">人</td><td>%</td></tr>
<tr><td>资金情况</td><td>资产总额</td><td colspan="2">万元</td><td>所有者权益</td><td>万元</td><td>负债总额</td><td>万元</td></tr>
<tr><td colspan="3">是否依法缴纳税收</td><td colspan="5"></td></tr>
<tr><td colspan="3">是否依法缴纳社会保障资金</td><td colspan="5"></td></tr>
<tr><td colspan="3">近三年内有无重大违法记录</td><td colspan="5"></td></tr>
<tr><td>资质证明</td><td colspan="2">批准时间</td><td colspan="2">审批机关</td><td>等级</td><td colspan="2">是否年检</td></tr>
<tr><td></td><td colspan="2"></td><td colspan="2"></td><td></td><td colspan="2"></td></tr>
<tr><td></td><td colspan="2"></td><td colspan="2"></td><td></td><td colspan="2"></td></tr>
<tr><td colspan="3">申请政府采购代理业务范围</td><td colspan="5">政府采购法规定的货物、工程和服务的采购代理业务和政府采购咨询服务</td></tr>
</table>

注：表中资金情况根据会计师事务所出具的验资报告或者上年度的财务审计报告填列。

表二 **主要负责人员简况（法定代表人）**

<table>
<tr><td>姓名</td><td></td><td>性别</td><td></td><td>出生年月</td><td></td><td rowspan="5">照
片
（二寸）</td></tr>
<tr><td>职务</td><td colspan="2"></td><td colspan="2">文化程度</td><td></td></tr>
<tr><td colspan="3">身份证号码</td><td colspan="3"></td></tr>
<tr><td colspan="3">职称或者执业注册资格</td><td colspan="3"></td></tr>
<tr><td colspan="3">何时何校何专业毕业</td><td colspan="3"></td></tr>
<tr><td>联系电话</td><td></td><td>传真</td><td></td><td>手机</td><td colspan="2"></td></tr>
<tr><td>身份证复印件</td><td colspan="6"></td></tr>
<tr><td colspan="7">本人签字：</td></tr>
</table>

表三　　主要负责人员简况（技术经济负责人）

<table>
<tr><td>姓名</td><td></td><td>性别</td><td></td><td>出生年月</td><td></td><td rowspan="5">照
片
（二寸）</td></tr>
<tr><td>职务</td><td colspan="2"></td><td>文化程度</td><td colspan="2"></td></tr>
<tr><td colspan="3">身份证号码</td><td colspan="3"></td></tr>
<tr><td colspan="3">职称或者执业注册资格</td><td colspan="3"></td></tr>
<tr><td colspan="3">何时何校何专业毕业</td><td colspan="3"></td></tr>
<tr><td>联系电话</td><td></td><td>传真</td><td></td><td>手机</td><td colspan="2"></td></tr>
<tr><td>身份证复印件</td><td colspan="6"></td></tr>
<tr><td colspan="7">本人签字：</td></tr>
</table>

表四　　　　主要负责人员简况（财务负责人）

姓名		性别		出生年月		照 片 （二寸）
职务			文化程度			
身份证号码						
职称或者执业注册资格						
何时何校何专业毕业						
联系电话		传真		手机		
身份证复印件						
本人签字：						

表五

专职人员名单

序号	姓名	身份证号	学历	专业	职称	是否缴纳社会保障金

注：职称类别分别为工程、会计、经济、统计等。

表六

政府采购代理机构营业场所、设施、办公条件、
人民银行开户许可证和管理规章制度情况

表七　　政府采购培训证明

表八

政府采购代理机构内部职能结构情况

（用框图表示）

表九 政府采购代理机构简介

表十　　政府采购代理有效业绩一览表

序号	项目名称	委托单位	采购文件编号	中标/成交单位	中标/成交通知发出时间	中标/成交金额（万元）
合　计						

表十一　　招标代理有效业绩一览表

序号	项目名称	委托单位	招标编号	中标单位	中标通知发出时间	中标金额（万元）
合　计						

附件3

承　诺　函

我们______________________（单位名称）已认真阅读《政府采购代理机构资格认定办法》（财政部令第61号）及《财政部关于认真做好政府采购代理机构资格认定工作的通知》（财库［2010］133号）的相关内容，完全理解并严格按照有关要求进行政府采购代理机构资格认定的申请工作。

此次上报的政府采购代理机构资格申请材料，已经认真核对和检查，全部内容均真实、准确和完整，我们对此负责，并愿承担由此引起的行政和法律责任。

机构名称（公章）：
法定代表人（签名）：
日期：

（二）地方2010年政府集中采购目录

北京市财政局关于印发北京市2010年政府采购集中采购目录及标准的通知

2009年8月13日　京财采购［2009］1767号

市属各单位，各区县财政局、开发区财政局、燕山财政分局，北京市政府采购中心：

《北京市2010年政府采购集中采购目录及标准》（以下简称《目录及标准》，见附件1）已经市政府同意，现印发给你们，并就有关事项通知如下，请遵照执行：

一、市属各预算单位要以《目录及标准》和《市本级2010年政府采购项目的采购类型划分表》（见附件2）作为编制和执行2010年政府采购预算的依据。根据《中华人民共和国政府采购法》规定，各级国家机关、事业单位和团体组织，使用财政性资金采购集中采购目录以内的或者采购限额标准以上的货物、工程和服务的行为，必须实行政府采购。

二、各区县可结合本区县实际情况，对《目录及标准》作如下调整：适当增加集中采购目录中的品目；适当降低政府采购限额标准和集中采购目录中的附加限额标准。如需调整的区县，请将调整后的目录以书面形式上报市财政局，由市财政局统一公布。

附件：1. 北京市2010年政府采购集中采购目录及标准

2. 市本级2010年政府采购项目的采购类型划分表

附件1

北京市2010年政府采购集中采购目录及标准

根据《中华人民共和国政府采购法》和《国务院办公厅关于印发中央预算单位2009~2010年政府集中采购目录及标准的通知》（国办发［2008］129号）精神，结合北京市具体情况，现制定北京市2010年政府采购集中采购目录及标准：

一、集中采购目录

目录项目	备　注
（一）货物类	
摄影、摄像设备	指数码照相机、数码摄像机（含镜头）及零配件
空气调节设备	指分体壁挂式、分体柜式、天花板嵌入式（吸顶式）、分体风管机（天井式）
计算机	指台式计算机、便携式计算机及零配件
显示器	
打印机	指喷墨、激光、针式、多功能一体机、用于固定资产管理的条码打印机
传真机	
复印机	含速印机
投影仪	
投影幕	
扫描仪	指高速文档扫描仪、平板扫描仪、便携式扫描仪、专用扫描仪、用于固定资产管理的数据采集扫描器
UPS电源	指后备式、在线式
移动存储设备	指移动硬盘、数码照相机伴侣、录音笔
硬盘保护卡	
碎纸机	
服务器	含零配件
网络交换机	
路由器	

续表

目录项目	备　　注
电视机	
家具	指单项或批量达到30万元以上（含30万元）
电梯和起重机	
锅炉	
轿车	
越野汽车（吉普车）	
旅行车	
大客车	
摩托车	
其他汽车	指皮卡、箱式货车、救护车、清障车、囚车
信息安全产品	指防火墙、入侵检测、VPN（商密）、漏洞扫描、网页防篡改系统、网络安全审计、邮件网关、主机安全管理系统产品、防病毒软件
（二）服务类	
车辆保险	
车辆加油	
车辆维修	
会议	
印刷	指单项或批量达到30万元以上（含30万元）
互联网接入服务	

二、分散采购限额标准

集中采购目录以外项目执行如下限额标准：

（一）货物类：单项或批量采购金额达到50万元以上（含50万元）；

（二）服务类：单项或批量采购金额达到50万元以上（含50万元）；

（三）工程类：单项或批量采购金额达到100万元以上（含100万元）。

三、政府采购公开招标数额标准

（一）货物或服务类：单项或批量采购金额一次性达到100万元以上（含100万元）；

（二）工程类：按照北京市有关规定执行。

附件 2

市本级 2010 年政府采购项目的采购类型划分表

目录项目	采购类型
一、集中采购项目	
（一）货物类	
摄影、摄像设备	单项或批量小于 100 万元为协议采购，100 万元以上（含 100 万元）为项目采购
空气调节设备	
计算机	
显示器	
打印机	
传真机	
复印机	
投影仪	
投影幕	
扫描仪	
UPS 电源	
移动存储设备	
硬盘保护卡	
碎纸机	
服务器	
网络交换机	
路由器	
电视机	
信息安全产品	
家具	项目采购
电梯和起重机	
锅炉	
轿车	协议采购
越野汽车（吉普车）	
旅行车	
大客车	
摩托车	
其他汽车	
（二）服务类	
车辆保险	定点采购
车辆加油	
车辆维修	
会议	
互联网接入服务	
印刷	项目采购
二、分散采购项目	项目采购

天津市财政局关于印发《天津市2010年政府集中采购目录和采购限额标准》的通知

2009年10月21日　津财采［2009］33号

各区县人民政府，各市级预算单位，各采购代理机构：

经市人民政府同意，现将《天津市2010年政府集中采购目录和采购限额标准》印发给你们，请遵照执行。

附件：天津市2010年政府集中采购目录和采购限额标准

附件

天津市2010年政府集中采购目录和采购限额标准

一、政府集中采购目录

（一）货物类

1. 办公设备：计算机、打印机、传真机、复印机、速印机、碎纸机、多功能一体机、投影仪、扫描仪、刻录机、照相摄像器材及配件；

2. 耗材：复印纸、打印纸、硒鼓、碳粉；

3. 网络设备：服务器、路由器、网络交换机、磁盘阵列、网卡、集线器、网络安全设备、硬件防火墙、UPS；

4. 电器设备：空调机、电视机、电冰箱、冰柜、微波炉、饮水机；

5. 家具；

6. 软件：系统软件、杀毒软件、财务软件；

7. 电梯（含安装）；

8. 锅炉（含安装）；

9. 空气调节设备：中央空调机组（含安装）；

10. 中小学免费教科书；

11. 交通工具：轿车、面包车、大客车、越野汽车；

12. 公务制服；

13. 专用设备：印刷设备、照排设备、计划生育设备、医疗设备及器械、交通管理设备、监控设备、警用设备和用品、档案保密设备、消防设备、广播电视影像设备、炊事设备、教学设备、实验室设备、灯光、音响设备、防雷设备；

14. 专用车：警车、囚车、救护车、消防专用车、洒水车、道路清扫车、垃圾车、工程车等专用车；

15. 专用物资：救灾物资、防汛物资、抗旱物资、农用物资、燃煤；

16. 自主创新、节能环保产品。

（二）工程类

1. 房屋内部装修装饰工程；

2. 系统集成及网络工程。

（三）服务类

1. 印刷；

2. 信息化工程监理；

3. 车辆保险；

4. 物业管理；

5. 信息管理系统开发及维护；

6. 出国机票；

7. 出差和会议。

二、政府采购限额标准

（一）货物类

10万元以上的货物。

（二）工程类

10万元以上的工程。

（三）服务类

10万元以上的服务。

三、政府采购公开招标数额标准

采购人采购政府集中采购目录内或者采购限额标准以上的项目，凡达到公开招标数额标准的，应当采用公开招标方式实施政府采购。公开招标数额标准为：100万元以上的货物；50万元以上的服务；工程公开招标数额标准依据建设行政主管部门管理规定执行。

四、有关要求

（一）政府集中采购目录内的项目，无论采购金额大小，采购人均应委托集中采购代理机构实施采购。政府集中采购目录以外采购限额标准以下的项目，可由采购人自行采购。政府集中采购目录以外采购限额标准以上的项目，采购人应委托集中采购机构或者经省级以上人民政府财政部门认定政府采购代理资格的机构实施采购。

（二）政府采购协议供货和定点采购的项目由同级财政部门统一确定，其采购文件应当经财政部门核准，且采购结果由财政部门通知预算单位执行。具体采购工作由集中采购机构组织实施，采购操作程序按照有关规定执行。

（三）市教委系统部门集中采购依照市财政局《关于市教委教学仪器设备供应中心开展部门集中采购代理工作有关问题的通知》（津财采［2007］14号）规定执行。

（四）对达到公开招标数额标准的采购项目，因特殊情况需要采用公开招标以外采购方式的，采购人应在采购活动开始前获得同级财政部门的批准。

（五）对按规定应委托采购代理机构实施的采购项目，因特殊原因需要自行采购的，采购人应在采购活动开始前获得同级财政部门批准。

（六）政府集中采购目录以外的政府采购工程项目，应当委托具有政府采购资格的机构代理采购，其招标投标活动适用招标投标法。

（七）自主创新、节能环保产品是指经国家或我市有关部门认证，并经财政部门会同有关部门颁布的名录内产品。

（八）政府采购项目中对进口机电产品进行招标投标的，按照国家有关规定执行。

（九）各区县可根据实际情况对采购限额标准和公开招标数额标准进行适当调整，报市财政部门备案并予以公布。

五、有关说明

（一）以上目录和标准如因政策原因需要调整的，市人民政府授权市财政局执行。

（二）上述数额标准均包括所列数额，且为预算金额。

河北省财政厅关于印发河北省2010~2011年集中采购目录及政府采购限额标准的通知

2009年8月3日　冀财采［2009］26号

各设区市人民政府，省直各部门：

为了明确省级及省以下国家机关、事业单位和团体组织实施政府采购的范围和标准，进一步加强政府采购的管理，根据《中华人民共和国政府采购法》有关规定，我们制定了《河北省2010~2011年集中采购目录及政府采购限额标准》（以下简称《目录》），已经省人民政府同意，现印发给你们，并就有关事宜通知如下，请遵照执行。

一、省级及省以下各级国家机关、事业单位和团体组织（以下统称采购人）使用财政性资金采购依法制定的集中采购目录以内的或者政府采购限额标准以上的货物、工程和服务的行为，均属于政府采购范围，必须执行政府采购制度。

二、政府采购项目的管理

（一）纳入集中采购目录以内的政府采购项目的实施

采购人采购纳入集中采购目录，属于“政府集中采购部分”的项目，应当委托集中采购机构代理采购；采购人采购纳入集中采购目录，属于“部门集中采购部分”的项目，应当委托省级以上人民政府财政部门认定的政府采购代理机构代理采购或具有相应资质的集中采购机构代理采购。

纳入集中采购目录的省本级政府采购项目，采购单位有特殊要求并提供相关依据和说明的，经省人民政府或省财政厅批准后，可以自行采购；纳入集中采购目录的市、县政府采购项目，采购单位有特殊要求并提供相关依据和说明的，经设区市政府批准后，可以自行采购。

采购人采购纳入集中采购目录、属于协议供货品目类别的项目，实行协议供货，按照财政部门印发的有关协议供货办法执行。采购人采购属于协议供货品目类别的小额零星项目，且该品目类别在当月（季、年）协议供货招标中没有中标供应商的，报经同级财政部门审核批准后，可以自行采购。采购人采购纳入集中采购目录、不属于协议供货品目类别的项目，且采购单价及采购批量未达到采购限额标准的，可以自行采购。

采购人采购纳入集中采购目录以内达到采购限额标准以上的公共工程、室内外装修（饰）以及公共工程的货物项目，按照《中华人民共和国政府采购法》、《中华人民共和国招标投标法》、《河北省实施〈中华人民共和国招标投标法〉办法》进行管理的，由采购人经同级财政部门审核后，委托省级以上人民政府财政部门认定的政府采购代理机构代理采购。

采购人采购集中采购目录以内或者政府采购限额标准以上的货物，纳入《机电产品国际招标投标实施办法》（商务部令2004年第13号）管理范围、须进行国际招标的，按照有关规定执行。

（二）未纳入集中采购目录的政府采购项目的实施

采购人采购未纳入集中采购目录的政府采购项目，一次或批量采购达到政府采购限额标准的，实行分散采购，由采购人经同级财政部门审核后，委托省级以上人民政府财政部门认定的政府采购代理机构代理采购或具有相应资质的集中采购机构代理采购。

采购人采购未纳入集中采购目录的政府采购项目，一次或批量采购在政府采购限额标准以下的，可以自行采购，也可以委托集中采购机构在委托的范围内代理采购。

三、发挥政府采购政策功能。实施政府强制采购节能产品制度，对列入“节能产品政府采购清单”（由财政部、国家发展和改革委员会确定并发布）、属于强制采购类别和优先采购类别的节能产品，按照国家和省有关规定分别实行强制采购和优先采购。实施优先采购自主创新产品、环境标志产品和无线局域网认证产品制度。实施政府采购进口产品审核制度，对确需采购进口产品的项目，按照财政部《政府采购进口产品管理办法》（财库［2007］119 号）实行审核管理。

四、政府采购限额标准。采购人采购未纳入集中采购目录的政府采购项目，一次或批量采购达到 50 万元以上的，由采购人经同级财政部门审核后，委托省级以上人民政府财政部门认定的政府采购代理机构代理采购或具有相应资质的集中采购机构代理采购。

五、公开招标数额标准。货物项目：单项或者批量采购金额 50 万元以上的。服务项目：单项或批量金额 30 万元以上的。纳入政府采购的公共工程项目：施工单项合同估算价 50 万元以上的。

六、各设区市人民政府可结合本地实际，对《目录》中的政府集中采购部分（包括项目及采购限额标准）、部门集中采购部分（包括项目及采购限额标准）、政府采购限额标准以及公开招标数额标准提出适当调整意见，报经省财政厅审定后执行。对《目录》进行调整应当遵循以下原则：（一）根据需要，《目录》中的政府集中采购部分和部门集中采购部分可进行合并，也可将部门集中采购部分中的部分品目调整至政府集中采购部分。《目录》范围可适当补充，原则上不得删减。（二）《目录》中有关品目的采购限额标准、公开招标数额标准可根据当地政府采购规模情况和管理需要适当向下调整。（三）根据需要，可对《目录》中所列的协议供货品目范围、定点采购品目范围进行调整。

七、《中国财经报》、《中国政府采购》、《公共支出与采购》、中国政府采购网（www. ccgp. gov. cn）及河北省政府采购网（www. hebgp. gov. cn）为本省指定的政府采购信息的公布媒体。

八、《目录》发布后，因特殊情况需要修改、补充的，由省人民政府或省财政厅另行公布。

九、本《目录》及有关标准由省财政厅负责解释。

附件：河北省 2010～2011 年集中采购目录及采购限额标准

附件

河北省2010～2011年集中采购目录及采购限额标准

序　　号	目录名称	采购限额标准	备　　注
一、政府集中采购部分			
A	货　物　类		
A03	一般设备		
A0301	电器设备		电视机、电冰箱、洗衣机、吸尘器、数码相机、数码摄像机、空调等品目实行协议供货。
A030101	电视机		电视机实行强制采购节能产品政策。
A030102	电冰箱		冰箱实行优先采购节能产品政策。
A030103	洗衣机		家用洗衣机实行优先采购节能产品政策。
A030104	吸尘器		
A030105	摄影、摄像器材		
A030106	空气调节设备		空调机实行强制采购节能产品政策。
A030107	饮水机	单价0.5万元以上（含0.5万元），或批量采购金额5万元以上（含5万元）	饮水机实行优先采购节能产品政策。
A030108	电热水器	单价0.5万元以上（含0.5万元），或批量采购金额5万元以上（含5万元）	电热水器实行强制采购节能产品政策。
A030109	电饭锅	单价0.5万元以上（含0.5万元），或批量采购金额5万元以上（含5万元）	家用自动电饭锅实行优先采购节能产品政策。
A030110	电磁炉	单价0.5万元以上（含0.5万元），或批量采购金额5万元以上（含5万元）	家用电磁炉实行优先采购节能产品政策。

续表

序　号	目录名称	采购限额标准	备　注
A030111	DVD 机	单价 0.5 万元以上（含 0.5 万元），或批量采购金额 5 万元以上（含 5 万元）	DVD 机实行优先采购节能产品政策。
A030199	其他电器设备	单价 0.5 万元以上（含 0.5 万元），或批量采购金额 5 万元以上（含 5 万元）	
A0302	办公自动化设备		台式微机、笔记本电脑、激光打印机、喷墨打印机、针式打印机、制版印刷一体机、桌面多功能一体机、传真机、投影仪、复印机、扫描仪等品目实行协议供货。
A030201	计算机		计算机实行强制采购节能产品政策。
A030202	打印机		打印机实行强制采购节能产品政策。
A030203	电话机	批量采购金额 5 万元以上（含 5 万元）	
A030204	传真机		传真机实行优先采购节能产品政策。
A030205	复印机		复印机实行优先采购节能产品政策。
A030206	速印机	单价 0.5 万元以上（含 0.5 万元），或批量采购金额 5 万元以上（含 5 万元）	
A030207	碎纸机	批量采购金额 5 万元以上（含 5 万元）	
A030208	投影机		数字投影机实行优先采购节能产品政策。
A030209	扫描仪		
A030210	视频展示台	单价 0.5 万元以上（含 0.5 万元），或批量采购金额 5 万元以上（含 5 万元）	
A030211	多功能一体机		数字多功能办公设备实行优先采购节能产品政策。
A030212	监控设备	单价 0.5 万元以上（含 0.5 万元），或批量采购金额 5 万元以上（含 5 万元）	
A030213	计算机显示终端设备	单价 0.5 万元以上（含 0.5 万元），或批量采购金额 5 万元以上（含 5 万元）	显示器实行强制采购节能产品政策。

续表

序　　号	目录名称	采购限额标准	备　　注
A030214	不间断电源	单价0.5万元以上（含0.5万元），或批量采购金额5万元以上（含5万元）	不间断电源实行优先采购节能产品政策。
A030215	开关电源	单价0.5万元以上（含0.5万元），或批量采购金额5万元以上（含5万元）	开关电源实行优先采购节能产品政策。
A030216	电源适配器	单价0.5万元以上（含0.5万元），或批量采购金额5万元以上（含5万元）	电源适配器实行优先采购节能产品政策。
A030298	办公自动化设备零部件	单价0.5万元以上（含0.5万元），或批量采购金额5万元以上（含5万元）	
A030299	其他办公自动化设备	单价0.5万元以上（含0.5万元），或批量采购金额5万元以上（含5万元）	
A0303	家具		
A030301	办公家具	批量采购金额20万元以上（含20万元）	
A030302	学生桌椅、床铺、橱柜	批量采购金额20万元以上（含20万元）	
A0304	燃气设备		
A030401	燃气热水器	单价0.5万元以上（含0.5万元），或批量采购金额5万元以上（含5万元）	燃气热水器实行优先采购节能产品政策。
A030402	燃气灶具	单价0.5万元以上（含0.5万元），或批量采购金额5万元以上（含5万元）	燃气灶具实行优先采购节能产品政策。
A04	办公消耗用品		
A0401	纸张	定点采购	
A0402	信封	定点采购	
A0410	笔墨	定点采购	
A0411	资料夹	定点采购	
A0412	计算器	定点采购	

续表

序　　号	目录名称	采购限额标准	备　　注
A0413	电脑打印耗材	定点采购	
A0499	其他消耗用品	定点采购	
A05	建筑、装饰材料	单项合同估算价 50 万元以上（含 50 万元）	
A06	物资		
A0606	燃料	批量采购金额 20 万元以上（含 20 万元）	冬季取暖用煤
A07	专用材料		
A0704	实验室用品	单价 5 万元以上（含 5 万元），或批量采购金额 20 万元以上（含 20 万元）	
A0706	工具和仪器（指仪表、乐器等）	单价 5 万元以上（含 5 万元），或批量采购金额 20 万元以上（含 20 万元）	
A0708	制服及劳保用品	批量采购金额 20 万元以上（含 20 万元）	
A0709	荧光灯		
A070901	双端荧光灯	批量采购金额 10 万元以上（含 10 万元）	双端荧光灯实行强制采购节能产品政策。
A070902	自镇流荧光灯	批量采购金额 10 万元以上（含 10 万元）	自镇流荧光灯实行强制采购节能产品政策。
A070903	单端荧光灯	批量采购金额 10 万元以上（含 10 万元）	单端荧光灯实行优先采购节能产品政策。
A070904	高压钠灯	批量采购金额 10 万元以上（含 10 万元）	高压钠灯实行优先采购节能产品政策。
A070905	高压钠灯电子镇流器	批量采购金额 10 万元以上（含 10 万元）	高压钠灯电子镇流器实行优先采购节能产品政策。
A070906	管型荧光灯镇流器	批量采购金额 10 万元以上（含 10 万元）	管型荧光灯镇流器实行优先采购节能产品政策。
A0710	节水用具		
A071001	便器	批量采购金额 10 万元以上（含 10 万元）	便器实行强制采购节能产品政策。
A071002	水嘴	批量采购金额 10 万元以上（含 10 万元）	水嘴实行强制采购节能产品政策。
A071003	便器冲洗阀	批量采购金额 10 万元以上（含 10 万元）	便器冲洗阀实行优先采购节能产品政策。
A071004	水箱配件	批量采购金额 10 万元以上（含 10 万元）	水箱配件实行优先采购节能产品政策。

续表

序号	目录名称	采购限额标准	备注
A071005	水暖用内螺纹连接阀门	批量采购金额 10 万元以上（含 10 万元）	水暖用内螺纹连接阀门实行优先采购节能产品政策。
A071006	淋浴房	批量采购金额 10 万元以上（含 10 万元）	淋浴房实行优先采购节能产品政策。
A071007	淋浴器	批量采购金额 10 万元以上（含 10 万元）	淋浴器实行优先采购节能产品政策。
A10	专用设备		
A1001	通信设备		
A100102	电话通信设备	单价 0.5 万元以上（含 0.5 万元），或批量采购金额 5 万元以上（含 5 万元）	
A1004	网络设备		服务器实行协议供货。
A100401	服务器		
A100402	路由器	单价 0.5 万元以上（含 0.5 万元），或批量采购金额 5 万元以上（含 5 万元）	
A100403	交换机	单价 0.5 万元以上（含 0.5 万元），或批量采购金额 5 万元以上（含 5 万元）	
A100404	调制解调器	单价 0.5 万元以上（含 0.5 万元），或批量采购金额 5 万元以上（含 5 万元）	
A100499	其他网络设备	单价 0.5 万元以上（含 0.5 万元），或批量采购金额 5 万元以上（含 5 万元）	
A1011	工程机械	单价 0.5 万元以上（含 0.5 万元），或批量采购金额 5 万元以上（含 5 万元）	
A1012	园艺机械	单价 0.5 万元以上（含 0.5 万元），或批量采购金额 5 万元以上（含 5 万元）	
A1014	道路清扫设备	单价 0.5 万元以上（含 0.5 万元），或批量采购金额 5 万元以上（含 5 万元）	
A1018	档案、保密设备	单价 0.5 万元以上（含 0.5 万元），或批量采购金额 5 万元以上（含 5 万元）	

续表

序　　号	目录名称	采购限额标准	备　　注
A1020	实验室设备	单价5万元以上（含5万元），或批量采购金额20万元以上（含20万元）	
A1022	灯光、音响设备	单价5万元以上（含5万元），或批量采购金额20万元以上（含20万元）	
A1025	地震设备	单价0.5万元以上（含0.5万元），或批量采购金额5万元以上（含5万元）	
A1027	电梯和起重机		
A1028	炊事设备	单价5万元以上（含5万元），或批量采购金额20万元以上（含20万元）	
A1029	锅炉及除尘设备	单价0.5万元以上（含0.5万元），或批量采购金额5万元以上（含5万元）	
A1030	殡仪火化设备	单价0.5万元以上（含0.5万元），或批量采购金额5万元以上（含5万元）	
A1038	电力金具	单价0.5万元以上（含0.5万元），或批量采购金额5万元以上（含5万元）	电力金具实行优先采购节能产品政策。
A1039	中小型三相异步电动机	单价0.5万元以上（含0.5万元），或批量采购金额5万元以上（含5万元）	中小型三相异步电动机实行优先采购节能产品政策。
A1040	三相配电变压器	单价0.5万元以上（含0.5万元），或批量采购金额5万元以上（含5万元）	三相配电变压器实行优先采购节能产品政策。
A1041	清水离心泵	单价0.5万元以上（含0.5万元），或批量采购金额5万元以上（含5万元）	清水离心泵实行优先采购节能产品政策。
A11	交通工具		
A1101	汽车		轿车、商务车、越野车、微型面包车、面包车、大客车、轻型客货（皮卡）等品目实行协议供货。

续表

序号	目录名称	采购限额标准	备注
A110101	轿车		
A11010101	普通轿车		
A11010102	高级轿车		
A110102	越野汽车（吉普车）		
A110103	卡车		
A110104	载客汽车		
A11010402	旅行面包车		
A11010403	公共汽车		
A11010404	微型客车		
A11010499	其他载客汽车		
A110105	专用汽车		
A11010501	工程汽车		
A11010502	工具用车		
A11010503	消防车		
A11010504	警车		
A11010506	通讯和广播用车		
A11010507	皮卡		
A11010508	洒水车		
A11010509	道路清扫车		
A11010510	垃圾车		
A11010511	殡仪车		
A11010599	其他专用汽车		
A110106	摩托车		
A110107	电车		

续表

序　号	目录名称	采购限额标准	备　注
A1199	其他交通工具		
B	工　程　类		
B10	系统集成、网络工程	单项采购金额20万元以上（含20万元）	
C	服　务　类		
C01	印刷、出版	定点采购	省级采购金额30万元以上（含30万元），实行公开招投标。市级以下标准由同级财政部门制定。
C03	信息技术、信息管理软件开发设计	单项采购金额30万元以上（含30万元）	
C04	维修		
C0401	一般设备	单项采购金额30万元以上（含30万元）	
C0402	专用设备	单项采购金额30万元以上（含30万元）	
C0499	其他维修	单项采购金额30万元以上（含30万元）	
C0703	交通工具的维护保障		
C070301	车辆保险	定点采购	
C070302	车辆加油	定点采购	
C070303	车辆维修	定点采购	
C08	会议		
C0801	大型会议	定点采购	
C0802	一般会议	定点采购	
C09	卫生保洁		
C0901	办公环境保洁	单项采购金额30万元以上（含30万元）	

续表

序号	目录名称	采购限额标准	备注
二、部门集中采购部分			
A	货物类		
A06	物资		
A0601	救灾物资	批量采购金额20万元以上（含20万元）	
A0602	防汛物资	批量采购金额20万元以上（含20万元）	
A0603	抗旱物资	批量采购金额20万元以上（含20万元）	
A0604	农用物资	批量采购金额20万元以上（含20万元）	
A0605	储备物资	批量采购金额20万元以上（含20万元）	包括财政拨款购买的粮食
A10	专用设备		
A100405	网络专用设备	单价0.5万元以上（含0.5万元），或批量采购金额5万元以上（含5万元）	
A1006	医疗设备和器械	单价5万元以上（含5万元），或批量采购20万元以上（含20万元）	
A1007	计划生育设备	单价5万元以上（含5万元），或批量采购20万元以上（含20万元）	
A1008	交通管理监控设备	单价0.5万元以上（含0.5万元），或批量采购金额5万元以上（含5万元）	
A1009	港口设备	单价0.5万元以上（含0.5万元），或批量采购金额5万元以上（含5万元）	
A1010	农用机械设备	单价0.5万元以上（含0.5万元），或批量采购金额5万元以上（含5万元）	
A1013	消防设备	单价0.5万元以上（含0.5万元），或批量采购金额5万元以上（含5万元）	

续表

序　　号	目录名称	采购限额标准	备　　注
A1015	警察设备和用品	单价0.5万元以上（含0.5万元），或批量采购金额5万元以上（含5万元）	
A1019	专用教学设备	单价5万元以上（含5万元），或批量采购金额20万元以上（含20万元）	
A1021	广播电视和影像设备	单价5万元以上（含5万元），或批量采购金额20万元以上（含20万元）	
A1024	体育设备	单价0.5万元以上（含0.5万元），或批量采购金额5万元以上（含5万元）	
A1031	气象专用仪器设备	单价0.5万元以上（含0.5万元），或批量采购金额5万元以上（含5万元）	
A1032	人工影响天气作业设备	单价0.5万元以上（含0.5万元），或批量采购金额5万元以上（含5万元）	
A1033	航测设备	单价0.5万元以上（含0.5万元），或批量采购金额5万元以上（含5万元）	
A1034	海关专用物资装备	单价0.5万元以上（含0.5万元），或批量采购金额5万元以上（含5万元）	
A1035	税务专用物资装备	单价0.5万元以上（含0.5万元），或批量采购金额5万元以上（含5万元）	
A1036	检察诉讼设备	单价0.5万元以上（含0.5万元），或批量采购金额5万元以上（含5万元）	
A1037	法庭内部装备	单价0.5万元以上（含0.5万元），或批量采购金额5万元以上（含5万元）	
A11	交通工具		
A11010505	救护车		

续表

序　　号	目录名称	采购限额标准	备　　注
A110201	救助船舶和直升机		
A110202	港务监督巡逻艇		
A110203	缉私船		
B	工　程　类	施工单项合同估算价在50万元以上（含）的项目、单项合同估算价在20万元以上的重要设备、材料等货物	使用财政性资金以及与财政性资金配套的各类建筑物和构筑物的新建、改建、扩建、装修、拆除、修缮等工程。上述工程的货物、主要建筑材料。
B01	建筑物		
B0101	公用房建设		
B0102	住宅建设		
B0103	其他用房建设		
B0104	文教、卫生、音乐、体育等公益设施建设		
B0105	纪念性建筑设施建设		
B0199	其他建筑设施建设		
B02	市政建设工程		
B0201	市政道路建设		
B0202	市政公用设施建设		
B0203	自来水输水工程		
B0204	集中供暖、供热供气工程		
B0205	城市道路隔离带		
B03	环保、绿化工程		

续表

序　　号	目录名称	采购限额标准	备　　注
B0301	污水处理		
B0302	市政垃圾处理		
B0303	园林绿化工程		
B0304	荒山绿化		
B0305	天然林保护		
B0306	防沙工程		
B04	水利、防洪工程		
B0401	河道疏浚工程		
B0402	大坝、水库、闸门、泄洪工程		
B0403	农田水利工程		
B0404	江河、湖泊治理工程		
B05	交通运输工程		
B0501	机场、航空工程		
B0502	港口工程		
B0503	铁路工程		
B0504	公路、桥梁、涵洞		
B0505	各种公路标志、标杆、标线		
B09	修缮、装饰工程		
B99	其他各类工程		
C	**服　务　类**		
C02	专业咨询、工程监理、工程设计、勘察	单项合同估算价达到30万元以上（含30万元）	
C0403	建筑物维修	单项合同估算价达到30万元以上（含30万元）	

内蒙古自治区财政厅关于公布2010～2011年度自治区本级政府采购集中采购目录、限额标准和公开招标数额标准的通知

2009年12月9日　内财购［2009］1602号

各盟行政公署、市人民政府，自治区本级各预算单位：

经自治区人民政府同意，现将《2010～2011年度自治区本级政府采购集中采购目录、限额标准和公开招标数额标准》（以下简称《目录》）予以公布，并提出以下具体要求，请一并贯彻执行。

一、根据《中华人民共和国政府采购法》（以下简称《政府采购法》）规定，各级国家机关、事业单位和团体组织（以下统称采购人）使用财政性资金，采购依法制定的集中采购目录以内的或采购限额标准以上的货物、工程和服务的行为，均属于政府采购，必须实行政府采购制度，按照法律、法规规定的采购方式和采购程序进行采购。

二、财政性资金包括财政年初预算安排的资金、各类财政专项资金、预算执行中财政追加的资金，以及纳入财政专户管理的非税收入等。

使用财政性资金采购，是指全部或部分使用财政性资金以及使用需要财政性资金偿还的借款、贷款等的采购行为。

三、政府采购实行集中采购和分散采购相结合。集中采购包括政府集中采购和部门集中采购。

属于集中采购目录中的“通用采购项目”和涉及社会公共利益、关系民生的重大项目，实行政府集中采购，由采购人委托自治区政府采购中心代理采购；属于集中采购目录中的“专用采购项目”，实行部门集中采购，达到公开招标数额标准的，由采购人选择代理机构，委托自治区政府采购中心或经财政部门认定资格的采购代理机构代理采购；属于集中采购目录中本部门、本系统或本单位有特殊要求的或不具备批量采购特征的采购项目，经自治区财政厅批准后，可由部门或单位自行组织采购。

属于集中采购目录以外，采购限额标准以上的采购项目，应按照政府采购程序，办理相关审批手续后，实行分散采购。分散采购项目可由采购人自行组织，达到公开招标数额标准的，应委托自治区政府采购中心或经财政部门认定资格的采购代理机构代理采购。

四、集中采购目录中的部分通用采购项目实行协议供货制度或定点采购制度，协议供货、定点采购的有关规定，由自治区财政厅另行发文。各采购单位原则上不得采购协议供货或定点范围以外的非中标产品，特殊情况确需采购的，应在政府采购活动开始前，报自治区财政厅批准。

五、采购预算达到公开招标数额标准的

采购项目，应当采用公开招标方式采购。因特殊情况需要采用公开招标以外的采购方式，应在政府采购活动开始前，按规定报自治区财政厅批准。

六、政府采购工程项目要按照《内蒙古自治区政府采购工程管理暂行办法》（内财购函［2008］119号）规定执行，应当编制政府采购工程预算，向财政部门申报采购预算和采购计划，按照财政部门批准的采购方式进行采购。纳入集中采购目录的工程项目，除招标投标环节外，均按照《政府采购法》和自治区有关政府采购规定执行。工程政府采购项目必须委托经财政部门确认资格的工程招标代理机构代理采购。

七、在会议定点接待单位举办会议和培训、单次采购预算在10万元以下（包括10万元）的定点印刷项目，采购人不需申报采购计划，待结算资金时在“内蒙古政府采购管理信息系统”进行合同登记。

八、政府采购资金的管理和支付。预算内资金按国库集中支付有关规定执行；预算外资金按非税收入财政专户管理的有关规定执行；自筹资金按单位填报的“采购单位自行支付采购资金承诺函”，由采购单位按合同约定直接支付供应商。

九、对环保节能产品、自主创新产品等采购项目，要根据国家和自治区公布的《节能产品政府采购清单》、《环境标志产品政府采购清单》和《政府采购自主创新产品目录》，优先安排采购预算，按照有关政府采购政策，实行优先采购制度。

政府采购项目涉及环保节能产品和自主创新产品的，在政府采购招标文件（含竞争性谈判文件、询价文件）中必须对相关投标人及投标产品的资格要求、评审方法和标准等作出优先采购节能环保产品和自主创新产品的具体规定，包括评审因素及其分值等。

列入节能环保和自主创新政府采购清单中的产品应当委托政府集中采购机构实行集中采购。

十、根据《政府采购法》第九条的规定，在满足基本技术条件和售后服务要求的前提下，要优先采购自治区企业生产的产品和提供的服务，促进少数民族地区经济和社会发展。

十一、各部门、各单位要按照部门预算管理的规定，编报政府采购预算。未编报政府采购预算或未按要求编报的，财政部门不予下达年度部门预算；列入政府采购预算的采购项目，不履行采购程序的，财政部门不予拨付采购资金；对应编未编政府采购预算的采购项目，财政部门不予办理政府采购事宜。凡采取弄虚作假、隐瞒不报、擅自采购、化整为零等手段规避政府采购的，根据《政府采购法》等有关法律、法规规定追究相关人员责任。

十二、各预算单位要按政府采购集中采购目录和限额标准编制政府采购预算、填报政府采购计划、办理政府采购业务。集中采购机构、采购代理机构和采购人要按照政府采购的有关规定，依法组织实施政府采购活动，提高政府采购资金使用效益，提高政府采购效率和质量。自治区财政厅要会同纪检监察、审计等部门采取有力措施，加强对规避政府采购管理、违反政府采购规定的行为进行监督检查，切实维护政府采购法律法规的严肃性。

十三、年度执行中，《目录》因特殊情况需要修改、补充的，由自治区财政厅另行发文。

十四、各盟市可根据当地实际情况，参照本《目录》制定本地区集中采购目录、限额标准和公开招标数额标准，并报自治区财政厅备案。

附件：2010～2011年自治区本级政府采购集中采购目录、限额标准和公开招标数额标准

附件

2010～2011年自治区本级政府采购集中采购目录、限额标准和公开招标数额标准

一、集中采购目录

货　物　类	采购品目	备　　注
（一）通用采购项目		
1. 电器设备	电视机、电冰箱、空调机	在协议供货限额标准以内实行协议供货
2. 摄影摄像器材	摄像机、照相机	
3. 办公自动化设备	台式计算机、笔记本电脑、打印机、复印机、传真机、投影仪、扫描仪、多功能一体机、碎纸机、移动存储设备	
4. 网络设备和网络安全产品	服务器、路由器、小型交换机、UPS、防火墙、隔离卡等	
5. 通用软件	操作系统、办公软件、杀毒软件	
6. 办公家具		单项或批量采购预算金额在5万元以上
7. 电梯		
8. 锅炉		
9. 交通工具	轿车、越野车、商务车、旅行车、客车、面包车等	纳入协议供货的车型实行协议供货
10. 储备物资	救灾物资、防汛物资、抗旱物资、农用物资、扶贫物资	
11. 中央空调机组（含末端）		
12. 档案设备		
13. 会议视频设备		
14. 变配电设备		
15. 文体用品		单项或批量采购预算金额在5万元以上
16. 国家储备粮		
17. 免费教科书		
18. 公检法司等行政执法部门制服		

续表

货　物　类	采购品目	备　　注
（二）专用采购项目		
1. 医疗器械及设备		
2. 计划生育器械及设备		
3. 安全监控设备		
4. 地震仪器及设备		
5. 农牧业机械仪器及设备		其中仪器或器械单项或批量采购预算金额在5万元以上
6. 林业机械仪器及设备		
7. 水利机械仪器及设备		
8. 气象专用仪器及设备	包括人工影响天气作业设备	
9. 环保仪器及设备		
10. 交通管理监控设备		
11. 测绘专用仪器及设备		
12. 工程机械设备		
13. 园艺机械设备		
14. 无线电设备		
15. 执法部门专用设备及用品	包括公检法司、工商、税务等部门执法专用设备及用品	其中用品单项或批量采购预算金额在5万元以上
16. 教学、科研仪器及设备		其中仪器单项或批量采购预算金额在5万元以上
17. 实验室仪器及设备		
18. 质量检验仪器及设备		
19. 广播电视、影像设备		
20. 文艺设备		
21. 灯光、音响设备		
22. 体育设备、器材及运动服装		其中器材和服装单项或批量采购预算金额在5万元以上
23. 保密设备		
24. 消防设备		
25. 卫生防疫用品		单项或批量采购预算金额在5万元以上
26. 农牧林防灾防疫药品和材料		
27. 专用系统软件		

续表

工　程　类	采购品目	备　　注
1. 建筑物	公用房建设，住房建设，其他用房建设，文教、卫生、音乐、体育等公益设施建设，纪念性建筑设施建设，其他建筑设施建设	
2. 水利防洪工程	河道疏浚工程，大坝、水库、闸门、泄洪工程，农田水利工程，江河、湖泊治理工程	
3. 交通运输工程	公路、桥梁、涵洞	
4. 市政建设工程	市政道路建设，市政公用设施建设，自来水输水工程，集中供暖、供热、供气工程	
5. 环保、园林绿化工程	污水处理、市政垃圾处理、园林绿化工程、荒山绿化、天然林保护、防沙工程	
6. 维修改造装饰工程		采购预算金额在30万元以上（包括30万元）
7. 工程监理、工程设计		
服　务　类	采购品目	备　　注
1. 信息技术、信息管理软件的开发设计和维护		
2. 系统集成及网络建设		
3. 勘探勘测项目	地质、矿产、土地、煤田、水利、交通等勘探勘测项目	
4. 租赁	房屋租赁、通讯线路租用等	
5. 办公场所物业管理		采购预算金额在50万元以上（包括50万元）
6. 印刷		
7. 车辆保险、加油和维修		
8. 会议及培训	一、二、三类会议和培训	
9. 中介服务	选择代理银行、会计师事务所、评估机构等社会中介服务机构	

二、政府采购限额标准

集中采购目录以外的，单项或批量采购预算金额达到10万元以上的货物和服务项目、30万元以上的工程项目，均属政府采购范围，按照《政府采购法》规定的采购方式和工作程序进行采购。

三、政府采购公开招标数额标准

政府采购货物和服务项目，单项或批量采购预算金额一次达到80万元（含80万元）以上的，应当采取公开招标采购方式。政府采购工程类项目采购预算一次达到100万元（含100万元）以上的，应当采取公开招标采购方式，具体要求按照《内蒙古自治区实施〈中华人民共和国招投标法〉办法》（内蒙古自治区人民代表大会常务委员会公告第57号）第十条的有关规定执行。

辽宁省财政厅关于修订《辽宁省政府采购集中采购目录及相关限额标准》的通知

2010年3月11日　辽财采［2010］204号

各市人民政府、省政府各厅委、各直属机构：

为进一步推进政府采购制度改革，完善“管采分离”体制和政府采购运行机制，根据《中华人民共和国政府采购法》（以下简称《政府采购法》）的有关规定，经省政府同意，现将修订后的《辽宁省政府采购集中采购目录及相关限额标准》印发给你们，并提出如下要求，请一并贯彻执行。

一、各级国家机关、事业单位和团体组织（以下统称采购单位）使用财政性资金购买列入政府采购集中采购目录或金额超过集中采购限额标准的货物、工程和服务，均属于政府采购集中采购范围，必须按照政府采购法律法规确定的方式和程序进行。

二、采购单位购买列入政府采购集中采购目录或虽未纳入集中采购目录但项目预算超过集中采购限额标准的货物、工程和服务，按照《政府采购法》和此次颁布的《辽宁省政府采购集中采购目录及相关限额标准》有关规定，分别采取政府集中采购和部门集中采购的组织形式进行。其中，政府集中采购由依法设立的政府集中采购机构组织实施，部门集中采购由采购单位或其行政主管部门自行组织实施，也可以委托政府集中采购机构或者经认定资格的招标代理机构组织实施。

三、采购单位必须依法委托政府集中采购机构组织采购的项目范围包括：

1. 纳入集中采购目录以内的协议供货和定点采购项目；

2. 纳入集中采购目录以内且项目预算在政府集中采购资金限额以上（含本数）的采购项目。

3. 省本级政府集中采购限额标准由省政府授权省财政厅制定，各市政府集中采购限额标准由各市政府自行制定。

四、采购单位可按照部门集中采购组织形式实施的项目范围包括：

1. 纳入集中采购目录以内且项目预算在政府集中采购资金限额以下的采购项目；

2. 未纳入集中采购目录但项目预算超过集中采购限额标准的采购项目。集中采购限额标准具体包括：

（1）货物类。单位价值在1万元（含1万元）以上或者单位价值低于1万元，但批量购买并且当年累计价值在5万元以上的。

（2）工程类。项目预算在10万元（含10万元）以上或者工程建筑面积在100平方米以上的新建、扩建、翻建工程。

（3）服务类。项目预算在5万元（含5万元）以上的。

五、属于政府采购集中采购范围，货物和服务类单项或者批量采购金额一次性达到100万元（含100万元）以上、工程类采购金额一次性达到200万元（含200万元）以上，必须采用公开招标方式。

六、采购单位要进一步加强部门集中采

购管理，严格按照同级财政部门规定的部门集中采购工作程序和有关要求组织实施。采购单位不得采取化整为零、拆分项目等方式将应当委托政府集中采购机构组织实施的采购项目，自行组织实施或委托采购代理机构实施。违者，一经查出，将按照有关规定严肃处理。

七、各市可结合本地区经济发展状况和采购需求情况，对集中采购目录进行补充。对于各项限额标准，各市根据本地实际情况自行制定。各市集中采购目录和限额标准制定发布后，应报送省财政厅备案。

八、此次确定的政府采购集中采购目录和各项限额标准作为2010 年度政府采购预算执行及今后年度编制政府采购预算的依据。采购单位和政府集中采购机构要认真落实好各项规定，依法实施政府采购活动，切实提高政府采购资金使用效益和采购活动的效率及质量。各级财政部门要会同纪检监察、审计等部门采取有力措施，加强对规避政府采购管理行为的监督检查，切实维护法律和政策的严肃性。

九、本通知发布后，省直各部门及各市按新修订的《辽宁省政府采购集中采购目录及相关限额标准》执行。

附件：1. 辽宁省政府采购集中采购目录（各市）

2. 辽宁省省本级政府采购集中采购目录及相关限额标准（省本级）

附件 1

辽宁省政府采购集中采购目录（各市）

序　　号	品目名称	政府集中采购资金限额标准（各市自行制定）
A	货物类	
A01	土地	
A02	建筑物	
A0201	办公用房	
A0202	宿舍用房	
A03	一般设备	
A0301	电器设备	
A030101	电视机	
A030102	电冰箱、电冰柜	
A030103	洗衣机	
A030104	吸尘器	
A030105	摄影、摄像器材	

续表

序　　号	品目名称	政府集中采购资金限额标准（各市自行制定）
A030106	空气调节器	
A0302	办公自动化设备	
A030201	计算机	
A030202	打印机	
A030203	程控交换机	
A030204	传真机	
A030205	复印机	
A030206	速印机	
A030207	碎纸机	
A030208	投影仪	
A030209	扫描仪	
A0303	家具	
A04	办公消耗用品	
A0401	纸张	
A0402	信封	
A0403	档案夹	
A0404	软盘	
A0405	光盘	
A0406	硒鼓	
A0407	墨盒、碳粉	
A0408	U 盘	
A05	建筑、装饰材料	
A06	物资	
A0601	救灾储备物资	
A0602	防汛储备物资	
A0603	抗旱储备物资	
A0604	农用物资	
A0606	燃料（取暖用煤、用油）	
A07	专用材料	
A0701	药品及医疗耗材	
A0702	兽医用品	
A0703	图书资料	
A070301	图书	
A070302	教科书	
A0704	实验室用品及小型设备	
A0705	胶片胶卷、录音录像带	

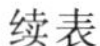
续表

序　　号	品目名称	政府集中采购资金限额标准（各市自行制定）
A0706	工具和仪器	
A0707	艺术部门用材料和用品	
A0708	军装、制服及劳保用品	
A10	专用设备	
A1001	通信设备	
A1002	印刷设备	
A1003	照排设备	
A1004	网络设备	
A100401	服务器	
A100402	路由器	
A100403	交换机	
A100404	调制解调器	
A1005	发电设备	
A1006	医疗设备、器械	
A1007	计划生育设备	
A1008	交通管理监控设备	
A1009	农用机械设备	
A1011	工程机械	
A1012	园艺机械	
A1013	消防设备	
A1014	道路清扫设备	
A1015	警用设备和用品	
A1016	保安设备	
A1018	档案、保密设备	
A1019	教学设备	
A1020	实验室设备	
A1021	广播电视、影像设备	
A1022	灯光、音响设备	
A1023	文艺设备	
A1024	体育设备	
A1025	地震设备	
A1026	殡仪火化设备	
A1027	电梯	
A1028	炊事设备	
A1029	锅炉	
A11	交通工具	

续表

序　　号	品目名称	政府集中采购资金限额标准（各市自行制定）
A1101	汽车	
A110101	轿车	
A110102	越野汽车	
A110104	载客汽车	
A110105	专用汽车	
A11010501	工程汽车	
A11010502	工具用车	
A11010503	消防车	
A11010504	警车	
A11010505	救护车	
A11010506	通讯和广播用车	
A11010507	皮卡	
A11010508	洒水车	
A11010509	道路清扫车	
A110105010	垃圾车	
A110106	摩托车	
A1102	船只	
A1103	飞机	
A12	正版软件	
A99	自主创新产品目录产品	
B	**工程类**	
B01	建筑物	
B0101	公用房建设	
B0102	住房建设	
B0103	其他用房建设	
B0104	文教、卫生、音乐、体育等公益设施建设	
B0105	纪念性建筑设施建设	
B02	市政建设工程	
B0201	市政道路建设	
B0202	市政公用设施建设	
B03	环保、园林绿化	
B0301	污水处理	
B0302	市政垃圾处理	
B0303	园林绿化工程	
B0304	荒山绿化	
B0305	天然林保护	

续表

序　　号	品目名称	政府集中采购资金限额标准（各市自行制定）
B0306	防沙工程	
B09	修缮、装饰工程	
B10	系统集成、网络工程	
C	**服务类**	
C01	印刷、出版	
C02	专业咨询、工程监理、工程设计	
C03	信息技术、信息管理软件的开发设计	
C04	维修	
C0402	专用设备	
C0403	建筑物	
C05	租赁	
C06	交通工具的维护保障	
C0601	车辆保险	
C0602	车辆加油	
C0602	车辆维修	
C07	金融服务	
C08	会议	
C09	培训	
C10	因公出差住宿定点宾馆	
C11	物业管理	
C99	其他服务	

附件2

辽宁省省本级政府采购集中采购目录及相关限额标准（省本级）

序　　号	品目名称	政府集中采购资金限额标准
A	**货物类**	
A01	土地	项目预算金额200万元以上
A02	建筑物	项目预算金额200万元以上
A0201	办公用房	
A0202	宿舍用房	
A03	一般设备	

续表

序　　号	品目名称	政府集中采购资金限额标准
A0301	电器设备	
A030101	电视机	项目预算金额200万元以上
A030102	电冰箱、电冰柜	项目预算金额200万元以上
A030103	洗衣机	项目预算金额200万元以上
A030101	吸尘器	项目预算金额200万元以上
A030105	摄影、摄像器材	协议供货
A030106	空气调节器	协议供货
A0302	办公自动化设备	
A030201	计算机	协议供货
A030202	打印机	协议供货
A030203	程控交换机	项目预算金额200万元以上
A030204	传真机	协议供货
A030205	复印机	协议供货
A030206	速印机	协议供货
A030207	碎纸机	协议供货
A030208	投影仪	协议供货
A030209	扫描仪	协议供货
A0303	家具	协议供货
A04	办公消耗用品	项目预算金额200万元以上
A0401	纸张	
A0402	信封	
A0403	档案夹	
A0404	软盘	
A0405	光盘	
A0406	硒鼓	
A0407	墨盒、碳粉	
A0408	U盘	
A05	建筑、装饰材料	项目预算金额200万元以上
A06	物资	项目预算金额200万元以上
A0601	救灾储备物资	
A0602	防汛储备物资	
A0603	抗旱储备物资	
A0604	农用物资	
A0606	燃料（取暖用煤、用油）	
A07	专用材料	
A0701	药品及医疗耗材	按国家统一规定执行

FUJI xerox
选对伙伴
才能面对任何挑战
为您度身定制的解决之道
功的路上充满挑战，富士施乐为您分担。我们
仅精于文档管理、提供全面而专业的数码办公设备，
能根据您的独特需求制定独一无二的解决方案。
士施乐，值得信任的伙伴，与您协力战胜挑战！
DocuCentre-IV C2265
彩色数码多功能一体机

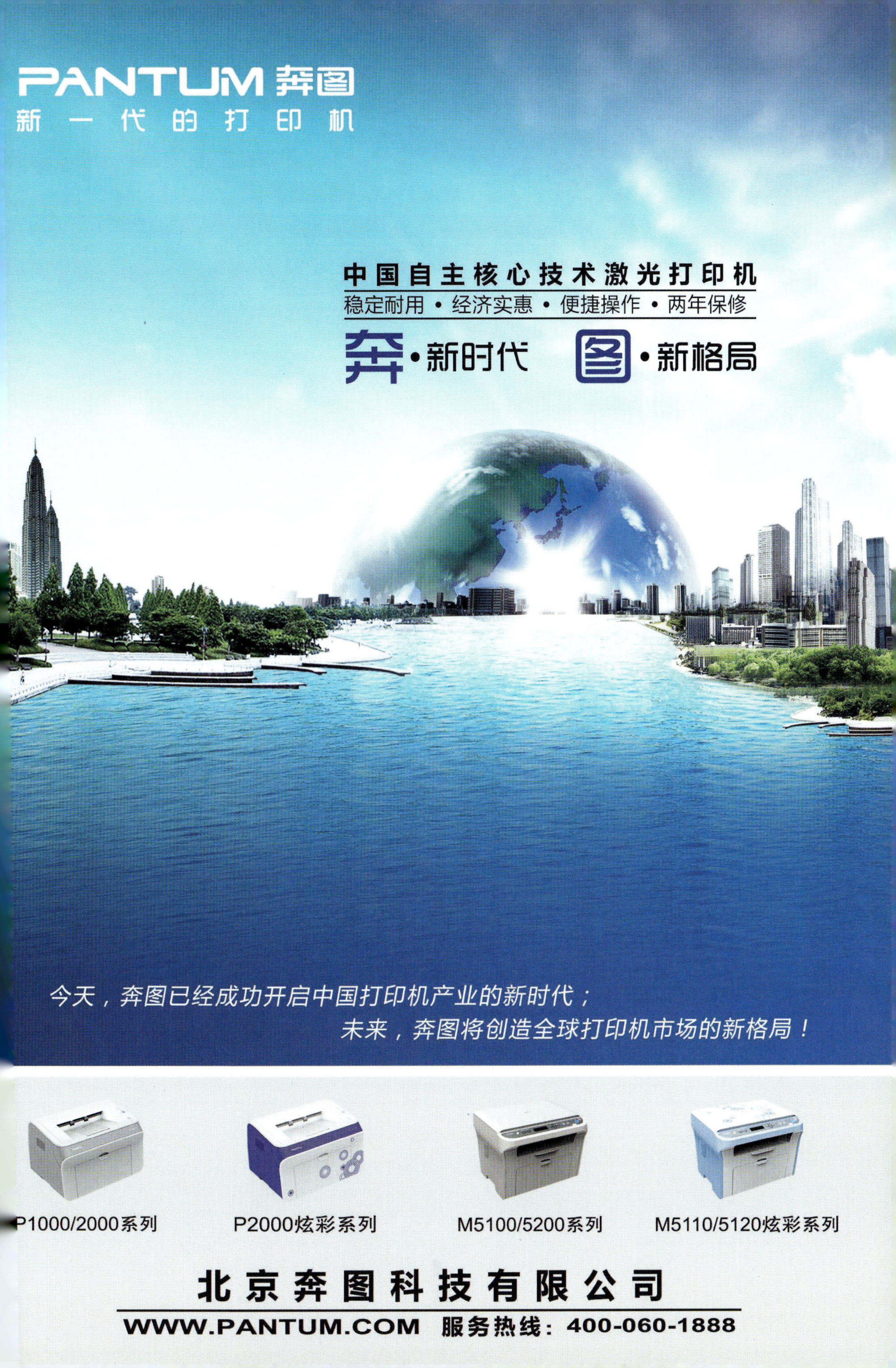
PANTUM 奔图
新 一 代 的 打 印 机
中国自主核心技术激光打印机
稳定耐用 • 经济实惠 • 便捷操作 • 两年保修
奔•新时代 图•新格局
今天，奔图已经成功开启中国打印机产业的新时代；
未来，奔图将创造全球打印机市场的新格局！
P1000/2000系列
P2000炫彩系列
M5100/5200系列
M5110/5120炫彩系列
北京奔图科技有限公司
WWW.PANTUM.COM 服务热线：400-060-1888

惠普自动双面打印 关注你忽略的一面！

轻松便捷办公 惠普智慧帮你实现

HP LaserJet Pro P1606dn
智慧型黑白激光打印机
- 打印速度25页/分钟，首页输出仅需7秒
- 内嵌“智慧驱动#”
- 自动开关机
- 自动双面打印，标配网络
- 一年上门服务
- 0秒预热，节省成本和能源

￥2,599

凝聚领先科技，惠普智慧打印机，凭借自动双面打印技术能
高效便捷的办公风潮。打印用纸效率双倍提升，有效控制办
成本，更为绿色环保作出贡献。拥有自动双面打印技术的惠
智慧打印机，让你不再一面打印，一面白白浪费！

HP LaserJet P2055d/dn
黑白激光打印机
- 打印速度33页/分钟，首页输出小于8秒
- 打印负荷50000页/月
- 自动双面打印
- 一年上门服务
- 0秒预热，节省成本和能源

￥2,999起

HP LaserJet Pro M1536dnf
多功能黑白激光一体机
打印/复印/扫描/传真/网络/ADF
- 打印速度25页/分钟，首页输出小于8.5秒
- 自动双面打印，标配网络
- 支持身份证复印*
- 外形紧凑小巧

￥3,299

了解更多

搜索 自动双面打印 

致电 800-820-0702或400-820-0702
工作时间：周一至周五08:30－18:00

登录 www.hp.com.cn/laserduplex

惠普耗材 轻松网购 www.hp.com.cn/CAC

* 一体机将身份证正反两面分别扫描后，一次性打印在一页纸上。# 驱动安装程序内嵌于
中，无需光盘或下载，联机后可智能检测并安装驱动。

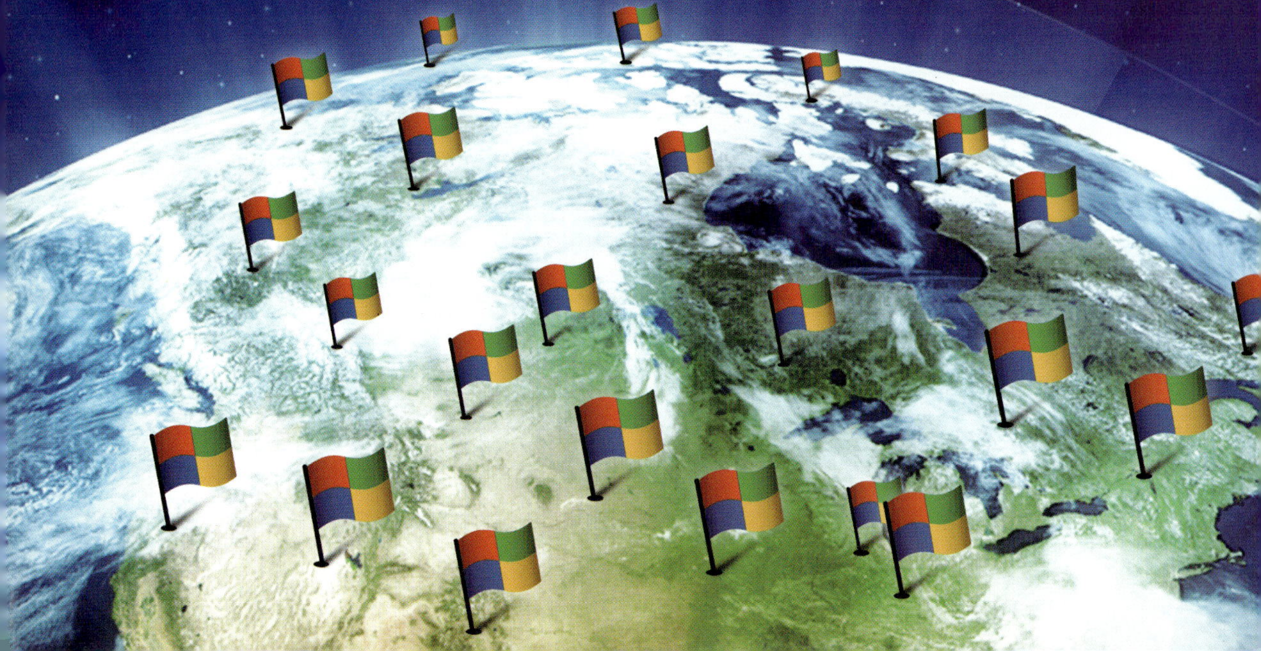

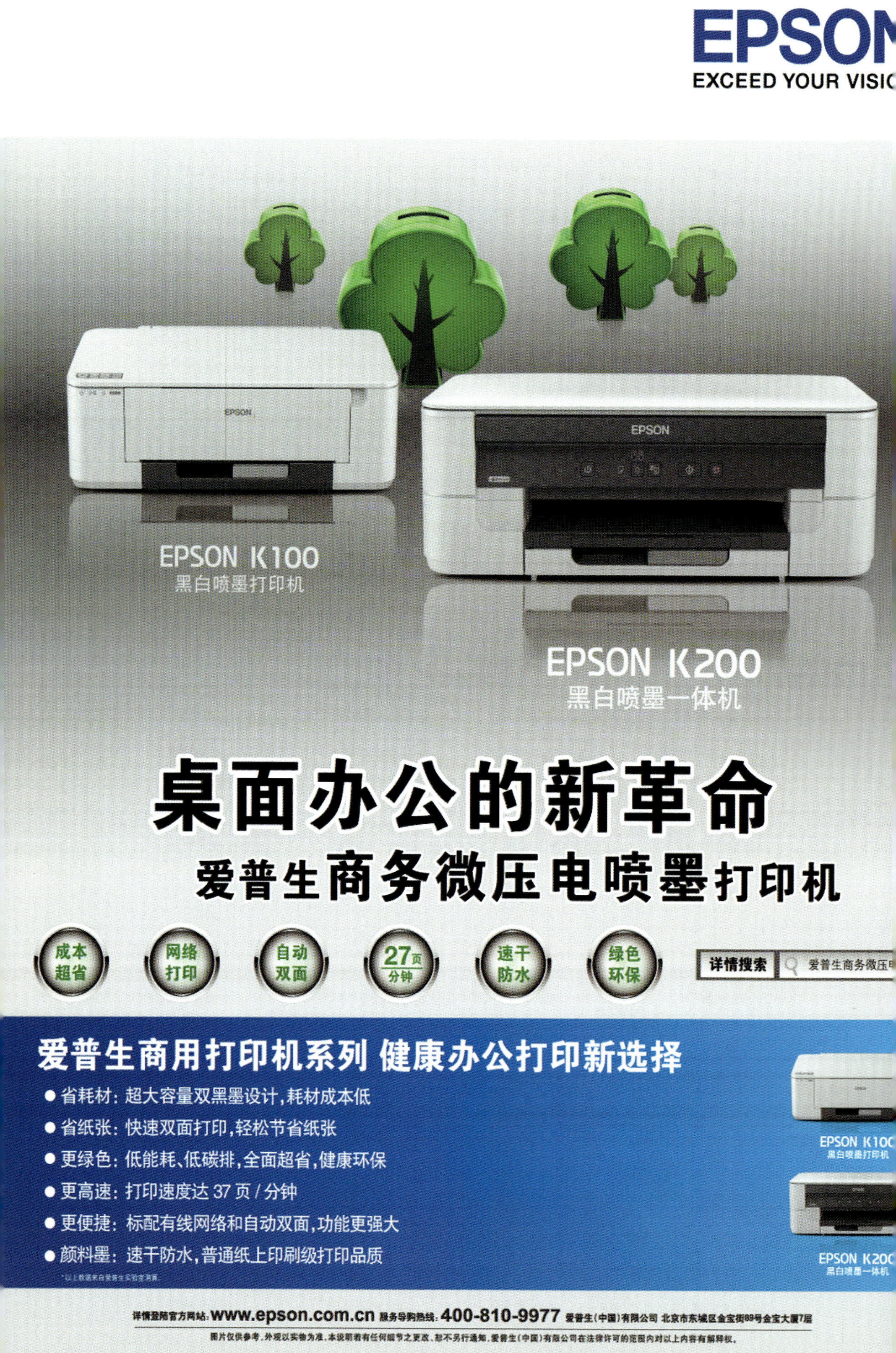
EPSON
EXCEED YOUR VISIO
EPSON K100
黑白喷墨打印机
EPSON K200
黑白喷墨一体机
桌面办公的新革命
爱普生商务微压电喷墨打印机
成本超省
网络打印
自动双面
27页 分钟
速干防水
绿色环保
详情搜索
爱普生商务微压电
爱普生商用打印机系列 健康办公打印新选择
● 省耗材：超大容量双黑墨设计，耗材成本低
● 省纸张：快速双面打印，轻松节省纸张
● 更绿色：低能耗、低碳排，全面超省，健康环保
● 更高速：打印速度达 37 页 / 分钟
● 更便捷：标配有线网络和自动双面，功能更强大
● 颜料墨：速干防水，普通纸上印刷级打印品质
EPSON K100
黑白喷墨打印机
EPSON K200
黑白喷墨一体机
详情登陆官方网站：www.epson.com.cn 服务导购热线：400-810-9977 爱普生（中国）有限公司 北京市东城区金宝街89号金宝大厦7层
图片仅供参考，外观以实物为准，本说明若有任何细节之更改，恕不另行通知，爱普生（中国）有限公司在法律许可的范围内对以上内容有解释权。

续表

序　　号	品目名称	政府集中采购资金限额标准
A0702	兽医用品	项目预算金额200万元以上
A0703	图书资料	项目预算金额200万元以上
A070301	图书	
A070302	教科书	
A0704	实验室用品及小型设备	项目预算金额200万元以上
A0705	胶片胶卷、录音录像带	项目预算金额200万元以上
A0706	工具和仪器	项目预算金额200万元以上
A0707	艺术部门用材料和用品	项目预算金额200万元以上
A0708	军装、制服及劳保用品	项目预算金额200万元以上
A10	专用设备	
A1001	通信设备	项目预算金额200万元以上
A1002	印刷设备	项目预算金额200万元以上
A1003	照排设备	项目预算金额200万元以上
A1004	网络设备	
A100401	服务器	协议供货
A100402	路由器	协议供货
A100403	交换机	协议供货
A100404	调制解调器	项目预算金额200万元以上
A1005	发电设备	项目预算金额200万元以上
A1006	医疗设备、器械	按国家统一规定执行
A1007	计划生育设备	项目预算金额200万元以上
A1008	交通管理监控设备	项目预算金额200万元以上
A1009	农用机械设备	项目预算金额200万元以上
A1011	工程机械	项目预算金额200万元以上
A1012	园艺机械	项目预算金额200万元以上
A1013	消防设备	项目预算金额200万元以上
A1014	道路清扫设备	项目预算金额200万元以上
A1015	警用设备和用品	项目预算金额200万元以上
A1016	保安设备	项目预算金额200万元以上
A1018	档案、保密设备	项目预算金额200万元以上
A1019	教学设备	项目预算金额200万元以上
A1020	实验室设备	项目预算金额200万元以上
A1021	广播电视、影像设备	项目预算金额200万元以上
A1022	灯光、音响设备	项目预算金额200万元以上
A1023	文艺设备	项目预算金额200万元以上
A1024	体育设备	项目预算金额200万元以上

续表

序　　号	品目名称	政府集中采购资金限额标准
A1025	地震设备	项目预算金额200万元以上
A1026	殡仪火化设备	项目预算金额200万元以上
A1027	电梯	项目预算金额200万元以上
A1028	炊事设备	项目预算金额200万元以上
A1029	锅炉	项目预算金额200万元以上
A11	交通工具	
A1101	汽车	
A110101	轿车	协议供货
A110102	越野汽车	协议供货
A110104	载客汽车	协议供货
A110105	专用汽车	
A11010501	工程汽车	协议供货
A11010502	工具用车	协议供货
A11010503	消防车	协议供货
A11010504	警车	协议供货
A11010505	救护车	协议供货
A11010506	通讯和广播用车	协议供货
A11010507	皮卡	协议供货
A11010508	洒水车	协议供货
A11010509	道路清扫车	协议供货
A110105010	垃圾车	协议供货
A110106	摩托车	
A1102	船只	项目预算金额200万元以上
A1103	飞机	项目预算金额200万元以上
A12	正版软件	项目预算金额200万元以上
A99	自主创新产品目录产品	项目预算金额200万元以上
B	**工程类**	**项目预算金额达到100万元以上**
B01	建筑物	
B0101	公用房建设	
B0102	住房建设	
B0103	其他用房建设	

续表

序　　号	品目名称	政府集中采购资金限额标准
B0104	文教、卫生、音乐、体育等公益设施建设	
B0105	纪念性建筑设施建设	
B02	市政建设工程	
B0201	市政道路建设	
B0202	市政公用设施建设	
B03	环保、园林绿化	
B0301	污水处理	
B0302	市政垃圾处理	
B0303	园林绿化工程	
B0304	荒山绿化	
B0305	天然林保护	
B0306	防沙工程	
B09	修缮、装饰工程	
B10	系统集成、网络工程	
C	**服务类**	**年度累计采购50万元以上。如实行定点采购，按定点采购办法执行**
C01	印刷、出版	
C02	专业咨询、工程监理、工程设计	
C03	信息技术、信息管理软件的开发设计	
C04	维修	
C0402	专用设备	
C0403	建筑物	
C05	租赁	
C06	交通工具的维护保障	
C0601	车辆保险	
C0602	车辆加油	
C0602	车辆维修	
C07	金融服务	
C08	会议	
C09	培训	
C10	因公出差住宿定点宾馆	
C11	物业管理	
C99	其他服务	

黑龙江省财政厅印发黑龙江省（省级）2010年度政府集中采购目录和采购资金限额标准的通知

2009年9月24日　黑财采［2009］12号

省直各单位：

根据《中华人民共和国政府采购法》的规定，现将《黑龙江省（省级）2010年度政府集中采购目录和采购资金限额标准》印发给你们，并提出如下要求，请一并遵照执行。

一、认真编报政府采购预算

（一）省直预算单位要按照省级部门预算编制的有关规定，依据省财政厅印发的《黑龙江省（省级）2010年度政府集中采购目录和采购资金限额标准》，将年度部门预算中的政府采购项目及资金列出，编报2010年度政府采购预算，不得虚报和漏报。省主管部门和省财政厅有关业务处负责审定所属预算单位编报的政府采购预算。

（二）不能在年度部门预算中反映的政府采购项目及资金，预算单位要单独编报2010年部门预算以外其他各类资金政府采购预算（报表及说明附后），经省主管部门、省财政厅主管处审核后，于2010年1月底前报省政府采购办。

二、严格履行政府采购预算调整程序

政府采购预算调整分为集中调整和即时调整。原则上，每年8月份集中调整一次；如遇特殊情况必须即时调整，经核实后按月予以办理。调整预算要按照《黑龙江省（省级）部门预算调整管理暂行办法》（黑财预［2006］12号）的有关规定，由预算单位提出申请，将需要调整的采购项目和资金（包括预算内、预算外资金和自筹资金需要调整的采购项目和资金），通过部门预算调整软件录入数据，报省主管部门和省财政厅有关业务处审核，由省财政厅预算编审中心核准汇总后送省政府采购办执行。

三、严格执行政府采购预算

（一）按月编报政府采购计划。预算单位要依据年度政府采购预算编报采购计划。没有依据采购预算申报的采购计划，省政府采购办不予受理。预算单位要切实做好政府采购计划与政府采购预算的衔接，及时汇总部门（单位）内部的具体采购需求，统筹安排采购计划，实行采购计划月报制，于每月的25日前向省政府采购办申报下一个月的政府采购计划。对达到公开招标采购限额标准的采购项目，预算单位应提前两个月申报采购计划。在编报采购计划时，不得指定品牌或提出具有倾向性的排斥潜在供应商的特定条件，对不依法规范申报的，将依法予以调整。

（二）实行优先采购节能、环保和自主创新产品制度。预算单位要严格执行财政部、国家发改委、环保总局、科技部确定的“节能产品政府采购清单”、“环境标志产品政府采购清单”和“政府采购自主创新产品目录”，对使用财政性资金采购涉及节能、环保和自主创新产品的，在技术、服务等指标满足采购需求的前提下，要优先列入采购预算、优先采购，并在上报采购计划时，予以标明。

（三）严格执行政府采购招投标制。预算单位要认真执行省级政府采购公开招标限额标准，对列入政府集中采购目录的货物类和工程类中同类品目采购计划（预算）金额达到100万元的，服务类中的品目采购计划（预算）金额达到50万元的，要采取公开招标或邀请招标方式组织采购。

四、规范执行联网结算后的政府采购运行规程

（一）实行政府采购资金联网结算方式后，所有省直在哈预算单位申报集中采购计划一律实行网上申报，具体申报程序要按照黑财采［2009］6号文件中《省级在哈预算单位上报政府采购用款计划操作说明》和《省级在哈预算单位网上申报采购计划操作说明》的有关要求操作申报。

（二）预算单位使用财政性资金安排的政府采购项目，在申报政府集中采购计划前，应先在国库集中支付系统申报集中采购资金用款计划，申报集中采购资金用款计划时必须选择“政府采购计划项”，支付方式必须选择“财政直接支付（政府采购－集中采购）”，对应编码为001001003，上报到国库集中支付系统财政端，由省财政厅相关业务处审核批复；对全部使用自筹资金的采购项目，预算单位可直接向省政府采购办申报采购计划，并网上上传《黑龙江省（省级）自筹资金集中采购项目资金到账承诺书》。

（三）预算单位依据批复的资金用款计划在政府采购信息系统申报政府集中采购计划（填报采购计划的资金金额必须与批复的资金用款计划相等，每个资金用款计划与采购计划之间可以是一对一或一对多的关系）。省政府采购办根据国库集中支付系统传送的资金用款计划和政府采购法律法规审核政府采购计划，审核通过后，网上批复（加盖电子印章）给预算单位，并下达给省政府采购中心或政府采购代理机构。

（四）在采购资金联网结算试运行期间，联网结算实行双轨制，即纸质结算通知书及网上传递同步进行，取消纸质单据时间另行通知。省政府采购中心对采购人报送的履行报告等结算文件核对无误后，出具《黑龙江省（省级）财政性资金集中采购项目结算通知书》，并将结算信息由政府采购信息系统传送到国库集中支付系统。同时打印结算单据，将其分别送达省财政国库支付中心、政府采购办、预算单位、政府采购供应商。省财政国库支付中心根据政府采购信息系统传送的集中采购项目结算通知书和纸质结算通知书进行审核，审核无误后在国库集中支付系统中生成财政直接支付申请书并支付采购资金。

（五）政府采购实行集中采购与分散采购相结合。对纳入集中采购目录，采购资金在“集中采购限额标准”以上的采购项目，实行集中采购；对纳入集中采购目录，采购资金在“集中采购限额标准”以下的采购项目，履行申报、审核程序，实行分散采购。

（六）对集中采购目录以外的采购项目，采购资金在限额标准以上的，履行申报、审核程序，实行分散采购。采购资金在限额以下的采购项目，不属于政府采购范围，不需编报政府采购预算和履行申报、审核程序，由预算单位自行组织采购。

（七）分散采购计划仍使用纸质分散采购批件及支付申请书办理资金结算，联网结算暂缓执行。分散采购计划一律实行网上申报、核准、网上盖章、采购结果网上反馈的办事程序。未通过网上申报的分散采购计划，省政府采购办不予受理。对一般货物类、服务类分散采购项目，预算单位应在20个工作日内完成采购并反馈信息；对30万元以下工程类分散采购项目，预算单位应在40个工作日内完成采购并反馈信息；对不按规定时限反馈分散采购结果的，省政府采购办将不受理新的分散采购计划。

附件：1. 黑龙江省（省级）2010年度政府集中采购目录

2. 黑龙江省（省级）2010年度政府采购限额标准

3. 黑龙江省（省级）集中采购计划申报表

4. 黑龙江省（省级）部门预算以外其他各类资金政府采购预算表

5. 黑龙江省（省级）部门预算以外其他各类资金政府采购预算编报说明

附件1

黑龙江省（省级）2010年度政府集中采购目录

编　　码	品目名称	集中采购限额标准
A	货物类	
A03	一般设备	
A0301	电器设备	
A030101	电视机	年预算总额5万元以上，执行节能、环保产品清单。
A030102	冰箱	年预算总额5万元以上，执行节能产品清单。
A030103	洗衣机	年预算总额5万元以上。
A030105	摄影、摄像器材	执行协议供货制度。
A030106	空气调节设备	执行协议供货制度，执行节能产品清单。
A0302	办公自动化设备	执行协议供货制度。
A030201	计算机	执行协议供货制度，执行节能产品清单。
A030202	打印机	执行协议供货制度，执行节能、环保产品清单。
A030204	传真机	执行协议供货制度，执行节能、环保产品清单。
A030205	复印机	执行协议供货制度，执行节能、环保产品清单。
A030206	速印机	执行协议供货制度。
A030208	投影仪	执行协议供货制度。
A030209	扫描仪	执行协议供货制度。
A03029903	电子显示屏	年预算总额10万元以上。
A0303	办公家具	年预算总额10万元以上，铁柜执行协议供货制度，执行环保产品清单。

续表

编　码	品目名称	集中采购限额标准
A06	物资	
A0601	救灾物资	
A0602	防汛物资	
A0603	抗旱物资	
A0604	农用物资	年预算总额 30 万元以上。
A0605	储备物资	年预算总额 30 万元以上。
A0606	燃料（专指煤炭）	执行黑财采［2004］5 号文件，编报政府采购预算，履行分散采购核准手续。
A07	专用材料	
A0701	药品	
A0706	工具和仪器	年预算总额 10 万元以上。
A0708	服装及劳保用品	
A08	成品软件	以下年预算总额 5 万元以上。
A0801	操作系统	
A0802	数据库管理系统	
A0803	中间件软件	
A0804	办公软件	
A0805	防病毒软件	
A0899	其他软件	
A10	专用设备	
A1001	通信设备	年预算总额 10 万元以上。
A1002	印刷设备	年预算总额 10 万元以上。
A1003	照排设备	年预算总额 10 万元以上。
A1004	网络设备	
A100401	服务器	执行协议供货制度（单价 5 万元以下）。
A100402	路由器	以下年预算总额 5 万元以上。
A100403	交换机	
A100404	调制解调器	
A100499	其他网络设备	

续表

编　　码	品目名称	集中采购限额标准
A1006	医疗设备	执行黑财采［2002］2号文件。
A1008	监控设备	年预算总额10万元以上。
A1010	农用机械设备	年预算总额10万元以上。
A1011	工程机械	年预算总额10万元以上。
A1013	消防设备	年预算总额10万元以上。
A1015	警用设备和用品	年预算总额10万元以上。
A1018	档案、保密设备	年预算总额10万元以上。
A1019	教学设备	年预算总额10万元以上，并执行黑财采［2002］2号文件。
A1020	实验室设备	年预算总额10万元以上，并执行黑财采［2002］2号文件。
A1021	广播电视、影像设备	年预算总额30万元以上。
A1022	灯光、音响设备	年预算总额30万元以上。
A1024	体育设备	年预算总额10万元以上。
A1028	炊事设备	年预算总额30万元以上。
A1029	锅炉	年预算总额5万元以上。
A1030	电梯设备	
A1099	其他专用设备	年预算总额30万元以上。
A11	交通工具	
A1101	汽车	
A110101	轿车	执行环保、自主创新产品清单。
A110102	越野汽车	执行环保、自主创新产品清单。
A110104	载客汽车	
A110105	其他汽车	
B	**工程类**	
B01	建筑物	
B02	市政建设工程	以下年预算总额20万元以上。
B03	环保、绿化工程	
B0301	污水处理	
B0303	园林绿化工程	

续表

编　　码	品目名称	集中采购限额标准
B09	修缮、装饰工程	年预算总额30万元以上。
B10	系统集成、网络工程	
C	**服务类**	
C01	印刷、出版	年预算总额50万元以上。
C02	工程监理、工程设计	年预算总额20万元以上。
C0211	信息系统工程监理	年预算总额10万元以上。
C03	信息技术、信息管理软件的开发设计	年预算总额20万元以上。
C070301	车辆保险	执行黑财采［2007］12号文件，编报政府采购预算，履行分散采购核准手续。
C08	会议	执行黑财行［2007］57号文件，编报政府采购预算，履行分散采购核准手续。
C011	勘查、勘探	

说明：1. 表中“集中采购限额标准”是指纳入政府集中采购目录，实行集中采购的采购项目的最低限额标准。限额标准以下实行分散采购，需编入政府采购预算。

2. 执行协议供货制度的采购项目需编入政府采购预算。

3. 黑龙江大学、哈尔滨师范大学、哈尔滨商业大学、东北农业大学、哈尔滨理工大学、黑龙江中医药大学及哈医大一院、哈医大二院、省肿瘤医院对修缮、装饰工程采购项目中零散、分散的项目执行集中采购限额标准为年预算总额200万元以上；哈尔滨医科大学、黑龙江科技学院、黑龙江工程学院、哈尔滨体育学院、哈尔滨金融高等专科学校及省医院、黑龙江中医药大学附属一院、黑龙江中医药大学附属二院对修缮、装饰工程采购项目中零散、分散的项目执行集中采购限额标准为年预算总额100万元以上。

附件2

黑龙江省（省级）2010年度政府采购限额标准

项目类别	政府采购限额标准
货物类	年预算总额10万元以上（10万元以下不纳入政府采购范围，不需编报政府采购预算）
工程类	年预算总额20万元以上（20万元以下不纳入政府采购范围，不需编报政府采购预算）
服务类	年预算总额50万元以上（50万元以下不纳入政府采购范围，不需编报政府采购预算）

说明：1. 表中“政府采购限额标准”是指未纳入政府集中采购目录，实行分散采购的政府采购项目的限额标准。

2. 实行分散采购的政府采购项目需编入政府采购预算。

3. 黑龙江大学、哈尔滨师范大学、哈尔滨商业大学、东北农业大学、哈尔滨理工大学、黑龙江中医药大学及哈医大一院、哈医大二院、省肿瘤医院对工程采购项目执行限额标准为年预算总额200万元以上；哈尔滨医科大学、黑龙江科技学院、黑龙江工程学院、哈尔滨体育学院、哈尔滨金融高等专科学校及省医院、黑龙江中医药大学附属一院、黑龙江中医药大学附属二院对工程采购项目执行限额标准为年预算总额100万元以上。

附件 3

黑龙江省（省级）集中采购计划申报表

年　月　日

采购单位			单位编码		经办人及联系电话		
采购预算	预算内资金　　元，预算外资金　　元，自筹资金　　元，合计　　元。						
采购单位申报计划	采购品目名称及代码	主要技术参数和要求	单位	参考价格	数量	总金额	供货时间
	1.						
	2.						
	3.						
	4.						
	5.						
	6.						
	合计	×	×	×	×		×
审核意见	采购单位负责人： （公章） 年　月　日	主管部门财务处经办人： （公章） 年　月　日		财政厅主管处负责人： 经办人： （公章） 年　月　日		政府采购负责人： 经办人： （公章） 年　月　日	

注：预算内、外资金集中采购项目，采购单位在网上申报采购计划时，须先在国库支付系统申报资金支付用款计划，待资金支付用款计划批复后申报采购计划，并上传省财政厅相关业务处审核资金、盖章后的采购计划申报单，经省政府采购办在网上对采购计划审核、盖章并编号后批复给采购单位。自筹资金集中采购项目，采购单位在网上直接向采购办申报采购计划，并上传《自筹资金集中采购项目资金到账承诺书》，经审核、编号后，网上批复给采购单位。

附件4

黑龙江省（省级）部门预算以外其他各类资金政府采购预算表

填报时间：　　　　　　　　　　　　　　　　单位：万元

预算类别、单位名称、采购品目	合计	当年省级财政安排的专项资金	当年中央有关部委直接下拨的各类补助资金	上年结转			其他
				小计	以前年度单位资金结转	中央专项补助资金结转	
一、基本支出预算安排的采购项目							
1. 货物类（A）：							
其中（1）电器设备（A0301）：							
（2）办公自动化设备（A0302）：							
（3）家具（A0303）：							
（4）其他：							
二、项目支出预算安排的采购项目							
1. 货物类（A）：							
其中（1）电器设备（A0301）：							
其中：空气调节设备（A030106）							
（2）办公自动化设备（A0302）：							
其中：计算机（A030201）：							
打印机（A030202）：							
传真机（A030204）：							
复印机（A030205）：							
速印机（A030206）：							
扫描仪（A030209）：							
（3）家具（A0303）：							
（4）服装及劳保用品（A0708）：							
（5）通信设备（A1001）：							

续表

预算类别、单位名称、采购品目	合计	当年省级财政安排的专项资金	当年中央有关部委直接下拨的各类补助资金	上年结转			其他
				小计	以前年度单位资金结转	中央专项补助资金结转	
（6）印刷设备（A1002）：							
（7）照排设备（A1003）：							
（8）网络设备（A1004）：							
其中：服务器（A100401）：							
（9）医疗设备（A1006）：							
（10）农用机械设备（A1010）：							
（11）警用设备和用品（A1015）：							
（12）教学设备（A1019）：							
（13）实验室设备（A1020）：							
（14）广播电视、影像设备（A1021）：							
（15）灯光、音响设备（A1022）：							
（16）文艺设备（A1023）：							
（17）体育设备（A1024）：							
（18）电梯和起重机（A1027）：							
（19）锅炉（A1029）：							
（20）汽车（A1101）：							
（21）其他：							
2. 工程类（B）：							
其中：（1）建筑物（B01）：							
（2）修缮、装饰工程（B09）：							
（3）系统集成、网络工程（B10）：							
（4）其他：							
3. 服务类（C）：							
其中：（1）工程监理、工程设计（C02）：							
（2）信息技术、信息管理软件的开发设计							
（3）其他：							
总　　计							

注：此表通过电子版上报，上报时请不要改变 excel 表格的格式，填写完成后，请把填写完的 excel 表重新命名为本单位的单位代码后加大写的字母 B。

财务负责人签字：　　　　单位公章：　　　　财政厅业务处意见：

附件5

黑龙江省（省级）部门预算以外其他各类资金政府采购预算编报说明

2010年政府采购预算分两部分编报：一是能列入《黑龙江省（省级）部门预算政府采购预算表》的采购项目随部门预算一同编报；二是不能列入《黑龙江省（省级）部门预算政府采购预算表》的其他各类资金采购项目，预算单位要单独编报《黑龙江省（省级）部门预算以外其他各类政府采购预算表》，经省主管部门、省财政厅主管处审核后，在2010年1月末前报省政府采购办。其他各类资金包括：

1. 当年省级财政安排的专项资金：指当年财政安排的，年初未确定具体使用单位的资金，在执行中属于政府采购的专项资金。

2. 当年国家有关部委直接下拨的各类补助资金：指当年国家有关部委未通过财政部门直接下拨到省级预算单位的各类专项补助中的采购资金。

3. 以前年度单位资金结转：指以前年度预算单位基本账户中滚存的不能列入当年部门预算的采购资金。

4. 中央专项补助资金结转：指中央有关部委通过财政部门下达的上年未用完结转的资金。

上海市财政局关于发布《上海市2010年政府采购集中采购目录和采购限额标准》的通知

2009年9月10日　沪财库［2009］41号

各市级预算单位、各区县财政局：

根据《中华人民共和国政府采购法》和《上海市政府采购管理办法》编制的《上海市2010年政府采购集中采购目录和采购限额标准》，已由上海市政府采购委员会审议通过，并报经市人民政府批准，现印发给你们，从2010年1月1日起实施。

附件：上海市2010年政府采购集中采购目录和采购限额标准

附件

上海市2010年政府采购集中采购目录和采购限额标准

一、政府集中采购目录

（一）以下项目必须按规定委托集中采购机构组织采购：

1. 货物

（1）机动车辆（除摩托车外）；

（2）机动船艇；

（3）★台式计算机、★便携式计算机；

（4）服务器、工作站、磁盘阵列、★路由器、网络交换机；

（5）多功能一体机；

（6）★打印机、★复印机、★传真机、★投影机（含视频展示台）；

（7）★空调器、中央空调设备；

（8）电梯；

（9）锅炉；

（10）司法及行政执法部门制服（不包括标志类配件、帽类、鞋类、装具类）；

（11）计算机通用软件（指操作系统、数据库管理系统、中间件软件、办公软件、防病毒软件等）；

（12）★＊复印纸、★＊胶版印刷纸、★＊办公用再生纸制品；

（13）单项（个、件、套）预算金额5万元以上或年批量预算金额20万元以上的医疗器械设备；

（14）药品；

（15）其他单项（个、件、套）预算金额30万元以上或年批量预算金额200万元以上的各类货物。

采购上述带★的目录产品，其预算金额未达到公开招标数额标准的，实行协议采购网上供货。

2. 工程

（1）预算金额50万元以上的信息管理及智能化系统（包括设备、办公、通信、消防、安保等）工程；

（2）其他预算金额200万元以上的各类工程。

3. 服务

（1）预算金额50万元以上的票据、证照、报表的印刷或制作；

（2）预算金额50万元以上的信息系统的设计、开发、集成、测试；

（3）预算金额50万元以上的工程设计、工程监理及法律、经济、会计、金融等其他专业咨询；

（4）公务车辆的维修、加油、保险（定点采购）；

（5）党政机关出差和会议定点饭店。

（二）以下项目由采购人自行组织采购，也可以委托具有政府采购代理业务资格的中介机构代理采购：

1. 货物

（1）摩托车；

（2）不间断电源（UPS）、硬件防火墙、加密设备；

（3）绘图机、照相机、摄像机、编辑设备；

（4）预算金额50万元以上的家具；

（5）专用教学和科研实验设备、体育设备、农用机械设备、消防设备、质量检测设备、专用检测仪器；

（6）特种刑侦设备（包括侦查取证设备、安检排爆设备、破拆救援设备、警械防护设备）；

（7）警用特种车辆（包括指挥车、刑事勘查车、水炮车、运兵车、囚车、图像通信车、防暴处突类车辆）。

2. 服务

除集中采购机构采购的服务项目外，其他预算金额50万元以上的服务。

二、政府采购限额标准

除集中采购机构采购项目和采购人自行采购项目外，各单位分散采购单项（个、件、套）预算金额5万元以上或年批量预算50万元以上的货物项目、预算金额10万元以上的服务项目、预算金额50万元以上的工程项目，采购过程应执行《中华人民共和国政府采购法》和《中华人民共和国招标投标法》有关规定。

三、政府采购公开招标数额标准

达到以下数额标准的货物、工程和服务项目，应当采用公开招标方式。

货物：预算金额100万元以上的各类货物；

工程：预算金额200万元以上的各类工程；

服务：预算金额50万元以上的各类服务。

因特殊情况需要采用公开招标以外的采购方式的，必须在采购活动开始前获得政府采购监督管理部门的批准。

对达到公开招标数额标准的项目，采购人不具备自行招标条件的，应当委托集中采购机构或具有政府采购代理业务资格的中介机构代理采购。

四、相关问题的说明

（一）根据《中华人民共和国政府采购法》、《上海市政府采购管理办法》的规定，各级国家机关、事业单位和团体组织（以下统称采购人）使用财政性资金（包括预算内资金和预算外资金）采购依法制定的集中采购目录以内的或者采购限额标准以上的货物、工程和服务，属于政府采购范围。

本集中采购目录和采购限额标准，是采购人编制年度政府采购预算的依据，也是政府采购监督管理部门进行监督和检查的内容。

（二）无论由集中采购机构组织采购，还是由采购人自行采购或委托采购代理机构采购，都必须严格按照政府采购法律、法规和规章规定的采购方式和程序进行。

（三）对按规定应委托集中采购机构组织采购的项目，采购人因特殊需要实行自行采购的，必须在采购活动开始前获得政府采购监督管理部门的批准。

（四）政府采购应当优先采购本国货物、工程和服务。采购人符合《中华人民共和国政府采购法》、《财政部关于印发〈政府采购进口产品管理办法〉的通知》等有关法律、法规规定，确需采购进口产品的，应当在获得财政部门核准后，依法开展政府采购活动。

（五）政府集中采购目录中带★的台式计算机、便携式计算机、路由器、打印机（激光打印机）、复印机、传真机、投影机、空调器（不包括中央空调设备）等八类产品和带★＊的复印纸、胶版印刷纸、办公用再生纸制品等三类产品，预算金额未达到公开招标数额标准的，按照《上海市政府采购协议采购网上供货管理暂行办法（试行）》实施协议采购。采购人通过上海政府采购网（www. zfcg. sh. gov. cn）按电子化采购的要求确定供货商，进行网上供货。带★产品的采购采用网上议价、反拍、团购方式实施；带★＊产品的采购采用网上直购方式实施。

（六）本集中采购目录和采购限额标准发布后，因特殊情况需要修改、补充的，由上海市财政局另行公布。区县人民政府可根据本地区实际情况，在本集中采购目录和采购限额标准的基础上作适当补充。

（七）《解放日报》、上海政府采购网（www. zfcg. sh. gov. cn）为本市指定的政府采购信息的公布媒体。政府采购工程项目招标公告应同时在上海市建筑建材业行政管理服务中心网站（www. ciac. sh. cn）上发布。

浙江省人民政府办公厅关于公布2009年度浙江省集中采购统一目录和省级集中采购目录及标准的通知

2008 年 10 月 17 日　浙政办发［2008］67 号

各市、县（市、区）人民政府，省政府直属各单位：

为规范政府采购行为，提高采购效率，根据《中华人民共和国政府采购法》的有关规定，经省政府同意，现将2009年度浙江省集中采购统一目录和省级集中采购目录及标准公布如下：

一、浙江省集中采购统一目录

从2009年开始，全省将逐步统一政府集中采购目录。2009年度，各市（含义乌市）政府应在浙江省集中采购目录的基础上，结合所辖各县（市、区）集中采购的实际情况进行充实和完善，统一制订全市的集中采购目录、采购限额标准及公开招标的数额标准，并依法予以公布。浙江省集中采购目录如下：

摄影摄像设备（包括摄像机、光学、数码相机等）、空气调节电器（包括多联、窗式、分体或柜式空调、恒温恒湿设备）、计算机、打印机、传真机、复印机、速印机、投影仪、扫描仪、UPS、办公家具、办公用纸、义务教育免费教科书、义务教育辅助学习资源、网络设备（服务器、路由器、交换机、集线器、调制解调器、其他网络设备）、医疗设备器械（应国际招标的除外）、档案保密设备、电梯、锅炉、中央空调、汽车、机动车辆保险、机动车辆加油、会议、培训（国内培训）。

二、省级政府集中采购目录

下列项目应当委托集中采购机构采购。因特殊情况需实行部门集中采购或分散采购的，由省政府授权省财政厅批准。

（一）货物类（28项）：电视机、电冰箱、摄影摄像设备、空气调节电器、计算机、打印机、传真机、复印机、速印机、投影仪、扫描仪、UPS、办公家具（5万元以上）、办公用纸、义务教育免费教科书、义务教育辅助学习资源、工作制服（5万元以上，限执法部门）、网络设备、医疗设备器械（20万元以下或应国际招标的除外）、档案保密设备（5万元以上）、灯光音响设备、电梯、锅炉、中央空调、汽车、商业软件（5万元以上）、发电设备、办公设备耗材。

（二）工程类（1项）：系统集成及网络设备。

（三）服务类（4项）：软件开发设计（20万元以上）、交通工具维护保障、会议、培训（国内培训）。

注：浙江省2010年沿用2009年政府集中采购目录及标准。

三、省级部门集中采购目录

消防部队技术装备（全省武警消防部队区域）、质量检测设备（全省质量技术监督系统）、教学仪器设备（全省教育系统，高教仪器设备除外）。

以上项目实行部门集中采购。省级有关主管部门应当对本部门（或本系统）所属各单位的上述项目进行集中后，依法自行组织集中采购，也可以统一委托集中采购机构或具有政府采购业务代理资格的采购代理机构进行采购。

按预算隶属关系属于市、县（市、区）的项目，采购单位应当按规定向同级财政部门办理有关政府采购手续后，委托省级有关主管部门实施部门集中采购。部门集中采购的具体办法，由省财政厅会同有关部门另行制定。

四、省级分散采购限额标准

货物、服务类项目：单项或年度批量预算金额为 20 万元；

工程类项目：年度预算金额（或投资总额）为 50 万元。

集中采购目录以外，且在上述采购限额标准以上的项目，应当实行分散采购。采购单位可以依法自行组织采购，也可以委托集中采购机构或具有政府采购业务代理资质的社会中介采购代理机构进行采购。

五、省级公开招标数额标准

政府采购的货物、服务类项目，单项或批量预算金额一次达到 80 万元以上的；非建设工程类项目，预算金额（或投资总额）达到 100 万元以上的，除法律、法规另有规定外，应当采用公开招标采购方式。

政府采购建设工程项目的公开招标数额标准按照国家有关规定执行。

六、工作要求

（一）全省各级国家机关、事业单位和团体组织凡使用财政性资金采购集中采购目录以内或者采购限额标准以上的货物、工程和服务，应当按照政府采购目录分类（见附件）及限额标准编制政府采购预算，并严格按照批准的预算执行，依法开展政府采购活动，做到无预算不采购、不支付资金。

（二）政府采购实行集中采购和分散采购相结合的执行模式。纳入集中采购目录的项目应当委托集中采购机构组织采购，集中采购机构应当予以受理并依法组织采购；分散采购项目可由采购单位依法自行组织采购或委托政府采购代理机构（包括集中采购机构和具有政府采购代理资质的社会中介机构）进行采购。无论集中采购还是分散采购，都必须严格按照《中华人民共和国政府采购法》的有关规定执行。

（三）对纳入政府集中采购目录或公开招标限额标准以上的项目，采购单位如有特殊要求需自行采购或采用非公开招标采购方式的，应按规定报同级财政部门审查、批准。政府集中采购机构不得以任何理由将应当由本单位组织采购的集中采购项目委托给社会中介采购代理机构进行采购。

（四）各级财政部门、集中采购机构和各采购单位主管部门要按照各自职责，抓紧完善相关制度和工作程序，并加强协调与配合，认真落实各项规定，依法监督和规范政府采购行为，切实维护法律和政策的严肃性。各级监察、审计部门要加大监督和检查力度，确保政府采购活动公开、公平、公正。

附件：浙江省 2009 年度政府采购目录分类表

附件

浙江省2009年度政府采购目录分类表

代　　码	目录名称	备　　注
A	货　物　类	
A01	土地	
A02	建筑物	
A0201	办公用房	
A0202	宿舍用房	
A0299	其他建筑物	
A03	一般设备	
A0301	电器设备	
A030101	电视机*^	包括大屏幕彩电
A030102	电冰箱*^	
A030103	洗衣机	
A030104	吸尘器	
A030105	摄影摄像设备*^	包括摄像机，光学、数码相机等
A030106	空气调节设备*^	包括多联、窗式、分体或柜式空调，恒温恒湿设备
A030199	其他电器设备	
A0302	办公自动化设备	
A030201	计算机*^	包括台式、便携式电脑
A030202	打印机*^	
A030203	电话机	包括无线移动电话、车载电话
A030204	传真机*^	
A030205	复印机*^	
A030206	速印机*^	包括高速油印机、一体化速印机
A030207	碎纸机	
A030208	投影仪*^	
A030209	扫描仪*^	
A030209	UPS*^	
A030299	其他办公自动化设备	
A0303	家具	
A030301	办公家具*	5万元以上实行集中采购

续表

代　码	目录名称	备　注
A030302	宿舍家具	
A030303	高校学生宿舍家具*	限省教育厅直属高校，由省教育厅实行部门集中采购
A030304	高校学生课桌椅*	限省教育厅直属高校，由省教育厅实行部门集中采购
A030399	其他家具	
A04	办公消耗用品	
A0401	办公用纸*^	
A0402	办公设备耗材*^	包括计算机用移动硬盘、可写光盘、优盘、软盘、刻录机、多媒体音箱、耳机、鼠标，以及打印、复印及传真设备用硒鼓、墨盒、墨粉、色带等耗材及配件
A0403	办公文具用品	包括档案夹、笔、计算器、文具架等
A0499	其他易耗品	
A05	建筑、装饰材料	包括水泥、木材、板材、金属材料、瓷砖、清洁用具、玻璃等建筑装饰材料
A06	物资	
A0601	救灾物资	
A0602	防汛物资	
A0603	抗旱物资	
A0604	农用物资	
A0605	储备物资	包括粮食、糖、棉花等
A0606	燃料	
A0699	其他物资	
A07	专用材料	
A0701	药品	
A0702	医疗耗材	
A0703	图书资料	包括电子出版物
A0704	教科书	
A070401	国家课程*	限于义务教育，全省统一集中采购
A070402	省级地方课程*	限于义务教育，全省统一集中采购
A070403	配套作业本	白练习本由各地集中采购
A070499	其他教科书	
A0705	辅助学习资源	
A070501	音像教材*	限于义务教育，全省统一集中采购
A070502	学具*	限于义务教育，全省统一集中采购
A070503	科学计算器*	限于义务教育，全省统一集中采购
A070599	其他辅助学习资源	
A0708	工作制服*	执法部门制装，5万元以上实行集中采购

续表

代　　码	目录名称	备　　注
A0799	其他专用材料	包括兽医用品、实验室用品及小型设备、胶片胶卷、录音录像带、工具和仪器、艺术部门用材料及劳保用品等
A10	专用设备	
A1001	通信设备	包括移动通信、电话通信设备等
A1002	印刷设备	
A1003	照排设备	
A1004	网络设备*	
A100401	服务器*^	
A100402	路由器*^	
A100403	交换机*^	
A100404	调制解调器*	
A100405	集线器*	
A100499	其他网络设备*	包括网络安装工具、测试工具、网卡、网线、ATM 设备、FDDI 设备等
A1005	发电设备*	
A1006	医疗设备及器械*	应国际招标的设备及单台或批量在 20 万元以下的设备实行分散采购
A100601	医用放射诊治设备*	医用 X 射线设备、数字成像（DSR）、高能射线诊治设备、放射性核素设备等
A100602	医用超声仪器设备*	超声波、多普勒等成像诊断设备，超声治疗、监护设备等
A100603	医用电子仪器设备*	心电、脑电检测、肌电及诱发电位仪、监护仪等
A100604	物理治疗设备*	高压氧治疗、高压电位治疗、电疗设备等
A100605	医用激光设备仪器*	激光手术和治疗设备、诊断仪器及配件等
A100606	手术急救室设备*	呼吸机、麻醉机、除颤仪、手术导航、电刀、氩气刀等
A100607	临床检验分析系统*	血液、生化、免疫、细菌、生物基因和科学等分析仪器设备
A100608	体外循环及血液处理设备*	人工心肺设备、血液净化设备、体液处理设备、氧合器等
A100609	医用光学及窥镜设备*	显微镜（电子、手术）、窥镜及主机（腹腔镜、支气管镜、电子胃镜、喉镜）等
A100610	应国际招标的医疗设备	核磁共振成像系统、CT、ECT 诊断仪、X 射线诊断装置（含 DR）、超声波诊断仪、直线加速器、伽玛刀及需办理免税手续的设备等
A100699	其他医疗设备器械*	消毒灭菌设备、病房护理设备、口腔五官科设备、理疗康复设备等

续表

代　　码	目录名称	备　　注
A1007	计划生育设备	
A1008	交通管理监控设备	
A1010	农用机械设备	
A1011	工程机械	
A1012	园艺机械	
A1013	消防设备及用品	指民用消防设备及用品
A1014	消防部队技术装备*	武警消防部队区域专用
A101401	消防员个人防护装备	由省消防总队实行部门集中采购
A101402	消防专用车辆装备*	由各消防支队实行部门集中采购
A101403	消防器具、器材装备	由各消防支队实行部门集中采购
A1015	警用设备和用品	
A1016	保安设备	
A1017	军用设备和用品	
A1018	档案、保密设备*	5万元以上实行集中采购
A1019	教学仪器设备	包括通用、专用教学仪器设备和教学用标本、模型、实验室设备等
A101901	普教仪器设备*	高中（含）以下学校。全省教育系统所属学校由省教育厅实行部门集中采购
A101902	高教仪器设备	包括各类大学、学院、职业技术学院和中专学校
A101903	高校图书资料*	限教育厅直属高校。全省教育系统所属学校由省教育厅实行部门集中采购
A101904	机床类仪器设备*	限于中等职业教育。全省教育系统所属学校由省教育厅实行部门集中采购
A101905	汽车维修类仪器设备*	限于中等职业教育。全省教育系统所属学校由省教育厅实行部门集中采购
A1020	科研仪器设备	包括仪器仪表及实验室设备
A1021	广播电视、影像设备	
A1022	灯光、音响设备*	
A1023	文艺设备	
A1024	体育设备	
A1025	道路清扫设备	
A1026	殡仪火化设备	
A1027	电梯*	包括起重机
A1028	炊事设备	
A1029	锅炉*	

续表

代　　码	目录名称	备　　注
A1030	中央空调*	包括主机、热交换器、末端设备、冷却塔、水处理设备、自控元件及安装
A1031	环境监测设备	
A103101	地表水监测设备	
A103102	空气监测设备	
A103103	海洋环境监测设备	
A103199	其他环境监测设备	
A1032	质量检测设备*	全省质监系统，由省质量技术监督局实行部门集中采购
A103201	质量检测设备*	
A103202	计量检测设备*	
A103203	特种检测设备*	
A103299	其他检测监测设备*	
A1099	其他专用设备	包括港口、地震、气象等专用设备
A11	交通工具	
A1101	汽车*^	
A110101	轿车*	
A110102	越野汽车（吉普车）*	
A110103	大客车*	
A110104	旅行面包车*	包括微型客车等
A110105	专用汽车*	包括工程车、工具车、警车、囚车、救护车、通讯广播车、洒水车、道路清扫车、垃圾车及卡车、电车、公共汽车
A1104	摩托车*	
A1199	其他交通工具	包括船只、飞机
A12	商业软件*	5 万元以上实行集中采购
A1201	系统软件*	
A1202	数据库软件*	
A1203	工具软件*	
A120301	安全管理软件*	包括杀毒软件
A120302	备份软件*	
A120304	网络管理软件*	
A120305	中间件软件*	
A120399	其他工具软件*	
A1204	应用软件	
A120401	通用应用软件*	包括办公软件（桌面）、财务软件
A120402	行业应用软件	包括教学软件、医用软件

续表

代　　码	目录名称	备　　注
A1299	其他商业软件	
A99	其他货物	
B	**工　程　类**	
B01	建筑物	
B0101	办公用房建设	包括机关基建工程
B0102	住房建设	
B0103	其他用房建设	
B0104	文教、卫生、音乐、体育等公益设施建设	
B0199	其他建筑设施建设	包括纪念性建筑设施建设等
B02	市政建设工程	包括集中供暖热气工程等
B0201	市政道路建设	
B0202	市政公用设施	
B0203	自来水输水工程	
B0204	集中供暖供热供气工程	
B0299	其他市政建设工程	
B03	环保、绿化工程	
B0301	污水处理	
B0302	市政垃圾处理	
B0303	园林绿化	
B0304	荒山绿化	
B0305	天然、生态林保护	
B0399	其他环保绿化工程	包括自然保护区工程等
B04	农业、水利、防洪工程	
B0401	河道疏浚工程	
B0402	大坝、水库、海塘工程	
B0403	农田水利工程	
B0404	江河、湖泊治理工程	
B0405	农业综合开发治理工程	
B0499	其他水利防洪工程	
B05	交通运输工程	
B09	修缮、装饰工程	
B0901	办公用房修缮、装饰	
B0902	宿舍用房修缮、装饰	
B10	系统集成、网络工程*	
B1001	楼宇智控系统*	

续表

代　　码	目录名称	备　　注
B100101	综合布线系统*	
B100102	安防监控系统*	
B100103	消防系统*	
B100104	通信系统*	
B100199	其他智能控制系统*	包括有线电视、背景音响、防雷系统等
B1002	计算机网络工程*	包括机房建设
B1003	门户网站建设*	
B1004	视频会议系统*	
B1099	其他系统、网络工程*	
B99	其他工程	包括油气、电力、电信工程等
C	**服　务　类**	
C01	印刷、出版	
C0101	印刷	
C0102	出版	
C02	工程监理、设计	
C03	软件开发设计*	包括20万元以上的系统、应用、技术、管理等软件
C04	维修维护	不含机动车辆维护保障
C0401	一般、专用设备维修	
C0402	系统、网络运营维护	
C0403	房屋建筑物维修	
C0499	其他日常维修	
C05	保险	不含机动车辆保险
C0501	人身意外保险	
C0502	财产保险	
C0599	其他商业保险	
C06	租赁	
C0601	办公用房	
C0602	设备和机械	
C0603	电信线路租用	
C0699	其他租赁	包括宿舍用房、仓库租赁等
C07	交通工具维护保障*	
C0701	机动车辆保险*^	
C0702	机动车辆加油*^	
C0703	机动车辆维修*^	
C08	会议	

续表

代　　码	目录名称	备　　注
C0801	大型会议	包括党代会、人代会、政协会、团代会、妇代会等大型会议
C0802	一般会议*^	包括部门或单位年度工作会议、研讨会等一般会议
C09	培训	
C0901	国内培训*^	
C0902	国外培训	
C10	物业管理	包括环境保洁、绿化养护、门卫安全服务、设备设施运行维护和顾客服务等
C1001	办公楼物业管理	
C1002	宿舍物业管理	
C11	中介服务	包括审计、评估、咨询、代理等中介服务
C12	公务接待	
C13	工程管理	
C1301	工程造价	
C1302	代建制	
C1303	工程项目管理	
C1309	其他工程管理	
C99	其他服务	

注：带*号的为2009年省本级集中采购目录，带^号的为实行协议供货或定点采购管理。

山东省财政厅关于公布《2010 年山东省省级政府集中采购目录》的通知

2009 年 10 月 21 日　鲁财采［2009］4 号

省直各部门：

根据《中华人民共和国政府采购法》规定，经省政府授权，我们制定了《2010 年山东省省级政府集中采购目录》，现予公布，并就有关问题通知如下，请一并遵照执行。

一、政府采购目录和采购方式

2010 年省级政府集中采购目录，分为"省级机关政府采购中心集中采购目录"和"部门集中采购目录"两部分。

1. A、B、C 品目属于"省级机关政府采购中心集中采购目录"，由部门委托省级机关政府采购中心按照规定程序代理采购。

2. D、E 品目属于"部门集中采购目录"，由部门委托经财政部或省财政厅认定资格的政府采购代理机构代理采购，也可委托省级机关政府采购中心代理采购。

3. 属于"省级机关政府采购中心集中采购目录"内的项目，必须由省级机关政府采购中心代理采购，不得委托其他政府采购代理机构。

4. "省级机关政府采购中心集中采购目录"中，以下物品实行协议供货方式采购：单项或批量采购金额在 80 万元以下的计算机（包括台式计算机、便携计算机、图形工作站、显示器）、PC 服务器（包括塔式服务器、机架式服务器）、服务器存储器（包括 SAN、NAS、DAS、磁带机、磁带库）、移动存储设备、网络设备（包括无线 AP、低端路由器、网络交换机、光纤交换机、硬件防火墙）、光盘刻录机、杀毒软件、打印机（包括激光打印机、喷墨打印机、针式打印机、热升华打印机、多功能一体机）、复印机（数码复印机、速印机）、传真机（包括激光传真机、喷墨传真机、色带传真机、热敏纸传真机）、扫描仪、碎纸机、办公耗材（硒鼓、墨盒、碳粉、色带、复印纸）、数码摄影摄像器材（数码相机、数码摄影机）、投影仪、不间断电源（UPS）、民用空调（分体壁挂空调、分体柜式空调）、电视机，以及单次采购 10 辆以下同品牌的轿车或旅行面包车。

二、政府采购限额标准

"省级机关政府采购中心集中采购目录"和"部门集中采购目录"以外、单项采购金额 5 万元以上的项目，也应按规定实行政府采购，由部门委托经财政部或省财政厅认定资格的政府采购代理机构代理采购，或者委托省级机关政府采购中心代理采购。

三、政府采购预算编制

"省级机关政府采购中心集中采购目录"和"部门集中采购目录"范围内，以及政府采购限额标准以上的项目，均应按要求编制政府采购预算。年度中追加的预算指标，属于政府集中采购目录以内或政府采购限额标准以上的项目，要调增政府采购预算。

四、政府采购计划管理

各部门要根据财政部门批准的年初政府采购预算和年中调整的政府采购预算，向省财政厅报送政府采购计划。其中：属A、B、C品目的，报“省级政府集中采购计划申请表”；属D、E品目的，报“省级部门集中采购计划申请表”；属政府集中采购目录以外、政府采购限额标准以上品目的，委托省级机关政府采购中心采购报“省级政府集中采购计划申请表”，委托政府采购代理机构采购报“省级部门集中采购计划申请表”。采购计划被正式批准后，各部门方可按规定程序实施采购，并接受政府采购管理部门监督。

五、公开招标数额标准

单项或批量采购金额达到80万元以上的货物和服务项目，200万元以上的工程项目（工程勘察、设计、监理项目为50万元以上），必须采用公开招标方式采购。

六、驻济南以外省直单位采购方式

驻济南以外省直单位采购批量价值在公开招标数额标准以下的家具、办公自动化设备及耗材、视听及采编设备、摄影器材、空气调节设备，可凭省财政厅批准的政府采购计划，通过《山东省财政厅电子化政府采购管理系统》，委托给所在设区的市财政部门，按照规定程序进行采购。

附件：2010年山东省省级政府集中采购目录

附件

2010年山东省省级政府集中采购目录

一、省级机关政府采购中心集中采购目录		
品目编码	品目名称	备　　注
A	货物类	
A01	家具	公开招标数额标准以下的公用家具的政府采购执行定点供应商采购方式，执行《环境标志产品政府采购清单》
A0101	办公家具	
A0102	校舍、宿舍家具	
A02	公务服装	
A0201	标志服装	
A0202	非标志服装	
A0203	劳保服装	
A0204	其他公务服装	

续表

品目编码	品目名称	备　注
A03	办公自动化设备及耗材	
A0301	计算机	
A030101	大、中型计算机	执行《节能产品政府采购清单》
A030102	台式计算机	执行《节能产品政府采购清单》及《环境标志产品政府采购清单》
A030103	便携计算机	执行《节能产品政府采购清单》
A030104	图形工作站	执行《节能产品政府采购清单》
A0302	显示器	执行《节能产品政府采购清单》及《环境标志产品政府采购清单》
A030201	触摸屏	
A030202	大屏幕显示设备	
A0303	PC 服务器	执行《节能产品政府采购清单》
A0304	服务器存储器	
A030401	存储区域网络设备 SAN	
A030402	网络附属存储设备 NAS	
A030403	直接附属存储设备 DAS	
A030404	磁带机	
A030405	磁带库	
A030406	磁盘阵列	
A0305	移动存储设备	
A030501	U 盘	
A030502	移动硬盘	
A030503	闪存卡	
A0306	网络设备	
A030601	无线 AP	
A030602	路由器	
A030603	交换机	
A030604	集线器	
A030605	网卡	

续表

品目编码	品目名称	备　　注
A030606	调制解调器	
A030607	硬件防火墙	
A0307	光盘刻录机	
A0308	计算机软件	
A030801	系统软件	
A030802	工具软件	
A030803	应用软件	用于财务、管理、教学等
A030804	杀毒软件	用于财务、管理、教学等
A0309	打印机	
A030901	激光打印机	
A030902	喷墨打印机	
A030903	针式打印机	
A030904	热升华打印机	
A030905	多功能一体机	
A0310	复印机	执行《节能产品政府采购清单》及《环境标志产品政府采购清单》
A0311	速印机	
A0312	传真机	执行《节能产品政府采购清单》及《环境标志产品政府采购清单》
A0313	扫描仪	
A0314	碎纸机	
A0315	办公耗材	
A031501	硒鼓	再生鼓粉盒的政府采购执行《环境标志产品政府采购清单》
A031502	墨盒、碳粉	
A031503	色带	执行《环境标志产品政府采购清单》
A031504	复印纸	执行《环境标志产品政府采购清单》
A0316	数码摄影摄像器材	
A031601	数码相机	
A031602	数码摄像机	

续表

品目编码	品目名称	备　注
A0317	投影仪	执行《节能产品政府采购清单》
A0318	视频展示台	
A0319	中控设备	
A0320	不间断电源（UPS）	执行《节能产品政府采购清单》
A04	信息安全类产品	将会同省保密局编制《信息安全类产品目录》，并研究制定信息安全类产品政府采购办法，具体内容见补充说明及后续相关办法。
A05	视听及采编设备	
A0501	电视机	
A0502	录（放）像机	
A0503	录音机	
A0504	功放机	
A0505	激光视盘机	
A0506	组合音响	
A0507	音箱	
A0508	线性编辑机	
A0509	非线性编辑机	
A0510	摄像机及附属设备	
A0511	采访机	
A0512	其他视听及采编设备	
A06	摄影器材	照相机及配套器材
A07	乐器	
A0701	西洋乐器	
A0702	民族乐器	
A08	空气调节设备	执行《节能产品政府采购清单》
A0801	中央空调设备	
A080101	中央空调主机	
A080102	热交换器	
A080103	末端设备	

续表

品目编码	品目名称	备　　注
A080104	冷却塔	
A080105	水处理设备	
A080106	自控元件	
A0802	多联空调机	
A0803	分体式空调机	
A0804	窗式空调机	
A0805	恒温恒湿机	
A09	锅炉	
A0901	锅炉本体	
A090101	燃煤锅炉	
A090102	燃气锅炉	
A090103	燃油锅炉	
A090104	电热锅炉	
A0902	锅炉辅助设备	
A090201	燃煤锅炉炉排调速器	
A090202	燃油（气）锅炉燃烧器	
A090203	送风机、引风机及其控制设备	
A090204	锅炉上煤设备	
A090205	除尘脱硫设备	
A090206	烟囱（钢制、砖砌等）	
A090207	给水泵、放水泵、凝结水泵、循环水泵	
A090208	水处理设备	
A090209	锅炉给水除氧设备	
A090210	锅炉仪表阀门	
A090211	锅炉控制柜及其自控装置	
A090212	换热器（汽－水，水－水）	
A090213	省煤器、空气预热器	
A090214	燃油锅炉用油系统及其设备	
A090215	锅炉房内分汽包，分水包及管道	
A090216	锅炉备品、备件及工具	
A10	电梯	

续表

品目编码	品目名称	备　　注
A11	机动车辆	轻型车辆采购执行《环境标志产品政府采购清单》
A1101	轿车	
A1102	越野汽车（吉普车）	
A1103	载货汽车	
A1104	载客汽车	
A110401	旅行面包车	
A110402	大客车	
A110403	微型客车	
A1105	客货两用车	
A1106	专用汽车	
A110601	救护车	
A110602	警车	
A110603	囚车	
A110604	消防车	
A110605	道路清障车	
A110606	道路设施维修车	
A110607	通讯广播车	
A110608	勘察勘探车	
A110609	清扫车	
A110610	洒水车	
A110611	机场专用车	
A110612	叉车	
A110613	工程汽车	
A110614	工具汽车	
A110615	垃圾车	
A110616	粪便车	
A1107	摩托车	
A1108	其他机动车辆	
A12	飞机	
A13	船舶	
A14	机动车辆检测设备	
A1401	机动车辆检测线	
A1402	机动车辆检测车	
A1403	车辆检测诊断设备	
A1404	车辆维修设备	
A15	通信设备	

续表

品目编码	品目名称	备　　注
A1501	交换机	
A1502	备用电源	
A1503	无线电发射机	
A1504	无线对讲机	
A1505	无线接收机	
A1506	通讯中继设备	
A1507	GPS 设备	含接收机、发射机及后端处理设备
A1508	移动信息终端	现场应急处置警用 PDA 手机
A1509	微波传输设备	语音、数据、影像传输
A16	交通管理监控设备	
A1601	路口电子警察	摄像机、网络传输设备、硬盘录像
A1602	移动电子警察	车载摄像机、网络传输设备、硬盘
A1603	警务工作站	摄像机、网络传输设备、硬盘录像
A1604	道路监控	摄像机、网络传输设备
A1605	指挥中心	显示设备、网络设备、矩阵、存储处
A1606	数据传输设备	光纤、电缆、收发设备
A17	灯具	单次采购 5 万元以上；执行《节能产品政府采购清单》
A18	建筑物	
A1801	办公用房	
A1802	其他建筑物	包括办公附属建筑物、公益设施建筑、纪念性建筑、公寓、宿舍用房
A19	专用物资	
A1901	救灾物资	
A1902	防汛物资	
A1903	抗旱物资	
A1904	农用物资	化肥、农药、塑料薄膜、种子
A1905	储备物资	包括粮、棉、糖
A1906	其他物资	
A20	电力金具	执行《节能产品政府采购清单》
B	**工　程　类**	
B01	专业工程	
B0101	空调工程	
B0102	电梯工程	
B0103	消防工程	
B010301	火灾自动报警设备及安装	

续表

品目编码	品目名称	备　　注
B010302	水系统消防设备及安装	
B010303	气体灭火系统设备及安装	
B0104	弱电工程	指与原有建筑物维修、改造（修缮工程）相配合的综合布线工程
B0105	监控工程	
B0106	灯光音响工程	
B0107	标准体育场地	
B0108	场区道路	
B02	智能大厦弱电系统集成	
B03	计算机局域网、广域网建设工程	
C	**服　务　类**	
C01	信息系统开发	包括咨询，论证，专业软件开发，系统研发、升级、维护、验收等
C02	物业管理	
C03	中介服务	审计、评估、咨询、验资、结算、代理等
C04	交通工具的维修保障	
C0401	车辆保险	
C0402	车辆加油	
C0403	车辆维修	
C05	金融服务	
C0501	国库集中支付代理银行	
C0502	省级政府机关及事业单位工资代发	
C0503	社保基金业务代理机构	
C0504	省级政府发行债券业务代理金融机构	发行、承销、托管
C0505	住房公积金业务代理银行	存款、放款
C0506	国际金融组织贷款项目代理金融机构	
C0507	省级基础设施项目代理金融机构	含投资银行机构
C06	资产评估	
C07	审计服务	

续表

品目编码	品目名称	备　　注
C08	法律服务	
C09	国际机票代理	
C10	中央空调清洗	
C11	其他服务	
二、部门集中采购目录		
品目编码	品目名称	备　　注
D	货　物　类	
D01	实验室仪器、设备	不含在实验室使用的办公自动化设备、家具等
D0101	波谱分析仪	
D0102	核磁共振波谱分析仪	
D0103	电泳仪	
D0104	质谱仪	
D0105	液相色谱仪	
D0106	衍射仪	
D0107	原子吸收光度计	
D0108	示波器	
D0109	红外分光光度计	
D0110	紫外分光光度计	
D0111	酸度计	
D0112	偏振仪	
D0113	折光仪	
D0114	激光器	
D0115	电子显微镜	
D0116	偏光显微镜	
D0117	立体显微镜	
D0118	其他实验室仪器、设备	
D02	医疗仪器设备	
D0201	诊断设备	
D020101	磁共振诊断仪	
D020102	EJCT 诊断仪	
D020103	EEJCT 诊断仪	
D020104	X 光机	
D020105	数字影仪（DSR）	
D020106	黑白超声诊断仪	
D020107	彩色超声诊断仪	
D020108	动态心电图机	

续表

品目编码	品目名称	备　注
D020109	颅脑多普勒诊断仪	
D020110	电子动态喉镜	
D020111	电子胃镜	
D020112	支气管镜	
D020113	电脑验光仪	
D020114	胎心监护仪	
D020115	中央多参数监护仪	
D020116	EJC 型臂 X 光治疗系统	
D020117	脑电图机	
D020118	肺功能诊断仪	
D020119	心电图分析系统	
D020120	其他诊断设备	
D0202	治疗设备	
D020201	放疗设备	
D020202	机器人导航手术系统	
D020203	眼科准分子激光仪	
D020204	美容激光仪	
D020205	EJCO2 激光仪	
D020206	超声碎石机	
D020207	前列腺治疗机	
D020208	牙科综合治疗机	
D020209	耳鼻喉治疗台	
D020210	呼吸机	
D020211	除颤器	
D020212	关节镜	
D020213	理疗设备	
D020214	麻醉机	
D020215	腹腔镜	
D020216	高频电刀	

续表

品目编码	品目名称	备　　注
D020217	氩气刀	
D020218	其他治疗设备	
D0203	检验及实验室设备	
D020301	大型生化分析仪	
D020302	流支细胞仪	
D020303	血流变检测仪	
D020304	电子显微镜	
D020305	尿液分析仪	
D020306	台式显微镜	
D020307	r 计数器	
D020308	放射免疫诊断仪	
D020309	病理切片机	
D020310	脱水机	
D020311	包埋机	
D020312	其他检验及实验室设备	
D0204	实验室试剂	
D03	大、中型农用机械	
D0301	动力机械	
D030101	拖拉机	
D030102	柴油机	
D030103	汽油机	
D030104	电动机	
D0302	田间作业机械	
D030201	收获机械	
D030202	耕整机械	
D030203	播种机械	
D030204	施肥机械	
D030205	植保机械	
D030206	秸秆还田机械	

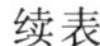

续表

品目编码	品目名称	备　注
D030207	排灌机械	
D0303	场上作业机械	
D030301	脱粒机	
D030302	清选机	
D030303	烘干机	
D030304	脱壳机	
D030305	摘果机	
D0304	农产品加工机械	
D030401	粮食加工机械	
D030402	油料加工机械	
D030403	棉花加工机械	
D030404	果蔬加工机械	
D0305	农田基本建设机械	
D030501	推土机械	
D030502	挖掘机械	
D030503	装载机械	
D030504	铲运机械	
D030505	平地机械	
D0306	农用运输机械	
D030601	三轮农用车	
D030602	四轮农用车	
D0307	林牧渔机械	
D030701	林业机械	
D030702	牧业机械	
D030703	渔业机械	
D04	土地	
D05	无线电监测设备	
D06	广播电视地面发射接收设备	
D0601	电视广播发射设备	

续表

品目编码	品目名称	备　　注
D0602	卫星地面站	
D0603	广播电视接收设备	
D07	体育器材	
D0701	运动服饰	
D0702	竞技（训练）器材	
D0703	健身（康复）器材	
D0704	户外运动器材	
D0705	体能检测器材	
D0706	场馆设施	
D08	炊事设备	
D0801	灶具烟罩设备	
D080101	炒菜灶	燃气灶、电磁灶采购执行《节能产品政府采购清单》
D080102	大锅灶	
D080103	煲仔炉	
D080104	抽油烟机	
D080105	排油烟罩	
D0802	烹蒸烤设备	
D080201	夹层锅	
D080202	微波炉	
D080203	蒸饭车	
D080204	保温车	
D080205	笼屉	
D080206	电饼铛	
D080207	炸锅	
D080208	烤箱	
D080209	电饭锅	
D0803	食品加工设备	
D080301	搅拌机	
D080302	和面机	
D080303	馒头机	
D080304	面条机	
D080305	削皮机	
D080306	切菜机	
D080307	绞肉机	
D080308	榨汁机	
D0804	台柜	

续表

品目编码	品目名称	备　注
D080401	操作台	
D080402	餐车	
D080403	橱柜	
D080404	售餐台	
D080405	餐桌椅	
D0805	洗刷设备	
D080501	水槽	
D080502	水嘴	执行《节能产品政府采购清单》及《环境标志产品政府采购清单》
D080503	洗手台	
D080504	储水装置	
D0806	制冷设备	
D080601	冰箱	执行《节能产品政府采购清单》
D080602	冰柜	执行《节能产品政府采购清单》
D080603	冷藏展示柜	
D080604	冷库	
D0807	消毒设备	
D080701	洗碗机	
D080702	消毒柜	
D0808	饮水设备	
D080801	饮水机	
D080802	水净化设备	
D080803	水壶	
D09	盥洗设备	
D0901	便器	执行《节能产品政府采购清单》
D0902	便器冲洗阀	执行《节能产品政府采购清单》
D0903	水箱配件	执行《节能产品政府采购清单》
D0904	沐浴器	执行《节能产品政府采购清单》
D0905	沐浴房	执行《节能产品政府采购清单》
D10	药品	
D11	医用耗材	
D12	疫苗	
D13	图书	单次采购5万元以上
D14	残疾人专用物品	
E	**工程类**	
E01	工程勘察	

续表

品目编码	品目名称	备　　注
E02	工程设计	
E03	工程监理	
E04	建筑工程	工程施工及与工程建设有关的重要设备、材料等；白乳胶、水性涂料、溶剂型木器涂料、木地板、轻质墙体板材、塑料门窗、塑料管材、建筑陶瓷、卫生陶瓷的政府采购执行《环境标志产品政府采购清单》
E0401	土建工程	包括建筑物和构筑物的新建、改建、扩建、拆除等
E0402	装修工程	
E0403	修缮工程	
E0404	安装工程	
E040401	给排水工程	
E040402	采暖工程	
E05	环保、绿化工程	
E0501	污水处理	
E0502	市政垃圾处理	
E0503	园林绿化工程	
E0504	防沙工程	
E06	市政建设工程	
E0601	市政道路建设、改造、整修工程	
E0602	市政公用设施建设	
E0603	自来水输水工程	
E0604	集中供暖、供热、供气工程	
E07	交通运输工程	
E0701	铁路工程（包括地铁工程）	
E0702	公路、桥梁、涵洞	
E08	水利、防洪工程	
E0801	河道疏浚工程	
E0802	大坝、水库、闸门、泄洪工程	
E0803	江河、湖泊治理工程	
E09	农业综合开发工程	
E0901	土地治理工程	
E0902	农田水利工程	
E0903	农业科技推广工程	
E0904	农业产业化工程	
E0905	农村基础设施建设工程	

河南省财政厅关于印发河南省省级2010年政府采购目录及限额标准的通知

2010年1月22日　豫财购［2010］3号

省直各部门、各单位：

《河南省省级2010年政府采购目录及限额标准》已经省政府批准，现印发给你们，请遵照执行。

附件：河南省省级2010年政府采购目录及限额标准

附件

河南省省级2010年政府采购目录及限额标准

一、政府采购目录、限额标准

序号	品目名称	备　注
A	货物类	
A03	一般设备	
A0301	电器设备	
A030101	电视机	协议供货
A030105	摄影、摄像器材	协议供货
A030106	空气调节设备	协议供货
A030199	其他电器设备	批量采购1万元以上
A0302	办公自动化设备	
A030201	计算机	协议供货
A030202	打印机	协议供货
A030204	传真机	协议供货
A030205	复印机	协议供货
A030206	速印机	协议供货
A030207	碎纸机	协议供货
A030208	投影仪	协议供货
A030209	扫描仪	协议供货

续表

序号	品目名称	备　注
A030299	其他办公自动化设备	批量采购1万元以上
A0303	家具	
A030301	办公家具	协议供货
A030302	宿舍家具	协议供货
A030399	其他家具	协议供货
A04	办公消耗用品	
A0401	纸张	协议供货
A0499	其他消耗用品	批量采购1万元以上。 包括磁盘、UPS、硒鼓、墨粉
A05	建筑、装饰材料	
A0501	水泥	
A0502	木材	
A0504	金属材料	
A0507	玻璃	
A0599	其他建筑、装饰材料	
A06	物资	
A0601	救灾物资	
A0602	防汛物资	
A0603	抗旱物资	
A0604	农用物资	
A0605	储备物资	包括粮食、糖、棉花等
A0606	燃料	冬季取暖用煤、油等
A0699	其他物资	批量采购1万元以上
A07	专用材料	
A0706	工具和仪器	指仪表、仪器等
A0707	艺术部门用材料和用品	
A0708	军装、制服及劳保用品	包括执法部门统一制装；学生统一校服。
A0799	其他专用材料	批量采购1万元以上
A10	专用设备	
A1001	通信设备	
A100101	移动通信设备	
A100102	电话通信设备	
A100199	其他通信设备	
A1002	印刷设备	
A1003	照排设备	
A1004	网络设备	
A100401	服务器	

续表

序号	品目名称	备　注
A100402	路由器	
A100403	交换机	
A100404	调制解调器	
A100499	其他网络设备	
A1005	发电设备	
A1006	医疗设备、器械	
A1007	计划生育设备	
A1008	交通管理监控设备	
A1009	港口设备	
A1010	农用机械设备	
A1011	工程机械	
A1013	消防设备	
A1015	警用设备和用品	
A1018	档案、保密设备	
A1019	教学设备	
A1020	实验室设备	
A1021	广播电视、影像设备	
A1022	灯光、音响设备	
A1023	文艺设备	
A1024	体育设备	
A1025	地震设备	
A1027	电梯和起重机	
A1028	炊事设备	批量采购1万元以上
A1029	锅炉	
A1099	其他专用设备	批量采购1万元以上
A11	交通工具	
A1101	汽车	协议供货
A110101	轿车	协议供货
A11010101	普通轿车	协议供货
A11010102	高级轿车	协议供货
A110102	越野汽车（吉普车）	协议供货
A110103	卡车	协议供货
A110104	载客汽车	协议供货
A11010402	旅行面包车	协议供货
A11010404	微型客车	协议供货
A11010499	其他载客汽车	协议供货

续表

序号	品目名称	备注
A110105	专用汽车	
A11010501	工程汽车	
A11010502	工具汽车	
A11010503	消防车	
A11010504	警车	
A11010505	救护车	
A11010506	通讯和广播用车	
A11010507	皮卡	
A11010599	其他专用汽车	
A1199	其他交通工具	
A99	其他货物	单项金额超过 1 万元
B	**工程类**	
B01	建筑物	
B0101	公用房建设	
B0102	住房建设	
B0103	其他用房建设	
B0104	文教、卫生、音乐、体育等公益设施建设	
B0105	纪念性建筑设施建设	
B0199	其他建筑设施建设	
B03	环保、绿化工程	
B0301	污水处理	
B0303	园林绿化工程	
B0304	荒山绿化	
B0305	天然林保护	
B0306	防沙工程	
B04	水利、防洪工程	
B0401	河道疏浚工程	
B0402	大坝、水库、闸门、泄洪工程	
B0403	农田水利工程	
B0404	江河、湖泊治理工程	
B05	交通运输工程	

续表

序号	品目名称	备注
B0501	机场、航空工程	
B0502	港口工程	
B0503	铁路工程	
B0504	公路、桥梁、涵洞	
B06	油气工程	
B07	电力工程	
B08	电信工程	
B09	修缮、装饰工程	
B10	系统集成、网络工程	
B99	其他各类工程	
C	服务类	
C01	印刷、出版	定点采购
C02	专业咨询、工程监理、工程设计	
C03	测绘	
C0301	基础航空摄影	
C0302	专业地理信息系统	
C0303	地形图、影像图等数字化产品及数据库建设	
C0304	界线测绘、地籍测绘	
C04	信息技术、信息管理软件的开发设计及采购	
C05	维修	
C0501	一般设备	
C0502	专用设备	
C0503	建筑物	
C0599	其他维修	
C0703	交通工具的维护保障	
C070301	车辆保险	
C070302	车辆加油	
C070303	车辆维修及配件采购	定点采购
C08	会议	定点采购
C99	其他服务	单次采购1万元以上

二、政府采购公开招标数额标准

政府采购货物或服务的项目，单项或批量采购金额一次性达到50万元以上的，必须采用公开招标方式。

政府采购工程项目公开招数额标准按照有关规定执行。政府采购工程项目招标适用于《招标投标法》，采取招标之外方式采购的均按《政府采购法》规定执行。

湖北省人民政府办公厅关于印发2010年湖北省政府采购目录及标准的通知

2009年9月23日　鄂政办发［2009］87号

省政府各部门：

根据《中华人民共和国政府采购法》的规定，为规范政府采购行为，提高财政资金的使用效益，经省人民政府同意，现将《2010年湖北省政府采购目录及标准》印发给你们，请结合实际，认真遵照执行。

附件：2010年湖北省政府采购目录及标准

附件

2010年湖北省政府采购目录及标准

一、政府集中采购目录

以下项目必须按规定委托省政府采购中心或者采购单位所在区域内的集中采购机构代理采购。

（一）货物类

计算机（含台式、便携式计算机）、显示器、打印机、传真机、复印机、速印机、一体机（含便携式一体机）、投影仪（含影幕）、扫描仪，摄影、摄像器材，刻录机，空气调节设备（含除湿设备），电视机、影碟播放机、电冰箱、洗衣机、电话机、吸尘器、碎纸机，办公家具，学校、科研和医疗专用家具（含课桌椅）。

轿车、越野汽车、卡车、旅行车、大客车，救护车、洒水车、道路清扫车、垃圾车，工程汽车、工具汽车、警车、通信和广播用车、其他专用汽车，摩托车，船只。

网络系统集成硬件设备（服务器、路由器、交换机、调制解调器、不间断电源〈UPS〉、磁盘阵列及其他网络设备），移动存储设备、磁盘保护卡，通信设备、印刷设备、照排设备，发电设备，电梯和起重机，炊事设备，锅炉，农用机械设备、工程机械、园艺机械、道路清扫设备，教学设备、仪器，安防监控设备，税务装备，消防设备，广播电视影像设备，文艺设备，体育器材、器械，保安设备，灯光音响设备，乐器。

应用软件，制服，工具和仪器，燃料，农用物资，储备物资，劳保用品，教科书，图书资料。

自主创新产品目录产品。

（二）工程类

使用财政性资金以及与财政性资金配套的新建、改建、扩建、装修、拆除、修缮等工程。

（三）服务类

会议、培训，省级车辆保险、维修、加油、车辆内装饰，一般印刷业务，软件、网络（含网络维护）、软件开发、责任保险。

工程设计、工程代建，工程监理，聘请中介机构。

二、部门集中采购目录

以下项目实行部门集中采购。具备条件的由部门按规定组织采购，条件不具备的可委托省政府采购中心或经省级以上财政部门认定资格的政府采购代理机构采购。

（一）货物类

质量技术检测监测专用设备，食品药品检测专用设备，公共卫生检验监督监测专用设备，交通管理监控专用设备，水利水电检测监测设备，农产品检测监测设备，医疗专用器械，环境检测监测设备，气象专用仪器设备，人工影响天气作业专用设备，航测专用设备，地震专用设备，警用专用器械，海关专用物资装备，检察诉讼专用设备，法庭内部专用装备，保密设备。

药品，医疗专用耗材，生物制品及监测试剂，动物疫病检测防治用品。艺术部门专用材料和用品。

救灾物资，防汛物资，抗旱物资。

（二）工程类

使用财政性资金以及与财政性资金配套的新建、改建、扩建、装修、拆除、修缮等工程，园林绿化及维护。

（三）服务类

专业培训、物业管理、特殊印刷业务。

工程设计、工程代建，工程监理。

部门确定的其他有特殊要求的专用服务项目。

三、部门采购限额标准

省级一级预算单位汇总年批量采购量10万元以下，属于政府集中采购目录以内，且不属于协议供货范围内的货物和服务项目，经省财政厅批准，可由部门集中采购或自行采购。

省级一级预算单位汇总年批量采购量20万元以上，属于政府集中采购目录和部门集中采购目录以外的货物和服务项目，经省财政厅批准，可由部门自行采购。

四、公开招标数额标准

省级单项或批量采购金额一次性达到80万元以上的货物和50万元以上工程，必须实行公开招标。

服务类项目，原则上要通过公开招标方式确定一定时期内的协议供应商；对于不能通过协议服务方式采购，但省级单项或批量采购金额一次性达到50万元以上的服务项目，仍必须实行公开招标。

五、其他要求

（一）纳入集中采购目录属于通用的政府采购项目的，应当委托政府采购中心代理采购；属于本部门、本系统有特殊要求的项目，应当实行部门集中采购；属于本单位有特殊要求的项目，经省人民政府授权省财政厅批准后，可以自行采购。

（二）工程类项目方面，凡国家对政府采购代理机构规定了资质要求的项目，由省级一级预算单位委托符合资质条件的政府采购代理机构代理采购；凡国家未对政府采购代理机构规定资质要求的项目，项目金额50万元以上的，由省政府采购中心集中采购，50万元以下的，由部门委托省政府采购中心或经省级以上财政部门认定资格的政府采购代理机构采购。

（三）各级行政事业单位要按照年度政府采购目录，认真编制政府采购预算，严格实行政府采购资金国库直接支付制度。凡未按规定编制政府采购预算、申报政府采购计划和实行政府采购的项目，财政部门可以拒付资金。

（四）各级行政事业单位要严格执行政府采购制度，财政部门要认真履行监管职责，加强监督检查，不断规范政府采购行为。

（五）政府集中采购目录以内纳入协议供货的货物和服务项目，如汽车、计算机、汽车加油、保险等，各级行政事业单位要严格执行政府采购协议供货制度。

（六）建立健全和严格执行政府强制采购节能产品制度，充分发挥政府采购的政策引导功能，将自主创新产品目录列入年度政府集中采购目录，促进节能减排工作，支持经济社会发展。政府采购应采购本国货物、工程和服务，优先采购环保、节能产品，实现政府采购的政策目标。

（七）各地可结合实际，制定本级年度政府采购目录及标准，并报省财政厅备案。

湖南省财政厅关于印发《湖南省2010年政府集中采购目录》的通知

2009年10月22日　湘财购［2009］14号

省直各单位，各市州财政局：

经省人民政府授权，根据《中华人民共和国政府采购法》的有关规定，结合我省政府采购工作实际，我们制定了《湖南省2010年政府集中采购目录及采购限额标准》，现印发给你们，请遵照执行。

附件：湖南省2010年政府集中采购目录及采购限额标准

附件

湖南省2010年政府集中采购目录及政府采购限额标准

一、集中采购目录

以下项目必须按规定委托集中采购机构（政府采购中心）采购。

（一）货物类

1. 交通工具：公务用车、专用车辆、改装车辆；

2. 电器设备：电视机、电冰箱、空调（不含中央空调）、吸尘器；

3. 办公自动化设备：台式计算机、便携式计算机、复印机、打印机、服务器、碎纸机、传真机、速印机、投影仪、多功能一体机、照相机、摄像机等；

4. 办公大宗消耗用品：纸张、硒鼓、碳粉、U盘、光盘、移动硬盘；

5. 计算机软件（指操作系统、办公软件、防病毒软件、数据库、中间件）；

6. 办公家具（含档案密集架）；

7. 电梯（不含工程内的）；

8. 农机、农具；

9. 建筑装饰材料；

10. 变配电设备；

11. 电线电缆；

12. 救灾物资；

13. 防汛抗旱物资；

14. 免费教科书；

15. 网络设备；

16. 监控设备；

17. 网络工程；

18. 系统集成。

（二）工程类（100万元以内）

1. 建筑物和构筑物的新建、改建、扩

建、装修、拆除、修缮等；

2. 绿化工程。

（三）服务类

1. 会议定点、培训、接待；

2. 汽车保险；

3. 汽车维修；

4. 汽车加油；

5. 印刷项目；

6. 物业管理；

7. 软件开发；

8. 服装加工；

9. 网络租赁、网络维护。

二、其他货物和服务采购

凡属集中采购目录以外政府采购限额标准以上的货物和服务项目，由采购人委托经省级以上政府采购监督管理部门认定资格的政府采购业务代理机构（招标公司）或集中采购机构（政府采购中心）实施采购。包括：工程机械、农用物资、储备物资、医疗设备和器械、计划生育设备、医疗设备、气象专用仪器设备、测绘专业仪器设备、消防设备、警用设备和用品、专用教学设备、广播影视设备及专用摄影设备、文艺设备、体育设备、地震专用设备、质检专用仪器设备、检察诉讼设备、法庭内部装备、水利专用设备等。

三、政府采购限额标准

预算管理单位使用财政性资金采购货物、工程和服务达到限额标准的，均应当实行政府采购制度。具体限额标准为：

（一）货物类

省级：单项在1万元以上或者批量在10万元以上金额的货物；

市（州）级：单项在3千元以上或者批量在3万元以上金额的货物；

县（市、区）级：单项在1千元以上或者批量在1万元以上金额的货物。

（二）工程类（包括建筑物和构筑物的新建、改建、扩建、装修、拆除、修缮等）

省级：20万元以上的工程项目；

市（州）级：10万元以上的工程项目；

县（市、区）级：5万元以上的工程项目。

（三）服务类

省级：单项在1万元以上或者批量在5万元以上金额的服务；

市（州）级：单项在1万元以上或者批量在3万元以上金额的服务；

县（市、区）级：单项在1万元以上或者批量在2万元以上金额的服务。

（四）协议供货

办公设备实行协议供货单项在50万元以内的；

汽车实行协议供货同品牌、同型号在4台以下（含4台），金额在100万元以内的；

其他定点采购项目按相关文件规定执行。

四、公开招标数额标准

各级预算管理单位采购集中采购目录以内或者采购限额标准以上的项目，凡达到公开招标数额标准的，应当采用公开招标方式（法律规定的特殊情形除外）采购。具体数额标准：50万元以上的单项或者批量货物；30万元以上的单项或者批量服务；100万元以上的工程项目。

五、相关说明

（一）采购人在政府采购活动中，应当执行国家强制采购节能产品制度有关规定，优先或强制购买环境保护和自主创新产品。

（二）政府采购应当优先采购本国货物、工程和服务，采购人确需采购进口产品的，应按国家有关规定提出申请并获得财政部门审核同意后，才能开展采购活动。经财政部门审核同意购买进口产品的，应当在采购文件中明确规定可以采购进口产品，但如果因信息不对称等原因，仍有满足需求的国内产品要求参与竞争的，采购人及其委托的代理机构不得对其加以限制，应当按照公平竞争的原则实施采购。

（三）政府集中采购目录及采购限额标准是各预算单位编制年度政府采购预算和有关单位编制专项计划的依据，也是财政、监察、审计部门进行监督和检查的重要依据。各单位必须以此依据认真编制本单位的部门预算。

（四）采购限额标准以下的项目，已实行协议供货或定点采购的，各单位必须严格执行协议供货或定点采购制度，没有实行协议供货或定点采购的，由单位自行采购。

（五）达到公开招标数额标准，因特殊情况需要采用非公开招标方式采购的，事前必须报市州以上政府采购监督管理部门批准。

（六）单项采购项目是指单个采购品目或预算专项，由财政安排的专项采购，以预算资金为准；配套资金项目以项目总投资为准。批量采购项目按本年度本部门、本系统的采购总量为准。

复合采购项目，即一个采购项目中既含有货物又含有工程或服务的采购项目，按照采购资金比重较大的项目确定其属性。

（七）省属普通高等院校政府货物和服务采购，可按湖南省财政厅、湖南省教育厅《关于进一步规范普通高等院校政府采购工作的通知》（湘财购［2008］10号）规定的程序执行。各单位工程采购项目，按照湖南省财政厅《关于进一步明确工程政府采购有关事项的通知》（湘财购［2009］8号）规定的程序执行。

深圳市财政委关于印发《2010年深圳市政府集中采购目录》的通知

2009年11月6日　深财购［2009］27号

市直各行政事业单位、市政府采购中心，各区财政局、光明新区发展与财政局、坪山新区发展与财政局：

根据《深圳经济特区政府采购条例》和财政部《政府采购品目分类表》（财库［2000］10号）等相关法规规章规定，结合我市实际，我委制定了《2010年深圳市政府集中采购目录》，现印发你们，并将有关事宜通知如下，请遵照执行。

一、凡使用财政性资金采购本目录规定集中采购范围内的货物、服务和工程的，应实行集中采购。

二、纳入政府集中采购目录内的政府采购项目的组织实施。

纳入集中采购目录的市本级政府采购项目，凡属于通用类货物或服务（含协议供货、定点采购）类采购项目，实行“预选供应商名录”制度的采购项目和预算金额在150万元（含150万元）以上的集中采购项目，必须由市政府采购中心组织实施。

预算金额在150万元以下的集中采购项目，由市政府采购中心或者依有关规定委托政府采购代理机构组织实施。

有关协议供货、定点采购、预选供应商名录制度的具体情况及要求请参见深圳市政府采购中心网站（http://www.szzfcg.cn/）相关栏目。

采购人申请采购进口产品或国际招标采购的，应按照《深圳市实施财政部〈政府采购进口产品管理办法〉若干意见》相关规定执行。符合国际招标类采购项目，应按照《机电产品国际招标投标实施办法》（商务部令第13号）及相关规定执行。

三、未纳入政府集中采购目录的政府采购项目，采购人可根据《关于进一步规范采购单位自行组织分散采购工作的通知》（深财购［2003］16号）规定自行采购，也可以委托集中采购机构或者政府采购代理机构采购。

四、属于下列情形的支出项目，暂不纳入政府集中采购目录，不需编制集中采购计划。

（一）属于《深圳市人民政府印发关于加强建设工程招标投标管理若干规定的通知》（深府［2008］86号，以下简称“86号文”）第三条、第六条规定的项目，包括：建设工程项目总承包招标；建设工程施工招标、专业和劳务分包招标；建设工程勘察、设计、监理、项目代建、造价咨询、招标代理、环境影响评价、工程咨询等服务招标；与建设工程密切相关的重要设备、材料等货物招标；由发展和改革部门列入政府基本建设投资计划并使用计划内资金的修缮、园林绿化招标；地质灾害治理等与建设工程有关的其他招标（该类项目的采购事宜，按86号文的有关规定执行）。

（二）属于市编委批复的法定事业单位职能范围内的支出项目（原则上项目承担单位不得将项目对外委托，确实需要对外委托的，由项目承担单位编制集中采购计划并按集中采购程序办理采购事宜）。

（三）带有垄断性质行业服务类采购项目，如通讯管网、煤气、天然气管道租用和维护、水电线路改造、邮政投递、公益性主流媒体广告和公告、特殊地段（机场、车站）广告等。

（四）特殊文化艺术品或宣传品的创作及制作。

（五）需要考虑地段等因素的房屋购置和租赁，演出、展览、运动场馆场地租赁。

（六）活体动物、标本、化石。

（七）直升机托管。

（八）公务出国中的境外推介洽谈、招商、会议、专题宣传、展览、宴请等，非本市组团的公务出国。

（九）河道水库等水务工程抢险抢修（含停水检修）及抢险抢修所需材料、零配件采购，深圳市外水源工程管理。

（十）市委、市政府、市人大、市政协、市纪委指定召开的或指定由部门组织承办的大型会议、培训、演出等。

（十一）非公务用车使用的燃油及其他燃料的购置。

（十二）中央及省级行政主管部门通过集中采购确定并指定唯一供应商的货物或服务项目。

（十三）企业研发中心或公共技术服务平台所需设备采购。

（十四）属非政府独立产权，且物业管理主导权不属于政府机构的物业管理。

（十五）市委、市政府确定的地方志、统计年鉴的出版发行。

（十六）图书类项目中的进口图书、电子图书、教材（中小学教材除外）及配套教学辅助用书、中外文期刊。

（十七）属具有唯一性的法定专业机构实施的特定中介服务类项目，如危房鉴定、强制性检验检测、考古鉴定等。

五、按照《国务院办公厅关于建立政府强制采购节能产品制度的通知》（国办发［2007］51号）、《财政部、环保总局关于环境标志产品政府采购实施的意见》（财库［2006］90号）、《中共深圳市委深圳市人民政府〈关于实施自主创新战略建设国家创新型城市的决定〉有关配套政策文件的通知》（深府办［2006］60号）、《中共深圳市委、深圳市人民政府关于全面推进循环经济发展的决定》（深发［2006］9号）等的要求，以下产品列入政府优先采购清单，我市政府采购组织实施中，在技术、服务等指标满足采购需求的前提下，优先采购以下清单范围内产品（如清单内容有调整或更新，则以最新的清单为准）：

（一）财政部、国家发展和改革委员会制定的《节能产品政府采购清单》，财政部、环境保护部制定的《环境标志产品政府采购清单》中列示的企业及产品，详见中国政府采购网（http：//www.ccgp.gov.cn/）首页。

（二）市科技工贸和信息化委员会制定的《关于二〇〇八年深圳市自主创新产品认定的通知》（深科信［2008］261号）确认的57家企业的122个产品以及《关于二〇〇八年第二批深圳市自主创新产品认定的通知》（深科信［2009］19号）确认的149家企业312个产品，详见深圳市财政委员会网站（http：//www.szfb.gov.cn/）或深圳市政府采购中心网站（http：//www.szzfcg.cn/）。

（三）市人居环境委员会制定的《关于公布2008年〈深圳市节水型工艺、设备、器具名录〉的通告》（深水务［2008］209号）所列节水型工艺、设备、器具，详见深圳市财政委员会网站（http：//www.szfb.gov.cn/）或深圳市政府采购中心网站（http：//www.szzfcg.cn/）。

（四）五洲龙客车系列产品，比亚迪汽

车系列产品，TD 数据卡系列产品。

集中采购机构及各采购代理机构应加强内部培训，使采购工作人员全面掌握上述优先采购清单内容，并加强与采购单位和相关职能部门的沟通协商，根据国家及我市关于优先采购的条件、原则和实施意见，认真组织好优先采购清单产品的采购工作。

六、市直各预算单位要以本通知规定作为编制 2010 年政府采购预算的依据，各区可结合本区实际情况作适当调整后执行。

七、本通知由深圳市财政委员会负责解释。

特此通知。

附件：2010 年深圳市政府集中采购目录

附件

2010 年深圳市政府集中采购目录

一、货物类

（一）通用类政府采购项目（含协议采购项目）

1. 轿车、越野车（吉普车）、旅行车、客车、摩托车、皮卡、箱式货车；

2. 办公自动化设备：台式电脑、笔记本电脑、打印机（喷墨、激光、针式、多功能一体机）、传真机、复印机、速印机、扫描仪、碎纸机、投影机（包括视频展示台等）、UPS 电源（后备式）；

3. 网络设备：服务器、小型机、数据工作站、路由器、交换机、硬件防火墙；

4. 电视机；

5. 空调（不含窗式空调）；

6. 办公用纸：复印纸、打印纸、传真纸；

7. 中小学教材；

8. 预算金额在 10 万元以上（含 10 万元，下同）的家具；

9. 预算金额在 10 万元以上的厨具和厨房设备；

10. 预算金额在 10 万元以上的非进口图书；

11. 预算金额在 10 万元以上的其他通用货物。

（二）专用类政府采购项目（预算金额在 10 万元以上）

12. 工程机电设备；

13. 救灾物资；

14. 防汛物资；

15. 储备物资；

16. 网络专用设备；

17. 交通管理监控设备；

18. 医疗设备、器械；

19. 港口设备；

20. 农用机械设备；

21. 工程机械设备；

22. 道路清扫设备；

23. 警用设备；

24. 消防设备；

25. 专用教学设备；

26. 实验室设备；

27. 气象专用仪器设备；

28. 测绘专业仪器设备；

29. 质检专用仪器设备；

30. 广播电视和影像设备及摄影器材；

31. 会议系统设备；

32. 光电显示设备；

33. 无线电管理设备；

34. 节能、节水设备；

35. 文艺设备；

36. 体育设备；

37. 救助船舶及直升机；

38. 执法船艇；

39. 软件；

40. 专用汽车；

41. 工程汽车；

42. 其他专用及特种设备。

二、服务类（含定点采购项目）

1. 公务车加油、维修、保险；

2. 公务住宿接待；

3. 整体打包由出国经办代理机构代理组团的公务出国服务；

4. 预算金额在10万元以上的会议；

5. 预算金额在10万元以上的印刷；

6. 预算金额在20万元以上的租赁（含设备、车辆租赁项目）；

7. 预算金额在10万元以上的物业管理；

8. 预算金额在10万元以上的交通设施维护服务；

9. 预算金额在20万元以上的课题咨询类服务；

10. 预算金额在10万元以上的会计、审计、法律中介服务；

11. 预算金额在10万元以上的系统设备和技术项目后续经常性维修维护服务；

12. 预算金额在10万元以上的其他服务。

三、工程类

1. 预算金额在20万元以上的修缮、装修、装饰工程；

2. 预算金额在20万元以上的节能、环保工程；

3. 预算金额在20万元以上的园林、绿化工程；

4. 预算金额在20万元以上的系统集成、网络工程及其他技术项目；

5. 不属于发展和改革部门政府基本建设投资计划立项，且不属于按《深圳市人民政府印发关于加强建设工程招标投标管理若干规定的通知》（深府［2008］86号）第六条规定必须进行招标的范围，预算金额在20万元以上的其他工程。

海南省财政厅关于印发海南省 2009 年政府集中采购目录及标准的通知[①]

2009 年 3 月 11 日　琼财采［2009］305 号

省直各单位，各市县财政局、洋浦财政局：

为了规范政府采购行为，明确我省 2009 年的政府采购范围及标准，根据《中华人民共和国政府采购法》的有关规定，我厅制定了《海南省 2009 年政府采购集中采购目录及标准》（以下简称《目录及标准》）。经省政府批准，现将《目录及标准》印发给你们，请认真遵照执行。

一、我省各级国家机关、事业单位和团体组织（以下简称采购人），使用财政性资金采购集中采购目录以内或限额标准以上的货物、工程和服务的，必须依照有关法律、法规和制度的规定实行政府采购。

二、采购人在编制部门预算时，要根据本《目录及标准》编制政府采购预算。政府采购应当严格按照批准的预算和计划执行（含项目细化和追加预算），杜绝无预算或超预算资金采购。采购人实施采购前必须先向财政部门申报采购计划（网上申报协议供货采购除外），获得批准后方能进行采购活动。未申报采购计划自行采购的，会计集中管理机构不予支付采购资金。

三、政府采购原则上要求购买国内产品，确需购买进口产品的必须按规定程序向财政部门申报获得批准后才能实施采购。

四、政府采购物品要优先选择节能、环保和自主创新产品。同等条件下优先选择本地中小企业产品。

五、达到政府采购限额标准（30 万元以上）的工程项目由采购人委托具有工程招标资质的代理机构采用邀请招标方式组织采购。达到公开招标数额标准（200 万元以上）的工程项目必须委托具有工程招标资质的代理机构在省政府政务服务中心组织招标采购。

六、本《目录及标准》由省财政厅负责解释。

附件：海南省 2009 年政府集中采购目录及标准

① 海南省 2010 年沿用 2009 年政府集中采购目录及标准。

附件

海南省 2009 年政府集中采购目录及标准

一、政府集中采购目录

（一） 通用采购项目

纳入集中采购目录的通用项目必须委托集中采购代理机构采购。

目录项目	备　注
一、货物类	
1. 一般办公设备：	
计算机	含台式计算机、便携式计算机
打印机	
复印机	
速印机	
传真机	
扫描仪	
投影机	投影仪
多功能一体机	
碎纸机	
移动存储设备	
2. 电器设备	
空调	不含中央空调
摄影、摄像器材	
3. 网络设备	
交换机	
路由器	
不间断电源	
服务器	
工作站	
磁盘阵列	
硬件防火墙	
4. 计算机通用软件	指操作系统、数据库管理系统、中间件软件、办公软件、防病毒软件

续表

目录项目	备　注
5. 公务用车	轿车、越野车、面包车、大客车
6. 电梯	
7. 办公家具	批量10万元以上
二、服务类	
1. 公务车维修	
2. 公务车保险	省本级按省政府支持农业保险要求与农险捆绑另行通知
3. 公务车加油	
4. 国际机票	定点采购
5. 印刷项目	批量10万元以上
6. 会议酒店	

（二）凡属通用采购项目之外的下列货物、工程和服务类项目，统称为专用采购项目。专用采购项目由采购人委托集中采购机构或经省财政厅认定资格的政府采购代理机构组织采购。

1. 货物类：系统集成、网络工程、医疗设备和器械、计划生育设备、教学设备、义务教育免费教科书（含配套磁带）、广播电视和影像设备、体育设备、灯光音响设备、质检专用仪器设备、地震专用仪器设备、气象专用仪器设备、测绘专业仪器设备、水保水文专用仪器设备、监控设备、警用设备、保安设备、消防设备、通讯设备、印刷设备、照排设备、发电及电力设备、制冷设备、锅炉、工程机械设备、农用机械设备、园艺机械设备、道路养护设备、档案保密设备、船舶、救护车等特种车辆、救灾物资、防汛物资、抗旱物资、农用物资、储备物资、农药、制服。

2. 工程类：建筑物和构筑物的修缮、装修、扩建，市政建设工程，园林绿化工程、水利防洪工程，消防工程。

3. 服务类：软件开发、系统维护、网络维护、中央空调维护。

二、政府采购限额标准

采购人使用财政性资金采购货物、工程和服务达到限额标准的，均应当实行政府采购。具体限额标准为：

（一）货物类

单项在2万元以上或者批量在5万元以上金额的货物。

（二）工程类

项目采购资金在30万元以上的工程项目。

（三）服务类

批量金额在20万元以上的服务。

三、政府集中采购目录以外、采购限额标准以上的货物、工程和服务项目，采购人按《政府采购法》和相关政策规定的采购方式和程序实施集中采购或分散采购。

采购限额标准以下的项目，已实行协议供货和定点服务采购的，不论金额大小，采购人必须严格执行协议供货制度和实行定点服务采购，在中标的供货商处采购；没有实行协议供货的，可以自行采购。

四、实行协议供货的采购品目

下列采购品目实行协议供货采购：台式电脑、笔记本电脑、服务器、打印机、多功能一体机、速印机、投影机、复印机、数码摄像机、数码相机、不间断电源、家用空调、汽车、摩托车、杀毒软件、传真机、扫描仪、碎纸机、移动硬盘、显示器。批量采购超过公开招标数额标准的，采购人可以选择委托集中采购机构采用公开招标方式采购。

其他规定与本范围、标准不符的以本《目录及标准》为准。

五、公开招标数额标准

单项或批量采购金额一次性达到50万元以上的货物和服务项目，单项100万元以上的工程项目，必须采用公开招标方式，因特殊情况需要采用公开招标以外采购方式的，应当在政府采购活动开始前按规定获得省财政厅批准。

六、各市县可结合本地实际情况，制定本级政府采购限额标准及公开招标数额标准，并报省财政厅备案。

四川省人民政府办公厅关于印发四川省2010年政府集中采购目录及采购限额标准的通知

2009年11月17日 川办函［2009］277号

各市（州）、扩权试点县（市）人民政府，省政府各部门、各直属机构：

《四川省2010年政府集中采购目录及采购限额标准》已经省政府领导同志同意，现予印发，请遵照执行。

四川省2010年集中采购目录

一、政府集中采购目录

（一）通用类采购项目		
序号	品目名称	备　注
A	**货物类**	
A030101	电视机	
A030105	摄影、摄像器材	包括照相机、镜头、摄像机、摄录一体机
A030106	空气调节设备	包括中央空调、精密空调、除湿设备
A030201	计算机	包括台式电脑、笔记本电脑、显示器
A030202	打印机	包括多功能一体机
A030204	传真机	
A030205	复印机	
A030206	速印机	
A030208	投影仪	
A030209	扫描仪	
A030301	家具	包括办公家具、宿舍家具、其他家具
A0401	纸张	包括复印纸、打印纸、速印纸、传真纸
A0708	制服*	包括司法及行政执法部门制服
A100401	服务器	
A100402	路由器	

续表

（一）通用类采购项目		
序号	品目名称	备　注
A100403	交换机	
A1027	电梯	
A1029	锅炉 *	包括供暖供热锅炉
A1101	汽车	各类轿车、越野车、客车、皮卡车 各类专用汽车
A1101106	摩托车 *	
C	**服务类**	
C01	印刷项目	20万元以上、特种印刷除外
C03	通用软件 *	包括制成品软件
C05	保险	20万元以上人身意外保险
C070301	车辆保险	定点保险
C070302	车辆加油	定点加油
C070303	车辆维修	定点维修
C801	会议	
C10	物业管理	20万元以上办公场所及宿舍的物业管理
（二）专用类采购项目		
A	**货物类**	
A0601	救灾物资 *	
A0602	防汛物资 *	
A0603	抗旱物资 *	
A0605	储备物资 *	
A1001	通信设备 *	电话通信设备、其他通信设备
A1002	印刷设备 *	
A1003	照排设备 *	
A1006	医疗设备、器械、耗材 *	
A1007	计划生育设备 *	
A1008	交通管理监控设备 *	
A1013	消防设备 *	
A1015	警用设备和用品 *	
A1018	档案保密设备 *	
A1019	教学设备 *	
A1020	实验室设备 *	包括检测仪器和设备
A1021	广播电视、影像设备 *	
A1022	灯光及音响设备 *	
A1024	体育设备 *	

续表

(二) 专用类采购项目		
序号	品目名称	备　　注
A1025	地震设备 *	
A1026	气象设备 *	
A1031	环境监测设备 *	
A1032	质量检测设备 *	
B	**工程类**	
B09	房屋的修缮和装修工程	50 万元以上
B10	系统集成、网络工程	20 万元以上
C	**服务类**	
C03	信息技术及管理应用软件	20 万元以上 信息管理系统应用开发软件设计
注：目录中的 * 表示省级单位采购单项预算 5 万元或批量 10 万元以上，年累计 20 万元以上。		

二、分散采购限额标准

政府集中采购目录以外，项目预算在 20 万元以上的货物类和服务类、50 万元以上的工程类均属政府采购管理范畴，实行分散采购。应按《中华人民共和国政府采购法》和《中华人民共和国招标投标法》的有关规定依法自行组织采购或委托具有政府采购资质的代理机构组织采购。

三、政府采购公开招标数额标准

省级政府采购货物类（交通工具除外）和服务类项目单项或批量采购金额一次性达到 50 万元以上的、工程类项目采购金额达到 200 万元以上的必须公开招标。因特殊情况需要采用公开招标以外采购方式的应获得设区的市（州）以上人民政府采购监督管理部门批准。

四、实施要求

（一）各级国家机关、事业单位和团体组织（即采购人）应根据政府集中采购目录及采购限额标准编制年度政府采购预算做到应编尽编。在执行中需调整政府采购预算的，必须按照相关规定办理预算调整手续。凡属政府集中采购和分散采购货物、工程和服务类的项目，采购人应严格依照批复（调整）的采购预算实施采购，应采尽采。

（二）列入集中采购目录以内的项目实行集中采购，采购人需向财政部门申报采购计划，经审核后组织实施。集中采购目录以内的通用类采购项目必须委托集中采购机构代理采购，符合协议供货的，按年度协议供货相关文件规定的范围和程序执行；目录以内的专用类采购项目应委托集中采购机构组织采购。属本部门、本系统有特殊要求的项目，报财政部门同意后依法实行部门集中采购。采购人委托社会代理机构开展政府采购业务的，应按规定在一定范围内随机选定社会代理机构。

（三）集中采购机构原则上应接受采购人委托的集中采购和分散采购项目，不得将其代理的业务转委托或以其他方式转交社会代理机构代理采购。

（四）政府采购应当优先采购本国货物、工程和服务。确需采购进口产品的应按照《财政部关于印发〈政府采购进口产品管理办法〉的通知》（财库［2007］119号）及财政部办公厅《关于政府采购进口产品管理有关问题的通知》（财办库［2008］248号）规定报财政部门核准后依法组织实施。在政府采购实施过程中，采购人和采购代理机构应认真贯彻落实国家有关自主创新、节能环保等政策，充分体现政府采购政策功能。

（五）各级财政部门和集中采购机构要完善相关制度和工作程序，加强协调配合，认真落实各项规定。审计、监察部门要加大监督检查力度，确保政府采购活动公开、公平、公正。

（六）各级人民政府或其授权部门可根据当地政府采购工作开展的实际情况调整本地政府集中采购目录和采购限额标准并报省财政厅备案。

陕西省人民政府办公厅关于印发2009～2010年陕西省省级单位政府采购目录及采购限额标准的通知[①]

2009年3月23日　陕政办发［2009］35号

各设区市人民政府，省人民政府各工作部门、各直属机构：

根据《中华人民共和国政府采购法》的有关规定，经省政府同意，现将《陕西省省级单位2009～2010年政府采购目录及采购限额标准》予以印发，并就有关问题通知如下：

一、省级实行预算管理的国家机关、事业单位和团体组织（以下统称采购人）使用财政性资金（包括预算内资金、预算外资金和行政事业性收费资金）采购政府采购目录以内、限额标准以上的货物、工程和服务的项目，均属于政府采购范围。

二、凡列入政府采购目录以内、限额标准以上的项目，采购人应编制政府采购预算，经财政部门批复后执行。情况特殊没有编制政府采购预算的项目，须经财政部门审核后，下达政府采购预算。无政府采购预算的项目均属违规采购。

三、2009～2010年纳入协议供货范围的品目为：机动车辆、办公设备、移动储存设备、网络设备、通用软件、办公消耗用品、电器设备等。定点采购的品目为：车辆保险、车辆维修、车辆加油、会议及接待、印刷等。具体采购执行《陕西省省级单位协议供货和定点采购管理暂行办法》。

四、各设区市、杨凌示范区可参照本规定制订本地区的政府采购目录和限额标准，并报省财政厅备案。

附件：2009～2010年陕西省省级单位政府采购目录及采购限额标准

① 2010年集中采购目录为2009年颁布。

附件

2009~2010年陕西省省级单位政府采购目录及采购限额标准

一、政府采购目录

（一）必须委托省政府采购中心组织实施的通用类项目

1. 货物类（未列入协议供货的项目单项或批量金额在5万元（含5万元）以上）。

（1）交通工具（协议供货）。

轿车、面包车、客车、皮卡、卡车、越野车（吉普车）、专用汽车（警车、救护车、消防车、通讯和广播车、工程车、工具车、洒水车、道路清扫车、垃圾车等）、摩托车、电动车等。

（2）办公设备（协议供货）。

台式计算机、便携式计算机、打印机、传真机、复印机、速印机、碎纸机、多功能一体机、投影仪、扫描仪、刻录机、照相机、摄像机、摄录一体机、数码一体机、电话机、家具等。

（3）移动储存设备（协议供货）。

U盘、移动硬盘、数码伴侣、录音笔等。

（4）网络设备（协议供货）。

服务器、小型机、路由器、交换机、调制解调器、硬件防火墙、UPS等。

（5）通用软件（协议供货）。

操作系统、数据库管理系统、中间件软件、办公软件、防病毒软件等。

（6）办公消耗用品（协议供货）。

硒鼓、墨盒、碳粉等。

（7）电器设备（协议供货）。

空调机、电视机、洗衣机、吸尘器、电冰箱、冰柜、微波炉、饮水机以及其他电器设备。

（8）视频会议设备。

（9）电梯。

（10）起重机。

（11）锅炉。

（12）中央空调机组。

（13）软件开发设计及升级。

（14）公务制服。

（15）各类图书及教材。

（16）其他货物。

2. 工程类（单项金额在20万元（含20万元）以上）。

建筑物改扩建及维修、装修工程，水暖管网维修更新，绿化、美化工程及维护，系统集成及网络工程，电梯、锅炉及消防等安装工程，污水处理，其他工程。

3. 服务类。

（1）公务车辆保险、加油、维修（定点采购）。

（2）会议及接待（定点采购）。

（3）印刷（定点采购）。

（4）工程设计和监理（单项金额在5万元（含5万元）以上）。

（5）网络服务费（单项或批量金额在5万元（含5万元）以上）。

（6）社会中介服务。

（7）租赁、培训、物业管理。

（8）其他服务项目

（二）实行部门集中采购目录

部门集中采购项目由采购人组织实施，也可以委托省政府采购中心或委托经审批的社会代理机构组织实施，但涉及通用类项目必须委托省政府采购中心组织实施。

救灾物资、防汛物资、抗旱物资、农用物资、储备物资、疫苗、教学设备、实验室装置、教学模型、医疗康复设备及器械、计划生育设备、分析检验设备、广播电影电视设备、灯光音响设备、文化设备、文物设备、体育设备、档案及保密设备、环保设备、农林水利设备、交通管理设备、消防设备、公检法司设备、气象设备、无线电防震防雷设备、地质勘察设备、印刷设备、照排设备、发电设备、电力设备、通信设备、工程机械、园艺机械、光辐照明设备以及部门其他具有特殊需求的项目；省政府采购中心组织实施以外的其他工程。

二、采购限额标准

（一）分散采购限额标准

货物和服务：政府采购目录以内、单项或批量金额超过0.5万元不足5万元的货物和服务，不足0.5万元（含0.5万元）不需办理审批手续；政府采购目录以外、限额标准以上的货物和服务，经财政部门批准，实行分散采购，可由采购人自行组织实施，但达到公开招标数额标准的必须委托政府采购代理机构组织实施。

工程：政府采购目录以内、单项金额超过5万元不足20万元的各类工程，不足5万元（含5万元）不需办理审批手续；政府采购目录以外、限额标准以上的各类工程，经财政部门批准后，实行分散采购，可由采购人自行组织实施，但达到公开招标数额标准的必须委托政府采购代理机构组织实施。

（二）公开招标数额标准

货物和服务项目单项或批量金额在50万元（含50万元）以上；省政府采购中心组织实施的工程项目在100万元（含100万元）以上。

（三）竞争性谈判数额标准

货物、服务项目单项或批量金额在20万元（含20万元）~50万元、工程项目在20万元（含20万元）~100万元

（四）询价采购数额标准

单项或批量金额在5万元（含5万元）~20万元的货物和服务，必须委托省政府采购中心采用询价方式组织实施。

青海省人民政府办公厅关于印发青海省政府集中采购目录及限额标准的通知

2009年7月22日　青政办［2009］128号

西宁市、各自治州人民政府，海东行署，省政府各委、办、厅、局：

《青海省政府集中采购目录及限额标准》已经省人民政府同意，现印发给你们，并就有关事项通知如下，请遵照执行。

一、根据《中华人民共和国政府采购法》和《青海省实施〈中华人民共和国政府采购法〉办法》规定，我省国家机关、事业单位和团体组织（以下统称采购人）使用财政性资金（包括预算内资金、预算外资金以及纳入财政管理的其他资金或使用以财政性资金作为还款来源的借贷款进行采购的资金）采购依法制定的集中采购目录以内且集中采购限额标准以上的货物、工程和服务，均属政府采购集中采购范围。

二、各级采购人在编制部门预算时，要根据本目录及标准单独编制政府采购预算，政府采购严格按照批准的预算执行，无特殊原因，不得随意取消和变更。

三、各州（地、市）政府结合本地区实际情况，制定本地区集中采购目录及限额标准，可适当增加集中采购目录中的品目和降低政府采购标准及集中采购目录中的附加限额标准。需要调整集中采购目录及限额标准的区县，须报请各州（地、市）政府批准。各州（地、市）政府制定的集中采购目录及限额标准，以及区县调整后的集中采购目录及限额标准，要以书面形式报省财政厅，由省财政厅统一公布。

四、经批复集中采购和分散采购的项目，采购人可按规定委托具有政府采购代理资格的中介机构或自行组织实施，具体按集中采购和分散采购管理办法的规定执行。对因特殊情况确需采用其他采购方式的，必须报经同级财政部门批准。

五、纳入协议供货范围的品目（如计算机、显示器、打印机、一体机、小型服务器、复印机、传真机、摄像机、数码相机等），具体采购可按政府采购协议供货的有关规定执行。

六、采购人使用财政性资金及单位自筹等其他资金采购货物、工程和服务达到限额标准的，无论采取何种采购方式，均实行国库集中支付。采购资金支付按财政分级管理的原则分别支付本级采购项目的资金。

七、各级政府要进一步规范政府采购行为，完善预算、采购、核算等制度，相关职能部门要加强对政府采购的监督管理，提高财政性资金的使用效率。

附件：青海省政府集中采购目录及限额标准

附件

青海省政府采购集中采购目录及限额标准

一、集中采购目录

（一）货物类

1. 通用设备

（1）一般电器设备：摄影、摄像器材、电视机、录像机、通讯器材、吸尘器、碎纸机、空气调节设备、其他电器设备；

（2）办公自动化设备：计算机、打印机、传真机、复印机、速印机、投影仪、扫描仪、刻录机、UPS电源；

（3）办公家具：办公家具、宿舍家具、床上用品等；

（4）机动车辆：轿车、越野车、旅行车、大客车、摩托车、其他车辆；

2. 专业设备

（1）电梯及配套设备；

（2）锅炉及配套设备；

（3）网络设备、专业软件；

（4）医疗设备及器械、器材、计划生育设备、兽医用品等设备；

（5）安保、交通监控设备；

（6）消防、警用器材及设备；

（7）环保设备、器材及道路清扫设备；

（8）教学、科研实验设备及器材；

（9）广播、电视专用设备；

（10）文艺、舞台灯光、音响设备及器械；

（11）体育设备；

（12）图书及教材；

（13）救灾、抗灾、防汛、储备等物资和设备；

（14）通讯设备；

（15）太阳灶、藏毯机梁；

（16）水利、气象研究专用设备；

（17）无线电防震、防雷、地质勘察专用设备。

3. 公务制装；

4. 消耗用品：纸张、硒鼓；

5. 农牧用疫苗、农药及农机器具等；

6. 药品；

7. 其他有特殊要求的采购项目。

（二）工程类

1. 建筑物新建、改建、扩建；

2. 房屋修缮、装修、装饰；

3. 绿化、环保、体育健身工程；

4. 系统集成、网络工程；

5. 网围栏工程；

6. 电网电力工程。

（三）服务类

1. 书籍、宣传、文献资料、票据等其他印刷；

2. 车辆保险；

3. 信息系统开发设计；

4. 定点会议、住宿；

5. 工程监理；

6. 其他服务。

（四）其他临时确定的集中采购项目

二、政府采购限额标准

（一）集中采购限额标准（含部门集中采购）

货物类：年度单项预算金额在1万元以上的或者批量在1.5万元以上的货物。

工程类：年度新建、扩建、修缮、装修、拆除等单项预算金额在20万元（含20万元）以上的工程。

服务类：年度单项预算金额在1万元以

上或者批量在1.5万元以上的服务。

（二）分散采购及限额标准

货物：集中采购目录以外的货物，属于政府采购集中采购范围，且集中采购限额标准以下的单项预算金额不足1万元的各类货物；

工程：预算金额不足20万元的各类工程项目。

（三）公开招标数额标准

凡达到公开数额标准的，应当采用公开招标方式（特殊情况除外），必须实施公开招标采购。具体数额标准：100万元以上的单项或者批量货物类；50（含50万元）万元以上的工程项目。

宁夏回族自治区财政厅关于印发《宁夏回族自治区政府采购目录及标准》的通知[1]

2008年12月19日　宁财（采）发［2008］1638号

区直各单位、各市县（区）财政局：

为加强政府采购管理，扩大采购范围，提高采购效率，规范采购行为，现对政府采购目录进行如下调整，请认真执行。

一、政府集中采购目录

以下项目必须委托政府集中采购机构代理采购。

代码	采购项目名称	采购方式
A	货物类	
A03	一般设备	
A0301	电器设备	
A030101	电视机	网上竞价
A030102	电冰箱	网上竞价
A030103	洗衣机	
A030104	吸尘器	
A030105	摄影、摄像器材	
A030106	空气调节设备	网上竞价
A030199	其他电器设备	
A0302	办公自动化设备	
A030201	计算机	网上竞价
A03020101	台式计算机	网上竞价
A03020102	便携式计算机	网上竞价
A030202	打印机	网上竞价
A030203	电话机	网上竞价
A030204	传真机	网上竞价
A030205	复印机	网上竞价
A030206	速印机	网上竞价

① 2010年宁夏政府集中采购目录仍然沿用2008年宁夏财政厅印发的目录。

续表

代码	采购项目名称	采购方式
A030207	碎纸机	网上竞价
A030208	投影机	网上竞价
A030209	扫描仪	网上竞价
A030210	UPS（不间断电源）	网上竞价
A030211	显示器	网上竞价
A030212	多功能一体机	网上竞价
A030213	移动存储设备	网上竞价
A030214	数码摄像机	网上竞价
A030215	数码照像机	网上竞价
A030216	通用办公软件	
A030299	其他办公自动化设备	
A0303	家具	
A030301	办公家具	网上竞价
A030302	宿舍家具	网上竞价
A030399	其他家具	
A04	办公消耗用品	
A0401	纸张（复印纸）	网上竞价
A0402	信封	
A0403	档案夹	
A0404	软盘	网上竞价
A0405	可写光盘	网上竞价
A0406	硒鼓	网上竞价
A0407	墨盒、墨粉、铁粉	网上竞价
A0408	色带	网上竞价
A0499	其他消耗用品	
A1004	网络设备	
A100401	服务器	网上竞价
A100402	路由器	网上竞价
A100403	交换机	网上竞价
A100404	调制解调器	
A100499	其他网络设备	
A1027	电梯和起重机	
A1028	炊事设备	
A1029	锅炉、暖通设备	
A11	交通工具	网上竞价
A1101	汽车	网上竞价

续表

代码	采购项目名称	采购方式
A110101	轿车	网上竞价
A110102	越野汽车（吉普车）	网上竞价
A110103	卡车	网上竞价
A110104	载客汽车	网上竞价
A11010401	旅行面包车（含商务车）	网上竞价
A11010402	公共汽车（大中型客车）	网上竞价
A11010403	微型客车	网上竞价
A11010499	其他载客汽车	网上竞价
A110105	专用汽车	网上竞价
A11010501	工程汽车	网上竞价
A11010502	工具汽车	网上竞价
A11010503	消防车	网上竞价
A11010504	警车	网上竞价
A11010505	救护车	网上竞价
A11010506	通讯和广播用车	网上竞价
A11010507	皮卡	网上竞价
A11010508	洒水车	网上竞价
A11010509	道路清扫车	网上竞价
A11010510	垃圾车	网上竞价
A11010511	吸粪车	网上竞价
A11010512	化雪车	网上竞价
A11010599	其他专用汽车	网上竞价
A110106	摩托车	网上竞价
A110107	电车	网上竞价
A1102	船只	
A1199	其他交通工具	
A99	其他货物	
B	**工程类**	
B0303	园林绿化工程	
B030301	树苗	
B030302	种子	
B030303	园林绿化	
C	**服务类**	
C01	印刷、出版	
C0101	印刷品及出版刊物	网上竞价
C0102	文件及专业印刷品	网上竞价

续表

代码	采购项目名称	采购方式
C03	信息技术、信息管理软件的开发设计	
C0301	专用软件	
C0302	系统、网络维护	
C04	维修	
C0403	建筑物维修	
C0499	其他维修	
C06	租赁	
C0601	办公用房	
C0602	宿舍用房	
C0603	仓库	
C0604	设备和机械	
C0605	网络和设备	
C0699	其他租赁	
C07	交通工具的维护保障	
C0701	机动车辆定点保险	
C0702	机动车辆定点加油	
C08	会议	
C0801	会议服务（含接待）	
C0802	定点饭店	
C10	物业管理	
C1001	机关办公场所物业管理（含保洁）	
C1002	家属宿舍物业管理	
C99	其他服务	

二、部门集中采购目录

以下项目可以委托政府集中采购机构组织采购，也可以委托经财政部门备案或批准的社会代理机构组织采购。

代码	采购项目名称	采购方式
A	**货物类**	
A01	土地	
A02	建筑物	
A0201	办公用房	
A0202	宿舍用房	
A0299	其他建筑	
A05	建筑、装饰材料	
A0501	水泥	

续表

代码	采购项目名称	采购方式
A0502	木材	
A0503	板材	
A0504	金属材料	
A0505	瓷砖、大理石	
A0506	清洁用具	
A0507	玻璃	
A0508	油漆	
A0509	钢材	
A0599	其他建筑、装饰材料	
A0703	图书资料	
A070301	图书	
A070302	教材	
A06	物资	
A0601	救灾物资	
A0602	防汛物资	
A0603	抗旱物资	
A0604	农用物资	
A0605	储备物资（粮食、糖、棉花等）	
A0606	燃料	
A0699	其他物资	
A07	专用材料	
A0701	药品及医疗耗材	
A070101	药品	
A07010101	血防药品	
A07010102	专用疫苗	
A070102	医疗耗材	网上竞价
A0702	兽医用品	
A070201	动物防疫设备	
A070202	禽、兽用疫苗	
A0704	实验室用品及小型设备	
A0705	胶片胶卷、录音录像带	
A0706	工具和小型仪器	
A070601	无线电监测设备	
A070602	乐器	
A0707	艺术部门用材料和用品	
A0708	劳保用品	

续表

代码	采购项目名称	采购方式
A0709	纺织服装	
A070901	制服（含校服）	
A070902	劳保服装	
A0799	其他专用材料	
A10	专用设备	
A1001	通信设备	
A100101	移动通信设备	
A100102	电话通信设备	
A100199	其他通信设备	
A1002	印刷设备	
A1003	照排设备	
A1005	发电设备	
A1006	医疗设备、器械	
A100601	放射类设备	
A10060101	X光机	
A10060102	CT、螺旋CT	
A10060103	放疗肿瘤学	
A10060104	核磁共振	
A10060105	放射诊断	
A10060199	其他设备	
A100602	检验及实验室设备	
A10060201	生化及设备	
A10060202	血液及设备	
A10060203	实验室设备	
A10060299	其他设备	
A100603	影像类	
A10060301	B超、彩超	
A10060302	胃镜	
A10060303	医学影像	
A10060304	超声诊断	
A10060399	其他设备	
A100604	麻醉类设备	
A10060401	呼吸机	
A10060402	麻醉设备	
A10060499	其他设备	
A100605	心电仪器	

续表

代码	采购项目名称	采购方式
A10060501	心电图设备	
A10060502	起博器	
A10060503	监控设备	
A10060599	其他设备	
A100606	妇产科及儿科设备	
A10060601	产科设备	
A10060602	小儿内、外科设备	
A10060603	儿童保健	
A10060604	妇幼保健	
A10060699	其他设备	
A100607	治疗、保健及康复设备	
A10060701	中医针灸设备	
A10060702	上下肢体康复设备	
A10060703	腰部康复设备	
A10060704	牵引设备	
A10060705	按摩设备	
A10060706	精神医学	
A10060707	皮肤性病	
A10060708	内、外科设备	
A10060709	中医内、外科设备	
A10060710	肿瘤内、外科（含妇科肿瘤）	
A10060711	消化内科	
A10060712	高能设备	
A10060713	血球计数器	
A10060714	微量血器	
A10060715	生化分析仪	
A10060716	PCR 增扩仪	
A10060717	气相、液相色谱仪	
A10060718	高压氧医学	
A10060799	其他设备	
A100608	手术及急救设备	
A10060801	手术室净化设备	
A10060899	其他设备	
A100609	病房及护理设备	
A10060901	专用床	
A10060902	透析护理	

续表

代码	采购项目名称	采购方式
A10060999	其他设备	
A100610	五官科设备	
A10061001	口腔医学及设备	
A10061002	眼科学及设备	
A10061003	耳鼻喉科及设备	
A100611	中西医结合	
A10061101	环境卫生	
A10061102	营养与食品卫生	
A10061103	学校卫生与少儿卫生	
A10061104	放射卫生	
A10061105	卫生毒理	
A10061106	传染性疾病控制	
A10061107	慢性非传染性疾病控制	
A10061108	地方病控制	
A10061109	寄生虫病控制	
A10061110	儿童保健	
A10061111	妇幼保健	
A10061112	职业卫生	
A10061113	健康教育与健康促进	
A100699	其他医疗设备、器械	
A1007	计划生育设备	
A1008	交通管理监控设备	
A100801	软件	
A100802	硬件	
A1009	港口设备	
A1010	农用机械设备	
A1011	工程机械设备	
A101101	建筑机械	
A1018	档案、保密设备	
A101801	档案设备	网上竞价
A101802	保密设备	
A1019	教学设备	
A101901	电教设备	
A101902	电子电工设备（教学）	
A101903	生物、化学科学类设备	
A101904	机电设备	

续表

代码	采购项目名称	采购方式
A101905	教学标本	
A101906	物理学科类设备	
A101907	汽车制造与维修设备	
A101999	其他教学实验实习设备	
A1012	园艺机械设备	
A1013	消防设备	
A1014	道路清扫设备	
A1015	警用设备和用品	
A1016	保安设备	
A1017	军用设备和用品	
A1018	档案、保密设备	
A101802	保密设备	
A1020	实验室设备	
A1021	广播电视、影像设备	
A1022	灯光、音响设备	
A1023	文艺设备	
A1024	体育设备	
A1025	地震设备	
A1026	殡仪火化设备	
A1030	专业检测仪器类	
A103001	气象专用仪器设备	
A103002	人工影响天气作业设备	
A103003	测绘专业仪器设备	
A103004	地质勘察专用设备	
A1031	质检设备	
A103101	化学化工类	
A103102	电器电工类	
A103103	纺织纤维类	
A103104	环境条件类	
A103105	橡胶、塑料、皮革、包装产品类	
A103106	力学量	
A103107	几何量	
A103108	声学量	
A103109	电磁量	
A103110	光学量	
A103111	探伤仪器	

续表

代码	采购项目名称	采购方式
A1032	水利专用仪器设备（水保、水文）	
A1033	税务专用物资装备	
A1034	法庭内部装备	
A1035	检查诉讼设备	
A1036	执法船艇	
A1099	其他专用设备	
B	**工程类**	
B01	建筑物	
B0101	公用房建设	
B0102	住房建设	
B0103	其他用房建设	
B0104	文教、卫生、音乐、体育等公益设施建设	
B0105	纪念性建筑设施建设	
B0106	中小学危房改造	
B0199	其他建筑设施建设	
B02	市政建设工程	
B0201	市政道路建设	
B0202	市政公用设施建设	
B0203	自来水输水工程	
B0204	集中供暖、供热、供气工程	
B0205	给排水工程	
B03	环保、绿化工程	
B0301	污水处理	
B0302	市政垃圾处理	
B0304	荒山绿化	
B030401	草原围栏	
B0305	天然林保护	
B0306	防沙工程	
B04	水利、防洪工程	
B0401	河道疏浚工程	
B0402	大坝、水库、闸门、泄洪工程	
B0403	农田水利工程	
B0404	江河、湖泊治理工程	
B05	交通运输工程	
B0501	机场、航空工程	
B0502	港口工程	

续表

代码	采购项目名称	采购方式
B0503	铁路工程	
B0504	公路、桥梁、涵洞	
B06	油气工程	
B07	电力工程	
B08	电信工程	
B09	修缮、装饰工程	
B10	系统集成、网络工程	
B1001	监控系统工程	
B1002	网络工程	
B11	广电网络工程	
B12	地质勘探工程	
B99	其他各类工程	
C	服务类	
C02	专业咨询、工程监理、工程设计	
C0201	专业咨询、服务	
C0202	建筑设计	
C0203	工程监理	
C0204	法律顾问、咨询	
C04	维修	
C0401	一般设备	
C0402	专用设备	
C0205	审计、评估服务	
C0299	其他咨询、服务	

三、限额标准

（一）公开招标限额标准

自治区本级项目预算达到 30 万元以上的，必须采取公开招标方式。

（二）采购限额标准

1. 货物和服务类单项限额为 2 万元，批量限额为 5 万元。限额按年累计计算。

2. 自治区本级采购人采购小额、零星、紧急的项目实行定额管理，由采购人在定额以内自行采购。每月定额为 2 万元，不结转、不累计。采购人按月将采购结果报自治区财政厅政府采购管理处备案（见宁夏回族自治区政府采购定额统计表），未备案的采购项目按未执行政府采购处理。

四、其他要求

纳入部门预算政府采购范围的项目，采购人每月 20 日前向同级财政部门报送采购计划，由同级财政部门审核、汇总、下达月份采购计划。

公务机动车、汽车、专用汽车等由自治区集中统一采购。

今后自治区财政厅只对调整的内容进行公布。

市县根据实际情况对政府集中采购、部门集中采购目录的范围和限额进行调整。

本目录自 2009 年 1 月 1 日执行。

2011

八、2010年全国政府采购管理工作大事记

• 1月11日~2月5日，国务院法制办就《政府采购法实施条例》向社会公开征求意见。8月12~15日，国务院法制办、财政部联合调研组赴黑龙江省实地调研工程采购等问题。11月16~18日，财政部在北京组织召开《政府采购法实施条例》和《招标投标法实施条例》衔接专题研讨会，分析两法的立法基础和执行中的差异并提出衔接方案。

• 1月20日，中欧政府采购对话在比利时布鲁塞尔举行。财政部国库司司长詹静涛与欧盟内部市场和服务总司公共采购政策司司长卡森，就国际通行政府采购定义、供应商资格管理、政府采购分类标准以及中国加入《政府采购协议》（GPA）等问题开展了深入磋商。

• 1月27日，财政部印发2010年政府采购工作要点，提出2010年政府采购工作的总体要求和八个方面的重点工作。

• 1月28~29日，全国政府采购信息统计和计划执行编报培训班在北京国家会计学院举办，就做好2010年中央单位政府采购计划编制和执行编报工作，以及2009~2010年全国政府采购信息统计工作进行动员部署和系统操作培训。2010年，上述编报工作使用新的“政府采购信息统计与计划管理系统”，并采用新的录入方式即“政府采购执行情况技术数据”录入，并全面推行政府采购计划和执行编报及管理工作。

• 2月22日~4月19日，财政部首次对中央国家机关政府采购中心、中共中央直属机关采购中心和全国人大机关采购中心2009年度集中采购工作情况进行考核。经考核评价，三家被考核单位考核等次均为良好。

• 为了进一步提高政府采购工作的科学化和精细化水平，财政部国库司开发“中央单位变更政府采购方式审批及进口产品审核管理系统”。3月19日，财政部下发《关于全面推行中央单位变更政府采购方式审批管理及进口产品审核系统的通知》（财办库［2010］35号），并定于2010年4月在所有中央单位范围内推广使用该系统。

• 4月26~30日，财政部组团赴日内瓦开展2010年我国加入GPA第一轮谈判，期间与有关GPA参加方就中国提交修改出价、法律政策调整等问题开展双边谈判，并与WTO秘书处就中国加入GPA工作安排进行磋商。

• 4月28日，财政部、工业和信息化部、质检总局和认监委印发《关于信息安全产品实施政府采购的通知》（财库［2010］48号），规定各级采购人使用财政性资金采购信息安全产品的，应当采购经国家认证的信息安全产品。

• 5月26日，经财政部党组研究并报中央编办批准，财政部国库司加挂政府采购管理办公室牌子。此举有利于做好加入世界贸易组织政府采购协议谈判和应对工作。

• 5月13~21日，财政部国库司与信息中心联合对开发评审专家库系统较好的河南、广东、深圳、浙江等省市进行调研，在此基础上研究形成新的业务需求文本，并于年底前完成系统招标工作。

• 6月13日，财政部公布2009年全国政府采购信息统计数据。2009年全国政府采购规模达7413.2亿元，比上年同期增加1422.3亿元，增长23.7%，节约资金964.2亿元，节约率为11.5%。

• 7月9日，我国向WTO秘书处提交中国加入GPA修改出价（第二份出价），履行了我国在第二届中美战略与经济对话上的相关承诺。修改出价充分考虑参加方要价，对初步出价作了实质性改进。WTO秘书处和参加方对此给予充分肯定，一致认为中国提交了一份积极的修改出价。

• 7月11~17日，财政部组团赴日内瓦开展2010年我国加入GPA第二轮谈判，向WTO秘书处和参加方通报我国修改出价情况，并与美国、欧盟、加拿大、日本、韩国、挪威和瑞士等7个参加方举行双边磋商。

• 7月29～30日，全国电子化政府采购业务系统建设工作组会议在合肥召开，会议对全国政府采购电子化管理交易系统需求方案进行讨论修改，部署了下一阶段的重点任务和分工方案。9月，全国电子化管理交易系统技术需求方案的制定工作完成，为开展项目建设奠定基础。

• 10月10日，我国向WTO秘书处提交《关于就美国对中国政府采购国情报告问题的答复》，就美方对我国政府采购法律体制等方面的相关问题作出答复。

• 10月10～17日，财政部组团赴日内瓦开展2010年我国加入GPA第三轮谈判，期间与美国、欧盟、加拿大、日本和新加坡等5个GPA参加方举行双边谈判，就中国再次修改出价、加强双边合作和交流等问题交换意见。

• 10月11～15日，政府采购管理办公室王瑛主任带队，前往水利部、国家气象局和国家税务总局开展实地调研，并于10月19日召开由国家质检总局、海关总署、中国科学院等部门参加的座谈会，研究推动批量采购等事宜。

• 10月22日，由中国政府采购报社举办的“政府采购风险防控与规避 中国政府采购高层论坛2010”在江苏常熟召开，财政部国库司（国库支付中心）副主任王瑛出席会议并讲话，明确提出进一步建立健全政府采购全过程的公开机制，不断加强政府采购规范化建设。

• 10月26日，财政部修订发布《政府采购代理机构资格认定办法》（财政部令第61号）。该办法提高了代理机构准入门槛，取消了代理机构确认资格，建立了代理机构退出机制，授予县级以上财政部门监管代理机构的职责，设立了代理机构异地执业备案等制度。11月25日，财政部印发《财政部关于认真做好政府采购代理机构资格认定工作的通知》（财库［2010］133号），明确机构资格认定工作分工及新旧《办法》衔接等问题。

• 12月5日，国务院办公厅印发《关于中央预算单位2011～2012年政府集中采购目录及标准的通知》（国办发［2010］61号）。目录对部分品目进行调整，删除了环保清单中的产品应当实行集中采购的内容，建立了较为规范的目录准入和退出制度，增强了目录的可操作性。

• 12月22日，《财政部关于进一步做好政府机关使用正版软件工作的通知》（财预［2010］536号），要求各单位做好正版软件的购买、使用和管理工作。计算机办公设备必须符合预装正版操作系统软件的要求，更新计算机操作系统软件必须使用正版产品。

2011

九、2010年全国政府采购甲级代理机构统计表

九、2010年全国政府采购甲级代理机构统计表

（截至2010年12月31日）

政府采购甲级代理机构共计：856家

其中：只具有政府采购甲级审批资格的代理机构有：352家

只具有政府采购甲级确认资格的代理机构有：220家

既有甲级审批资格又有甲级确认资格的代理机构有：284家

政府采购甲级审批资格名单

1	安徽省招标中心有限公司
2	安诺保险经纪有限公司
3	北京华林源工程咨询有限公司
4	北京北科博佳招标代理有限公司
5	北京必得阳光招投标咨询有限公司
6	北京国和京业国际招标有限公司
7	北京昊远丰标咨询有限公司
8	北京宏信天诚国际招标有限公司
9	北京华采招标代理有限公司
10	北京华盛中天咨询有限责任公司
11	北京汇诚金桥招投标代理有限公司
12	北京金准咨询有限责任公司
13	北京精信嘉业建筑咨询有限公司
14	北京明世继元招标有限公司
15	北京融财盛通投资管理有限公司
16	北京世纪保险经纪有限公司
17	北京先锋环宇电子商务有限责任公司
18	北京泽岱招标代理有限责任公司
19	北京支点国际资讯投资有限公司
20	北京中恒昌国际招标代理有限公司

续表

21	北京中交建设工程招标有限公司
22	北京中教仪国际招标代理有限公司
23	北京中京天元工程咨询有限公司
24	北京中廉国诚招标有限公司
25	北京中润达工程咨询有限公司
26	北京中天国宏招标代理有限公司
27	常州招投标代理中心
28	大连博兴工程咨询有限公司
29	大连长城信息系统工程监理有限公司
30	大连东大招投标代理有限公司
31	大连海睿招标代理有限公司
32	大连华彩工程咨询中心
33	大连机械设备成套公司
34	大连市宏德项目管理有限公司
35	大连市机电设备招标中心
36	大连通利项目管理有限公司
37	大连万科招标代理有限公司
38	大连万融招投标代理有限公司
39	德汇工程管理（北京）有限公司
40	德州市正道招标服务有限责任公司
41	东方国际招标有限责任公司
42	鄂尔多斯市巨立招标代理有限责任公司
43	佛山市广得信工程造价咨询有限公司
44	佛山市灏泰招标代理有限公司
45	福建诚信招标有限公司
46	福建方兴招标代理有限公司
47	福建国诚招标有限公司
48	福建华闽招标有限公司
49	福建榕卫招标有限公司
50	福建省博时招标代理有限公司
51	福建省博益招标代理有限公司
52	福建省承诚招标代理有限公司
53	福建省福怡药械招标有限公司

续表

54	福建省嘉信招标代理有限公司
55	福建省金丰招标代理有限公司
56	福建省景鑫招标代理服务有限公司
57	福建省闽捷招标代理有限公司
58	福建省闽水招标代理有限公司
59	福建省闽咨造价咨询有限公司
60	福建省天海招标有限公司
61	福建省智信招标有限公司
62	福建盛鑫招标代理有限公司
63	福建顺恒工程造价咨询有限公司
64	福建信发招标代理有限公司
65	福建兴诚建工程管理有限公司
66	福建优胜招标代理有限公司
67	福建中实建设项目管理有限公司
68	福建中实招标有限公司
69	福州华腾招标有限公司
70	福州市建设工程监理有限公司
71	甘肃机械国际招标有限公司
72	甘肃省通信产业工程监理有限公司
73	甘肃省招标中心
74	广东长信德工程咨询有限公司
75	广东和盛招标代理有限公司
76	广东华鑫招标采购有限公司
77	广东金扬教育采购中心有限公司
78	广东平正招标采购服务有限公司
79	广东省机电设备招标中心
80	广东五洲招标代理有限公司
81	广东元正招标采购有限公司
82	广东粤能工程管理有限公司
83	广东粤信招标有限公司
84	广东志正招标有限公司
85	广西创建工程招投标造价咨询有限责任公司
86	广西鼎策工程顾问有限责任公司

续表

87	广西桂一招标有限公司
88	广西国栋招标有限公司
89	广西国泰招标咨询有限公司
90	广西海特建设工程项目咨询有限公司
91	广西汇沣招标代理有限公司
92	广西建澜工程招标有限公司
93	广西科联招标中心
94	广西区建设工程机电设备招标中心
95	广西瑞宏招标咨询有限公司
96	广西生聚招标有限责任公司
97	广西天柱工程建设监理有限公司
98	广西鑫磐工程项目管理有限责任公司
99	广西信永工程咨询有限责任公司
100	广州采联采购招标代理有限公司
101	广州采阳招标代理有限公司
102	广州程启招标代理有限公司
103	广州合壹招标代理有限公司
104	广州群生招标代理有限公司
105	广州市财贸建设开发监理有限公司
106	广州顺为招标代理有限公司
107	广州万安建设监理有限公司
108	广州威朗工程咨询有限公司
109	广州有德招标代理有限公司
110	贵州德建招投标代理有限公司
111	贵州方正招标有限公司
112	贵州贵财招标有限责任公司
113	贵州津通招标有限责任公司
114	贵州明诚招标有限公司
115	贵州鹏业国际机电设备招标有限公司
116	贵州省百年招标中心
117	贵州新阳光工程招标咨询有限公司
118	贵州兴五环招标有限公司
119	贵州阳光产权交易所有限公司

续表

120	贵州中胜业招标有限公司
121	海虹医药电子交易中心有限公司
122	海南海政招标有限公司
123	海南政采招投标有限公司
124	海南政通招投标有限公司
125	河北博鳌招标代理有限公司
126	河北华溢博通招标有限公司
127	河北清风招标代理有限公司
128	河北泰达招标代理有限公司
129	河北同望招标代理有限公司
130	河北兴翼工程项目管理有限公司
131	河南创达建设工程管理有限公司
132	河南广电招标有限公司
133	河南申鑫采购招标事务所有限公司
134	河南省国贸招标有限公司
135	河南省机电设备国际招标有限公司
136	河南省教育招标服务有限公司
137	河南省科教仪器设备招标有限公司
138	河南省天平招标代理有限公司
139	河南省鑫诚工程管理有限公司
140	河南省政通招标有限公司
141	河南兴建建设管理有限公司
142	河南正大招标服务有限公司
143	河南智远工程管理有限公司
144	黑龙江奥隆工程项目管理有限公司
145	黑龙江省达营招标有限公司
146	黑龙江省迈克招标有限公司
147	黑龙江省驿煊广通招标有限公司
148	黑龙江天恒招标咨询有限责任公司
149	黑龙江中资招标有限责任公司
150	恒泰保险经纪有限公司
151	湖南建业招标代理有限责任公司
152	湖南明信招标代理有限公司

续表

153	湖南浦建招标有限公司
154	湖南省华新招标咨询有限公司
155	湖南天润招标咨询有限公司
156	湖南湘诚招标咨询有限公司
157	湖南湘资源工程项目管理有限公司
158	湖南新星工程造价咨询有限公司
159	湖南友谊招标代理有限公司
160	湖南中育招标有限公司
161	湖南中招招标咨询有限公司
162	华杰工程咨询有限公司
163	华泰保险经纪有限公司
164	吉林省机械设备成套招标公司
165	吉林省招标有限公司
166	江苏省国际招标公司
167	江西德龙招标代理有限公司
168	江西汇众招标咨询有限公司
169	江西省百巨招标咨询有限公司
170	兰州正泽招投标代理有限公司
171	辽宁创一招标有限公司
172	辽宁阜康招投标有限公司
173	辽宁富鸿工程造价咨询有限公司
174	辽宁光华招标有限公司
175	辽宁合建招投标代理有限公司
176	辽宁环宇工程咨询管理有限公司
177	辽宁汇诚招投标代理有限公司
178	辽宁建投招投标代理有限公司
179	辽宁金衡工程造价咨询有限公司
180	辽宁明大国际咨询有限公司
181	辽宁尚誉招投标有限公司
182	辽宁省机械设备成套局（辽宁省成套设备招标中心）
183	辽宁信达招投标代理有限公司
184	辽宁政兴国际招标代理有限公司
185	辽宁中成建正工程管理咨询有限公司

续表

186	临沂鼎泰招标有限公司
187	临沂市财信招标有限责任公司
188	临沂市沂蒙国际招标有限公司
189	临沂远图宏亿国际招标有限公司
190	内蒙古存信招标有限责任公司
191	内蒙古自治区机械设备成套有限责任公司
192	宁波中基国际招标有限公司
193	宁夏国际招标有限公司
194	宁夏恒盛招标有限公司
195	宁夏黄河远东国际招标有限公司
196	宁夏圣泽招标有限公司
197	宁夏天雨工程招标代理有限公司
198	宁夏中天世纪招标有限公司
199	平顶山国储思泰招标代理有限公司
200	青岛博信招标有限公司
201	青宇（北京）国际招标有限公司
202	泉州市务实采购有限责任公司
203	泉州云锋招标有限公司
204	日照华安建设监理有限公司
205	日照陆桥拍卖有限责任公司
206	山东标新项目管理有限公司
207	山东博会工程造价咨询有限公司
208	山东财智招标有限公司
209	山东朝阳招标有限公司
210	山东东成建设咨询有限公司
211	山东东岳国际经贸合作股份有限公司
212	山东法正招标代理有限公司
213	山东方泰招标有限公司
214	山东广源招标有限公司
215	山东恒立伟业招标有限公司
216	山东弘裕建设项目管理有限公司
217	山东华舜招标代理有限公司
218	山东汇泉建设项目管理有限公司

续表

219	山东金茂工程评价设计有限公司
220	山东金卫医药信息有限公司
221	山东金正工程项目管理有限公司
222	山东龙达工程造价咨询事务所有限公司
223	山东懋林项目管理咨询有限公司
224	山东齐鲁工程审计监理有限公司
225	山东三木招标有限公司
226	山东省鲁成招标有限公司
227	山东泰和建设管理有限公司
228	山东天罡建设项目管理有限公司
229	山东天昊工程项目管理有限公司
230	山东通力招标有限公司
231	山东同方招标造价咨询有限公司
232	山东同泰建设项目管理有限公司
233	山东新世纪招标有限公司
234	山东兴联招标有限公司
235	山东阳光正大建设项目管理有限公司
236	山东英大招投标有限公司
237	山东誉丰工程项目管理有限公司
238	山东正方建设项目管理有限公司
239	山东中技招标拍卖有限公司
240	山东中明工程咨询有限公司
241	山东中桥工程咨询有限公司
242	山东中咨建成招标有限公司
243	山东仲勋招标有限公司
244	山东众德建设项目管理有限公司
245	山东卓舜招标咨询有限公司
246	山西财信工程造价咨询有限公司
247	山西辰丰达招标代理有限公司
248	山西厚德工程项目代建管理有限责任公司
249	山西华安建设项目管理有限公司
250	山西华境招标代理有限公司
251	山西省招标有限公司

续表

252	山西中量工程项目管理有限公司
253	山西中天华建设工程项目管理有限公司
254	山西众信教育招标有限公司
255	陕西教育招标有限责任公司
256	陕西开源招标有限公司
257	陕西龙寰招标有限责任公司
258	陕西省药械招标有限公司
259	陕西省招标有限责任公司
260	陕西中技招标有限公司
261	上海健生教育配置招标有限公司
262	上海浦成机电设备招标有限公司
263	上海瑞和工程造价咨询有限公司
264	上海社发招标采购服务有限公司
265	上海通信设备招标有限公司
266	上海文汇工程咨询有限公司
267	上海祥浦建设工程监理咨询有限责任公司
268	上海欣声招标服务中心有限公司
269	上海中世建设咨询有限公司
270	深圳龙达招标有限公司
271	深圳市东方招标有限公司
272	深圳市国信招标有限公司
273	深圳市华昊咨询有限公司
274	深圳市友和保险经纪有限公司
275	深圳市振东招标代理有限公司
276	深圳市中正招标有限公司
277	沈阳志诚招投标有限公司
278	朔州市中天招标有限责任公司
279	四川标禾工程建设管理咨询有限公司
280	四川国际招标有限责任公司
281	四川海正招标代理有限公司
282	四川宏捷招标代理有限公司
283	四川省建设工程设备招标中心
284	四川蜀通工程造价咨询招标代理有限公司

续表

285	四川同方管理咨询有限公司
286	四川五洲招标代理有限公司
287	苏州诚和招投标咨询有限公司
288	苏州市时代工程咨询设计管理有限公司
289	苏州市卫康招投标咨询服务有限公司
290	天津市森宇建筑技术法律咨询有限公司
291	威海志诚招标有限公司
292	潍坊市鲁成招标有限公司
293	武汉创世纪招标有限公司
294	武汉恒骥招标代理有限公司
295	武汉吉通工程招标代理有限责任公司
296	武汉新纪工程咨询有限公司
297	西北（陕西）国际招标有限公司
298	西藏正鑫达工程咨询有限公司
299	厦门鼎诚咨询有限公司
300	厦门吉百特投资咨询有限公司
301	厦门集力发展股份有限公司
302	厦门经发机电设备招标有限公司
303	厦门市公物采购招投标有限公司
304	厦门市华沧采购招标有限公司
305	厦门市中实采购招投标有限公司
306	厦门天和项目管理投资咨询有限公司
307	新疆西北招标有限公司
308	亚泰保险经纪有限责任公司
309	烟台元亨管理咨询有限公司
310	扬子江工程咨询有限公司（湖北）
311	云南边陲招标代理有限公司
312	云南大昌招标有限公司
313	云南鸿立招标代理有限公司
314	云南金志投资有限公司
315	云南凯乐普招标代理有限公司
316	云南山水招投标代理有限公司
317	云南玮元工程咨询有限公司

续表

318	云南元大工程咨询有限责任公司
319	云南招标股份有限公司
320	云南志达招标有限公司
321	云南中方工程项目管理有限公司
322	云南中招招标有限公司
323	张家口张垣招标代理有限责任公司
324	浙江国际招（投）标公司
325	浙江建安工程管理有限公司
326	浙江建经投资咨询有限公司
327	浙江开平企业管理咨询有限公司
328	浙江荣大招标有限公司
329	浙江荣信招标代理有限公司
330	浙江省国际技术设备招标有限公司
331	浙江五洲工程项目管理有限公司
332	浙江信镧建设工程咨询有限公司
333	浙江至诚工程咨询有限责任公司
334	郑州中原招标股份有限公司
335	中国光大对外贸易总公司
336	中国建材技术装备总公司
337	中国科学器材进出口总公司
338	中国乡镇企业总公司
339	中国仪器进出口（集团）公司
340	中和招标有限公司
341	中建精诚工程咨询有限公司
342	中龙国际招标有限公司
343	中绿实业有限公司
344	中融国远招标代理（北京）有限公司
345	中天信远国际招投标咨询（北京）有限公司
346	中泽鼎诚（北京）咨询有限公司
347	中招康泰项目管理有限公司
348	重庆菲迪克信息系统工程咨询监理有限公司
349	重庆国际投资咨询集团有限公司
350	重庆正和招标代理有限公司
351	珠海信仕德建设项目管理有限公司
352	淄博光正建设管理有限公司

政府采购甲级确认资格名单

1	安徽安兆工程技术咨询服务有限公司
2	安徽合普工程技术咨询有限公司
3	安徽省公路工程建设监理有限责任公司
4	安徽省国际招标有限责任公司
5	安徽省河川工程咨询有限公司
6	安徽省江河水利水电工程监理咨询有限公司
7	北京爱建招标代理有限公司
8	北京安泰恒工程项目管理有限公司
9	北京百聪建筑工程造价咨询有限公司
10	北京博陆恒信工程咨询有限公司
11	北京德基工程咨询有限责任公司
12	北京典方建设工程咨询有限公司
13	北京方隆盛建筑技术咨询有限公司
14	北京丰利兴工程管理有限公司
15	北京恒乐工程管理有限公司
16	北京华诚永信工程管理有限公司
17	北京华厦工程项目管理有限责任公司
18	北京华银建设工程咨询有限公司
19	北京建友工程造价咨询有限公司
20	北京京博通工程项目管理有限公司
21	北京京城招建设工程咨询有限公司
22	北京京建标工程项目管理有限公司
23	北京京咨博工程项目管理有限公司
24	北京康顺通工程项目管理有限公司
25	北京隆宇达招标代理有限公司
26	北京奇泰桥工程技术咨询有限公司
27	北京瑞新宇工程造价咨询有限公司
28	北京时代建业建设项目管理有限公司
29	北京市建壮咨询有限公司
30	北京首建招标有限责任公司
31	北京双圆工程咨询监理有限公司
32	北京维公工程项目管理有限公司
33	北京中外建工程管理有限公司

续表

34	长春高建招标有限公司
35	长春建业集团有限公司
36	常德工程招标代理有限公司
37	成都长源工程咨询有限公司
38	成都科益工程咨询有限公司
39	大连诚信工程招投标代理有限公司
40	大连理工招标代理有限公司
41	德汇工程管理（北京）有限公司
42	东莞市伟业建设工程造价咨询有限公司
43	东营万信招标代理有限责任公司
44	佛山市德正城市建设工程监理有限公司
45	佛山市建宇工程招标代理有限公司
46	福建建龙工程咨询有限公司
47	福建联审工程管理咨询有限公司
48	福建省建设工程招标有限公司
49	福建顺恒工程造价咨询有限公司
50	福州大禹建设工程造价咨询有限公司
51	甘肃金安建设工程招标有限公司
52	广东达安工程项目管理有限公司
53	广东工程建设监理有限公司
54	广东河海工程咨询有限公司
55	广东宏茂建设监理有限公司
56	广东建设工程监理有限公司
57	广东省城规建设监理有限公司
58	广西城建咨询有限公司
59	广西桂水工程咨询有限公司
60	广西建标建设工程咨询有限责任公司
61	广西建经工程监理有限责任公司
62	广西建设工程项目管理中心
63	广西建通工程咨询有限责任公司
64	广西瑞真工程造价咨询有限责任公司
65	广西正中工程造价咨询有限公司
66	广州诚信公路建设监理咨询有限公司

续表

67	广州市见智咨询有限公司
68	广州筑正工程咨询有限公司
69	桂林建银工程造价咨询有限公司
70	哈尔滨市忱义招投标代理有限责任公司
71	杭州市建设工程招标代理有限公司
72	杭州信达投资咨询估价监理有限公司
73	河北海际工程咨询有限公司
74	河北昊禹招标代理有限责任公司
75	河北鸿泰工程项目咨询有限公司
76	河北兰天工程咨询有限公司
77	河北省水利水电第二勘测设计研究院
78	河北兴冀工程项目管理有限公司
79	河北卓众工程项目管理有限公司
80	河南大河招标有限公司
81	河南飞洋建设工程咨询有限公司
82	河南联创工程造价咨询代理有限公司
83	河南申鑫工程管理有限公司
84	河南省方圆招标代理有限责任公司
85	河南省山河建设工程管理有限责任公司
86	河南豫信招标有限责任公司
87	河南中旭国际招标有限公司
88	河南卓越工程管理有限公司
89	黑龙江新概念企业管理咨询有限公司
90	恒邦（北京）工程顾问有限公司
91	湖北华傲水利水电工程咨询中心
92	湖北华科工程咨询有限公司
93	湖北建厦工程建设招标代理有限公司
94	湖北三峡建设项目管理有限公司
95	湖南创迪工程管理咨询有限公司
96	湖南华新建设项目管理有限公司
97	湖南建科工程项目管理有限公司
98	湖南三湘招标代理咨询有限公司
99	湖南省建设工程招标代理有限责任公司

续表

100	湖南天鉴工程项目管理有限公司
101	华电招标有限公司
102	吉林省华建工程造价咨询招标代理有限公司
103	吉林省世邦咨询有限公司
104	济南忠诚信工程咨询有限公司
105	江苏大成工程咨询有限公司
106	江苏宏翔工程造价咨询有限公司
107	江苏建威工程咨询有限公司
108	江苏建业恒安工程项目管理有限公司
109	江苏普信工程项目管理有限公司
110	江苏苏美达集团公司
111	江苏天宏华信工程投资管理咨询有限公司
112	江苏益诚建设工程咨询有限公司
113	江西恒实建设监理咨询有限公司
114	江西银信工程造价咨询有限公司
115	辽宁国华招标有限公司
116	辽宁建兴工程招标有限公司
117	龙口市华龙工程招标代理有限公司
118	牡丹江市建工招投标代理事务所
119	内蒙古诚佳信招标有限责任公司
120	内蒙古鎏基工程建设招标代理有限公司
121	内蒙古益泰工程建设监理有限责任公司
122	南宁市建昶建设工程监理咨询有限责任公司
123	南阳建设工程招标代理中心
124	宁波德威工程造价投资咨询有限公司
125	宁波科信建设工程造价咨询有限公司
126	宁波中冠工程造价事务所有限公司
127	攀钢集团国际经济贸易有限公司
128	青岛建通工程招标咨询有限公司
129	青岛市市政建设发展有限公司
130	青岛信达工程管理有限公司
131	日照市大成工程招标咨询有限责任公司
132	山东华安泰恒信建设工程项目管理有限公司

续表

133	山东三维建设项目管理有限公司
134	山东阳光招标有限公司
135	山东正平招标咨询有限公司
136	山东正通审计会计事务所有限公司
137	山西中量工程招标代理有限公司
138	陕西建华招投标代理咨询有限责任公司
139	陕西智鑫造价咨询有限公司
140	上海碧凌工程咨询有限公司
141	上海财瑞建设咨询有限公司
142	上海国际集团金融服务有限公司
143	上海和通建设工程咨询有限公司
144	上海煌浦建设咨询有限公司
145	上海建浩工程顾问有限公司
146	上海金桥建设监理有限公司
147	上海联合工程监理造价咨询有限公司
148	上海明方复兴工程造价咨询事务所有限公司
149	上海南建建设工程技术咨询有限公司
150	上海宁信建设工程咨询有限公司
151	上海浦惠建设管理有限公司
152	上海容基工程项目管理有限公司
153	上海申厚建设咨询事务所有限公司
154	上海申信进出口有限公司
155	上海申邑工程咨询有限公司
156	上海申元工程投资咨询有限公司
157	上海市上投招标公司
158	上海同济工程咨询有限公司
159	上海万国建设工程项目管理有限公司
160	上海翔波工程咨询有限公司
161	上海协同工程监理造价咨询有限公司
162	上海新域工程建设咨询有限公司
163	上海颐群建设工程咨询有限公司
164	上海亿越工程咨询有限公司
165	上海银锦建设工程咨询有限公司

续表

166	上海银鑫建设咨询有限公司
167	上海正弘建设工程顾问有限公司
168	上海中鑫建设咨询有限公司
169	上海资文建设工程咨询有限公司
170	深圳市宝安区建设工程监理公司
171	沈阳建设项目招投标中心
172	沈阳盛联招标咨询有限公司
173	石家庄鑫泽招标有限公司
174	四川西南工程项目管理咨询有限责任公司
175	苏州鸿鑫工程咨询有限公司
176	苏州华星工程造价咨询有限公司
177	苏州建设工程招标代理有限公司
178	苏州市群益工程顾问有限责任公司
179	苏州市中诚工程建设造价事务所有限公司
180	苏州新一造价师价格事务所有限公司
181	苏州永正造价师事务所有限公司
182	泰安市泰山建设工程招标代理有限公司
183	唐山筑嘉工程建设咨询服务有限公司
184	天津宸颍工程咨询有限公司
185	天津房友工程咨询有限公司
186	天津普泽工程咨询有限责任公司
187	天津市诚信招标有限公司
188	天津市慧林工程咨询有限公司
189	天津市建设工程招标有限公司
190	天津市建设工程咨询有限公司
191	天津市经特建设工程咨询有限公司
192	天津市明正建筑工程招标代理有限公司
193	天津万泽建设工程咨询有限公司
194	万隆建设工程咨询集团有限公司
195	吴江市建设工程技术咨询中心有限公司
196	吴江市建设造价师事务所有限公司
197	武汉千代工程建设招标代理有限公司
198	武汉新地工程造价咨询有限公司

续表

199	新疆诚誉工程项目管理有限公司
200	新疆皓涵招标代理有限公司
201	新疆经纬招标有限责任公司
202	新疆新世纪招标有限公司
203	宜昌胜捷工程咨询有限责任公司
204	张家港市金港工程造价事务所有限公司
205	浙江国际招（投）标公司
206	浙江江南工程管理股份有限公司
207	浙江省工程咨询有限公司
208	浙江天音管理咨询有限公司
209	浙江天源实业发展有限公司
210	浙江万邦工程管理咨询有限公司
211	浙江中际造价师事务所有限公司
212	浙江中正工程项目管理有限公司
213	郑州天一招标咨询有限公司
214	中国自动化控制系统招标有限责任公司
215	中国五矿集团公司
216	中龙国际招标有限责任公司
217	中水珠江规划勘测设计有限公司
218	中咨工程建设监理公司
219	重庆宏达招标代理有限公司
220	重庆天廷工程咨询有限公司

政府采购甲级审批、确认资格名单

1	安徽省技术进出口股份有限公司
2	安徽省建设监理有限公司
3	安徽中技工程咨询有限公司
4	北京北咨工程咨询有限公司
5	北京东方华太工程咨询有限公司
6	北京泛华国金工程咨询有限公司
7	北京国际贸易公司
8	北京国际招标有限公司
9	北京国金管理咨询有限公司

续表

10	北京国泰建中管理咨询有限公司
11	北京佳益工程咨询有限公司
12	北京建信衡工程管理有限公司
13	北京建智达建筑咨询有限公司
14	北京京园诚得信工程管理有限公司
15	北京科技园拍卖招标有限公司
16	北京求实工程管理有限公司
17	北京市京发招标有限公司
18	北京市精屋工程管理有限公司
19	北京希地环球建设工程顾问有限公司
20	北京鑫中招标代理有限公司
21	北京兴电国际工程管理公司
22	北京逸群工程咨询有限公司
23	北京英诺威建设工程管理有限公司
24	北京中昌工程咨询有限公司
25	北京中环招标代理有限公司
26	北京中建源建筑工程管理有限公司
27	北京中招国发工程项目管理有限公司
28	北京筑标建设工程咨询有限公司
29	长春市万力工程咨询有限公司
30	成都晨越建设项目管理有限公司
31	成都衡泰工程管理有限责任公司
32	成都万安建设项目管理有限公司
33	达华工程管理（集团）有限公司
34	大华建设项目管理有限公司
35	大连泛华工程招投标代理有限公司
36	东营鲁正招标造价咨询有限责任公司
37	佛山市南海宏正工程咨询有限公司
38	福建安华建设工程咨询监理有限公司
39	福建环闽工程造价咨询有限公司
40	福建科信工程造价咨询有限公司
41	福建乾坤工程造价咨询有限公司
42	福建昇华工程造价咨询有限公司

续表

43	福建省泓业招标有限责任公司
44	福建省机电设备招标公司
45	福建省建信工程管理有限公司
46	福建省营造招标代理有限公司
47	福建省招标中心有限责任公司
48	福建顺健工程造价咨询有限责任公司
49	福建卓知项目投资顾问有限公司
50	广东广机国际招标股份有限公司
51	广东恒胜建设监理有限公司
52	广东华联建设项目管理咨询有限公司
53	广东华伦招标有限公司
54	广东省机电设备招标公司
55	广西桂诚工程造价咨询事务有限责任公司
56	广西华蓝工程咨询管理有限公司
57	广西科文招标有限公司
58	广西新宇建设项目管理有限公司
59	广西云龙招标有限公司
60	广西壮族自治区机电设备招标中心
61	广西德元工程项目管理有限责任公司
62	广州高新工程顾问有限公司
63	广州宏达工程顾问有限公司
64	广州建成工程造价咨询事务所有限公司
65	广州建筑工程监理有限公司
66	广州金良工程咨询有限公司
67	广州市国际工程咨询公司
68	广州新伊丰工程咨询有限公司
69	贵州百胜工程建设咨询有限公司
70	贵州弘典工程建设咨询有限公司
71	贵州桦利工程招标造价咨询有限公司
72	贵州省招标有限公司
73	贵州万和工程招标代理造价咨询有限责任公司
74	贵州智聚招标造价咨询有限公司
75	国管招标（北京）有限公司

续表

76	国信招标集团有限公司
77	杭州博望建设工程招标投标代理有限公司
78	杭州建友工程咨询有限公司
79	河北安达投资咨询有限公司
80	河北安惠招标有限公司
81	河北达洋咨询有限公司
82	河北方达招标有限公司
83	河北光大招标有限公司
84	河北广通三德招标代理有限责任公司
85	河北国合招标有限公司
86	河北恒基建设招标有限公司
87	河北宏盛招标有限公司
88	河北宏信招标有限公司
89	河北华能招标有限责任公司
90	河北华业招标有限公司
91	河北省成套招标有限公司
92	河北省招标公司
93	河北中机咨询有限公司
94	河北中原工程项目管理有限公司
95	河北筑城工程招标咨询有限公司
96	河南宏业建设管理有限公司
97	河南龙华工程咨询有限公司
98	河南省机电设备招标股份有限公司
99	河南省伟信招标管理咨询有限公司
100	河南省兴豫建设管理有限公司
101	河南兴达工程咨询有限公司
102	河南招标采购服务有限公司
103	黑龙江鼎鑫建筑工程管理咨询有限公司
104	黑龙江垦区采购招标中心
105	黑龙江省国发招标有限公司
106	黑龙江省国律招标有限责任公司
107	黑龙江省招标公司
108	黑龙江正信伟业招标有限公司

续表

109	湖北长江工程造价咨询事务有限责任公司
110	湖北诚信建设项目管理有限公司
111	湖北大鹏工程咨询有限公司
112	湖北恒达建设工程项目管理有限公司
113	湖北衡天工程建设项目管理有限公司
114	湖北华中汇杰项目管理有限公司
115	湖北路港工程招标代理有限公司
116	湖北设备工程招标有限公司
117	湖北省成套招标有限公司
118	湖北腾升工程管理有限责任公司
119	湖北天元工程项目管理有限公司
120	湖北中天招标有限公司
121	湖南大唐天华工程项目管理有限公司
122	湖南国建招标咨询有限公司
123	湖南国联招标有限公司
124	湖南省天平招标代理咨询有限公司
125	湖南省招标有限责任公司
126	湖南智埔工程咨询有限公司
127	湖南中技项目管理有限公司
128	湖南中科项目管理有限公司
129	华春建设工程项目管理有限责任公司
130	吉林省宏信工程咨询有限公司
131	吉林省汇通招标投标代理有限公司
132	吉林省建设项目招标有限责任公司
133	吉林省晟裕工程咨询有限公司
134	吉林中捷工程项目管理有限公司
135	济南市建设监理有限公司
136	江河机电装备工程有限公司
137	江苏交通工程投资咨询有限公司
138	江苏捷宏工程咨询有限责任公司
139	江苏金港建设项目投资咨询有限公司
140	江苏经天纬地建设项目管理有限公司
141	江苏省海外企业集团有限公司

续表

142	江苏省建信招投标有限公司
143	江苏省设备采购国际招标中心
144	江苏省设备成套有限公司
145	江西省机电设备招标有限公司
146	江西中昌工程咨询监理有限公司
147	昆明晨晟招标有限责任公司
148	昆明华昆招标代理有限公司
149	辽宁工程招标公司
150	辽宁经纬工程管理有限公司
151	辽宁民建工程招标投标有限公司
152	辽宁启运招投标服务有限公司
153	辽宁轩宇工程招标投标有限公司
154	内蒙古新天立招标代理有限责任公司
155	内蒙古招标有限责任公司
156	内蒙古中实成套设备有限责任公司
157	南宁品正建设咨询有限责任公司
158	宁波国际投资咨询有限公司
159	宁波市国际招标有限公司
160	青岛采购招标中心有限公司
161	青岛市招标中心
162	三峡国际招标有限责任公司
163	山东大洋招标有限公司
164	山东德勤招标评估造价咨询有限公司
165	山东海逸恒安项目管理有限公司
166	山东海逸恒安招标有限公司
167	山东衡天咨询有限公司
168	山东华标招标有限公司
169	山东环宇招标有限公司
170	山东经纬工程管理有限公司
171	山东龙融招投标代理有限公司
172	山东鲁煤工程造价咨询有限公司
173	山东普来恩工程设计有限公司
174	山东齐信招标有限公司

续表

175	山东启新工程项目管理有限公司
176	山东三阳项目管理有限公司
177	山东省国际招标有限公司
178	山东省建设工程招标中心有限公司
179	山东省齐鲁国际招标有限公司
180	山东同力建设项目管理有限公司
181	山东信一项目管理有限公司
182	山东易方达建设项目管理有限公司
183	山东招标股份有限公司
184	山东正信招标有限责任公司
185	山东中钢招标有限公司
186	山西路华通工程咨询有限公司
187	山西明实工程招标代理有限公司
188	山西省国际招标有限公司
189	山西协诚工程招标代理有限公司
190	陕西省采购招标有限责任公司
191	陕西正大招标有限公司
192	上海百通项目管理咨询有限公司
193	上海宝钢建设监理有限公司
194	上海宝华国际招标有限公司
195	上海大华工程造价咨询有限公司
196	上海东方投资监理有限公司
197	上海国际招标有限公司
198	上海沪港建设咨询有限公司
199	上海华瑞建设经济咨询有限公司
200	上海机电设备招标公司
201	上海申康卫生基建管理有限公司
202	上海申莘建设工程造价咨询有限公司
203	上海臻诚建设管理咨询有限公司
204	深圳市国际招标有限公司
205	深圳市建星项目管理顾问有限公司
206	深圳市三方诚信招标有限公司
207	深圳市深水水务咨询有限公司

续表

208	深圳中邦国际工程科技顾问有限公司
209	神华国际贸易有限责任公司
210	沈阳招标中心
211	石家庄金信工程咨询有限公司
212	四川大公建设工程管理咨询有限责任公司
213	四川恒鑫工程管理咨询有限公司
214	四川华强项目管理有限公司
215	四川华通建设工程造价管理有限责任公司
216	四川建科工程建设管理有限公司
217	四川科特建设管理有限公司
218	四川良友建设咨询有限公司
219	四川明清工程造价咨询有限公司
220	四川省宏基工程项目管理有限公司
221	四川天道建设工程项目管理咨询有限公司
222	四川通和工程项目管理咨询有限公司
223	四川兴鑫建设工程项目管理有限公司
224	四川永一建设工程项目管理有限公司
225	苏州中润建设管理咨询有限公司
226	天津滨海旺辉工程咨询有限公司
227	天津广正建设项目管理咨询有限公司
228	天津国际招标有限公司
229	天津津建工程造价咨询有限公司
230	天津市泛亚工程机电设备咨询有限公司
231	天津市建通工程招标咨询有限公司
232	天津泰达工程管理咨询有限公司
233	天行健国际招标（北京）有限公司
234	潍坊市工程建设监理有限责任公司
235	五矿国际招标有限责任公司
236	武汉宏宇建设工程咨询有限公司
237	武汉信业工程招标代理有限责任公司
238	西安建工建设工程招标有限公司
239	厦门高诚信建设监理有限公司
240	新华国际招标有限公司

续表

241	新疆招标有限公司
242	信利达（大连）项目管理咨询有限公司
243	许昌建设工程项目管理有限公司
244	烟台建德招标代理咨询有限公司
245	烟台市万信项目管理有限公司
246	云南晨晟招标咨询有限公司
247	云南城市建设项目管理咨询有限公司
248	云南国内招标有限公司
249	云南赛林建设招标咨询有限公司
250	云南山重建设工程招标咨询有限公司
251	云南惟诚工程招标代理有限公司
252	云南西南招标有限公司
253	云南云创招标有限公司
254	浙江大地建设招标代理有限公司
255	浙江广川工程咨询有限公司
256	浙江华诚建设工程招标代理有限公司
257	浙江建正工程咨询有限公司
258	浙江省成套工程有限公司
259	浙江省成套招标代理有限公司
260	浙江省建设工程设备招标有限公司
261	浙江新诚信工程造价咨询有限公司
262	浙江中磊工程咨询有限公司
263	中钢招标有限责任公司
264	中国电子进出口总公司
265	中国机械进出口（集团）有限公司
266	中国技术进出口总公司
267	中国建筑设计咨询公司
268	中国远东国际招标公司
269	中海建国际招标有限责任公司
270	中航材国际招标有限公司
271	中航技国际经贸发展有限公司
272	中化国际招标有限责任公司
273	中化建国际招标有限责任公司

续表

274	中机国际招标公司
275	中技国际招标公司
276	中金招标有限责任公司
277	中经国际招投标有限公司
278	中煤招标有限责任公司
279	中通建设工程咨询有限责任公司
280	中信国际招标有限公司
281	中仪国际招标公司
282	中招国际招标有限公司
283	珠海明正建筑工程管理有限公司
284	珠海市物资招标有限公司

2011

十、2010 年政府采购理论研究文选

试论新时期政府集中采购机构的法律地位及核心竞争力的有效保障及发挥

许大卫 任京萍

我国政府采购制度改革试点始于1996年，自《政府采购法》2003年颁布实施以来，政府集中采购工作取得了长足的发展，按照《政府采购法》规定：纳入集中采购目录的政府采购项目，必须实行集中采购，采购人采购纳入集中采购目录的政府采购项目，必须委托集中采购机构代理采购，“集中采购机构是非营利事业法人”，这些规定体现了政府集中采购项目的委托具有法律的强制性和不可替代性。体现了国家对政府集中采购活动的强制意志。依照法律规定，具有政府采购执行职能的政府集中采购机构即政府采购中心在各级各地陆续成立，有力地保证了政府采购制度的顺利推行。

但是，由于《政府采购法》只是对集中采购机构的性质和地位作了原则性和框架性规定，而并未对集中采购机构的设置、管理体制、职责要求等予以进一步明确，这就造成了各级政府集中采购机构在机构设置、管理模式、行政隶属关系上出现不统一的局面，特别是到目前，仍有一些省地未设立政府采购中心，有的省地则是先设后撤，还有一些地方将政府采购中心“重组”并入一些带有营利性质的操作机构，这就造成了集采机构在执行操作层面上存在着多头管理，与法律规定不统一问题，从一定程度上讲，使依法设立的集采机构的核心竞争力的发挥受到限制，影响了国家宏观经济政策和政策功能的有效贯彻落实，本文试结合自己的工作实践，谈些个人的想法及建议。

一、对我国政府集中采购机构现状的分析

（一）从政府集中采购机构的设置和隶属关系来看

据了解，到目前为止，全国31个省、自治区、直辖市，除河南和贵州至今尚未设立政府集中采购机构，2009年初江西省有关部门出台了江西省政府采购中心及地级市政府采购中心在规定的时限内完成机构全部撤销工作，所承担的省级政府集中采购业务划转江西省机电设备招标有限公司组织实施，集中采购部门实行市场化管理，与管理部门彻底分开的文件（这种全省范围撤并集采机构的做法全国为首例），共设有28个省级集中采购机构。其中，江苏设有两个省级采购中心。这些机构都履行着完全相同的职责，但隶属关系为9种模式。分别是：

第一种：中共中央直属机关采购中心、中央国家机关政府采购中心、湖南省政府采购中心、山东省省级机关政府采购中心、上海市政府采购中心等11家属于同级机关事务管理局管辖。

第二种：天津市政府采购中心、甘肃省政府采购中心等8家采购中心在《政府采购法》规定“管采分离”的改革施行多年后，

仍然隶属同级财政部门。

第三种：安徽省政府采购中心由省级财政部门代管。

第四种：山西省省级政府采购中心、辽宁省政府采购中心等3家由省政府直接管理。

第五种：海南省政府采购中心设在省商务厅下面。

第六种：湖北省政府采购中心、内蒙古自治区政府采购中心建在省政府办公厅下。

第七种：广东省政府采购中心、广西壮族自治区政府采购中心属于省机械设备成套局管理。

第八种：北京市政府采购中心则挂靠在北京市国资委，除此外，区县政府采购中心隶属部门也在6种模式以上，其中早在2005年1月，朝阳区也因一些原因撤销了区政府采购中心，除与市级共享协议定点采购结果外，其他政府采购业务全部交由社会中介机构代理采购。

第九种：重庆市政府采购中心隶属于重庆国际投资咨询集团。

此外，除隶属关系不一致外，各省市采购中心的单位性质也各不相同。大部分省政府采购中心为国家机关或全额拨款事业单位。宁夏、广东、广西3省区是差额拨款事业单位，天津、海南、安徽则属于自收自支的事业单位。至于机构的级别，各省采购中心也不一样。中央两大采购中心与内蒙古、山西、湖北、黑龙江、辽宁、吉林等9家采购中心是厅级机构，其他省采购中心全为处级机构。

（二）从政府集中采购机构名称来看

各级政府采购中心名称不尽相同，不再一一列举。从全国各地尤其是基层看，多采用集中采购机构隶属于本级财政部门的模式。采取这种模式的地方，有的集中采购机构与财政监管部门是两块牌子，一套人马，内部人员有明确分工；有的是财政监管部门与采购中心独立分设，各自履行监管和执行的职能；有的将集中采购业务交由财政机关的内设部门直接办理，集中采购业务从组织、执行到协调、监督实际上均由政府采购管理职能部门负责办理，承担了部分应由集中采购机构履行的职能。有的财政部门尚无明确独立的内设机构负责履行政府采购的监督管理职能，由相关部门如国库部门代行其职能。

在中央国家机关，许多部委经批准在内部设立了各自的集中采购中心，这种部门集中采购机构的设立对我国政府采购的规模效应、运行中集中采购和分散采购的权力制衡以及政策功能作用的实现所造成的影响会逐渐凸显。

二、政府集中采购机构管理模式存在的几方面问题及对政府采购事业发展的影响

（一）现行管理体制存在的问题

一是《政府采购法》中提出的“监督管理与执行操作机构分离”规定执行不彻底。由于现行法律只对集中采购机构的设立及归属提出原则性要求，但并没有对“管采分离”的完成时限作出强制性规定，因此，政府集中采购机构与财政部门分离脱钩也好，不分离仍隶属财政也罢，没有任何的处罚手段，法律规定形同虚设，看不出法律的权威性。

二是政府采购主管机构级别低、人员紧张。长期以来财政部主管政府采购的部门是国库司下设两个政府采购管理处，级别低，专职工作人员比较少，政府采购处既要负责政府采购相关法律、法规和政策的制定、修改和废止，同时还要进行大量的调研与监督检查工作，力不从心，这样的组织机构领导全国各省市的政府集中采购工作确实难度很大。

三是政府集中采购机构从财政部门分离后，缺乏上下统一的管理体制和统一的上级主管部门。不利于对政府采购相关法律法规和政策的研究制定和监督管理，容易造成各地执行法律法规和政策规定的不统一。

四是有的政府集中采购机构的经费预算管理体制难以真正保证非营利性。目前，由于政府采购相关法律未对集中采购机构的经费保障问题做出明确规定，也无全国统一标准可参照执行，各地各级集采机构的预算管理模式不一，有全额拨款的，有差额预算、定额补助的，也有自收自支的，财政不供给任何经费的，还有实行企业化管理的，政府采购政策功能作用及核心竞争力很难保证。

总之，由于《政府采购法》对政府集中采购管理模式的框架性规定缺乏实际可操作性，而相应的实施细则又因种种原因始终未能出台，各级政府只能根据自己的实际情况、按照各自的理解，相继设立各种机构和确定管理体制。因此，形成各地政府采购机构五花八门的状况也就在所难免了。

（二）对政府集中采购事业健康发展的影响

要求政府采购中心与财政部门脱钩后，全国政府采购中心的隶属关系出现了至少9种模式。由于存在多头管理机构，不仅给政府集中采购政策的研究制定和执行操作带来不统一，而且给各级财政部门的监管工作带来难度。由于法律对政府采购执行机构还没有明确的定位和充分授权，还有的省市政府采购中心与财政部门脱钩后，被并入到招标公司或成套设备局，共同代理政府集中采购任务。在此情况下，集中采购执行机构的政策功能难以实现，政府集中采购事业的健康发展受到影响。

三、政府集中采购机构的法律主体地位不容动摇和质疑

关于政府集中采购机构的法律地位和作用，前面已谈到《政府采购法》中已作出明确规定。另外，清华大学于安教授讲，集中采购机构和集中采购制度是政府采购的基石，不设立集中采购机构的行为，明显违反了《政府采购法》的规定。他认为《政府采购法》规定的采购代理机构所指应该是社会中介组织，而非集中采购机构，因此，要充分发挥集中采购机构在实现政府采购政策功能和促进经济社会协调发展中不可替代的作用。由此，我认为，集中采购机构作为法律明确规定的政府采购活动中所担当的强制执行主体的角色，决定了这个机构在价值取向上具有与国家意志的高度一致性，在制度执行上具有维护国家利益和公共利益的高度忠实性和一致性，是社会中介代理机构所无法替代的。中央财经大学马海涛教授认为，用社会中介机构来替代在政府采购执行中进行市场化的运作是有其缺陷的。还有的专家学者认为，政府集中采购制度不是一般意义上单纯的招投标行为的约束，而是带有社会公益性质、带有社会意义、政治意义，负责完成国家宏观经济政策、具有社会示范作用和影响力的运行模式。

法律的强制性是政策功能作用充分发挥和实现的根本保证。我认为，通过政府集中采购制度的实施，将原来分散的采购行为相对集中，统一实施，有利于实现政府采购的政策功能，如采购国货、节约能源、保护环境，发展低碳经济，建设节约型和环境友好型社会；扶持国内企业，促进民族产业的发展；激励自主创新产品和技术，打造企业核心竞争力，提升国际影响力和竞争力，增强国家宏观经济调控能力，优化产业结构和资源配置，按照十七届五中全会提出的以科学发展为主题，以加快转变经济发展方式为主线，实现经济社会又好又快、全面协调和可持续发展。这表明了集中采购机构是政府采购政策的重要执行部门和实践者，决定了其在调整产业结构、促进国民经济增长方式转变过程中负有提供支持的责任，在实现政策目标的途径、方法和手段的功能与作用等方面更具有义不容辞的责任。政府采购的政策功能作用的最终实现，必须依靠政府集中采购制度作保证，依靠政府专门设立的集中采

购机构和法律所赋予的职责来具体落实和实践。

《政府采购法》是政府采购制度健康有序发展的根基和基本保证。按照《政府采购法》规定，政府采购代理市场具有两大构成，即依法成立的政府集中采购机构、经国务院有关部门或者省级人民政府有关部门认定资格的即以营利为根本目的的社会中介机构，体现出政府采购的兼容并行的格局。但现行法律只对集中采购机构的权责和代理业务的范围作出规定，而对社会中介机构的代理工作则没有进行阐述和要求，这就出现了两大结构构成责、权、利的不对等现象，即而出现了一些值得业界和有关部门研究关注的问题，如集中采购目录范围内容设定的法律依据、集中采购目录的制定体现什么思想和意志、集中采购目录执行中的监管问题、目录内容被社会代理机构部分代理、集中采购的主体地位被人质疑、政府采购市场化的呼声、甚至出现集采机构被质疑缺乏工程操作资质和国际招标代理资质等情况。

我认为社会中介机构内在的驱动力是追逐利润，这是市场规律，无可厚非，而政府集中采购机构没有利益驱动，其价值追求和内在特质是公平公正和社会公益性，关注的是政策功能如何把握和实现，二者的性质和最终实现的目的有本质区别。随着政府集中采购制度的推进，随着我国加入世贸组织《政府采购协议》时间的临近，政府采购制度提出的根本宗旨和政策目标如何实现的问题，政府集中采购机构要不要继续存在，其主体地位和职能要不要坚持，集中采购机构该如何发展，政府采购要不要完全市场化等等这些问题，亟需有关部门认真研究，并尽快予以解决。

综观各国（地区）的政府采购组织模式对我国的参考意义。世界各国的组织模式主要有集中采购、分散采购和集中采购与分散采购相结合三种类型。其中，采取单一的集中采购或分散采购模式的国家并不多，大多数国家采取的是集中采购与分散采购相结合的模式。这是由于集中采购与分散采购各有优势，采取集中采购与分散采购相结合的模式可以扬长避短，有效地实现政府采购的价值目标。在实行集中采购或集中采购与分散采购相结合的国家，都设有集中采购机构。如美国的联邦事务服务总局、加拿大的公共工程与政府服务部、韩国的采购厅、还有我国香港特别行政区的政府物料供应处。上述国家和地区设立政府集中采购机构都属于国家行政机关，集中采购机构的工作人员属于国家公务员，享有广泛的行政管理职权，这使得集中采购机构能够独立依法运作。不言而喻，集中采购机构在实现政府采购目标方面的作用是巨大的，特别是在实现政府采购的深层次目标，即实现政府采购对国家宏观经济的调控作用，以及实现社会政策目标方面的作用是不可替代的。

综上所述，我认为政府集中采购机构的性质、地位、职能和作用是法律赋予的，只能加强，不能削弱，只能巩固，不能弱化甚至撤并。

四、关于新时期政府集中采购机构法律地位及核心竞争力的保障及有效发挥的建议

我认为现阶段依据我国经济发展的国情，政府采购的宏观经济政策和社会公共政策功能的实现尤其重要，因此，政府集中采购机构的法律地位及核心竞争力需要重申，并予以充分保障及强化，真正做到有法可依，有法必依，违法必纠，以形成集中采购的规模效应，达到实现和发挥宏观调控政策功能作用的目的，在此提出几点建议：

1. 尽快出台《政府采购法》实施细则（以下简称“实施细则”），明确政府集中采购的管理体制。由于《政府采购法》执行中反映出的诸多问题，完善相关法律法规体系和保证《政府采购法》实施细则的尽快出台显得尤为紧迫。希望“实施细则”在对集中采购机构的设立标准、行政隶属关系、采购各方当事人的职责要求及各种采购方式的具体运作等方面予以明确，并且要明确政府采购各方当事人责任、权利、义务，做到责、权、利的对等统一。以确保政府集中采购机构发挥应有的作用。

关于统一集中采购机构行政隶属关系有以下几方面考虑：一是在“实施细则”中明确集中采购机构依法独立设置，隶属于同级人民政府，凡目前未隶属于同级人民政府的，而是隶属于政府部门或其他组织的，应在规定时限内整改完毕，以体现法律的严肃性，确保对政府负责，向政府报告工作，接受同级人民代表大会及其常务委员会、同级财政部门的监督，“管采分离”后，管理机构与操作机构的职责必须明确，真正做到既不“缺位”，也不“越位”。

二是让集中采购机构“回归”财政部门管理或采用挂靠或代管形式，从长远看也并非不可考虑。尽管《政府采购法》明确提出“管采分离”，并且得到了广泛的认同，但其理论基础和执行效果还是有目共睹的，不需多议。政府采购制度改革是财政预算管理体制改革的重要组成部分，与部门预算制度、国库集中支付制度密切相关，并称为财政支出管理体制改革的“三驾马车”，强制将政府采购分离于财政管理体制改革，“运动员”和“裁判员”的提法值得商榷。在政府采购活动中最重要的不仅仅是“管”和“采”的分离问题，而是如何确保处理争端争议机构的独立性和公正性的问题。必要时可考虑设立全国和各级政府采购管理委员会，统一归口管理和处理各层级政府集中采购相关工作。

三是建立统一集中采购机构的预算体制。目前政府集中采购机构主要有全额拨款、自收自支、差额拨款三种预算体制，各有优缺点。应当在充分调研以及规范集中采购机构隶属关系的基础上进行统一，同时，进一步建立、加强并完善对政府集中采购机构的运行和执行绩效评估和考评体系。

2. 整顿和优化政府采购代理市场，对部门集中采购和社会中介机构的资格认定适时压缩和严格规范。政府集中采购区别于一般的采购活动，除了实现采购的经济功能外，政府采购还是一项政策性极强的制度，在我国当前所处的历史时期承担着重要而特殊的历史使命，而启动加入 GPA 程序，又给中国的政府采购领域带来了新的机遇和挑战。部门集中采购和社会中介采购的设立是一个时期、一个历史阶段的产物，据有关数据显示：目前，全国已有 600 多家甲级代理机构和约 2000 家乙级代理机构，这种原始积累造成的规模增长一方面与政府采购的客观发展有关，另一方面也与市场准入条件的设置要求过低有关，有人形象比喻部分地区的代理资格认定属于“批发式”和“量贩式”认定，客观上导致了社会中介代理组织参差不齐的现象，同时对集中采购制度的实现有一定的削弱作用。我认为应对政府采购代理市场进行深层次优化调整，将中介组织的数量集成转向质的优化，对其范围进行规范，对其规模进行控制，可喜的是财政部最近已颁布了“61 号令”，对政府采购代理市场进行整顿。只有这样，才能充分发挥政府集中采购的经济效益、政策功能和社会效益，其核心竞争力才能得到有效发挥。

另外，目前部门集中采购机构数量批准也过多，使得本应集中的采购分散化。目前，市、县一级设立集中采购机构已成为普遍现象，加上部门集中采购以及社会中介机构的“分羹效应”，导致我国政府采购的总规模虽然呈上升趋势，但是其中由集中采购机构完成的采购比例却在下降。这种现象，不利于发挥政府采购的规模效益，也不利于政府采购政策功能的实现。

3. 健全政府采购各职能主体权利制衡的协调格局，完善对集中采购运行机制和整体素质的培养监督及淘汰退出体制。

一是法律上赋予了集中采购机构具有一定的法律主体职能。因此集中采购机构要切实转变观念，树立危机意识、责任意识、风险意识和大局意识，要将集中采购工作放在贯彻科学发展观，以人为本，构建和谐采购环境，为经济发展、社会进步、社会公益事业服务，为建设节能环保和环境友好型社会切实注重采购实效、注重提升采购品质和采购质量上来进行管理和考核评价。

二是集采机构应按照财政部门制定的集中采购目录范围和采购标准，以及年初下达的年度政府采购计划依法组织实施，并接受全过程监管。为加强对政府集中采购的组织管理与监督，形成各职能主体权利制衡的协调格局，以实现多头管理，同体监督，应建立全国统一的中央、省、市三级专门负责政府采购管理与监督的组织机构，建立完善的政府采购项目评价机制和评价体系，包括对各环节、各部门的评价以及评价的方式方法，做到公开透明，形成互相监督。首先，在全国和地方各级人大下设专门的政府采购监督管理委员会，专门负责对同级和下级政府的采购活动实施监督；其次，纪检监察部门应加强制度监督和过程监督，防止采购过程中的权钱交易，维护政府采购的廉洁性；另外，审计部门除对一些大型采购项目进行专项审计外，还应加强对政府采购的效果进行评价；最后，政府采购主管部门定期向社会公布政府采购信息，接受社会舆论的广泛监督，形成社会的监督机制。

三是为加强国家对政府采购市场的有效管理，监督采购人的采购行为，保护供应商的合法权益，可否效仿证券、银行、保险管理办法，建立一个超脱于各级政府部门之外的政府采购监督管理委员会，作为各级人民政府的直属机构。其主要职能为管理政府采购市场，监督采购人与供应商的采购行为，为政府采购市场提供统一的规则，负责处理采购各方当事人之间的各种纠纷与投诉，维持正常的政府采购市场秩序。

4. 研究和发展协议供货和定点采购的模式，有利于集采机构核心竞争力的提升。从政府集中采购制度设计安排看，政府集中采购旨在通过统一的规范化操作，有效整合采购方和供应方资源，达成快速有效落实国家宏观经济政策和各项政策功能、提高财政资金使用效益的双重目标。“集中”的关键在于“整合”，资源整合程度越高，集中采购的目标就实现得越好，而协议供货和定点采购模式的运用，体现了集采机构其区别于其他中介组织所独有的核心竞争力。通过一次招标，整合一定期限的供应资源。因为整合使得供应商资源相对集中，采购效率、价格、质量和服务更有保障，采购成本得以降低。从长远看，这一模式还有利于培育市场、发现价格和甄选优质供应商。目前，国家有关倡导节能环保、扶持自主创新和严格进口产品审批等政策及实施办法陆续出台，相比其他方式，我认为协议供货能有效缓解以上矛盾，通过在协议供货评标和中标产品更新、补充的具体方法中，将政策扶持产品区别对待，给予特殊优惠政策的办法，不断增加政策扶持产品中标数量，同时削减非政策扶持产品数量，真正发挥集中采购机构的法定职能作用。

5. 国家利益至上，集中采购机构肩负着落实政府采购公共政策功能的重任。贯彻落实国家政策要求，使政府采购更好地为实现国家经济和社会发展政策目标服务，是集中采购机构的重要任务，也是集中采购机构区别于社会中介组织的主要方面。但是一方面由于《政府采购法》把政府集中采购机构定性为“采购代理机构”，与社会中介等同，造成目前政府采购领域社会中介机构与政府集中采购机构“并驾齐驱”的局面，有的地方政府采购甚至完全委托社会中介公司完成，社会中介以营利为目的，政府采购预防腐败和落实政策功能等目标的实现打了折扣；另一方面集中采购机构一般只能从事通用类项目的采购，《政府采购法》规定“属于本部门、本系统有特殊要求的项目，应当实行部门集中采购”，而“特殊需求”也没有具体的标准，使得实际运行中大量属于集中采购目录内的采购项目，以部门集中采购或单位自行采购项目之名委托给社会中介代理机构，政府采购制度规模的基本功能实现难以保证。

随着国家稳健财政政策的执行引导和运用，更多公共资金和社会资金进入公共投资领域，因此急需对这些资金使用的合规、合法与规范性加强监管，强化集中采购机构的法律主体地位，坚定不移地依托集中采购机构走集中采购为主的发展道路，通过法律手段切实保障集中采购机构在落实政府采购公共政策功能方面的核心作用，使其成为推动经济又好又快发展、促进资源节约、环境改善、民生保护、社会稳定进步的重要力量。

作者单位：北京市政府采购中心

如何规范适用竞争性谈判程序

陈 广 维

竞争性谈判作为政府非招标采购方式之一，虽然在政府采购规模中所占的比重不是很大，但使用频率较高。我国自推行政府采购制度以来，各地在政府采购实践中对运用竞争性谈判方式实施政府采购进行了有益的探索，许多地方已经取得了较为成功的经验。但从操作情况来看，做法不尽一致，其规范化程度和效果也不尽相同。如何正确运用竞争性谈判方式实施政府采购，并确保竞争性谈判采购顺利实施，是一个值得重视和研究的课题。

《政府采购法》第三十八条规定了采用竞争性谈判方式采购应当遵循的基本程序，主要包括 5 个步骤：成立谈判小组、制定谈判文件、确定邀请参加谈判的供应商名单、谈判、确定成交供应商。通常情况下，可以把这 5 步程序归纳为两个阶段进行，即谈判前的准备阶段和谈判阶段。

一、前期准备阶段

在前期准备阶段，应注意做好以下几项工作：一是从资金、技术、生产、市场等几个方面对采购项目进行全方位综合分析。二是要根据综合分析情况，制定项目采购的最终方案，并确定项目采购清单。三是根据项目分析情况和采购项目清单，编制竞争性谈判邀请函。四是制作竞争性谈判文件。五是邀请参加谈判的供应商。六是对参加谈判的供应商进行资格预审。七是根据资格审查情况，确定参加谈判的供应商名单，并向其发售竞争性谈判文件。八是成立由技术专家、采购单位和有关方面的代表组成的谈判小组。九是根据谈判工作需要，确定工作人员。十是邀请有关部门，如监督机关、公证机关对谈判过程实施监督。

在谈判准备阶段，需要注意的问题有：一是与公开招标方式采购相比，竞争性谈判具有较强的主观性，评审过程也难以控制，容易导致不公正交易，甚至出现腐败行为，因此，必须对这种采购方式的适用条件加以严格限制并对谈判过程进行严格控制。二是在谈判小组中，专家名单通过随机抽取方式确定，在谈判开始前，谈判小组名单应严格保密。三是谈判小组的组成，应根据采购项目特点，结合专家总体情况确定，并注意专业结构的合理性，知识水平、综合素质要相当。四是谈判文件制作完成后，要以正式公函形式或文件会签形式征求采购单位的意见，在采购单位审核确认后才算正式制作完成。五是将谈判文件送管理机构备案。六是对供应商的资格预审主要是从基本资格和专业资格两个方面进行预审，审查的标准应当是谈判文件所规定的标准。

二、谈判阶段

在谈判阶段，应做好的工作主要有：一是报价文件递交截止时间后，在规定的时间、地点对各供应商提交的报价文件中的报价表进行公开报价。二是在公开报价后，谈判小组要对各谈判方递交的报价文件进行审阅，以判定谈判方资格的有效性，确定进入谈判阶段的供应商名单。三是谈判小组与各谈判方就技术方案进行谈判，技术谈判结束后，要确定进入下一轮谈判即商务谈判的供应商名单。四是谈判小组与各谈判方分别就商务方案进行谈判，确定进入最终承诺报价的供应商名单。五是组织技术、商务方案均符合要求的各谈判方进行最终承诺报价，最终承诺报价结束后，谈判小组要对最终承诺报价进行综合评审。六是经过对最终承诺报价进行综合评审、评断，并汇总出综合评审结果，最后由谈判小组出具最终谈判结果，推荐预成交供应商。七是采购代理机构根据谈判小组出具的谈判结果报告和确定成交的意见，综合审查相关资料，确定最终成交供应商。

在谈判阶段，需要注意的问题有：一是注意谈判过程的保密性。在整个谈判过程中，除公开报价外，都应在完全封闭的谈判室中进行，在谈判完全结束前，应切断所有谈判小组成员与外界的一切联系；谈判过程中，谈判小组成员不得单独与采购单位或供应商接触，未经同意不得对采购单位和供应商进行参观或考察等等。二是掌握谈判技巧和分寸。谈判小组成员要有明确的分工，在谈判过程中，要注意座次的排列，更应注意角色的配合；同时，还应注意掌握谈判技巧、谈判进程和谈判的整体节奏。三是具体问题具体分析。在整个谈判过程中，可进行多轮技术谈判和商务谈判，具体数量由谈判小组根据具体情况确定，也可以将技术谈判和商务谈判合为一个阶段同步进行。但不论是哪种方式，都应保证每个参与谈判的供应商能得到同样多的谈判机会，四是注意谈判代表资格的有效性。即谈判方参加谈判的代表须为其法定代表人或法人授权委托人，如法人授权委托人参加谈判，须向谈判小组出具法人授权书。五是注意成交供应商应具备的条件。即符合采购需求、质量和服务相等且报价最低，这3个条件必须同时具备，缺一不可。另外，因采购代理机构经常实施竞争性谈判，可将谈判文件、邀请函和各个阶段使用的文件、表格、报告以及相关程序、工作纪律、注意事项等，制作成通用的标准格式或文件范本，以减少工作量，提高工作效率。

作者单位：张家口市财政局政府采购办公室

政府采购预算编制如何告别粗放

董雅娟　余明建

政府采购预算反映了行政事业单位的资金收支规模、业务发展需求和国家的方针、政策落实。加强政府采购预算管理，对财政支出改革、预算的顺利执行、确保各项事业发展和目标任务的实施，都具有十分重要的意义。按照《政府采购法》第三十三条的规定，政府采购项目及资金必须列入部门预算。只有做好政府采购预算编制工作，才能做到应纳尽纳、应采尽采。在实际工作中，政府采购预算编制工作还存在着一些需要解决的问题，本文就此进行部分探讨。

一、政府采购预算编制存在的问题

1. 政府采购预算编制工作缺乏必要的协作和沟通。政府采购预算不是单独的编报系统，是在编报部门年度综合预算同时编报的，工作中实行了“五统一”原则，即政府采购预算与部门预算实行统一布置、统一编制、统一汇总、统一审核、统一批复。政府采购预算编制一是涉及财政部门内部多个业务处室，如预算编审中心（预算处）、采购办、资产管理处、非税收入管理局（处）、业务管理处等，这些管理处室领导重视程度、工作侧重点、管理内容、工作效率等不同，给政府采购预算编制工作带来一定的不利因素；二是预算编制单位内部涉及多个处室，如财务处、资产处、设备处、基建处、后勤处等，这些处室都有各自的年度计划项目，不易协调一致，给单位政府采购预算编制工作带来一定的困难。

2. 部门预算编制存在随意性。一些部门领导对政府采购预算编制的原则、要求等认识不清，甚至于不重视政府采购预算编制工作，只是强调本部门的重要性、特殊性、难以预见性等，没有把采购项目预算进行细化，直接导致了采购预算的随意性。有些部门或系统，为了给自己的工作“留有余地”，政府采购预算偏高，超过市场价格10%以上，使得有限的财政性资金不能得到充分使用。有些部门花费的是“自己”的预算外资金，编制采购项目预算时，在市场价格的基础上自行砍去20%～30%以后再编制采购预算，使得采购结果不能令人满意。有的单位领导甚至认为政府采购节支率偏高，是工作人员不负责任，迫使采购预算编制过低，使得一些采购项目公开招标无供应商投标或投标家数不能满足三家，造成招投标工作无法正常进行，给采购单位正常工作带来损失。这些做法也从根本上影响了政府采购工作的顺利开展。

3. 预算编制过于粗糙、变更较大。由于长期以来管理的粗放性，以及相对独立的领导分工负责制，把可用财力分割成主管领导的块块资金，甚至于在不同程度上存在着争盘子、抢资金的现象，而争到了盘子、抢到了资金者对政府采购预算编制又不够重视，不能对采购项目进行科学的、系统的认证，也不去进行充分的市场调研，预算编制过于粗糙，不是过高就是过低，在执行中随意性很大。而有些临时追加的专项资金，根本没有纳入到采购计划，存在着漏编政府采购预算的现象，有的逃避了政府采购监督管理。这些只重视资金的争取，忽视资金的使用，不按照规定编制政府采购预算的现象，给政府采购事业发展带来不利影响，增加了采购成本，降低了采购效率。

4. 基本建设支出预算编制滞后。在预算编制工作中，由于基本建设支出一部分资金来源于基金收入、专项收入、其他收入及贷款等，不确定因素较大，这些资金的预算编制较晚，建设项目支出安排不能与部门综合预算同步，很多地方是另行再编一套基本建设预算，报人大批准后执行，造成了政府采购预算编制不全面。

5. 追加的专项支出项目过多。近年来，各级财政部门不断强化政府采购预算编制工作，政府采购计划性不断增强，并将政府采购预算纳入到年度部门综合预算中，但由于受到一些部门重视程度不高、工作计划不周的影响，加之地方财力难以确定等诸多因素，很难做到规范细致，在时间上更不易掌握，往往形成一批时限要求很强的临时或追加预算，使预算在一定程度上失去了应有的约束力。这些追加的临时预算给政府采购工作造成被动，甚至于无时间进行正常的招投标工作。

二、政府采购预算编制存在问题的对策

1. 认真做好深入细致的宣传培训工作。政府采购预算编制工作离不开各部门的配合、理解和支持，要通过举行专题培训班，提高预算编制人员素质；通过新闻媒体等各种形式，加大对政府采购预算编制与管理的宣传力度，提高各部门主要领导对政府采购预算工作的重视程度，并取得各部门的理解和支持。不断强化各部门预算约束观念和预算管理意识，发挥各部门在编制政府采购预算中的主体作用，调动预算单位执行政府采购政策的积极性。逐步转变预算单位工作作风，把预算编制工作作为重要任务之一，实事求是的编制政府采购预算，确保采购项目预算细致、准确、合理。

2. 加强协作与沟通。政府采购预算编制工作涉及财政部门很多业务处室，切实需要加强领导，明确责任，落实措施。要把政府采购预算编制工作作为加强内部基础管理的首要工作，制作政府采购预算编制流程图，加强沟通与协调，明确各业务处室一把手为第一责任人，切实履行在政府采购预算编制工作中的相应职责，督促、指导各预算单位按时、保质地完成政府采购预算编制工作。预算单位由财务部门在编制政府采购预算时进行统一管理。在编制预算前，广泛征求内部其他处室的意见，要通过协调与沟通，使有关处室切实认识到政府采购预算编制与自己息息相关，同时要明确分工，防止互相扯皮，力求使政府采购预算更加准确和科学合理，以便顺利通过财政部门的审核，确保本部门业务发展的需要。

3. 严把政府采购预算编制的审核关。一是审核政府采购预算编制的完整性，把部门收支预算建议计划表中的正常公用经费支出、专项公用经费支出和专项项目支出等预算建议计划表逐项进行审核，对照当年执行的政府采购目录，检查是否存在应纳入政府采购项目而未纳入政府采购预算的问题。检查是否将属于政府采购的项目任意分解成若干项目，化整为零逃避政府采购的问题。二是审核部门编制的政府采购预算是否符合节能、环保和自主创新等国家有关方针、政策。要将部门预算中的政府采购项目与《政府采购自主创新产品目录》进行对照分析，凡部门预算中的政府采购项目属于《政府采购自主创新产品目录》所列品目的，原则上应当采购自主创新产品。属于强制采购类别和优先采购类别的节能、环保产品，按照国家和省有关规定分别实行强制采购和优先采购。三

是审核政府采购项目是否符合相应的配置标准以及项目采购的必要性，对于超标准的政府采购预算予以调整。四是审核采购预算的科学性和真实性，对技术含量高、预算偏离度较大的政府采购项目会同有关部门进行严格的评审，确保政府采购预算的可靠性。

4. 强化预算约束机制。认真落实《政府采购法》第六条的规定，“政府采购应当严格按照批准的预算执行”。一是严格执行批准的政府采购预算。政府采购预算是部门预算的重要组成部分，一经同级人民代表大会批准，必须严格执行，包括采购项目、技术规格、采购用途、采购数量、采购金额和采购时间等不得任意调整。二是严格控制政府采购预算的追加和调整。成立预算审核委员会，切实规范预算执行中的调整和追加行为。预算单位确因国家政策、上级部门和同级政府下达任务等因素，必须调整或追加政府采购预算时，应严格执行预算调整追加程序，递交相关文件和书面申请，说明原因和理由，经预算委员会同意或批准。需要调整和追加的预算，应当及时增加政府采购预算，纳入采购程序。逐步增强预算单位的刚性预算观念，减少追加采购项目的随意性。

5. 政府采购预算应与资产管理相结合。一是运用资产管理数据库信息，合理编制政府采购预算，有效防止预算单位重复购置、盲目购置等浪费行为。二是在编制政府采购预算时，应结合现有的资产存量情况，实现合理调拨与资源共享、避免造成不必要的财力和物力的浪费。三是重视政府采购预算项目的绩效，政府采购货物、工程与服务应本着实用与节约的原则，达到不浪费、不奢侈、重效益的目的。

6. 政府采购预算应当以综合预算为基础。按照财政预算三年滚动原则实施政府采购预算编制工作，对没有纳入综合预算的采购项目，不得编制政府采购预算。政府采购预算编制应遵循统筹兼顾、先大后小、突出重点的原则，有力配合预算管理部门执行轻重缓急、保障重点的财政政策。按照综合预算的编制要求，将财政一般预算拨款、基金预算拨款、预算外专户拨款、其他来源收入、地方政府债券收入等所有收支安排的采购项目全部纳入政府采购预算编制范畴，不得在预算之外另行安排采购项目。

7. 制定合理的政府采购预算编审程序。政府采购预算没有单独的编审程序，政府采购项目确立的过程，是随着部门预算的编审程序而完成的。目前大多数地方采取“二上”、“二下”的预算编审程序，由于在“一上”阶段反映的是各预算单位支出需求，并不是确定的预算，所以编制政府采购预算意义不大，而在“二上”时再编制政府采购预算，一般情况下项目资金变动不会太大，比较省时省力。具体编审程序是：预算单位根据财政部门下发的年度预算编制通知要求，编制部门收支预算建议计划表（可以不编制政府采购预算），提出预算建议计划数，主管部门审查汇总后报财政部门审核（一上）；对主管部门或预算单位汇总上报的部门收支预算建议计划表，由财政预算编审中心（或主管处室）审核后，根据经济和社会发展计划以及财力等情况，核定部门预算支出控制数，要求各部门按照支出控制数调整预算（一下）；各单位根据财政部门下达的预算控制数，按照优先顺序，调整支出项目，使部门预算的总支出不得突破控制数，同时编制政府采购预算，确定采购项目的资金性质及实施时间。各单位将调整后的预算（包括政府采购预算）报送主管部门审核汇总，由主管部门报财政部门审批（二上）；财政部门对各部门调整后的预算（包括政府采购预算）做进一步审核与调整后进行汇总，形成本级财政预算草案，按法定程序批准后，由财政部门在规定时限内批复到各部门（二下）。各部门接到财政部门批复的部门预算后，将具体预算批复到各基层单位执行。

8. 增强政府采购预算的透明度。政府采购预算要体现科学合理，公开透明的原则。对于本级人民代表大会批准的政府采购预算应当向公众发布，接受社会、有关部门和单位的监督，这样不仅有利于增强政府采购预算的透明度、公正性和规范性，还能够有效防治采购过程中的“暗箱操作”行为，使政府采购成为“阳光采购”。

9. 加快政府采购信息化建设。使用政府采购预算管理软件，将依法批准的政府采购预算基础数据一次性导入管理软件平台，实现网络化管理。一是可以有效防止人为因素影响，不得随意调整预算，确保政府采购预算的严肃性。二是进一步提高预算单位对执行刚性预算自觉性的认识，使其更加重视政府采购预算编制工作，有利于部门提高政府采购预算编制质量和水平。三是提高了政府采购工作效率，降低操作成本。

作者单位：唐山市财政局政府采购办公室

政府采购投诉案件研究

康　佳

一、政府采购投诉案例现状分析

（一）政府采购投诉概况

政府采购投诉是《政府采购法》赋予政府采购供应商的权利，当供应商认为采购文件、采购过程和中标、成交结果使其权益受到了损害，便可依法向政府采购监督管理部门提起投诉。

自2003年《政府采购法》实施以来，内蒙古财政厅共受理政府采购投诉16起（见表1－1），从投诉人的情况看，全部为企业法人，其中经营医疗设备的供应商占80%。被投诉人为政府采购中心或预算单位。从处理情况看，6起投诉人撤诉；3起被我厅驳回；7起由我厅作出采购活动无效，责令重新开展采购活动的决定。

表1－1　　内蒙古自治区2003～2010年6月政府采购投诉受理情况统计

投诉总数	申请人		处理结果				
	公民	法人及其他组织	不受理	维持	撤诉	变更	未审结
16	0	16	0	3	6	7	0

1. 引发政府采购投诉的主要问题。近年来的投诉主要集中在卫生、教育领域，涉及的主要是政府采购招投标过程中的问题，集中体现如下：

（1）被投诉人为采购中心。政府采购中心是接受采购人委托负责组织政府集中采购活动的机构，供应商在投诉前，须先执行质疑程序，可选择向采购人或采购中心提出质疑。质疑后，如对采购人或采购中心质疑答复不满意的，可提起投诉，投诉对象通常为质疑答复人。

（2）对供应商资质的投诉。即中标供应商的相关资质是否满足招标文件的要求，比如内蒙古万科隆医疗器械有限公司在教育厅听力康复设备采购中，对预中标供应商北京亮耳听力技术有限公司是否具有国家信息产业部无线电管理局颁发的《无线电发射设备型号核准证》提出投诉。

（3）对投标文件的投诉。即供应商的投标文件是否响应招标文件的要求，比如北京朗利汉华经贸有限公司在计划生育器械采购中，因投标文件未能响应招标文件要求而未进入详评提出投诉。

（4）对评审委员会的投诉。即认为评标委员会评标过程有失公正，比如大有数字资源有限责任公司的投诉，以及中国科学器材进出口公司的投诉等。

2. 政府采购投诉的发展趋势。随着政府采购程序的日益规范，供应商的维权意识越来越强，供应商的投诉数量呈上升趋势（见

图1－1)；供应商的投诉渠道在增多，投诉领域在扩大，投诉水平在提高。投诉的原因、角度日益多样化，一般会集中在对招标文件实质性条款、技术参数设置、商务条款、评分标准的制定等方面；同时对招标采购程序如招标文件的公示、评标委员会的组成、开标程序、评审过程等也有可能会提起投诉。

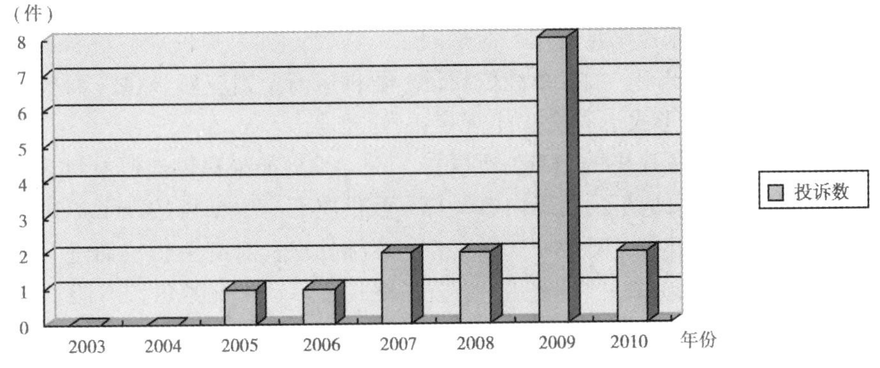

图1－1　2003～2010年政府采购投诉数量比较

（二）处理政府采购投诉的关键环节

《政府采购法》明确规定，处理投诉是政府采购监督管理部门的一项职责，因此政府采购监督管理部门应高度重视投诉工作，将政府采购活动中的矛盾化解，这可以说也是构建和谐社会的需要。政府采购监督管理部门在处理投诉事项时，要重点抓好三个环节：

一是抓好调查了解环节。政府采购监督管理部门对于每一起投诉都要认真对待，投诉依法受理后，要立即组成调查组，对投诉的问题进行调查。对采购全过程进行充分的调查了解，掌握详实的第一手材料是公平公正处理投诉的前提保障，特别是对投诉中提到的采购行为违反了相关规定的情况，要认真做好事实认定工作，注意准确把握法律依据。

二是抓好协调化解环节。在处理投诉中，调解环节十分重要。事实证明，政府采购有些投诉事项涉及的问题，并非非通过投诉手段解决不可，经过沟通、协调，矛盾得到及时化解，问题得到及时纠正，也能够最大限度保护政府采购各方当事人权益。

三是抓好结论处理环节。政府采购投诉处理决定的作出要以事实为依据，法律为准绳，在具体工作中注意把握以下几点：

处罚与教育相结合。政府采购监督管理部门要客观地分析政府采购招标过程中存在的问题，有些投诉可能是由工作人员的失误引起的，在处理上要多注重对主观故意造成严重后果人的处罚，对工作人员以批评教育为主。对于政府采购招标过程中的问题，应区别对待，对于违法行为要严肃处理，对于程序中存在的不当，要及时纠正。对于工作中的初犯和重犯，在处理中要区别对待，初犯以教育为主，如存在制度方面的漏洞，还应加强制度建设，重犯则严惩，绝不姑息纵容。

过程与结果相结合。在处理政府采购投诉中，不仅要审查程序，还应考虑采购行为造成的损失以及产生的后果。政府采购工作影响面较大，因程序的违法造成不良的社会影响，要追究相关单位或工作人员的责任。对于招标过程中违规的各当事人，要分别予以处理。如果是代理机构的工作人员违规，可采取批评教育、停职学习、行政处分等处理。对于评委的违规，可采取通报、罚款、取消评审资格的处罚，在行业内进行通报，情节严重的追究刑事责任。对于代理机构的违规，可以采取通报、责令整改、停业整顿、取消代理机构资格等处罚。

事中与事外相结合。在投诉处理过程中，经常会发现投诉事项以外的问题，比如有些技术指标，虽然投诉人未投诉，但在审查过程中发现该指标未能响应招标文件的要求；还有投诉人投诉的是评委评分不公的问题，但在审查中却发现招标公告时间未能满足规定的时限问题等等。对这些问题的出现，如果单纯依投诉事项作处理决定，虽然形式上符合法律规定，但并不能解决政府采购程序中的隐患，所以在处理时，要分清责任，根据不同情况向有关部门下发整改通知或处罚建议，对政府采购工作规范化会起到明显推进作用。

二、政府采购投诉常见问题和法律缺失分析

（一）政府采购投诉中凸显的问题

1. 评标中存在的问题。在处理投诉中，经常会发现评标专家敷衍了事，不认真审阅采购文件，对采购文件的评标标准把握不准，对投标供应商的材料走马观花。还有的评标专家原则性不强，不能公平对待每个投标供应商。

虽然这些问题是出现在少数专家身上，但评标作为采购活动中的一项关键工作，直接关系到政府采购的成效，担任此项工作的专家必须认真负责，才能保证采购的公平、公正。

鉴于上述情况，建议：

（1）严把进入关，选拔高素质的评标专家进入专家库，选拔时不仅要看其学历、职称、专业知识，还要看敬业心、责任心、原则性等。

（2）加强培训，评标专家来自不同部门，从事不同职业，工作经验、业务水平、工作热情等参差不齐，要提高评标专家素质，必须要加强培训。

（3）强化考核奖惩，对考核良好的专家予以奖励，对考核差的或有过违法评标行为的专家予以警告、暂停评标资格或清退出专家库。

2. 虚假投标材料的问题。在处理投诉中，经常发现投标人提供虚假投标材料的问题，出现这样的问题时，应当分析提供虚假资料投标供应商的情况，分类处理：

（1）如果提供虚假材料的仅为个别或少数供应商，则应对该供应商投标作无效投标处理。

（2）如果提供虚假材料现象发生在大多数供应商身上，可按以下原则处理：一是作废标处理，对有关供应商进行处罚；二是如遇招标活动情况紧急，不能重新招标的，则在不违反招标文件确定的评分标准和评标方法、不影响采购结果公正的前提下，将涉及虚假资料的评标要素取消，不纳入评审范围。

3. 采购当事人权益保护的问题。政府采购程序环节较多，执行过程中如发生质疑、投诉，往往牵制采购人或采购代理机构大量时间和精力。在投诉处理中如遇废标情形，采购项目无法实施，采购人、采购代理机构还要重新组织采购活动，合同如已签订或执行，因此造成的相应损失要赔偿。但在相关法律法规中，没有明确规定因投诉引起的损失具体赔偿数额是多少，由谁来负责赔偿，赔偿给谁等等。对政府采购各当事人（采购人、供应商、采购代理机构）权益的保护没有具体的落实措施，给投诉执行造成一定的难度。在政府采购中如何保障买卖双方和相关当事人的合法权益，是新形势下政府采购监管部门面临的新课题。

4. 专家复审程序的合法性与合理性问题。就其合法性而言，从现行的招投标法规里，都没有找到“复审”的字眼，“复审”缺乏明确的法律依据。而且在实务中，有不少复审完全是由第一次的评审专家进行复审的，而根据《招标投标法》第三十八条第一款规定，评标应在严格保密的情况下进行。而原评标委员会推荐中标人后，投标文件也

不再处于保密状态，其已然丧失了再次评审的前提条件。退一步讲，即使原评标委员会仍要评审，但因其已具有利害关系，也无法绕开回避问题。所以复审在实务中存在违法性并不少见。

专家复审虽无明确的法律层面依据，但也并非完全不能复审。专家复审程序有其存在的合理性。

比如在政府采购投诉中，经常会面对一些技术性指标是否响应招标文件的投诉。对一些复杂的技术指标单纯从书面材料上很难得到准确判断，通过专家的复审一方面能够查明投诉事项是否有事实依据，另一方面也能够最大限度维护供应商的合法权益。再比如，评标委员会成员在评标过程中经常会出现明显不合理或者不正当倾向性或者未能按招标文件规定的评标方法和标准进行评标的行为，如果评委会成员出现上述情况，根据《政府采购货物和服务招标投标管理办法》第七十七条规定供应商有权提出质疑，如果提出的质疑证据充分，政府采购代理机构就应该组织评标委员会复审，确定是否存在需要改正的错误。

如何处理专家复审程序合法性与合理性的问题，关键在于对复审程序的设计。也就是说，在面临这样的法律真空地带，通过程序上的设计来最大限度的弥补实体法上的缺失，同时对复审程序的合法性与合理性起到良好的衔接作用。如果需要对评审结果进行复审，最好是重新抽取专家。因为评审结果公布后，评标专家的名单也要公布。此时，如果再启用原来那批专家对采购结果进行复审，会失去公正性。同时，专家复审后，不管是支持原评审结果还是推翻原评审结果，一定要在复审结论中注重说理性的阐述，给争议各方一个合法、合理的解释，只有这样才能让争议各方信服。

（二）政府采购法律制度中有关质疑投诉的内容有待完善

《政府采购法》于 2003 年正式实施后，作为负责政府采购监管的各级财政部门根据采购工作的需要制定了一系列专项管理办法，如政府采购代理机构资格认定管理办法，政府采购评审专家管理办法，政府采购投诉处理办法等等，应该说我国以《政府采购法》为基本法的政府采购法律体系已经基本建立。但是，我国现存的法律法规依然存在不少有待补充、修改之处，而且随着我国政府采购制度不断发展成熟，我国的相关立法工作也必须保持与之同步。

就投诉处理方面来说，现行法律规定有待完善。如对质疑程序的规定，法律认为，供应商所提出的质疑、投诉，不论是采购人还是采购代理机构都有法定义务及时做出答复和处理。然而，作为一种义务性的行为规范，相对人如果不遵守这一行为规范应该承担怎样的法律后果即法律责任，我国的《政府采购法》中并没有作相应的规定，相关的行政规章也没有给予非常确切的答复。无法律责任的行为规范是难以建立起良好法律秩序的。故我国立法对采购主体所规定的质疑、投诉程序中的义务性规范，执行起来无相应的法律责任保障。

又如，《政府采购法》规定，投诉人对政府采购投诉处理决定不满可提起行政复议或诉讼，执行中可以理解为只有投诉人可针对投诉处理决定提出行政复议。但行政复议法规定公民、法人或其他组织只要认为行政机关的具体行政行为侵犯了其合法权益，均可提起行政复议或行政诉讼。因法与法之间存在矛盾，在遇到实际问题时，如不是政府采购的投诉人提起行政复议该如何处理，执行起来模棱两可。

政府采购虽有投诉处理办法，但在投诉处理中，相关法律文书如投诉处理决定书、受理意见、送达书等没有固定格式范本，调查取证过程需履行的程序也没有明确规定，在实际执行中各行其是。

三、解决政府采购投诉问题的相关建议

（一）建立健全政府采购投诉处理机制

1. 建立正常的引导机制，避免投诉无门。政府采购监督管理机构在日常管理中，要做好三个方面的工作：

一是把保护政府采购当事人合法权益纳入政府采购法规宣传之列，使政府采购当事人各方知晓其权益受法律保护，若侵害他人权益同样会被法律追究责任，促使其依法采购，依法投诉。

二是通过宣传，使参与政府采购市场的供应商明确知晓其权利和义务，做到按市场规律办事，依法合理有序参与竞争，对采购中的违法行为敢于检举，敢于维护正常的市场秩序，敢于承担社会责任。

三是利用新闻媒体对严重侵害其他政府采购当事人合法权益的责任方进行公开曝光，对受侵害的当事人予以保护，以弘扬正气，惩恶扬善。

2. 建立精细的受理机制，避免程序不明。

首先，落实受理责任制，每起投诉都要明确专人在规定时效内受理。

其次，规范审核内容，防止遗漏审核事项。审核内容包括六个方面：投诉人的主体资格是否合规，是否属于参与投诉本次政府采购活动的供应商；投诉级次是否正确，是否属于本级政府采购监督管理机构所受理的范围；投诉人在投诉前是否已经在知道自己权益受到损害之日起7个工作日内，以书面形式向采购人、采购代理机构提出过质疑；是否属于在投诉有效期内提起的投诉，即投诉是否属于在答复期满后15个工作日内提起的投诉；投诉书的格式和内容是否合规，在格式上是否是书面形式，并且已经署名，投诉人为自然人的，已由本人签字、盖章，投诉人为法人或者其他组织的，已由法定代表人或者主要负责人签字、盖章并加盖公章，在内容上是否已写明下列主要内容：投诉人和被投诉人的名称、地址、电话等，具体的投诉事项及事实依据，质疑和质疑答复情况及相关证明材料，提起诉讼的日期；委托代理人办理投诉的，是否还提交了授权委托书，且载明委托代理的具体权限和事项；是否按照被投诉采购人、采购代理机构和与投诉事项有关的供应商数量提供投诉书的副本。

再次，严格执行受理程序，着重注意两个环节。一个环节是自收到投诉书后，应当及时审核，并需在3个工作日内审核完毕，对不符合下列投诉条件的，应在其后两个工作日内作出如下处理意见：投诉书内容不符合规定的，告知投诉人修改后重新投诉；投诉不属于本部门管辖的，转送有管辖权的部门，并书面通知投诉人；投诉不符合受理条件的，应书面告知投诉人不予受理，并应当说明理由。另一个环节是对符合投诉条件的投诉，因自收到投诉书之日起即为受理，应注意在受理投诉后3个工作日内向被投诉人和与投诉事项有关的供应商发送投诉书副本，否则就会因违反《政府采购供应商投诉处理办法》的规定，被投诉人提起行政复议或诉讼。

3. 建立完善的核实机制，避免证据不实。建立细致的核实机制是做好投诉处理工作的关键，直接事关投诉处理结论的正确与否。具体讲，一要掌握正确的核实方法。首先是认真审阅招标文件，看其是否内容全面、客观、公正，有无歧视性；其次是审核中标者的投标文件，看其是否真正地对招标文件作出实质性响应；再次，审核招标现场记录和评标资料，看是否存在有失公正、公开、公平的倾向，然后再进行综合分析，提出初步结论。二要耐心听取各方意见。不能听信一面之辞，不能只听矛盾双方当事人的意见，还要听取其他参与投标活动的供应商，以及公证、监察等参加现场招标活动的所有属于第三方人员的意见，必要时还须吸取有关专

家的意见。只有这样才能取得真实、全面、正确的调查结果。三要收集充分的证据。充分、确凿的证据是做出正确处理决定的依据，这就要求证据在内容上不能有大概、可能等模糊不清的词语，也不应是口头的或者电话记录等容易被人否定的证据资料，所收集的证据应是经多方证明一致共认的书面资料，并尽可能附有与其相对应的照片、录音等音像证据资料。四要对核实资料进行审理，即对经办人员的审核情况进行复核，以防发生疏漏，确保万无一失。

4. 建立稳健的处理机制，避免发生行政复议或诉讼的败诉。这是做好投诉处理工作的最后一个环节，也是十分重要的环节，稍一疏忽，上述三个环节所做的工作前功尽弃，因此，建立稳健的处理机制尤其重要，要从以下几方面把握：

一是处理意见的提出要以事实为依据，以法律为准绳。既要严格执行法律法规的规定，又要实事求是。由于投诉处理决定是一种可诉的具体行政行为，为了经得起司法审查，行政主体所实施的投诉处理决定应该具备相应的内容和形式要件，必须符合一定的要求。然而，目前的政府采购投诉处理决定很少将投诉意见和争议焦点全面反映在投诉处理决定中，我们几乎看不到行政主体运用证据和法律，对投诉意见逐一进行阐述、肯定或否定。当事人之间、当事人与行政主体之间，都有可能存在相反或不完全一致的看法，这些不同的观点在投诉处理决定中应该有所体现。对一些争执的焦点要准确地予以记载并进行分析、说明，为明确是非曲直提供事实基础。现在许多行政主体对自己不利的以及争议焦点没有如实地反映在其处理决定书中。对于一些分歧和争执不能采取回避的态度，而应该充分运用事实和法律进行论证和辩驳，增强具体行政行为的说理性，以反映解决问题的透明度。投诉处理决定应该针对投诉事项进行条分缕析、深入论证，有的放矢，阐明事理。所阐述的理由，论点和论据之间应该自然衔接，合乎事理，恰如其分，使事实和理由相一致，结构严谨清晰，表达准确，说服力强，令人信服。

二是处理决定要做到格式规范、内容完整，要按照政府法制部门规定的行政处理决定书的统一格式制作投诉处理决定书，语言要精练、顺畅，且不能有错别字。投诉处理决定书要做到内容完整，下列内容缺一不可：投诉人和被投诉人的姓名或者名称、住所等；委托代理人办理的，代理人的姓名、职业、住地、联系方式等；处理决定的内容及事实根据和法律依据；告知投诉人有行政复议申请权和诉讼权利；作出处理决定的日期。

三是处理过程要注重与相关部门的协同配合。政府采购投诉处理工作涉及面广，有时遇到的问题较为复杂，因此，在投诉处理中，要注重与相关法制部门的协调配合。当遇到政府采购监督管理机构无权处理的事项，应当移交有权处理的机关处理。

（二）健全政府采购监管执行体制

在投诉处理过程中，发现政府采购监管和执行方面存在一些问题，需要进一步完善，提出如下建议：

1. 扩大政府采购的规模和范围的同时，有效整合政府采购资源；

2. 加快政府采购法制建设的步伐，完善我国政府采购法律规范体系；

3. 加强预算管理、提高采购效率，强化政府采购预算管理；

4. 逐步推进政府采购人员的职业化改革，加强采购队伍建设，提高采购从业人员的采购执行能力；

5. 建立完善规范的采购信息发布机制，加强信息公告规范化运作，提高信息发布的合理性；

6. 管采分离、强化监督约束机制，逐步建立财政部门、集中采购机构、采购人职责清晰、运转协调的工作机制。

（三）完善相关立法

政府采购法律法规的完善是政府采购制度有效实施的根本保障，《政府采购法》的出台，顺应了我国市场经济发展的要求，对规范政府采购行为，提高财政资金的使用效率，促进政府的廉政建设起到了促进作用，这为建立和完善我国政府采购制度迈出了关键一步，但从目前的情况来看，我国关于政府采购的相关法律法规还存在许多不够完善的地方，仍需继续制定相关的法律法规。

相关立法具体可分为三个层次：第一个层次是基本法，即《政府采购法》，是政府采购工作的最高层次的规范，是指导政府采购工作的根本法，也是制定其他政府采购法规的依据。第二个层次是要尽快制定《政府采购法》实施细则及相关的规章制度，增强《政府采购法》的可操作性，以利于规范政府采购行为。第三个层次是地方性的政府采购法律制度体系，主要是指地方各级政府在不违反《政府采购法》的前提下，制订的适合各地情况的采购政策、条例。此外，还应有大量的配套法规：对供应商的资格要求，采购程序和评标标准的规定，采购代理机构的管理规定及采购人员的行为规范等。

作者单位：内蒙古自治区财政厅
政府采购管理处

不可轻言“省级设立部门集采机构”

许　敏

国务院法制办全文公布《中华人民共和国政府采购法实施条例（征求意见稿）》（以下简称为《政府采购法实施条例》），广泛征求社会各界意见，增强立法的透明度和公众参与程度，这在我国政府采购的立法工作方面具有里程碑的意义（指发展社会主义民主政治方面）。从政府采购的监管机构、集中采购机构和其他当事人到专家、学者及社会媒体、专业媒体的积极响应、踊跃参与和大量提出修改意见和建议的状况，足以证明这一点。同时，我们应也看到社会的期待，特别是在政府采购活动第一线工作者的殷切期待。他们的期待集中表现在《政府采购法实施条例》对好意见和好建议被采纳，政府采购实践中大家都关注的、困惑的、影响政府采购工作发展的问题得到比较好的解决，政府采购法的立法宗旨通过《实施条例》更好的实现，并以此为契机将中国的政府采购制度改革向前强有力的推进。

“省级不应设立部门集中采购机构”、“省级设立部门集中采购机构须谨慎”集中反映出全国各地的集中采购机构的领导、代表在不同的场合、地点和时间、空间，集中的、反复地、不断地提出的意见、观点和呼吁。为什么他们的意愿如此强烈和执着呢？甚至他们的意见暂时没有被重视、采纳还仍然那么坚持。笔者作为参加财政部组织的《政府采购法实施条例》征求意见山西座谈会的代表之一，比较完整地听到几个省的政府采购中心领导对这个问题的看法、意见以及相关的理由，结合多年在政府采购第一线工作的实践，在与一些资深同行交流的基础上，思考、归纳为以下几点：

1. 两个担心。第一，担心集中采购机构的发展问题。省级政府采购的采购规模与中央国家级相比较小，本级政府采购规模能达到百亿元是罕见的，一个省级集中采购机构年度采购规模能达到30亿元的在全国屈指可数。成立部门集中采购机构，同样的采购规模，由一个机构组织采购活动变成若干个机构同时组织采购活动，势必会削弱集中采购机构的作用，也会发生变集中采购为“集中分散采购”、变相的分散采购，降低集中采购规模效益的趋势是必然的。第二，担心政策导向。《政府采购法实施条例》颁布后，会形成一阵风的建立省级部门集中采购机构。

2. 三个不理解。第一，部门集中采购与分散采购有什么实质性的区别？从《政府采购法实施条例》第七条中的规定让我们有了“集中采购”、“部门集中采购”、“分散采购”的概念。但从第十六条中“由采购人组织部门集中采购。”……“部门集中采购项目中……属于本单位有特殊要求的项目，可以由采购人依法自行组织采购”的规定内容，又让我们感到迷茫，部门集中、采购人自行采购到底是一回事还是两回事呢？有自相矛盾的味道。不禁让人们提出：一回事，为什么要在制度上把它设计为两个概念？第二，法理上有点乱。都是集中采购机构由于隶属关系不同，在制度上存有两种性质不同的职能，如：再委托其他采购代理机构采购；部门集中采购机构要不要实行“管采分离”的体制、机制？为什么集中采购机构不得与任何政府部门存在隶属关系或其他利益关系，部门集中采购机构就可以呢？第三，一个认识问题。省级设立部门集中采购机构后，地方的很多同志会提出诸如中央国家机关现状所反映的类似问题：省委的政府采购中心、人大的采购中心、政协的采购中心是集中采购机构还是部门集中采购机构？如果定性为集中采购机构，它隶属于同级人民政府，不得与省委、人大、政协存在隶属关系吗？如果定性为部门集中采购机构，他们的本部门、本系统有特殊要求的项目，非通用的、只适合某一部门或者系统使用的项目是什么？有多大的采购规模、是何程度的采购频率？

上述表象，使人们感到困惑和百思不解，自然的会引起对立法的质量、科学性方面的疑问。不是统一的、标准一致的规范，就不是真正意义上的规范，就不能实现立法宗旨，难以规范政府采购行为。

3. 两个后果。第一，设立省级部门集中采购机构，将会给地方工作制造很多麻烦。主要的表现：一是与集中采购机构争工作量，在全国很多地方都存在社会中介机构与集中采购机构争采购项目，使“集中采购目录”中应由集中采购机构采购的项目还没有全部实行集中采购问题得到根本性解决的现状下，又出现部门集中采购机构与集中采购机构争工作量的新问题；二是给省级监管部门增加日常监管等方面大量的事务性工作；三是给省级政府工作制造不应有的矛盾，争建机构、争取编制、争得分管领导的支持等，常常会干扰省政府领导的工作；四是新建机构、增人员、增设备、增经费，增加了地方政府管理成本，造成社会资源的不必要消费。第二，历史的倒退。从全国十几年政府采购制度改革的实际情况看，可以比较充分的证实这一点。辽宁省政府采购中心就是在贯彻落实《政府采购法》的过程中，2005 年将隶属几个部门的采购中心撤销后统一组建的，在此基础上，才使省本级的集中采购工作得到快速发展，发生了质的飞跃。机构建设规范化程度提升，运行机制完善，队伍扩大、素质提高，工作场所和设施条件完备；采购规模由成立之初的 3 亿元增加到 2009 年的 25.3 亿元，四年间增长 8.4 倍，累计节约资金 8.09 亿元。同时，蕴藏着业务发展的巨大能量和潜力。如果政策引导建立部门集中采购机构，势必造成集中采购工作走回头路。同时，对中央国家机关驻省机构的“部门集中采购机构”的效能和作用问题，也应引起决策者的注意。

综上所述，从普遍意义上，设立省级部门集中采购机构不符合省级政府采购的实际运行情况，不是省级政府采购工作的实际需要，不符合中国的国情，这种做法的结果是弊大于利。

作者单位：辽宁省政府采购中心

我国加入《政府采购协议》的利弊及对策

赵　谦

一、引言

随着全球经济一体化及贸易自由化的发展，政府采购国际化的趋势越来越明显。据统计，国际政府采购总额每年都占世界贸易总额的10%以上。为避免歧视性政府采购政策阻碍国际贸易的发展，世界贸易组织（以下简称WTO）的前身GATT在1979年制定了《政府采购守则》，并于1994和2006年进行了两次修订，形成了新的《政府采购协议》（Government Procurement Agreement）。GPA是WTO的一项诸边协议，该协议旨在通过招投标等竞争性采购程序的规定来实现政府采购市场的非歧视性原则，降低和消除国际贸易壁垒，实现全球范围内的政府采购自由化。GPA的主要内容是，要求加入GPA的成员必须开放政府采购市场，并在规定的开放清单中具体载明开放范围；开放范围内的政府采购项目，无论是国内法律还是具体操作，都必须坚持国民待遇和非歧视的原则，按照规定的采购方式、程序和有关要求开展采购活动；各成员要建立相应的机制确保相关原则和要求的落实，成员间有关政府采购的争议应当按照WTO争端处理机制予以解决。除此之外，GPA还规定了各成员通用例外范围、对发展中国家和不发达国家的特别待遇，以及修改开放清单、加入或退出GPA的程序等事项。加入GPA谈判的一般规则是，申请方要与GPA成员对等开放政府采购市场。从目前GPA成员开放清单看，开放的采购实体范围非常宽泛，包括中央和省级两级政府机关，以及政府具有控制力和影响力的各类机构，如电力、城市供水、公共交通、机场、港口、科研院校、文化等公用事业单位及垄断经营企业和政府设立的社团组织。包括美国、欧盟、日本等世界主要经济体的41个国家和地区已经成为GPA的正式成员。

2007年12月28日，中国财政部代表中国政府向WTO秘书处正式递交了加入GPA谈判的初步出价清单和《中国政府采购国情报告》。2008年5月13日，财政部公布了中国加入GPA初步出价清单。2008年2月，中国政府派出代表团赴日内瓦与GPA成员开展了首轮谈判。2010年7月，中国财政部代表中国政府向WTO秘书处递交了中国加入GPA修改出价清单。在我国履行承诺，加入GPA的步伐加快之时，从我国政府采购的实际情况出发，研究和分析我国加入GPA后的应对策略具有重要的意义。

二、我国加入GPA的利弊分析

我国《政府采购法》明确规定，政府采购“是指各级国家机关、事业单位和团体组织，使用财政性资金采购依法制定的集中采购目录以内的或者采购限额标准以上的货物、工程和服务的行为。”随着我国经济的发展，政府采购的规模不断扩大，中国政府采购规模已从1998年的31亿元扩大到2009年的

7400亿元，年均增长率达到13%。加入GPA开放我国政府采购市场，无疑会对我国一些竞争力较弱的产业带来冲击，一定程序上造成政府采购资金外流，影响国际收支平衡、加大失业等问题。特别是在一些资本、技术密集型的产业，欧美等发达国家在产品、价格和服务等方面均具有很大的竞争优势，其冲击和影响更大。GPA禁止使用抵偿办法，这对以前实行当地含量、技术转让、合作生产要求等规定的产业和相关企业参与竞标十分不利。目前我国还没有正式加入GPA，但国外的产品已经成为我国政府采购的一项重要内容，如软件产品在我国政府采购中已经占到了很大的比例。发达国家迫切希望我国签署GPA的主要原因，是盯住了我国数额巨大、前景广阔的政府采购市场。

这种影响和冲击在我国加入WTO时就是国人所担心的问题，从近几年的发展看，这种担心已成为我国经济和社会不断提高竞争力的动力。在加入WTO后，我国在银行、保险、邮电、通讯等很多领域均实行了适度的对外开放，很多主导产业的产品质量和技术含量均得到了很大的提升，产业结构也在竞争中得到了优化。因此，从我国加入WTO的经验来看，加入GPA虽然在短期内会对我国部分产业带来一些不利影响，但对我国经济社会等方面的长远发展具有积极意义。

（一）加入GPA有利于规范我国的政府采购市场。我国已经建立了以《政府采购法》为中心的政府采购法律制度框架体系，形成了“采管分离”的管理体制和运行机制，但是法律制度体系及管理体制还不够健全，特别是各种监管机构的职能还没有完全构建起来，投诉和仲裁机制也没有很好的建立起来。而GPA把打击腐败行为作为政府采购的宗旨，并且对公开招标、公开竞争、程序透明、信息披露和质疑程序等内容进行了详细的规定和说明，这些均会从一定程度上规范我国的政府采购市场。

（二）加入GPA有利于我国龙头企业市场份额的扩大。我国一些企业已经在技术、产品和服务上有着国际竞争优势，这些龙头企业在进一步巩固国内市场的同时，也在不断地扩展国外的市场。但是，一些国家通常借口GPA有关规则和其他原因对我国的企业实施歧视性政策，妨碍了这些企业在国际市场上的发展。因此，加入GPA能够帮助这些龙头企业通过参与国际政府采购的方式扩大市场，提高我国企业和产品的竞争力。

（三）加入GPA有利于提高我国的政府采购效益。政府采购的根本目的是提高财政资金的使用效益，其方式是通过引入供应商的公开竞争，从而降低采购成本，获得价廉物美的商品。自我国实施政府采购以来，取得了很好的效果。2003年至2009年，我国政府采购资金年节约率在11%左右，累计节约财政资金3400多亿元。如果加入GPA，这种竞争将扩大到全球的供应商，就可以直接利用国外供应商先进的生产技术和管理水平，采购成本有望得到进一步的降低，采购质量有望得到进一步的提升。

（四）加入GPA有利于提升我国的国家形象。随着经济实力的壮大，我国在世界经济中的作用越来越重要，特别是在几次全球性经济和金融危机中的表现日益体现出我国是一个负责任的大国，国际影响力日趋显著。加入GPA能够促进我国建立一个更加开放、透明的市场经济体制，并且可以利用协定中创立的争端解决机制，有理、有据、有效地解决政府采购活动中发生的双边或多边争端，促进国家软实力的发展，从而提升我国的国家形象。

因此，从全局和长期来看，我国加入GPA是利大于弊。

三、我国加入GPA的对策

加入GPA是大势所趋，要将这种挑战转化为机遇，需要我国政府采取具有针对性的政策。一方面，政府要在加入 GPA 的谈判当中以我为主，充分利用 GPA 的规则，争取更多的权益，保护本国产业的发展。另一方面，政府要建立健全自身的政府采购法律体系和采购制度体系，保证我国政府采购市场的公平和透明。同时，政府还要采取财政和税收等方面的政策措施，调整产业结构，加大对自主创新和节能减排的扶持力度，支持具有核心竞争力的龙头企业发展壮大。

（一）合理利用规则保护本国政府采购市场。必须明确的是，加入 GPA 并不意味着要全面开放政府采购市场，美国等发达国家仍然以各种理由保护本国政府采购市场。例如美国在《购买美国产品法》中允许政府部门优先采购国内产品，欧盟专门规定了对欧盟以外的第三国的采购限制。因此，我国也完全可以在 GPA 允许的范围内制定相应的政策和法规保护本国政府采购市场，例如优先购买具有核心技术和自主知识产权的国内产品等。

同时，我国还可以在谈判中利用“出价与要价”的谈判方式，选择开放的部门和产品以保护我国竞争力较差或是需要扶持的产业。GPA 规定愿意加入协定的成员方首先提出本国（地区）的“让步”，列出本国（地区）将遵守协定各项条款的各采购部门、机构。相应的，才能要求谈判国家（地区）将哪些部门和机构列在政府采购国际协定的管辖范围。我国可以充分利用这种制度安排有重点的选择开放的部门数量和开放的程度。

并且，我国还应坚持发展中国家的定位，充分利用 GPA 对发展中国家的各种优惠。GPA 为吸引更多的发展中国家加入其中专门制定了多条对于发展中国家的特殊待遇。例如，GPA 允许发展中国家与谈判方商谈不属于国民待遇原则的实体、产品或服务清单；发展方还可以根据自身的需求修改适用范围。而发达国家则需要购买与发展中国家出口利益相关的产品和服务，并且为发展中国家缔约方提供一些技术援助。最新一版的 GPA 条款还扩大了发展中国家的过渡措施。因此，我国完全可以以发展中国家的定位合理利用 GPA 的有关优惠制度，为国内企业的发展创造条件。

（二）完善法律法规建立采购法制体系。GPA 可以看成是一种国际政府采购规范，成功的运行仍然需要本国相关法律法规的支持。世界各国也在不断的完善自己的政府法律体系，以很好地配合 GPA 规则。以美国为例，除了专门的《联邦政府采购法规》之外，与政府采购相关的法律还有 1000 多个，包括《联邦政府行政服务和财产法》、《购买美国产品法》、《贸易协定法案》、《联邦采购合理化法案》、《诚实谈判法》等等。而我国由于政府采购工作起步较晚，因此相关的法律体系还不够完善。我国涉及政府采购的主要法律是《政府采购法》和《招标投标法》。因此，从法律体系建设来看，我国需要做的工作仍然很多，可谓是任重道远。应该尽快出台《政府采购法实施条例》，进一步丰富政府采购法律制度体系，并且应针对采购过程中的相关重要环节制定更加细化的法律法规。尽管我国已经出台了与政府采购相关的政策法规达 30 多项，但这些法律法规的实施时间均不是很长，仍然有很多需要调整和改善的地方，例如要尽快做好《政府采购法》和《招标投标法》的衔接工作，明确相关法律的适用范围和情况。

（三）实施可持续发展培育企业核心竞争力。GPA 的目的是避免贸易壁垒，促进全球范围的企业竞争。因此，培育我国企业的国际竞争力是应对 GPA 的重中之重。必须认识到，正是由于欧美各国拥有全球竞争优势的众多企业——看世界 500 强的构成即可，因此这些国家成为 GPA 的积极倡导者，而广大发展中国家则对加入 GPA 心存疑虑。我国除了极少数的产业和企业具有竞争优势之外，大部分的产业和企业的实力还很弱，缺乏核心技术和比较优势。针对这种情况，我国必须实施可持续发展战略，充分利用加入 GPA 的谈判准备期，培育企业的核心竞争力。

1. 应该加大科学技术和研发的投入，提高企业的创新能力。创新能力是企业获得持续竞争能力的源泉，也是攻占产业制高点的根本之道。我国应加大基础研究的投入，鼓励原始创新，掌握产业发展方向；鼓励产学研的结合和发展，形成科技带动产业、产业促进科技的良性发展循环；积极推进科学技术发展的中长期计划，利用重大科技项目推动我国科学技术的发展，带动高科技企业的产生、发展和壮大。

2. 应采取财政税收等多种方式促进产业结构调整。我国应紧跟当今世界产业布局的调整，采取各种措施抢占产业制高点。例如，当前环保和节能减排产业成为世界各国重点发展的产业，也会成为未来世界的主导产业。因此，完全可以充分发挥政府采购的政策功能，在政府采购向相应产业倾斜的同时，采取更加灵活的措施促进产业结构的调整和新兴产业的发展。

（四）激励企业走出去拓展国外市场。加入 GPA 不仅仅意味着我国要承担开放政府采购市场的责任，而且为我国企业打开了一个更加广阔的市场，我国企业也拥有了与国外企业竞争的权利。因此，我国在谈判加入 GPA 的过程中还应采取更加主动的进攻态度，鼓励和扶持已经具有一定竞争能力的企业积极实施走出去战略，进一步扩展国外市场。特别需要提及的是，我国应加大对中小企业的扶持力度，支持中小企业走出去拓展国外市场，促进中小企业的可持续发展。中小企业在我国的经济发展中有着重要的作用和地位，并且我国的很多中小企业在世界上均具有一定的竞争优势，例如长江三角洲、珠江三角洲和京津唐三角洲等地区的民营企业和中小企业等。我国应在财税、融资等方面为中小企业走出去拓展国外市场提供良好的发展环境。

四、总结

我国已经启动加入 GPA 的谈判，加入 GPA 是历史的必然趋势。尽管加入 GPA 对我国经济有一些负面的影响和冲击，但从全局和长期来看，加入 GPA 是利大于弊。为了将负面影响转换为积极因素，我国政府和企业必须密切配合，合理利用 GPA 规则保护本国政府采购市场，完善法律法规，调整产业结构，积极支持我国企业更多的进入国际市场，在与国外企业的竞争中不断培养核心竞争优势。

作者单位：黑龙江省财政厅
政府采购管理办公室

围绕“六个一”的功能定位目标
加强新形势下集中采购机构职能建设

孙昭伦　徐　舟

我国的政府采购制度改革自 20 世纪 90 年代中期以来，经历了探索、创建和实践三大阶段，取得了显著成效。经过十多年的快速发展，政府采购制度改革的形势已经发生了巨大变化：一是以《政府采购法》为统领的政府采购法律制度体系已逐渐形成，财政部门统一监督管理、集中采购机构（以下简称“集采机构”）和采购单位具体操作执行的“管采分离”体制初步建立。二是政府采购实施范围和规模不断扩大，经济和社会影响逐年提高。政府采购资金从最初的预算内资金扩展到包括预算内外、自筹资金在内的各种财政性资金，公益性强、关系民生的项目逐步被纳入政府采购范围，政府采购规模由 1998 年的 31 亿元快速增长到 2009 年的 7413.2 亿元，占 GDP 和财政支出的比重大幅提高。三是政府采购制度功能已从单纯的采购需求配置、追求节约资金、预防腐败延伸拓展到突出政策功能、服务社会公益、维护国家利益等层面，政府采购制度已成为政府调控经济结构、促进社会发展、维护政府形象的一个重要政策性工具。四是政府采购国际化进程日益加快，我国加入 GPA 工作已由准备阶段进入实质性谈判阶段，对我国的政府采购工作提出了更高的要求。以国务院《关于进一步加强政府采购管理工作的意见》（国办发〔2009〕35 号）和即将出台的《政府采购法实施条例》为标志，我国政府采购制度改革已由探索、创建阶段步入完善和全面发展阶段，政府采购工作进入了一个新的时期。正如参与《政府采购法》研制的专家、清华大学于安教授所言，“我国的政府采购目前已经到了终结一个时代、开启另一个时代的阶段。”笔者认为，在新的形势下，作为我国政府采购制度重要组成主体的集采机构，要坚持以科学发展观为指导，深入贯彻落实国办发〔2009〕35 号文件精神，按照财政部提出的科学化精细化管理要求，紧密围绕“六个一”的功能定位目标，进一步加强和完善自身职能建设。

一、围绕第一执行操作平台目标加强业务建设

政府采购制度的实施是一个系统工程，涉及到众多主体和参与方。但无论从《政府采购法》对各主体的职能定位来看，还是从我国政府采购改革十多年的实践来看，集采机构无疑是政府采购第一执行操作主体。根据财政部统计数据，2008 年、2009 年集中采购规模分别达到政府采购总规模的 85% 和 87%。其中集采机构的采购规模分别达到政府采购总规模的 67% 和 69%。2010 年 5 月，财政部谢旭人部长在接受《中国政府采购报》记者专访时指出：“以集中采购为主要实施形式的采购格局和公开透明的采购运行机制已逐步形成。”财政部国库司领导在第

五届全国政府采购集采年会上指出：“集中采购机构在政府采购工作中的主导地位和主渠道作用日益凸显。”这些都充分说明，集采机构是我国政府采购的主力军、主阵地、主渠道。在新的形势下，作为法定的集采机构，必须根据这一职能要求，加强自身业务建设，按照《政府采购法》、特别是国办发〔2009〕35号文件要求，在依法规范政府采购操作流程、推进采购文件标准化、加强采购环节控制、落实政策功能、服务经济社会发展、加快电子化采购和推进团队职业化、专业化等方面加强建设，以实现政府采购制度执行操作的权威性、采购手段的先进性、采购方式的代表性、采购范围的涵盖性、采购总量的绝对性，真正成为政府采购第一执行操作平台。

二、围绕第一专业机构目标加强职业化建设

政府采购工作是一项政策性强、专业涉及面宽、规范性操作要求高的工作。因此，作为政府采购重要组成部分的集采机构必须走职业化之路。这也正是世界上绝大多数实行政府采购制度的国家和地区都设立专门的政府采购工作机构原因之所在。国办发〔2009〕35号文件提出：“建立政府采购从业人员执业资格制度、对从业人员实行持证上岗和执业考核。”《政府采购法实施条例（征求意见稿）》规定，集采机构应当“具有一定数量的政府采购执业资格专业人员。”这些都对集采机构的职业化、专业化提出了新的、更高的要求。在新的形势下，集采机构要在以下五个方面加强职业化建设：一是严格执行法律法规。要严格遵守政府采购法律法规要求，按照监管部门政策规定，严格执行政府采购预算和政府集中采购目录，确保政府采购制度执行操作“合法、合规、合理”。二是管理科学规范。要按照科学化精细化管理的要求，遵循政府采购运行规律，科学设置内设机构，合理安排人员分工，实现采购活动不同环节之间权责明确、岗位分离、相互制约；要注重规范化、标准化、制度化建设，通过健全完善内部管理制度，引进质量认证管理体系，建立三级管理审核机制，推行采购项目目标管理，建立采购项目质量评估考核机制，制定集中采购操作规程，优化集中采购实施方式和操作程序，在实践中不断总结完善各类采购文件范本；要根据政府采购创新发展的新形势、新要求，建立专题调研和专家论证机制，着力解决集中采购工作中的重点和难点问题。三是公信度高。要把公开透明、公正公平、廉洁廉政、效率效益、落实政策功能和政府采购服务配套、管理配套作为新时期集采机构职能建设的核心内容，从而体现职业化操作水平和服务水准，提高公信度。四是采购效能最佳。按照“应采尽采”和采购效益、效率、效果更佳的要求，通过加强预算单位年度采购计划执行管理和规范受理，积极推进批量集中、项目归集、集采联动以及加快电子化采购手段创新等方式，充分发挥集中采购的规模效应。五是团队职业化。我国政府采购事业发展最终要靠人的发展，人是决定因素。“十二五”期间，政府采购事业发展将面临管采体制分离，应采尽采目标实现，政策功能体现，政府采购信息化建设，GPA谈判以及研究应对等诸多新情况和新任务，这些都对政府采购从业人员的能力建设提出了最直接、最现实、最紧迫的要求，集采机构必须顺应这一发展要求，自觉加强业务学习，提高“三化”能力，以适应新形势发展需要。一要树立职业化意识。自觉提高以职业道德、职业意识、职业修养为核心的职业素养；自觉养成以忠诚职业、爱岗敬业、言行文明、求真务实、刻苦钻研、无私奉献为主要内容的职业态度和职业精神；自觉遵守以遵纪守法、严以律己、坚持原则、反对不正之风为基本要求的职业纪律。二要具备专业化能力。要把专业

技能（具有相关学历和专业技术）、职业资质（具有专业培训经历、获取相关专业资格）、职业能力（具备相关专业工作经验，属于业内专家、学者认同的业务骨干）作为提升专业能力的主要依据。三要拥有知识化储备。要根据新时期政府采购发展的新要求，把政府采购法律知识、财经知识等相关专业（电子信息技术、电子商务、电子政务）知识及WTO/GPA官方语言（外语）知识、国际贸易知识等作为知识储备的重要内容，不断提高从业人员的知识水平。

三、围绕第一专业服务窗口目标提升服务保障能力

集采机构作为依法设立并承担为各级党政机关、事业单位和社会团体提供专业化服务的机构，是政府采购的一个专业服务窗口。在新的形势下，要按照“和谐采购、称心采购、职业采购”的目标要求，不断提高专业窗口的服务保障能力。一是要加强服务功能建设。完善前伸后延服务，规范服务内容，主动为采购单位和相关方提供顾问式、菜单式服务，提高服务的覆盖率和满意率。二是要加强项目配套管理。加强采购计划和任务均衡化管理，探索实践“分类、分段、分级”管理新模式，完善采购后管理（包括采购合同、框架协议履约管理和履约评估机制等），提高采购项目实施的整体管理水平。三是要依法规范采购流程。完善制度程序、规范采购操作，降低质疑投诉率，力争做到年度重点采购项目零投诉。四是要加强服务保障软硬件建设，加大采购服务的人性化、便利化措施，提高服务窗口的档次和水平。五是要加强和完善对外沟通协调机制。主动征询和听取各方意见，自觉接受监督，加大政府采购制度和政策宣传，推动集采机构之间交流、联动和协作，提高外界对政府采购工作的认同感、支持率。

四、围绕第一规范闸门目标加强集采机构履职建设

作为政府设立的专业执行机构，依法规范操作是集采机构的基本职能。首先，集采机构是非营利性机构，它在价值取向上具有与政府意志的高度一致性，在制度执行上具有维护国家利益和公共利益的绝对忠实性。其次，监管部门对集采机构有一整套严密的监管考核制度和措施，更便于实施监管。第三，集采机构内部有严密的采购环节制约、分级审核、监督制约机制。因此，集采机构在政府采购活动中更能坚持公开、公平和公正的原则，更能始终如一地坚持规范操作的底线不动摇，堪称是规范执行政府采购制度政策的第一道闸门。在新的形势下，集采机构要按照《政府采购法》、国办发［2009］35号文件等要求，进一步加强内部制度建设，完善内部制约考核机制和采购纪律约束，坚定不移地贯彻执行政府采购法律法规，严格执行财政预算采购计划和集中采购目录以及政府采购政策规定，自觉接受人大、纪检、审计、监管部门和社会舆论的监督，依法依规认真履职，发挥政府采购第一规范闸门的职能作用。

五、围绕第一信息枢纽目标加强集采机构配套管理职能建设

实践证明，集采机构是政府采购制度执行操作的平台和专业服务窗口，是政府采购各参与方信息高度集中的枢纽。政府采购制度的贯彻、政策功能的体现、预算单位采购计划的落实、专家评审的过程及结果、采购合同的签订、供应商的履约行为、项目采购的最终效能等均可以通过这个信息枢纽得以真实反映。笔者认为，有效发挥集采机构信息枢纽作用，是新时期进一步完善政府采购管理，提高政府采购综合管理效能的重要途径，也是新时期集采机构加强职能建设的主要内容。因此，做好新时期政府采购工作，

要按照“管采体制必须分离，管采工作必须形成合力”的原则，加强集采机构配套管理职能建设。一是要加强集采机构采购信息统计分析管理。提高采购信息综合分析能力，及时为监管部门、预算单位提供准确采购执行信息，为监管部门、预算单位加强政府采购宏观管理、制定调整采购计划提供决策依据。二是要加强集采机构配套过程监管职能。特别是要加强对预算单位执行采购计划、评审专家依法规范履职行为、供应商诚信采购、政策功能合同体现率、新增国有资产管理准确率等方面的配套管理，以提高政府采购过程纠偏和配套监管的实效性。三是要加强集采机构对外培训和业务指导职能。根据政府采购的新政策、新要求和监管部门的新规定，定期开展综合性、专题性和实务性业务培训，以推进政府采购工作适应新形势、新发展和新要求。四是要加强集采机构参与政府采购制度政策研制和政府采购信息化研发职能。集采机构长期处于政府采购第一线，对政府采购管理体制、运行模式所存在的问题和矛盾有着最深刻的体验，对政府采购的政策执行情况及效果有着最直接的了解，对政府采购的发展趋势有着最敏锐的感知。因此，集采机构要通过加强案例实务研究，主动参与政府采购制度和相关政策研制、参与集中采购目录研定、参与政府采购信息化研发等工作，当好监管、主管部门的参谋和助手，以提高政府采购制度政策研制、集中采购目录研定、信息化研发等工作的现实针对性和实务操作性。

六、围绕第一实践基地目标发挥集采机构育人作用

国办发〔2003〕74 号文件明确提出：“集采机构要负责对集中采购业务人员的培训。”集中采购业务人员不仅指集采机构自身的工作人员，还包括与集中采购工作密切相关的其他人员，例如各级集采机构工作人员、采购单位从事政府采购工作的人员、供应商甚至评审专家等等。因此，在新时期，集采机构要充分发挥政府采购第一实践基地的优势，加强政府采购专业人才基地建设，为监管部门、主管部门、采购单位、行业协会等打造挂职锻炼和人才双向交流基地，与有关高校联手打造政府采购实习基地，发挥集采机构培育政府采购专业人才的实践基地作用。

综上所述，笔者认为，作为政府采购制度改革的主要践行者之一，在新的历史时期，特别是“十二五”期间，集采机构要以上述“六个一”为目标，进一步加强自身职能建设，充分发挥政府采购主力军、主阵地、主渠道作用，为我国政府采购制度创新发展作出更大的贡献。

作者单位：上海市政府采购中心

健全制度　搭建平台　重点引导　做好服务

——江苏政府采购积极发挥政策功能的做法

吴小明

政府采购承载着促进国家经济和社会发展、优先采购国货、鼓励创新、支持节能减排、扶持中小企业发展等政策功能。实践中，由于规定过于原则、执行缺乏标准、机制不够健全等原因，政策功能落实难的问题较为突出。近年来，江苏政府采购坚持围绕中心、服务大局，在采购规模持续高速增长的情况下，调整思路，转变观念，认真贯彻国务院办公厅《关于进一步加强政府采购管理工作的意见》中“坚持政策功能，进一步服务好经济和社会发展大局”的要求，把发挥政策功能、服务经济社会和谐发展作为政府采购的重要目标。通过健全制度、搭建平台、重点引导、强化服务，积极探索发挥政策功能的途径，不断完善政策功能发挥的体制，努力提升政策功能发挥的效能。2010年，采购中小企业产品536.55亿元，在采购总额中占绝对优势；实现中小企业政府采购信用融资1.93亿元，同比增加了11.56倍；采购节能环保产品82.57亿元；已累计认定省级创新产品共7批927项。我们的主要做法是：

一、健全制度，完善配套，弥补政策功能制度短板

新形势下，进一步落实政府采购各项政策功能，强化政府采购服务于经济建设和社会发展大局的作用，是政府采购制度改革的发展方向，也是衡量政府采购工作成效和作用的重要标准。江苏是教育大省、科技大省，政府采购工作近年来也一直在稳步发展中不断向纵深推进。但法律法规规定过于原则、相关政策缺乏配套措施和可操作性条款的问题，在江苏同样存在，成为制约政策功能有效落实和充分发挥的突出短板。

为保证政策功能有效落实，按照法律确定的原则，我们立足江苏政府采购工作实际，先后制定了一系列制度，把原则规定细化为可操作性的执行标准和具体指标。为保证文件的执行力，一些文件我们还协调金融、科技等业务主管部门联合印发，为更好地发挥政府采购政策功能奠定了坚实基础。如印发《关于政府采购促进中小企业发展的意见》，清理对中小企业参与政府采购的不合理限制，明确中小企业政府采购中标份额比例标准，保证中小企业优先获得政府采购合同，减轻中小企业参与政府采购的负担；制定了《关于政府采购支持新兴产业发展的实施意见》，就促进新兴产业发展提出具体意见，积极推进全省经济升级转型；出台《创新产品认定管理办法》、《创新产品专家评价工作手册》、《创新产品政府采购采购实施意见》、《创新产品政府首购和订购实施办法》等一系列配套制度和办法；转发财政部《关于政府采购进口产品管理有关问题的通知》，结合江苏

实际细化进口产品采购的必备条件、专家论证、审核程序等，并实行网上审批，提高效率。

各省辖市也结合实际，研究制定了有关政策规定和措施，抓好贯彻执行。通过全省政府采购系统的努力，全省范围内形成相互衔接、互为补充、整体协调的政策功能制度体系和执行机制，较好地解决了配套政策不足的问题。

二、搭建平台，推动落实，促进政策功能生根结果

政府采购的各项政策功能，最终要贯彻到具体采购项目上，落实到政府采购当事人身上。但是，缺少必要的平台和标准，这一切都难以实现。针对中小企业在参与政府采购活动中普遍存在的融资难问题，为扶持中小企业发展，我们在认真调查研究，深入分析我省中小企业参与政府采购现状的基础上，确定把运用政府采购平台、协调金融担保机构、帮助中小企业拓展融资渠道作为进一步落实政策功能的突破口和推动平台。

研究分析，政府采购中标中小企业面临“融资难”。中小企业在江苏省经济中具有重要的地位和作用。据统计，全省现有中小企业95万户，占全省企业总数的99%，创造了全省经济总量的60%，吸纳了80%以上的就业，提供了50%以上的税收收入。中小企业在政府采购中也占主体地位，全省政府采购合同有80%以上授予中小企业。但参与政府采购活动的中小企业存在“融资难”问题。有些企业受限资金规模主动放弃政府采购市场，有些企业中标后为顺利履约四处拆借资金，个别企业甚至因资金问题违约。

积极协调，引导金融担保机构对中小企业的信贷支持。2009年10月，协调中国民生银行南京分行和省信用担保公司联合推出了政府采购信用担保贷款项目——“政府采购融易贷”。中小企业供应商可凭政府采购中标通知书和政府采购合同作为抵押凭据直接向银行贷款，由担保公司提供担保。项目实施的第一个季度，南京地区中小企业供应商就成功融资3000万元，帮助中小企业有效缓解了融资难问题，同时也保证了政府采购项目的顺利实施。

扎实推进，形成政府采购支持中小企业发展的合力。在充分总结经验的基础上，我们进一步采取措施，不断加大工作力度。如组织座谈会，请全省政府采购监管部门、集中采购机构、金融担保机构和中小企业供应商代表交流座谈，完善进一步落实扶持中小企业的政策及具体办法；会同省政府金融办联合印发《关于做好中小企业政府采购信用担保融资工作的通知》，组织和动员全省财政部门、金融机构的力量，推动全省范围内中小企业政府采购融资平台建设，更好地帮助中小企业解决融资难；举办政策发布会，与省政府金融办一起，通过政策发布会向政府采购企业宣传扶持政策，南京地区中小企业供应商、相关银行、政府采购监管部门及操作机构代表200多人参加，广大中小企业供应商对政府采购融资平台的了解更深，借助这一平台申请贷款的积极性明显提高。截至目前，南京、苏州、常州、徐州、连云港等市的政府采购融资平台相继建立并顺利运行，中小企业供应商通过政府采购融资平台已累计获得银行贷款2.13亿元。

三、突出重点，项目示范，发挥政策功能导向作用

“龙芯”电脑是国家和江苏省创新产品，但面对国内外知名品牌计算机的成熟产品，市场推广难度很大，在竞争中处于明显劣势。为充分体现政府采购政策功能，我们将对该产品的扶持作为全省政府首购的重点示范项目，深入研究，积极推进。通过政府首购具有自主知识产权的高新技术产品，进一步推动企业和科研机构等多种主体参与创新，促

进产业结构的优化升级，开拓高新技术产业的需求市场，引导社会对创新的投入，为加快转变发展方式、推动经济转型升级提供了良好的导向作用。

一是推动首购，完成全国政府首购第一大单。积极与教育、科技主管部门联系沟通，提出实行首购的意见，报省政府批准后对该产品由政府实施首购。2009年，经精心组织，与梦兰集团正式签署“龙芯”电脑政府首购合同，成功完成全国政府首购第一大单，共采购“龙芯”多媒体互动教学系统4679套、计15万台，采购金额4.1亿元，分三年装配至全省5000多所小学。

二是及时跟踪，帮助企业协调履约中的困难。在合同履行过程中，先后三次赴企业调研，跟踪产品安装进度及质量，了解履约中存在的困难和问题，并请省人大领导及有关代表到企业实地视察。原合同约定分三年实施，每半年验收一次、合格付款，这种方式资金支付周期过长、企业资金压力过大影响生产，客观上削弱了对该产品的扶持力度。为此，我们在坚持合法的前提下，在维护采购人利益的同时，积极协调有关部门，组织合同双方签订补充协议，调整合同验收、资金支付条款，将验收和付款周期由半年改为两月，帮助企业解决了实际困难。

三是加强宣传，积极推进产品的后续发展。为推进产品后续发展的要求，促进“龙芯”电脑在全国政府采购市场的推广，经过积极协调，“2010中国政府采购高峰论坛”在常熟成功举办，财政部国库司及国家有关部委、全国30多个省级政府采购监管部门400多名代表到常熟，听取梦兰集团介绍，参观“龙芯”生产线及应用基地，较好地扩大了“龙芯”电脑在全国的影响力。

四是规范操作，建立创新产品首购和订购制度。重点项目的首购，开辟了我省政府采购扶持创新产品的新途径，但这只是个特例。政府首购、订购操作制度的缺失，直接影响扶持创新产品力度，制约着政府功能的更好发挥。在总结“龙芯”电脑首购经验的基础上，我们广泛调研，与省科技厅反复协调沟通，取得一致意见，制定印发了《江苏省创新产品政府首购和订购实施办法（试行）》，为政府采购进一步发挥扶持功能提供了制度保证。

四、强化指导，做好服务，开展政策功能培训宣传

政府采购政策功能的发挥与落实，需要全体政府采购参与人的共同努力，特别是全省政府采购监管部门和操作机构的积极配合。

加强系统指导。召开全省政府采购工作会议，强调发挥政策功能的重要意义，部署落实政策功能的具体要求，统一全省政府采购系统的思想和行动。建立政府采购工作季报制度，各省辖市在每季度末专门统计采购创新产品、节能环保产品、中小企业产品、中小企业融资贷款的规模和具体做法，以及发挥政策功能的具体数据，并将有关情况向全省通报，推动和督促全省平衡发展。

加强政策宣传。通过举办培训班、讲课、印发宣传资料等，积极向中小企业宣传政府采购促进中小企业、扶持创新产品的相关政策，提高供应商依法参与政府采购活动、运用政策的能力。加强对供应商参与政府采购、运用政策能力的辅导，在中小企业政府采购信用融资政策发布会上，安排了专题讲座，向广大中小企业讲解如何依法参与政府采购活动、如何享受政策优惠、分析加入GPA对企业的影响以及企业该如何应对等，提高企业参与政府采购竞争的能力。

积极做好服务。在政府采购市场中，中小企业和创新产品都面临一个共同的问题，是社会认可度不高、产品知名度较低，容易受到采购人的抵制和排斥。针对这一情况，组织兴办政府采购产品展览会，设置中小企业和创新产品专区，提供优惠展位，对参展

企业和产品给予展费资助；召开“推动创新，扶持中小企业发展”政府采购政策功能发布会，扩大中小企业的影响，改善采购人对中小企业和创新产品的印象，提高接受程度，改变中小企业和创新产品在竞争中的不利地位。

作者单位：江苏省财政厅政府采购管理处

关于做好服务类政府采购项目的探讨

龚 云 峰

随着政府采购工作的不断推进，服务类项目的政府采购范围和规模也在不断扩大，2009 年，全国服务类项目采购规模已达到了 544.2 亿元，比上年同期增长 20%。2010 年，财政部更是将服务外包作为政府采购工作的一项要点，制定支持服务外包发展的政府采购政策，利用政府采购手段鼓励政府服务外包，促进服务外包产业发展。服务类项目的政府采购工作越来越需要给予足够的重视，但如何规范服务类项目的采购，尤其在具体操作方面，国内相关的专题研究还较少。近年来，江苏省政府采购中心先后组织实施过多个服务类项目，内容涉及物业管理、投资评审、档案数字化加工、环境影响评价、移民安置计划、可行性研究报告编制、外债风险管理方案、设计展览、学生人身伤害事故责任险等多项服务，其中有些项目在国内尚属首次实施政府采购，对促进政府服务外包起到了一定的推动作用。笔者总结从事政府采购工作以来所经办过的各类服务类项目的经验教训，希望能抛砖引玉，与全国同仁一起探讨。

一、服务类项目采购中出现的主要问题

1. 招标文件的规范性不够。服务类项目大多采用公开招标方式，主要遵循《政府采购货物和服务招标投标管理办法》（以下简称《18 号令》），对照《18 号令》的相关规定，服务类项目的招标文件经常会出现下列问题：一是文件模本乱套用。服务类项目对供应商资格条件、文件内容、合同条款、报价方式等都有自身的特殊要求，一旦套用货物或工程类项目的招标文件模本，又没有根据服务类项目的特点进行适当调整，给人以风马牛不相及的感觉。二是采购需求不明确。有些招标文件中列出的采购需求，不符合招标的要求，不是过于粗放，造成供应商根据各自的理解，在制订投标方案时差异很大，导致专家无法进行评审，就是过于细化，有指定供应商的嫌疑。三是合同条款欠完备。有的招标文件中合同条款非常简单，有的干脆就没有合同条款，而合同条款是《18 号令》明确规定，一份招标文件应包括的主要内容。

2. 参加投标的供应商数少。除财务审计、工程造价、项目监理等市场比较成熟的服务类项目外，许多服务类项目存在满足招标文件实质性要求的供应商数量达不到法定要求的情形，即便像市场上许多供应商符合招标资质条件的物业管理项目，还是会出现只有一、两家供应商投标的现象，造成只能重新组织招标或更改采购方式进行采购，使采购工作非常被动。

3. 中标供应商老面孔居多。笔者发现，有些服务类项目的供应商成了中标专业户，尤其是有一定连续性的服务类定点采购项目，如国际机票、保险、印刷等，中标供应商基本上总是那几个老面孔。虽然老面孔有利于

为采购人提供服务的便利性和延续性，但对促进市场的有效竞争却有一定的阻碍作用。

4. 评审专家的质和量齐缺。与货物和工程类项目相比，许多服务类项目的评审专家更不能满足评审的需要：一是有些服务类项目专家，库内没有对应的类别；二是专家库内的专家数量极少，每次评审时基本总是那几个人；三是专家库内专家不专，由于服务类项目涉及的行业不同，隔行如隔山，一些评审专家根本就没有从事过相关工作的经验。因此，为了保证评审工作能正常进行，许多服务类项目基本采用从库外选择性方式确定评审专家。由于采用选择性方式确定的评审专家名单大多由采购人提供，一些专家与采购人或供应商关系密切，在评审过程中，很难保证其评审的独立性和公正性。

二、相关问题的原因分析

笔者认为，造成上述问题的出现，主要存在以下原因：

1. 招标文件的制作难度较大。

没有经验。我国对货物和工程类项目实行招投标管理制度已经有较长一段历史，招标经验相对比较丰富，相关项目纳入政府采购后，对制作招标文件有一定的借鉴价值。而服务类项目在纳入政府采购前大多从未要求实施过招标，缺乏制作招标文件可借鉴的经验。

不能套用。目前，大多采购代理机构对于货物和工程类项目都有自己的招标文件模本，由于服务类项目之间的专业性差距较大，即使有招标文件模本，也仅能套用招标程序，而招标文件中的采购需求、合同条款，没有现成、可照搬的，必须要由招标采购单位根据每个行业服务的内容和特点重新制订。

无从下手。许多服务类项目的采购人未参加过类似项目的政府采购，不知道如何提合理的采购需求，有的干脆由关系密切的供应商代劳，有明显的倾向性，无法直接用于招标文件的制作。同时，采购代理机构的经办人由于受专业知识和采购经验的限制，对采购人提出的需求也不知道如何审核和修改。

乱设门槛。个别采购人官本位思想严重，招标门槛设置过高，服务标准过严，片面追求供应商资质条件越高越好、企业规模越大越好，不接受中小企业投标，或给中小企业中标设置一定的障碍，造成大企业不愿为采购人服务、中小企业又没有提供服务的机会。

2. 服务类项目的供应商特殊性更多。

专业性。每个服务行业基本上都有相关的特殊资质要求，或实行经营许可，或设定从业资格，同时还存在相关的监管机构，造成有些服务类项目只能由取得许可或资格的少数专业供应商才能参加投标。

垄断性。有些服务类项目，如特殊行业的咨询服务、评估服务、可行性研究服务，全国范围内有资质的供应商不多，省内更少，造成实质上的地区垄断。有些供应商与政府机关、科研机构、大专院校有密切的联系，有的直接就是其下属机构，经费不紧张，缺乏市场竞争意识，对政府采购的关注度不够，有的干脆不愿参加政府采购这类严肃、规范的活动，等活上门。

独占性。实行经营许可或从业资格的服务类项目，只能由取得许可或资格的供应商参加投标，这些供应商不允许再授权或转让其资质给其他供应商投标，这也是服务类项目参加投标供应商少的原因之一。

猜疑性。根据《18号令》规定，服务类项目采用综合评分法评审时，其价格分值只占总分值比重的10%～30%，报价已经不是中标的主要因素，导致经常出现报价很低的供应商不能中标的情形，容易被供应商误解有内定的嫌疑。同时在评分标准的设定时，经办人不知道哪些内容应该作为评分项，有时分值设置也不合理，给人以依葫芦画瓢、指定供应商的感觉，影响了其他供应商参加投标的积极性。

3. 招标文件的制作缺乏变化。一些招标采购单位缺乏不断创新的意识，缺乏严谨规范的态度，不认真研究市场变化，不主动完善招标文件，认为只要没有供应商提出质疑，招标文件就完美无缺，没有再完善的必要，造成相同项目每次招标的招标文件和评审标准千篇一律。供应商一旦中标，在自身经营没发生意外的情况下，以后基本上每次都能中标。

4. 专家库不能满足评审需要。目前政府采购评审专家库的维护、更新、升级速度不够，不能适应服务类项目范围和规模不断扩大的需求：一是分类不合理，造成库内评审专家不专业，在评审服务类项目时滥竽充数；二是结构不配套，专家库与每年制订的集中采购目录和采购数额标准脱节，造成目录有项目，库内没专家；三是数量不扩充，一些服务类项目的专家库，多年来一直未补充过新专家，造成参加评审的专家老面孔、老龄化。四是库外专家缺乏相应的管理制度。目前《政府采购评审专家管理办法》（以下简称《管理办法》）仅对纳入专家库的评审专家的资格条件、权利义务、使用管理和处罚办法作出了规定，而对参加政府采购评审的采购人代表、库外专家缺少监督管理的办法，造成采购人代表倾向性明显、库外专家鱼目混珠，对服务类项目评审的负面影响尤其明显。

三、做好服务类项目采购的对策

为防止服务类项目采购过程中出现上述类似的问题，笔者认为，可以从以下几方面着手：

（一）尽快研究制订服务类项目的采购文件模本

1. 统一内容，规范通用性。尽管不同的服务类项目有其独特的一面，但采购的基本程序、文件的大致格式、投标的应知事项等方面还是存在一定的通用性，把这些内容统一规范起来，制订出相对统一的采购文件模本，能够起到减少采购文件的差错率，提高采购效率的作用。

2. 逐一分析，突出特殊性。针对不同的服务类项目，应深入分析其行业特点，研究其行业规定，加强与其行业主管部门的联系，借助外力，把握采购文件制作的基本要领，成熟一个，模本化一个。同时，应加强全省，乃至全国的采购代理机构之间的联系，互通有无，取长补短，减少每个采购代理机构各自为战、闭门造车，浪费资源的行为，推动采购水平的共同提高。

3. 强制淘汰，保持流动性。流水不腐，户枢不蠹，对连续性的服务类定点采购项目，在制订招标文件时，对中标供应商数量多的项目可以设置一定的淘汰比例，数量少的实行末位淘汰，将表现较差的中标供应商淘汰出局，不断补充新的供应商，保持中标供应商之间的良性竞争。

（二）事先分析了解供应商必备的资格条件门槛

1. 尽量降低供应商的资格线。政府采购应以满足采购人合理需求为主，不应过分追求资格条件越高越好、供应商规模越大越好。笔者认为，在符合国家有关规定的情况下，对服务类项目供应商的资格条件应尽量放低，鼓励中小企业积极参加投标，可以有效降低废标的概率。

2. 主动联系有实力的供应商。对有些供应商数量确实较少的服务类项目，采购信息不仅要在政府采购指定媒体发布，更应在相关专业媒体发布，同时，还应通过市场调研，主动、有针对性地与有实力的供应商联系，引导其参与政府采购活动。

3. 充分考虑供应商的特殊性。对一些涉及科研类的服务类项目，许多供应商并不一定是企业法人；对涉及金融、通讯类的服务类项目，很多供应商都是全国性的大型公司，省级及以下的公司都是其分支机构。笔者认为，只要供应商能独立承担民事责任即可参加采购活动，适当减少授权环节，可以有效提高供应商的积极性。个别事业性质的供应商还具有双重身份，委托采购时是采购人，参加投标时又变成了供应商，在组织采购时应考虑其身份的转换。

（三）不断强化重视专业化队伍的综合素质建设

许多服务类项目由于没有可借鉴的、成熟的采购文件，组织相关项目的采购，才真正能考验采购代理机构水平、体现政府采购创新意识，就要求政府采购从业人员不断提高自身的综合素质和能力。

1. 要勤于学习。《政府采购法》及其相关配套制度是政府采购从业人员必须掌握的基础知识，《招标投标法》、《合同法》及其他法律法规是应该掌握的相关知识，市场环境分析、供应商评估、国际贸易、项目管理、供应链管理、绩效评价等内容是建议掌握的扩展知识。学会把货物类、工程类项目采购文件中的内容融合进服务类项目，学会把已做过、相对成熟的服务类项目采购经验借鉴到新的服务类项目中。

2. 要勇于实践。实践是检验真理的唯一标准。只有不断在制作文件、组织评审的过程中，才能检验采购文件的制作是否合理；只有不断在总结成功的经验、失败的教训基础上，才能提高自身的政府采购操作水平；只有不断在创新工作思路、采购模式的进程里，才能推动政府采购事业的健康发展。

3. 要善于沟通。加强与采购人沟通，毕竟是他们在亲身体验着各类服务，引导其把合理需求写入采购文件；加强与行业管理部门沟通，了解相关行业的规定，把握住行业的特点，把行规融入到采购文件；加强与供应商沟通，主动征求供应商对采购文件的意见，有选择地吸纳，把不合理内容排除出采购文件。

（四）及时掌握更新专家库内容的基本数据信息

1. 优化专家库。对于不断扩大的政府采购服务类项目，专家库的管理机构应结合每年制订的集中采购目录和采购限额标准，提前着手，不能等需要时才考虑建库；对现有的专家库，应努力扩大库内专家的数量，科学、合理地对专家进行分类，建立规范、有序的更新、淘汰机制，将更多年轻、专业化的人才吸收进库。

2. 完善管理法。政府采购监管部门应尽快完善《管理办法》：一是加大对评审专家的培训、考核力度，建立优留劣汰的动态管理机制，完善评审专家的黑名单制度，加大对不良评审专家的处罚力度。二是规定库外专家参加政府采购评审的基本资格条件，可以在《管理办法》规定的入库专家条件基础上适度放宽，但必须明确其参加政府采购评审时，其权利、义务关系与库内专家一致。三是加强对采购人代表参加政府采购评审的管理，也应规定其基本条件、权利、义务，必须纳入《管理办法》进行管理，并承担相应的法律责任。

3. 考虑回避制。由于有些服务类项目的评审专家过少，一些科研机构的专家，其工作单位可能就是参加政府采购的供应商，或者与供应商存在《管理办法》规定的需回避的情形，应预防出现因专家回避而给评审工作带来的负面影响：一是事前回避，在抽取评审专家时，应事先对可能参加政府采购的供应商情况进行了解，需要回避的专家，尽量在抽取时予以回避；二是事中回避，要做好备选专家的准备，防止评审现场出现专家回避的情形。

纳入政府采购的服务类项目尚处不断扩大的过程中，笔者经验有限，对服务类项目中出现的问题、原因分析和对策都存在考虑不周的现象，望各位读者不吝指教。

作者单位：江苏省政府采购中心

试论杭州市政府采购运行和监督立体机制的构建

上官小洁

政府采购作为当今世界各国政府管理社会经济生活的一个重要手段，被喻为“阳光下的交易”。在我国向市场经济转轨的过程中，特别是在开放政府采购市场和加入 WTO《政府采购协定》之际，如何建立、完善高效可靠的政府采购监管机制，以顺利实施政府采购制度和实现政府采购的“公开、公平、公正”，就成为当前迫切需要解决的一个课题。

一、杭州市政府采购监管机制的现状

杭州市从 1998 年开始实施政府采购制度，经过十年多的建设，在政府采购监管机制上形成了一定的体系架构，对规范政府采购行为，提高政府采购资金的使用效益，维护国家利益和社会公共利益，保护政府采购当事人的合法权益，保障政府采购市场健康有序地发展均起到了非常重要的作用。但不可否认，在运作过程中仍存在一些问题和漏洞，存在一些亟待解决的问题。

（一）政府采购制度体系初步建立，但不够完善

杭州市自 1999 年制订《杭州市政府采购管理暂行办法》，经过十年的具体实践，依据《政府采购法》和国家、省里相关规章制度，又制订、修订了一系列制度规定：《关于指定杭州市政府采购信息发布媒体的通知》、《杭州市政府采购供应商投诉处理暂行办法》、《杭州市政府采购评审现场监管细则》、《杭州市政府采购评审专家监督考核暂行办法》、《杭州市政府采购代理机构监督考核暂行办法》、《杭州市政府采购供应商监督考核暂行办法》、《杭州市电子化政府采购暂行管理办法》和《杭州市政府分散采购管理暂行办法》等，初步形成了杭州市政府采购的制度框架。

但是，在采购规则、采购程序以及合同管理等方面尚未建立监管制度，规范化管理道路漫长。如对采购各方当事人的违法违纪、违规问题处理也没有一个系统的统一的指导意见；合同主要条款、采购方式审批等，都需要有一个规范指导意见；在供应商管理方面，需建立有关的诚信档案制度等等。

（二）政府采购实行管采分离，但监管局面没有完全打开

目前，杭州市在政府采购运行机制上，实行政府采购监督管理和操作执行相分离的体制，有效地消除“裁判员”兼当“运动员”带来的弊端，提高了政府采购透明度。杭州市政府采购领导小组办公室（以下简称市采购办）作为杭州市财政局内部处室，依法履行政府采购监督管理职责。杭州市政府采购中心作为杭州市集中采购机构，接受市本级行政、事业单位和团体组织委托，采购依法制定的集中采购目录以内的或者采购限额标准以上的货物、工程和服务，是一个独立的事业单位。此外还有医疗设备招标办、教育技术中心和建筑材料采购中心

等部门采购机构，以及经国务院有关部门或者省级人民政府有关部门认定资格的采购代理机构。

虽然管采分离促进了依法监管和采购，但上述形式多样的执行机构带来了监管上的难度，局面一时难以打开。一是部门采购机构做的是具有行业特点的采购项目，执行的是部门不成文的规矩。如何使其在政府采购法的框架下顺利采购，尚未有很好的切入点；二是对社会中介代理机构监管效果不佳。由于其资格认定权在国务院有关部门或者省级人民政府有关部门，市采购办只能在具体采购项目上进行监管。如何由点及面，约束其机构行为，尚待更有效的监管手段。

（三）实施标后跟踪问效机制，但对采购质量缺乏有效监督

杭州市采购中心于 2008 年试行标后跟踪问效机制，对合同条款的履行情况、服务质量及用户反馈意见进行跟踪问效，对百万元以上单体项目实行跟踪评估。通过对采购结果的绩效评估，优化采购流程，提升服务品质，打造精品采购。如：家具采购中的部分大项目，采购中心建议采购单位委托专业家具检测机构进行标后全程跟踪，从原材料、生产过程、产品控制等几方面层层检验、层层把关，保证交付的家具优质、环保。

但是，受人力等多方面因素影响，采购中心对市场信息的收集、分析、调研以及合同履行、售后服务的跟踪和监管，无法做到定职定岗，导致采购中心难以主动开展和有效实施跟踪问效工作，部分项目的实际采购效果不够理想。

（四）政府采购纳入部门预算编制，但精编细编不够

目前，杭州市各行政事业单位按照《政府采购法》的规定和财政部门预算管理的要求，将政府采购项目编入部门预算，做到政府采购预算和采购计划编报的相互衔接。

但是在实际执行中，存在计划调整，预算刚性不足，或是年初预算太粗，不能及时汇总编制采购计划并科学做出采购安排，在一定程度上存在随意性、临时性和盲目性。这就导致了多次、小规模采购，增加了监管的难度和监管成本。

（五）监管手段多样化，但信息化程度不够。

杭州市政府采购监管从多方面下手，在预算编制、计划下达、采购执行、合同备案和资金支付等程序上加强管理；从信息发布、现场评标、专家管理等方面进行监督；与监察、审计信息互通，齐抓共管。

这些多样化的监管手段虽然有很好的威慑力，但是信息化程度不够，牵扯大量人力物力，无法提高效率，具有一定的滞后性。

二、国外政府采购监管制度借鉴

（一）美国政府采购的监管制度

美国联邦政府采购设专门的监督管理机构：一是美国国会下属的联邦会计总署（General Accounting Office. GAO）；二是美国总统行政办公厅内设的行政管理与预算局国会下属的联邦会计总署（the Office of Management and Budget. OMB）。美国政府的监督管理制度有如下特点：

第一，有一整套政府采购规范和操作方法，形成了完整的政府采购法律体系。美国 18 世纪末就开始制定了政府采购采购的规章制度，至今相关法规制度已经有 500 多个，涵盖了整个政府采购的规则、原则、合同管理等多个方面，主要包括《联邦采购财产管理法》、《联邦采购合理化法规》、《联邦合同法》、《联邦政府采购条例》、《武装部队采购条例》等。这些法规不仅约束了政府自身的行为，也维护了采购信誉，保持了采购制度的透明与公正。

第二，要求各政府部门和政府采购代理机构以及政府采购的各个层次管理人员均应

对采购合同的审计担负责任。内容包括：一是要对采购合同金额审计，由于合同金额关系到政府采购方式的选择，因此需要专业机构和专业人员对采购合同金额进行核实和把关；二是对采购项目、采购程序审计。为了防止出现重复采购的现象，需要对各采购项目进行评估和审核；采购程序是否体现公正和公开原则，也需要通过不同层次组织的审查，以保证采购程序严格依法进行；三是对相关采购信息审计，在政府采购过程中，存在大量的数据、文件和报表，要保证这些资料的准确无误，必须有专业人员对有疑问和不实的资料进行严格的审查。

第三，加强申述机制的建立。公众（或供货商）可以对政府的采购行为提出申诉。会计总署主要负责政府采购合同订立之前的投诉事务。投诉人在提出投诉申请后，会计总署举行听证会并作出处理决定如果判定投诉人胜诉，被投诉人要对投诉人给予补偿。如果政府部门不执行会计总署作出的处理意见，会计总署将向议会报告。美国众议院政府改革委员会技术与政府采购办公室，专门对政府采购中的腐败、欺诈等行为进行监督、调查或组织听证会。

（二）英国政府采购的监管制度

英国的政府采购是在政府政策指导、预算控制、个人责任约束和议会的监控下进行的。

第一，为了规范政府采购的程序和方法，政府制定和颁布了相应的法律文件，例如《地方政府法案》、《地方政府房屋及土地方案》、《政府采购指南》、《采购实施指南》等。中央政府各部门的采购都在法律和政府政策的指导下进行，除了控制政府支出外，种种合法的专门采购方式都被视为不必要。

第二，政府采购过程受议会“公共支出委员会”监督，该委员会监控政府的各项采购，并接受“部门审计员兼总审计长”领导下的“全国审计办公室”监督。部门审计员兼总审计长享有高度的独立工作权，既有权独立决定审计程序及方针，也有权进行其他职能范围的检查，有权决定其向议会所做报告的内容，有权对财政资金的使用情况拥有充分的监督权。检查目的是看政府支出在采购中是否做到“物有所值”，即政府采购的物品总成本和质量都要满足使用者的需求。

第三，投诉申诉制度。英国政府采用传统的方式处理议会对合同裁决程序的质疑。除了有关系到合同中的权利要求外，法律补救很少被使用。原则上，蒙受损失的投标商可以向法院要求强制的和最终的补偿。当有必要执行欧共体指令并向那些因违犯欧共体章程而蒙受损失或险遭损失的欧共体物资供应商提供规定的补偿时，采用决议如下：供应商有遵守英国法规、服从指令的责任；这一职责须在高等法院中得到加强；一些程序要求立即得到执行．除非法院同意，否则，三个月必须强制执行；赋予法院执行裁决过程、驳回决议或者赔偿损失的特殊权力；一旦签约，规定损失赔偿金为唯一赔偿。

（三）新加坡采购监督机制的经验

第一，加强政府采购监督检查。审计总长对政府采购进行审计，确保采购政策的有效实行，如发现违规行为，则向公共账目委员会报告，违规部门和机构要有合理的解释。同时，在项目的后期，财政部门监督资金的使用情况，采购实体了解供货商是否按合同规定执行，对供货商的评估意见将影响到以后相同的采购项目对该企业参加投标的态度。评估应由专门的机构、中立的评估机构或由各方共同成立的评估小组进行，根据评估结果写出评估报告，予以公布并存档备查。

第二，建立政府采购申诉制度。新加坡设立政府采购裁决法庭，负责对违反法规规定的投标争议进行裁决。裁决时，为了确保公平，裁决法庭专员不能和被听审的采购项目有利益关系。申诉者可以要求暂时中止有争议的采购项目的执行，除非该项目涉及公共利益或已经裁决。仲裁法庭的裁决可以包括：命令政府采购机关采取补救措施，修改文件，赔偿申请者的损失和仲裁法庭的费用；命令申请者账偿仲裁法庭的费用等。如果任何一方不服仲裁法庭的裁决，可以要求法庭进行司法复审。

第三，加大对供应商违规行为的惩罚力度。设立禁止投标委员会，对不负责任的或表现比预期差的供应商作出禁止投标的行政措施，施禁期为1～5年。被施禁的供应商将不准在一个特定的期限内获得投标裁决或参与将来的政府投标。一旦被施禁，委员会将通知所有政府采购机关，并撤消被施禁的供应商的注册资格。被施禁的公司也可以向委员会提出上诉。

从以上各国实践来看，有效的监督管理是实施政府采购制度的基础。虽然各自不同的国情所导致的具体措施不同，仍可以发现它们有许多共同的特点可借鉴，如完善的政府采购监督法律体系、严格的采购活动监督机制、明确的采购申诉制度、政府采购信息系统比较完善等等。

三、构建政府采购立体监管机制的对策

通过对杭州市政府采购监管现状的分析，借鉴国外政府采购的有益经验，可以从以下几方面构建杭州市政府采购立体监管机制。

（一）构架权力制衡的监管主体

政府采购监管包含内外双层监管机制（见图1），通过监管制衡模式的构架，从不同角度，在更大范围内形成监管合力，对政府采购进行全方位监管。

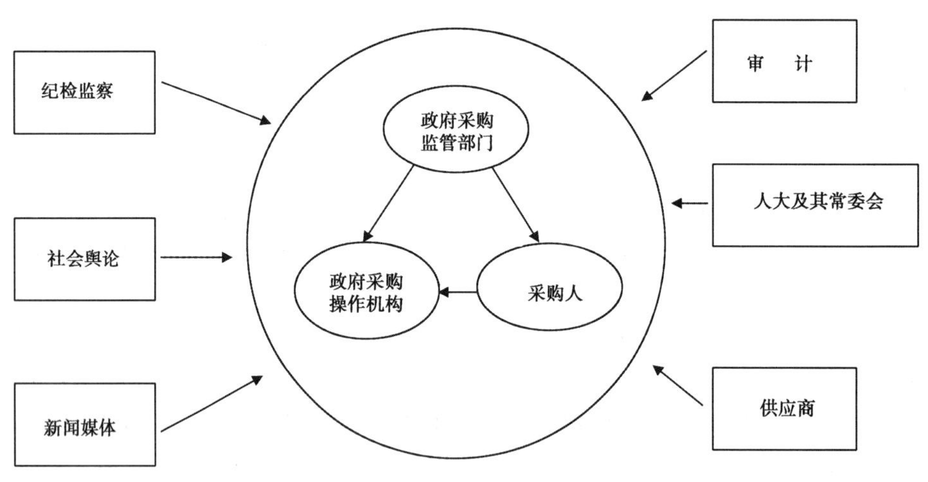

图1　监管制衡模式的构图

1. 内三角稳定平衡关系。在内循环中，是稳定的三角形。采购监管部门、采购操作机构（集中采购机构、部门采购机构和社会中介代理机构）、采购人三者是政府采购中三个重要的角色，是执行政府采购主要承担者，居于三角形之上的采购监管部门，主要监督采购操作机构和采购人，随时参与政府采购的程序，了解采购过程中发生的问题和情况。不仅要做好采购审批工作，还要理顺政府采购环境。在法律、法规缺位的情况下，针对本市在政府采购中出现的问题，制定政

府采购操作规程完善相关配套制度，减少操作过程中的随意性行为。

采购操作机构根据采购人提供的需求制作标书，构建起公平、公正、公开的平台，并依据政府采购法规定的程序进行采购。主要通过建立和完善内部采购业务流程和内部管理规章制度，实现采购计划、项目实施、合同审核、资金支付等过程的分离，从而形成有效的内部制约和控制机制。同时，采购操作机构接受委托的仅是采购项目具体操作，而不是全盘接受采购人的主观臆断，相反还要对采购人的行为进行控制，这是政府采购的原则与公共政策功能决定的。

采购人作为最终用户，从提出采购需求开始，到评标、合同签订及验收过程全面参与。在此过程中，采购人的主要考虑的是如何将财政批复的资金用好，满足自己的需求；而采购操作机构则是在保证采购过程符合政府采购程序、控制财政资金使用方向、提高财政资金使用效率的前提下实施采购，为采购人提供服务。从整个政府采购的过程来看，采购人会充分行使自己的权利，监督采购操作机构用好预算资金，最大限度地满足自己的采购需求。所以，在采购过程中，集中采购机构与采购人存在着互相制约的关系，采购过程受到采购人的监督。

确立三方的职责和权限，形成的是管、采、用三个方面权力的制衡。

2. 建立广泛的外部监督机制。建立外部的监督循环，即将纪检监察、审计部门、人大及其常委会、供应商、新闻媒体以及社会舆论形成外部的监督环境，可以为政府采购工作建立良好的免疫机制，从而形成有效的监督制衡机制。

（1）纪检监察部门的监督形式。纪检监察部门可会同有关部门制定一些规范采购行为的具体规定或实施细则，使党风廉政建设和《政府采购法》的要求具体化，约束政府采购行为，严防滋生新的腐败现象。抓好大型采购项目的开标监督工作，确保其操作的程序性、公平性和合法性。对于采购活动中的违法违纪人员，纪检监察部门要按照现行的有关法律和规定，进行严肃处理。纪检、监察除参与政府采购招投标活动外，应对政府采购机关的各项工作进行监督。通过纪检、监察的监督，防止政府采购中的“黑箱操作”，权钱交易等，以维护政府采购的廉洁性，增强公众对政府采购的信心。

（2）审计部门的监督形式。审计监督主要是审查政府采购的经费开支是否合理、合法，是否如实地反映了政府采购活动，以及该采购活动是否依法行事和前后一致。此外，审计监督还应注重对政府采购的绩效进行审计，检查政府采购项目及其采购资金是否达到了预期的政府采购目标，如果存在差异，应对差异进行评估，并提出改进的建议，以帮助政府采购实现其采购目标。特别是对一些大型采购项目或重点采购项目的资金使用情况，要进行专项审计监督，努力提高资金使用效益，确保采购资金使用的合法性。同时，加强对政府采购监督管理部门的再监督。政府采购监督由各级人民政府财政部门直接负责。审计机关应当依据《审计法》和《政府采购法》的规定，加大对财政部门履行政府采购监督管理职责情况的审计监督力度。对行使财政监督职能人员的再监督形成了相互制约的控制系统，有利于监督效力的发挥。

（3）人大及其常委会的监督形式。人大及其常委会对政府采购的监督主要是法律监督。它们根据政府采购法对本级政府部门的各项具体政府采购行为从制度和政策上进行监督，通过提案议案促进政府采购制度改革。

（4）供应商的监督形式。政府采购的规范、合法与否直接涉及到供应商的利益。因此，供应商的监督往往是最直接、最有效、最及时的。在政府采购制度较为成熟的国家和地区，都设有专门负责处理供应商质疑和申诉的机构，杭州市政府采购应不断完善供应商质疑和投诉机制。当供应商提出质疑时，应鼓励供应商与采购实体通过磋商来解决，采购实体应予公正及时的考虑，不得采取有碍供应商在质疑程序中获得纠正的措施。同时，建立供应商的质疑奖惩制度。对正确行使和反映政府采购中问题及不正之风有功者应给予适当奖励，对借质疑名义搞不法活动、胡作非为的，不仅要罚款、还要列入“黑名单”，对情节恶劣的，要给予曝光，直至追究有关法律责任。

（5）社会公众舆论的监督形式。政府采购主管部门定期将采购法规、采购文件、采购的项目、程序、要求、过程和结果等采购信息向社会公开，接受社会舆论的广泛监督，形成社会监督机制。社会监督机制的介入，不仅能保证政府采购的高透明度，促进采购中的廉洁，维护政府形象，而且还能强化社会公众参与和监督意识。

（二）加强对政府采购当事人的监督

1. 对采购人的监督。采购人是指依法进行政府采购的国家机关、事业单位和团体组织。对采购人的监督包括：是否违反规定自行采购属于集中采购目录内的货物、工程和服务或者将依法必须进行招标的项目化整为零或者以其他方式规避招标；监督采购人是否有通过直接或变相指定供应商等方式，规避政府采购的行为等。

2. 对采购机构的监督。一是对采购机构实行准入制度，提高采购机构的专业素质，重点监督集中采购机构是否经有权机关审批和办理资格认定，有无健全的内部监督管理制度，采购决策和执行程序是否规范。二是实施代理机构考核定级管理办法，对代理机构实行分级管理，优胜劣汰。三是监督分散采购机构是否履行了相关的手续程序，对供应商有无不公正或歧视性行为，是否有与供应商共谋作弊的行为。

3. 对采购人员的监督。采购最终靠采购人员去实施，采购人员的专业素质状况决定了采购的效率，同时也就决定了采购交易成本的高低。一是要爱护现有人才，加强教育培训；二是进行资格认证，未取得资格证书的人员不得从事政府采购业务；三是加大处罚的力度，增加其取得不正当利益的成本。

4. 对评标委员会的监督。要明确评标委员会及其成员的权力、义务和责任；监督评标委员会的组成是否合法；评标专家是否在规定时间内随机抽取；有无应该回避的人员。

加强评审专家的管理，一是建立功能强大、门类齐全、操作简便、管理科学的评审专家数据库，提高评标委员会专业水平；二是加强对政府采购评审专家的政府采购法律法规培训，提高专家的法制意识；三是建立评审专家档案，加强对专家的监督管理，对违法乱纪的专家实行污点记录、一票否决、永不录用。

5. 对供应商的监督。监督供应商对诚实信用原则的遵守情况，监督供应商资质、信用情况、业绩情况，监督供应商有无陪标、串标的现象。完善对供应商监督管理的制度体系。

第一，建立供应商准入制度。政府采购机关对供应商资格进行审核、认定，符合条件的供应商可获得市场准入资格证书。所有参加政府采购活动的供应商，必须凭其资格证书方能进入政府采购市场。实行资格认证制度，可以建立双方间的稳定的长期合作的关系，彼此比较了解，可以省却很多交易费用。

第二，建立健全供应商诚信档案。为增加供应商资格认证制度的公平性、激励性，对供应商的行为应进行考核、评审，检查供应商生产和服务的质量，检查供应商是否有相互串通、行贿等违规行为。通过电子网络或有关媒介，将在政府采购中有不诚实守信记录的供应名单进行公布，对诚信记录差的供应商和个人，从市场主流中剔除出去，最终要把它排除在政府采购市场之外。对诚信度较好的供应商，应给予一定的物质和精神奖励，采购时向这些信誉好的供应商倾斜。

第三，建立违约处罚制度。对中标供应商的违约行为，可以视其情节轻重，采取在资格证书上记载违纪情况、限制其在一定的年限内不准进入政府采购市场、吊销其资格证书等处罚手段。对暗箱操作行为，一经发现就应取缔，并按相关法规追究供应商的责任。对定点采购单位，更要经常检查监督其合同执行状况，如果发现其有违反采购合同或虚报价格、偷工减料等情况，及时给予处罚或终止其定点采购资格。

（三）实现采购程序监管的信息化

对政府采购的监督重在过程。政府采购的各项采购活动的决策、执行程序必于公开的环境下操作。利用网络化和电子商务的先进技术手段，实现与部门预算、指标管理、预算执行等系统衔接，提高政府采购的透明度和监管效率。

按照“总体规划、分步实施、先行试点、全面推广”的原则，建立一个覆盖全市及附属区县、统一规范、资源共享的政府采购网络系统。实现采购计划申报、审批、确定采购方式、支付方式、项目委托等全过程电子化管理，满足集中采购和分散采购相结合的执行模式的要求；集成公开招标、邀请招标、竞争性谈判采购、询价、单一来源采购等多种采购方式；分步实现供应商管理、专家库管理、采购合同管理、合同执行跟踪等功能。

杭州市政府采购业务信息系统于2005年开始，历经了两期的系统建设，实现了杭州市财政指标、杭州市政府采购内网和杭州市政府采购外网一站式政府采购业务平台。

政府采购业务信息系统一期主要是政府采购办公平台建设，完成大部分政府采购的日常业务，实现了以下业务模块：采购归集、采购委托、采购实施、分散采购管理、合同维护、资金支付等；实现了财政指标与政府采购内网打通的一网互动平台。

政府采购业务信息系统二期主要是政府采购办公平台建设、政府采购交易平台建设和政府采购网站建设，在一期基础上完成政府采购日常业务管理与考核、协议采购、询价采购和政府采购门户网站，实现了以下业务模块：代理机构管理与考核、专家管理与考核、供应商管理与考核、自行采购管理、车辆管理、协议定点采购管理、询价采购管理、采购公告自动发布、电子合同管理、信息互动平台、政府采购门户网站等；实现了财政指标、政府采购内网与政府采购外网打通的一站式政府采购业务平台。

政府采购业务信息系统三期建设将杭州市本级各区县全面纳入采购业务平台，以实现资源、信息的共享，加强对各区县采购业务的指导和管理；并在原有已上线的采购方式基础上优化、升级各功能选项，使得政府采购中公开招标、邀请招标、竞争性谈判、单一来源采购、协议采购等采购方式更加合理。政府采购三期系统将打造电子辅助评标系统，进一步提升政府采购工作的透明度和监管水平，扩大供应商范围，形成公平、公正、有效、有序的竞争环境。加强对评标过程的监控，不仅可以翻阅历史评标的影像资料，还可实时监控评标现场情况。建设知识库，共享各地区招投标文档及项目资料信息；设立监控系统的数业务接口，在电子评标室设立同步录音、录像监控系统后，实现对评标过程的全程跟踪，以逐步实现对评标过程的公开，打造“阳光交易”平台。

1. 全市联网，建成全市统一的电子化采购业务平台。通过杭州市政府采购业务信息系统三期项目建设，将在杭州市内（杭州市采购、区县采购、代理机构采购）打造全市统一的电子化采购业务平台（见图2）。杭州市内的各区县、各代理采购机构将逐步全部纳入此平台，实现杭州市和杭州市各区县间采购信息、资源的共享。新的平台不仅支持各区县采购平台的独立管理，又可实现对全市各区县采购业务信息数据的全面共享和综合分析，也即全市政府采购平台统一，各区县及其他独立采购机构采购业务由各区县、独立机构自己维护和管理，有效解决低系统的重复建设以及多个平台之间易出现的“数据孤岛”和难维护等现象。真正做到共享信息资源，实施一体化操作。

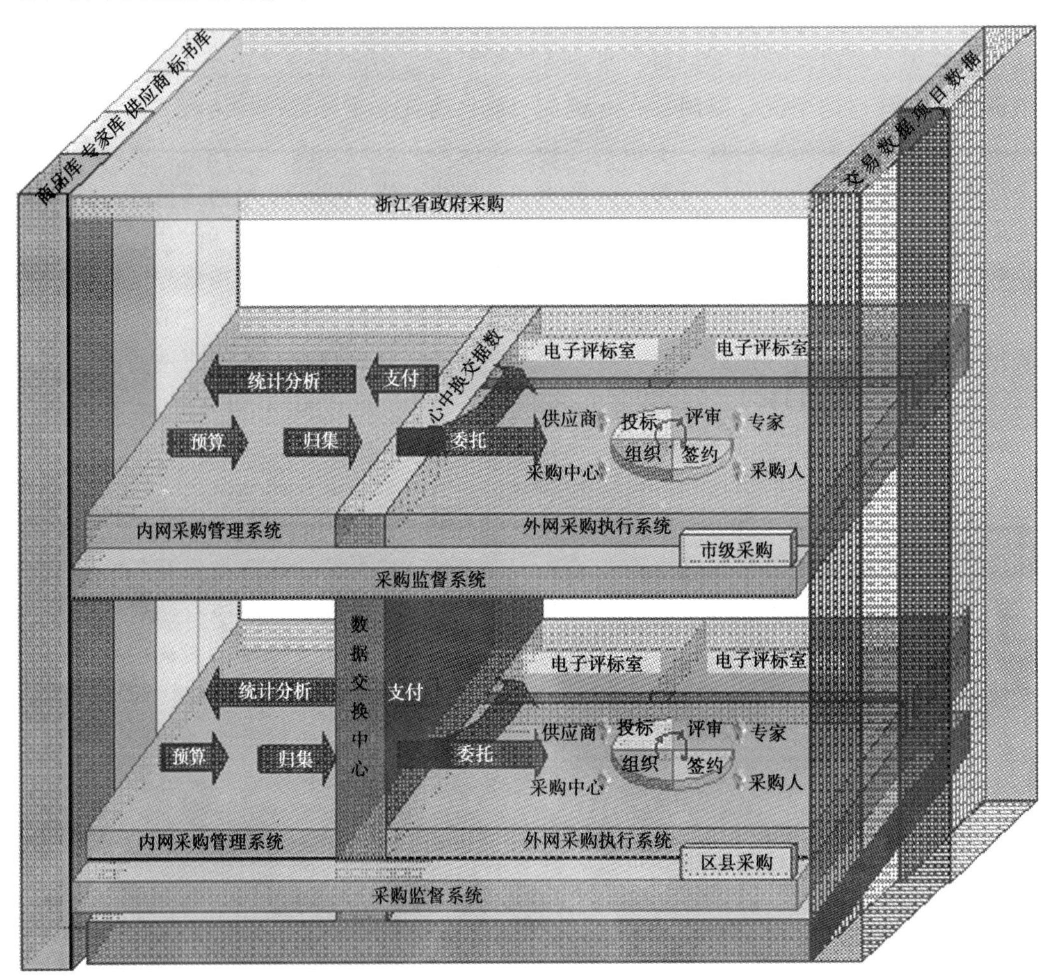

图2 电子化采购业务平台概念模型示意图

2. 实现采购业务全面的电子化管理，创建公平、公正、有效、有序的竞争环境。为进一步提升政府采购工作的透明度和监管水平，扩大供应商范围，形成公平、公正、有效、有序的竞争环境，发挥重要的作用。三期将打造电子辅助评标系统（见图3），延伸采购业务的电子化流程，除可在网上进行招标的预算管理、采购委托、信息发布、网上报名、下载标书外，还可实现网上投标、开标和对标书的评议。形成覆盖政府采购中公开招标、邀请招标、竞争性谈判、单一来源采购、协议采购等所有主流采购方式，把采购相关方采购人、采购代理机构、供应商、专家、监管部门的工作纳入同一个电子化平台进行，真正实现涉及货物、服务类项目以及工程类项目的所有采购业务的全流程电子化操作。

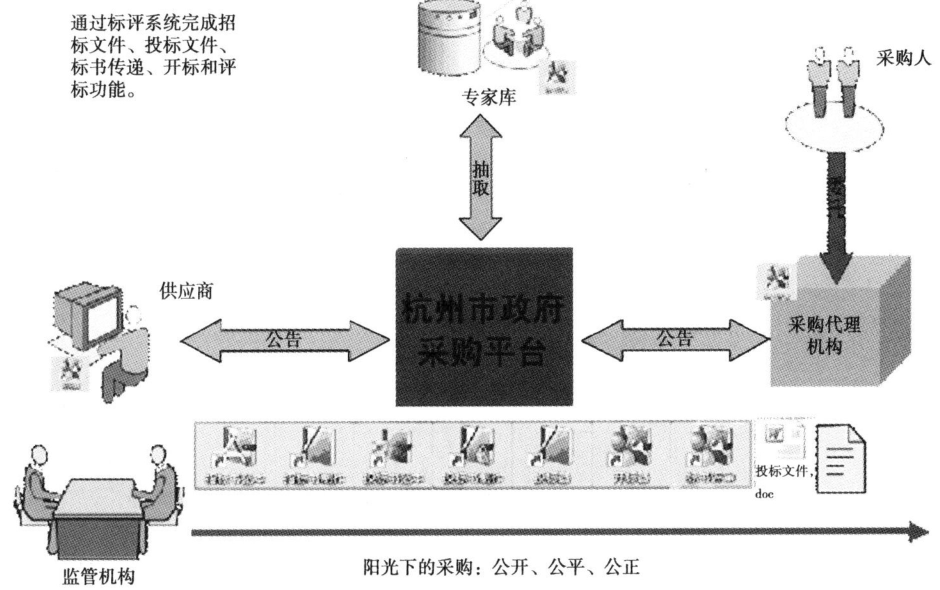

图 3　电子标评系统示意图

3. 加强对评标过程的监控，进一步完善统计分析平台（见图 4）。设立监控系统的数据业务接口，在电子评标室设立同步录音、录像监控系统后，实现对评标过程的全程跟踪，以逐步实现对评标过程的公开；进一步完善统计分析平台，三期项目建设不仅为各采购机构提供一个统一的电子化采购业务平台，还为上级监管部门提供统一全面的政府采购业务信息统计分析平台，各采购机构可统计分析自身的政府采购业务信息；上级监管部门可统一分析整个杭州市内纳入统一平台的各采购机构的汇总政府采购业务信息。

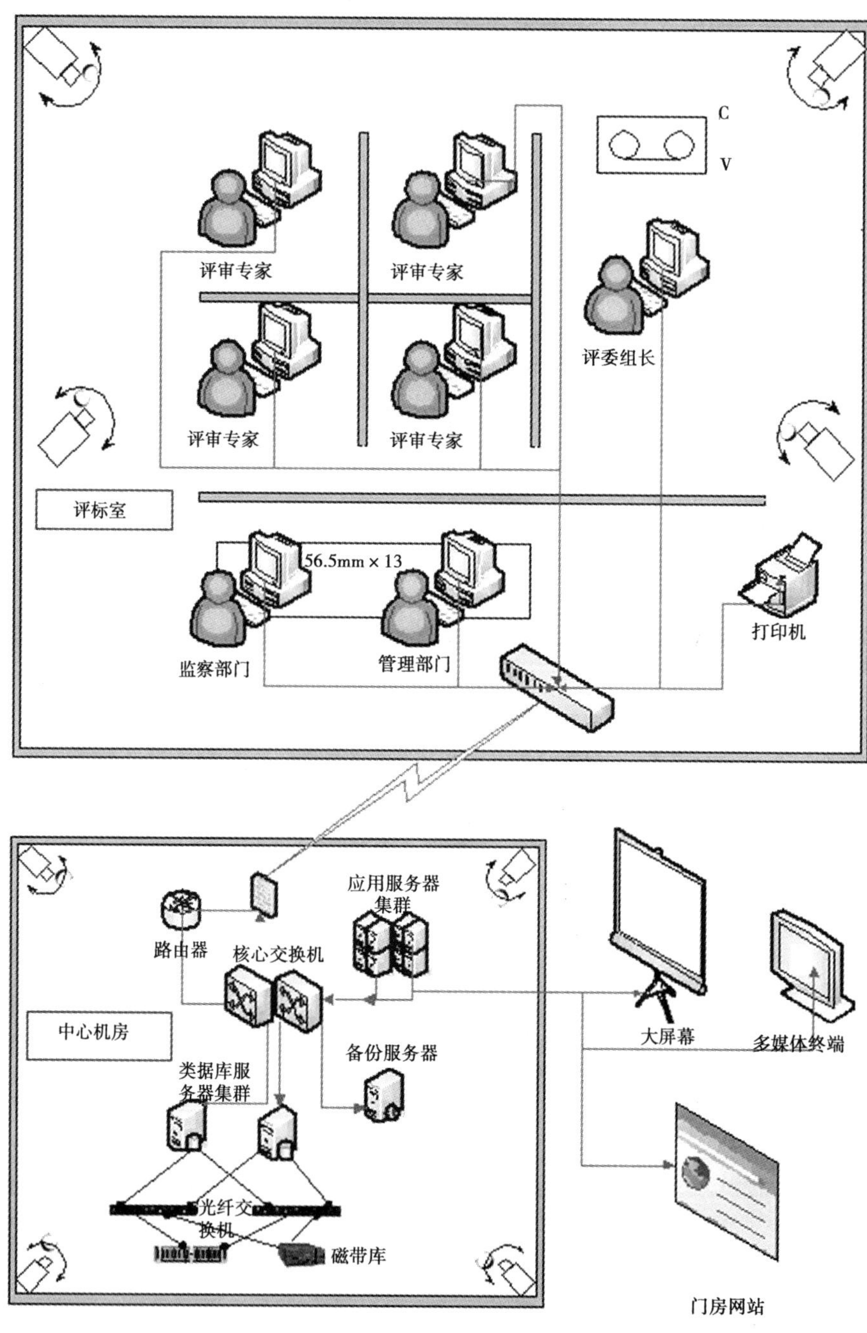

图 4　电子评标室监控结构示意图

作者单位：杭州市财政局

政府采购制度改革面对的问题与建议

王　沛

我国推行政府采购制度以来，在各级党委、政府的正确领导下，各级监管机构、采购机构及各相关部门以邓小平理论和科学发展观为指导，在实践中探索，在探索中创新，政府采购制度改革取得了令人瞩目的成就。采购规模由1998年的31亿元，增长到2009年的7413.2亿元，为国家节约资金3000多亿元。政府采购行为不断规范，政策功能作用日益增强，在廉政建设中发挥了重要作用，取得了良好的社会效益和经济效益。政府采购制度改革虽然取得了可喜的成绩，但也有一些不尽人意之处，我国政府采购规模与世界大部分国家相比还存在较大差距。依据国际经验，一国政府采购支出一般占当年财政支出的30%左右，或者占当年国民生产总值（以下称GDP）的10%左右，节约资金的比率一般占采购总额的10%～15%。自1998年以来，我国的政府采购规模虽然一路攀升，但占财政支出和GDP的比重一直处于低水平，2009年是十几年来所占比重最高的一年，占财政支出的比重为9.72%，占GDP的比重为2.2%（2008年以前均未超过2%）。尽管我国国情具有一定的特殊性，如果做到应采尽采购的话，在现有规模的基础上翻一番应该是不成问题的，继续扩大我国政府采购范围的空间和规模增长的潜力仍然很大。但由于诸多深层次矛盾和问题的影响，致使政府采购制度应有的作用未能得以充分有效地发挥。

一、当前政府采购制度改革面对的主要问题

影响我国政府采购制度改革的因素是多方面的，但制约改革向纵深推进的问题，主要反映在法规制度建设和运行体制建设两个方面。

（一）法规制度方面

目前，调整我国政府采购行为的法律主要是《政府采购法》和《招标投标法》，在推行政府采购制度的初期，两部法律对我国政府采购事业的发展发挥了重要的推动作用，但随着改革的不断深入，《政府采购法》自身存在的矛盾与缺失以及与《招标投标法》的矛盾与交叉，在某种程度上又影响了政府采购制度改革的顺利推进。

1.《政府采购法》自身的矛盾与缺失。

（1）当事人的概念不全面。《政府采购法》第十四条规定：“政府采购当事人是指在政府采购活动中享有权利和承担义务的各类主体，包括采购人、供应商和采购代理机构等”。根据本条规定在政府采购活动中享有权利和承担义务的各类主体都为政府采购的当事人，而本条只列出了三个主体。实际上在政府采购活动中享有权利和承担义务的还有评审专家和财政部门相关人员。评审专家要参与评标（评审）并推荐中标（成交）供应商，承担协助答复询问或质疑的义务；财政部门负责采购方式的审批、采购进口产品的核准、政府采购资金的支付等。所以政

府采购评审专家和财政部门相关人员也应列为政府采购当事人。

（2）对集中采购机构的部分违规处罚难以实施。《政府采购法》第十六条第二款规定：“集中采购机构是非营利事业法人，……”。第八十二条第二款规定：“集中采购机构在政府采购监督管理部门考核中，虚报业绩，隐瞒真实情况的，处以2万元以上20万元以下的罚款，并予以通报；情节严重的，取消其代理采购的资格”。集中采购机构是非营利事业法人，其收入只能维持机构自身的正常运转，无利润积累，对其实施罚款处理时，无交纳罚款的资金来源，罚款处罚难以落实。再是，一级政府一般只设一个政府集中采购机构，因其违规被取消代理采购的资格后，新成立一个集中采购机构如果严重违规也应取消其代理资格，是否需要再成立新机构，这显然是不现实的。

（3）集中采购的委托关系自相矛盾。《政府采购法》第十八条规定：“采购人采购纳入集中采购目录的政府采购项目，必须委托集中采购机构代理采购；……”。第二十条规定：“采购人依法委托采购代理机构办理采购事宜的，应当由采购人与采购代理机构签订委托代理协议，依法确定委托代理的事项，约定双方的权利义务”。集中采购机构对纳入集中采购目录的采购项目实施采购是法律授予的权利，不是采购人委托就采购，不委托就不得采购。在政府采购的实践中，集中采购机构主要是依据财政部门下达的政府采购计划组织采购，这是法定委托，并非民事委托，双方的权利和义务也应由法规予以明确规定，而不是双方协商决定，难道双方协商不能取得一致意见就可以不委托集中采购机构进行采购了吗？由采购人与集中采购机构签订委托合同进行采购确无必要。

（4）集中采购机构的隶属关系前后矛盾。《政府采购法》第十六条规定：“设区的市、自治州以上人民政府根据本级政府采购项目组织集中采购的需要设立集中采购机构”第六十条第二款规定：“采购代理机构与行政机关不得存在隶属关系或者其他利益关系”。政府采购法把政府设立的集中采购机构与社会中介机构统称为采购代理机构。就目前我国机构设置的规定，不管是全额预算事业单位、差额补助事业单位，还是企业化管理的事业单位，均与行政机关存在隶属或者利益关系，政府设立的事业单位又与行政机关不得存在隶属或者利益关系是不可能的。从世界各国的情况来看，凡政府设立的集中采购机构都隶属于政府机构，而且工作人员基本上都是国家公务员。《中华人民共和国宪法》第八十五条规定：“中华人民共和国国务院，即中央人民政府，是最高国家权力机关的执行机关，是最高国家行政机关”。第一百零五条规定：“地方各级人民政府是地方各级权力机关的执行机关，是地方各级国家行政机关”。按照政府采购法的规定，集中采购机构不仅不能隶属于政府部门，也不能隶属于各级政府，这显然是不适宜的。

（5）集中采购机构责权不对等。《政府采购法》第十七条规定：“集中采购机构进行政府采购活动，应当符合采购价格低于市场平均价格、采购效率更高、采购质量优良和服务良好的要求”。第六十六条规定：“政府采购监督管理部门应当对集中采购机构的采购价格、节约资金效果、服务质量、信誉状况、有无违法行为等事项进行考核，并定期如实公布考核结果”。按照政府采购相关法规的规定，集中采购机构工作人员不得参与评标委员会、询价小组和谈判小组，对决定采购价格和质量的中标（成交）供应商的确定没有参与权，也没有赋予其保证评审结果公正的监督权，却要求其对采购价格和质量负责，这确实有些勉为其难，法律赋予集中采购机构的职权难以实现其承担的责任。既然法律对集中采购机构组织的采购活动结果做出了明确要求，集中采购机构就应该有权对评审结果进行复核，检查评审结果是否符合法律要求。

（6）对供应商资格的审查与相关规章矛盾。《政府采购法》第二十三条规定："采购人可以要求参加政府采购的供应商提供有关资质证明文件和业绩情况，并根据本法规定的供应商条件和采购项目对供应商的特定要求，对供应商的资格进行审查"。按照《政府采购货物和服务招标投标管理办法》的有关规定，对供应商的资格性检查是评标委员会工作程序中对投标文件初审的内容，同时从政府采购的实践来看，由采购人单独对供应商的资格进行审查也是不妥当的。

（7）供应商的申请回避权与知情权相矛盾。《政府采购法》第十二条规定："供应商认为采购人员及相关人员与其他供应商有利害关系的，可以申请其回避"。《政府采购货物和服务招标投标管理办法》规定，评标委员会成员名单原则上在开标前确定，并在招标结果确定前保密。评标委员会名单在招标结果确定前保密，供应商怎么会知道哪些评标委员会成员需要回避？无形中在这个环节上剥夺了供应商申请回避的权利。当评标结果公示后，供应商认为某一个评标委员会成员需要回避，而所提出的回避申请又是事实，整个评标活动是否有效？是否需要组织新的评标委员会重新进行评标？如果重新评标后又出现类似问题怎么办？必然严重影响采购效率。

（8）对社会中介机构的监督检查缺失。《政府采购法》监督检查一章中，着重强调了对集中采购机构进行监督检查，对社会中介机构的监督检查几乎未提及。社会中介机构是以实现利润最大化为重要目标的营利性单位，在代理采购活动中，比集中采购机构违规操作的机率更大，而本章对如何加强社会中介机构的监督检查却没有作出规定。

（9）采购重点环节事中监督缺位。采购需求的提出、采购评审和履约验收是政府采购活动中的重要环节，直接关系到政府采购"三公一诚"原则能否得到真正落实，而政府采购法只是规定了集中采购机构根据采购人的委托办理采购事宜；评标委员会、谈判小组和询价小组的组成人员与供应商有利害关系的，必须回避；采购人或者其委托的采购代理机构应当组织对供应商履约的验收。但对采购需求、评审结果和验收过程没有规定实施监督的主体和措施，对这三个采购活动中的重点环节失去了有效的事中监督。

2.《政府采购法》与《招标投标法》的矛盾与交叉。

（1）适用范围相冲突。《政府采购法》第四条规定："政府采购工程进行招标投标的，适用招标投标法"。同时，财政部又颁布了《政府采购货物和服务招标投标管理办法》。政府采购法规定只有工程采购进行招标投标的，才适用招标投标法，各级国家机关、事业单位和团体组织，使用财政性资金采购依法制定的集中采购目录以内的或者限额标准以上的货物和服务均适用政府采购法。《招标投标法》第二条规定："在中华人民共和国境内进行招标投标活动，适用本法"。也就是说不管是什么性质的单位，不管资金来源何种渠道，也不管是货物、工程还是服务项目，只要是采用招标投标方式进行采购的，都要由招标投标法规制。

（2）工程概念表述不同。《政府采购法》第二条第六款规定："本法所称工程，是指建设工程，包括建筑物和构筑物的新建、改建、扩建、装修、拆除、修缮等"。第二条第七款规定："本法所称服务，是指除货物和工程以外的其他政府采购对象"。《招标投标法》第三条规定："在中华人民共和国境内进行下列工程建设项目包括项目的勘察、设计、施工、监理以及与工程建设有关的重要设备、材料等的采购，必须进行招标"。《政府采购法》对工程的表述不包括工程建设项目的勘察、设计和监理，将其列入服务项目，而招标投标法将其列入工程项目，两法在工程概念的界定上不一致。

（3）对采购人自行采购的规定不同。《政府采购法》第十八条规定："采购人采购纳入集中采购目录的政府采购项目，必须委托集中采购机构代理采购；……"。《招标投标法》第十二条第二款规定："招标人具有编制招标文件和组织评标能力的，可以自行办理招标事宜。任何单位和个人不得强制其委托招标代理机构办理招标事宜"。《政府采购法》强调必须委托集中采购机构代理采购，招标投标法则规定任何单位和个人不得强制采购人委托代理机构进行采购，两部法律虽然都是为了规范政府采购行为，但在立法的指导思想上却不一致。

（4）邀请招标中对投标供应商（投标人）的选择方式不同。《政府采购法》第三十四条规定："货物或者服务项目采取邀请招标方式采购的，采购人应当从符合相应资格条件的供应商中，通过随机方式选择三家以上的供应商，并向其发出投标邀请书"。《招标投标法》第十七条第一款规定："招标人采用邀请招标方式的，应当向3个以上具备承担招标项目的能力、资信良好的特定的法人或者其他组织发出投标邀请书"。《政府采购法》要求通过随机抽取的方式选择三家以上的供应商，《招标投标法》授予了招标人自行决定投标人的权力，招标人可以以自己的意志决定三个以上的投标人，这样为"权力寻租"预留了更大的空间。

（5）救济机制的设计不同。《政府采购法》第五十五条规定："质疑供应商对采购人、采购代理机构的答复不满意或者采购人、采购代理机构未在规定的时间内作出答复的，可在答复期满后15个工作日内向同级政府采购监督管理部门投诉"。《招标投标法》第六十五条规定："投标人和其他利害关系人认为招标投标活动不符合本法有关规定的，有权向招标人提出异议或者依法向有关行政监督部门投诉"。《政府采购法》要求供应商认为自己的权力受到损害的必须先向采购人、采购代理机构提出质疑，采购人对答复不满意或者在规定的时间内未予答复的，才可向同级政府采购监督管理部门投诉。《招标投标法》则未规定此前置条件，可以向招标人提出异议，也可以向有关行政监督部门投诉。

（6）对采购的政策目标要求不同。《政府采购法》第九条规定："政府采购应当有助于实现国家的经济和社会发展政策目标，包括保护环境，扶持不发达地区和少数民族地区，促进中小企业发展等"。招标投标法却没有对政策目标作出规定，在政府投资巨大的工程采购中，应该是一项重大缺失。

（7）信息发布媒体确定不统一。《政府采购法》规定，由财政部门指定发布招标公告及政府采购其他信息的媒体。财政部先后指定了《中国财经报》、《中国政府采购》杂志、《政府采购信息报》、《经济日报》和中国政府采购网等媒体。根据《招标投标法》的有关规定，国务院明确由国家发展计划委员会（国家发展改革委）指定发布招标公告的报刊、信息网络或其他媒介。国家发展改革委先后指定了《中国改革报》、《中国建设报》、《中国日报》和国信招标公司的网站等作为信息发布媒体。

（8）采购（招标）代理机构的资格要求不一致。《政府采购法》第十六条第一款规定："集中采购机构为采购代理机构。设区的市、自治州以上人民政府根据本级政府采购项目组织集中采购的需要设立集中采购机构"。《招标投标法》第十三条第一款规定："招标代理机构是依法设立，从事招标代理业务并提供相关服务的社会中介组织"。按照《招标投标法》的规定，政府设立的集中采购机构就不能从事招标投标活动，只有社会中介组织才能开展招标投标业务。集中采购机构更不能涉足政府工程的招标采购活动，因其不具有招标投标法规定的代理资质，进人工程招标领域属于“非法”行为。

(9)确定废标(重新招标)的依据不一致。《政府采购法》第三十六条规定:“在招标采购中,出现下列情形之一的,应予废标:(一)符合专业条件的供应商或者对招标文件作实质性响应的供应商不足三家的;……(三)投标人的报价均超过了采购预算,采购人不能支付的;……”。《招标投标法》第二十八条规定:“投标人少于3个的,招标人应当依照本法重新招标。”按照《招标投标法》的规定,不管符合专业条件的供应商或者对招标文件作出实质性响应的供应商只有一家或两家,只要投标人不少于3个,本次招标就合法,就可以确定中标人。同时,对投标人报价超过预算的也未列为废标条件。

另外,在违规处罚方面,“两法”中对某些同一违规行为的处罚幅度也存在明显差异。

(二)运行体制方面

我国政府采购改革初期,基本上实行的是“管、采”合一的运行模式,随着改革的不断深入,提出了“管、采”分离的要求。经过近几年的努力,虽然在运行体制建设方面取得了一些进步,但仍存在诸多的问题,严重地影响着政府采购制度改革的深化。

1. 宏观协调指导乏力。《政府采购法》把政府采购的监督管理职责赋予各级人民政府财政部门,财政部门与其他政府机关行政层级平行,缺乏行政管理的权威性,难以有效地统筹平行机关对政府采购制度改革的协调工作。如在监管机构与执行机构的分设问题上,《政府采购法》已有明确规定,在2002年召开的全国政府采购工作会议上,也明确要求原来设在财政部门的集中采购机构,要力争在2002年底以前从财政部门分离出去。2003年8月国务院办公厅转发财政部《关于全面推进政府采购制度改革的意见》要求,隶属于行政部门的集中采购机构,应于2003年年底以前与所属部门分离。可是自提出分离要求至今八年的时间已经过去了,从省级集中采购机构的情况来看,实现真正意义上分离的省份廖廖无几,财政部也无能为力。宏观协调指导不力是当前影响政府采购制度改革深入开展的主要障碍。

2. 政府采购的主管部门不明确。《政府采购法》第十三条规定:“各级人民政府财政部门是负责政府采购监督管理的部门,依法履行对政府采购活动的监督管理职责”。“各级人民政府其他有关部门依法履行与政府采购活动有关的监督管理职责”。从本条规定理解,财政部门与审计、监察等有关部门一样,所履行的都是监督职责。《辞海》中解释:主管是指负主要责任管理。监管是指监视;督察。可见,主管与监管是两个不同的概念,法律赋予财政部门的是监管职能,并非主管职能。2008年机构改革中国务院颁布了各部、委主要职责,财政部“负责制定政府采购制度并监督管理”。国家发展和改革委员会“按规定指导协调全国招投标工作”。也没有明确指导协调全国政府采购的主管部门。

3. 集中采购机构管理体制混乱。《政府采购法》第十六条规定:“集中采购机构为采购代理机构。设区的市、自治州以上人民政府根据本级政府采购项目组织集中采购的需要设立集中采购机构”。目前,有些地区设立了集中采购机构,有的设立两个集中采购机构,有的不设立集中采购机构。提出“管、采”分离的要求以后,有的省将绝大部分采购中心转为监管机构,地(市)一级不设集中采购机构的达60%。已设立集中采购机构的地区,隶属关系也是五花八门,从全国省级和计划单列市设立的32个集中采购机构情况来看,隶属关系就有9种模式,分别隶属于省政府、政府采购管理委员会、政府办公厅、商务厅、财政厅、机关事务管理局、国有资产监督管理委员会、机械设备成套局和招标管理服务局。单位性质有参照公务员管理的单位、全额事业单位、差额事业单位和企业化管理的单位4种模式。从中央到地方互不隶属，各有各的做法，难以交流和联系，集中采购机构遇到的问题和呼声不能及时反映上去，上级的政策精神也不能及时顺畅地传达到位，集中采购机构形同“一盘散沙”。

4. “法官”与“被告”集于一身。政府采购法规定，各级财政部门是负责供应商投诉处理的部门，同时政府采购相关法规还赋予了财政部门废标后采购方式变更、采购进口产品和因特殊情况对达到公开招标数额标准的采购项目采用公开招标以外的采购方式等事项的审批权。如果供应商因为财政部门作出的决定使自己的权益受到损害提出投诉，处理投诉的仍是财政部门，即使作出的处理决定是公正的，也缺乏说服力。另外，监管部门在行政审批上的监督缺失，也容易造成监管部门审批的随意性。

5. 政府工程采购监管混乱。依据现有法规的规定，政府工程采用非招标方式采购的，由财政部门监管，采用招标方式采购的，分别由国家发展改革委、工业和信息化部、住房和城乡建设部、交通运输部、铁道部、水利部和商务部等部门监管，形成了多部门监管的局面，实际执行起来难免会出现推诿扯皮的现象，影响对政府工程采购卓有成效的监管。我国从2009年9月开始集中开展工程建设领域突出问题专项治理工作，截至2010年4月，全国共受理工程建设领域举报线索17269件，立案9188件，结案8656件；给予党纪政纪处分的5241人，其中地（厅）级57人、县（处）级611人；移送司法机关处理的3058人。工程建设领域中的招标投标是三个腐败高发环节之一。国家审计署向十一届全国人大常委会第十五次会议所作的关于2009年度中央预算执行和其他财政收支的审计工作报告中指出“2009年重大投资项目招标投标管理不严格、违规转分包等问题比较普遍。如西气东输二线工程西段，截至2009年5月，已签订的36亿多元施工合同中，有近80%未按规定招标，其中1.01亿元被违规直接发包，27亿多元合同的招标中存在人为分拆标段、违规确定中标人等问题。”这些问题的发生，无疑与对工程采购的监管混乱直接相关。

6. 质疑前置程序难以使供应商合法权益得到有效保护。按照《政府采购货物和服务招标投标管理办法》和《政府采购供应商投诉处理办法》的有关规定，发布中标公告7个工作日内供应商提出质疑，招标单位在7个工作日内作出答复，答复期满后15个工作日内向财政部门投诉，财政部门在5个工作日内审查并决定是否受理。整个程序需要34个工作日，加上双休日（不含节假日）至少需要46天时间。《政府采购货物和服务招标投标管理办法》还规定：“采购人或者采购代理机构应当自中标通知书发出之日起三十日内（不是工作日），按照招标文件和中标供应商投标文件的约定，与中标供应商签订书面合同”。在质疑阶段法规没有设置暂停采购活动的措施，如果中标供应商在确定其中标后即与采购人签订采购合同，在这40多天的时间里有些合同完全可以履行完毕，有的也可能在履行过程中。如果合同已履行，既使在以后的救济程序中质疑供应商的主张得到支持，相对于其丧失的商业机会而言，已经失去了请求权益救济的实际意义。

7. 对部分单位、人员违规行为的处罚缺乏可操作性。政府采购活动中，对招标单位责任人员、评审专家、采购人单位有关人员违规行为的行政处分和对违规供应商吊销营业执照的处理，财政部门并无权作出此类决定，应由当事人的行政主管部门作出处理。当事人的主管部门是依据财政部门出具的处理建议作出处理决定，还是重新调查取证后进行处理，有关法规并没有作出明确规定，大部分采购人与财政部门是平级单位，有的比财政部门还要强势，由于监管部门缺乏权威性，有些问题也只好不了了之，对违规行为的处罚变为空谈。

二、深化政府采购制度改革的建议

随着改革的不断深化和国内外形势的变化，尤其是加入世界贸易组织《政府采购协议》（以下称 GPA）谈判工作的开展，我国政府采购制度改革又进入了一个关键时期，必须采取得力措施，加大政府采购制度改革的力度，才能保证我国政府采购事业健康积极地沿着正确的轨道快速推进。为此，提出以下建议：

（一）统一领导，强化协调

政府采购制度的建立、完善和执行要靠诸多因素的组合，包括经济社会条件、自然地理条件、制度机制环境、人力资源与机构条件、采购手段、意识态度和职业精神等诸多因素，而这些因素的整合不是靠某一个部门的努力就能够实现的，需要一个能够调整这些资源的权威机构组织协调才有可能实施。政府采购制度改革是上层建筑领域的一场革命，来自旧体制、旧观念的阻力是巨大的。有的党政领导受错误政绩观的影响，认为实行政府采购制度带来的效益是“隐性”政绩，不如抓建设、上项目政绩显著，对政府采购制度改革没有引起足够的重视；有的财政部门领导仍存在重资金分配、轻支出管理的思想，认为分配资金是受人欢迎的事，而抓政府采购控制了预算单位花钱的自由，是得罪人的事，对政府采购制度改革缺乏足够的热情；有的部门、单位习惯于旧体制下形成的资金支配方式，错误地认为推行政府采购制度是财政部门“揽权”，对既得权力和利益恋恋不舍，对政府采购制度改革持消积态度，甚至诋毁改革的推行。在我国十几年政府采购制度改革的实践中，形成了事实上的两个管理部门，财政部门负责货物和服务采购的管理，国家发展改革委等部门负责工程采购的管理，在法规制度制定和执行管理中各唱各的调，各地区的工作开展也是八仙过海、各有千秋，在有些地区甚至形成了谁强势谁有理的局面。所以，政府采购制度的推行不能仅仅凭借制度本身的优越性，在我国的宪政体制下，只有依靠行政权力的推动，实施强有力的领导，才能保证改革的顺利进行。我国政府采购制度改革要冲破各种阻力，加快改革进程，首先要从国家层面引起高度重视，仅靠某一个部门来推动涉及国家机关各部门及社会各相关领域的改革是势单力薄的，应成立国家政府采购管理委员会，统一领导协调全国的政府采购制度改革工作，让政府采购制度改革摆脱财政支出管理改革的局限性，列为政府行政管理体制改革的重要组成部分。政府采购管理委员会主任由国务院领导但任，各相关部门参加，为政府采购制度改革提供强有力的组织和领导保障。

（二）科学分工，建立相互制约、密切配合的运行体制

我国政府采购制度改革中，一直强调“管、采”分离，但并没有完全解决审批权与监督权相分离的问题，在目前的管理体制下，财政部门既具有对采购方式变更、进口产品等事项的审批权，又是负责投诉处理的部门。GPA 规定：“投诉案件应由法院或与采购结果无关的独立且公证的审议机构审理”。依照本规定，在目前职能未作调整的情况下，财政部门作为投诉处理部门显然是不适宜的。鉴于我国目前诚信体系建设的现状和反腐败斗争的严峻形势，应实行“管、采、监”三分离的管理体制。由政府采购管理委员会履行“管”的职能，下设政府采购管理办公室，具体负责政府采购政策制度的拟订、政府采购计划编制、评审专家管理、社会代理机构认定管理、政府采购人员培训、资金支付管理和效益评估等，指导协调货物、工程和服务政府采购的全面工作。从政府采购“管、采”分离以来的实践看，一些地方的政府采购监督部门与集中采购机构之间工

作配合并非十分协调，也需要一个统一的权威部门进行协调指导。集中采购机构履行“采”的职能，负责政府采购的具体组织实施工作。统一全国集中采购机构设置模式，消除机构设置的混乱局面。同时，赋予集中采购机构必要的管理职能，如负责对专家评审结果的复核，发现违规行为可提出纠正意见或向管理部门反映报告；以第三方身份参与合同履约验收；负责协议供货和定点采购履约过程的监督等等，使政府采购执行过程中的每一个环节都置于有效的监控之下。监督部门履行“监”的职能，负责政府采购活动全过程的监督检查及投诉处理工作，同时统一监管机构的上下指导关系。温家宝总理在2010年《政府工作报告》中对政府行政管理体制改革提出了“加快建立健全决策、执行、监督相互制约又相互协调的行政运行机制”的要求，建立政府采购“管、采、监”相互分离的运行机制无疑是符合这一要求的。另外，在职责分工中，不能把监督仅仅理解为监管部门的职权或“专利”，由于政府采购活动的特殊性，政府采购的监督主体和客体具有不确定性，在一定情况下，监督主体可以成为监督客体，同样，监督客体也会变为监督主体。依据目前的职能划分，有些采购环节监管机构鞭长莫及，采购机构又无权过问，必然会形成监管的“真空地带”。监督不是仅仅依靠某一个部门就能管好的，管理中有监督，监督是另一种方式的管理，有效的监督靠的是科学分工形成的监督机制，只有建立多维、立体、全方位的政府采购监督体系，才能保证政府采购有效地实现其预定目标。

（三）统一立法指导原则，尽快修订两法

《招标投标法》和《政府采购法》都已颁布八年以上，当初制订两法时我国的实践经验尚有不足，随着改革的不断深入，两法的矛盾与缺失逐步显现。由于受两部上位法的制约，两部法律实施条例（征求意见稿）的差异也有二十多处。有些地区在政府采购实践中总结出的一些切实可行的经验和做法，但由于法律没有相应的规定，推行起来也会遇到一些阻力。这些问题已经影响到改革的继续推进，应以科学发展观为指导，从维护国家和人民的利益出发，而不是从部门利益出发，尽快启动对两法的修改和完善，为建立科学的政府采购运行机制提供法律保障。

（四）将政府投资工程纳入《政府采购法》调整范围

巨大的政府工程投资是调控经济发展至关重要的一个方面，将其排除在《政府采购法》规制范围之外，必然大大降低政府采购的宏观调控功能，影响政府采购政策目标的实现。政府采购的范围包括货物、工程和服务已不是需要再进行探讨的问题了，联合国《贸易法委员会货物、工程和服务采购示范法》、GPA及世界各国和地区的有关法规都作出了明确界定，已被国际社会广泛认可，将我国政府投资工程纳入《政府采购法》规制顺理成章，理所当然。应通过完善法律法规，将货物、工程和服务统一纳入《政府采购法》调整范围。

（五）取消质疑前置程序，提高救济维权效率

GPA第二十条第一款规定“供应商对违反本协议规定的采购提出投诉时，缔约方鼓励供应商与采购机构进行磋商，解决争议。采购机构在不妨碍按投诉程序采取纠正措施的前提下，应对投诉事件及时、公正地予以考虑”。质疑与磋商是作用基本相同的争议解决措施，GPA规定鼓励供应商通过与采购机构进行磋商解决争议，而不是必须通过磋商程序解决争议，在投诉期间仍可进行磋商。我国《政府采购供应商投诉处理办法》规定，提起投诉前已依法进行了质疑是投诉人提起投诉的必要条件。我国迟早是要成为GPA成员国的，我国的政府采购法规建设应

逐步与国际规则接轨。另外，质疑前置程序降低了供应商权益救济的时效，影响了救济工作效率，应取消供应商质疑前置程序，由供应商自行选择是采用质疑程序还是采用投诉程序来维护自己的合法权益。

（六）充分发挥集中采购机构在政府采购中的主渠道作用

目前，在我国政府采购领域活跃着两支队伍，一支是各级人民政府设立的集中采购机构，一支是社会中介机构，《政府采购法》将二者统称为采购代理机构。我国推行政府采购制度以来，二者虽然都为政府采购事业的发展做出了积极贡献，但他们的地位和作用却不能等同看待。在单位性质、工作目标、委托关系、采购成本、监管难度和自我约束能力等方面都有区别，社会中介机构是以营利为主要目标的经营性组织，集中采购机构是政府设立的非营利事业单位，没有自身的经济利益追求，在价值取向上与国家意志有着高度的一致性，维护国家和人民利益的责任，要求其必须依法办事。同时，设立集中采购机构也是为了能够更好地形成相互制约的工作机制，保证政府采购工作的健康开展。在有些地区却以“不好管”、“难协调”等借口，不设立或撤销已设立的集中采购机构，虽然监管机构省却了许多“麻烦”，但国家和人民的利益却遭受了损失。目前，在有些地区社会中介机构与集中采购机构争夺政府采购代理份额的问题愈演愈烈，对政府采购的规模效应产生重大影响。所以，应该充分认识集中采购机构在政府采购中的地位和作用，按法律要求，统一设置集中采购机构，充分发挥集中采购机构的主渠道作用。

作者单位：山东省省级机关政府采购中心

关于协议供货价格高现象的探讨

许 剑

政府采购协议供货价格高的问题，一直是推行政府采购制度改革中反映比较突出的问题，对这一问题进行深入探讨十分必要。笔者就此谈一些粗浅的看法，与业界同仁商榷。

一、导致协议供货价格高的原因

研究协议供货价格高的问题，不能就协议供货谈协议供货，协议供货只是我国政府采购制度改革的一个缩影，必须从整个改革大环境和操作程序两个方面来进行分析，才能从根本上揭示矛盾存在的症结。从我国协议供货反映出的问题来看，产生这种现象的原因是多方面的。

（一）集中采购机构的法律地位与承担的职责不对等

集中采购机构是政府采购法律政策的具体执行者，是财政预算支出的中间链条和关键环节，在政府采购工作中发挥着协调各方的枢纽作用。可我国现行法律将集中采购机构定位为代理机构，只能被动地接受采购人的委托实施采购。这样的法律定位使集中采购机构对各级采购人和供应商缺乏应有的权威性和约束力。再是，《政府采购法》没有授予集中采购机构合同履行期间的监督管理职能，集中采购机构也缺少监督管理必要的手段和措施。在《中央单位政府集中采购管理实施办法》第三十七条中，虽然规定了协议供货中对供应商违反协议或者不遵守中标承诺的，集中采购机构可以根据协议约定追究其违约责任，但同时又规定，涉及对中标供应商处以罚款、禁止参加政府采购活动、列入不良行为记录名单等处罚的，应当由财政部依法作出决定。从本条规定看，集中采购机构对违反协议或者不遵守中标承诺供应商的违约责任追究实际上并没有引起供应商足够重视的措施。还有，集中采购机构实施协议供货招标缺乏足够的法律依据。《政府采购法》规定，集中采购机构“根据采购人的委托办理采购事宜。”“采购人依法委托采购代理机构办理采购事宜的，应当由采购人与采购代理机构签订委托代理协议，依法确定委托代理的事项，约定双方的权利义务。”纳入协议供货的采购人少则几百个单位，多则上千个单位，如此众多的采购人都与集中采购机构签订委托协议是很困难的，在有的地区是财政部门委托集中采购机构进行协议供货招标，财政部门只是众多采购人之一，法律没有授予其代表全部采购人的资格，如果采购人没有全部签订代理协议，集中采购机构实施协议供货招标的合法性也是要打一个问号的。

（二）诚信体系建设不完善

现代市场经济必须要有可靠的信用作保障，失去了信用，交易的链条就会断裂，只有买卖双方具有良好的信用等级，能够令双方充分信任，才能保证长期供货合同的有效履行，普遍的守信行为也是协议供货能够顺利进行的前提条件。可在实际工作中，有悖诚实守信的现象却时有发生，如投标人在投标报价时为增强竞争力，反映出的报价让利大、利润低，在实际交易时便抬高或变相抬高价格；有的以缺货、产品已停产等各种理由，建议采购人采购其新出型号或者在协议中没列明的型号，以绕开折扣率，获得较高的利润；有的供应商在不改变让利率的前提下抬高供货价，表面上不易察觉，结果出现让利、价格双高的现象；还有些供应商不及时更新价格信息，甚至在一个年度都是一个价格，采购人无法享受到降价的优惠，使得政府采购价反而高于普遍消费者购买的价格。诚信体系建设的不完善成为协议供货顺利推行的一大障碍。

（三）市场价格信息监控不力

由于协议供货期限较长，供应商数量较多，分布范围广，供货产品品种多样，而在目前商品价格、品种变换较快的市场经济条件下，无论从集中采购机构的人力状况还是工作手段来讲，很难及时把握市场价格，也不能及时调整协议供货价格。另外，由于大部分地区没有制定统一的办公设备配置标准，各个单位采购的品牌型号五花八门，更增加了价格监控的难度。这就为供应商的投机行为提供了条件。

（四）协议供货入围招标评审办法不科学

一是淘汰率低，竞争不够充分。协议供货实行资格入围在先、具体采购交易行为在后的模式，入围招标时没有具体的采购需求，采购规模也不确定，为满足协议供货期内采购人不同的使用需求，尽量让各种品牌型号都能入围，中标率一般在70%～80%。不同品牌不同型号的产品混合在一起共同评审，甚至同一品牌的不同型号也要进行比较，供应商投标行为存在较大的盲目性和投机性，参与投标的绝大部分供应商都能中标，区别只是中标产品型号谁多谁少的问题，因此品牌之间的竞争性不强，价格因素无法充分体现。二是价格分计算失真。由于采购标准不明确，各投标产品型号、技术指标繁多复杂，为便于比较价格，往往以产品媒体价与协议供货投标价之间的折扣率计算价格得分，媒体价是由各厂家自行确定的，不是市场确定的真实成交价，以媒体价为标准计算出的折扣率本身水分就大。为获得较高的价格得分，投标供应商通过提高媒体价的办法进一步放大折扣率，而实际协议供货投标价格并不一定低于市场同期实际成交价。

（五）指定品牌限制了市场充分竞争

采购人的品牌倾向为价格高的现象提供了可乘之机。一是在唯一供应商处采购。如在小汽车采购中，个人买车具有很大的可选择性，一般都要进行价格、性能、运行成本等方面的权衡，可选择的品牌多。商家为了揽住生意，尽量压价，否则，用户就可能去购置其他品牌的汽车。而公务用车采购，供应商已经吃透了其中的一些隐秘，一般是领导先指定品牌再去采购，这是领导的指示，供应商在本地就此一家，不降价你也得购买，所以政府采购价格就高于个人购车价格。二是在同一品牌代理商之间选择。采购人指定品牌后只有该品牌的代理商参与竞价，代理商很容易与生产制造厂家联合，对产品进行价格垄断，使协议供货价格脱离市场价值规律运行，导致了价格居高不下。

（六）采购人的非理性行为助推高价采购

一是个别具体采购人员责任心不强，认为反正都是入围协议供货商，买谁的都一样，不比价、不讲价、买走了事。有的是为了把预算安排资金全部花完，心甘情愿购买高价产品，尽管有些地区作出了二次询价或货比三家的规定，由于监管措施不力，也难以有效地约束采购人，使二次竞价流于形式。二是个别采购人为了谋取不正当利益，甚至不允许供应商报低价或利用不正当手段与供货商合谋提高供货价格。有的供应商为了能够获得采购定单也不得不继续进行二次“公关促销”，避免不了关系采购、人情采购，甚至出现买卖串通、暗箱操作、私下交易、高价成交的问题。而一旦出了问题，采购单位就把责任归咎到政府采购制度上。

二、国外协议供货制度经验与借鉴

协议供货在国外一些国家也称为框架协议采购。协议供货只是政府采购制度中的一种采购方式，这种方式的成功运用是以完善的法规制度建设，良好的信用环境，充分公平的竞争等诸多因素为基础的，离开这些环境条件简单的就协议供货比协议供货是不科学的。据有关资料介绍，美国、西班牙等国家在实行协议供货方面是比较成功的，也取得了良好的社会效益和经济效益。如西班牙中央政府框架协议采购的资金节约率为10%，超过全国政府采购7.8%的节约率。他们的成功是诸多因素的有效组合。

（一）机构设置合理，职责明确清晰

美国总统行政和预算办公室负责联邦政府各部门的预算管理，纳入预算的所有货物、工程和服务均需实行政府集中采购，没有预算不允许采购；联邦政府采购政策管理办公室，负责政府采购的统一政策管理，并通过发布普遍适用于各个行政机关的规章制度，协调具体采购活动的实施；联邦总务署负责除国防部和交通部以外所有联邦政府其他机构及国会的货物、工程和服务的政府采购的执行管理；联邦会计总署履行政府预算支出和政府采购监督管理职能，也是受理供应商投诉的权威机构。西班牙国家经济和财务部为全国政府采购工作的主管部门，并成立了专门的政府采购管理委员会，下设政府采购局、政策咨询司、供应商评价司和监督管理司。科学合理的机构设置和清晰的部门职能划分为政府采购工作的顺利开展奠定了基础。

（二）执行主体具有高度的权威性

美国没有《政府采购目录》和采购预算，政府部门采购所有货物、工程和服务都要通过联邦总务署来进行，统一执行联邦总务署集中签订的采购合同，部门自行采购需经联邦总务署授权，而且权限可以随时收回。联邦总务署署长由总统征求参议院意见并经参议院通过后任命，直接对总统负责。联邦总务署与总统行政和预算办公室、人事管理局一起被称为联邦政府的三大管理机构。西班牙法律赋予集中采购机构变更调整采购目录的职能，并以采购人的身份实施采购，采购项目统一签订三方合同，合同甲方为集中采购机构，乙方为使用方，丙方为供应商。集中采购机构全权代表各采购部门完成采购预算核准、采购程序制定、成交供应商确定、采购合同签署和出具支付凭证的全过程。框架协议采购实行网上核准制，即采购人在执行采购前必须将项目详细信息及拟采用合同通过电子方式申报集中采购机构，进行项目预算核准和经济适用性核准。集中采购机构内设合同管理部，专门进行项目合同审核。美国和西班牙都没有招标公司，都是通过政府设立的集中采购机构进行采购。集中采购机构履行职责的权威性成为规范采购行为、体现集中采购优势的重要条件。

（三）统一配置标准

美国把统一配置标准、实行强制集中采购作为保证有关政策有效实施的重要手段，这样可以整合购买力资源，统一政策、合同，发挥集中采购的规模优势。像电脑、汽车、办公家具和办公用品等，各部门都要执行联邦总务署制定的政府采购配置标准。如世界银行工作人员1万余人，其中总部7000人，3000人分布在世界各地，办公家具、办公设备和办公用品等全部统一配置标准，驻世界各国的分支机构也要执行统一配置标准。各分支机构自行采购的范围仅限于无法统一采购或驻在国拥有价格更为低廉的货物。

（四）健全有效的供应商评价体系

西班牙经济和财务部设立专门的供应商

评价司，对政府采购供应商进行年度商务和技术评价。评价全部量化打分，按照企业最终得分归属相应的供应商等级，以决定该企业在下一年度能否参与或能够参与何种额度和复杂程度的政府采购项目。企业经营过程中出现的任何有悖诚信和合法经营原则的行为，都将作为重要因素直接导致企业降级。健全的供应商评价体系对创造有序竞争和诚实信用的政府采购环境发挥了重要作用。

（五）先进的技术手段

美国政府采购极其重视高科技手段的运用和信息化建设，联邦总务署建立了极为科学和全面的数据库，数据库可以反映市场各方面的情况，并且信息及时更新。任何企业经过注册都可以通过互联网将企业的各种信息输入数据库，政府各部门也可以通过数据库了解到任何相关的信息，包括企业的资信状况、产品各项技术指标及至传真图片等，庞大的数据库成为支撑美国政府采购的有力手段。

美国合同有效期一般为1～3年，西班牙框架协议的执行有效期一般为3年，他们采购的产品种类都有几万种。美国和西班牙合同有效期都比我们长，采购的品种都比我们多，他们为什么就能卓有成效地运用了协议供货（框架协议）这种采购方式呢？从以上两国政府采购制度建设中的一系列做法就可以看的清清楚楚了。如何借鉴先进国家的成功经验，紧密结合我国的国情，既不能照搬国外的某一点做法，也不能无视他国的先进经验，自己闭门造车，逐步建立既与国际惯例接轨又适合中国国情的政府采购制度，应该是我们共同深入探讨的一个重大课题。

三、遏制协议供货价格高的对策与建议

（一）强化集中采购机构的法律地位

现行的协议供货把采购入围供应商与实际实施采购者相分离，集中采购机构负责确定入围供应商，采购人采购时再与供应商二次比价或谈判后签订采购合同，集中采购机构和采购人一个负责采购的前半部分，一个负责采购的后半部分，形成了“两张皮”，难以进行监督管理。应该授予集中采购机构采购人的地位，各个单位的采购需求统一由集中采购机构进行采购，由集中采购机构直接与入围供应商“打交道”，这样才能对各个供应商在协议供货中的履约价格及有关情况心中有数。同时，授予集中采购机构应有的监督管理职权，增强集中采购机构的权威性。

（二）建立完善的价格监控机制

对协议供货价格能否进行实时有效的监控是协议供货能否成功的一个关键，在实施协议供货中必须建立完善的价格监控机制。建立协议供货产品价格信息平台，随时可以查询全国各种品牌、型号的市场价格动向，要求供应商将商品品目信息和价格信息全部在平台上公告，包括入围中标时的中标价、折扣率，产品品目变化及价格变化等情况，建立产品品目、市场价格调整时在第一时间向集中采购机构报告和对中标价格监督确认等制度。国家统一规划、统一组织，加大政府采购电子化系统开发建设力度，充分利用现代化先进手段，对协议供货价格施行及时有效的监控。

（三）加大跟踪督查、履约评估和对供应商的奖惩力度

要有专门机构和足够的人力负责协议供货的日常管理、监督和检查工作，疏通质疑、投诉处理渠道，建立对协议供应商的考核制度，对履约信誉好的供应商可以采取在下一年度招标时适当加分等鼓励措施，对履约信誉差的供应商根据不同情况分别给予没收履约保证金、罚款、禁止参加政府采购活动、列入不良行为记录名单等处罚，同时通过指定媒体进行宣传和曝光，通过这些措施，逐步建立起诚实守信的良好秩序。

（四）制定统一的资产配置标准

协议供货采购中办公设施用品占有相当大的比例，大部分地方还没有统一的办公设备配置标准，造成了采购品牌型号的多样性，不仅加大了采购工作的复杂性，无法汇总形成规模效应，也加大了采购的监管工作量，增加了监管难度。应该尽快制定和完善办公设备配置标准，这个标准应涉及政府公务用品的方方面面，大到汽车、小到U盘。统一的标准减少了采购品牌型号数量，扩大了同一产品的采购规模，便于监督管理，必然会对供货价格的降低产生重要作用。

（五）实行区域联合采购

现在是一级政府一级采购，在有些地方就出现了一个行政区域内存在多家政府集中采购机构的现象，如在一个省会城市往往是省级采购中心、市级采购中心和区级采购中心并存。各级集中采购机构虽然都履行着完全相同的职责，却互不隶属，没有专门的机构进行统一的协调和管理，致使各级政府集中采购机构各自为政，缺乏业务联系，人为割裂了一个行政区域内的政府采购统一市场，分散了集中采购规模，降低了与厂商谈判的砝码，也造成了同一行政区域同品不同价的怪现象。各级集中采购机构应加强联系和协调，尽量实行区域联动，按照行政区划组建统一的政府采购大市场，共享招标采购成果，不但可以有效降低采购成本，更可以凭规模优势获得更优惠的采购价格。

（六）调整适用范围，扩大批量集中采购规模

在目前我国政府采购法规体系建设、诚信体系建设和监控手段不完善的情况下，应适当控制协议供货采购范围，一些具有成熟经验的国家是通过长期的摸索和积累才形成了现在的管理模式，并不是推行政府采购制度之初就成功地应用了协议供货采购方式。我国推行政府采购制度才刚刚十几年的时间，仍处在初级阶段，还有很多东西需要去摸索和探讨，所以协议供货的范围不宜过大，应将一些规格标准相对统一、品牌较多、货源充足、日常采购频繁的小额零星通用类产品和通用类的服务项目纳入协议供货范围，能实行批量采购的尽量采用公开招标方式进行采购，公开招标作为政府采购主要采购方式的原则不能改变。不能单纯地为了追求采购人的“方便”，而牺牲政府采购目标的实现，否则协议供货就会变成“随便采购”、“自由采购”。政府采购最根本的是对纳税人负责，而不仅仅是对采购人负责，应该在政府采购法规的约束下为采购人提供尽可能好的服务。采购人必须按预算采购，必须制定采购计划，不得指定品牌采购，必须执行法律规定的采购程序。所以应适当控制协议供货范围，扩大招标采购规模，财政部财库［2009］101号文件对推进批量集中采购工作已提出了要求，各级都应做大做好批量集中采购工作。

（七）制定规范的协议供货管理制度

协议供货与政府采购其他五种采购方式相比，其复杂性和监管难度都要大的多，现在各地做法也不尽一致，各有各的办法，各有各的招数，协议供货虽然已经推行了几年时间了，但至今没有统一规范的管理制度或实施办法，需要在法规制度建设上进一步完善。制定这个办法要实用管用，就要突破现有《政府采购法》中一些不合实际的条款约束，以科学发展观为指导，以实事求是为根本，在认真总结各地经验的基础上，制定出一个适合中国国情的、具有可操作性的《政府采购协议供货管理办法》。

作者单位：山东莱钢国际贸易有限公司

政府采购监管风险及其控制

魏 承 玉

《政府采购法》规定，各级人民政府财政部门是负责政府采购监督管理的部门，依法履行对政府采购活动的监督管理职责。各级人民政府其他有关部门依法履行与政府采购活动有关的监督管理职责。监管的目标主要是规范政府采购行为，保证政府采购活动公开公平公正，保护当事人的合法权益，维护国家利益和社会公共利益。财政部门作为政府采购监管部门有两项基本任务：一是对政府采购活动实施监管，二是对政府采购当事人的行为实施监管。财政部门实施政府采购监管的特点有两个：一是全过程监管。其监管环节包括政府采购预算、计划、执行、签订合同、履约验收、资金结算等过程和环节。二是全方位的监管。其监管范围包括采购人、采购中心、社会代理机构、供应商等政府采购所有当事人的行为。财政部门实施政府采购监管的手段主要有询问查询、调查取证、检查处理、处罚公告等。财政部门在执行政府采购监管过程中，应当接受审计机关的审计监督和监察机关的行政监察。

一、政府采购监管风险主要包括审批风险、执法风险和救济风险

财政部门在履行监管职责时，必须行使法定的权力和义务，不行使法定权力和义务的，属于不作为，应承担其后果，行使权力和义务不正确，属于乱作为，也应承担后果，这就是财政部门作为政府采购监管部门的监管风险。主要包括审批风险、执法风险和救济风险。

（一）审批风险

所谓审批风险，是指监管部门在履行行政许可、审批、审核、备案等法定职责时产生的风险。这种风险分为两类：一类是失察。财政部门在履行职责时，对当事人的错误行为没有能够发现，导致其作出错误的行政审批行为。另一类是失误。财政部门自身的行为发生错误，或是出现错误的程序，或是出现错误的结论，或是程序和结论均出现错误。例如，在行政许可方面，由于申报单位提供虚假资料，或受到某些势力或利益的驱动，作出错误的行政许可。在采购方式审批方面，批复非公开招标方式的依据不充分，或对技术参数的倾向性，资格审查的合理性等判断不准确，对投标人的围标串标行为定性不明确，等等。在进口产品审核方面，没有依照法律规定的客观情形作出决定，而是按照项目优化的主观愿望作出决定。导致不能进口的产品获得进口许可。在采购文件备案方面，对采购文件审查不仔细、不及时，导致采购文件中的瑕疵或陷阱没有察觉，引起采购活动的纠纷或争议。

（二）执法风险

所谓执法风险，是指监管部门执法过程中，发现问题，处理问题时产生的风险。财政部门作为监管机关，对政府采购活动中的违纪违法行为有执法处理的职责，由于采购

活动的复杂性和当事人利益争夺的激烈性，财政部门在执法处理过程中存在定性难、取证难、定论难的现象。例如，对于高价中标的是与非，低于成本价中标时成本价是多少，投标人过去在政府采购违法时是严重还是轻微，代理机构对评委会的明显错误能不能指出，采购人拒绝第1名的理由是充分还是不充分，等等，都很难下结论。社会上对政府采购的质量和价格存在认识的误区，当价格高的产品中标时，他们会指责“只买贵的，不买对的”，当价格低的产品中标时，他们会议论“这么低的价格怎么可能买到质量好的产品”。这种氛围导致财政部门在执法处理时没有了衡量标准，始终处于游离状态。某地有一个较大的项目，第2名投诉第1名低于成本价投标，后来监管部门聘请注册会计师到第1名企业和第2名企业调查了解，查账取证，其结果是根本无法说明该产品的成本价是多少。最后无法确定第1名是低于成本价投标还是不低于成本价投标。某地方有一个较大的项目，还在投标阶段，就有投标人举报另一投标人以前在政府采购活动中有严重违法行为，应取消其投标资格，经过调查，该投标人确实在一项政府采购活动中提供虚假产品，受到市级工商部门的处罚，并在媒体上被列为10大造假案。该投标人对市级工商部门的处罚不服，向省级工商部门提出行政复议，省级工商部门作出维持市级处罚的决定，但答复中注明情节轻微。那么，该投标人的违法行为是严重呢还是轻微呢，很难判断。但财政部门作为政府采购监管部门又必须作出判断，这就是风险。

（三）救济风险

所谓救济风险，是指财政部门在解决采购人的过失、处理当事人的投诉和举报时产生的风险。救济风险应该说是当事人的错误，由财政部门来裁决，因为裁决而将风险转嫁给裁决者。比较突出的是：(1) 采购人未办理政府采购而自行组织采购活动，事后要求财政部门按单一来源方式补办政府采购手续。对于这种情形，如果财政部门补办了政府采购手续，则违反了政府采购法律法规，应承担责任。如果不补办政府采购手续，采购人就不能办理资金结算，采购人不支付资金，就违反了合同法，采购人要承担法律责任。采购人肯定不愿意承担责任，他会想方设法将此风险转嫁给财政部门。(2) 投标人投诉，财政部门受理后，其处理程序和结论都有受到行政复议和行政诉讼的风险。(3) 单位或个人举报政府采购活动中的舞弊行为，财政部门调查处理时，应对其处理结果承担责任。

二、政府采购监管风险产生的原因主要是法律制度体系不完善，改革的超前性产生的体制性矛盾和政府采购人员素质不高

风险是某一特定危险情况发生的可能性和后果的组合。从哲学角度来看，风险是来自时间不可逆和过去时间与未来时间不对称的现象，从决策的角度来看，风险是由于决策者和执行者认知的有限性和能力的局限性所造成的。政府采购监管风险产生的原因很多，有客观层面的也有主观层面的，主要是法律制度体系不完善，改革的超前性产生的体制性矛盾和政府采购人员素质不高等。

（一）法律制度体系不完善

首先是政府采购法律制度的缺失。现行法律制度体系主要由《政府采购法》和部门规章组成，缺少承上启下的法规性文件，没有形成完整的制度体系。在协议供货、电子化采购、专家管理规定等方面存在制度空白，政府采购执行层面缺乏可操作性的制度规范，监督处罚规定比较笼统和原则。其次是政府采购法律制度的冲突。我国政府采购由《政府采购法》和《招标投标法》作依据，而《政府采购法》和《招标投标法》在立法宗旨、适用范围、法律体系等方面存在很大差别，包括对“工程”内涵、预算管理、合同

备案管理、监督检查、投诉处理、法律责任、代理机构资质、信息发布媒体、专家库建立使用等的规定不尽相同。两法存在如此大的差别，又没有协调方案，导致实际工作中的混乱。一方面无所适从，不知道执行哪部法律是正确的；另一方面为我所用，哪部法律对我有利就用哪部法律，极大地破坏了法律的严肃性，也肢解了政府采购的规模，使政府采购政策功能的发挥受到限制。第三是政府采购法律制度的纠结。关于本国产品、财政性资金、严重违法等在制度中没有表述清楚，导致实际工作中无所适从，政府采购当事人都按自己的理解去实施，不能形成统一的认识和判断，影响了法律的效力，增加了风险的概率。

（二）改革的超前性产生的体制性矛盾

首先是财政部门预算编制执行方面的改革尚在不断深化，目前对于上级转移支付和专款、工程等预算尚未纳入部门预算之中。作为部门预算组成部分的政府采购预算不可能完全规范，政府采购预算中也不可能包括上级转移支付和专款、工程预算等。政府采购与部门预算、国库集中支付、非税收入管理等改革的步伐和程序还存在差异，四者之间的无缝连接还有一个过程。其次是行政决策方法还停留在传统的方法上，与政府采购相适应的依法行政、依法决策体系还没有形成。有的单位党组会议决议事项，要求一个月、一个星期甚至明天就到位，而按政府采购程序，不可能按会议决定的时间运行。第三是标准配置还处于研究试点阶段，政府采购还不能形成规模。如计算机采购，一个单位一个需求，钱多的单位要买配置高的，钱少的单位要买配置低的，每年计算机需求量非常大，但由于没有统一配置，无法形成规模，采购效率和效益大打折扣。

（三）政府采购人员业务素质不高

政府采购工作在我国是一项新的改革，从1998年开始试点到现在也只有十几年的时间，随着改革的不断推进，政府采购人员业务素质成为制约改革发展的瓶颈。一是政府采购理论研究人员匮乏，全国真正以政府采购作为主要研究对象的教授学者不到20人，由于理论研究人员的不足，致使政府采购许多理论问题得不到解决，诸如基本概念、基本目标、基本原则等都没有形成理论体系。二是政府采购法律人员不足，湖北省真正研究政府采购法律的人员不到10人，许多政府采购法律问题受到曲解，有些供应商聘请的法律顾问，对政府采购法律一知半解，在质疑投诉时不能很好地尊重法律精神，把一些简单问题复杂化。三是政府采购从业人员数量少，素质还达不到改革的要求，有的地方政府采购监管人员只配备2~3人，无法履行繁杂的监管职责，有的单位对政府采购程序和方法熟悉的人员极少甚至没有，工作中经常出现规避政府采购，规避公开招标的问题。

三、政府采购监管风险控制主要是健全制度，完善机制，提高从业人员素质

政府采购监管工作涉及面广，政策性、法律性强，透明度、社会关注度高，风险是客观存在的。但只要我们明确职责，正视问题，健全制度，完善机制，提高从业人员素质，就一定能化解矛盾，控制风险。

（一）健全制度

建立和完善以《政府采购法》为核心的法律制度体系，是深化政府采购制度改革的客观需要，是实现依法行政、依法采购的必然要求，也是控制政府采购监管风险的基础。首先要建立政府采购法规制度体系。将《政府采购法》和《招标投标法》合并成《政府采购法》，以《政府采购法》为主体，以《政府采购法实施条例》为统驭，以《政府采购工作规范》和《政府采购处罚办法》为两翼，以财政部部长令为基脚，配套专门的法规制度。形成完整的全面的法规制度体系，使政府采购监管工作有法可依，有章可循，

有规可蹈。其次要适时出台有针对性的法规制度。根据实际工作中出现的新情况新问题，及时出台解决这些问题的法规制度，使政府采购监管工作在法规制度方面不留或少留空白。湖北省财政厅近几年来就针对实际工作中的重要情形，先后与湖北省监察厅、省审计厅联合出台了《湖北省省级政府采购项目实施管理规定》《关于实施单一来源政府采购方式的管理规定》《湖北省政府采购供应商资格审查管理规定》《湖北省计算机信息系统集成政府采购项目实施办法》等制度，给政府采购监管工作提供了及时而有力的法律支撑，从而解决了监管行为的随意性，避免了风险。第三要建立公开透明的信息披露制度。信息披露的充分、完整和及时，是控制政府采购监管风险的直接而有效的途径。财政部门作出的决定，都先在网上公告，让广大的参与者提意见，对有疑义的决定，经过研究，提出解决方案后再行公告，直至没有疑义为止。这种程序上的制度规定可以有效地避免财政部门作出决定的错误和失误。湖北省在行政许可时，与监察系统信息对接，通过公开透明的程序，让所有申报者和潜在申报者有一个明确的信息交流渠道，较好地降解了行政许可的风险。

（二）完善机制

政府采购机制建设是政府采购工作的重点内容，也是政府采购监管风险控制的重要内容。机制的完善必然促进体制的创新，体制的创新必须推动改革的深化。首先要建立事前、事中、事后为一体的监督体系。政府采购监督的位置应往前移，不能等问题出现了再去处理，必须变被动为主动，把问题解决在萌芽状态。湖北省财政厅近几年在这方面作了一些尝试，如对采购金额在 300 万元以上的、专业性较强、技术较复杂、社会关注度较高的项目，在实施之前，召开采购人、代理机构协调会，研究制订详细的采购方案，经监管部门同意后方能组织实施。在实施时，其招标文件应组织专家进行审查，通过后方能公布。评标过程中，监管部门派人进行现场监督，有些特别重大的项目还请人大、政协、监察、审计等部门的人员参加现场监管，随时处理一些突发事件或非正常事件。对采购中心的开标评标进行视频监管，财政部门和监察部门可以随时打开采购中心的任何一个开标室和评标室的视频监控系统，对开标评标现场进行适时监督。事后进行考核和检查，根据考核检查结果，督促建立采购人台账制度，代理机构内部控制制度，评委会 K 线图评价制度，供应商信用记录制度，等等。这种事前、事中、事后一体化的监督体系，有效地控制了政府采购活动的过程，校正了政府采购当事人的行为，收到了较明显的效果。其次要建立规范、合法、合理有机相联的执法体系。财政部门在履行监管职责时，特别是在执法时，应确保执法程序的规范性。如某投标人排名中标侯选人第 1 名，但采购人认为该投标人的投标报价中含有暂估价，不符合有关规定要求，向采购中心提出疑义。采购中心根据法律法规，认为投标报价中含暂估价，不符合有关规范要求，也不符合政府采购法律规定和招标文件的规定，便予以纠正，对第 1 名作出无效投标的处理。这个处理旋即遭到第 1 名投标人的投诉。政府采购监管部门受理投诉后，研究认为，采购中心纠正其错误的结论是正确的，但纠正错误的程序不规范，需要更正程序。这就说明执法处理的结论很重要，执法处理的程序更为重要。要做到执法过程的规范，就一定要确保执法处理的结论和程序都合法，即都有法律依据，这是监管工作的核心。在此基础上，如果法律上尚未作出详细具体的规定，则要确保其合理。也就是说，有法律规定的从其规定，没有法律规定的按其合理。当然，合理是监管风险最高的内容，因为“合理”是有多层面多角度多方位的理解的，但不管怎样，监管部门都要占有一方理由，切忌在执法处理时，提不出任何理由而陷入被动。第三要建立以调解为主、处罚为辅的救济体系。在处理投诉、举报等政府采购纠纷时，应当以调解为主，尽量在处罚之前就把问题解决，不到万不得已，不要使用“处罚”大棒，因为“处罚”大棒是个双刃剑，一方面监管部门处罚了违纪违规者，另一方面，违纪违规者对“处罚”有行政复议和行政诉讼的权力。所以，“处罚”大棒可以高高举起，但不要轻易击下。实际工作中，要动用一切力量，进行调解，晓之以理，动之以情，帮助投诉者、举报者分析利弊，打开心结，理顺心气。曾经有个投标人位列第2名，他们投诉第1名的年销售收入不实，第1名提供的收入与其缴纳的税收不匹配。第1名则认为其年收入是实的，部分税收是税务部门要求延期在次年元月份缴纳的。大家针锋相对，都扬言拚个你死我活。我们在处理时，分别跟两家作工作，认为这样扯下去没有什么意义，耽误的是采购人的时间，损害的采购人的利益。当双方态度有所缓和时，我们又请采购人出面做两家的工作，终于达成妥协，双方握手言和，表示今后投标时共同竞争，共同发展，共同关注。湖北省财政厅近几年处理投诉和举报事件时，大都采用这种以调解为主的方式，收到了较好的效果，也最大限度地化解了监管风险。

（三）提高素质

提高政府采购人员素质是控制监管风险的关键，只有素质提高了，其行政能力、执行能力、协调能力才会增强，才能对问题作出正确的判断。第一要加强教育。对政府采购人员要进行政治理论教育、法律意识教育、职业道德教育和廉政教育。第二要加强培训。对采购人重点培训政府采购预算、计划、签订合同、履约验收等方面的知识，对监管部门重点培训其采购方式、组织形式的判断等监管知识，对代理机构重点培训制作标书、开标、评标、定标等操作规范。对供应商重点培训投标技巧、履约规定、质疑投诉程序等知识。第三要加强宣传。加大政府采购法律法规及其政策的宣传力度，提高执行政府采购法的自觉性，特别要提高单位主要领导执行政府采购法的自觉性，对政府采购工作成败至关重要。采取多种形式进行宣传，提高社会对政府采购工作的认识，争取社会对政府采购监管工作的理解和支持。要组织专门力量认真研究总结政府采购改革的成果和制度优势，澄清社会上对政府采购工作的误解。如政府采购资金节约率经常受到质疑，我们研究后，举两个例子来宣传说明：一个是车辆保险项目的政府采购，湖北省经过6年的招标采购，某标准车的保险费从最初的6000多元降到现在的2400多元。另一个是某单位计算机招标项目，最后成交价每台3000元，而同样配置的该品牌的计算机当时在市场上最低保本促销价3200元。第四要加强考核。对采购中心和代理机构进行定期考核，督促其建立内部岗位标准和内部控制制度，提高采购质量，提高采购效率。第五建立从业资格制度和执业资格制度。对政府采购从业人员实行从业资格制度，在采购监管机关、采购单位、集中采购机构、社会代理机构和协议供货单位中从事政府采购活动的工作人员必须取得政府采购从业资格，实行持证上岗和执业考核。从业资格实行注册登记、定期年检制度。对集中采购机构、社会代理机构的从业人员还要实行执业资格制度，经考试考核合格的人员才能从事政府采购代理业务。

作者单位：湖北省财政厅政府采购管理处

政府集中采购中价格、质量、效率影响因素分析

曹 建 琴

政府采购活动中，集中采购在规范财政支出行为、提高资金使用效益、促进社会资源有效利用特别是在发挥财政政策功能等方面取得了突出成效，但一些集中采购项目在执行中仍然存在一定程度的“质次、价高、效率低”问题。分析研究政府集中采购部分项目价格高质量差效率低的成因，对改进工作，加强监管具有重要意义。笔者以××市市级2010年度政府集中采购的相关数据为依据，结合日常工作中掌握的相关情况，对政府集中采购中影响价格、质量、效率的因素进行分析和思考，并针对性的提出对策和建议。

一、影响集中采购价格的主要因素

从对2010年度政府集中采购的数据进行分析，笔者认为以下因素影响了政府采购价格：

（一）竞争的充分性影响采购价格

2010年××市政府采购中心共完成各类采购项目预算金额为112154.12万元，实际采购总金额97068.13万元，节约财政资金15085.99万元，节约率达13.45%。各采购方式及其节约情况如表1所示。

表1　××市2010年政府集中采购项目分类统计表

采购方式	采购次数	预算金额（万元）	实际采购金额（万元）	节约资金（万元）	节约率%
公开招标	176	54308.21	39312.27	14995.94	27.6
询　价	32	1427.42	1228.69	198.73	13.92
竞争性谈判	14	7691.4	7229.25	462.15	6
单一来源	22	9874.3	9679.01	195.3	2

由表1可见，竞争越充分，越能挤掉价格水分。通过公开招标方式采购的项目资金节约率最高，达到27%，大于集中采购项目的总体节约率13.45 %。而单一来源的节约率最低，仅为2%。

表2　　计算机采购项目统计表

采购方式	台数（台）	金额（万元）	平均单价（台/元）
10万元以下协议供货（采购人自行询价）	3101	1793.8	5780.00
10万~50万元协议供货（采购中心询价）	3406	1773.55	5210.00
50万元以上公开招标（采购中心组织实施）	2359	1134.96	4810.00
总计	8866	4702.31	5300.00

表2反映了采购同样品目产品，同为竞争性的采购方式，其采购平均单价排序以公开招标最低，其次为由采购中心选择通过公开招标入围的两个品牌以上的协议产品再次竞争的价格，再其次才是采购人自行采购的价格。综上，我们认为，决定集中采购价格最重要的因素是竞争的充分性。采用竞争性方式的采购项目的效益更高，竞争性采购方式中，公开招标效益最突出。究其原因，公开招标项目规模大，形成的竞争吸引力强，供应商参与积极性高，竞争获取中标的意识强，从而使政府采购规模竞争优势能充分体现。同时，价格的形成也和政府采购执行人的责任心、执行情况等密切相关，在实际中，一些采购人自行采购协议供货产品时没有进行二次竞价或者没有充分引入竞争，如表2中同样是协议供货计算产品，通过采购中心二次竞价后的平均产品价格低于采购人自行竞价的价格。

（二）售后服务要求影响采购价格

调查表明售后服务水平的高低和年限的长短对集中采购价格产生较大影响。政府集中采购中，出于公共采购和公共服务的考虑，对产品或项目的售后服务要求往往高于个人采购。如市级计算机集中采购项目中，要求的售后服务年限即保修期基本为3~5年，且为上门服务，高于个人一般购买的一年保修期和送修服务。保修期的长度和服务之间的区别直接增加了供应商的成本，从而影响采购价格。

（三）对供应商的资质要求影响采购价格

政府采购作为公共采购，具有维护市场公平正义，引导市场建立公平秩序和诚信的功能，《政府采购法》规定了政府采购合格供应商的一般资格条件，其中一款为“有依法缴纳税收和社会保障资金的良好记录”，由此可见，政府采购合格供应商由于较好履行了法律赋予的义务，其成本相对较高，最终影响采购价格。

（四）执行宏观经济政策对采购价格有一定影响

随着政府采购制度的深化和推进，政府采购越来越多地承担了执行国家宏观经济政策，促进各项事业发展的功能——正版软件的示范性购买、购买国货、自主创新、节能环保、扶持民族地区的发展等。而政策目标的实现，可能会以牺牲价格为代价。计算机正版软件的强制性示范购买会增大采购成本，自主创新产品的采购、环保产品采购、地方名优产品采购的加分政策等会对价格产生一定的冲抵效应。节能产品的强制性采购政策，可能导致部分项目缺乏竞争性，从而影响采购价格。

（五）政府采购的付款周期较长可能影响采购价格

政府采购与一般个人采购相比，由于资金管理和监督验收的要求，付款时间往往长于个人购买时的付款时间，从而增大供应商的财务成本，供应商参与采购时会将这一因素计算在内，因此也会影响采购价格。

经调研，政府采购供应商的全年平均回款周期都在30天以上。以调研的某计算机公司为例，该公司平均回款周期在48天，该公司和市面上常见到的电脑城零售商若都投入100万元流动资金（见表3），即便政府采购供应商的毛利润率是电脑城商家的2.5倍，在投入资金相同的情况下回报率不到电脑城商家的1/3。

综上，政府采购价格包含了供应商自身资质和合法履行社会义务成本、参与政府采购招投标程序所需成本、垫付货款、提供优质长期的售后服务等多项成本，同时还包含了执行宏观经济政策成本等，因此对政府采购价格需要进行多方面的综合评判。

表3

公司类型	投入进货资金（万元）	订货时间	交易方式	回款周期	全年资金周转次数	利润	回报（万元）
政府采购供应商	100	7天	转账	48天	6.6次	10%	66
电脑城零售商	100	7天	现款	0天	52次	4%	208

二、影响采购质量的主要因素

（一）采购需求的确定影响采购质量

采购需求是影响采购质量最核心的因素，准确提出采购需求，根据需求合理确定技术参数和服务标准，是决定采购成败的关键。调查发现，对项目分析越细致、市场的调研越充分、需求准确度就越高，技术参数和服务标准的科学合理性就越明显，采购质量也越高。

调查还发现，在个别部门组织的部门集中采购项目中，部门较多考虑全系统的普遍性、对各具体用户的需求考虑不充分，可能导致最终用户的不满情绪，从而认为存在采购质量不如意的问题。

（二）实施环节的把握影响采购质量

调查发现，集中采购实施过程中，以下环节影响采购质量。一是市场调研——即拟实施的项目有多大的市场、有多少潜在供应商、价格质量信息等；二是采购文件制作的科学、合理——合格供应商资格条件的设定、评审办法的选择、评审标准的制定、合同条款、付款方式、验收方式等内容都会直接影响采购质量；三是专家的选择——即本项目需要什么样的专家更合理、更科学；四是评审过程的严谨把握——评审委员会成员在评审中的社会责任感和对项目的充分把握，评审的时间是否进行了充分估计，评审委员会成员是否认真阅读并充分理解各采购文件，评标委员会成员是否独立评审（代理机构或采购人代表是否干预、诱导专家的评判）、谈判或询价是否统一在“质量和服务相等”的标准上等。

（三）验收的严格程度影响采购质量

采购人是否严格按照采购文件和合同的要求验收，是决定采购成败的又一因素。调查发现，验收环节把关不严，或验收中发现质量问题没有依法行使合同权力等，给不法或不严格履行合同的供应商可乘之机，直接导致采购质量差的问题。

三、影响采购效率的主要因素

一是采购人对采购项目实施规划不充分，对年初批复的采购预算无规划、无计划，不进行市场调研和科学分析，实施时不能准确提出采购需求，无法及时制定技术参数和服务标准，严重影响采购效率；二是因对潜在供应商不了解无相关的市场信息资料，或采购人自身的倾向性，设定供应商的资格条件不合理，导致有效供应商不足流标影响采购效率；三是代理机构的代理水平不高，市场调研不充分、无原则接受采购人的倾向性条件、程序把关不严，导致流标或引起质疑投诉从而影响采购效率；四是参与政府采购的供应商素质水平不高或投标经验的不足影响采购效率，如供应商投标时未严格按招标文件要求提供资格证明文件或实质性响应不到位导致投标人或参与采购供应商不足法定开标供应商或实质性响应供应商不足引起流标等影响采购效率。2010 年 × × 市采购中心根据采购人委托共组织实施采购项目 242 个，其中有 69 个采购项目没有一次性采购成功，一次性采购成功率为 71.49%。调研结果显示，未一次性采购成功的 69 个项目中，有 13 个项目是因为采购人所提资格条件过高或采购需求不合理而导致废标，占 18.84%，有 9 个项目是因为采购标的专业性太强、响应的供应商不足三家而废标，占 13.04%，有 47 个项目是因为供应商投标文件制作不完善而导致废标，占 68.12%。在这 47 个项目中，有投标人的行业素质，投标经验等问题，也有因采购文件制作上存在非唯一性，专家在理解把握上的不一致，造成的废标。

四、解决政府集中采购中质次、价高、效低问题的措施建议

（一）克服政府集中采购价格高的措施建议

从以上分析不难发现，要克服政府集中采购价格高的问题，首先应认真领会《政府采购法》的立法精神，坚决贯彻执行政府采购公开、公正、公平竞争的原则，充分引入竞争，实现政府采购规模效益。

一是制定配置标准。各级政府有关部门应根据本级财力和本地实际，按照岗位工作性质划分配备档次，制定本级行政事业单位办公设备及有关用品的配置标准，为行政事业单位编制采购预算提供标准依据。二是指导和监督采购人根据自身工作性质和配置标准编制采购预算。三是指导和监督采购人根据批复的采购预算编制采购实施计划，通过信息化系统对采购人的计划进行分类汇总，对同类同期实施的项目进行按配置标准无单位界限打包采购，实现真正意义上的政府集中采购，用规模吸引竞争，用规模换取效益和效率。四是坚持预算的严肃性，减少预算追加、减少零星采购，制定相关办法对零星急需的采购实施管理。五是加大采购项目的公开程度，克服采购中的倾向性要求和不合理的高资质要求，吸引更多的供应商参与竞争，通过竞争促进效益。

（二）克服政府集中采购质量差的措施建议

一是建立采购人主体责任制度，明确采购人的《政府采购法》执行主体地位和责任。二是建立采购绩效考核机制，克服重预算分配管理轻预算执行管理的问题。三是建立采购需求的调研论证机制，坚持以调研为基础、以数据信息为依据提出采购需求，确保技术参数和服务标准的科学合理。四是建立采购实施环节的监督制约机制。确保采购文件的科学合理、专家选择的科学合理、评审环节（时间掌握、专家承诺、专家对采购文件的充分理解、评审委员会成员的独立评审、谈判或询价统一“质量和服务相等”的标准等）的科学合理。五是建立严格的验收制度，对达到一定金额标准的项目要求必须邀请质量监督管理部门参与验收。六是建立代理机构的选择管理制度，坚持择优选择代理机构，严格优胜劣汰管理。建立代理机构代理项目的考评公示制度，严格执行考评规定，对违反规定的代理机构采取先公示警告、暂停代理业务、取消代理资格等措施

予以管理。

（三）克服政府集中采购效率低的措施建议

一是建立政府采购计划实施管理办法，加强对采购预算执行的规划管理，加强采购项目的前期调研管理，确保采购项目按计划完成。二是建立调研机制和信息化管理系统对采购数据进行收集，为采购的科学合理提供依据，克服对市场了解不充分导致的流标现象，克服采购的倾向性；严格按照政府采购规定的方式和程序实施采购，避免因质疑投诉事件发生影响效率。三是建立规范高效的政府采购资金支付机制，降低供应商的财务成本，从而降低采购价格，提高采购效益。四是加快政府采购信息化建设步伐。随着政府采购范围的逐步扩大和采购规模的迅速增长，给政府采购的管理和执行提出了新的课题，创新管理手段，利用信息化技术提高政府采购的监管水平，提高政府采购效率势在必行。

作者单位：四川省财政厅政府采购监督管理处

加强政府采购预算管理
提高政府采购预算约束力

段云波

一、编制政府采购预算的必要性

政府采购预算是指各行政事业单位根据事业发展计划和行政事业任务编制，并经过规定程序批准的年度采购计划，它集中反映了预算年度内各级政府用于政府采购的支出情况，在一定程度上反映了行政事业单位的资金收支规模、业务活动范围和发展方向，是部门预算的重要组成部分，也是政府采购工作的基础。因此，编制政府采购预算，加强采购预算管理，提高预算约束力度，是开展政府采购工作的重要前提。

（一）政府采购应当严格按照批准的预算执行是《政府采购法》的要求

《政府采购法》第六条规定“政府采购应当严格按照批准的预算执行”。第三十三条规定“负有编制部门预算职责的部门，在编制下一财政年度部门预算时，应当将该财政年度政府采购项目及资金预算列出，报本级财政部门汇总。部门预算的审批，按预算管理权限和程序进行。”根据这一规定，在部门预算中编制政府采购预算对于细化项目结构、明确项目价格以及品目单价，为项目预算编制以及预算定额提供评审依据及参考数据，便于财政部门准确地核定项目预算和定额标准。政府采购是财政预算支出管理的重要措施，也是国库资金支付的重要依据。

（二）编制政府采购预算是财政预算支出管理的要求

政府采购是一项财政支出管理制度，它有效地改变了我国长期以来“重预算、轻支出”的管理方法，加强了对资金使用的管理，将财政管理从分配环节延伸到了使用环节，由货币管理延伸到对实物的管理，保证了采购支出的使用方向，防止截留、挪用资金，提高了采购资金的使用效益，实现了资源的合理配置，节约财政资金，减轻了财政支出压力。部门预算批复后，政府采购项目资金先预留国库，采购任务完成后，财政部门根据采购合同支付采购资金，是监督预算执行的有效手段。

（三）编制政府采购预算是加强宏观调控，发挥政府采购政策功能的主要手段

国家连续出台了一系列政府采购宏观调控政策，如通过政府采购国货支持发展民族经济、支持中小企业发展、强制采购节能产品、优先采购环保产品、首购或者直接订购自主创新产品等，这些政策的落实都要从编制政府采购预算开始，优先安排政府采购预算，通过编制预算体现国家宏观调控政策。

二、政府采购预算管理的基本情况

政府采购制度改革作为财政支出改革的三项核心内容之一，与部门预算、国库集中支付互为条件，相辅相成，犹如三驾马车，只有并驾齐驱才能快速前进。2003年《中华

人民共和国政府采购法》实施后，政府采购预算编制工作也随之开展。经过几年的实践，逐步走上了正轨。

（一）政府采购预算意识逐步增强，政府采购预算快速增长

2003 年《政府采购法》的实施，提出了编制政府采购预算的要求，政府采购预算编制一开始就与部门预算制度、国库集中支付制度同步实施，实现了与部门预算同步布置、同步编制、同步批复的要求，各单位在编制部门预算的同时编制政府采购预算，起点较高。经过几年的运作，各单位政府采购意识逐渐增强，尤其是 2008 年开展了政府采购专项检查之后，对政府采购预算的编制有了进一步的认识和了解，政府采购预算编制工作取得了重大进展。具体体现在“两个增长”、“两个扩大”上。

两个增长：一是政府采购预算快速增长。2003 年全省政府采购预算为 28. 3 亿元，至 2009 年全省政府采购预算达到 157. 28 亿元，年均递增 34. 8%。二是预算外政府采购项目逐年增长。政府采购项目分为财政拨款项目和其他资金项目，采购范围已经从财政拨款项目扩大到单位自筹资金，包括预算外资金、政府性基金、彩票收益、捐赠收入等其他自有资金项目。2003 年预算外资金采购预算 12. 15 亿元，占采购总额的 43%，至 2009 年预算外资金采购预算达到 75. 63 亿元，占采购预算总额的 48%，增长了五个百分点。

两个扩大：一是目录外采购项目逐步扩大。政府采购预算申报范围从政府集中采购目录内的项目扩大到目录外所有的货物、服务采购项目。二是政府采购的实施单位范围不断扩大。除编制部门预算的行政事业单位外，一些自收自支单位、国有企业和私营企业在使用财政性资金时也要求按政府采购管理制度执行，主动申报政府采购计划，按照政府采购程序办理采购事项。

（二）实现了政府采购预算与部门预算同步编制的要求

在人大和审计部门的监督下，政府采购预算实现了与部门预算同步布置、同步编制、同步批复的要求。在部门预算中，凡涉及政府采购的项目都要编制政府采购预算。我们在政府采购预算表中增加了“组织形式”和“采购方式”两项内容，严格按照政府集中采购目录和限额标准确定组织形式和采购方式，要求采购单位严格执行部门预算批复的政府采购预算和批准的采购方式。部门预算批复后，采购单位有较长的采购准备时间，避免了以时间紧为由规避公开招标的情况发生。既充实和完善了部门预算，又提高了政府采购工作效率。

（三）年初部门预算中项目预算的细化，进一步提高了政府采购预算的准确性、完整性和统一性

根据编制部门预算要细化项目预算的要求，鉴于年初预算安排的采购项目多数是保证机构运转的办公自动化设备和公务用车采购，我们在政府采购预算表中嵌入了政府集中采购目录，项目细化到数量、型号和规格。

一是办公自动化设备和公务用车采购预算是在限额标准内，按照招标确定的协议供货价编制采购预算，预算较为准确。

二是将基本支出项目中的政府采购项目，如公务用车定点保险、定点维修等公务经费支出项目编入政府采购预算，完整反映了政府采购预算项目内容，保证政府采购项目实施与政府采购预算编制的有效衔接。

三是办公设备、办公家具及公务用车采购预算标准相对统一。省委办公厅和省政府办公厅印发的公务用车配备标准，规定了省级干部、厅级干部和处级干部用车的排放量和经费购置标准；省政府办公厅印发的省级行政单位办公自动化设备配置标准和办公室办公家具、大中小会议室及接待室的办公家具配置标准，会议费支出标准等统一了所有省级行政事业单位办公设备的限额标准，如

办公设备配备标准：台式电脑8000元/台，笔记本电脑15000元/台，办公桌1600元/张，科级以下1000元/张。公务车配备标准：处级2.0排量、25万元以下。这些标准的制定，进一步提高了政府采购预算编制的统一性及准确性。

四是实行部门预算项目支出评审制度，提高政府采购预算的准确度。对没有统一标准的项目，如基础设施建设、修缮工程及重大活动等进行支出评审，更大程度上提高了政府采购预算的准确度，改变了以往“头戴三尺帽，不怕砍一刀”的预算编制现象，提高了核定政府采购预算的准确率。

三、政府采购预算管理中存在的问题

（一）临时性采购项目较多，采购预算调整幅度较大

一是由于我省地方财力有限，单位和部门在编制次年预算时安排采购预算项目资金不多，尤其是县市级财政，只能保机构运转，保社会稳定，经济建设能力十分薄弱，各单位难以在年初安排完整的政府采购预算。二是部门预算是提前半年左右时间编制，各单位规划次年采购项目的前瞻性不够，往往是使用时才临时决定采购什么，采购多少，尤其是使用自筹资金采购的单位，都是根据当年组织收入的情况确定采购计划。三是我省政府采购项目以中央下达专款为主，中央专款下达后才能编制政府采购预算，年初对中央能安排多少资金难以掌控。

（二）政府采购项目的复杂性增加了政府采购预算编制的难度

《政府采购法》规定，政府采购的内容包括货物、工程和服务三大类，货物包括通用货物和专用货物，通用货物包括交通运输设备、办公自动化设备、办公家具等一般通用设备；专用货物包括医疗设备、检测设备等专业性强的设备。服务包括车辆的定点维修和定点保险、工程设计和监理、软件开发、印刷以及会计事务等。工程包括基本建设工程、修缮和装饰工程、改扩建和安装工程、绿化工程、电子政务工程，以及按《招标投标法》执行的房屋建筑工程、大中型水利工程、公路建设工程等。还有行政事业单位使用财政性资金采购的其他项目。省政府印发的集中采购目录很难将所有的采购项目一一列入。集中采购目录是编制政府采购预算的依据，不在集中采购目录的项目，难以编入部门预算，如：公路工程机械、公路养护沥青、救灾物资、乡村公路、小型水利、太阳能建设等项目每年都要安排大量的资金采购，却难以在政府采购预算中体现。

（三）预算外资金收入具有不确定性，预算外资金安排的采购项目难以在部门预算中完整编制政府采购预算

预算外资金是按收入进度列支出，预算编制单位在编制年初部门预算时，不愿意将部门预算撑大，因此，编制部门预算时，对预算外收入有所保留，而单位的资产配置和能力建设又多数靠预算外资金来完成，这类情况在高校、公检法、彩票中心、医院等较为突出。其他自有资金更是难以编制政府采购预算，如捐赠资金、政府性融资项目等。因此，部门预算中难以准确、完整体现政府采购预算。

（四）政府采购预算和采购计划脱节，采购预算对采购项目的约束力较弱

审计部门在对政府采购审计中多次提出：政府采购年度预算偏小，预算约束力弱，政府采购未能按批准的预算有步骤地开展，每年都有大量的采购资金集中在第四季度采购。人大在预算审查中也提出：行政事业单位编制的部门预算，未完全将采购项目按要求同步编制政府采购预算。在实际执行中确实存在采购预算和采购计划两张皮，采购预算与采购计划难以一一对接的问题，采购计划尚未严格按照政府采购预算执行。如省级行政事业单位年初部门预算只能编制10亿元左

右，可执行结果却到 20 亿 ~ 30 亿元。政府采购管理部门无法从预算的编制上掌握部门的采购需求，难以形成切实可行的预算控制、预算约束下的采购计划执行机制，存在“头小身子大”的情况。

（五）政府采购预算不能充分体现政府采购政策功能

由于各单位对政府采购政策功能认识不够，或者说是重视程度不够，采购预算难以体现政府采购的政策功能。一是崇尚进口产品的情况时有发生。《政府采购法》规定应当采购本国货物，支持自主创新产品采购，限制进口产品采购，对进口产品采购建立审核制度。但很多单位仍然崇尚进口产品，对本国产品的信赖度低，编制政府采购预算时自然就不会优先安排本国产品采购预算。尤其是高科技产品，如医疗设备、检验检测设备等。二是缺乏优先安排采购节能、环保产品的意识。财政部和国家有关部委先后下发了一系列关于政府采购节能环保产品的实施意见，2007 年国务院印发了《国务院办公厅关于建立政府强制采购节能产品制度的通知》，通过政府采购支持节能环保产品生产是国家一直倡导的政策，要求对节能、环保产品实行优先采购和强制采购。但这一政策功能仅在采购环节得以体现，在编制预算时尚未得以充分体现。三是设置高门槛，限制中小企业参与政府采购的情况仍然突出。

（六）基本建设工程未纳入政府采购预算编制范围，是政府采购预算最大的缺项

《政府采购法》规定政府采购范围包括货物、工程和服务，因此政府基本建设工程预算也应编制政府采购预算，申报政府采购计划，但由于工程项目预算是切块预算，且基本建设项目预算是由发展改革部门安排，按照目前我国的管理体制，工程采购执行《招标投标法》，而《招标投标法》对工程项目采购没有明确提出编制预算的要求，长期以来形成的管理体制，难以将基本建设工程项目按实际项目情况编制政府采购预算，纳入政府采购范围实施监管。比如高速公路建设、大中型水库、房屋建筑物等基本建设工程，尚未按照《政府采购法》的要求编制政府采购预算。

四、其他省区的采购模式值得思考

政府采购制度承载着财政资金使用的科学化、规范化和集约化的重任，履行好这份责任，必须要从源头上得到部门预算的大力支持。政府采购制度越向前发展，对部门预算编制的要求就越高，精编政府采购预算必须细化到每个项目，甚至每一笔钱，目前政府采购预算不完整、不准确是迫切需要解决的问题。由于我国实施政府采购仅 10 年，《政府采购法》实施仅 7 年，政府采购在国内还属于探索前进阶段，《政府采购法》对政府采购预算管理没有规定统一模式，全国各省区市都是根据各自工作实际建立一套管理模式。目前，从全国情况看，大体可以归为“大采购”、“中采购”、“小采购”三种模式。

一是“大采购”模式。大采购模式以烟台市为典型代表，烟台市财政部门成立了局级的政府采购办公室，财政局长兼采购办主任，建立了集建设工程、货物、服务采购，预算评审及资金支付审核为一体的“大采购”机制，将使用财政性资金的工程、货物和服务项目全部纳入政府采购范围，对财政资金实施全程监管。首先，政府采购监管部门参与审核各单位编制的部门预算，核实政府采购项目是否编制了政府采购预算，并对编制的政府采购预算进行评审。财政部门资金管理处室根据评审结果下达预算资金到项目实施单位，并通知政府采购监管部门。其次，各采购单位根据预算下达的资金申报政府采购计划，并根据政府采购部门批准的采购方式委托采购代理机构组织采购。再次，各采购单位将采购合同及相关资料报采购管

理部门审核，采购管理部门出具采购审核意见。最后，国库再根据实际采购结果及采购部门审核意见支付采购资金。烟台市建立了预算编制、预算评审、政府采购、资金支付审核有机结合的一条龙服务管理机制，把基本建设工程、货物和服务的预算安排、预算评审、绩效考核有机的统一起来，避免了各部门各行其是的工作模式，把《招标投标法》与《政府采购法》的执行融为一体，既增强了政府采购项目的预算约束力度，保证了政府采购预算的完整性、准确性，又体现了预算审核、政府采购节约财政资金的真正效果。

二是“中采购”模式。中采购模式也即我省的现行管理模式，也是全国具有普遍性的管理模式，就是将行政事业单位使用财政性资金的货物、服务和工程（除按《招标投标法》执行的基本建设工程项目外）项目尽量实施政府采购，无论是政府集中采购目录内的项目，还是未列入政府集中采购目录的项目，只要在限额标准以上的采购项目均纳入政府采购范围。按类别分为政府集中采购、部门集中采购和分散采购三种组织形式，其中：政府集中目录范围内项目委托集中采购代理机构组织采购；部门集中采购项目和分散采购项目在采购限额标准以上的，委托政府采购代理机构组织采购，由政府采购监管部门实施监管；基本建设工程项目按照《招标投标法》执行，未纳入政府采购范围。

三是“小采购”模式。小采购模式以青岛市为代表，政府采购预算根据政府集中采购目录编制，属于目录范围内的项目实施政府采购，不在目录范围内的项目可不纳入政府采购，这种模式的政府采购范围较窄，但对实施集中采购的项目便于编制政府采购预算，便于监管。

五、对策建议

（一）规范预算编制范围，力促政府采购预算应编尽编，增强政府采购预算约束力

1. 政府采购预算内容从编制的时间上说，包括年初部门预算和年中调整预算，年初单位编制部门预算时，要将纳入当年政府采购的项目全部列出，编制政府采购预算，年度中按政府采购预算有计划地开展政府采购工作，既能保证政府采购工作规范、有效地运行，又能提高采购效率，避免年终突击花钱的情况发生。年中调整预算主要包括中央下达的专项资金，省委、省政府安排的专项资金，这部分采购项目的采购预算可以在年中追加预算时同时编制政府采购预算，纳入当年政府年度采购预算内实施政府采购。

2. 从资金来源上说，政府采购预算包括财政拨款、预算外资金、政府性基金和其他自有资金（社会捐赠、国债、政府性融资等）。一是编制政府采购预算的单位范围。政府采购是指各级国家机关、事业单位和团体组织，使用财政性资金采购依法制定的政府集中采购目录以内，或者采购限额标准以上的货物、工程和服务的行为。编制政府采购预算的单位主要是使用财政性资金的行政事业单位，采购预算的编制与部门预算的编制一致，未纳入部门预算编制范围的自收自支单位，可以不编制政府采购预算，纳入部门预算编制范围的财政全额拨款单位或者部分拨款的单位均应编制政府采购预算，实行政府采购。二是编制政府采购预算的资金范围是财政性资金。对财政性资金的界定按照财政厅预算处编制部门预的财政支出预算表的范围执行。凡是使用财政拨款、预算外资金、政府性基金和其他自有资金（社会捐赠、国债、政府性融资等），均应当编制政府采购预算。

3. 从资金用途上说，政府采购预算包括工程采购预算、货物采购预算和服务项目采购预算。货物和服务采购项目已基本按照《政府采购法》的要求编制政府采购预算。理顺管理体制，推进工程项目采购预算编制是政府采购监管部门长期而又艰巨的任务。

进一步探索借助基本建设项目预算编制和预算评审的平台，财政部门资金管理和预算管理处室积极支持政府采购监督管理部门，严格要求相关单位根据项目情况编制基本建设工程政府采购预算，力促完整编制政府采购预算。“中采购”和“小采购”模式由于受管理体制的制约，都不是完整的政府采购管理模式，烟台市的“大采购”模式是真正意义上的政府采购管理模式，值得我们学习和借鉴。

（二）统一政府采购预算编制标准，保证政府采购预算的公平性

一是制定固定资产配备标准，对确需配备的相关设备严格按照规模、标准、档次编制政府采购预算。如办公设备配备标准、公务用车预算定额标准（包括车辆配备标准、保险费、维修费等定额标准）、会议费标准等的制定，进一步提高政府采购预算在各部门之间的公平性，同时也提高了编制政府采购预算的准确度。但目前制定的一些标准仅限于一般公用项目，对一些专业性强的项目仍然没有一个限制标准，各部门贪大图多、比豪华、比阔气，花大价钱采购高尖端科技产品，采购以后闲置不用的现象仍然存在。建议扩大制定资产配置标准的范围，力求在更大范围内实现政府采购预算的公平。二是加大预算评审力度，细化项目预算。政府采购有助于细化项目结构，明确项目价格及品目单价，为项目预算编制以及预算定额的制定提供评审依据及参考数据，便于预算编制部门准确地核定项目预算和定额标准。三是畅通商品信息渠道。编制和审核政府采购预算的单位和人员应当到相关商品信息媒体查询商品价格，避免同一型号设备申报预算价差出入很大的情况发生，保证采购预算的准确性和真实性。四是加大预算审核力度。在安排采购项目预算时，严格按照资产配置标准核定采购预算，没有配置标准的采购项目可以查询相关信息媒体发布的同类产品价格，没有统一的产品价格的采购项目，根据预算评审结果安排采购预算，尽量减少采购预算结余。

（三）加强预算控制，严格审查无预算采购和超预算采购的项目。一是规范采购计划审批行为

《政府采购法》规定“政府采购应当严格按照批准的预算执行”，因此，采购计划审批应当首先落实采购预算，只有采购单位已经编制了采购预算的项目才能实施政府采购，加大预算控制力度，严格按照采购预算审批采购计划。二是推进信息化系统运用。通过电子化信息系统完善政府采购预算和执行的统一规范，避免无预算审批或超预算审批，按照政策制度设定严密、统一、规范的审批程序，避免审批过程中出现因对政策理解不同的差异性审批。三是对于未纳入部门预算管理的一次性专项资金、捐赠资金、政府性贷款等采购项目，应当在采购单位申报采购计划时补录采购预算，以确保政府采购预算的完整性。四是加强采购结余资金的使用管理。

1. 采购结余留国库。对于采购项目可以采取先核定预算，采购结束后再根据采购合同金额下达资金预算的方式，这种管理方式需要各资金处室增强全局观念，不能仅仅站在本处室或者自己所联系单位的角度考虑问题，一定要把核定的预算指标用完，要积极配合预算、国库做好预算核定和资金支付审核工作，将采购预算结余收回，这样才能真正体现政府采购节约财政资金的政策目标。

2. 采购结余留单位。明确规定下达到单位的资金采购结余允许留用，用于扩大再建设和装备能力，但需要对扩大建设能力的项目进行准用审批，减少次年预算安排项目，避免采购单位因不希望预算结余而高价采购、超标准配置的情况发生。

3. 采购结余部分留国库、部分留单位。明确规定采购结余可部分留用，拿出一定比例的资金留给单位补充公用经费不足，或者继续

采购其他需采购的项目，这样既达到了采购结余收回财政的目的，也能够调动采购单位的积极性，让采购结余资金的使用更加透明。

（四）加大采购资金支付审核力度，确保采购资金支付安全

为了充分提高资金使用效率，减少资金运转环节，防范各种截留挪用行为的发生，政府采购专项资金的支付应当结合支出项目的特点，以及项目完成进度，加大对中标或成交金额、采购合同、验收报告及发票的审核力度，按照国库集中支付制度支付采购资金。而对一些实施工期较长或者需跨年度实施的采购项目，要按项目实施进度支付采购资金，这就需要政府采购监管部门和国库管理部门密切配合，加强对采购项目资金支付的审核，保证采购资金按照政府采购项目中标或成交金额签订采购合同，再按合同约定支付进度拨付采购资金，发挥财政资金的最大效益。过去我们对合同的管理仅限于备案管理，但按照《政府采购法》的规定，我们的管理职责不仅仅是合同备案的问题，还包括合同执行监督，项目验收，资金支付审核等。由于政府采购是按照批准的预算执行，采购资金的支付也应在预算范围内按照采购合同金额支付。

（五）特殊项目采用特殊办法处理

在政府采购预算执行中，经常遇到一些特殊的采购项目，需要采取特殊办法进行处理。一是融资项目。这类项目带有融资租赁的性质，也可将其称作分期付款采购项目。这类项目大多发生在学校、医院等有较为稳定收入来源的单位，如某学校急需采购一批教学设备，由于当年的收入不足以支付项目资金，于是采取由中标供应商先提供货物使用，三年内付清采购资金，采购单位可按银行同期利息支付给中标供应商，或者投标供应商经测算后的适当价位报价参与投标，这需要投标供应商有垫付能力，这类项目在近两年搬迁到呈贡的大学中是普遍采用的一种采购形式。二是资金预算暂不落实的项目采购。对于采购预算资金暂时还没有落实的项目，可以采用先公开招标，待资金落实后再与中标供应商签订采购合同，但需在招标文件中注明该项目资金暂时还没有落实，让参与投标的供应商酌情参与投标，只要实现了公开透明，供应商还是愿意参与投标的。三是采购结余资金再采购的项目。一般采购项目资金均会有结余，一般结余在1%～30%之间，采购结余资金有两种处理办法：一种是由采购单位留用，可以增加采购项目，扩大单位的装备能力，间接减少次年的装备预算支出。这种办法适用于财政增收情况较好，财政供给能力较强的情形。第二种是完成特定的项目采购任务后，将采购结余资金收回财政部门统筹调度，重新安排资金用途。这种办法适用于财政增收困难，财政供给能力与社会需求差距较大，预算调整能力较弱的情形。

（六）加大宏观调控，实现政府采购政策功能

一是编制政府采购预算时要优先安排自主创新产品采购预算；二是采购同类产品，需优先安排节能环保产品采购预算。目前，政府采购体现政策功能仅在制定招标文件时得以体现，在编制采购预算时就要充分体现政府采购政策功能，要使采购单位主动落实国家相关政策制度，更有利于发挥政府采购政策功能。2006年财政部连续下发3个文件，要求各采购单位编制政府采购预算时，要优先安排自主创新产品采购预算，尤其是在国家面临世界经济危机、国产品出口受到严重阻碍的情况下，中央安排了大量资金来扩大内需、拉动消费、促进再就业，更应该提高采购国货的意识，优先安排自主创新产品采购预算。

作者单位：云南省财政厅

对新疆协议供货区域联动的思考与实践

杜 强

协议供货是指通过公开招标或财政部门批准的其他采购方式对纳入政府集中采购目录内的通用类货物和服务，统一确定一定时期内政府采购项目的中标入围供应商及中标产品的价格和服务条件，并以协议条款的形式规定由采购人在协议供货有效期内自主选择协议范围内的中标供应商及其产品的配置和价格、优惠率、服务承诺的一项政府采购形式。实行协议供货减少了采购环节、降低了采购成本，便利了采购单位、提高了采购效率、也调动了采购人的积极性，由于具有高效、便利、快捷的特点，得到了各级政府采购中心的普遍认可和广泛应用。新疆维吾尔自治区本级从2005年开始推行协议供货采购，2008年开始实行区域联动试点，2010年公务车协议供货实行全区联动，在协议供货区域联动方面进行了积极的探索。

一、细化协议供货品目分类、扩大协议供货范围

针对政府采购需求多样、品种规格复杂、采购批次多的特点，新疆政府采购中心积极推行并不断完善协议供货和定点采购制度，扩大协议项目实施范围，为采购人提供了越来越方便快捷的采购服务。

1. 将采购需求多、通用性强、适用于协议供货的产品逐步纳入到协议供货范围。先后将办公自动化及电器设备、公务车协议采购等项目纳入协议供货范围。截至2009年信息类协议供货项目涉及22大类、50个品目，公务车协议采购22个品牌80种车型，基本涵盖了政府部门信息化建设和行政办公所需产品。

2. 对采购批次多、金额较小的服务类项目，采用定点采购的方式组织实施。先后将自治区二类会议服务、公务车保险、公务车维修、印刷等项目纳入定点采购范围。其中定点印刷就采取在入围厂家范围内由采购单位在配套制度框架下自行组织采购方面进行了积极探索和大胆尝试。方便快捷的协议供货和定点采购服务方式，基本满足了采购人的多样化需求，降低了采购成本，提高了工作效率。

二、不断完善协议供货招标采购办法

随着近年来协议供货采购数量的逐年扩大和采购品目的日益繁多，协议供货在运行过程中也暴露了一些问题，特别是办公自动化及电器设备协议供货存在产品型号的更新不及时、价格更新严重滞后、厂家提供“专供机”、产品销售网点布局不均衡、厂家推荐协议经销商不够规范等问题（目前我区协议供货的经销商是由入围企业推荐，协议供货经销商有凭关系入围的现象，而一些有规模实力的企业却被排除在外）。针对这些问题我们在办公自动化协议供货招标中采取了以下改进措施：

1. 提高和规范协议供货投标资格条件。鉴于协议供货的采购形式与其他项目采购形

式的区别，即协议供货是通过招标的形式确定入围产品品牌，再由该品牌企业确定产品型号、价格和折扣率。过去中心对投标资质方面的要求比较宽，投标人可以是生产厂家、驻疆办事机构、分公司、总代理和一级代理，本次投标我们提高了投标资格要求，只能是厂家或子公司或授权的注册资金在500 万元以上的经销商，目的是让入围的企业有能力负责本级和联动地州市的协议供货工作，明确有专人负责，要求在规定的时间内与联动地州签订协议，否则将取消入围资格。

2. 全面掌握投标产品信息。针对目前协议供货产品存在的价格高、产品老化、“专供机”、划分区域销售等现象，本次采购除了要求提供产品基本信息外，还需增加产品节能证书编号、产品环保证书编号、产品发布时间、是否属于“专供机”、市场是否有销售、产品是否能在全疆范围都有销售等信息，使产品信息情况一目了然，方便采购单位采购和后期监督。

3. 规范协议供货经销商的推荐工作。将经过协议供货招标采购确定的产品对应的经销商信息公布在自治区政府采购网，供各采购单位查询。目前鉴于厂家在推荐协议供货经销商方面存在凭关系入围、各经销商替厂家保护价格、搞价格垄断、随意更换经销商等现象。2011 年协议供货经销商的推荐工作将进行几个方面的改进，第一，增加协议供货商的推荐数量，择优确定。因为经营办公自动化设备的经销商数量本来就比较多，不能将协议供应商这个公共平台变成一种稀缺资源加以利用；第二，推荐的议供货经销商需缴纳一定保证金；第三，扩大服务器、交换机、路由器、防火墙通用软件）入围企业推荐范围，推荐数量由 6 家扩大到 20 家，再在相关部门的监督下择优选择 8 家经销商，或对入围品牌经销商采取公开征集的方式确定。

三、科学合理确定协议采购合同服务有效期

针对以往协议供货和定点采购招标比较频繁、合同有效期相对较短、供应商报价优惠率不高、采购单位实施采购连续性不够等问题，新疆政府采购中心适当延长了部分协议供货和定点采购项目的合同有效期。IT 类产品协议供货合同有效期除价格波动较大、产品更新较快的产品为半年外其余均为一年；公务车协议采购、公务车维修和定印刷项目有效期暂定为一年；会议定点和公务车保险有效期延长到两年。通过合理延长合同期限，增强了政策的连续性和稳定性，方便了采购人实施采购，提高了厂家投报更加优惠价格的积极性，为加强履约监督管理创造了有利条件，进一步降低了采购成本，减少了采购风险。

四、加强协议供货价格、质量、服务后续管理，强化履约执行力度

协议供货和定点服务的招标采购固然重要，但中标供应商后期履约情况的监督检查也不容忽视，为加强对政府采购项目的后续管理，特别是协议供货和定点服务的后期履约管理，新疆政府采购中心在与办公自动化及电器设备协议供货、公务车协议供货、公务车定点维修与供货服务厂商的协议签定中，进一步明确入围厂商的权力和义务，细化管理措施和处罚原则，并举行了授牌仪式。为加强市场监控和价格管理、规范协议供货和定点服务工作制定了具体的制度规定：一是在年度协议供货和定点服务项目采购组织实施中严格采购程序，按照操作规程评定和选择性价比最优的产品中标。二是引入价格充分竞争机制，在市场平均价基础上投报最新机型的价格折扣率，使采购人能够得到更加优惠的价格。三是实行供应商承诺制。与生产厂商签订框架协议，要求其承诺所投价格必须低于市场平均价，当中标产品售价调整

时，及时调整中标产品协议供货价格；当产品质量和售后服务发生问题时，严格按框架协议约定进行处理。四是严格履约管理、加强对协议供货合同价格履约情况的监控和检查，对违反协议供货产品价格约定行为的供应商进行淘汰和经济处罚，充分发挥政府采购监管部门、集采机构、纪检检查部门的监管职能，采用一般检查、普查和重点检查相结合的办法进行定期不定期的跟踪检查，一旦发现中标供应商随意更改型号、以替代产品供货或故意延迟供货时间获取利差的问题，经核实后，视情节给予不同程度的处罚。以保证供应商诚信经营，采购人得到质优价廉的协议供货产品和优质服务。

五、以协议供货为切入点稳步推进区域联动，努力构建全区政府采购大市场

为加强新疆维吾尔自治区本级与各地政府采购中心之间的横向联合，打破条块分割的政府采购管理模式，根据构建政府采购大市场的总体设想，按照先易后难稳步推进的原则，于2009年正式启动了公务车定点保险、公务车采购区域联动试点项目，试点范围以自治区本级为中心，以南疆喀什、巴州和北疆伊犁、博州、塔城、克拉玛依、石河子为支点，推行区域联动、资源共享。2010年7月根据各地州的采购需求和资源条件，我们又将办公自动化及电器设备协议供货纳入了区域联动协议采购范围；12月又将地州到乌鲁木齐出差车辆维修纳入区域联动定点服务范围。截至目前，公务车协议供货、办公自动化及电器设备协议供货实现了区本级和13个地州市联动，公务车保险定点服务和车辆维修实现与8个地州联动，采购成效明显。公务车协议采购22个品牌80种入围车型价格平均折扣率由上年度的2.4%提高到4.2%，同比增幅75%；公务车定点保险通过提供有关延伸服务每年单车可多优惠500至800元，显现了资源整合集中采购的规模效益，形成了分级管理框架下采购成果共享、责任同担的快速供货模式。

新疆部分地州、市联动采购的实施，为今后构建全区统一的政府采购大市场迈出了重要一步。区域联动资源共享平台的启动减化了采购程序，扩大了采购人的自主选择权，有利于化解矛盾，同时也提高了工作效率，将采购工作者从繁杂的事务性工作中解脱出来，把工作重心向提高效益、发挥政策功能、支持经济发展等方面转变。

作者单位：新疆维吾尔自治区政府采购中心

2011

十一、2010 年政府采购案例研究文选

诚实守信　正当维权

任　京　萍

【案例介绍】

采购项目名称：北京印刷学院数字出版实训基地建设政府采购项目第二包数字出版实训基地平台

采购人：北京印刷学院

采购预算（第二包）：152 万元

采购方式：公开招标

代理机构：北京市政府采购中心

开标时间：2010 年 11 月 15 日

投标人：4 家供应商

中标人：北京工大智源科技发展有限公司

2010 年 11 月，北京市政府采购中心组织的北京印刷学院数字出版实训基地建设政府采购项目中标公告发布后，第二包排名第二的中标备选供应商北京友邦佳通电子科技有限公司向北京市政府采购中心提出质疑，认为本项目第二包中标供应商的资质、业绩和能力水平不足，难以满足项目需求，不能按招标文件要求向采购人提供货物及服务。经项目负责人解释说明后，该公司接受解释并未正式向北京市政府采购中心递交质疑书。次日，该项目第一包中标供应商北京仁佳合美科技发展有限公司对第二包中标结果同样提出了质疑，质疑内容基本相同。项目人向其解释说明后，该公司表示不接受，坚持要求北京市政府采购中心给予书面答复，并在领取本项目第一包中标通知书的同时递交了第二包质疑函。

为慎重起见，北京市政府采购中心相关人员对本项目的采购流程、主要环节进行梳理，检查工作中是否存在问题，并与评审专家进行沟通，检查评审过程是否存在漏洞、审查不细等问题，看其提出的质疑理由是否成立。同时，我们也本着认真负责的态度，重新复核供应商的所有投标文件，并重点复核了提出质疑的北京仁佳合美科技发展有限公司的投标文件，发现该公司提供的项目业绩均为虚假材料，且与北京友邦佳通电子科技有限公司存在围标、串标的嫌疑。在掌握上述情况之后，北京市政府采购中心组织了关于该项目质疑情况的沟通会，中心主管主任、相关负责人、采购人代表及律师参加了会议，会上对其质疑的事项依据招标文件以及评审专家的意见进行了当面说明与解释，该公司经办人员接受并同时撤回书面质疑。同时，北京市政府采购中心也对该公司投标文件中出现的疑点和涉嫌虚假的材料作出解释和澄清，该公司经办人员表示难以在规定时间内作出答复，随后该公司在难以自圆其说的情况下，出具书面申请，主动放弃本项目第一包中标资格，在此情况下，北京市政府采购中心要求该公司应对其虚假投标和恶意质疑的情况作出深刻检查和说明。

经查，该公司承认虚假问题系销售人员个人伪造业绩行为，技术人员提出质疑是因为迫于厂家的压力，在查无实据的情况下，恶意中伤第二包中标单位以谋取不正当利益，造成不诚信行为的严重后果，表示愿意按照《招标文件》的要求接受相应处罚。

鉴于此，北京市政府采购中心作出将其行为记录于诚信档案、投标保证金不予退还的处理，并向北京市政府采购监管部门进行了汇报。

【案例分析】

本案供应商具有在政府采购活动中提供虚假材料投标，伪造采购业绩合同谋取中标，恶意质疑、诽谤中标供应商，受代理产品的生产厂家指使、干扰采购活动谋取中标的行为特点。对此，北京市政府采购中心进行了认真的分析和冷静的思考，现就这种现象产生的原因及应采取的应对措施分析如下：

《政府采购法》规定：供应商如果认为采购文件、采购过程或中标、成交结果使自己的权益受到损害，可以在规定的时限内，以书面形式提出质疑，这不仅是法律赋予供应商维护自身利益的合法权利救济渠道，也是监督政府采购当事人是否遵循诚实信用原则、检验采购活动是否公平公正的标志之一。但是，随着采购工作的深入开展，供应商诚信意识缺失，恶意质疑，虚假投标，质疑投诉等手段被不法供应商滥用的现象屡见不鲜，严重干扰了政府采购活动的正常进行，成为政府采购部门无法回避的棘手工作。本案反映出的问题虽属于偶然性的个案，但也是一个虚假投标谋取中标、恶意质疑的典型案例，认真的思考和分析问题背后的深层次原因对于我们进一步加强政府采购工作的科学化、精细化管理具有很好的指导意义。

1. 法律规定及法律依据

《政府采购法》第五十一条规定：供应商对政府采购活动事项有疑问的，可以向采购人提出询问，采购人应当及时作出答复，但答复的内容不得涉及商业秘密。

第五十二条规定：供应商认为采购文件、采购过程和中标、成交结果使自己的权益受到损害的，可以在知道或者应知其权益受到损害之日起7个工作日内，以书面形式向采购人提出质疑。

第七十七条规定：供应商有下列情形之一的，处以采购金额5‰以上10‰以下的罚款，列入不良行为记录名单，在1至3年内禁止参加政府采购活动，有违法所得的，并处没收违法所得，情节严重的，由工商行政管理机关吊销营业执照；构成犯罪的，依法追究刑事责任：

（一）提供虚假材料谋取中标、成交的；

（二）采取不正当手段诋毁、排挤其他供应商的；

（三）与采购人、其他供应商或者采购代理机构恶意串通的；

（四）向采购人、采购代理机构行贿或者提供其他不正当利益的；

（五）在招标采购过程中与采购人进行协商谈判的；

（六）拒绝有关部门监督检查或者提供虚假情况的。

供应商有前款第（一）至（五）项情形之一的，中标、成交无效。

从上述规定不难看出，《政府采购法》第六章“质疑与投诉”之规定，明确了供应商质疑的主体、范围、时限和形式等内容，涵盖了两层含义：一是可以维权，二是要遵纪守法，这是基本精神。如果当事人认为自己的合法权益受到了侵害，必须以正式的书面文件和实名制方式通过先质疑后投诉、先复议后诉讼等救济途径顺序进行，同时也规定，其维权自身的行为也要受到法律的约束和限制，质疑应是谁主张谁举证，决不能以虚假材料或凭借猜疑、想当然的方式恶意诽谤和诋毁其他供应商及采购当事人，否则，不仅要承担无效投诉的法律责任，更要受到法律约束和惩处。

2. 恶意质疑产生的过程及原因分析

当前，有少数怀有不良心态、缺乏诚信

的供应商，借维护合法权益之名，行不法行为之举，不仅提供虚假材料、捏造事实进行恶意质疑，诋毁、排挤其他供应商，而且向纪检监察部门匿名诬告或具名谎报，不仅透支了自己的诚实信用，更为严重的是扰乱政府采购的阳光秩序，之所以出现上述问题，主要有以下几方面因素：

（1）供应商方面的原因

一是某些参与投标的供应商未能中标，不认真分析查找自身原因，总结不足，而是怀疑中标公司的投标资质、技术参数、售后服务等方面存在问题，寄希望于中标公司存在问题或有瑕疵，以达到取而代之的目的。

二是采购人潜在的意愿没有满足，不满中标结果而挑唆未中标供应商所为。采购单位内部领导层、部门之间各种利益、偏好不尽相同，错综复杂，采购结果难以顾及各个层面的博弈要求，在不能平衡内部各种权利关系时，通过指使供应商进行质疑，来推翻不中意的采购结果。

三是在受理采购项目之前，很多采购人对市场行情包括特定供应商进行过各种各样的实地考察或是当面洽谈，某些技术指标就是由某位特定供应商提供的，供应商在前期也投入了一部分精力、财力，在此过程之中形成了某种依赖性，预先达成了某种“默契”，有时甚至是采购人享受了供应商一定的好处，有非正常寻租行为的发生，采购活动结束后，如采购结果不是原中意供应商，采购人无法向其履行“承诺”，被其纠缠不过，工作上陷入被动，供应商便企图以质疑的方式推翻采购结果，采购中心对这些场外因素一无所知。

四是有些供应商参加政府采购活动的目的是受生产厂家背后指使进行质疑投诉，以便今后预期维持良好的业务合作关系，代理其产品，也有些是受另外的供应商之托，专门充当枪手和替身，来进行恶意质疑，成为别人的挡箭牌和出气筒，想方设法找出理由去质疑投诉，以达到取消第一名中标成交资格或者重新采购的目的。

五是有些供应商利用现行法律制度的漏洞，将质疑投诉这一形式认为有利可图，当做谋取不法之利的手段和途径，蓄意干扰和破坏政府采购活动，进行职业诈骗和恐吓，并从中进行渔利，以寻找采购过程和采购结果中的任何有用的漏洞进行质疑投诉，以讹诈中标成交供应商，一旦讹诈得手，他们就撤回质疑投诉。

六是供应商之间的过往恩怨，因某一次商业行为产生矛盾和争议，没有通过正常渠道来解决，将质疑投诉程序当做相互发泄不满的手段，进行无端猜疑、无休止的相互诋毁，从而形成循环质疑，干扰政府采购活动的正常进行。

（2）现行制度方面的原因。

我国仍未出台具体的质疑相关规定，现行制度存在重大缺失，让处理质疑、作出质疑答复的流程具有很大的不确定性，同时也间接为不法质疑供应商提供了“钻营”的机会，主要表现为以下几个方面：

一是供应商合法权益的认定缺乏标准。救济制度的初衷是旨在维护供应商的合法权益，但现行的投诉处理制度自始至终都没有明确规定什么是供应商的合法权益，这直接导致了一些供应商乱诉、滥诉的行为频繁发生，也造成集采机构和监管部门在这些乱诉滥诉的处理上浪费了大量的人力、物力和时间，降低了工作效率，也同时损害了政府采购的良好形象。

二是认定质疑投诉是否有效的标准与救济制度本意脱节。供应商投诉是否有效的认定过程中应当明确体现出维护供应商合法权益的精神，但是，现行的投诉处理制度认定投诉有效的标准仅限于投诉事项所涉及的事实依据是否属实，而不是其合法权益否是受到损害。

三是投诉处理形式单一，缺乏灵活度。

损害当事人权益行为的存在形式是复杂多样的，可能是明确的违法违规违纪行为，也可能是一些有违诚实信用原则的商业欺诈行为，甚至也可能是一些服务态度不到位的日常工作行为。不同的行为对利益受到损害的当事人的损害方式、损害程度、损害结果是不一样的，对这些行为的认定和处理也应当是对等且适当的。实际中，投诉人往往是对采购结果的投诉，即中标、成交供应商不符合招标文件规定要求的投诉，如果这些投诉属实，应当以取消中标、成交供应商资格，并从其他有效中标备选人中按照一定顺序重新确定中标、成交供应商，而不能简单处理为重新开展采购活动，错误发生在哪个环节，就应从该环节重新开始。

四是难以追究相关人员责任。监管部门难以对投诉人、被投诉人、相关供应商、评审委员会等责任主体给予有效的责任追究，根据权责对等的原则，不论是授予权利，还是规定义务，都应当有明确的、相当的法律责任与之相衔接。

【案例启示】

实际采购工作中，集采机构、采购人、供应商、监管部门等都是关乎此项工作成败的重要因素，也是营造和谐采购环境的推动者。目前，工作中存在的恶意质疑投诉，蓄意干扰正常采购活动的情况，虽然只是个别供应商的行为，但极大的损害了政府采购良好形象，也影响了采购质量和效率。科学规范、积极稳妥的处理质疑投诉关系到政府采购工作能否健康有序发展，同时，质疑的产生和处理也是体现政府采购活动是否依法合规的重要标志，需要我们遵循《政府采购法》等相关规定，积极稳妥的分析产生争议的原因，认真做好处理工作。具体要注意以下几个方面：

1. 遵循“质疑有风险、处理需谨慎”的原则。处理方式要合法合规，在解决争议、处理质疑的方式和方法上进行积极探索和有益的尝试。以积极的态度、真诚平和的心态理性面对，进一步完善依法处理投诉工作机制，畅通质疑投诉渠道，重在疏导与调解，切实处理好供应商提出的疑问与争议，注意时效性与针对性，工作上争取主动，依法依据依理，冷静、妥善、积极、正确处理好，避免让争议、误解发展成正式的质疑、投诉。

强化对虚假投标、恶意质疑供应商进行诚信道德的限制和约束，在招标文件中增加诚信承诺条款，要求供应商信守承诺，对违反者进行不诚信档案记录，引导供应商注重理解与沟通，化解矛盾与纷争，正当维护合法权益，慎用质疑权。对提出的质疑属于捏造事实、乱扣帽子、恶意质疑的现实情况，出台一些制度办法以规范供应商的质疑行为，对出现恶意质疑的供应商，上报政府采购监管部门列入不良记录名单等。

对供应商提出质疑进行认真分析，仔细识别，看其是否法律依据充分、证据材料真实，不能仅凭自身主观臆断和凭空想象来质疑，要对供应商投标文件的真伪性进行认真、仔细、全面的复核与查验，考察供应商参与采购活动的诚信度。

2. 堵塞采购文件质疑漏洞。采购文件应体现依法合规和程序明确的要求，统一标准和格式，严把审核关，避免采购文件出现重大遗漏或低级失误。把握好资质条件、技术参数和评审办法等重点内容，确保采购文件内容严谨、表述准确、格式规范，避免和防止采购文件中的质疑隐患。本着实事求是的原则及落实政策功能要求，既要切合实际，体现充分竞争，又要避免影响采购质量，出现歧视性、限制性条款；设定“*”号条款时要严谨、准确；评审办法是评标和定标的依据，对于约定的无效投标条款要明确标明，评审程序、评审方法、定标原则要符合法律规定，要科学合理，并通过量化评分细则来规范评审专家的自由裁量权，以确保符合政府采购的基本原则，从源头上避免出现侵害或损害供应商合法权益的情形。

3. 沟通是理解的前提，理解是共识的基础。在质疑事项中，良好而有效的沟通，对各方当事人而言是有效化解矛盾的途径。耐心细致地做好沟通工作，公正对待各方，在法律许可的范围内赋予质疑供应商一定的知情权，给予质疑供应商充分的尊重和合理的答复，能够妥善地处理好质疑事宜，并避免矛盾的进一步对立和激化。

要与采购人多沟通、多理解、多协调、多配合、多分析，使其成为一种长效机制，答复质疑之前，采购人和集采机构相互之间要做好互相沟通工作，在取得一致意见的基础上进行答复，采购人与政府采购中心应该是持同一立场的“同志”，双方不应该有任何异议，在遵守法律法规和政策的基础上，还应该在答复书送交供应商之前，与供应商做一次沟通，消除彼此之间的误解，可以达到事半功倍的效果。

4. 要履行告知义务。在采购文件中明确相关程序和事项，告知质疑程序和要求，避免因程序不清而出现供应商胡搅蛮缠的情况。如：书面质疑应当包含具体的质疑事项和事实依据，并附能够证明质疑事项的真实有效的证据材料，而且要提供该证据的合法来源，如未能随书面质疑提供质疑事项的证明材料，并且在质疑受理人指定送达证明材料的期限内仍未能提供，其质疑事项将被驳回。提供虚假材料或采取不正当手段诋毁、排挤其他投标人，将报请有关部门查处。如情况属实，供应商可能受到处以采购金额5‰以上、10‰以下的罚款，列入不良行为记录名单，在1至3年内禁止参加政府采购活动等处罚，情节严重的，吊销营业执照，构成犯罪的，依法追究刑事责任等等。

同时，也要注意答复范围，对涉及供应商的商业秘密、评标过程、其他供应商投标文件内容等要严格保密，同时，积极面对，以诚相待，对质疑事项应进行认真细致地研究和核实，识别其属于正当质疑还是恶意搅局，并依法按程序办理。

5. 强化诚信建设，防范和治理虚假行为。营造诚实守信的政府采购市场环境，不仅要靠道德约束，更要靠法律约束，要通过规范程序规定，完善诚信体系建设，为政府采购各方当事人恪守诚实守信提供制度保障。建立失信责任追究制度，对以虚假材料进行投标谋取中标的应建立违法记录公告平台，进行诚信档案记录，严格供应商准入制度，对供应商进行动态管理，对于不诚信的供应商，及时予以曝光，情节严重的，应当给予处罚，取消其参与政府采购活动的资格。

6. 评标委员会应承担更多的责任。要强化评审专家的责任意识、风险意识自律意识，评标委员会是一个临时组建的机构，但评标委员会又是采购结果的决策者，其权力是法律所赋予的，集采机构仅仅是组织实施单位。因此，当供应商提出对评标结果的质疑时，评标委员会应义不容辞，承担更多的责任。要求所有参与评审的专家签订《评审专家承诺书》，就评审现场人员、评审现场秩序的维护、争议的解决、独立履行职责、配合处理供应商的质疑投诉等方面进行明确规定。达到优化环境，提高评标质量，减少质疑投诉，确保采购结果的公平公正有效。

做好质疑投诉处理工作涉及方方面面，各方当事人要不断规范自身行为，强化自律意识，共同营造公开、公平、公正的政府采购环境，既是责任也是义务。供应商要诚信守法、公平竞争，这是政府采购遵循的原则，竞争中应以实力取胜、信誉取胜、服务取胜，不能有侥幸心理，因小失大。弄虚造假要付出代价，只有诚实守信，才能正当维权。

总之，处理质疑尤其是恶意质疑是一门艰苦而细致的棘手工作，除了需要有一定的耐心和耐力，还需要有坚韧不拔的信心和决心。要坚持政府采购原则，依法采购，保持冷静的心态，认真负责的态度，注重采购过程的控制，以求真务实、不断进取的精神，进一步推进政府采购工作的科学化、精细化发展，努力搭建一个令人信服、充分竞争的服务平台。

作者单位：北京市政府采购中心

北京朗利汉华经贸公司政府采购复议案评析

康　佳

【案例介绍】

2009 年 8 月 7 日，内蒙古自治区政府采购中心（以下简称采购中心）组织了“内蒙古人口和计划生育委员会采购计划生育器械及设备”的采购活动。采购方式为公开招标采购，北京朗利汉华经贸公司（以下简称朗利汉华公司）作为本次采购活动的供应商参加了第一包的招标采购活动，共有 5 家供应商进入第一包的详评阶段。

在本项目评标过程中，评标委员会认为朗利汉华公司未阐述招标参数中要求的 1.7 具备实时三维成像平台和 1.8 主机可选配 4D 容积探头进行三维检查的对应条款，在真彩彩页中也未见明显表述。评标委员会经讨论，最终不认同有此功能，并作出了朗利汉华公司未通过资格符合性审查，不能进入详细评审的意见。

朗利汉华公司在知悉其未能进入本次招标活动的详细评审后，于 2009 年 8 月 10 日向采购中心提出质疑，认为其投标产品完全满足招标文件的要求。采购中心收到朗利汉华质疑后，决定邀请评委会专家进行复审，复审后于 2009 年 8 月 17 日作出质疑书回复函，朗利汉华公司对该回复函有异议，又于 2009 年 8 月 27 日向内蒙古自治区财政厅政府采购监督管理处提出投诉。

内蒙古自治区财政厅政府采购监督管理处正式受理该投诉后于 2009 年 9 月 28 日作出驳回其投诉的处理决定书，朗利汉华公司对该投诉处理决定不服，在法定期限内向中华人民共和国财政部（以下简称财政部）提出行政复议。

处理结果：

在财政部复议该案期间，朗利汉华公司撤回了行政复议申请，政府采购处的投诉处理决定业已生效。

【案例分析】

在本案中，最主要的争议焦点在于朗利汉华公司投标产品的技术参数是否符合招标文件的要求，也即是否具备实时三维成像平台和主机可选配 4D 容积探头进行三维检查的功能。

朗利汉华公司坚称其产品具有上述功能，完全响应了招标文件的要求。但在其投标文件的产品配置明细表和提供的该产品真彩页中却未见到相关的表述。在评标会上，评审委员会曾两次请朗利汉华公司代表现场进行该问题的澄清，朗利汉华公司均没有提供有说服力的证明。

在朗利汉华公司向采购中心提出质疑后，采购中心于 2009 年 8 月 14 日邀请评委会专家对质疑内容进行复审，专家复审后的结论与评标时的意见一致。政府采购处在处理该起投诉时，详细审阅了招标文件、投标文件、开标评标记录、评标报告以及复审情况等相关证据材料，最终采纳了评委会专家的复审意见。

本案虽最终以朗利汉华公司撤回行政复议申请而告终，但本案中所反映出来的专家复审程序的合法性与合理性问题值得我们深入思考与探讨。

就其合法性而言，在常规的招投标流程中，并没有复审这一环节，从现行的招投标法规里，都没有找到“复审”的字眼，“复审”缺乏明确的法律依据。而且在实务中，有不少复审完全是由第一次的评审专家进行复审的，而根据《招标投标法》第三十八条第一款规定，评标应在严格保密的情况下进行。而原评标委员会推荐中标人后，投标文件也不再处于保密状态，其已然丧失了再次评审的前提条件。退一步讲，即使原评标委员会仍要评审，但因其已具有利害关系，也无法绕开回避问题。所以复审在实务中存在违法性并不少见。

专家复审虽无明确的法律层面依据，但是不是就完全不能复审呢？我们认为也不能一概而论，换句话说，专家复审程序有其存在的合理性要求。

比如在政府采购投诉中，经常会面对一些技术性指标是否响应招标文件的投诉。对一些复杂的技术指标单纯从书面材料上很难得到准确判断，通过专家的复审一方面能够查明投诉事项是否有事实依据，另一方面也能够最大限度维护供应商的合法权益。再比如，评标委员会成员在评标过程中经常会出现明显不合理或者不正当倾向性或者未能按招标文件规定的评标方法和标准进行评标的行为，如果评委会成员出现上述情况，根据《政府采购货物和服务招标投标管理办法》第七十七条规定供应商有权提出质疑，如果提出的质疑证据充分，采购中心就应该组织评标委员会复审，确定是否存在需要改正的错误。

可见专家复审程序确实存在着合法性与合理性这样一个矛盾统一体的问题。

【案例启示】

如何处理专家复审程序合法性与合理性的问题呢？我们认为关键在于对复审程序的设计。也就是说，在面临这样的法律真空地带，通过程序上的设计来最大限度的弥补实体法上的缺失，同时对复审程序的合法性与合理性起到良好的衔接作用。

我们认为，就复审程序设计而言，如果需要对评审结果进行复审，最好是重新抽取专家。因为评审结果公布后，评标专家的名单也要公布。此时，如果再启用原来那批专家对采购结果进行复审，就很难避免中标人和质疑者贿赂专家的情形出现，即使没有贿赂专家的情形出现，对质疑者来说也很难有公正的内心确信。

同时，不管专家复审后，是支持原评审结果还是推翻原评审结果，一定要在复审结论中注重说理性的阐述，给争议各方一个合法、合理的解释，只有这样才能让争议各方信服，起到息诉宁人的作用。

综合以上论述，朗利汉华公司的行政复议案件虽以个案形式结束，但带给我们的思考却远未停止。我们相信生动、鲜活的个案会极大的推动未来的政府采购立法，政府采购的市场环境也会更加的规范井然。

作者单位：内蒙古自治区财政厅
政府采购管理处

动物识别移动智能识读器采购质疑案暴露的问题与启示

杨　军

【案例介绍】

某采购人对动物识别移动智能识读器采购项目（项目编号 SC［2010］0586）进行国内公开招标采购，采购预算金额 128 万元（人民币），采用最低评标价法组织项目评审。共有 3 家供应商递交投标文件，按所投产品报价由低至高的顺序，依次为 A、B、C 公司。评标委员会按照招标文件确定的评审办法及评审原则，对上述 3 家公司提供的投标文件进行综合评审及比较，经全面评审，认定报价排序第一的 A 公司投标文件技术部分有三项技术指标存在不同程度的问题，其中“一项负偏离，一项与招标文件要求有差异，一项未满足招标文件规定的检测标准的全部要求”，评审专家在与 A 公司进行现场确认事实过程中，A 公司没有拿出有效证明文件，评标委员会决定做废标处理，同时确定报价排序第二的 B 公司为预中标人。中标结果网上发布公告后，A 公司对评审结果有异议，向黑龙江省政府采购中心提出书面质疑，质疑事项：“在评标过程中评审人员由于理解偏差，认为我公司投标文件对技术要求的响应不能实质性满足招标文件的要求”。经组织专家重新进行专项复审查证，确认该项目原评标委员会对投标人提供的投标文件技术部分相关事实认定不准，专家评审工作出现重大偏差，导致评审结果有失客观、公正，依据有关法律法规规定，对本次采购作废标处理。

【案例分析】

复审过程中发现在本次采购中存在以下问题：

1. 招标文件技术部分个别条款表述不清楚，定义不准确。一是“识别亮度”。表述不够准确，按照摄像头的使用条件，该条款应称作“环境照度”，通俗的说就是发光和受光之间的区别，因为，此项指标要考核的是摄像头的工作环境照度，此值越低拍摄的图像仍清晰可辨，说明该摄像头的性能越优良，而招标文件中此条款表达有误，导致评审专家形成误判。经后期专家复审发现，虽然招标文件此项条款有误，但三个投标人却作了正确的实质性响应，这说明投标人完全理解了招标文件的真实要求。二是“产品的抗扰度限值”。该条款要求产品应符合 GB/T17618－1998 的要求，这样表述有些笼统，不是十分严密，因为 GB/T17618－1998 中规定的检验项目共 7 项，而且该标准中有说明，可根据产品的实际情况确定检验项目（即根据产品的实际情况，检验项目可少于 7 项），根据此次招标产品的实际使用情况，仅做 6 项检验即可，而招标文件未对此作出声明（采购人应提供该产品实际使用说明），有失严密。在质疑处理期间，经与采购人确认，根据设备实际使用情况，其中一项检测指标无需检测。这说明评审专家不掌握国家规定的检测标准及采购人设备使用实际需求（在招标文件中应设定设备使用条件和工作环境）。三是“电池电量”。该条款的表述实际上存在两个含义：（1）检测产品的连续工作时间；（2）检测产品的待机时间。但在招标文件表述中将两个不同的检测项目混在一起，但这点未引起异议，最重要的是该条款并未规定检测待机时间的实验方法，这是导致产生异议的原因，即招标文件未表述清晰。因招标文件对此项技术要求没有明确表达，且国家没有相关检测标准，因此是无法界定的。原评标委员会认为A公司此项技术参数与招标文件要求有差异，差异究竟有多大，是优还是劣无法判断，应视为比较模糊不确定的评审意见。

2. 随机抽取的评审专家与参评项目专业不对口。经后期质疑得出复审查证，原评标委员会三位评审专家虽然是具有高级职称的兽医，但评审项目为技术含量较高的电子产品，明显存在专业不对口、不熟悉产品情况、缺乏专业技能、实践经验及评审能力，不符合评审条件和要求等问题。经核查，是申请专家抽取出现了差错（不应当依据采购项目名称抽取畜牧类专家，而应依据本项目技术需求抽取电子产品类专家），但同时也忽视了现场了解、确认评审专家否能胜任此项工作（采购计划打包捆绑采购时，涉及产品种类繁多，所需评审专家的技术专长要符合项目性质和需求，更要注意申报清楚）。

3. 评审专家没有认真履行法律赋予的职责。按照确定的评审标准，在投标文件技术部分中有一项指标（电池电量）3家公司相同，但评审结论却是A公司不满足，而专家在评审表中，对B和C公司未作出任何评审意见标注，结果是B公司却成了预中标人（该公司所投设备“产品的抗扰度限值”检测也仅做6项）。招标文件明确规定，设备技术条款必须全部满足招标文件的要求，既然3个投标人部分技术参数客观存在未满足招标文件技术要求的问题，这个标为什么能继续评下去？还产生了评审结果？并非是招标人、投标人的行为存在违法违规，而是评标委员会在评标过程中没有履行其法定义务。

4. 评审专家的选取和确定方法不完善。现行的做法是由政府采购中心进行网上申报，政府采购办随机选取，采购人现场监督。但申报事项往往存在缺项或事项不具体的问题。据了解，目前专家库专家分类尚未能完全做到按专业或学科分类管理，个别行业专家数量不足，专家的素质和能力参差不齐，所谓的“评标专业户”也不在少数。我个人理解评审专家的选取工作应当把握好三个环节：（1）把握好抽取专家申请关。政府采购中心项目经办人应根据项目采购方式、预算金额、商务及技术需求，网上填报抽取评审专家申请表，详尽填写表内栏目内容，特别强调的是要对所需评审专家的类别、专业特征界定准确，必要时突出说明所需评审专家技术专长，评审专家的技术专长及综合评审能力必须符合项目评审要求，抽取专家的数量要符合法规要求。（2）把握好评审专家随机选取关。政府采购办专家库管理人员依据政府采购中心网上提供的抽取专家申请表随机抽取专家后，应首先确认评审专家是否能如期参加评审工作，并同时告知其参评项目的特点和要求，确定专家是否有能力参加此项评审工作。（3）把握好评审专家评标现场确认关。评审专家进入评标现场登记后，政府采购中心项目经办人应审查确认评审专家的资格条件，一旦发现评审专家与参评项目专业不符，不具备评审能力，应暂停采购活动，将情况上报采购办，重新抽取专家（考虑时限问题，可先选专家后补手续，出现特殊情况应取消本次采购活动）。

5. 中标人的确定违背了法律规定。参与本项目投标活动的供应商仅有3家，在评审过程中，评标委员会一致认为A公司未满足招标文件要求，决定对其作废标处理，其他两家公司投标文件也不同程度存在问题。根据《政府采购法》第三十六条规定，在招标采购中，出现对招标文件作实质性响应的供应不足3家的，应予以废标。而评审委员会却确定B公司为预中标人。另外，还有两种情况是我们组织采购活动中经常遇到的。其一，在评审结果产生后，评标委员会已经解散，中标结果尚未发布，投标人对评审结果以询问的方式提出异议时，情况比较清楚的，应及时作出相应答复，对比较复杂或技术含量较高的询问事项，可能构成废标条件的，应当及时上报采购办批复后，重新组织专家进行复审查证，并出具专家复审意见，决定维持原评审结果或做废标处理。需要特别强调的是，评审过程或评审结果出现重大偏差或严重违法违规现象，应由采购办作出纠偏决定或处理意见，必须严格执行采购规范程序，绝对不能擅自越权作出废标决定。其二，在评审结果产生后，项目经办人在评标现场向投标人公开宣布中标结果，尚未发布中标公告时，投标人在此期间对评审结果提出书面质疑，应视为符合法定条件。《政府采购法》第五十二条规定，“供应商认为采购文件、采购过程和中标、成交结果使自己的权益受到损害的，可以在知道或者应知其权益受到损害之日起7个工作日内，以书面形式向采购人提出质疑”。供应商对评审结果的质疑，不应以中标公告发布之日作为质疑受理法定条件和时限要求，只要供应商是通过合法渠道获取的信息，就应当予以支持并受理。需要特别强调的是，评审结果产生后，应按中心办结时限要求，网上发布中标或成交结果，但特殊情况除外。

【案例启示】

1. 评审专家数量问题。部分采购项目（医疗设备、家具、服装、锅炉等项目）库存专家数量较少，个别采购项目专家库里没有这方面专家，需采购人推荐，才能开展采购活动，应尽快征集、补充所缺专家，重点选取科研院所、大专院校或行业监管检测职能部门人员，纳入政府采购专家库。

2. 评审专家质量问题。部分评审专家来自各监理公司和各行业协会，这些专家参加政府采购项目评审工作，容易产生主观倾向性。比如建筑工程监理公司技术人员担任评审专家，他们因和建筑商有千丝万缕的联系，直白的说，要靠他们维持生计，存在利益关系；再比如家具、服装及装修等行业，很多大公司和知名企业是副会长单位，与评审专家既有工作上的联系，也存在经济利益关系，按相关法规要求，评审专家与投标人有利害关系的应当回避。鉴于上述情况，在选取评审专家时应慎重，至少在数量上应当予以控制。

3. 评审专家分类问题。应根据采购项目进行专家分类，有些采购项目应按专家技术专长进行分类，要更加细化，如建筑工程采购项目，一般会涉及预算、施工组织设计、土建、结构、消防等专业。

4. 评审专家培训问题。应定期组织专家进行政府采购法规政策及评标规范等方面知识的业务学习和培训，不断提高参与政府采购项目评标的能力（可以考虑向专家提供一些相关文件和材料，也可以编一个专家必读规范手册）。

5. 评审专家监管工作。应建立政府采购评审专家信息反馈制度，收集整理有关方面对评审专家的业务水平、工作能力、职业道德等方面的意见，核实并记录有关内容，对个别素质和能力低下（如：不掌握政府采购、招标投标的相关法规政策；不熟悉市场行情；评审工作态度消极；职业道德意识薄弱；甚至出现个别专家看不懂招标文件等现象）的专家，连续出现评审工作失误的专家等，应当给予警告或清除专家库的处理，对个别“评标专业户”也应当做适当清理。同时加强对评标现场的监督，对专家评审打分及评审意见等要进行审核，严格执行评审工作的问责追究制度。

作者单位：黑龙江省政府采购中心

依法处理　不惧“风波”

王建明

【案例介绍】

1. 采购项目实施过程。2009年5月22日，江苏省省级行政机关政府采购中心（以下简称“采购中心”）接受江苏省教育厅（以下简称“采购人”）的委托，对江苏省教育厅农村合格幼儿园建设工程项目实施政府采购。该项目是为建设江苏省1000所农村合格幼儿园采购专用教育教学设备，内容涉及教育器材、专用设备、玩具、幼儿保健等四大类几十个品目，采购预算达1.09亿元。采购中心接受委托后，在经过核对采购需求、制定项目实施方案、召开供应商座谈会、召开专家论证会等一系列程序后，于2009年8月18日在法定媒体进行了项目招标公告，并根据招标文件的约定于8月21日召开项目答疑会，对供应商就招标技术和商务部分进行解答。截至投标截止时间，采购中心共收到18家供应商递交的投标文件。

2009年9月8日，在该项目负责人的主持下进行开标评标。评标活动开始前，采购中心领导向评标委员会介绍了该项目的评标依据以及评标工作纪律、要求，采购人代表介绍了项目背景等有关情况，采购中心内部控制人员进行内部监督和文字记录，纪检部门的工作人员及公证人员对整个开评标活动进行了现场监督。经项目评委会根据样品及投标文件对招标文件的响应情况进行打分，按综合得分由高到低顺序排名确定温州华夏游乐设备有限公司（以下简称“华夏公司”）、南京万德游乐设备有限公司（以下简称“万德公司”）为户外活动器械的第一和第二中标候选人。

评标结果宣布后，采购中心相关人员整理资料离开评标地点。按照招标文件约定，采购人应对中标候选供应商的样品进行封存，而未中标供应商的样品则由其自行带走。但在此过程中，多家未中标供应商阻挠中标供应商拆除中标样品，现场秩序混乱，公安机关接警后到场平息了混乱局面。

2. 质疑投诉处理过程

质疑：2009年9月9日，未中标的扬州奇乐玩具有限公司、扬州苏乐教玩具有限公司、江苏宝乐实业有限公司、扬州思礼游乐健身设备有限公司、扬州东方娃玩具有限公司、江苏玉河教玩具有限公司、扬州米奇妙教玩具有限公司、宝应县开心园玩具厂等8家供应商（为便于表述，以下统称“投诉人”）向采购中心提出质疑，采购中心于9月17日对投诉人的质疑作出答复。

投诉：投诉人对采购中心的答复不满意，于2009年10月13日投诉至江苏省财政厅。江苏省财政厅经调查后，于11月15日依法作出驳回投诉的处理决定。

行政复议：投诉人对投诉处理决定不服，于12月22日向财政部申请行政复议。财政部于2010年3月18日决定维持江苏省财政厅投诉处理决定书。

3. 投诉人投诉行为。本采购项目投诉处

理期间，投诉人试图干扰监管部门依法处理，先后采取一系列行为：扬言组织工人到江苏省政府门口聚集上访；向中纪委、中央政法委、国务院办公厅、最高人民法院、最高人民检察院、中国法制报社、中央电视台焦点访谈、江苏省委、省政府、省纪委、省政法委等15个部门或媒体联名举报，称采购中心经办人员损害国家财产、涉嫌渎职犯罪；某媒体2010年4月6日刊发《江苏幼儿玩具投标风波》一文，片面听取投诉人陈述、曲解部分评审专家的说法，对事实进行歪曲报道，被各大网站广泛转载。

投诉人投诉提出：

（1）中标产品非中标单位生产，投标人不具备投标资质。华夏公司提供的产品非本单位生产，根据招标文件投标人必须是所投设备生产厂商的规定，不具备投标资质。

（2）中标的户外大型玩具设计简单、廉价，无新颖性。中标玩具只够5~10人同时使用，而未中标玩具可同时容纳20~40人使用。中标产品没有幼儿喜欢的大“S”型滑梯，设计理念不符合农村幼儿园的要求。

（3）中标产品存在大量质量问题，属不合格产品。中标产品在爬网网格规格、安装螺丝的塑胶盖帽、秋千荡绳的处理工艺、钻圈材质等方面，严重偏离标书要求，没有响应招标文件。

（4）中标产品与招标文件规定的要求存在实质性差异。华夏公司的样品用人造草坪，不符合招标文件要求活动场地铺设厚度不低于25mm的安全地垫的规定，中标应属无效。

（5）中标单位实力小，履约能力堪忧。相比其他投标单位，中标企业规模小、生产能力不足、产品质量得不到保证、履约能力差。

（6）中标产品利润率畸高，严重超过合理水平。据投诉人自己测算，如中标人中标可以获得1000万元以上的非法利益，而其他单位利润率相对合理。

（7）本次招标严重违反法律规定和立法本意。中标人在价格和对招标要求的最大满足度上均不符合，不应中标。其他投标人均按能够最大限度地满足各项综合评价标准的要求下，将投标价降至最低。

4. 调查取证结果。江苏省财政厅经调查查明：

（1）关于中标产品非中标单位生产，投标人不具备投标资质。华夏公司所投产品为自有专利或者转让专利产品，根据现有证据不能认定中标产品不是中标人生产。

（2）关于中标的户外大型玩具设计简单、廉价，无新颖性。招标文件在“技术规范和要求”中明确了该器械应当具备的功能，其中未要求器械应同时容纳20~40名儿童使用的条件，也未要求有大“S”型滑梯。且“评委打分明细表”在产品性能、功能和特色一栏，中标的华夏公司得分最高、万德公司得分较高。

（3）关于中标产品存在大量质量问题，属不合格产品，与招标文件规定的要求存在实质性差异。开标当日，本项目所有投标人提供的样品都与招标文件有偏离。经评委研究，均不作重大负偏离处理。评委根据样品响应程度，对各招标人的样品进行了酌情打分。认定中标产品存在大量质量问题、与招标文件要求存在实质性差异的证据不足。

（4）关于中标单位实力小，履约能力堪忧。经组织采购中心、采购人、监督委员会成员及法律专家对2名中标候选人进行实地考察，不能作此认定。

（5）关于中标产品利润率畸高，严重超过合理水平。经查阅评标文件：投诉的8家供应商中，有4家被评委会判定为无效投标文件。其余进入评审的4家供应商中，2家高于中标人报价，2家低于中标人报价。投诉人对中标人的利润率测算，依据是其自行制作的“成本核算和利润分析表”，认定的证据不足。

（6）关于本次招标严重违反法律规定和立法本意。本项目采用综合评分法评标，中标供应商总得分分别为第一和第二名。项目开标评标时，纪检监察部门代表及公证人员进行了全程监督，未发现违反法律规定现象。

5. 投诉处理结果。

2009 年 11 月 15 日，江苏省财政厅根据查明的事实，认为投诉人的投诉缺乏事实依据，依法作出驳回投诉处理决定。

2010 年 3 月 18 日，财政部经复议认为：江苏省财政厅作出的投诉处理决定，事实清楚，证据确凿，适用依据正确，程序合法，内容适当，依法决定维持江苏省财政厅的《投诉处理决定书》。

【案例分析】

投诉处理过程中，主要涉及以下法律问题。

1. 供应商同时提起质疑和投诉的处理。本项目投诉人在项目开标次日 2009 年 9 月 9 日，8 家供应商联名向采购中心提出质疑，9 月 10 日又向江苏省财政厅等部门提出投诉。根据《政府采购法》的规定，质疑供应商对采购代理机构的答复不满意或者采购代理机构未在规定的时间内作出答复的，可以在答复期满后 15 个工作日内投诉，即质疑是投诉处理的前置程序。投诉人同时提出质疑、投诉不符合法律规定的程序；依法不应受理，江苏省财政厅向投诉人进行了有关法律规定的解释说明，告知其待质疑答复之后再视情决定是否提出投诉。鉴于投诉人系多家联名投诉、情绪激动并扬言组织工人闹事的实际情况，监管部门同时向采购中心发函，要求依法妥善处理、积极做好解释疏导工作，在签订合同之前要慎重处理，组织对中标候选人的实地考察，指导采购中心做好质疑答复，从而将投诉处理的关口前移。

2. 评审委员会决定招标文件由专家分组评分。本项目评标过程中，由于投标的供应商数量较多、评标任务重，为提高工作效率、保证评标质量，评审委员会决定客观分部分由专家分工负责打分，主观分部分由评审全体专家各自打分，评审委员会的这一操作方法引起了争议。《政府采购货物和服务招标投标管理办法》规定：评标时，评标委员会各成员应当独立对每个有效投标人的标书进行评价、打分。结合该项目实际情况，客观分主要是以投标人的资质认定、业绩、价格等客观事实为依据，对照招标文件明确的标准具有既定性，评审专家主观上没有裁量权，因此专家分工负责不影响评分结果。主观分部分，则是评审专家根据自身的专业知识和技能，对投标文件、样品响应情况进行独立自主的打分。经查阅专家评标记录，所有主观分无一雷同。因此，项目评审委员会对客观分分工负责的操作方法不违反专家独立打分的规定，有利于保证专家将更多精力集中于技术部分的评价，提高评标工作效率和质量。

3. 招标文件规定之外的因素成为投诉理由。投诉人提出的投诉理由，除有关中标人资质、产品质量问题系依据招标文件规定的条件提出外，其他如中标的户外大型玩具设计简单、廉价、无新颖性，中标单位实力小、履约能力堪忧，中标产品利润率畸高、严重超过合理水平，招标严重违反法律规定和立法本意等，均超出招标文件规定的范围，有些内容甚至是投诉人的主观猜测或看法。根据《政府采购货物和服务招标投标管理办法》的规定，评标应“按招标文件中规定的评标方法和标准，对资格性检查和符合性检查合格的投标文件进行商务和技术评估，综合比较与评价”，并“不得改变招标文件中规定的评标标准、方法和中标条件”。根据招标文件规定，本项目采用的综合评分法，依据综合得分排名确定中标候选人符合法律规定。投诉人提出的中标产品“只够 5 ~ 10 人同时使用”、“没有大 S 型滑梯”、“中标单位实力小”等问题，在招标文件中未作要求，不应作为中标产品不符合招标文件要求的依据。因此，投诉人以招标文件规定之外的因素作为理由提出投诉没有法律依据，不能成立。

4. 个别评审专家对《政府采购法》的曲解。投诉人在依法提起投诉的同时，还向国家和省有关部门多头举报，甚至利用媒体进行炒作，试图向政府采购监管部门施压，以达到自己的目的。在某媒体刊发的不实报道中，援引了个别参与项目评审专家的部分言语，对歪曲报道起到了推波助澜作用。尽管媒体在文章中引用专家的言语时采取了断章取义的手法，但个别专家接受采访中也确实基于对《政府采购法》的不了解而发泄了一定的不满情绪，例如“在开标前一天才接到的电话通知”、“稀里糊涂就去了”、“作为评标专家在结果出来之前一直没能说上话”等，本为严格执行政府采购法律法规的做法，在该专家眼里却成为此次采购活动的不足之处。因此，加强政府采购评审专家培训特别是库外专家的临场培训，帮助专家了解《政府采购法》的基本规定、评审专家的权利义务，应当成为政府采购操作必须重视的重要环节。

【案例启示】

本项目预算金额大、涉及范围广、投诉人数量多、对抗情绪强和个别媒体不负责的报道，给投诉处理工作增加了无形的压力和困难，甚至引发了一场幼儿玩具招标“风波”。但整个工作过程中，监管部门不惧压力、迎难而上，坚持依法、妥善、审慎处理投诉，严格依据调查后的客观事实和法律法规作出投诉处理决定，并采取相应措施加强项目各方当事人的沟通，将“风波”的影响缩到最低直至完全平息，既维护了政府采购的严肃性，也为进一步推进政府采购工作、妥善处理供应商投诉积累了丰富的经验。主要启示如下：

1. 监管部门依法处理，避免激化矛盾。在一整套政府采购维权机制中，监管部门处于重要位置、担负重要职责。本项目由于开标当日便引发了较大矛盾，监管部门在处理过程中更加注意依法履行职责。一是加强前期指导督办。项目开标后，投诉人即同时提出质疑和投诉，监管部门在告知投诉人不符合投诉受理条件的同时，指导采购中心对项目实施过程进行自查、做好投诉人解释工作，依法对质疑作出答复，并督促采购中心在正式签订合同之前，组织考察组赴中标企业进行实地考察，以避免工作上的被动。二是依法开展调查。受理投诉后，首先与投诉人进行沟通，阐明《政府采购法》有关规定，引导其依法维权。为妥善处理投诉，专门召开法律咨询论证会，从法律上进行风险分析研判，明确调查工作的重点和思路。在此基础上，全面审查项目实施材料、评审记录，进一步听取投诉人、中标人的意见。三是客观公正处理。在充分调查事实、全面收集证据后，我们根据客观事实和相关法律法规，认定投诉人的投诉理由不能成立，依法作出驳回投诉处理的决定，维护了政府采购的权威。四是加强后续跟踪。投诉处理作出后，得知投诉人仍然不服，在提起行政复议的同时还四处“告状”，并欲借助媒体炒作。为了加强正面宣传，监管部门先后组织了该项目实施通报会、案例分析会，探讨工作中存在的不足，进一步通报项目实施进展情况，及时发现和改进合同履行中存在的问题，克服个别媒体不实报道的负面影响。

2. 操作机构规范操作，杜绝工作瑕疵。投诉人的投诉最终被监管机构依法驳回，财政部行政复议亦维持了江苏省财政厅的投诉处理决定，无疑是对采购中心依法规范操作的肯定。由于本项目是为建设江苏省农村合格幼儿园而组织实施的专用教育教学设备采购，实施范围涉及全省 1000 所农村幼儿园，内容涵盖体育器材、专用设备、玩具、幼儿保健等四大类几十个品目，采购预算达1.09亿元，而且是采购中心首次实施此类设备的采购。采购中心对此项目高度重视，领导亲自组织，业务骨干直接负责，从接受采购委托、核对采购需求、制定项目实施方案、召开供应商座谈会、专家论证会、项目答疑会等多个方面，进行了精心组织和准备。开标评标阶段，考虑到项目采购品目的特殊性，除按照规定从全省统一的专家库中抽取专家外，还按程序从库外抽取了部分体育运动器械类、材料设备类专家和幼儿工作一线的老师参加项目评审，样品接收、开标、评标、样品拆除等环节均有纪检监察人员和公证人员全程监督，不存在任何违反规定的操作行为。正因采购中心的规范操作，8家供应商的联名投诉和行政复议申请才未获支持，该项目得以顺利实施。

3. 后续工作积极跟进，消除不良影响。由于项目开标后8家供应商联名投诉、多头“告状”、借助媒体进行不当炒作，该项目在国家和江苏省有关部门、政府采购系统、社会各方面都产生了较大的影响，特别是某媒体的片面不实报道在网络上广泛传播后，更是加深了各界对政府采购的误解，损害了政府采购的形象。但江苏政府采购监管部门和操作机构并未消极应付，而是积极主动做好后续工作，努力消除不良影响。具体做法：一是加强对合同履约的监督检查。在合同履约阶段，采购中心组织质监、纪检、采购人组成的验收专家组，在产品生产过程中对使用的材质、半成品及生产工艺进行飞检，提出整改意见，从源头上严格控制材料选用、确保产品质量。为确保供应商供货产品完整、安全、安装到位，又组织有关专家、采购人对履约情况进行监督检查，要求供应商对存在的问题进行及时整改，以实实在在的业绩赢得主管部门和广大用户的肯定。二是组织项目当事人进行项目总结分析。由于项目受到投诉人的联名投诉，监管部门组织操作机构经办人员、现场监督的纪检监察人员、项目评审专家代表、采购人代表等各方参与人，专门召开项目实施总结分析会，各方从自己的角度总结、分析工作中存在的问题及需要注意的事项，及时消除有关方面的误解，进而提出改进工作的意见和建议。三是组织召开案例分析会。投诉人之一的江苏宝乐实业有限公司代表当场表示，对于政府采购工作，走过了一个从过去的误解到现在了解的过程，今后会把所有精力投入到产品质量的提高上，争取在以后的投标中能够有所收获，对江苏的政府采购充满信心。《政府采购信息报》、《中国政府采购报》等专业媒体也对该项目实施、投诉处理、行政复议的全部情况进行了深入报道，向社会还原了事实真相。

4. 深入开展理性分析，制度有待完善。相比以前诸多零星采购项目，江苏省教育厅农村合格幼儿园建设工程户外活动器械项目这块价值1.09亿元的大蛋糕从天而降，各方供应商都想分享。但政府采购竞争总有胜败，供应商质疑、投诉的救济渠道恰恰为未中标供应商提供了一个发泄失败情绪的途径。“风波”之后冷静地思考，政府采购具体制度确实有需要进一步完善的地方：一是供应商资格预审制度。在一些大的采购项目中，通过预审制度把不合格的供应商事先排除，既减少评标压力，又降低这些供应商参加后续投标活动的不必要成本，从而缓解其大量资金投入却无所获的对立情绪；二是供应商无效质疑投诉的制约问题。本项目投诉人自己也承认采购文件、采购过程及采购中心的工作是公平、公正的，但不满外省供应商中标，更不满中标候选人太张扬表现，所以执意进行质疑投诉，监管部门和操作机构却为此付出大量精力、承担了过多压力，而投诉人却不需要为此付出任何成本；三是和谐政府采购环境的建设问题。随着政府采购领域日益激烈的利益冲突和市场竞争，面对供应商竞标失败后的严重对立，面对供应商的无理质疑、投诉、行政复议甚至行政诉讼，政府采购和谐环境建设需要更大的努力；四是供应商权利救济制度的改革与重建问题。目前质疑——投诉——复议——诉讼的制度设计是否合理？是不是最佳选择？在政府采购制度实行十余年之后，有必要结合实际加以改进甚至重建。这些问题，有的可以立足现有法律法规加以完善，有的则需要进一步深化政府采购法制理论研究，方能提出科学的解决方案。

作者单位：江苏省财政厅政府采购管理处

对提供虚假业绩证明材料谋取中标的行政诉讼判决

魏 承 玉

【案例介绍】

1. 投诉受理及调查情况。

投标人北京 A 公司关于对湖北省某政府采购中心组织的《湖北省人力资源和社会保障厅社保卡项目》公示的中标人"深圳 A 公司"提交的投标有关业绩证明材料的真实性事项存在疑问，向湖北省某政府采购中心提出了质疑，并对该中心质疑答复不满意，按政府采购投诉程序向湖北省财政厅提起投诉并提交了投诉书，根据《政府采购供应商投诉处理办法》（以下简称《投诉处理办法》）的规定，经审查投诉人北京 A 公司投诉程序和提交的投诉书内容符合《投诉处理办法》第十条、第十一条所规定的条件，依法予以受理，受理时间为 2010 年 11 月 1 日。

根据《投诉处理办法》第十四条规定，湖北省财政厅于 11 月 9 日组织了投诉人北京 A 公司、被投诉人湖北省某政府采购中心和与投诉事项有关供应商深圳 A 公司授权代表人参加的投诉调查质证会，质证双方各自对投诉书投诉涉及内容事项进行了说明陈述，质证双方对各自的陈述说明和提交的证据、依据仍存在争议。焦点为：投诉人北京 A 公司对深圳 A 公司在本次投标文件中列举的《某市市民卡供应商资质招标项目》（编号：2009R175）中标业绩证明材料复印件的真实性仍存在疑问，要求提交该中标通知书或合同原件予以证实。经质证会询问调查，深圳 A 公司说明以上业绩属联合体性质中标，本次投标文件中对此业绩进行了说明，并没有在投标文件中提交中标通知书作为证明依据，同时明确表示无法提供中标通知书原件。质证会调查事项已作记录并全程录音录像备档。

为确保投诉争议事项有理有据的处理，湖北省财政厅于 11 月 18 日派专人赴某市政府采购中心请求协助核实深圳 A 公司中标通知书事项，经某市政府采购中心对（编号：2009R175）项目档案核查，书面回复函称："经我中心核查，深圳 B 公司与深圳 A 公司组成联合体，以深圳 B 公司名义参与了我市市民卡资质招标项目（编号：2009R175），经评审，由深圳 B 公司代表联合体中标，我中心仅向深圳 B 公司发出过中标通知书，特此说明"，并附《中标通知书》复印件证明。

2. 审查结果及作出处理意见的证据依据。

经财政部门审查：根据《湖北省人力资源和社会保障厅社保卡项目》项目档案核查、质证会调查以及深圳 A 公司在编号 2009R175 项目中标通知书事项的取证核实，深圳 A 公司在本次投标文件中其相关业绩事项处列举了某市市民卡项目业绩案例，并提交了"深圳 B 公司和深圳 A 公司"两家联合中标的中标通知书（编号：2009R175）复印件作证明依据，但在质证会询问调查时，深圳 A 公司对是否提交过该中标通知书作依据时，明确说明投标文件中没有提交《中标通知书》作依据，其说明与项目档案核查事实不符存在；质证会调查期间该公司未能按财政部门要求提供（编号：2009R175）中标通知书原件作为解释争议事项的证据，并明确表示无法提供该中标通知书原件，其行为违反了《投诉处理办法》第十五条“对财政部门依法进行调查的，投诉人、被投诉人以及与投诉事项有关的单位及人员等应当如实反映情况，并提供财政部门所需要的相关材料”的规定事实存在；该公司投标文件中提交的中标通知书（编号：2009R175）证明材料的复印件与某市政府采购中心回复函提供的中标通知书（编号：2009R175）复印件，在中标人事项处存在明显不相符事实存在。

根据以上调查核实和审查情况，财政部门依据《中华人民共和国政府采购法》、《政府采购货物和服务招标投标管理办法》以及《投诉处理办法》相关规定，作出如下认定和处理决定：

（1）深圳A公司在质证会调查期间未能对投诉书争议事项按财政部门要求提供投标文件中中标通知书（编号：2009R175）复印件的原件以证明其复印件的真实性，并明确表示无法提供该《中标通知书》原件的事实。财政部门认定：该行为违反了《投诉处理办法》第十五条规定，属《投诉处理办法》第十六条“投诉人拒绝配合财政部门依法进行调查的，按自动撤回投诉处理；被投诉人不提交相关证据、依据和其他有关材料的，视同放弃说明权力，认可投诉事项”规定的行为。

（2）深圳A公司在质证会调查时否认在投标文件业绩事项中提交了中标通知书（编号：2009R175）复印件作为证明材料依据的说明与项目档案核查事实不符，违反了《投诉处理办法》第十五条规定。

（3）根据某市政府采购中心提供给湖北省财政厅的中标通知书（编号：2009R175）复印件和回复函中对中标人的说明“我中心仅向深圳B公司发出过中标通知书”的事实，对比深圳A公司投标文件中提交的中标通知书（编号：2009R175）复印件，在中标人事项处存在明显不符，财政部门认定：深圳A公司对某市政府采购中心发出的中标通知书（编号：2009R175）进行了修改，人为将自身添加为中标人，并在本次投标中作为业绩证明材料提交，该行为违反了招标文件第二章“投标人须知”第10.3条“投标人必须保证投标文件所提供的全部资料真实可靠”，第14.2条“资格证明文件必须真实可靠、不得伪造”的规定，同时其情形符合《政府采购法》第七十七条：供应商有下列情形之一的，第（一）款“提供虚假材料谋取中标、成交的”，供应商有前款第（一）至（五）项情形之一的中标、成交无效；《政府采购货物和服务招标投标管理办法》第七十四条：投标人有下列情形之一的，第（一）款“提供虚假材料谋取中标、成交的”，投标人有前款第（一）至（五）项情形之一的，中标无效。

（4）根据以上认定情形，依据《政府采购货物和服务招标投标管理办法》第八十二条：“有本办法规定的中标无效情形的，由同级或其上级财政部门认定中标无效，中标无效的，应当依照本办法规定从其他中标人或中标候选人中重新确定，或者依照本办法重新进行招标”的规定，湖北省财政厅作出了投诉处理决定：对《湖北省人力资源和社会保障厅社保卡项目》中标人深圳A公司认定中标无效，从该项目评审排序候选人中重新确定中标供应商；对投诉人投诉书投诉事项认定属实；恢复该项目因投诉调查处理而暂停的采购活动。

3. 行政诉讼答辩及行政判决结果。深圳A公司在收到湖北省财政厅投诉处理决定书后，因对投诉处理不服直接向法院提起了行政诉讼。行政诉讼相关答辩及法院审理结果简述：

（1）关于原告（深圳A公司）认为被告（湖北省财政厅）决定书认定事实不清事项

的答辩：被告认为原告在《行政起诉状》中自己已承认对《中标通知书》进行了修改："原告很清楚所有的中标通知书上不可能出现两个中标人，但是由于联合体中标是不会出现另一方（即原告名称）的，因此，原告特意将自己的名称加入，只是一种陈述或说明，用于说明联合体共同中标，并非中标通知书（编号：2009R175）原件本身"。原告为什么要这么做，因为本次招标对投标人有关业绩案例设定了一定分值，投标人只要提供了相关中标通知书或合同等依据，评标委员会将会按招标文件评分办法规定给予相关分值，通过项目档案审查，原告因为提交了中标通知书（编号：2009R175）复印件证明，评标委员已给予了相应分值。

（2）关于原告认为被告作出的认定和处理决定没有法律依据的说明，在《政府采购投诉处理决定书》中湖北省财政厅已认定原告在中标通知书（编号：2009R175）中标人事项处将原告自身添加为中标人，原告自己也承认特意将自己的名称加入，这已充分说明原告在投标文件中提交的中标通知书（编号：2009R175）复印件的业绩证明材料被原告进行了人为变造的不争事实，原告的行为已严重违反了政府采购相关规定和招标文件有关要求，湖北省财政厅作出的处理决定事实清楚，依据《政府采购法》第七十七条和《政府采购货物和服务招标投标管理办法》第七十四条的规定作出的处理决定准确，不存在没有法律依据事实。

（3）法院认为本案争议焦点：原告在业绩证明材料中提供的（2009R175）中标通知书复印件上比某市政府采购中心实际发出的（2009R175）《中标通知书》上的中标人多列了原告深圳 A 公司，原告的行为是否属于伪造或者变造中标通知书；原告作为某市市民卡项目的实际中标人，虽然伪造或者变造了中标通知书，该行为是否属于提供虚假材料谋取中标。

（4）法院审理终结认为：依据《政府采购供应商投诉处理办法》第三条的规定，被告湖北省财政厅作为财政部门具有处理供应商投诉的职权。所谓复印件是对原件的复制，其特点是内容形状完全一样。原告深圳 A 公司在业绩证明材料中提供中标通知书（2009R175）复印件，明显变造了某市政府采购中心发出的中标通知书（2009R175）中标人列项。原告诉称在中标通知书上添加原告为中标人列项是一种注解说明行为与事实不符。中标通知书作为招标投标活动中的重要文件，应当真实，不得变造。被告认定原告提供经过变造的中标通知书作为业绩证明材料属于提供虚假材料，并无不当；被告依据《政府采购法》第七十七条第二款规定，以原告提供虚假材料谋取中标为由，确认其中标无效，并无不当。原告要求撤销被告作出的政府采购投诉处理决定的理由，不能成立。依据《最高人民法院关于执行〈中华人民共和国行政诉讼法〉若干问题的解释》第五十六条第（四）项的规定，判决如下：驳回原告深圳 A 公司要求撤销被告湖北省财政厅于 2010 年 11 月 30 日作出的政府采购投诉处理决定的诉讼请求。

【案例启示】

政府采购投诉争议的处理是《政府采购法》赋予财政部门的职责，是否依法公正和有理有据处理投诉争议事项，存在着行政复议和行政诉讼风险，本案中湖北省财政厅高度重视诉求事项的调查核实工作，在调查核实期间通过质证会、到相关部门调查取证，依法通过有效方式获取了第一手证据材料，同时正确依据现有法律、规章条款对存在的问题进行公正的处理。虽说经过行政诉讼程序，但公正执法过程得到法院判决支持，维护了政府采购监管的公信力。

作者单位：湖北省财政厅政府采购管理处

供应商如此质疑投诉对吗？

刘 跃 华

【案例介绍】

2009 年 11 月，S 采购中心为某行政机关采购一网络系统。成交信息发布后，W 公司提出质疑，质疑的理由：该网络系统的操作系统采购文件要约为 JY 级，而 W 公司投标产品为 JY 版，优于 C 公司的 JY 级，应由 W 公司中标。S 采购中心收到质疑后，经过认真核实并组织相关专家对质疑内容进行再次论证，认定 W 公司的质疑不成立，维持原成交结果。W 公司对质疑答复不满意，向同级政府采购监管机构提出投诉，又经过相关专家认真复审，认定投诉不成立，维持原成交结果。

【案例分析】

提出质疑或投诉是法律赋予每一个参与政府采购活动的供应商的权利，但质疑问题的提出，首先要进行全面的考虑，对问题有一个清醒的认识，不能只看到本公司的优势，要从整个政府采购活动的方方面面来权衡。

一是采购文件是评标定标的唯一依据。财政部第 18 号令第 49 条第二款规定“按照招标文件规定的评标方法和评标标准进行评标，对评审意见承担个人责任。”由此可见，采购文件是评标的主要依据。采购文件是根据《政府采购法》等法律法规所规定的各项规则和要求，经过采购人、集中采购机构和相关专家共同拟定的，将政府采购的有关原则、要求融入到具体的政府采购项目之中，成为政府采购评审工作依据的准则。W 公司没有依据采购文件来评判采购结果，而是简单地将 C 公司的投标产品与本公司产品进行横向比较，这样得出的结果肯定是不正确的。在政府采购活动中，不论是货物、服务和工程，供应商投标的内容千奇百怪、不甚相同，这不足为奇，所投产品在质量、技术等方面存在差异也是客观存在的，但这不能成为评标定标的依据，只能依据采购文件中制定的标准来定标。《政府采购法》第三十八条第五款就谈判采购提出了“符合采购需求、质量和服务相等且报价最低的原则确定成交供应商”。第四十条第四款就询价采购也确立了上述相同的成交原则。公开招标的定标原则虽然是经过综合评分法、性价比法和最低评标价法，但中标原则大同小异。《财政部关于加强政府采购货物和服务项目价格评审管理的通知》（财库［2007］2 号）第二条中明确指出：“综合评分法中的价格分统一采用低价优先法计算，即满足招标文件要求且投标价格最低的投标报价为评标基准价，其价格分为满分。”这其中的“满足招标文件要求”就是响应了采购需求的投标报价，其实质就是只要符合采购人的采购文件中所提出的要约，就只能按照报价高低采取从低到高的方法进行排序。《政府采购法》所规定的任何一项评标方法都显示出一个重要的原则，即“符合采购需求，质量和服务相等且投标报价低的成交（中标）”。这是政府采购立法的宗旨，也是政府采购重要的评审原则。W公司在投标报价方面高出C公司，不论高出多少，总是处于竞争的劣势。对W公司质疑、投诉所作出的裁决无疑是正确的。

二是质疑投诉供应商不能限制其他企业的竞争。有位政府采购资深人士曾经说过“政府采购就是鼓励竞争”，对于一个项目来说，参与投标的供应商越多，其竞争效果就越好，政府采购所发挥的作用就越大。任何限制竞争的言行都与法律法规相悖。当然，应该看到本案中W公司限制别人竞争的方式并不是直言要C公司放弃投标，而是通过显摆自己公司技术参数的优势来挤压对方公司。不错，C公司投标产品是JY级，W公司是JY版本，JY版本优于JY级这是客观存在的事实，但不能否定C公司的产品不符合采购需求，因为采购文件上明确地写着JY级而非JY版。因此，W公司尽管有太多的理由，但终归不能说C公司的投标产品不行，这样大有限制同类产品竞争的嫌疑。

三是质疑得到圆满回复的问题不宜再投诉。纵观政府采购领域所发生的质疑投诉，有很大一部分是供应商没有弄懂质疑投诉的法律根据。财政部第20号令第7条规定“供应商认为采购文件、采购过程、中标和成交结果使自己的合法权益受到损害的，应当依法向采购人、采购代理机构提出质疑。对采购人、采购代理机构的质疑答复不满意，或者采购人、采购代理机构未在规定期限内作出答复的，供应商可以在答复期满后15个工作日内向同级财政部门提起投诉。”分析本案，S采购中心已经为此组织相关专家对质疑书内容作了有理有据的答复，并且也当场向质疑人进行了告诉，质疑人质疑答复也没有拿出新的证据进行辩驳，可谓已经是“朝堂认输”了，如果再提起投诉又有什么意义呢？存在幻想或者期望奇迹的发生都是不切实际的，如果仅仅出于本公司或者本人的利益考虑，而不顾及整体和全局利益，那样的做法是愚蠢至极，既损害了自身的利益，也损害了他人的利益，得不偿失。对自己所造成的损害并不仅仅表现在一个投标项目上，会对公司的信誉和声誉产生严重的负面影响。所以，切不可意气用事，动不动就要质疑投诉，遇到问题，首先问一问自己：我质疑什么？投诉什么？理由和依据是什么？这样才能成为有观念有理性的供应商。

作者单位：湖南省省直机关政府采购中心

2011

十二、2010 年度地方政府采购机构设置及信息发布媒体

（一）部分省（自治区、直辖市、计划单列市）政府采购管理机构

地方政府采购管理机构

地区	机构全称	办公地址	负责人	电话	传真	电子邮箱	邮政编码
北京市	**北京市政府采购办公室**	**北京市海淀区阜成路15号**	**李惠媚**				**100048**
东城区	东城区政府采购办公室	北京市东城区东直门外新中街2号	翟　勤				100027
西城区	西城区政府采购办公室	北京市西城区太平桥大街107号	王　欣				100032
朝阳区	朝阳区政府采购办公室	北京市朝阳区日坛北路3号	张　京				100020
海淀区	海淀区政府采购办公室	北京市海淀区西四环北路9号鑫泰大厦	刘　雁				100097
丰台区	丰台区政府采购办公室	北京市丰台区西四环南路58号	王亚丽				100073
石景山区	石景山区政府采购办公室	北京市石景山区古城北路	孙　静				100043
门头沟区	门头沟区政府采购办公室	北京市门头沟区滨河路56号	陈晓梅				102300
房山区	房山区政府采购办公室	北京市房山区良乡西门外南路	赵连生				102488
大兴区	大兴区政府采购办公室	北京市大兴区黄村东大街35号	唐胜明				102600

续表

地区	机构全称	办公地址	负责人	电话	传真	电子邮箱	邮政编码
通州区	通州区政府采购办公室	北京市通州区梨园北街 15 号	李　军				101101
顺义区	顺义区政府采购办公室	北京市顺义区新顺南大街 17 号	张丽芸				101300
昌平区	昌平区政府采购办公室	北京市昌平区东环路	赵学军				102200
怀柔区	怀柔区政府采购办公室	北京市怀柔区南华大街 17 号	彭兴臣				101400
平谷区	平谷区政府采购办公室	北京市平谷区府前西街 18 号	王晓彦				101200
密云县	密云县政府采购办公室	北京市密云县鼓楼东大街 1 号	段玉枝				101500
延庆县	延庆县政府采购办公室	北京市延庆县新城街 8 号	刘银燕				102100
燕山	燕山政府采购办公室	北京市房山区燕房路 50 号	赵锦华				102500
经济开发区	经济开发区政府采购办公室	北京市亦庄经济开发区	李晓红				100076
天津市	**天津市政府采购办公室**	**天津市和平区曲阜道 4 号**	**栗庆林**	**022 – 23123741**	**022 – 23311740**	**togp@ sina. com**	**300042**
和平区	和平区财政局政府采购科	天津市和平区保定道 10 号	王富强	022 – 23197229	022 – 23197229	hpzhc@ yahoo. com	300040
河东区	河东区财政局政府采购办公室	天津市河东区大王庄西锦路 7 号	孙相群	022 – 24153950	022 – 24153950	hedongzfcg@ sina. com	300171
河西区	河西区财政局政府采购办公室	天津市河西区苏州道 6 号	房　磊	022 – 2327229	022 – 23278782	tjhxgp@ yahoo. cn	300202
南开区	南开区财政局政府采购办公室	天津市南开区南门外大街盛欣园 382 号	王　健	022 – 27315129 – 813	022 – 27315129 – 813	nkzc2007@ 126. com	300100
河北区	河北区财政局政府采购办公室	天津市河北区狮子林大街 284 号	张　颖	022 – 26296174	022 – 26296174	hbqzc@ 163. com	300143
红桥区	红桥区财政局政府采购办公室	天津市红桥区勤俭道区政府大院西配楼	张学营	022 – 86516627	022 – 86516602	hq – cgb@ 126. com	300131
东丽区	东丽区财政局预算科	天津市东丽区先锋路 9 号	李　罡	022 – 84376991	022 – 84376988	dlczzc@ 163. com	300300
西青区	西青区财政局政府采购办公室	天津市西青区杨柳青青远路 5 号	杨义明	022 – 27913240	022 – 27913240	tjgtw@ 126. com	300380
津南区	津南区财政局政府采购办公室	天津市津南区咸水沽镇红旗路	孙树森	022 – 28546607	022 – 28546607	zfcg_ tjjn@ 163. com	300350

续表

地区	机构全称	办公地址	负责人	电话	传真	电子邮箱	邮政编码
北辰区	北辰区财政局综合科	天津市北辰区京津公路北医道 14 号	吴俊江	022 – 26811914	022 – 26811914		300400
武清区	武清区财政局政府采购办公室	天津市武清杨村雍阳东路 12 号	庞志伟	022 – 22173322	022 – 22173322	shenxian_ 84@ 126. com	301700
宝坻区	宝坻区财政局政府采购办公室	天津市宝坻区城关镇广川路 29 号	吴雅文	022 – 29241598	022 – 29241598	bdzfcg@ eyou. com	301800
蓟县	蓟县财政局行政事业科	天津市蓟县新华大街 21 号	王元春	022 – 29141367	022 – 29141367	tjjxhysh@ 126. com	301900
宁河县	宁河县财政局政府采购办公室	天津市宁河县芦台镇光明路 62 号	刘金路	022 – 69592855	022 – 69592855	liujunjun2188@ sina. com	301500
静海县	静海县财政局政府采购办公室	天津市静海县静文路 24 号	贺海军	022 – 28914407	022 – 28914407	jhzfcg@ eyou. com	301600
保税区	保税区财政局基建科	天津市空港物流加工区管委会保税区财政局	张淑香	022 – 84906052	022 – 84906052	zhangsx@ adm. tjftz. gov. cn	300461
新技术产业园区	新技术产业园区财政局政府采购办公室	天津市南开区华苑产业区华天道 6 号	高　阳	022 – 83715902	022 – 83715902	czqc@ thip. gov. cn	300384
天津市滨海新区	天津市滨海新区财政局国库科	天津市滨海新区塘沽新港二号路 35 号	乐　园	022 – 65309555	022 – 65309534	liye0325521@ 126. com	300380
天津中新生态城	天津中新生态城财政局	天津生态城汉北路 7 号	段　喆	022 – 66328896	022 – 66328899	duanzh@ eco – city. net. cn	300467
河北省	**河北省政府采购办公室**	**石家庄市桥西区华安街 14 号**	**曹建和**	**0311 – 87018938**	**0311 – 87028290**	**caojh@ hebcz. gov. com**	**050051**
石家庄市	石家庄市财政局政府采购处	石家庄市长安区中山东路 216 号	胡建津	0311 – 86688536	0311 – 86687632	hjj2233@ qq. com	050011
承德市	承德市政府采购办公室	承德市开发区雹神庙市财政局	梁淑萍	0314 – 2255610	0314 – 2255610	cdkb2008@ 126. com	067000
张家口市	张家口市财政局政府采购办公室	张家口市桥东区滨河东路 49 号	陈广维	0313 – 2020666	0313 – 2020666	cgw. 2100@ 163. com	075000
秦皇岛市	秦皇岛市政府采购办公室	秦皇岛市海港区和平大街 21 号	赵素梅	0335 – 3028267	0335 – 3035555	qhdcgb@ 163. com	066000
唐山市	唐山市财政局政府采购管理办公室	唐山市路北区西山道 7 号	董雅娟	0315 – 2801159	0315 – 2822835	cgbymj@ 163. com	063000

续表

地区	机构全称	办公地址	负责人	电话	传真	电子邮箱	邮政编码
廊坊市	廊坊市财政局政府采购办公室	廊坊市广阳区新华路209号	刘永胜	0316－2189671	0316－2180430	wangmingyan88256@sina. com	065000
保定市	保定市政府采购办公室	保定市北市区五四东路366号	马　强	0312－5056987	0312－5056987	wangri88@tom. com	071000
沧州市	沧州市人民政府采购办公室	沧州市运河区解放西路40号	段建志	0317－2022310	0317－2021775	czzfcgb@sina. com	061000
衡水市	衡水市政府采购办公室	衡水市桃城区永兴西路819号	刘凤营	0318－2126615	0318－2162950	hsszfcg01@sina. com	053000
邢台市	邢台市人民政府采购管理办公室	邢台市桥西区郭守敬北路281号	王少英	0319－2222075	0319－2222075	zhangss666888@sina. com	054000
邯郸市	邯郸市政府采购办公室	邯郸市丛台区人民路88号	张永安	0310－3055765	0310－3055765	hdszfcgbgs@sohu. com	056002
内蒙古自治区	**内蒙古自治区财政厅政府采购管理处**	**呼和浩特市敕勒川大街19号**	**王扎拉**	**0471－4192036**	**0471－4192621**	**nmtjbb@yahoo. com. cn**	**010098**
呼和浩特市	呼和浩特市财政局政府采购管理科	呼和浩特市赛罕区大学东路18号	贺明珠	0471－6959184	0471－6959184	hhhtcg@163. com	010011
包头市	包头市财政局政府采购管理办公室	包头市昆区民族东路14号	曹　俊	0472－5228698	0472－5228698	btzfcgb@sina. com	014030
呼伦贝尔市	呼伦贝尔市财政局政府采购管理科	呼伦贝尔市海拉尔区胜利大街30号	刘和平	0470－8217636	0470－8217636	aoyilan2001@yahoo. com. cn	021008
兴安盟	兴安盟财政局政府采购管理办公室	兴安盟乌兰浩特市兴安北大路52号	谷晓峰	0482－8243207	0482－8243207	xamcgb@sina. com	137400
通辽市	通辽市财政局政府采购管理科	通辽市科尔沁区永清大街378号	唐连城	0475－8836641	0475－8836641	27046188@163. com	028000
赤峰市	赤峰市财政局政府采购管理科	赤峰市红山区昭乌达路北段	国晓军	0476－8366132	0476－8366132	yangguojun88@sina. com	024000
锡林郭勒盟	锡林郭勒盟财政局政府采购管理科	锡林郭勒盟锡林浩特市经济技术开发区	周美玲	0479－8231723	0479－8231723	xmcgxzt@163. com	026000
乌兰察布市	乌兰察布市财政局政府采购管理科	乌兰察布市集宁新区乌兰察布路	王振荣	0474－8326264	0474－8326264	58386243@qq. com	012000

续表

地区	机构全称	办公地址	负责人	电话	传真	电子邮箱	邮政编码
鄂尔多斯市	鄂尔多斯市财政局政府采购管理办公室	鄂尔多斯市康巴什区	韩建强	0477－8581662	0477－8581662	ordoscgb@163.com	017000
巴彦淖尔市	巴彦淖尔市财政局政府采购管理科	巴彦淖尔市临河区新华东街22号	杨琼睿	0478－8233733	0478－8233733	bynezfcg@163.com	015000
乌海市	乌海市财政局政府采购管理科	乌海市海勃湾区乌兰北路	蔺永才	0473－2888921	0473－2888921	whszhx@sohu.com	016000
阿拉善盟	阿拉善盟财政局政府采购管理科	阿拉善左旗巴彦浩特镇新华街18号	张国清	0483－8332956	0483－8332956	amczjgkk@163.com	750300
满洲里市	满洲里市财政局政府采购管理科	满洲里市世纪大道东段	闫志刚	0470－6221694	0470－6221694	nmg6222783@126.com	021400
二连浩特市	二连浩特市财政局政府采购管理科	二连浩特市苏尼特大街	李树明	0479－7525452	0479－7525452	elczjh@163.com	011100
辽宁省	**辽宁省财政厅政府采购监督管理处**	**沈阳市和平区南京北街103号**	**孙中才**	**024－22821981**	**024－22700983**		**110002**
沈阳市	沈阳市政府采购管理办公室	沈阳市沈河区北一经街78号	曹明星	024－22873726	024－22873958	cgjgzqt@126.com	110014
大连市	大连市政府采购管理办公室	中山区长江路138号	徐崇军	0411－82816655－8092	0411－82816655－8090	ccgp@dl.gov.cn	116001
鞍山市	鞍山市财政局政府采购监督管理处	鞍山市铁东区南胜利路8号	苏永利	0412－2200207	0412－2252008	asczcgb@sina.com	114002
盘锦市	盘锦市政府采购管理办公室	盘锦市兴隆台区惠宾街117号	郑朝礼	0427－2839399	0427－2839399	tile@yeah.net	124010
锦州市	锦州市政府采购监督管理处	锦州市古塔区解放路3段25号	谷　宾	0416－3123853	0416－3123853	wxd_jz@163.com	121000
辽阳市	辽阳市政府采购管理办公室	辽阳市白塔区中华大街63号	王丽萍	0419－2289151	0419－2289115	lyzfcg@126.com	111000
营口市	营口市政府采购管理办公室	营口市站前区渤海大街西6号	范作森	0417－2838518	0417－2838518	ykcgbzm@163.com	115000
丹东市	丹东市政府采购管理办公室	丹东市振兴区六纬路8号	隋玉生	0415－2211262	0415－2211262	ddcgb@163.com	118000
抚顺市	抚顺市财政局政府采购监督管理处	抚顺市顺城区兴华大街17号	李　莉	0413－7760092	0413－7760000	fswsy@163.com	113006

续表

地区	机构全称	办公地址	负责人	电话	传真	电子邮箱	邮政编码
阜新市	阜新市政府采购管理办公室	阜新市细河区中华路 51 号	崔　涛	0418 - 2823638	0418 - 2823638	fxczjcgb@ 163. com	123000
葫芦岛市	葫芦岛市政府采购管理办公室	葫芦岛市新区龙城路 5 号	刘德胜	0429 - 3119511	0429 - 3156033	macaiyunlove@ 126. com	115000
铁岭市	抚顺市财政局政府采购监督管理科	铁岭市凡河新区金沙江路 39 号	李世范	0410 - 2812416	0410 - 2812416	tlczzy@ 163. com	112008
朝阳市	朝阳市财政局政府采购监督管理科	朝阳市朝阳大街 3 段 7 号	娄　静	0421 - 3608117	0421 - 2622038	guojiabao@ 163. com	122000
本溪市	本溪市政府采购控购办公室	本溪市平山区平山路 3 号	宁　然	0414 - 2836625	0414 - 2844892	lnbxczjcgb@ sohu. com	117000
黑龙江省	**黑龙江省政府采购管理办公室**	**哈尔滨市南岗区建设街 146 号**	**赵　谦**	**0451 - 53001088**	**0451 - 53650829**	**hljcg@ 126. com**	**150001**
哈尔滨市	哈尔滨市政府采购管理办公室	哈尔滨市道里区友谊路 421 号	商立成	0451 - 84853325	0451 - 84853325	lrj81030877@ sina. com	150010
齐齐哈尔市	齐齐哈尔市政府采购管理办公室	齐齐哈尔市永安大街 108 号	杨　涛	0452 - 2400543	0452 - 2400543	yt88999@ 126. com	161005
牡丹江市	牡丹江市政府采购管理办公室	牡丹江市太平路 129 号财政局 116 室	张丁洲	0453 - 6238442	0453 - 6238442	mdjcgb@ 126. com	157000
佳木斯市	佳木斯市政府采购管理办公室	佳木斯市长安路 1778 号	董　爽	0454 - 8668706	0454 - 8225064	jmsds2007@ sina. com	154002
大庆市	大庆市政府采购管理办公室	大庆市行政服务中心三楼	庄永久	0459 - 4671885	0459 - 4671883	dqzfcg@ 163. com	163311
鸡西市	鸡西市政府采购管理办公室	鸡西市和平北大街 118 号财政局 2 楼	黄成祥	0467 - 2353655	0467 - 2353655	jxgmx@ 126. com	158100
鹤岗市	鹤岗市政府采购管理办公室	鹤岗市工农区东解放路 67 号	刘建华	0468 - 3450339	0468 - 3450339	hgscgb@ sohu. com	154001
双鸭山市	双鸭山市政府采购管理办公室	双鸭山市尖山区文化路 61 号	王光炎	0469 - 4275300	0469 - 4282792	syszfcg@ 163. com	155100
伊春市	伊春市政府采购管理办公室	伊春市财政局 505 室	宋立祥	0458 - 3978070	0458 - 3978076	jym_ 0458@ 126. com	153000
七台河市	七台河市政府采购管理办公室	七台河市桃山区学府路 111 号	宋修忠	0464 - 8688010	0464 - 8688130	qthcgb@ 163. com	154600
绥化市	绥化市政府采购管理办公室	绥化市祥和东街 43 号	李永喜	0455 - 8101260	0455 - 8101262	shsczjlyx@ 163. com	152054
黑河市	黑河市政府采购管理办公室	黑河市王肃街	裴安保	0456 - 8228580	0456 - 8228580	HHPAB@ 163. COM	164300
大兴安岭	大兴安岭地区政府采购管理办公室	大兴安岭加格达奇区人民路 43 号	王玉玺	0457 - 2123272	0457 - 2423272	lyy0457@ 163. com	165000

续表

地区	机构全称	办公地址	负责人	电话	传真	电子邮箱	邮政编码
上海市	**上海市财政局国库处（政府采购处）**	**肇嘉浜路 800 号**	**莘澍钧**	**021 –54679568 –20111**	**021 –54906025**		**200030**
黄浦区	上海市黄浦区财政局预算科	延安东路 300 号	陈　梅	021 –63736587	021 –63736586		200001
卢湾区	上海市卢湾区财政局采管办	斜土路 222 号	江建庭	021 –63057720	021 –63057991		200023
徐汇区	上海市徐汇区财政局采管办	南丹东路 56 号	胡振华	021 –34164530 –2101	021 –34164530 –2108		200030
长宁区	上海市长宁区财政局采管办	长宁路 599 号	朱苏炜	021 –22051380	021 –22051328		200050
普陀区	上海市普陀区财政局采管办	大渡河路 1668 号	李明新	021 –52564588 –2425	021 –52564588 –2480		200333
静安区	上海市静安区财政局采管办	陕西北路 1058 号	姚　洁	021 –62997917	021 –62983135		200040
闸北区	上海市闸北区财政局采管办	天目中路 383 号	李　霞	021 –63530324	021 –63179911 –3526		200070
虹口区	上海市虹口区财政局采管办	飞虹路 518 号	梅丽娟	021 –25658181	021 –25658146		200086
杨浦区	上海市杨浦区财政局采管办	凤城四村 8 号	李布樑	021 –65639121	021 –65639121		200092
宝山区	上海市宝山区财政局采管办	友谊支路 238 号	吴　巍	021 –66781226	021 –66786810		201900
浦东新区	上海市浦东新区财政局采管办	世纪大道 2001 号	张翠兰	021 –28282065	021 –68541552		200135
闵行区	上海市闵行区财政局国库科	沪闵路 6358 号	孙静毅	021 –64120198 –309	021 –64148088		201100
嘉定区	上海市嘉定区财政局采管办	嘉定区仓场路 3333 号	陆民杰	021 –59916787	021 –69985870		201800
金山区	上海市金山区财政局采管办	金山区朱泾镇人民路 39 号	陆惠娟	021 –57336279	021 –57321796		201599
松江区	上海市松江区财政局采管办	松江区谷阳北路 321 号	赵忠平	021 –57720133	021 –57810124		201600
奉贤区	上海市奉贤区财政局采管办	奉贤区南桥镇解放东路 1218 号	罗　敏	021 –33611016	021 –33611016		201400
青浦区	上海市青浦区财政局采管办	青浦区城中西路 38 号	席　虹	021 –59733435	021 –59728084		201700
崇明县	上海市崇明县财政局采管办	崇明县城桥镇翠竹路 1501 号	张　辉	021 –69693717	021 –69613431		202150
江苏省	**江苏省财政厅政府采购管理处**	**江苏省南京市北京西路 63 号**	**吴小明**	**025 –83633058**	**025 –83633054**	**jszfcg@126. com**	**210024**
南京市	南京市财政局政府采购管理处	南京市长江路 66 号	赵群力	025 –51808860	025 –51808860		210005
无锡市	无锡市财政局政府采购管理处	无锡市新金匮路 1 号市民中心	华静娴	0510 –81822290	0510 –81822290		214001
徐州市	徐州市财政局政府采购管理处	徐州市新城区昆仑大道 1 号	韩　松	0516 –83731182	0516 –83739293		221018

续表

地区	机构全称	办公地址	负责人	电话	传真	电子邮箱	邮政编码
常州市	常州市财政局政府采购管理处	常州市龙城大道1280号	万薇薇	0519－85681829	0519－85681829		213022
苏州市	苏州市财政局政府采购管理处	苏州市三香路998号	李　琛	0512－68615855	0512－68615855		215004
南通市	南通市财政局政府采购管理处	南通市越龙路38号	褚作人	0513－85594207	0513－85594184		226001
连云港市	连云港市财政局政府采购管理处	连云港市新浦区海连中路99号	陆　翔	0518－85521497	0518－85521497		222002
淮安市	淮安市财政局政府采购管理处	淮安市健康东路65号	张　标	0517－83168062	0517－83168062		223001
盐城市	盐城市财政局政府采购管理处	盐城市亭湖区文峰路41号	季吕彬	0515－88365441	0515－88365441		224000
扬州市	扬州市财政局政府采购管理处	扬州市淮海路108号	王　琥	0514－87342525	0514－87346729		225000
镇江市	镇江市财政局政府采购管理处	镇江市正东路141号	韩年庚	0511－84403270	0511－84403270		212003
泰州市	泰州市财政局政府采购管理处	泰州市海陵南路302号	邱步道	0523－86888091	0523－86888091		225300
宿迁市	宿迁市财政局政府采购管理处	宿迁市人民大道2号	宋心考	0527－84363062	0527－84363081		223800
浙江省	**浙江省财政厅政府采购监管处**	**杭州市环城西路37号**	**钱国兴**	**0571－87055737**	**0571－87056984**	**qianguoxing@czt. zj. cn**	**310006**
杭州市	杭州市财政局采购办（控办）	杭州市下城区东新路155号	毛慧敏	0571－85085030	0571－85085410		310004
宁波市	宁波市财政局采购办	宁波市中山西路19号	周名杰	0574－87188410	0574－87188043		315010
温州市	温州市财政局采购处	温州市勤奋路59号	胡　均	0577－88588506	0577－88588525	hujun@ wztax. gov. cn	325000
湖州市	湖州市财政局采购办	湖州市龙王山路518号	徐秋琪	0572－2150081	0572－2150037		313000
嘉兴市	嘉兴市财政局采购办	嘉兴市环城西路2588号	俞东方	0573－82031731	0573－82033317		314000
绍兴市	绍兴市财政局政府采购监管处	绍兴市人民西路333号	俞乃锋	0575－85135954	0575－85209807	ynf915@ 163. com	312000
金华市	金华市财政局采购处（办）	金华市双龙南街801号	周祝生	0579－82468736	0579－82468734		321017
衢州市	衢州市财政局控购处（采购办）	衢州市西区三江东路28号	徐深义	0570－3055203	0570－3055203	xushenyi@ 163. com	324000
舟山市	舟山市财政局采购办	舟山市新城海天大道681号	蒋丽虹	0580－2282602	0580－2282592		316021
台州市	台州市财政局政府采购监管处	台州市经济开发区纬一路66号	许伶敏	0576－88209936	0576－88206705	tzzfcgjgc@ 163. com	318000
丽水市	丽水市财政局采购办（控办）	丽水市莲都区北苑路190号	管伟春	0578－2669335	0578－2669165	g666258@ 163. com	323000
安徽省	**安徽省财政厅政府采购处**	**合肥市阜南路238号**	**宋宝泉**	**0551－5100308**	**0551－5100141**	**1152597249@qq. com**	
合肥市	合肥市财政局政府采购处	合肥市潜山南路1号	刘勇军	0551－3532068	0551－3532353	liuyongjun@ hefei. gov. cn	450008

续表

地区	机构全称	办公地址	负责人	电话	传真	电子邮箱	邮政编码
淮北市	淮北市财政局政府采购科	淮北市人民路财政工行大厦	徐安东	0561－3053881	0561－3053881	xuanton881@163.com	450052
宣城市	宣城市财政局政府采购科	宣城市状元路16号	方桂贞	0563－3036073	0563－3023813	xcczfgz2007@126.c0m	475004
马鞍山市	马鞍山市财政局政府采购科	马鞍山市花雨路3号	陈　涛	0555－2364145	0555－2364145	mascgc@mas.gov.cn	471023
宿州市	宿州市财政局政府采购科	宿州市淮河中路168号	金共银	0557－3905932	0557－3905932	grj@163.net	467000
阜阳市	阜阳市财政局政府采购科	阜阳市奎星路14号	崔　巍	0558－2261464	0558－2261464	fuyangcz@sohu.com	455000
铜陵市	铜陵市财政局政府采购科	铜陵市财政局西四楼	朱长英	0562－2129043	0562－2835778	tlczhxj@163.com	454002
淮南市	淮南市财政局政府采购科	淮南市陈洞路金海大厦	沈维玲	0554－6667820	0554－6667413	298088400@qq.com	458030
池州市	池州市财政局政府采购科	池州市池阳路60号	王立勋	0566－2035631	0566－2022820	mmgg_ 1495@qq.com	453000
蚌埠市	蚌埠市财政局政府采购科	蚌埠市南山路76号	卢　勇	0552－2070726	0552－2070726	ahbbczjcgk@126.com	457000
黄山市	黄山市财政局政府采购科	黄山市财政局大楼	姜来久	0559－2355179	0559－2355179	hsszfcgk@163.com	461000
巢湖市	巢湖市财政局政府采购科	巢湖市姥山路市财政局	王继文	0565－2336081	0565－2336081	chwangjw@126.com	462000
六安市	六安市财政局政府采购办公室	梅山南路政务中心12楼财政局	吴洪信	0564－3378262	0564－3378213	hxtalgdd@sina.com	472000
滁州市	滁州市财政局政府采购办公室	滁州市开发区会峰大厦六楼	徐　勇	0550－3216504	0550－3216532	czhnh5@sina.com	473000
安庆市	安庆市财政局预算编制办公室	安庆市菱湖北路32号	刘敦本	0556－5288985	0556－5288993	wgc195808@163.com	476000
亳州市	亳州市财政局预算科	亳州市光明路	陈淑敏	0558－5119502	0558－5131719	quyunshan@sohu.com	464000
芜湖市	芜湖市财政局资产调配科	芜湖市北京东路257号	王高华	0553－3122153	0553－3122113	526810549@qq.com	466002
驻马店市	驻马店市政府采购管理办公室	驻马店市文明路北段99号	沈国举	0396－2610823	0396－2610823	zmdzfcg@tom.com	463000
济源市	济源市财政局政府采购科	济源市黄河大道98号	郑国强	0391－6639236	0391－6639236	jyszfcglp@163.com	454650
厦门市	**厦门市政府采购管理办公室**	**厦门市湖滨北路98号财经大厦1201室**	**黄昆明**	**0592－5398218**	**0592－5398216**		**361012**
山东省	**山东省财政厅政府采购监督管理处**	**济南市济大路3号**	**刘仁民**				**250002**
济南市	济南市政府采购管理处	济南市经五路169号财税大厦	王传秋				250001
青岛市	青岛市政府采购管理办公室	青岛市宁夏路208号	谢宜豪				266071

续表

地区	机构全称	办公地址	负责人	电话	传真	电子邮箱	邮政编码
淄博市	淄博市政府采购办公室	淄博市张店区联通路306号	房景贤				255000
枣庄市	枣庄市政府采购管理办公室	枣庄市新城区枣庄市财政局	刘善忠				277800
东营市	东营市政府采购办公室	东营市东城府前大街122号	袭祥珠				257091
烟台市	烟台市政府采购管理办公室	烟台市芝罘区玉溪路17－1号	任信美				264000
潍坊市	潍坊市政府采购中心	潍坊市奎文区文化路439号	李元春				261041
济宁市	济宁市财政局国库科	济宁市吴泰闸路75号	孙宗友				272023
泰安市	泰安市政府采购管理办公室	泰安市温泉路中段泰安市财政局	李清明				271000
威海市	威海市政府采购管理办公室	威海市海滨北路60号	毕洁波				264200
日照市	日照市政府采购管理办公室	日照市黄海2路13号	刘　军				276826
莱芜市	莱芜市财政局国库科	莱芜市莱城区龙潭东大街29号	亓华利				271100
临沂市	临沂市政府采购监督管理办公室	临沂市沂蒙路161－1号中银大厦	王经中				276000
德州市	德州市政府采购管理办公室	德州市德城区湖滨中大道1268号	许欣君				253014
滨州市	滨州市政府采购管理办公室	滨州市斌城区黄河五路357号	高成明				256600
聊城市	聊城市政府采购管理办公室	聊城市东仓西路119号	侯志刚				252000
菏泽市	菏泽市政府采购办公室	菏泽市中华西路2626号	曹海涛				274000
河南省	**河南省财政厅政府采购监督管理处**	**郑州市经三路25号**	**王书洲**	**0371－65808508**	**0371－65808411**	**Henancgc@126. com**	**450008**
郑州市	郑州市人民政府采购控制办公室	郑州市兴华南街39号	金秀珍	0371－67180513	0371－67180513	Zhengzhoucgb@126. com	450052
开封市	开封市财政局政府采购办公室	开封市大梁路西段	张洪生	0378－3876034	0378－3876034	kfzfcgb@126. COM	475004
洛阳市	洛阳市政府采购管理办公室	洛阳市洛南新区财政大楼	华建西	0379－63221264	0379－63259707	hnlyhxl@sina. com	471023
平顶山市	平顶山市政府采购办公室	平顶山市公园北街	刘祝明	0375－2627600	0375－2627597	Pdsydk@163. com	467000
安阳市	安阳市财政局政府采购办公室	安阳市文峰大道东段	高建安	0372－5109207	0372－5109207	Ayzfcg@126. com	455000
焦作市	焦作市政府采购管理办公室	焦作市建设东路88号	温红霞	0391－3121299	0391－3121260	Jzscgb@163. com	454002
鹤壁市	鹤壁市人民政府公共采购办公室	鹤壁市淇滨区九州路中段	董琳玮	0392－3314106	0392－3314106	Zfzf1122@tom. com	458030

续表

地区	机构全称	办公地址	负责人	电话	传真	电子邮箱	邮政编码
新乡市	新乡市财政局政府采购科	新乡市人民路293号	程天英	0373－3688565	0373－3688565	Czjzfcgk@163. com	453000
濮阳市	濮阳市财政局政府采购科	濮阳市古城路	任超群	0393－6666736	0393－6666735	Pyzfcg@126. com	457000
许昌市	许昌市政府采购管理办公室	许昌市建安大道东段	李　杰	0374－2676166	0374－2676008	Xcscgb@126. com	461000
漯河市	漯河市财政局政府采购科	漯河市黄山路25号	陈　会	0395－3150223	0395－3150223	Lhzfcgk@sina. com	462000
三门峡市	三门峡市财政局政府采购办公室	三门峡市崤山路西段	于东洋	0398－2608905	0398－2608915	Caigouban@126. com	472000
南阳市	南阳市财政局政府采购科	南阳市张衡路396号	秦晓红	0377－62376157	0377－62376157	Nanyangzfcg@126. com	473000
商丘市	商丘市政府采购管理办公室	商丘市归德南路21号	王九生	0370－2697337	0370－2697919	Sqscgb@163. com	476000
信阳市	信阳市财政局政府采购科	信阳市人防胡同10号	熊　琳	0376－6699783	0376－6699786	Xinyangcaigou@163. com	464000
周口市	周口市财政局政府采购办公室	周口市太昊路266号	刘　平	0394－8319550	0394－8319551	Zhoukoucgb@126. com	466002
驻马店市	驻马店市政府采购管理办公室	驻马店市文明路北段99号	沈国举	0396－2610823	0396－2610823	Zmdzfcg@tom. com	463000
济源市	济源市财政局政府采购科	济源市黄河大道98号	郑国强	0391－6639236	0391－6639236	Jyszfcglp@163. com	454650
湖北省	**湖北省财政厅政府采购管理处**	**武汉市中北路8号**	**魏承玉**	**027－67818899**	**027－87890028**	**hbszfcgc@163. com**	**430071**
武汉市	武汉市政府采购办公室	解放大道1499号	刘　勇	027－85730335	027－85730335		430016
黄石市	黄石市政府采购办	黄石市亚光新村金苑小区特1号	周汉桥	0714－6208278	0714－6208355		435000
十堰市	十堰市政府采购办	十堰市北京北路89号	何士东	0719－8102790	0719－8102790	Syzjb123@tom. com	442000
荆州市	荆州市政府采购办	荆州市塔桥路35号	郑荆陵	0716－8253268	0716－8261806		434100
襄樊市	襄樊市政府采购办	襄樊市财苑路5号	梅亚芳	0710－3535306	0710－3535307		441021
宜昌市	宜昌市政府办	宜昌市发展大道7号	吕云胜	0717－6332462	0717－6343206	ycgb@163. com	443005
黄冈市	黄冈市政府采购办	黄冈市七一路3号	朱华刚	0713－8616543	0713－8616543		438000
孝感市	孝感市政府采购科	孝感市后湖西路	唐诗增	0712－2836013	0712－2836003		432100
咸宁市	咸宁市政府采购管理科	咸宁市咸宁大道45号	童　勤	0715－8273640	0715－8273640	xnyau@yahoo. com. cn	437100
恩施州	恩施州政府采购办	恩施州舞阳大街一巷21号	伍学荣	0718－8221964	0718－8221964	hbescz@163. com	445000
荆门市	荆门市政府采购办	荆门市金虾路30号	黎清华	0724－2351224	0724－6032851		448000
鄂州市	鄂州市政府采购办	鄂州市滨湖西路129号	桂新元	0711－3388609	0711－3388608		436000

续表

地区	机构全称	办公地址	负责人	电话	传真	电子邮箱	邮政编码
随州市	随州市政府科	随州市城南新区	江崇岗	0722－3596911	0722－3596912	szzfcgk@126.com	431300
仙桃市	仙桃市政府采购办	仙桃市仙桃大道29号	张咏梅	0728－3232666－5108	0728－3232666－5108	Yqcy123@163.com	433000
天门市	天门市政府采购办	天门市钟星大道18号	丁启明	0728－5334211	0728－5334211	tmliqiong@163.com	431700
潜江市	潜江市政府采购办	潜江市章华大道34号	孙　鹏	0728－6247233	0728－6247233		433100
神农架林区	神农架林区政府采购办	神农架林区财政局	邹道元	0719－3332189	0719－3332189		442400
湖南省	**湖南省政府采购管理办公室**	**长沙市城南西路1号湖南省财政厅18楼**	**黄　卫**	**0731－85165245**	**0731－85165446**		**410015**
长沙市	长沙市政府采购监督管理办公室	长沙市岳麓大道218号政府二办公楼四楼市政府采购办	孙勇江	0731－8666345	0731－8666346		410007
株洲市	株洲市政府采购管理办公室	株洲市黄河南路455号市财政局政府采购办	王庆玲	0733－8681166	0733－8681200		412000
湘潭市	湘潭市政府采购管理办办公	湘潭市大湖路69号市财政局政府采购办	刘子慧	0732－8276076	0732－8276064		411100
衡阳市	衡阳市政府采购管理办公室	衡阳市华新开发区解放大道30号市财政局机关大院	杜忠毅	0734－8867617	0734－8867617		421001
怀化市	怀化市政府采购管理办公室	怀化市迎丰中路376号市财政局政府采购办	冯济柏	0745－2722768	0745－2722076		418000
邵阳市	邵阳市政府采购管理办公室	邵阳市大安街18号	傅华亮	0739－5393250	0739－5393249		422000
娄底市	娄底市政府采购管理办公室	娄底市长青中街石马路1号市财政局二办公楼二楼政府采购办	孙伟清	0738－8285669	0738－8282475		417000
永州市	永州市政府采购监督管理办公室	永州市冷水滩沿江路36号市财政局政府采购办	蒋绍意	0746－8369636	0746－8369636		425000
郴州市	郴州市政府采购管理办公室	郴州市郴州市七里大道136号	郭远宏	0735－2239772	0735－2239707		423000
岳阳市	岳阳市政府采购管理办公室	岳阳市龙舟路1号财政局政府采购办	柳文彬	0730－8850162	0730－8850162		414000

续表

地区	机构全称	办公地址	负责人	电话	传真	电子邮箱	邮政编码
益阳市	益阳市政府采购管理办公室	益阳市梓山西路88号市财政局政府采购办	刘小平	0737－6102225	0737－6102298		413000
常德市	常德市政府采购管理办公室	常德市武陵区北正街市财政局政府采购办	袁　志	0736－7265996	0736－7231158		415000
张家界市	张家界市政府采购管理办公室	张家界市市政府办公大楼六楼市财政局政府采购办	谷占亚	0744－8389051	0744－8389031		427000
湘西自治州	湘西自治州政府采购管理办公室	吉首市人民北路2号州财政局政府采购办	毛长虹	0743－8711033	0743－8711033		416000
深圳市	**深圳市政府采购监督管理办公室**	**深圳市福田区景田东路9号财政大厦**	**成放晴**	**0755－83938961**	**0755－83938675**		**510000**
广西壮族自治区	**自治区财政厅政府采购监督管理处**	**南宁市桃源路69号财政大厦七楼**	**黄明锦**	**0771－5331586**	**0771－5331544**		**530021**
南宁市	南宁市政府采购管理监督管理办公室	南宁市东葛路129号财政大厦	刘　艳	0771－2189102	0771－2189082		530023
柳州市	柳州市政府采购管理办公室	柳州市滨江东路1号1栋4楼	邹冬萍	0772－2830323	0772－2830320	lzzfcg@ vip. lz160. net	545001
桂林市	桂林市政府采购管理办公室	桂林市中山北路23号	许春燕	0773－2816067	0773－2816067	glzfcg@ 126. com	541001
梧州市	梧州市财政局政府采购监督管理科	梧州市文澜路97号	吴　江	0774－3866434	0774－3866434	wzcg123@ sina. com	543002
北海市	北海市财政局政府采购管理科	北海市北部湾西路69号	李文军	0779－3031432	0779－3034625		536000
防城港市	防城港市政府采购管理办公室	防城港市财政局	陈远光	0770－6102369	0770－2881150		538021
钦州市	钦州市政府采购办公室	钦州市银河大街财政局	黎　翔	0777－2895258	0777－2895258		535000
贵港市	贵港市财政局政府采购监督管理科	贵港市金港大道中段	周　鹏	0775－4560240	0775－4555290		537100

续表

地区	机构全称	办公地址	负责人	电话	传真	电子邮箱	邮政编码
玉林市	玉林市政府采购管理办公室	玉林市建安街一号	吴冬玲	0775－2684925	0775－2684925		537000
百色市	百色市政府采购管理办公室	百色市财政局	罗玉英	0776－2849555	0776－2848963		533000
贺州市	贺州市政府采购管理办公室	贺州市贺州大道财政局	奉明友	0774－5135551	0774－5135553	Hzzfcg5503@163. com	542800
河池市	河池市财政局政府采购科	河池市新建西路25号	唐　锷	0778－2103396	0778－2284294		547000
崇左市	崇左市政府采购管理办公室	崇左市德天路中段	傅　洁	0771－7823980	0771－7823980		532200
海南省	**海南省政府采购管理处**	**海口市滨海大道109号**	**陈　华**	**0898－68531659**	**0898－68503236**	**hnzfcg@163. com**	**570105**
四川省	**四川省财政厅政府采购监督管理处**	**成都市锦江区南新街37号**	**曹建琴**	**028－86723190**	**028－86723190**		**610016**
成都市	成都市财政局政府采购监督管理处	成都市青羊区金家坝街5号	马苍蓉	028－86648572	028－86648572		610015
自贡市	自贡市财政局政府采购监督管理科	自贡市自流井区五星街	丁世平	0813－2107769	0813－2106062		643000
攀枝花市	攀枝花市财政局政府采购监督管理处	攀枝花市东区炳草岗大街5号	陈　利	0812－3343951	0812－3343951		617000
泸州市	泸州市财政局政府采购监督管理科	泸州市江阳西路47号	吴　苹	0830－3196717	0830－2282871		646000
德阳市	德阳市财政局政府采购监督管理科	德阳市天山南路一段196号	肖兴明	0838－2511700	0838－2511700		618000
绵阳市	绵阳市财政局政府采购监督管理科	绵阳市安昌路35号	张兴林	0816－2222023	0816－2222023		621000
广元市	广元市财政局政府采购监督管理科	广元市利州区文化路59号	王　红	0839－3260642	0839－3261851		628017
遂宁市	遂宁市财政局政府采购监督管理科	遂宁市城区遂州北路169号	曾国华	0825－2313824	0825－2313124		629000

续表

地区	机构全称	办公地址	负责人	电话	传真	电子邮箱	邮政编码
内江市	内江市财政局政府采购监督管理科	内江市东兴区星桥街 256 号	胡　莉	0832－2267522	0832－2267522		641003
乐山市	乐山市财政局政府采购监督管理科	乐山市市中区春华路 608 号	李智洪	0833－2427703	0833－2427703		614000
宜宾市	宜宾市财政局政府采购监督管理科	宜宾市翠屏区小北街 9 号	曾　君	0831－8228012	0831－8228012		644000
广安市	广安市财政局政府采购监督管理科	广安市思源大道 2 号	杨　静	0826－2342519	0826－2334063		638000
南充市	南充市财政局政府采购监督管理科	南充市市政新区二号楼	刘学东	0817－2666926	0817－2666105		637000
达州市	达州市财政局政府采购监督管理科	达州市南外通达东路 200 号	王　矛	0818－2675041	0818－2675041		635000
巴中市	巴中市财政局政府采购监督管理科	巴中市江北大道西段 49 号	廖桂林	0827－5811698	0827－5811698		636000
雅安市	雅安市财政局国库科	雅安市雨城区沿江北路 71 号	司晋雅	0835－2623238	0835－2623238		625000
眉山市	眉山市财政局政府采购监督管理科	眉州大道西二段 116 号	刘　洁	0833－38166711	0833－38166711		620010
资阳市	资阳市财政局政府采购监督管理科	资阳市雁江区新城路 99 号	魏　刚	0832－26632059	0822－26632087		641300
阿坝州	阿坝州财政局政府采购监督管理科	阿坝州马尔康团结街 12 号	赵旭东	0837－2831010	0837－2825227		624000
甘孜州	甘孜州财政局政府采购监督管理科	甘孜州康定县光明路 19 号	蒋浩明	0836－2834521	0836－2834521		626000
凉山州	凉山州财政局政府采购监督管理科	西昌航天大道东路金财大厦	刘家强	0834－3221831	0834－3222735		615000

续表

地区	机构全称	办公地址	负责人	电话	传真	电子邮箱	邮政编码
贵州省	**贵州省财政厅政府采购管理处**	**贵阳市中华北路 242 号**	**糜　亚**	**0851－689291**	**0851－6893267**		**550004**
贵阳市	贵阳市财政局政府采购管理处	贵阳市神奇路 8 号	兰瑞莲	0851－5806835	0851－5806835		550002
遵义市	遵义市财政局政府采购管理科	遵义市官井路 47 号	袁云燕	0852－8264117	0852－8264117		563000
铜仁地区	铜仁地区财政局政府采购科	铜仁市花果路 29 号	王　莲	0856－5222908	0856－5222908		554300
黔东南州	黔东南州财政局政府采购管理科	黔东南州北京东路	梁厚新	0855－8222553	0855－8222553	yxxgzqdn@ 126. com	556000
黔南州	黔南州政府采购管理委员会办公室	都匀市文峰路 23 号	王　锦	0854－8330115	0854－8330115		558000
黔西南州	黔西南州财政局政府采购科	兴义市沙井街政府院内	姚　远	0859－3115993	0859－3222021	Gzyy131420@ qq. com	562400
六盘水市	六盘市财政局政府采购科	六盘水市钟山区花渔路	任炳才	0858－8333182	0858－8324301		553000
安顺市	安顺市财政局政府采购科	安顺市政府大院内	李建华	0853－3282117	0853－3282117		561000
毕节地区	毕节地区财政局政府采购科	毕节市桂市路	孙　华	0857－8223964	0857－8223964		551700
云南省	**云南省财政厅政府采购管理处**	**昆明市五一路 164 号**	**程　彪**	**0871－3637530**	**0871－3623173**	**ynszfcg@163. com**	**650021**
昆明市	昆明市财政局政府管理处	昆明市呈贡新区行政中心 3 号楼 261 号	李　勇	0871－3522761	0871－3544951	1378873932@ qq. com	650500
德宏州	德宏州财政局政府采购管理科	芒市勇罕街 10 号	刘向东	0692－2104485	0692－2104485		678400
西双版纳州	西双版纳州财政局政府采购管理办公室	景洪市勐泐大道 67 号西双版纳州财政局	陈红梅	0691－2122572	0691－2122572	ynbnchm@ 126. com	666100
楚雄州	楚雄州财政局政府采购监督管理科	楚雄州财政局	李红波	0878－3122365	0878－3122365	cxcgb@ 163. com	675000
红河州	红河州财政局政府采购管理科	红河州蒙自市凤凰路北段红河州财政局	刘玉蓉	0873－3732517	0873－3732517	251763936@ qq. com	661100
大理州	大理州财政局政府采购管理科	大理州市龙山行政办公区	杨振宣	0872－2316273	0872－2316274	dlzfcgglk@ sina. com	671000
文山州	文山州财政局政府采购管理科	文山市普阳路 119 号	陈晓华	0876－2184120	0876－2184120	wsweibo34570@ 163. com	663000
丽江市	丽江市财政局政府采购管理科	丽江市古城区 香格里大道 862 号	任尚潮	0888－5161514	0888－5161514	1085313006@ qq. com	674100

续表

地区	机构全称	办公地址	负责人	电话	传真	电子邮箱	邮政编码
玉溪市	玉溪市财政局政府采购管理科	玉溪市红塔区迎春街2号	宋二琼	0877－2024675	0877－2039820		653100
保山市	保山市财政局政府采购管理科	隆阳区永昌办事处象山路2号	鲁云春	0875－2216045	0875－2216045	bsczjlyc@126. com	678000
曲靖市	曲靖市财政局政府采购管理科	云南省曲靖市麒麟区麒麟南路253号	金学义	0874－3136489	0874－3136489	ynqjjxy@163. com	655000
怒江州	怒江州财政局政府采购监督管理科	怒江州财政局	师尚军	0886－3622743	0886－3622047	njzzfcg@sina. com	673100
昭通市	昭通市财政局政府采购监督管理科	昭通市财政局	侯　昆	0870－2158247	0870－2158247	ztcjhk@163. com	657000
临沧市	临沧市财政局采购管理科	临沧市财政局504室	李　敬	0883－2147787	0883－2147787		67700
迪庆州	迪庆州财政局政府采购管理科	迪庆州财政局	余永华	0887－8229131	0887－8229131	498926590@qq. com	674400
普洱市	政府采购管理科	思茅区茶城大道67号	李亚萍	0879－2165930	0879－2165930	smczlyp@126. com	665000
西藏自治区	**西藏自治区政府采购管理办公室**	**西藏自治区拉萨市北京中路101号**	**周登慧**	**0891－6284715**	**0891－6284708**		**850001**
拉萨市	西藏自治区拉萨市财政局国库科	西藏自治区拉萨市江苏路32号	王　君	0891－6331769	0891－6331769		850000
山南地区	西藏自治区山南地区政府采购办	西藏自治区山南乃东县泽当镇格桑路20号	美朵卓嘎	0893－7835596	0893－7835596		856000
昌都地区	西藏自治区昌都地区政府采购办	西藏自治区昌都地区西路大门24号	格桑尼玛	0895－4843032	0895－4843032		854000
陕西省	**陕西省财政厅政府采购与行政事业单位资产管理处**	**西安市冰窖巷6号**	**薛亚省**	**87611786**	**68936148**		**710002**
西安市	西安市财政局政府采购管理处	西安市南大街23号	韩朝辉	87279670	68936148		710001
咸阳市	咸阳市财政局政府采购与行政事业单位资产管理科	咸阳市秦皇路2号	马科选	33213484	33213484		712000
宝鸡市	宝鸡市财政局政府采购管理科	宝鸡市行政中心5号楼	刘启忠	3262072	3262072		721004
渭南市	渭南市财政局政府采购管理科	渭南市临渭区朝阳路中段中银大厦	翟书生	2100239	2100239		714000

续表

地区	机构全称	办公地址	负责人	电话	传真	电子邮箱	邮政编码
商洛市	商洛市财政局政府采购管理科	商洛市财政局	杨书民	2382193	2382193		726000
汉中市	汉中市财政局政府采购管理科	汉中市财政局	韩　彤	8165365	8165365		723000
安康市	安康市财政局政府采购管理科	安康市财政局	田　伟	3214817	3214817		725000
铜川市	铜川市财政局政府采购与行政事业资产管理科	铜川新区金谟东路1号财政大厦	兰宏伟	3281620	3281620		727031
延安市	延安市财政局政府采购管理科	延安市财政局	张　刚	8210674	8210674		716000
榆林市	榆林市财政局政府采购管理科	榆林市新三西路	张榆林	3595892	3595892		719000
杨凌示范区	杨凌示范区政府采购管理办	杨凌示范区政务大厦	刘鹏飞	87036960	87036957		712100
临夏州	临夏州财政局政府采购办公室	临夏市团结路23号	郝明杰	0930－6222647	0930－6222647		731100
甘南州	甘南州财政局政府采购办公室	甘南州财政局	桑吉加	0941－8225102	0941－8225102		747000
甘肃省	**甘肃省财政厅政府采购办公室**	**兰州市东岗西路696号**	**李有定**	**0931－8899991**	**0931－8899922**		**730030**
兰州市	兰州市财政局政府采购办公室	兰州市中山路46号	崔生荣	0931－8105031	0931－8105031		730030
酒泉市	酒泉市政府采购办公室	新城区广场东路财政大厦	万兴东	0937－2672409	0937－2672406		735000
嘉峪关市	嘉峪关市政府采购办公室	嘉峪关市财政局	张　艳	0937－6318398	0937－6318880		735100
金昌市	金昌市财政局政府采购办公室	金昌市财政局	潘有斌	0935－8213453	0935－8213453		737100
张掖市	张掖市政府采购办公室	张掖市民主西街	任建安	0936－8360308	0936－8360304		734000
武威市	武威市政府采购办公室	武威市财政局	杨发清	0935－2253349	0935－2253349		733000
白银市	白银市政府采购办公室	白银区人民路122号	牟克鹏	0943－8221502	0943－8221502		730900
定西市	定西市政府采购办公室	安定区小北街11号	尚玲凤	0932－8221023	0932－8212943		743000
天水市	天水市政府采购管理处	秦州区合作北路62号	郭玉琴	0938－8289186	0938－8214987		741000
平凉市	平凉市政府采购办公室	平凉市西大街61号	杨鸿莲	0933－8210672	0933－8210672		744000
庆阳市	庆阳市政府采购管理办公室	西峰区南大街62号	付兴奎	0934－8687921	0934－8687921		745000
陇南市	陇南市财政局政府采购办公室	武都区人民路286号	王小杰	0939－8235552	0939－8235552		746000
临夏州	临夏州财政局政府采购办公室	临夏市团结路23号	郝明杰	0930－6222647	0930－6222647		731100

续表

地区	机构全称	办公地址	负责人	电话	传真	电子邮箱	邮政编码
甘南州	甘南州财政局政府采购办公室	甘南州财政局	桑吉加	0941－8225102	0941－8225102		747000
宁夏回族自治区	**宁夏回族自治区财政厅政府采购管理处办**	**银川市解放西街416号**	**齐天生**	**0951－5060345、13995109644**	**0951－5069347**	**qts@ nxcz. govcn**	**750001**
银川市	银川市行政中心财政局采购办公室	银川市行政中心财政局	罗广红	0951－6888836、13995280101	0951－6888842	YCLM2007@ 163. com	750002
石嘴山市	石嘴山市财政局采购办公室	石嘴山市财政局办公楼	桑晓燕	0952－2218438、13895063226	0952－2218438	sczj@ 163. c0m	753000
吴忠市	吴忠市财政局采购办公室	吴忠市财政局办公楼	李　彪	0953－2037121、13079579991	0953－2037121	lb9991@ 123. com	751100
固原市	固原市财政局采购科	固原市行政中心一楼140室	师光明	0954－2088035	0954－2088035	wwz8035@ 163. com	756000
中卫市	中卫市财政局采购办公室	中卫市新区财政局办公楼	马建平	0955－7067887、13239550066	0951－7067887	Zht12342003@ 163. com	753500
新疆自治区	**新疆维吾尔自治区财政厅政府采购管理办公室**	**新疆乌鲁木齐市明德路16号**	**吴兰香**	**0991－2819763**	**0991－2815783**		**830002**
伊犁哈萨克自治州	伊犁哈萨克自治州财政局政府采购管理办公室	新疆伊宁市新华西路64号	蒋世谨	0999－8075070	0999－8022054		835000
乌鲁木齐市	乌鲁木齐市财政局政府采购管理办公室	新疆乌鲁木齐市人民路226号	孟丽君	0991－2818578	0991－2818423		830002
新疆克拉玛依市	克拉玛依市政府采购管理办公室	新疆克拉玛依市迎宾路60号	董智斌	0990－6239160	0990－6239160		834000
新疆石河子市	石河子市财政局政府采购办公室	新疆石河子市开发区党政服务中心	许　明	0993－2068606	0993－2013361		832000
新疆塔城地区	塔城地区财政局政府采购管理办公室	新疆塔城市文化路26号	孟仲芳	0901－6249475	0901－6249476		834700

续表

地区	机构全称	办公地址	负责人	电话	传真	电子邮箱	邮政编码
新疆阿勒泰地区	阿勒泰地区财政局政府采购管理办公室	新疆阿勒泰市解放南路8号行署新楼	布力布丽	0906－2123930	0906－2123901		834700
新疆博尔塔拉蒙古自治州	博尔塔拉蒙古自治州财政局政府采购管理办公室	新疆博乐市文化路125号	何　军	0909－2311586	0909－2312785		833400
新疆昌吉回族自治州	昌吉回族自治州政府采购管理办公室	新疆昌吉市建国西路39号	叶建军	0994－2522198	0994－2522198		831100
新疆吐鲁番地区	吐鲁番地区财政局政府采购管理办公室	新疆吐鲁番市文化路678号	邓泽玲	0995－8529370	0995－8531019		838000
新疆哈密地区	哈密地区财政局政府采购管理办公室	新疆哈密市文化路4号	李东升	0902－2233397	0902－2263841		839000
新疆巴音郭楞蒙古自治州	巴音郭楞蒙古自治州财政局政府采购管理办公室	新疆库尔勒市人民东路35号	包金喜	0996－－2024012	0996－－2023600		841000
新疆阿克苏地区	阿克苏地区政府采购管理办公室	新疆阿克苏市北大街43号	何　东	0997－2123301	0997－2123301		843000
新疆克孜勒苏柯尔克孜自治州	克孜勒苏柯尔克孜自治州财政局政府采购管理办公室	新疆阿图什市帕米尔路西三院	李钧芝	0908－4230287	0908－4226619		845350
新疆喀什地区	喀什地区政府采购管理办公室	新疆喀什市解放北路92号	迪里木拉提	0998－5867000	0998－5867001		844000
新疆和田地区	和田地区财政局政府采购管理办公室	新疆和田市迎宾路18号	邱海虎	0903－2039229	0903－2023292		848000

（二）部分省（自治区、直辖市、计划单列市）政府采购集中机构

地区	机构全称	办公地址	负责人	电话	传真	电子信箱	邮政编码
北京市	**北京市政府采购中心**	**海淀区西四环北路9号鑫泰大厦二层B区**	**许大卫**	**010－88488617**	**010－88488605**	**xudawei@bgpc.gov.cn**	**100195**
黑龙江省	**黑龙江省政府采购中心**	**哈尔滨市南岗区汉水路379号**	**王永平**	**0451－87220785**	**0451－87220785**	**cgzxzh_fqy@163.com**	**150001**
哈尔滨市	哈尔滨市政府采购中心	哈尔滨市道里区经纬十二道街52号	宝亚君	0451－84273118	0451－84273118	weiwei_5665@163.com	150010
齐齐哈尔市	齐齐哈尔市人民政府物资采购中心	齐齐哈尔市党政办公中心6号楼	邓玉才	0452－2796924	0452－2796924	jyyzfcg1961@sina.com	161006
牡丹江市	牡丹江市政府采购中心	牡丹江市东长安街46号	孙敬辉	0453－6262366	0453－6262366	tongxiaopeng@126.com	157000
佳木斯市	佳木斯市政府采购中心	佳木斯市长安路1778号	时宝玉	0454－8225340	0454－8246572	xhd600902@sina.com	154004
大庆市	大庆市政府采购中心	大庆市行政服务中心三楼	梁家祥	0459－6370077	0459－6370077	dqzfcgzx@163.com	163311
鸡西市	鸡西市政府采购中心	鸡西市鸡冠区东风路88号	王玉堂	0467－2350824	0467－2350824	lihongli1973@126.com	158100
鹤岗市	鹤岗市政府采购中心	鹤岗市工农区东解放路47号	宁晓霞	0468－3358823	0468－3450380	zyz9998@163.com	154001
双鸭山市	双鸭山市政府采购中心	双鸭山市尖山区八马路252号	田新义	0469－4282793	0469－4279907	syscgzx@163.com	155100
伊春市	伊春市政府采购中心	伊春市伊春区永红小区3号楼	李恒军	0458－3870311	0458－3870311	zfcgzxmyj@163.com	153000
七台河市	七台河市政府采购中心	七台河市桃山区学府路111号	井青山	0464－8688069	0464－8688069	cgzxjqs711@163.com	154600

续表

地区	机构全称	办公地址	负责人	电话	传真	电子信箱	邮政编码
绥化市	绥化市政府采购中心	绥化市祥和东街 43 号	赵国生	0455 - 8115666	0455 - 8115077	cgzxwxj@ sina. com	152054
黑河市	黑河市政府采购中心	黑河市王肃街	朱　志	0456 - 8224523	0456 - 8224523	czjxxz@ 163. com	164300
大兴安岭	大兴安岭地区政府采购中心	大兴安岭加格达奇区人民路 43 号	刘志波	0457 - 2123272	0457 - 2123272	lyy0457@ 163. com	165000
上海市	**上海市政府采购中心**	**陆家浜路 1060 号 1 号楼 4 楼**	**孙昭伦**	**63186279**	**63186279**		**200011**
黄浦区	上海市黄浦区政府采购中心	四川中路 49 号	赵　斌	63391171	63296704		200002
卢湾区	上海市卢湾区政府采购中心	斜土路 222 号	刘　庆	63262020 - 52011			200023
徐汇区	上海市徐汇区政府采购中心	漕溪北路 336 号综合楼 308 室	涂群卫	64872222 - 8138	64283957		200030
长宁区	上海市长宁区政府采购中心	茅台路 476 - 1 号	付世周	52062501	52062513		200335
普陀区	上海市普陀区政府采购中心	大渡河路 1718 号 A 楼 213 室	余寿华	52564588 - 6131	52564588 - 6133		200333
静安区	上海市静安区政府采购中心	陕西北路 1058 号	周　彪	62989552	62989521		200040
闸北区	上海市闸北区政府采购中心	秣陵路 80 号 4 楼	吴予亮	63549131	63805390 - 7924		200070
虹口区	上海市虹口区政府采购中心	飞虹路 518 号新 2 号楼 2 楼	解文才	25658800	25658801		200086
杨浦区	上海市杨浦区政府采购中心	凤城四村 8 号	周静菲	65636267	65018811 - 1609		200092
宝山区	上海市宝山区政府采购中心	友谊支路 238 号	蒋　雷	66780030	36070956		201900
浦东新区	上海市浦东新区政府采购中心	民生路 1399 号	胡义强	20227899	68541155		200135
闵行区	上海市闵行区招标投标中心	莘松路 282 号	祝龙飙	54957767	54957767		201100
嘉定区	上海市嘉定区政府采购中心	嘉定区嘉戬公路 118 号	吕　明	69985955	69985870		201800
金山区	上海市金山区政府采购中心	金山区朱泾镇人民路 39 号	朱欢忠	57337207	57317171		201500
松江区	上海市松江区政府采购中心	松江区荣乐东路 2111 号	金晓玲	67742996	67743119		201600
奉贤区	上海市奉贤区政府采购中心	奉贤区解放中路 1218 号	王　捷	33611011	33611011		201400

续表

地区	机构全称	办公地址	负责人	电话	传真	电子信箱	邮政编码
青浦区	上海市青浦区政府采购中心	青浦区城中西路38号	杨谢明	59732489	59724602		201700
崇明县	上海市崇明县政府采购中心	崇明县城桥镇翠竹路1501号	张　辉	69693717	69693717		202150
安徽省	**安徽省政府采购中心**	**合肥市阜南西路238号安徽省财政厅综合服务楼5楼**	**姜　毅**	**0551－5101606**	**0551－5101626**	**09jiangyi@sina. com**	**230061**
山东省	山东省省级机关政府采购中心	济南市高新技术产业开发区伯乐路190号	王　沛	0531－67800509	0531－67800508	zfcgzxbgs@163. com	250101
济南市	济南市政府采购中心	济南市奥体西路157号	李深河	0531－66603117	0531－66603117	Biyelunwen555@163. com	250098
济宁市	济宁市政府采购中心	济宁市建设北路147号市直综合集中办公区5号楼	冯伟华	0537－3202116	0537－3202126	jnzfcg@ yahoo. com. cn	272000
莱芜市	莱芜市市级机关政府采购办公室	莱芜市龙潭东大街1号	吕明星	0634－6286689	0634－6213300	S31900@163. com	271100
临沂市	临沂市政府采购中心	临沂市市政府办公大楼308房间	王贤圣	0539－8727306	0539－8727307	Wxs0019@126. com	276001
菏泽市	菏泽市政府集中招标采购服务中心	菏泽市中华西路128号	潘杰功	0530－5613722	0530－5613719	zhk@ hzzfcg. gov. cn	274000
河南省							
郑州市	郑州市政府采购中心	郑州市兴华南街39号	宋进伟	0371－67180103	0371－67180103		450052
洛阳市	洛阳市政府采购中心	洛阳市洛南新区财政大楼	李　静	0379－63223338	0379－63223338		471023
安阳市	安阳市政府采购中心	安阳市文峰大道东段	杨清风	0372－5109181	0372－5109181		455000
焦作市	焦作市公共资源交易中心	焦作市人民路阳光大厦	张　健	0391－3569020	0391－3569020		454002
鹤壁市	鹤壁市招标采购中心	鹤壁市淇滨区九州路中段	方　力	0392－3326871	0392－3326871		458030
新乡市	新乡市公共资源交易中心	新乡市人民路115号	翟桂利	0373－3050525	0373－3050525		453000
濮阳市	濮阳市政府采购中心	濮阳市人民路	段俊娇	0393－6661009	0393－6661009		457000
许昌市	许昌市政府采购中心	许昌市建安大道东段	李吉甫	0374－2676199	0374－2676199		461000
漯河市	漯河市政府采购中心	漯河市黄山路25号	赵怀军	0395－3133819	0395－3133819		462000
三门峡市	三门峡市政府采购服务中心	三门峡市崤山路西段	杨更生	0398－2976616	0398－2976616		472000

续表

地区	机构全称	办公地址	负责人	电话	传真	电子信箱	邮政编码
南阳市	南阳市政府采购中心	南阳市张衡路 396 号	贾河清	0377 - 62376515	0377 - 62376515		473000
商丘市	商丘市政府采购中心	商丘市归德南路 21 号	周业飞	0370 - 2697935	0370 - 2697935		476000
信阳市	信阳市政府采购中心	信阳市人防胡同 10 号	杨东升	0376 - 6699787	0376 - 6699787		464000
周口市	周口市政府采购中心	周口市太昊路 266 号	李新涛	0394 - 8319590	0394 - 8319590		466002
驻马店市	驻马店市政府采购中心	驻马店市文明大道	牛　祥	0396 - 2609299	0396 - 2609299		463000
济源市	济源市政府采购中心	济源市黄河大道 98 号	李东风	0391 - 6639130	0391 - 6639130		454650
湖北省	**湖北省政府采购中心**	**武汉市中北路特 1 号**	**饶建国**	**027 - 87302472**	**027 - 87835105**		**430071**
黄石市	黄石市政府采购中心	黄石亚光新村金苑小区特 1 号	程功秦	0714 - 6207939	0714 - 6207939		435000
十堰市	十堰市政府采购中心	十堰市北京中路 9 号	张　志	0719 - 8118701	0719 - 8118701		442000
荆州市	荆州市政府采购中心	荆州市江津路 262 号	李启华	0716 - 8278281	0716 - 8278285		434000
襄樊市	襄樊市政府采购中心	襄城区南街 79 号	邓广彦	0710 - 3528438	0710 - 3528256		442021
宜昌市	宜昌市政府采购中心	宜昌市夷陵路 22 号	尚　杰	0717 - 6089077	0717 - 6089068		443000
孝感市	孝感市政府采购中心	孝感市槐荫大道 311 号	张胜杰	0712 - 2839510	0712 - 2827837		432000
咸宁市	咸宁市政府采购中心	咸宁市咸宁大道 45 号	张丽华	0715 - 8273683	0715 - 8273640		437100
恩施州	恩施州政府采购中心	恩施市施州大道 58 号	吴绍明	0718 - 8243379	0718 - 8243806		445000
荆门市	荆门市政府采购中心	荆门市象山二路 20 号	李生溢	0724 - 6032861	0724 - 6032865		448000
鄂州市	鄂州市政府采购中心	鄂州市粮食局 6 楼	邓细平	0711 - 3259126	0711 - 3259012		436000
随州市	随州市政府采购中心	随州市青年路 216 号	周厚国	0722 - 3316269	0722 - 3316951		441300
仙桃市	仙桃市政府采购中心	仙桃大道 29 号	唐良军	0728 - 3232666 - 5151	0728 - 3232666 - 5151		433000
天门市	天门市政府采购中心	天门市钟星大道 18 号	张翠蓉	0728 - 85339357	0728 - 85339357		431700
潜江市	潜江市政府采购中心	潜江市章华大道 34 号	刘升平	0728 - 6297047	0728 - 6238550		433100
神农架林区	神农架林区政府采购中心	中国银行 6 楼	孔燕林	0719 - 3338270	0719 - 3338270		442400

续表

地区	机构全称	办公地址	负责人	电话	传真	电子信箱	邮政编码
湖南省	**湖南省省直机关政府采购中心**	**长沙市人民中路66号**	**胡晓宏**	**0731－85166571**	**0731－85166569**	**hncgzx@163.com**	**410011**
广西壮族自治区	**广西壮族自治区政府采购中心**	**南宁市纬武路165号**	**梁戈敏**	**0771－2816992**	**0771－2821953**		**530022**
南宁市	南宁市政府采购中心	南宁市金湖路59－1号建设大厦7、8楼	陆　勤	0771－5555268	0771－5555268		530022
北海市	北海市政府采购中心	北海市北海大道13号全景大厦5楼	韦成文	0779－3069259	0771－3069259		536000
梧州市	梧州市政府采购中心	梧州市北环路88号	许贤信	0774－2822337	0774－2839515		543001
贺州市	贺州市政府采购招投标中心	贺州市江滨山四建委办公大楼二楼	何　平	0774－8630083	0774－5137828		542800
来宾市	来宾市财政局政府采购中心	来宾市盘古大道	温桂佩	0772－4233186	0772－4233186	govstock@sohu.com	546100
四川省	**四川省政府采购中心**	**成都市玉沙路155号福德酒店2楼**	**向　东**	**028－86961792**			**610017**
贵州							
黔南州	黔南州州级政府采购中心	黔南州图书馆4楼	龚和平	0854－8231387	0854－8231387		558000
铜仁地区	铜仁地区政府采购中心	铜仁市场大江坪行政政务中心1楼	金　英	0856－5250517	0856－5250517	gztrl@163.com	554300
黔西南州	黔西南州公信采购中心	兴义市瑞金路会计大楼3楼	刘　恳	0859－3115992	0859－3115992		562400
遵义市	遵义市政府采购中心	遵义市人民路市政府3楼	文　勇	0852－3119990	0852－3119789		563000
毕节地区	毕节地区政府采购中心	毕节市洪南路水电大楼4楼	陈　旭	0857－8290130	0857－8290130		551700
云南省	**云南省招标采购局**	**昆明市大观路170号云南民族大厦四楼**	**高天森**	**0871－5300818**	**0871－5301658**		**650032**
昆明市	昆明市市级机关事务管理局政府采购办公室	呈贡新区行政中心2号楼501号	陈一凡	0871－3100026	0871－3100026	ccccyf@126.com	650500
德宏州	德宏州公共资源交易中心	中缅友谊馆2楼	尹可谅	0692－2275632	0692－2275632		678400
西双版纳州	西双版纳傣族自治州政府采购中心	景洪市勐泐大道67号	李　纳	0691－2126061	0691－2126061	nana2126061@163.com	666100
文山州	文山州州级政府采购中心	文山市普阳路119号	陈晓华	0876－2184204	0876－2184334	wscgzx123@163.com	663000

续表

地区	机构全称	办公地址	负责人	电话	传真	电子信箱	邮政编码
丽江市	丽江市政府采购中心	丽江市古城区香格里大道 862 号	唐作敏	0888 －5161378	0888 －5161378	9209670032@ qq. com	674100
玉溪市	玉溪市政府采购工作处	玉溪市红塔区迎春街 2 号	文　虹	0877 －2039820	0877 －2039820		653100
保山市	保山市政府采购中心	隆阳区永昌办事处象山路 2 号	姜　华	0875 －2216983	0875 －2216983	bsjh2332@ sina. com	678000
曲靖市	曲靖市政府采购中心	云南省曲靖市麒麟区麒麟南路 253 号	梁雄鹰	0874 －3139759	0874 －3139759		655000
怒江州	怒江州政府采购中心	怒江州机关事务局	施光旦	0886 －3888660	0886 －3888660		673100
楚雄州	楚雄州政府采购中心	楚雄州机关事务管理局（州公务活动中心东楼）	张光明	0878 －3389886	0878 －3389887		675000
昭通市	昭通市政府采购中心	昭通市财政局	吴达兴	0870 －2159484	0870 －2159484	395801676@ qq. com	657000
红河州	红河州政府采购中心	红河州财政局	张　瑞	0873 －3729812	0873 －3729812	1198041125@ qq. com	661100
临沧市	临沧市政府采购中心	临沧市财政局 502 室	杨秋铭	0883 －2147841	0883 －2147841		677000
迪庆州	迪庆州采购中心	迪庆州财政局	周玉宝	0887 －8229131	0887 －8229131	498926590@ qq. com	670000
普洱市	普洱市政府采购中心	普洱市行政中心 9 幢 3 －05 普洱市机关事物管理局	张洪涛	0879 －2189114	0879 －2189114	hy20100802@ 163. com	665000
大理州	大理白族自治州政府采购中心	大理市龙山行政办公区大理州财政局 1 楼	杨耀斌	0872 －2316274	0872 －2316224	dlzzfcgzx@ yahoo. com. cn	671000
甘肃省	**甘肃省政府采购中心**	**兰州市东岗西路 696 号**	**卢昌辉**	**0931 －8899201**	**0931 －8899201**		**730030**
兰州市	兰州市政府采购中心	兰州市中山路 46 号	李笔强	0931 －8105037	0931 －8105036		730030
嘉峪关市	嘉峪关市政府采购中心	嘉峪关市财政局	马　壮	0937 －6318428	0937 －6318880		735100
金昌市	金昌市政府采购中心	金昌市财政局	景环明	0935 －8333928	0935 －8212430		737100
武威市	武威市政府采购中心	武威市财政局	王洪生	0935 －2258352	0935 －2258352		733000
白银市	白银市政府采购中心	白银区人民路 122 号	汪兴国	0943 －8230269	0943 －8230269		730900
定西市	定西市政府采购中心	安定区小北街 11 号	刘　伟	0932 －8216573	0932 －8212943		743000

续表

地区	机构全称	办公地址	负责人	电话	传真	电子信箱	邮政编码
天水市	天水市政府采购中心	秦州区合作北路62号	乔　钧	0938－8297842	0938－8297842		741000
平凉市	平凉市政府采购中心	平凉市西大街61号	史明俊	0933－8230771	0933－8230771		744000
庆阳市	庆阳市政府采购中心	西峰区南大街62号	刘慧珍	0934－8687966	0934－8687966		745000
陇南市	陇南市政府采购中心	武都区人民路286号	赵社德	0939－8235552	0939－8235552		746000
临夏州	临夏州政府采购中心	临夏市团结路23号	汪光海	0930－6222647	0930－6222647		731100
甘南州	甘南州政府采购中心	甘南州财政局	张　蓉	0941－8225102	0941－8225102		747000
宁夏回族自治区	**宁夏回族自治区政府采购中心**	**银川市进宁北街**	**张俊平（副厅）**	**0951－5054425、13909512863**	**0951－5033040**		**750001**
银川市	银川市政府采购中心	银川市玉皇阁北街4号	周胜辉	0951－6081562、13995002355	0951－6093010		750004
石嘴山市	石嘴山市政府采购中心	石嘴山市大武口区朝阳街32号	俞地良	0952－2027713、13639569666	0952－2027713		753000
吴忠市	吴忠市政府采购中心	吴忠市国资大厦3楼	史仙蓉	0953－2010601、13895439515	0953－2011093		751100
固原市	固原市政府采购中心	固原市行政中心财政局	马德功	0954－2088171、13895141516	0954－2088171		756000
中卫市	中卫市政府采购中心	中卫市新区财政局大楼	王福才	0955－7067878、13519236108	0951－7067878		753500
新疆维吾尔自治区	**新疆维吾尔自治区政府采购中心**	**新疆乌鲁木齐市中山路462号广场联合办公大厦（广场南侧）A座14楼**	**杜　强**	**0991－2842023**	**0991－2842023**		**830002**

（三）部分省（自治区、直辖市、计划单列市）政府采购信息发布媒体

	媒体类型	媒体全称	信息发布量
北京市	网络	中国政府采购网（www. ccgp. gov. cn）	10688 条
		北京政府采购网（www. bj – procurement. gov. cn）	11372 条
天津市	报纸	《中国财经报》、《政府采购信息报》、《经济日报》、天津《今晚报》	
	杂志	《中国政府采购杂志》	
	网站（网址）	中国政府采购网（www. ccgp. gov. cn）	5760 条
		天津市政府采购网（www. tjgp. gov. cn）	5760 条
河北省	报纸	《中国财经报》（《中国政府采购报》）	
	杂志	《公共支出与采购》	
	网络（网址）	中国政府采购网（www. ccgp. gov. cn）	5480 条
		河北省政府采购网（www. hebgp. gov. cn）	24124 条
内蒙古自治区	网络（网址）	内蒙古政府采购网（www. nmgp. gov. cn）	5859 条

续表

	媒体类型	媒体全称	信息发布量
辽宁省	广播电台	辽宁省电台	
	电视台	辽宁省电视台	
	报纸	《辽宁日报》	16条
	杂志	《辽宁政府采购》	4800条
	网络	辽宁省政府采购网（www. ccgp－liaoning. gov. cn）	3770条
		东北新闻网（www. nen. com. cn）	3770条
		中国政府采购网（www. ccgp. gov. cn）	3770条
黑龙江省	报纸	《中国财经报》	
	杂志	《中国政府采购》	
	网络	中国政府采购网（www. ccgp. gov. cn）	
		黑龙江政府采购网（www. hljcg. gov. cn）	
		中国招标周刊网（www. ctw. net. cn）	
上海市	报纸	《解放日报》	
	网络（网址）	上海政府采购（www. zfcg. sh. gov. cn）	8205条
江苏省	网络（网址）	江苏政府采购网（www. ccgp－jiangsu. gov. cn）	8690条
浙江省	报纸	《浙江日报》	1472条
	杂志	《中国政府采购》	2条
	网络	中国政府采购网（www. ccgp. gov. cn）	185条
		中国财经网（www. fec. com. cn）	0条
		浙江政府采购网（www. zjzfcg. gov. cn）	37186条
安徽省	网络（网址）	安徽政府采购网（www. ccgp－anhui. gov. cn）	22307条
福建省	报纸	《中国财经报》	
	杂志	《中国政府采购》	
	网络（网址）	中国政府采购网（www. ccgp. gov. cn）	20169条
		福建省政府采购网（www. fjgpc. cn）	33807条
山东省	网络（网址）	中国山东政府采购网（www. ccgp－shandong. gov. cn）	

续表

	媒体类型	媒体全称	信息发布量
河南省	报纸	《中国财经报》、《中国政府采购报》、《政府采购信息报》	
	杂志	《中国政府采购杂志》	
	网络（网址）	中国政府采购网（www. ccgp. gov. cn）	30000 条
		河南省政府采购网（www. hngp. gov. cn 或 www. ccgp – henan. gov. cn）	
湖北省	网络（网址）	中国湖北政府采购网（www. ccgp – hubei. gov. cn）	12751 条
湖南省	网络（网址）	湖南省政府采购网（www. ccgp – hunan. gov. cn）	15781 条
广西壮族自治区	网站（网址）	中国政府采购网（www. ccgp. gov. cn）	
		广西财政网	
海南省	报纸	《中国财经报》	
		《海南经济报》（非指定，但常用）	
	杂志	《中国政府采购》	
	网站（网址）	中国政府采购网（www. ccgp. gov. cn）	
		海南省人民政府网（www. hainan. gov. cn）	
四川省	网络（网址）	四川政府采购网（www. sczfcg. com）	56369 条
贵州省	报纸	《贵州商报》	520 条
	网络（网址）	贵州省政府采购网（www. ccgp – guizhou. gov. cn）	1200 条
云南省	报纸	《云南日报》	
	网络（网址）	云南省政府采购网（www. yngp. com）	5065 条
		云南省红河州财政局（www. hhcz. hh. gov. cn）	605 条
		玉溪市政府采购网（www. yxgp. gov. cn）	186 条
西藏自治区	报纸	《西藏日报》、《西藏商报》、《拉萨晚报》	招标公告 77 次预中标公告 71 次
	网络（网址）	中国政府采购网（www. ccgp. gov. cn）	
		西藏新闻网（www. chinatibetnews. com）	
陕西省	广播电台		
	电视台		
	报纸	陕西日报	
	杂志		
	网络（网址）	www. sf. gov. cn	574 条
甘肃省	杂志	《财会研究》	
	网络（网址）	甘肃政府采购网（www. gszfcg. gansu. gov. cn）	3370 条
宁夏回族自治区	网络（网址）	宁夏回族自治区政府采购网（www. nxgp. gov. cn）	3700 条
		中国宁夏招标与政府采购网（www. nxzfcg. gov. cn）	
新疆维吾尔自治区	网络（网址）	新疆维吾尔自治区政府采购网（www. xjzfcg. gov. cn）	1583 条

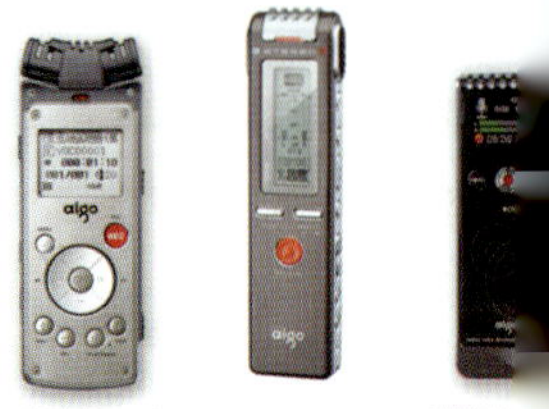

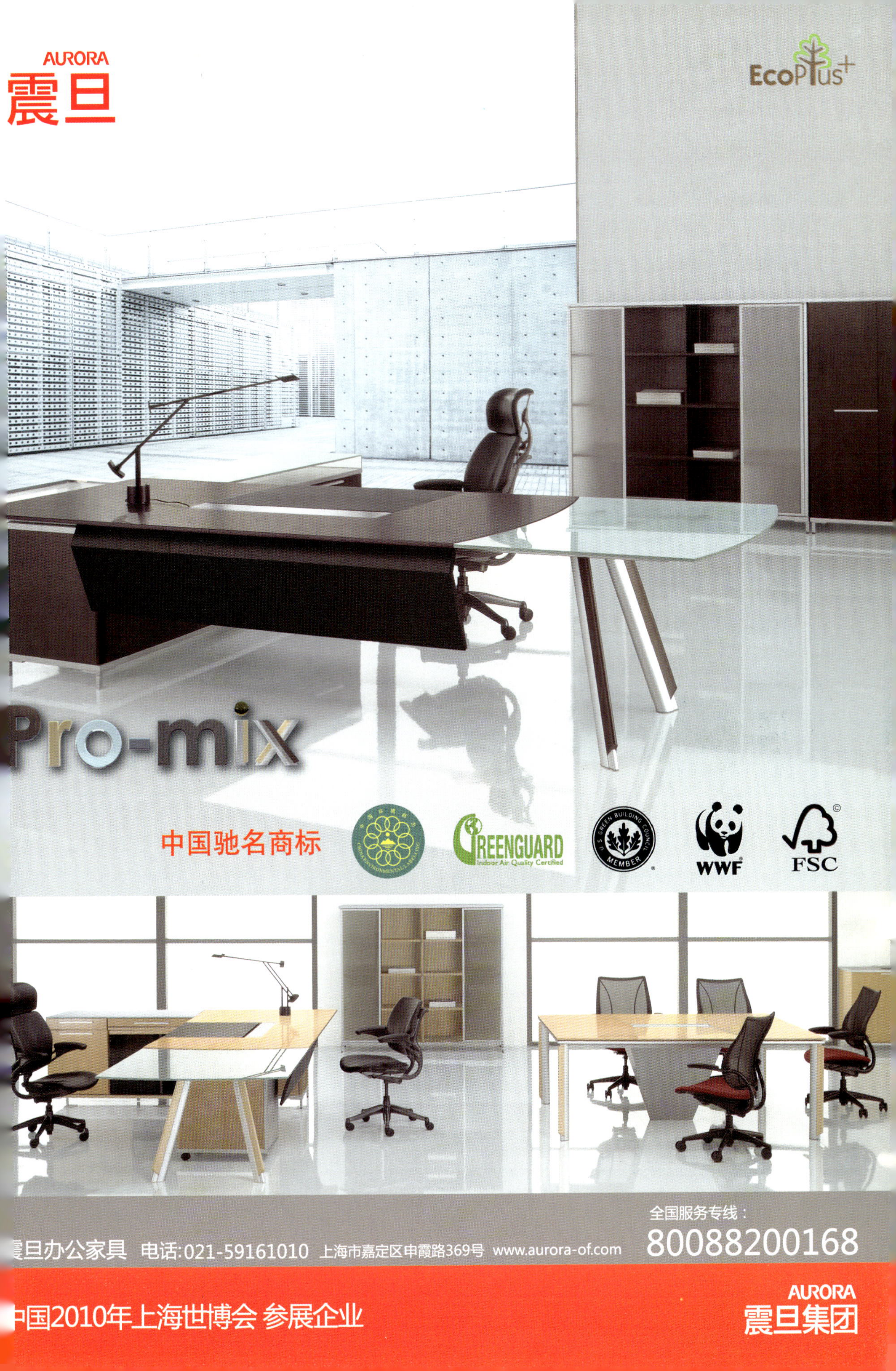
AURORA
震旦
EcoPlus+
Pro-mix
中国驰名商标
GREENGUARD
Indoor Air Quality Certified
MEMBER
WWF
FSC
全国服务专线：
80088200168
震旦办公家具 电话:021-59161010 上海市嘉定区申霞路369号 www.aurora-of.com
中国2010年上海世博会 参展企业
AURORA
震旦集团

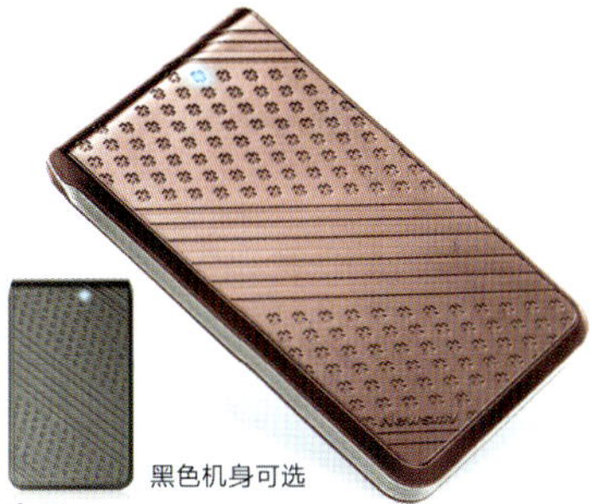